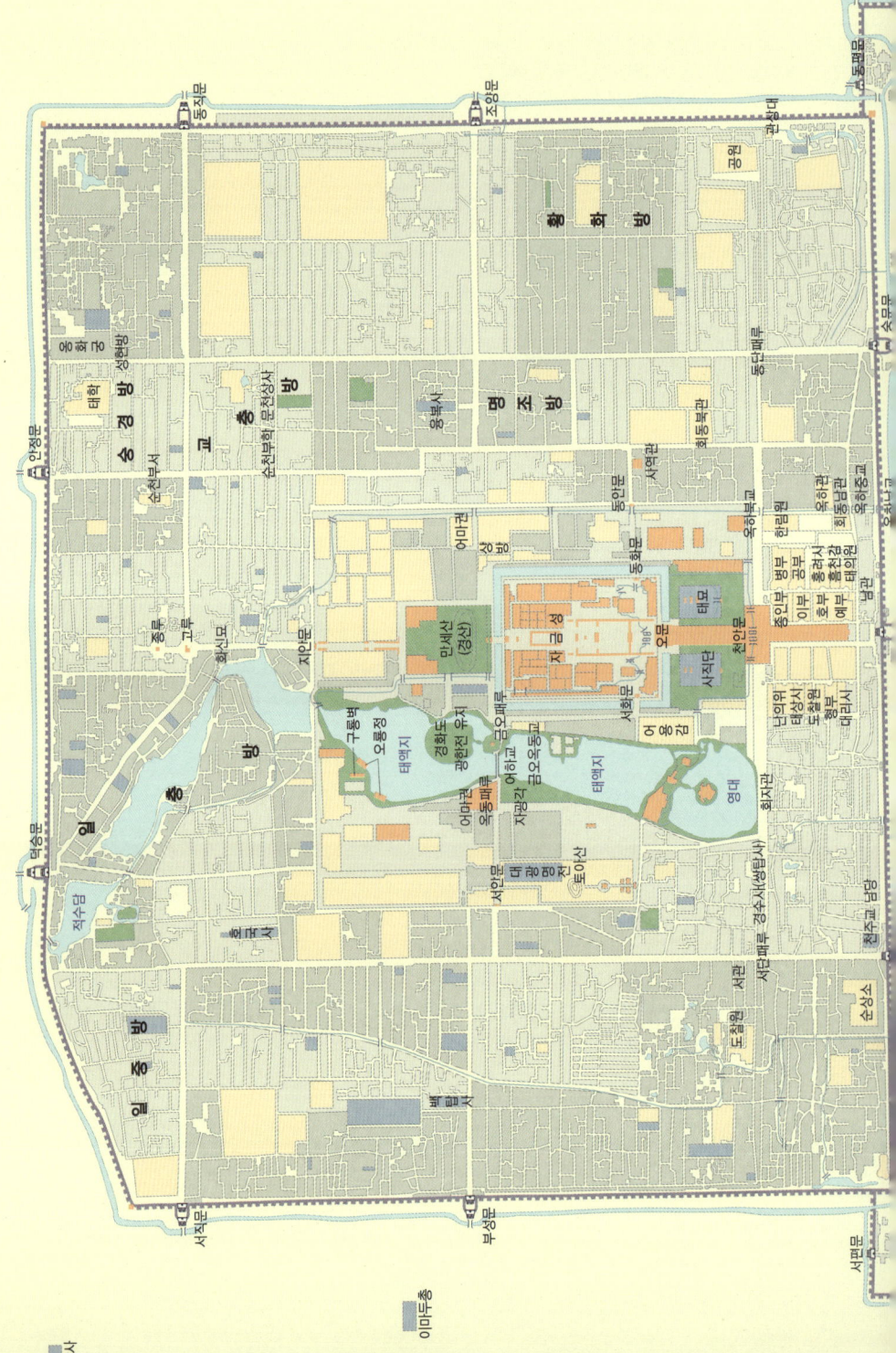

북경 황성皇城 평면도

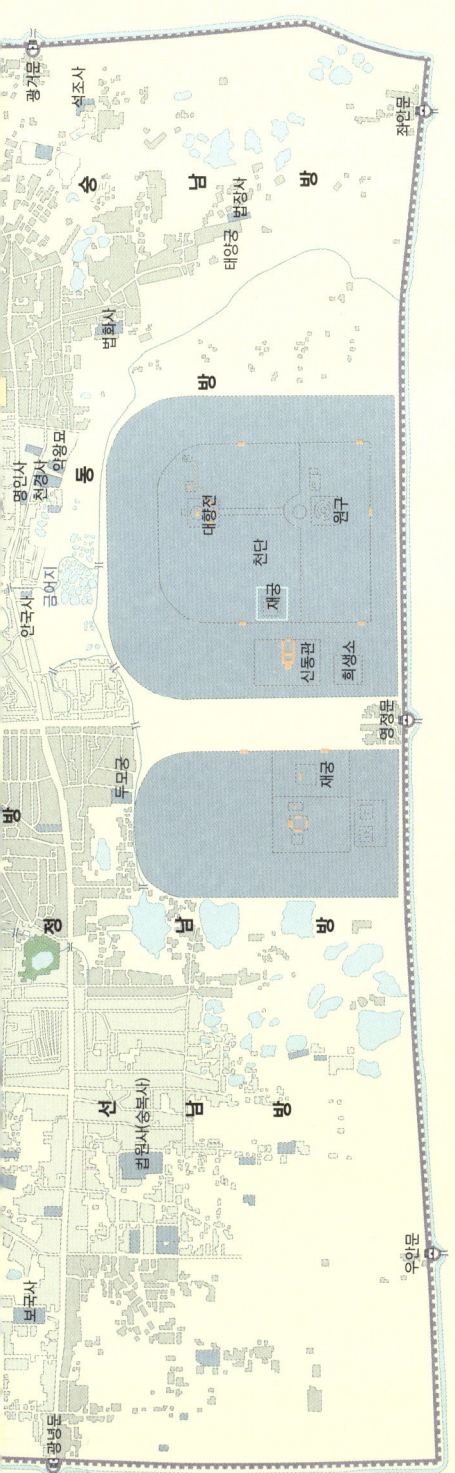

경산(景山)
경수사(慶壽寺=쌍탑사(雙塔寺))
경화도(瓊華島)
고루(鼓樓)
공부(工部)
공원(公園)
관상대(觀象臺)
광거문(廣渠門)
광녕궁(廣寧宮)
광한전(廣寒殿=廣寒殿舊址)
교충방(敎忠坊)
구룡벽(九龍壁)
금어지(金魚池)
금오교(金鰲橋)
난의위(鑾儀衛)
남관(南館)
남훈방(南薰坊)
대광명전(大光明殿)
대리시(大理寺)

대항전(大亨殿)
덕승문(德勝門)
도승원(都察院)
동단패루(東單牌樓)
동안문(東安門)
동직문(東直門)
동편문(東便門)
동화문(東華門)
두루궁(斗姥宮)
만불루(萬佛樓)
만세산(萬歲山)
명인사(明因寺)
명조방(明照坊)
문천상사(文天祥祠)
백마관제묘(白馬關帝廟)
백탑사(白塔寺)
법원사(法源寺=숭복사崇福寺)
법장사(法藏寺)

법화사(法華寺)
병부(兵部)
보국사(報國寺)
부성문(阜成門)
사역관(四譯館)
사직단(社稷壇)
상방(象房)
서관(西館)
서단패루(西單牌樓)
서안문(西安門)
서직문(西直門)
서편문(西便門)
서화문(西華門)
석조산(夕照山)
선남방(宣南坊)
선무문(宣武門)
선북방(宣北坊)
성헌방(成憲坊)
순상소(馴象所)

순천부서(順天府署)
순천부학(順天府學)
숭경방(崇敬坊)
숭남방(崇南坊)
숭문문(崇文門)
숭북방(崇北坊)
신무문(神武門)
신우문(神祐門)
안국사(安國寺)
안정문(安定門)
양왕사묘(楊王祠廟)
어마감(御馬監)
어용감(御用監)
어용감(御用監)
영정문(永定門)
(금오옥동교)金鰲玉蝀橋
영대(瀛臺)
영정방(永定坊)
예부(禮部)
오룡정(五龍亭)

오문(午門)
옥동패루(玉蝀牌樓)
옥하남교(玉河南橋)
옥하서방(玉河西坊)
옥하북교(玉河北橋)
옹화문(雍和門)
우안문(右安門)
원구(圓丘)
유리창(琉璃廠)
의정문(儀政門)
응복사(隆福寺)
응인사(隆安寺)
이마두총(利瑪竇靈塚)
이부(吏部)
일중방(日中坊)
일충방(日忠坊)
자금성(紫禁城)
재궁(齋宮)

태액지(太液池)
태양궁(太陽宮)
태의원(太醫院)
태학(太學)
토아산(兎兒山)
한림원(翰林院)
형부(刑部)
호국사(護國寺)
호부(戶部)
흥경사(鴻慶寺)
홍인사(弘仁寺)
화신묘(火神廟)
황화방(黃華坊)
회동관(會同南館)
회동북관(會同北館)
회자관(回子館)
흠천감(欽天監)
희생소(犧牲所)
희성사(犧牲寺)

열하일기
3

개정2판 열하일기 3

박지원 지음, 김혈조 옮김

개정2판 1쇄   2025년 6월 9일
개정1판 1쇄   2017년 11월 6일 – 6쇄   2022년 11월 30일
초판   1쇄   2009년 9월 21일 – 9쇄   2015년 11월 15일

펴낸이 한철희 | 펴낸곳 돌베개 | 등록 1979년 8월 25일 제406-2003-000018호
주소 (10881) 경기도 파주시 회동길 77-20 (문발동)
전화 (031) 955-5020 | 팩스 (031) 955-5050
홈페이지 www.dolbegae.co.kr | 전자우편 book@dolbegae.co.kr
블로그 blog.naver.com/imdol79 | 트위터 @Dolbegae79 | 페이스북 /dolbegae

편집 이경아
표지디자인 민진기 | 본문디자인 김민해·이연경·이은정
마케팅 고운성·김영수 | 제작·관리 윤국중·이수민·한누리
인쇄·제본 상지사 P&B

ⓒ 김혈조, 2025

ISBN 979-11-94442-23-3 (94810)
ISBN 979-11-94442-20-2 (세트)

이 책에 실린 글과 도판의 무단 전재와 복제를 금합니다.
책값은 뒤표지에 있습니다.

개정2판

열하일기 3

박지원 지음
김혈조 옮김

차례

일러두기 8

요술놀이 이야기 환희기幻戱記
- 머리말「환희기서」 12

피서산장에서 쓴 시화 피서록避暑錄
- 머리말「피서록서」 38

피서산장에서 쓴 시화 보충 피서록 보유
- 152

장성 밖에서 들은 신기한 이야기 구외이문口外異聞
- 반양 200 • 알록달록한 매와 푸른 날개의 나비 200 • 고려주 201 • 숭정 연간의 재상 202 • 재상 이상아와 서혁덕 202 • 왕진의 무덤 203 • 조조의 수중 무덤 204 • 위충현의 무덤 204 • 양귀비 사당 206 • 『초사』 207 • 큰사슴 뿔이 빠지는 달 208 • 네덜란드 사슴 210 • 타조 알 210 • 참선에 든 중 211 • 비공식 보고서, 별단 212 • 돌도 붙이는 등나무 즙 214 • 조라치 214 • 원나라 천자의 이름 215 • 중국 남방 언어 215 • '리'·'둥'이라는 중국 발음 215 • 설날 아침의 일식 216 • 숭덕 주변의 여섯 지역 218 • 삼학사가 살신성인한 날짜 219 • 지금의 중국 명사들 220 • 명련의 아들이 왕으로 봉해지다 220 • 고아마홍 222 • 『동의보감』 223 • 선비의 옷, 심의 228 • 나약국의 국서 230 • 불경 235 • 명나라 마패 237 • 합밀왕 239 • 서화담 문집 242 • 장홍루판 242 • 양주한과 주앙 243 • 열하에서 바로 조선으로 돌아가는 길 246 • 옹노후 248 • 사 250 • 순제묘 250 • 해인사 251 • 4월 초파일 방등 251 • 다섯 현의 비파 252 • 사자 253 • 강선루 253 • 이영현 255 • 왕월의 과거 시험 답지 257 • 과거 시험장에 난 화재 258 • 신라호 259 • 『고려사』로 증명하는 중국 역사 259 • 조선목단 260 • 쑥호랑이, 애호 261 • 열 가지 가소로운 일 261 • 접동새 262 • 경수사 대장경 비석문의 대략 263 • 황량대 265 • 오랑캐 원나라의 성대한 유학 266 • 가시나무에 절하다 268 • 환향하 269 • 『계원필경』 270 • 천불사 270

옥갑에서의 밤 이야기 옥갑야화玉匣夜話
- 옥갑에서의 밤 이야기「옥갑야화」 274

북경의 이곳저곳 황도기략黃圖紀略
- 북경의 아홉 개 성문 304 • 사신의 숙소 서관 309 • 금오교 309 • 경화도 310 • 토원산 312 • 만

수산 314 · 태화전 317 · 체인각 320 · 문화전 321 · 문연각 323 · 무영전 324 · 하늘을 떠받치는 기둥, 경천주 325 · 황제의 마구간 326 · 오문 328 · 종묘와 사직 329 · 전성문 330 · 오봉루 332 · 천단 335 · 호랑이 우리 337 · 천주당 338 · 천주당의 그림 343 · 코끼리 우리 346 · 황금대 348 · 황금대 이야기「황금대기」352 · 옹화궁 356 · 대광명전 358 · 개 우리 360 · 공작포 361 · 오룡정 363 · 구룡벽 365 · 태액지 365 · 자광각 368 · 만불루 369 · 극락세계 370 · 영대 371 · 남해자 372 · 회자관 373 · 유리창 375 · 새 파는 점포 376 · 화초 파는 점포 377

공자 사당을 참배하고 알성퇴술謁聖退述

순천부학 380 · 태학 382 · 학사 385 · 역대의 비석들 389 · 명나라 진사의 이름을 새긴 비석 390 · 돌로 만든 북, 석고 391 · 문천상의 사당 393 · 문 승상 사당 이야기「문승상사당기」396 · 관상대 401 · 과거 시험장 402 · 조선관 404

적바림 모음 앙엽기盎葉記

머리말「앙엽기서」408 · 홍인사 410 · 보국사 412 · 천녕사 414 · 백운관 416 · 법장사 418 · 태양궁 419 · 안국사 420 · 약왕묘 421 · 천경사 422 · 두문동 422 · 융복사 424 · 석조사 426 · 관제묘 427 · 명인사 428 · 대륭선호국사 430 · 화신묘 431 · 북약왕묘 432 · 숭복사 432 · 진각사 433 · 마테오 리치의 무덤 435

동란재에서 쓰다 동란섭필銅蘭涉筆

머리말「동란섭필서」440

의약 처방 기록 금료소초金蓼小抄

머리말「금료소초서」526 · 부록 543

〈보유편 I〉 양매죽사가에서 쓴 시화 양매시화楊梅詩話

머리말「양매시화서」548

〈보유편 II〉 청나라 인사들이 보낸 편지 천애결린집天涯結隣集

풍병건 편지 564 · 선가옥 편지 566 · 유세기 편지 567 · 하란태 편지 569

찾아보기 570
Illustration Credits 584

1권 차례

역자 서문 1 개정판을 펴내며
역자 서문 2 왜 다시 『열하일기』인가?

머리말 「열하일기서」熱河日記序

압록강을 건너며 도강록渡江錄

심양의 이모저모 성경잡지盛京雜識

역참을 지나며 쓴 수필 일신수필馹汛隨筆

산해관에서 북경까지의 이야기 관내정사關內程史

북경에서 북으로 열하를 향해 막북행정록漠北行程錄

2권 차례

태학관에 머물며 태학유관록太學留館錄

북경으로 되돌아가는 이야기 환연도중록還燕道中錄

열하에서 만난 친구들 경개록傾蓋錄

라마교에 대한 문답 황교문답黃教問答

반선의 내력 반선시말班禪始末

반선을 만나다 찰십륜포扎什倫布

사행과 관련된 문건들 행재잡록行在雜錄

천하의 대세를 살피다 심세편審勢編

양고기 맛을 잊게 한 음악 이야기 망양록忘羊錄

곡정과 나눈 필담 곡정필담鵠汀筆談

피서산장에서의 기행문들 산장잡기山莊雜記

일러두기

이 책은 다음과 같은 요령으로 엮었다.

1 이 책의 초판(돌베개, 2009)은 박영철본을 저본으로 하였고, 개정1판(돌베개, 2017)은 박영철본의 오류와 삭제된 부분을 보완하여 번역한 것이다.
2 본서는 『定本 熱河日記』(돌베개, 2025)를 번역의 저본으로 한다.
3 번역의 저본인 『定本 熱河日記』는 박영철본 및 국내외의 『열하일기』 필사본 30여 종을 교감하여 정본화한 책이다.
4 본서와 『定本 熱河日記』 사이에는 수록 위치가 다른 부분이 있다. 이는 번역본이 내용의 흐름을 중시한다면, 정본은 본래의 모습을 최대한 구현하는 데 목표를 두기 때문이다. 수록 순서가 다른 부분은 다음과 같다.
   ① 본서 1권 「막북행정록」 편에 수록된 '승덕태학기'는 '야출고북구기'의 예에 따라서 정본에서는 「산장잡기」 편에 수록하였다.
   ② 본서 2권 「망양록」 편에 서술된 구라철현금에 대한 내용은 정본에서는 「망양록」 편의 첫부분에 수록하였다.
   ③ 본서 3권 「피서록 보유」 편은 본래 박영철본에 없는 글이므로 정본에서는 「보유」 편에 수록하고, 제목은 '열하피서록'으로 하였다.
5 본서 3권 「피서록 보유」는 『삼한총서』의 「열하피서록」 중 「피서록」과 중복되지 않는 것을 수록하였다.
6 제목만 있던 '승덕태학기'(본서 1권에 수록)와 '열하궁전기'(본서 2권에 수록)를 찾아 새롭게 수록하였다.
7 한자의 음이 두 가지 이상이 있을 경우에 가능한 최근 출판된 자전의 음을 따랐다.
   예: 鵠(혹→곡), 懶(난→나)
8 한자는 이해를 돕기 위해 필요한 경우 병기했으며, 운문이나 기타 필요한 경우 원문을 병기했다.
9 글의 제목은 필요한 경우 이를 번역했고, 한문 제목을 함께 제시했다.
10 주석은 간단한 내용은 간주間注로 괄호 처리하고, 긴 내용은 번역문 좌우 여백에 처리했다.
11 맞춤법과 띄어쓰기는 한글 맞춤법과 표준어 규정을 따랐다.
12 중국어 발음의 한글 표기는 정해진 규정을 따랐다.
13 이 책에 사용된 부호는 다음과 같다.
   『 』→ 서명 「 」→ 편명
   ' '→ 강조 혹은 간접인용 " "→ 직접인용
   〈 〉→ 그림 《 》→ 화첩

열하일기

熱河日記

요술놀이 이야기

환희기
幻戱記

◉ — 환희기

「환희기」는 환幻, 즉 마술의 연희를 보고 그 구체적인 모습을 기록한 글이다. 황제의 생일에 맞추어 열하로 모여든 마술사들은 제각기 자신의 기량을 마음껏 자랑했는데, 연암은 그중에 자신이 본 20가지 마술을 생생하게 묘사했다.

마술놀이를 구경하지 못한 사람들을 위해 기록한다는 연암의 말처럼, 여기 마술의 연희 과정은 매우 정확하게 구체적으로 묘사되어 있어 현장감이 생생하게 전해진다. 연암의 관찰력을 볼 수 있거니와, 특히 한문 원문은 4자씩 토吐를 끊을 수 있게 되어 있다는 점에서 연암의 탁월한 문장 솜씨가 절로 드러나는 부분이다.

본편의 머리말에서는 마술의 사회적 기능이나 의의를 언급하고 있으며, 특히 덧붙이는 말에서 제시하는 메시지는 중요한 의미를 가지고 있다. 서화담과 장님의 이야기는 인식론에서 중요한 의미를 가지는 일화이거니와, 충성과 덕행을 가장한 점잖음이야말로 천하에 가장 무서운 요술이라는 말은 사람이 어떻게 처세해야 하는가를 보여주는 경고이다.

머리말
「환희기서」幻戲記序

　　　　　아침나절에 광피사표光被四表(황제의 덕화가 사방에 퍼짐) 패루牌樓를 지나가는데, 패루 아래에 수많은 사람들이 빽빽하게 에워싸서 시장은 웃는 소리로 와자지껄 떠들썩하다. 그대로 지나가면서 얼핏 보니 싸우다가 죽은 송장이 길에 널브러진 것이 한눈에 들어오기에 부채로 얼굴을 가리고 총총걸음으로 지나쳤다. 따르던 시종이 뒤에 쳐졌다가 잠시 뒤에 쫓아와서 나를 부르며,

　　"괴상한 일이 있는데, 아주 볼만합니다."
하기에 내가 멀찍이 떨어져서,

　　"뭐를 가지고 그러느냐?"
하고 묻자 그는,

　　"어떤 사람이 복숭아를 하늘 위에서 따다가, 지키는 사람에게 맞아서 털썩 땅바닥에 떨어졌답니다."
하기에 나는 해괴한 소리를 한다고 꾸짖고는 뒤도 돌아보지 않고

떠났다.

다음 날 다시 그곳을 지나갔다. 그랬더니 천하의 기이한 기술과 요란한 재주, 잡극을 하는 사람들이 모두 황제의 탄신일에 맞추어 열하에 와서 초빙되기를 기다리며 날마다 패루 밑에 나와서 온갖 놀이를 놀며 연습하고 있었다. 어제 시종이 보았다는 것이 바로 이 요술의 하나였음을 비로소 알겠다.

대개 상고시대부터 이런 요술에 능한 사람이 있어서 자그마한 귀신을 부려 사람의 눈을 현혹했기 때문에 이를 환술幻術(요술)이라고 한다.[1] 하夏나라 때는 유루劉累라는 사람이 용을 길들여서 임금 공갑孔甲의 마음을 사로잡았고, 주周나라 목왕穆王 때는 언사偃師라는 사람이 춤추는 나무인형을 만들어 놀렸다. 묵적墨翟(묵자)은 점잖은 학자인데도 나무로 만든 솔개를 날렸고, 후세 동한東漢 때의 좌자左慈와 비장방費長房의 무리는 모두 이런 기술을 가지고서 사람들 사이에서 유희를 했으며, 연燕나라 제齊나라의 신이하고 괴상한 선비들은 신선을 이야기해서 당대의 임금을 속이고 홀렸다.

이런 것들은 모두 요술이건만, 당시 사람들은 이를 능히 깨닫지 못했다. 생각건대 요술하는 기술은 서역에서 나온 것이므로 구마라십鳩摩羅什,[2] 불도징佛圖澄,[3] 달마達磨[4] 같은 사람들이야말로 요술을 더욱 잘했던 사람이 아니었을까?

어떤 사람이 묻기를,

"이런 요술하는 재주를 팔아서 생계로 살아가는 사람들은 본래 나라의 법 밖에서 활동하는 것인데도 그들을 죽여서 멸절시키지 않음은 무슨 까닭입니까?"

하기에 내가,

[1] 환술이란 남의 눈을 속여 괴상한 것을 나타나 보이게 하는 기술을 말하는데, 요술妖術과 같은 의미이다.

[2] 구마라십은 서역 구자국龜茲國(신장 자치구 쿠차庫車) 출신으로 후진後秦에 들어와 불경을 한문으로 번역한 고승이다.

[3] 불도징은 진晉나라 때 인도에서 중국으로 건너온 승려이다.

[4] 달마는 양梁나라 때 인도에서 건너온 승려로, 선종의 시조가 되었다.

"중국의 땅덩어리가 워낙 광대해서 능히 모든 것을 포용하여 아울러 육성할 수 있기 때문에 나라를 다스리는 데 병폐가 되지 않는다는 사실을 알 수 있습니다. 만약 천자가 이를 절박한 문제로 여겨서 법률로 요술쟁이들과 잘잘못을 따져서 막다른 길까지 추격하여 몰아세운다면, 도리어 궁벽하고 눈에 띄지 않는 곳으로 꼭꼭 숨어 때때로 출몰하면서 재주를 팔고 현혹하여 장차 천하의 큰 우환이 될 것입니다.

그래서 날마다 사람들로 하여금 요술을 하나의 놀이로서 보게 하니, 비록 부인이나 어린애조차도 그것이 속이는 요술이라는 것을 알아서 마음에 놀라거나 눈이 휘둥그레지는 일이 없습니다. 이것이 임금 노릇 하는 사람에게 세상을 통치하는 기술이 되는 것입니다."

라고 대답하였다. 드디어 보았던 여러 요술을 기록한다. 모두 스무 가지인데, 요술을 아직 보지 못한 우리나라 사람들에게 장차 보여주려고 한다.

• 요술쟁이가 대야의 물에 손을 씻고 수건으로 깨끗하게 닦은 뒤에 얼굴을 엄숙하게 꾸미서 사방을 둘러보고는 손뼉을 치고 손을 이리저리 뒤집어서 두루 사람들에게 보여준다. 그러고는 왼손의 엄지와 식지(집게손가락)를 합해서 비비는데, 마치 환약을 비비듯, 벼룩과 이를 잡아서 세게 문지르듯 하자 갑자기 조그마한 물체가 생겨 크기는 겨우 좁쌀 정도만 했다. 계속해서 이를 비비자 점점 커져 녹두알만 해졌다가, 다시 앵두만 해지고, 점점 커져 빈랑檳榔만 해지고, 다시 점점 커져 계란만 해졌다. 그리고 양손으로 더욱 빠르게 비비며 돌리니, 더욱 둥글어지고 더욱 커져서 약간 누렇고 담백한 색의 거위 알처럼 커졌다.

거위 알처럼 커진 뒤에는 더 이상 커지지 않더니 갑자기 수박처럼 커졌다. 요술쟁이가 두 무릎을 꿇고 그것을 가슴에 안아 점점 위로 향하며 둥근 것을 비비기를 더욱 빨리 하여서 마치 장구를 안고 있는 것처럼 하다가 팔뚝에 힘이 빠져서야 비비기를 그치고는 그것을 탁자 위에 올려 놓았다. 그 모습이 아주 동그랗고, 색깔은 아주 누렇고, 크기는 물동이만 했다. 다섯 말 정도를 담을

『산해경』에 나오는 제강의 모습

5 제강은 『산해경』「서산경」西山經에 나오며, 음악과 춤을 이해하는 신령스러운 새라고 한다. 다리가 여섯 개이고 날개가 네 개 달렸고, 동글동글하며 얼굴이 없다고 한다.

크기인데, 무거워서 들 수 없을 것 같고, 견고해서 깰 수 없을 것 같다. 돌도 아니고 쇠도 아니며, 나무도 아니고 가죽도 아니며, 흙으로 동그랗게 빚은 것도 아니어서 뭐라고 이름을 붙일 수가 없다. 냄새도 없고 향도 없는 것이 뭐가 뭔지 갈피를 잡을 수 없는 두루뭉수리로 마치 『산해경』이란 책에 나오는 혼돈의 신 제강帝江[5]처럼 생겼다.

요술쟁이가 천천히 일어나서 손뼉을 치고 사방을 둘러보더니 그 물건을 다시 어루만지는데, 부드럽고 온화하게 어루만지며 연약한 물건을 쓰다듬듯 하자 마치 물방울처럼 점점 가벼워지며 점점 오그라들며 작아지더니 순식간에 손바닥 안으로 들어갔다. 다시 양 손가락으로 살살 비비다가 한 번 손가락을 퉁기니 즉시 사라지고 아무것도 없다.

• 요술쟁이가 사람을 시켜서 종이 몇 권을 잘게 썰게 하였다. 큰 통에 물을 붓고 썬 종이를 물통 안에 넣고는 손으로 그 종이를 휘휘 저어서 뒤섞는데 마치 빨래를 하는 것 같다. 종이가 물에 풀어져 뻑뻑하게 되어 마치 흙이 물에 들어가 질퍽한 진창이 된 것과 같다. 사람들을 두루 불러서 통 가까이 와서 그 안을 살펴보게 하니, 종이와 물이 범벅이 되어서 그 꼴이 말이 아니었다.

그러자 요술쟁이가 손뼉을 치며 한번 웃고 나서, 양 소매를 걷고는 통을 끌어안고 종이를 건져내는데, 양손으로 두레박을 당기듯 끌어당기자 마치 고치에서 명주실이 솔솔 뽑혀 나오듯 종이가 서로 끈처럼 연결되어 나오며 처음 종이를 썰기 전의 모양처럼 이어 붙인 흔적이 하나도 없다. 누가 풀로 붙여 놓았는지, 그 폭은 허리띠 정도인데, 수십 수백 발이 되어 지상에서 꼬불꼬불 얽히고 바람에 펄럭거린다. 다시 통 안을 들여다보니 물은 찌꺼기 하나 없이 맑아서 마치 새로 길어다 놓은 것 같다.

• 요술쟁이가 기둥을 등지고 서서 사람을 시켜 자기 손을 뒤로 젖혀 붙이고 두 엄지손가락을 동여매게 했다. 기둥은 두 팔뚝 사이에 있고, 묶은 엄지는 검푸른색으로 변하여 고통을 참지 못하는 것 같다. 많은 사람들이 둘러서서 보고는 가슴 아프고 불쌍하게 여기지 않는 사람이 없었는데, 어느 사이에 요술쟁이는 기둥에서 벗어나고 두 손은 가슴 사이에 와 있다. 묶은 결박은 그대로 있으며 아직 풀지를 못했으며, 손가락은 피가 모여 통통하게 부어오르고 색이 더욱 검붉어져 요술쟁이는 심한 통증을 참지 못했다. 구경꾼이 끈을 풀어 주자 혈기가 차츰 통하게 되었으나, 끈으로 묶었던 부분은 아직도 벌걸다.

우리 일행 중의 한 마부가 눈을 한군데로 모아서 뚫어지게 보다가는 속은 것처럼 마음속에 분노가 생기고 얼굴빛에 의심을 띠고는 주머니를 더듬어 돈을 꺼내서 요술쟁이를 크게 부르며 돈을 먼저 줄 터이니 다시 자세히 보자고 하였다. 그러자 요술쟁이는 억울함을 호소하며 "나는 너를 속이지 않았는데, 네가 나를 믿지 못하니 어디 네 마음대로 한번 묶어 봐라"라고 한다.

마부가 화가 불끈 치밀어 요술쟁이의 끈을 던져 버리고, 자기가 가지고 있던 채찍 줄을 풀어 입에 한번 물어서 말랑하게 만들어 요술쟁이를 기둥에 등지게 하고 두 손을 젖혀서 뒤로 결박을 하는데, 처음에 묶었던 것보다 더 단단하게 조였다. 요술쟁이는 슬피 울부짖는데, 통증이 뼛속까지 스미는지 콩알 같은 눈물을 뚝뚝 흘린다.

마부가 크게 웃자 구경꾼은 더욱 불어났다. 그러자 벗어나는 순간을 보지도 못하는 사이에 요술쟁이는 이미 스스로 기둥에서 떨어져 나왔고 묶인 손은 끝내 풀지 못했다. 신통한 기술을 보이기를 이렇게 세 차례나 했으나, 도무지 그 비결을 알 수 없었다.

• 요술쟁이가 수정으로 된 둥근 구슬 두 개를 탁자 위에 올려놓았다. 구슬의 크기는 계란보다는 약간 작았다. 그중의 하나를 손에 쥐고 입을 벌려서 넣지만 목구멍은 좁고 구슬은 커서 삼킬 수가 없자, 구슬을 도로 뱉어 탁자 위에 다시 올려놓았다. 다시 광주리 속에 있던 두 개의 계란을 꺼내어 눈을 부릅뜨고 목을 쭉 빼서 한 개를 꿀꺽 삼킨다. 마치 닭이 지렁이를 삼키듯 하고, 뱀이 두꺼비를 삼키듯 하니, 계란은 목구멍에 걸려 마치 혹이 달린 것처럼 볼록하게 튀어나왔다. 다시 계란 한 개를 삼키자 목구멍을 틀어막아 목이 메어 트림을 하고 게우며 헛구역질을 하더니, 목덜미가 붉어지고 근육이 벌떡 선다. 요술쟁이는 후회하고 한스러워하며 이젠 죽었구나 하는 시늉을 낸다.

그러더니 대나무 젓가락으로 목구멍을 쑤시다가, 대나무 젓가락이 부러져 땅으로 떨어지니 어찌해 볼 수가 없다. 입을 벌리고 사람들에게 보여주는데, 목구멍으로 작고 희끄무레한 것이 드러나 보인다. 가슴을 치고 목을 두드리며 답답하고 가슴이 막혀 괴로워한다. 조그마한 재주를 지나치게 자랑하다가 죽게 되었다고 사람들이 떠들며 소리치자, 요술쟁이는 묵묵히 듣고 있다가 귀가 가려운 듯 귀를 기울여서 잠시 긁는다. 마치 의심나는 것이 있는 양, 새끼손가락을 뾰족하게 만들어 귓구멍을 후벼 파서 하얀 물건을 끄집어내는데, 과연 계란이었다. 이에 요술쟁이가 오른손으로 계란을 쥐고 구경꾼들에게 두루 보이더니, 계란을 왼쪽 눈에 넣더니 오른쪽 귀에서 끄집어내고, 오른쪽 눈에 넣고는 왼쪽 귀에서 빼내며, 콧구멍에 넣었다가 뒤통수에서 끄집어낸다. 목구멍에 걸린 한 개의 계란은 아직도 그대로 막혀 있다.

• 요술쟁이가 한 덩어리의 흰 흙으로 땅에 금을 그어서 큰 동그라미를 치고는 구경꾼들을 동그라미 밖으로 나가서 둘러앉게 했다. 그리고 요술쟁이는 모자와 옷을 벗고, 모래로 벼려 시퍼렇게 날이 서서 빛이 번쩍거리는 칼을 땅에 꽂았다. 다시 대나무 젓가락으로 목을 쿡쿡 쑤셔서 걸려 있는 계란을 깨려고 하였다. 땅을 짚고 엎드려 한 번 토해 보았으나 계란은 끝내 나오지 않았.

그러자 칼을 뽑아서 왼쪽으로 휘두르고 오른쪽으로 돌리다가, 다시 오른쪽으로 휘두르고 왼쪽으로 돌리더니 하늘을 향해 한 번 던지고는 손바닥으로 칼을 받는다. 또 높이 한 번 던지고는 하늘을 향해 입을 벌리니 칼끝이 곧바로 떨어져 입속으로 내리꽂혀서 들어간다. 그러자 구경꾼들의 얼굴이 새파랗게 질려 일제히 일어나 놀라서 찍소리도 없다.

요술쟁이는 얼굴을 위로 향하여 두 손을 늘어뜨리고 한참 동안 빳빳하게 서서는 눈도 깜빡하지 않고 푸른 하늘을 똑바로 쳐다본다. 잠시 만에 칼을 꿀꺽꿀꺽 삼키는데 마치 병을 기울여 뭘 마시는 듯하고, 목과 배가 씰룩씰룩 서로 움직이는 것이 마치 두꺼비가 싱이 나서 배를 씰룩거리는 것 같다. 칼의 날 밑이 이빨에 걸려서 오직 가죽으로 된 줄만 안 넘어가고 있다. 요술쟁이는 네

발로 기어가듯 땅바닥을 짚고서 칼자루로 땅을 다지는데, 이빨과 칼의 고리가 서로 부딪치며 '달그락 달그락' 소리를 낸다.

또다시 일어나서 주먹으로 자루 끝을 치고, 한 손으로는 배를 문지르고 한 손으로는 칼자루를 쥐었는데, 뱃속에서 칼이 어지럽게 논다. 칼이 뱃가죽 사이에서 오가는 모습이 마치 붓이 종이에 금을 긋듯 왔다 갔다 하니, 구경꾼들이 전율을 하며 차마 똑바로 쳐다보지를 못한다. 어린아이들은 겁에 질려 울면서 등을 돌리고 달아나다 엎어지고 넘어진다. 그러자 요술쟁이가 손뼉을 치고 사방을 돌아보고는 의연하게 바로 서서, 서서히 칼을 뽑아 두 손으로 받쳐 들고 두루 구경꾼에게 보이고는 앞으로 나와서 예를 표한다. 칼끝에선 핏방울이 뚝뚝 듣고, 더운 김이 모락모락 난다.

• 요술쟁이가 종이를 나비 날개처럼 얇게 잘라서 수십 조각을 만들고는 손바닥 안에 넣어 비비고, 구경꾼 중의 한 어린아이를 불러내어 눈을 가리고 입을 벌리게 하였다. 요술쟁이가 손바닥으로 어린아이의 입을 틀어막으니, 어린아이는 발을 동동 구르며 운다. 요술쟁이가 웃으며 손을 놓으니, 어린아이는 울면서 한편 뭔가를 토해 내는데, 청개구리다. 청개구리가 튀어나와 폴짝폴짝 뛰는데, 연신 수십 마리를 토해 낸다. 개구리들은 모두 땅에 폴짝거리며 뛰어다닌다.

• 요술쟁이가 탁자 위를 깨끗하게 닦더니 붉은 양탄자를 툭툭 털어서 탁자 위에 펼쳐 놓았다. 사방을 돌아보며 손뼉을 치고 구경꾼들에게 손에 아무것도 없음을 두루 보여준다. 요술쟁이가 탁자 앞으로 천천히 걸어가더니, 한 손으로는 양탄자 중앙을 지그

시 눌러 고정을 시키고 한 손으로는 양탄자 모서리를 집어서 들자, 붉은 새 한 마리가 '쨱' 하고 한 번 소리를 지르며 남쪽으로 날아가 버린다. 또 양탄자 동쪽을 비벼서 쳐들자 푸른 새가 동쪽으로 날아가 버린다.

　손을 양탄자 밑에 넣어서 가만히 더듬어서 참새 한 마리를 잡아내는데, 빛깔은 희고 부리는 붉다. 참새는 양발로 허공에서 바동바동 발버둥을 치다가 요술쟁이의 수염을 낚아챈다. 요술쟁이가 수염을 잡아당기자 또 그의 왼쪽 눈을 쫀다. 요술쟁이가 새를 버리고 눈을 비비자, 새는 서쪽으로 날아가 버린다. 요술쟁이가 분하여 탄식을 하더니, 또 가만히 손으로 검은 참새 한 마리를 잡아서 다른 사람에게 주려고 하다가 그만 실수해서 새를 놓치고 말았다. 참새는 땅에 떨어져 탁자 밑으로 굴러 들어갔는데, 어린아이들이 서로 참새를 잡으려고 다투자 참새는 필사적으로 일어나 북쪽으로 날아가 버린다. 요술쟁이가 분이 나서 씨근덕대며 양탄자를 확 낚아채자 무수한 때까치와 비둘기가 한꺼번에 날아가서 깃을 치며 빙빙 돌다가 지붕의 처마에 모여 앉았다.

　• 요술쟁이가 주석으로 만든 작은 병을 손에 쥐고 오른손으로 물 한 사발을 떠서 병 안에 붓는데, 병에 물이 차서 병 주둥이에 물이 철철 넘친다. 요술쟁이가 사발을 탁자 위에 놓고는 대나무 젓가락으로 병 바닥을 쑤시자, 병 바닥에서 물이 새며 방울방울 물방울이 생기더니 한참 있다가는 낙숫물 떨어지는 것처럼 좔좔 흘렀다. 요술쟁이가 병 바닥을 올려다보며 입으로 불자 새던 물줄기가 즉시 그쳤다. 요술쟁이가 공중을 향해 옆으로 눈을 흘겨보며 입 안에서 뭐라 주문을 외자, 물이 병 주둥이에서 몇 척이

나 용솟음치면서 콸콸 쏟아지며 땅을 질펀하게 만든다. 요술쟁이가 대갈일성 소리를 지르며 솟구치는 물의 중간을 움켜쥐자 물은 중간 부분이 잘리며 오그라들어 병 안으로 빨려 들어간다. 요술쟁이가 다시 사발을 손에 쥐고 병의 물을 다시 사발에 따르니 물의 양이 처음과 똑같은데, 땅바닥에 물이 흐른 자국은 마치 몇 동이의 물을 부어 놓은 것처럼 흥건하다.

고리 마술(連環魔術)

• 요술쟁이가 두 개의 쇠고리를 꺼내어 탁자 위에 올려놓고는 구경꾼들을 두루 불러서 쇠고리를 구경시킨다. 쇠고리는 둘레가 두 뼘쯤 되는데 이어 붙인 흔적이 아무데도 없이 아주 동글동글하게 생겼다. 마치 하늘이 조화를 부려 만든 것 같다. 그러자 요술쟁이가 양손을 펴서, 쇠고리를 각각 한 손에 쥐고 빙빙 돌리며 춤을 추다가 공중으로 쇠고리를 던져 놓고는 쇠고리로 쇠고리를 받으니, 두 개의 쇠고리가 서로 연결되었다. 이 연결된 쇠고리를 구경꾼들에게 두루 보여주는데, 쇠고리에는 이지러지거나 틈이 하나도 없으니 누가 연결될 때를 보았으랴. 요술쟁이는 다시 손을 펴서 각각 한 개의 쇠고리를 잡고서는 한 번 떼었다가 다시 합하고, 한 번 연결했다가는 다시 끊어 놓고 하면서 계속 끊고 잇고 떼고 붙이고를 반복한다.

• 요술쟁이가 녹색의 모직 보자기를 탁자 위에 펼치고, 보자기의 한쪽 모서리를 약간 들어서 주먹 크기 정도의 자주색 돌을 끄집어낸다. 뾰족한 칼로 돌을 약간 찌르고는 돌 밑에 잔을 받쳐 놓으니, 소주가 쫄쫄 흘러나오다가 잔이 꽉 차자 멎었다. 구경꾼들이 다투어 가며 돈을 내고 술을 사서 마신다. 사괴공史蒯公을 마

시기를 바라면 자주색 돌에서 사괴공이 흘러나오고, 불수로佛手
露를 마시기를 원하면 돌에서 불수로가 흘러나오며, 장원홍狀元紅
을 마시기를 바라면 돌에서 장원홍이 흘러나온다. (사괴공, 불수
로, 장원홍은 모두 술 이름이다. ─ 원주) 오직 한 가지 술만 나올
수 있게 하는 것이 아니라, 요구하는 대로 문득 척척 응하는데, 한
가닥 맑은 향기가 뱃속으로 떨어지면 어질어질해지고 얼굴이 붉
어진다. 연달아 수십 잔을 뽑아냈더니 갑자기 돌이 어디론지 없
어져 버렸다. 요술쟁이는 놀라거나 허둥지둥하지도 않고 멀리 흰
구름을 가리키며 "돌이 하늘 위로 돌아갔소이다"라고 한다.

• 요술쟁이가 모직 보자기 밑에 손을 집어넣어서 빈과蘋果 세
개를 더듬어 꺼낸다. (빈과는 곧 우리나라에서 사과라고 일컫는
것이다. 중국에서 일컫는 사과는 곧 우리나라의 능금이다. 우리나
라에는 옛날에 사과가 없었는데, 동평위東平尉 정재륜鄭載崙[6]이
사신으로 중국에 갔다가 가지를 접붙여서 우리나라에 가지고 돌
아와 나라에 비로소 성하게 퍼졌으며 이름은 와전되었다고 한
다. ─ 원주) 가지가 붙어 있고 잎도 붙은 사과를 가지고 우리나라
사람을 향해서 사라고 청한다. 우리나라 사람이 머리를 내저으며
기꺼이 사려 하지 않고 말하기를 "듣자하니, 과거에 당신들이 항
상 말똥을 가지고 사람을 놀려 먹는다 하더이다" 하자, 요술쟁이
는 웃으면서 변명하려고 하지 않는다. 그러자 구경꾼들이 다투어
사서 우적우적 씹어 먹는다. 우리나라 사람이 그제야 팔기를 청
하니, 요술쟁이는 처음에는 아까워하며 뜸을 들이다가 그제서야
사과 하나를 끄집어내어서 우리나라 사람에게 준다. 그가 넙석
한 번 깨물다가는 즉시 '왝' 하고 토한다. 말똥이 입 안에 그득하

6 정재륜(1648~1723)은
효종의 다섯째 딸에게 장가
들어 동평위에 봉해졌다. 세
차례나 청나라에 다녀왔다.
자는 수원秀遠 호는 죽헌竹
軒이며, 『공사견문록』公私
見聞錄, 『한거만록』閒居漫錄
등의 저서가 있다.

게 되었으니, 온 시장 사람들이 모두 웃는다.

• 요술쟁이가 바늘 한 줌을 입에 넣고 꿀꺽 삼키는데, 가려워하지도 아파하지도 않으며 평상시처럼 웃고 말한다. 밥을 먹고 차를 마시고 천천히 일어나 배를 문지르고는 붉은 실을 비벼서 귓구멍에 넣고 조용히 한참을 서 있더니 헛기침을 여러 차례 한다. 코를 쥐자 콧물이 나와서 수건으로 코를 닦고는 손가락을 콧구멍에 집어넣어 마치 코털을 뽑는 것처럼 하니, 잠시 뒤에 붉은 실이 콧구멍에 조금 보인다. 요술쟁이가 손톱을 족집게처럼 만들어 그 끝을 뽑으니, 실이 한 자쯤 나오고 홀연히 바늘 하나가 콧구멍으로 누워서 나오는데 바늘귀에는 실이 꿰어져 간들간들 흔들거린다. 실은 뽑을수록 더욱 길어지고 수많은 바늘이 모두 하나의 실에 꿰어져 쭉 딸려 나오는데, 더러 밥알이 바늘 끝에 붙어 있다.

• 요술쟁이가 흰 사발 하나를 꺼내어 구경꾼들에게 뒤집어서 보이고는 땅바닥에 두는데, 사발 안에는 아무 물건도 없다. 요술쟁이가 사방을 돌아보고 손뼉을 치고는 접시 하나를 가지고 구경꾼들에게 보이고 나서 접시로 사발 아가리를 덮고 사방을 향해 노래를 부른다. 한참 뒤에 덮었던 접시를 열어서 보여주는데, 사발 안에는 흰 개구리밥처럼 생긴 은 조각 다섯 개가 들어 있다. 요술쟁이가 사방을 돌아보고 손뼉을 치며 구경꾼들에게 보여주고 다시 접시로 사발을 처음처럼 덮고는 공중을 향해 노려보며 마치 욕을 하듯 대갈일성 소리를 지르고 한참 뒤에 열어서 보이는데 은이 돈으로 변했고 그 숫자도 다섯 개다.

• 요술쟁이가 은행 한 쟁반을 땅 위에 놓고 그 위에 큰 동이 하나를 덮고는 공중을 향해 주문을 외고 한참 뒤에 열어 보이는데, 은행은 간 데 없이 사라지고 모두 아가위[7]가 되었다. 다시 동이를 덮고 공중을 향해 주문을 외우고 한참 뒤에 열어 보이는데, 아가위는 보이지 않고 모두 육두구肉豆蔻 열매[8]다. 다시 동이를 덮고 공중을 향해 주문을 외우고 한참 뒤에 열어 보이는데, 육두구는 보이지 않고 모두 붉은 능금이다. 또 동이를 덮고 공중을 향해 주문을 외우고 한참 뒤에 열어 보이는데, 붉은 능금은 간 데 없고 모두 염주다.

염주는 자주색 박달나무로 만든 것으로 모두 배가 볼록한 포대화상 형상을 새겼으며, 하나하나가 웃음을 띠고 있으며 낱낱이 포동포동 살이 쪄서 백여덟 개가 한 줄에 꿰어 있다. 어디에서부터 묶었는지 묶은 시작과 끝의 매듭이 보이지 않으니, 비록 아무리 잘 센다고 하는 교력巧歷[9]이라도 어디에서부터 셀 수 있으랴. 그러자 요술쟁이는 사방을 돌아보고 손뼉을 치고는 두루 구경꾼들을 불러서 자기의 묘한 재주를 으스대며 보여준다.

다시 그 동이를 덮었다가 뒤집어서 땅 위에 놓는데, 동이는 아래로 가도록 하고 쟁반으로 위를 덮고는 마치 화가 잔뜩 난 사람처럼 눈을 흘겨보면서 대갈일성 소리를 지른다. 한참 뒤에 열어서 보이는데 염주는 모두 사라지고, 맑은 물이 철철 넘치며 한 쌍의 금붕어가 동이 안에서 활발하게 헤엄을 친다. 금붕어는 입을 빠끔빠끔하면서 진흙을 뱉어 내며 뛰기도 하고 헤엄도 친다.

• 요술쟁이가 직경이 한 자[10] 남짓 되고 알록달록한 그림이 그려진 사기 쟁반 다섯 개를 탁자 위에 올려놓고, 다시 가느다란 대

7 아가위는 산사나무의 열매로 산사자라고도 한다.
8 육두구 열매는 육두구나무의 열매로, 둥글고 주황색이며 한약재로 사용한다.

육두구

9 교력은 『장자』에 나오는 인물로, 셈을 아주 잘하는 것으로 알려졌다.

10 자(尺)의 길이는 시대와 종류에 따라서 각기 달랐다. 조선 시대 민간에서 많이 사용한 주척周尺은 대략 20cm 정도이고, 근대 이후 일본에서 도입한 곡척은 약 30cm 정도이다.

나무 가지 수십 개를 탁자 아래에 두었다. 대나무의 크기와 길이는 화살에 비해서는 모두 짧은 것인데 그 끝을 깎아서 날카롭게 만든 것이다. 이에 대나무 하나를 가지고 그 끝에 쟁반을 올려놓고는 대나무를 흔들어 접시를 돌리는데, 기울지도 않고 삐뚤어지지도 않는다. 천천히 돌아가면 손으로 쟁반을 쳐서 빨리 돌게 한다. 쟁반이 빠르게 돌아가는 바람에 떨어질 생각을 않는다. 쟁반이 한쪽으로 약간 기울자 다시 대나무를 쳐서 올리는데, 쟁반은 대나무 끝에서 한 자 남짓 떨어졌다가 쟁반의 정중앙에 살포시 앉으며 뱅글뱅글 돌아간다.

요술쟁이는 그것을 오른발 가죽신에 꽂았는데, 쟁반은 절로 잘 돌아간다. 또 한 대나무에 처음처럼 쟁반을 돌려서 왼쪽 신발에 꽂고, 또 한 대나무에 쟁반을 돌려서 오른쪽 옷깃에 꽂았으며, 또 한 대나무에 쟁반을 돌려 왼쪽 옷깃에 꽂는다. 다시 한 대나무에 쟁반을 올리고 그 끝을 흔들고 치니 쟁반은 뱅글뱅글 돌아가는데, 손으로 쟁반을 치자 쟁그랑쟁그랑 소리가 난다.

요술쟁이가 대나무에 대나무를 꽂아서 차차로 연결해 나가자 쟁반은 무겁고 장대는 길어져서 장대의 허리가 절로 휘었다. 그는 접시가 떨어져 깨진다는 생각은 전혀 하지 않고 돌리기를 그치지 않는다. 대나무 10여 개를 이어 놓으니 그 높이가 지붕 위로 솟구쳤다. 그러자 요술쟁이가 천천히 꽂았던 대나무를 뽑아서 쟁반을 곁에 있는 사람에게 주어 탁자 위에 다시 올려놓도록 한다. 그리고 요술쟁이는 마치 담뱃대를 물듯 대나무 하나를 입에 물고는 그 끝에 높게 이어진 대나무를 세우고 양팔을 늘어뜨린 채 꼿꼿하게 한참을 서 있다. 구경꾼들이 모두 뼈가 시큰거리지 않을 수 없으니, 쟁반이 아까워서가 아니라 실로 보고 있는 모습이 너무 위태롭고 아슬아슬하기 때문이다.

별안간 바람이 불어 대나무 중간이 부러지자, 그때 구경꾼들은 일제히 경악을 하며 비명을 지르는데, 요술쟁이도 놀란 듯 잽싸게 달려가 떨어지는 쟁반을 받아들고는 다시 높이 던지자 쟁반은 100자 높이로 날아간다. 이에 요술쟁이는 사방의 구경꾼을 돌아보고는 느긋하고 편안한 자세로 사뿐사뿐 쟁반을 받는데, 자랑하지도 으스대지도 않고 마치 옆에 사람이 없는 것처럼 아무 거리낌없이 한다.

• 요술쟁이가 나락 너덧 말을 앞에 두고는 두 손으로 허겁지겁 움켜쥐고 마치 맛있는 음식을 즐기듯 잠깐 사이에 다 먹어 버려 땅바닥은 핥아 놓은 듯이 말끔했다. 이에 요술쟁이는 땅바닥을 짚고 왕겨를 토해 내는데, 침이 왕겨에 묻어서 덩어리가 되어 나오며, 왕겨가 다 나오자 연기가 계속해서 무럭무럭 난다. 입술과 이 사이를 연기가 에워싸고 덮어서 손으로 수염을 닦고, 물을 찾아서 양치질로 입을 행궈 냈으나 연기는 끝내 그치지 않는다. 가슴을 치고 입술을 문지르며 괴롭고 답답함을 못 견디는 것처럼 하다가 연신 몇 사발의 물을 들이켜도 연기의 기세는 더욱 치열하더니 입을 벌리고 한 번 웩 하고 토하자, 시뻘건 불길이 입 안을 꽉 채우고 있다. 젓가락으로 집어서 꺼내자 반은 숯이고 반은 타고 있다.

• 요술쟁이가 금으로 된 호리병을 탁자 위에 두고, 또 푸른 구리 화병을 꺼내어 공작새의 깃털을 꽂았다. 잠시 사이에 금 호리병이 어디로 갔는지 사라졌다. 요술쟁이가 구경꾼 중의 한 사람

을 가리키며 "저 어르신께서 감추었구먼" 하자, 그 노인은 그만 얼굴이 벌게지면서 "무슨 그런 무례한 말을 하는 거요" 한다. 요술쟁이가 웃으며 "어르신께서는 정말 속이려고 하십니다. 호리병은 노인의 품속에 있습니다" 한다. 그 노인은 크게 화가 나서 입속으로 욕을 하며 자신의 옷을 털자 홀연히 품속에서 쟁그랑 소리를 내며 호리병이 바닥에 떨어진다. 온 시장 사람들이 일제히 웃자, 노인은 한동안 묵묵히 있다가 사람들 등 뒤로 가서 선다.

• 요술쟁이가 탁자 위를 정갈하게 닦고는 도서를 진열하고, 작은 향로에 향을 사르며, 흰 유리로 된 쟁반에 사발만 한 크기의 복숭아 세 개를 담아서 탁자 위에 올려놓았다. 탁자 앞에는 바둑판과 검고 흰 바둑알을 담은 통을 두었으며, 깔개를 설치하고 자리를 펴 놓았는데 단정하고 아담하게 되었다.

잠시 장막을 쳤다가는 금방 걷으니, 구슬로 만든 관을 쓰고 연잎으로 만든 은자의 옷을 입은 자가 있으며, 곱고 가벼운 춤옷을 입고 구름무늬를 수놓은 신을 신은 자도 있고, 나뭇잎으로 만든 옷을 입고 맨발로 있는 사람도 있으며, 마주 앉아서 바둑판을 벌리고 있는 자도 있고, 지팡이를 짚고 옆에 서 있는 자도 있으며, 턱을 괴고 꾸벅꾸벅 졸고 있는 자도 있는데, 모두 아름다운 수염을 하고 예스럽고 기이하게 생겼다.

쟁반에 있던 복숭아는 홀연히 가지가 생기고 잎이 돋는데, 가지 끝에는 꽃이 핀다. 구슬 관을 쓴 사람이 복숭아 하나를 따서 서로 나누어 먹고는 그 씨를 꺼내어 땅속에 심었다. 그리고 다른 복숭아를 따서 먹는데, 채 반도 못 먹어서 땅에 심었던 복숭아의 씨가 이미 몇 자나 자라서 꽃이 피고 열매를 맺는다. 바둑을 두던 사람이 문득 머리가 반백이 되더니 잠시 만에 눈처럼 하얗게 된다.

• 요술쟁이가 커다란 유리거울을 탁자 위에 올려놓고 받침대를 만들어 거울을 세웠다. 그러고는 요술쟁이가 구경꾼들을 두루 불러서 그 거울을 열어 보였다.

거울 속에는 층층의 누각과 겹으로 된 전각에 단청이 아름답게 칠해져 있다. 벼슬아치 하나가 손에 불자拂子[11]를 들고 난간을 따라서 어슬렁거리며 걸어가는데, 곱게 생긴 미녀들이 삼삼오오 짝을 지었다. 어떤 이는 보검을 받쳐 들고, 어떤 이는 금 호리병을 받들며, 어떤 이는 생황을 불고, 어떤 이는 비단실로 얽은 공을 차는데, 투명한 귀고리에 구름 같은 트레머리가 아름답고도 묘하여 어디 비길 데가 없다. 방 안의 온갖 물건들은 가지가지가 보물 노리개여서 정말 세간의 아주 큰 부자인 것 같다.

그러자 구경꾼들이 흠모하고 기뻐하지 않는 사람이 없고, 탐닉해서 다투어 구경하기에 정신이 빠져서 이것이 거울 속이라는 사실도 잊고서 곧바로 뚫고 들어가려고 한다. 그러자 요술쟁이가 구경꾼들을 내몰며 물러나라고 소리를 치며 즉시 거울의 가리개를 덮어서 오래 보지 못하게 했다.

요술쟁이가 한가롭게 걸어가며 사방을 향해서 노래를 하고는, 또 그 거울을 열어서 구경꾼을 불러와서 보게 했다. 전각은 적막하기 짝이 없고, 정자와 누각은 황량하다. 세월은 얼마나 흘렀으며, 아름다운 여자들은 모두 어디로 간 것인가? 사람 하나가 침상 가에서 모로 누워 자고 있는데, 곁에는 아무 물건도 없다. 팔베개를 하고 잠을 자는데, 정수리에는 이상한 기운이 나와 하늘거리고 모락모락 하는 모습이 마치 연기 같고, 가운데는 가늘고 끝

[11] 불자는 파리를 쫓거나 먼지를 털기 위한 용구로, 말총이나 얼룩소의 긴 꼬리털로 만든다. 주미, 불자, 승불, 파리채라고도 한다.

불자

〈종규도〉(부분) 국립중앙박물관 소장

12 종규는 당 현종이 꿈에 본 것을 화가 오도자吳道子가 그렸다는 귀신이다. 이 그림을 문 위에 붙여서 잡귀를 막았다고 하는데, 후대의 화가들은 종규가 누이를 시집보내는 그림인 〈종규가매도〉鍾馗嫁妹圖를 많이 그렸다.

은 둥근 것이 마치 늘어진 젖통 같다.

종규鍾馗[12]란 귀신은 여동생을 시집보내고, 수리부엉이는 아내를 맞이하는데, 푸른 하늘의 기운인 버들 귀신이 앞에서 인도하고, 복을 가져다준다는 박쥐가 깃발을 잡고서 그 정수리에서 나오는 기운을 타고서 공중에 뛰어올라 안개 속에 노니는 것 같다. 잠자던 사람이 기지개를 켜며 잠을 깨려고 하다가 다시 잠이 들었는데, 잠깐 사이에 두 허벅지가 변해서 두 개의 바퀴가 되었으나 아직 바퀴살과 굴대는 만들어지지 않았다. 그러자 구경꾼들이 겁을 내고 상심하여 거울을 닫고 등을 돌려 도망가려고 하지 않는 사람이 없다.

요술쟁이가 말한다.

"이 세계가 꿈과 같고 환상적인 것은 본래 이 거울 속과 같아서 염량세태가 갑자기 달라진다. 일체 세상 사이의 가지가지 만사가 아침에 피었다가 저녁에 시들며, 어제는 부자였다가 오늘은 가난하게 되며, 젊음은 잠시이고 갑자기 늙어 마치 꿈속에서 꿈 이야기를 하는 것 같다. 죽는 사람이 있는가 하면 태어나는 사람도 있고, 무엇이 있는 것이며 무엇이 없는 것이고, 무엇이 참이고 무엇이 거짓이란 말인가? 말하노니, 세간의 마음 좋은 선남자와 보살 같은 형제들아. 환상의 세계에 꿈같은 몸뚱어리, 물거품 같고 번개처럼 사라질 돈과 물건이라. 큰 인연을 맺고 기운을 따라서 잠시 세상에 거주하는 것이니, 원하건대 이 거울 속을 본보기로 삼아 따뜻하다고 몰려가려고 하지 말고, 차다고 물러나려고 하지 말라. 모두들 가진 돈을 골고루 베풀어서 이 가난하고 궁핍한 사람들을 구제할지어다."

• 요술쟁이가 커다란 동이 하나를 탁자 위에 올려놓고 수건으로 정갈하게 닦고는 붉은 모직의 보자기를 덮어씌웠다. 장차 무슨 요술을 부리려는 것처럼 이리저리 주선을 하는 즈음에 그만 품속에 있던 쟁반 하나가 쟁그랑 소리를 내며 땅에 떨어지면서 붉은 대추가 산지사방으로 튀었다. 구경꾼들이 일제히 웃자, 요술쟁이도 웃으며 그릇을 줍다가는 그만 요술놀이를 끝마치고 만다. 요술놀이를 못해서가 아니라, 날도 저물고 놀이를 파하려고 일부러 파투를 내서 구경꾼들에게 본래 이 요술들은 눈속임의 가짜라는 것을 보여주려고 한 것이다.

덧붙이는 말

이날 나는 홍려시鴻臚寺[13] 소경少卿(차관)인 조광련趙光連과 의자를 나란히 하고 앉아서 요술을 구경했다. 내가 그에게,

"눈을 달고 보면서도 시비를 분변하지 못하고 참과 거짓을 살피지 못한다면 눈이 없다고 말해도 옳을 것입니다. 그런데도 항시 요술쟁이에게 현혹되는 것을 보면, 이는 눈이 함부로 허망하게 보려고 한 것이 아니라, 분명하게 보려고 하는 것이 도리어 탈이 된 것입니다."

하니 조광련이,

13 홍려시는 외국 사신을 접대하거나 산천 제사를 지내는 등 주로 예절에 관한 업무를 담당하는 기관이다.

14 서경덕(1489~1546)은 조선 중기의 유학자이다. 황진이, 박연폭포와 함께 송도松都 삼절三絶로 꼽혔다. 자는 가구可久, 호는 화담이며, 저서에 『화담집』이 있다.
15 조비연은 제비처럼 춤을 잘 추고 몸이 날렵했다는 한漢나라 성제成帝의 황후이다.
16 태백은 왕위를 아우에게 전하려는 아버지의 의중을 파악하고는 몸에 문신을 하고 남쪽 오랑캐 땅으로 약초를 캔다고 떠났다.
17 예양은 그가 모셨던 지백智伯의 원수를 갚기 위해 몸에 옻칠을 해서 피부를 바꾸고 숯을 삼켜 목소리를 바꾸는 변장을 했다.
18 유방이 항우와 전투를 하다가 포위되는 위기를 맞았을 때, 기신이 유방을 탈출시키기 위해 유방이 타던 수레를 대신 타고서 항우를 속이고 죽었다.
19 패공은 한고조 유방이 천자가 되기 전의 봉호이다. 진秦나라는 흰색을 숭상했는데, 패공은 자신의 모든 깃발을 붉은색으로 바꾸었다.
20 장량은 황석공黃石公이란 신선에게 병서를 얻어 출세했는데, 황석공이 장량에게 말하기를 출세한 뒤에 자신을 만나려면 산 밑의 누런 돌을 찾으라고 했다.
21 전단은 전국시대 제齊나라 장수로, 소에게 오색의 옷을 입히고, 그 뿔에 불을 붙여서 적진에 뛰어들게 하여 승리를 거두었다.
22 황초평의 이야기는 『신선전』에 나오는데, 황초평이 돌을 꾸짖어 양으로 변하게

"아무리 요술을 잘하는 사람이 있더라도 장님을 현혹시킬 수 없으니, 눈이라는 게 과연 고정불변의 정상적인 것이라고 말할 수 있겠습니까?"
한다. 내가,
"우리나라에 화담花潭 서경덕徐敬德14이란 선생이 있었답니다. 외출했다가 길에서 울고 있는 사람을 만나서 '너는 어째서 울고 있느냐?'고 물었더니, 그가 대답하기를 '저는 세 살 때 장님이 되어 지금 40년이 되었습니다. 전에 어디 갈 때는 발에 보는 것을 맡겼고, 무엇을 잡을 때는 손에 보는 것을 맡겼으며, 목소리를 듣고 누구인가를 분별할 땐 귀에 보는 것을 맡겼고, 냄새를 맡아서 무슨 물건인지 살필 때는 코에 보는 것을 맡겼습지요. 남들에게 두 눈이 있다면, 저에게는 수족과 코, 귀가 저의 눈이 되지 않는 적이 없었답니다. 어찌 수족과 코, 입뿐이겠습니까. 해가 이른지 늦은지는 낮에 몸의 피곤한 정도를 가지고 보고, 물건의 모양과 색은 밤에 꿈을 통해서 보았지만, 장애가 되는 것이 없었으며 조금도 의심되고 헷갈리지 않았습니다.

그런데 지금 길을 가다가 두 눈이 홀연히 맑아지더니 눈에 흐릿하게 끼었던 백태 같은 것이 절로 열리며 천지가 횅뎅그렁하게 뚫렸고 산천이 어지럽게 막혀 있으며, 만물이 눈에 거치적거리고 온갖 의심이 가슴에 꽉 차서 눈의 역할을 하던 수족과 코, 귀가 그만 뒤죽박죽 착오를 일으켜 모든 것이 옛 모습을 잃었습니다. 집도 까마득하게 잊어버리게 되어 혼자 돌아갈 수 없게 되었으니, 이 때문에 우는 것이랍니다'라 하였다. 선생은 '네가 너의 지팡이에 물어보면 지팡이가 응당 잘 알지 않겠느냐?'고 했더니, 그가 '제 눈이 이미 밝아졌는데 지팡이가 무슨 소용이 있겠습니까?'

하기에, 선생은 '그렇다면 네 눈을 도로 감아라. 즉시 집을 찾아 갈 수 있을 것이니라'라고 했답니다.

이로 본다면 눈이란 믿을 수 없다는 것이 분명합니다. 오늘 우리가 요술을 구경했지만, 요술쟁이가 우리를 현혹시킨 것이 아니라, 사실은 보는 사람 스스로가 현혹되었을 뿐입니다."
하니 그가,

"그렇습니다. 세상에서는 조비연趙飛燕[15]은 너무 말랐고, 양귀비는 너무 살쪘다고들 말합니다. 무릇 '너무'라는 말은 대단히 심하다는 표현인데, 이미 '말랐다, 살쪘다'라고 평해 놓고는 거기에다가 함부로 '대단히 심하다'라는 표현을 덧붙인 것을 보면, 두 여자는 이미 절세가인은 아닐 것입니다. 그 여성들을 좋아했던 한나라 성제成帝나 당나라 현종玄宗의 눈은 마르고 살찐 사이에 현혹되어 홀로 그런 사실조차 모르고 있었던 것이지요.

세상에는 광명정대한 눈이나 진정한 소견은 없어진 지 오래되었습니다. 태백太伯이 동생에게 왕위를 양보하기 위해서 몸에 문신을 하고 약초를 캐러 간 행동은 '효'孝를 가지고 요술을 부린 것이고,[16] 예양豫讓이 그가 모셨던 군주의 복수를 위해서 변장을 한다고 몸에 옻칠을 하고 숯을 삼킨 행동은 '의'義를 가지고 요술을 부린 것이며,[17] 기신紀信이 황제를 살리기 위해 대신 황제의 수레에 앉아 깃발을 왼쪽에 꽂은 행동은 '충'忠을 가지고 요술을 부린 것입니다.[18]

패공沛公은 깃발로 요술을 부렸고,[19] 그 신하 장량張良은 돌을 가지고 요술을 부렸으며,[20] 전단田單은 소를 가지고 요술을 부렸고,[21] 황초평黃初平은 양을 가지고 요술을 부렸으며,[22] 조고趙高는 사슴을 가지고 요술을 부렸으며,[23] 황패黃覇는 새를 가지고 요술

만들었다는 고사이다. 질석성양吡石成羊.
23 진秦나라의 조고는 반대파를 숙청하기 위해 황제에게 사슴을 바치며 말이라고 하고는, 이를 반박하여 사슴이라고 바른말을 한 사람을 골라내어 처형했다. 지록위마指鹿爲馬.
24 황패는 한나라 선제宣帝 때의 재상이다. 모양이 꿩처럼 생긴 새인 할鶡을 봉황이라고 속여 임금에게 바쳤다.
25 계명구도鷄鳴狗盜.
26 황제黃帝 때 모반을 한 치우는 머리가 구리로 되었고, 이마는 쇠로 되었다고 한다.
27 제갈공명은 나무로 만든 소를 말처럼 달리게 하여 산악 지방에서 군량을 운반했다고 한다.
28 한나라 때의 반역자인 왕망이 자신이 천자가 되라는 천명이 씌진 문서가 금으로 밀봉된 상자에 있다고 거짓말을 한 고사이다.
29 조조가 임종할 때 처첩들에게 향을 나누어주며 사후에도 분향을 하라 하였고, 그들의 생활을 걱정하여 신을 삼는 것을 배우라고 유언했다. 「매리분향」賣履分香
30 당 현종에게 사랑을 받은 안록산은 뚱뚱한 배에 무엇이 들어있냐는 현종의 질문에 자신의 배에는 적심赤心 곧 충성심이 가득 차 있어서 배가 뚱뚱하다고 답하였다.
31 당나라 덕종 때 재상을 지낸 노기(?~785)는 신체는 왜소하고 얼굴은 푸른 종이처럼 창백하였으나 권모술수에 아주 능했던 인물이다.
32 주나라 유왕幽王의 애첩

인 포사는 웃지 않는 새침한 여자인데, 어느 날 잘못 올려진 봉화로 군사들이 당황하는 것을 보고는 웃은 일이 있었다. 유왕은 포사를 웃기기 위해 가짜 봉화를 계속 올렸는데, 이 때문에 정작 진짜 봉화가 올라도 군사들이 믿지 않았다고 한다.
33 춘추시대 진나라 헌공의 애첩인 여희는 태자 신생을 미워하여 일부러 그가 자기 옷에 벌을 집어넣었다고 모함하여 죽게 만들었다.
34 장화張華의 『박물지』에 의하면 요임금의 뜰에 난 풀은 아첨하는 간신이 뜰에 들어오면 구부러져 그를 가리켰다고 하여 지영초指佞草라고 불렀다고 한다.
35 『서경』 「익직」益稷편에 의하면 순임금의 음악인 소韶를 연주하자 뜰에 봉황이 날아왔다고 한다.
36 『여씨춘추』, 『회남자』 등에 의하면 우임금이 양자강을 건널 때 누런 용이 나와서 배를 엎으려고 하자, 하늘의 명을 받아 백성을 보살피려 하는데 어찌 용을 걱정하랴 하는 우임금의 말을 듣고 용이 꼬리치며 달아났다고 한다.
37 『여씨춘추』에 의하면 무왕이 주紂를 정벌하러 나갈 때 붉은 불이 무왕의 집으로 날아와 붉은 까마귀인 적오赤烏가 되는 상서로운 징조가 있었다고 한다.
38 송나라 유옹劉邕은 상처 딱지 먹기를 좋아했다고 한다. 맹영휴孟靈休를 찾아가서 그의 몸에서 떨어진 상처 딱지를 다 주워 먹고, 또 아직 몸에서 떨어지지 않은 것은 떼어서 먹었다고 한다.

을 부렸고,²⁴ 맹상군孟嘗君은 닭을 가지고 요술을 부린 것입니다.²⁵

치우蚩尤는 구리로 된 머리와 쇠로 된 이마를 가지고 요술을 부렸고,²⁶ 제갈공명은 목우유마木牛流馬로 요술을 부렸으며,²⁷ 왕망王莽은 금으로 봉인한 상자를 가지고 황제가 되는 천명을 부르는 요술을 부리다가 미완성으로 끝났습니다.²⁸

조조가 동작대銅雀臺를 세우고 자기가 죽고 난 뒤에도 분향을 하라고 처첩들에게 향을 나누어 준 일은 파투가 난 요술이며,²⁹ 안록산이 자기의 불룩한 배에는 붉은 충성이 가득하다고 한 거짓말³⁰과 당나라 덕종 때 시퍼런 귀신 얼굴로 간사한 말을 잘한 노기盧杞³¹의 말재주는 요술 중에서도 아주 서툰 요술입니다. 자고로 부인은 더욱이 요술에 능하고 잘했으니, 예컨대 포사褒姒가 봉화를 올리게 한 것³²과 여희驪姬가 벌을 가지고 수단을 부린 것³³이 그런 예입니다.

그러나 성인께서도 도를 다스리고 가르침을 베풀기 위해 그런 요술을 썼습니다. 요임금의 뜰에 난 풀이 간신을 가리켰다고 한 일³⁴과 순임금의 음악을 듣고 봉황이 뜰에 날아왔다는 일³⁵에 대해서는 제가 비록 감히 의심을 할 수는 없겠습니다만, 그러나 또한 우임금 때 누런 용이 나와서 배를 등에 졌다는 일³⁶과 무왕이 정벌하러 갈 때 하늘에서 붉은 불이 날아와 빨간 까마귀가 되었다는 일³⁷들은 다 믿을 수는 없답니다.

자고로 신령한 성인이든 어리석고 평범한 사람이든 간에 모두에게 불가사의하여 알 수 없는 일이 한 가지씩 없는 사람은 없습니다. 몸에서 떨어진 상처 딱지 먹기를 좋아한 사람³⁸도 있었으며, 혹 당나귀 울음소리 내기를 잘한 사람³⁹도 있었으니, 이를 두고 요술이라고 말해도 될 것이며, 천성이라고 말해도 옳을 것입니다.

　요술의 기술이라는 것이 비록 천변만화의 기술이지만 겁낼 만한 것은 없습니다. 천하에서 정말 두려워할 요술은 크게 간사한 사람이 충성스럽게 비치는 것이며, 아주 점잖은 척하지만 알고 보면 천하에 가장 고약한 사람인 향원鄕愿[40]이 덕을 꾸미는 일일 것입니다."

하기에 내가,

　"한漢나라 때의 호광胡廣[41] 같은 정승은 여섯 임금을 섬기며 중용을 가지고 요술을 부렸으며, 5대 시대에 풍도馮道는 성씨가 다른 임금 여러 명을 섬기며 명철보신을 가지고 요술을 하였으니,[42] 웃음 속에 칼을 품고 있음은[43] 오늘 본 요술 중에서 입 안에 칼을 삼키는 요술보다 더 혹독한 것이겠지요?"

하고 서로 크게 웃고는 자리에서 일어섰다.

중국의 마술 변검變臉

39　삼국시대 왕찬王粲은 당나귀 소리를 잘 냈는데, 그가 죽자 위魏 문제가 찾아와서 문상객들에게 그가 생전에 당나귀 소리를 좋아했으니 모두 당나귀 소리를 내 보라고 하였다.

40　『논어』에 향원은 덕을 해치는 도적이라고 하였는데, 한 고을에서 젊잖음을 가장한 사이비한 사람을 말한다.

41　호광(91~172)은 동한 때의 명신名臣, 학자이다. 사람들에게 원만한 태도를 보인 것을 두고 중용의 도를 잘 실천했다는 비아냥이 있었다.

42　풍도(882~954)는 당나라 말기 5대10국 시기의 인물로 처세술에 뛰어나 다섯 왕조를 지내며 여덟 성씨 열 황제를 섬겼다.

43　당나라 이의부李義府는 대화할 때 항상 미소를 짓지만 속으로는 남을 음해하여 해쳤기 때문에 그를 일러 웃음 속에 칼이 있다고 하고, 혹 인묘人猫라고 했다.

피서산장에서 쓴 시화

피서록
避暑錄

◉ ― **피서록**
본편의 제목을 '피서록'이라고 붙였으나, 그 내용은 대부분 시화이다. 중국인과 관련이 있는 조선 시인의 작품, 조선과 관계된 중국 시인의 작품, 연암이 사행길에서 직접 목도한 중국인의 시 작품, 연암에게 사행의 전별시로 지어 준 지우의 작품 등을 수록하고 그 작품과 관련된 이야기를 모은 것이 본편의 내용이다. 열하 피서산장 밖 태학관 회나무 아래의 의자에 앉아 더위를 식히면서 이러한 내용을 적었다는 의미에서 그 제목을 피서록이라고 달았다.
본편에 수록된 시화를 통해 시에 대한 연암의 비평 의식을 볼 수 있다. 아울러 여기 수록된 심상한 시화 하나라도 주목해서 보아야 할 대목이 적지 않다. 특별히 거론된 시는 연암의 문제의식에서 인용된 것이다. 예컨대 명나라 말기에 창작된 한시를 읽고 눈물을 흘리는 한족 지식인의 모습을 놓치지 않고 기록한 까닭은 의도가 있을 터이다.

머리말
「피서록서」避暑錄序

여기 '피서록'이라고 한 것은 내가 열하의 피서산장避暑山莊을 유람하며 기록한 내용이다. 열하에는 서른여섯 개의 뛰어난 경관이 있는데, 강희 황제가 하나하나 경치를 따라서 전각을 두었으니, 다음과 같다.

연파치상烟波致爽	지경운제芝徑雲隄	무서청량無暑淸凉
연훈산관延薰山館	수방암수水芳巖秀	만학송풍萬壑松風
송학청월松鶴淸越	운산승지雲山勝地	사면운산四面雲山
북침쌍봉北枕雙峰	서령신하西嶺晨霞	추봉낙조錘峰落照
남산적설南山積雪	이화반월梨花伴月	곡수하향曲水荷香
풍천청청風泉淸聽	호복간상濠濮間想	천우함창天宇咸暢
난류훤파暖溜暄波	천원석벽泉源石壁	청풍록서靑楓綠嶼
앵전교목鶯囀喬木	향원익청香遠益淸	금련영일金蓮映日

피서산장 36경의 하나인 천우함창天宇咸暢 금산도金山島 경수운잠鏡水雲岑 전각 위에 세운 천우함창 건물은 위로 하늘의 우주와 서로 통창할 수 있는 곳이라는 의미를 담고 있다.

원근천성遠近泉聲	운범월방雲帆月舫	방저임류芳渚臨流
운용수태雲容水態	징천요석澄泉繞石	징파첩취澄波疊翠
석기관어石磯觀魚	경수운잠鏡水雲岑	쌍호협경雙湖夾鏡
장홍음련長虹飮練	보전총월甫田叢樾	수류운재水流雲在

이것들이 있는 곳 전체를 피서산장이라고 이름 지었다. 강희황제는 스스로 「피서산장기」避暑山莊記라는 기문을 지었는데, 내용은 대략 이러하다.[1]

"금산金山[2]에서 발원한 따뜻한 수맥은 흘러 내려가 샘으로 나뉘어 들고, 구름 속 골짜기에는 물이 깊게 고였으며, 돌로 둘린 연못에는 푸른빛을 띤 놀이 감돌도다. 시냇물은 넓고 풀은 비옥하여 농사짓는 농막에 해를 끼칠 일이 없겠으며, 바람이 맑아서 여름날의 산뜻함은 마땅히 사람이 몸을 보살피고 휴양하기에 좋은

[1] 여기 연암이 수록한 기문은 축약이다. 문맥이 잘 통하지 않는 곳은 원래의 기문을 참조하여 약간 보충하였다.
[2] 피서산장의 담 밖으로 서북쪽에는 금산이 있고, 동북쪽에는 흑산黑山이 있다.

효과가 있을 것이로다.

짐이 여러 차례 양자강 강가를 순행해 보았기에 남방의 수려함을 잘 알고 있으며, 두 차례나 섬서와 감숙 지방을 거둥하였으므로 서쪽 지방이 고갈되고 묵었음을 더욱 분명히 알고 있도다. 북쪽으로 사막 북쪽의 변방까지 지나가고, 동으로는 장백산(백두산)까지 유람을 하였으니, 산천의 장대함과 인물의 순박함을 다 기록할 수 없을 정도이나, 나는 모두 취하지 않는다. 오직 여기 열하만은 길이 북경과 가까워 왕래에 이틀이 넘지 않고, 땅은 거친 들판을 개척한 곳이니, 임금 노릇을 하는 마음 씀씀이를 어찌 그르치게 할 수 있으랴.

이에 높고 평평한 차이와 원근의 차이를 측량하고, 있는 그대로의 산천의 기세를 열었도다. 소나무에 의지하여 재실을 지으니 그 언덕에 윤기가 돌고, 끌어 온 물은 정자에 이르며, 나무의 아지랑이가 골짜기에서 나온다. 모두 사람의 힘으로는 능히 할 수 없는 것들이다.

아름다운 터를 빌려서 집을 짓는데, 서까래를 새기고 기둥을 단청하는 비용을 들이지 않았으며, 숲과 샘은 있는 그대로 자연의 멋을 살려서 만물이 활동하는 모습을 관찰할 수 있게 했도다. 무늬가 있는 새는 푸른 물을 희롱하느라 사람을 피하지 않고, 사슴들은 석양의 빛을 받아 무리를 짓는구나. 솔개는 하늘에서 날고 물고기는 연못에서 뛰면서 모두 타고난 천성대로 따르며, 멀리 자주색 이내가 펼쳐진 아름다운 경치를 따라서 오르내린다. (중략) 이것이 피서산장 경치의 대체적인 모습이다. (하략)"

강희 50년(1711) 6월 하순에 썼다고 했으니, 강희 황제는 만년에 이곳 열하에서 많은 시간을 보냈음을 알겠다.

〈열하행궁 조감도〉 1875년 그림

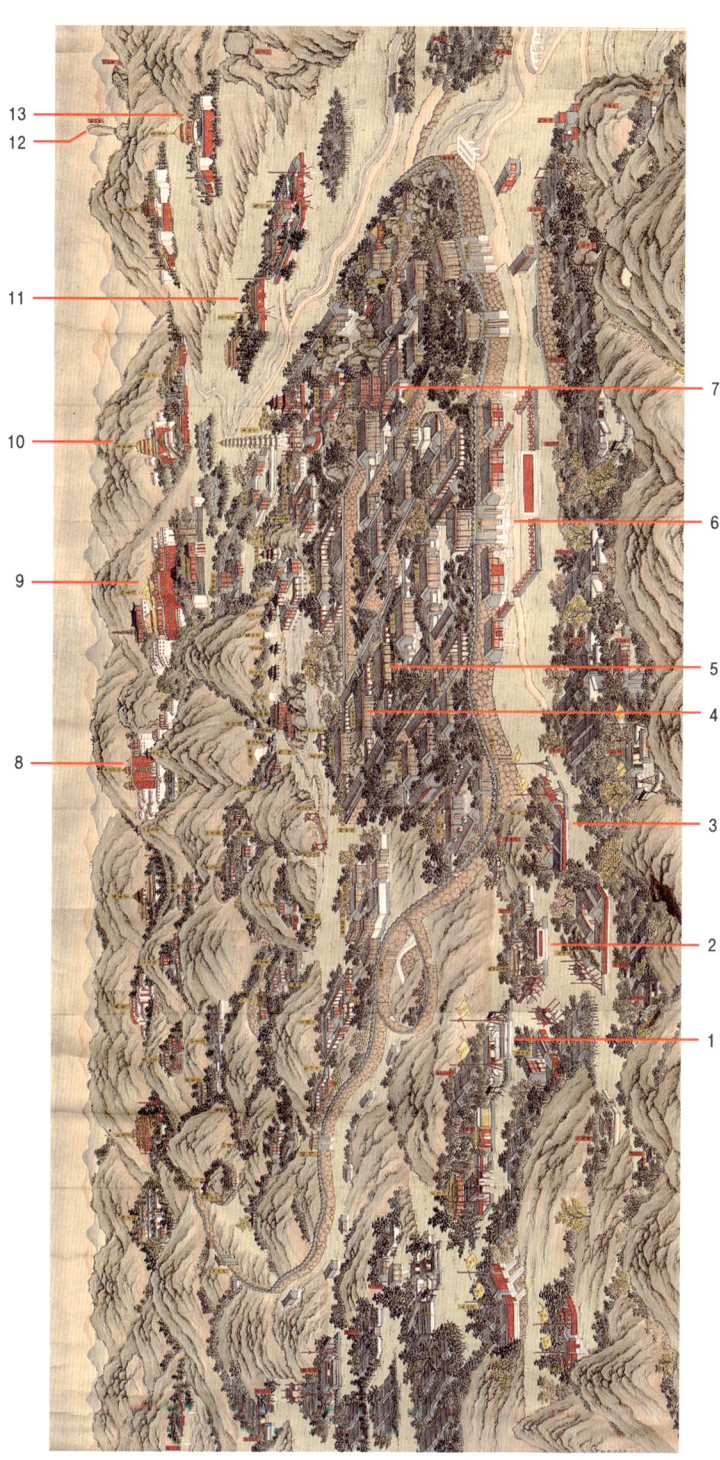

1. 장군부將軍府
2. 문묘文廟(태학)
3. 무묘武廟(관운장 사당)
4. 연파치상煙波致爽
5. 담박경성전澹泊敬誠殿
6. 여정문麗正門
7. 청음각淸音閣
8. 소포탈라궁(보타종승지묘)
9. 찰십륜포(수미복수지묘)
10. 보녕사普寧寺
11. 영우사永佑寺
12. 경추봉磬錘峰
13. 보락사普樂寺

때는 바야흐로 한가을인데도 변방 북쪽의 더운 기운은 오히려 찌는 듯 덥다. 나는 항상 흰 모시 홑적삼을 입는데, 정오가 되면 땀을 뿌릴 정도로 흘렸다. 매번 유람을 한 여가에 틈을 내어서 의자를 집 밖의 큰 회나무 아래에 옮겨 놓고 더위를 식혔는데, 듣고 보고 마음에 생각나는 것을 그때마다 기록하여 이름을 '피서록'이라고 하였다.

• 기려천奇麗川[3]은 만주족이다. 성품이 교만 방자해서 윤형산 尹亨山을 무시하는 기색을 아주 노골적으로 드러냈지만, 형산은 짐짓 모른 체하면서 용모와 말씨를 겸손하게 낮추었다. 윤형산은 기려천보다 20여 살이나 많고 지위도 약간 높았으나, 한족은 중국에서 도리어 나그네의 처지이고 보니 형편이 그렇게 될 수밖에 없다.

기려천이 거처하는 곳은 내가 거처하는 곳과 창을 마주하고 있었다. 내가 윤형산을 만나려면 반드시 기려천의 방문을 지나쳐야 하기 때문에 꼭 그를 먼저 방문하게 된다. 윤형산은 나의 이런 사정을 모르고 항시 내 뒤를 따라왔다가는 금방 자리에서 일어나며 다른 곳에 간다고 말을 한다. 기려천은 웃으면서 그의 뒤통수를 가리키며,

"윤공이 다른 곳에 간다고 하네그려."

라고 한다. 대개 윤형산이 두리번거리다가 다른 곳으로 가는 것을 기롱해서 하는 말이

[3] 기려천의 이름은 기풍액이다. 「경개록」편 참조.

열하 태학의 회랑 기둥은 새로 복원하였지만 서까래는 예전의 모습이다.

4 '비둘기 새끼처럼 눈도 못 뜬'이라고 번역한 "鳩眼未化"라는 표현은 남의 둥지를 빼앗는 비둘기의 사나움을 미워해서 하는 표현이다. 『시지명해』詩識名解.

5 포정사는 명·청 시대의 지방관.

6 이 구절은 『맹자』와 『중용』에서 모두 따온 내용으로, 교묘하게 엮어서 위정자의 가렴주구를 풍자했다.

7 풍병건의 자는 건일健一이고, 호는 명재明齋이다. 건륭제 때 요직을 지낸 주규朱珪의 사위이고, 통주通州 출신의 거인擧人이다.

다. 윤공도 언젠가 뒤에서 그를 평하여,

"비둘기 새끼처럼 눈도 못 뜬,[4] 덜 떨어진 놈 같으니라고."

했다. 한족과 만주족이 원수가 되어 서로 미워하는 것이 이와 같다.

기려천이 언젠가 가만히 나에게,

"산동 지방의 어느 포정사布政司[5]가 자신의 청렴성에 대한 명성이 나지 않는 것을 안타깝게 여겨서 한 쌍의 대련을 관아의 문에 붙이기를,

'백성을 돌보기를 자식처럼 하고(視民若子),

법을 세움은 산처럼 중히 여긴다(立法如山).'

라고 하였는데 밤중에 어떤 사람이 그 아래에 계속해서 쓰기를,

'소와 양은 부모님의 것이고, 곡식 창고도 부모님의 소유이다. 우리는 공손히 자식의 직분을 다할 뿐이다. 보물창고가 거기에서 생기고, 재물이 거기에서 불어난다. 산에 나무가 없는 것, 이것이 어찌 산山의 본성이겠는가?'[6]

라고 했답니다."

하는데 아마도 윤형산을 지목해서 말한 것으로 보인다.

내가 우연히 윤형산에게 한번 물어보았다.

"윤공께서는 일찍이 산동 지방의 포정사를 지낸 적이 있습니까?"

하니 윤공은,

"그렇습니다."

한다.

뒤에 내가 북경으로 돌아와서 사람들과 필담을 하다가 기려천이란 인물을 아느냐고 물었더니, 모두들 고개를 내젓는데 풍병건馮秉健[7]이란 사람이 분연히,

"사대부가 어찌 되놈의 새끼를 안단 말이오?"
한다. 윤형산은 어떤 사람이냐 물었더니 모두들 흔연히,
"백낙천白樂天 같은 일류 선비입니다."
라고 한다.

• 광피사표光被四表 패루의 남쪽 골목길 두 번째 대문 첫머리는 동씨董氏의 집으로, 한쪽 문에는 '쌍청'雙淸이란 편액이 붙었는데, 강희 황제의 어필이다. 또 지금 건륭 황제가 두 대에 걸쳐서 효자가 세 명이 났다는 뜻의 '양세삼효'兩世三孝라고 써 준 편액이 있다. 여기는 장성 밖의 민가民家(한족의 집)인데도, 천자가 전후 세 번이나 거둥했다고 한다.

강희 황제가 절강浙江 지방을 순유할 때 산음山陰 지방[8]의 노인 왕석원王錫元 형제 다섯 명을 불렀다. 그들은 누런 머리카락에 이빨이 새로 났는데, 서로서로 부축하며 의지하여 왔고, 황제는 행궁에서 연회를 베풀어 주었다. 첫째와 둘째는 쌍둥이로 나이가 80이고, 그다음으로 각기 78, 76, 75세였다. 이들의 나이를 합하면 모두 삼백여든아홉 살이고, 다섯 형제들에게서 난 아들과 손자를 합하면 모두 35명[9]이라고 한다.

각각에게 비단을 하사하고, 한집안의 사람이 상서롭다는 뜻의 '일문인서'一門人瑞라는 편액을 써 주었으며 태자(둘째 윤잉胤礽)는,

다섯 가지의 비단 같은 아름다운 나무 오늘에 꽃을 피우고[10]
백 살 신선이 한 가문에 다 모였도다.

五枝錦樹榮今代 百秩仙籌萃一門

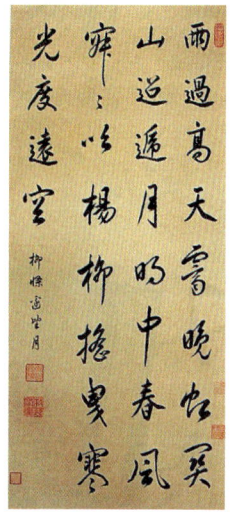

강희 황제의 글씨

8 산음은 지금의 절강성 소흥紹興을 가리킨다.
9 『향조필기』, 『성조오행강남전록』 등의 자료에 근거해서 35명으로 바로잡았다.

건륭 황제의 글씨

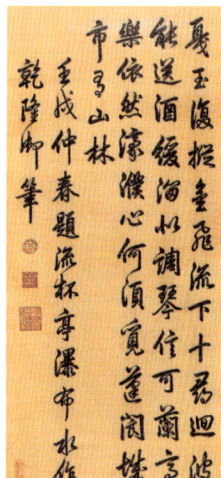

보천석 그림과 시가 적힌 액자의 흔적만 남았다.

라는 대련을 써 주었다.

    이를 통해서 근세에 맑은 행실을 밝히고 특이한 일을 표창하는 은전이 전 시대에 비해서 훨씬 많아졌음을 알 수 있다.

    • 북진묘北鎭廟의 뜰에 있는 오랜 소나무를 황제가 직접 그림으로 그리고, 이를 까만 오석에 새겨서 암석을 파내고 그 안에 액자처럼 넣었다. 암석은 높이가 겨우 한 길 남짓 되는데, 명나라 때는 취운병翠雲屛이라 불렀고, 지금 건륭 황제는 보천석補天石[11]이라고 부르며 그림 곁에 시를 지어서 붙였다.

> 북진묘의 문 서쪽 일산 같은 소나무
> 반은 가지가 말라 죽었고 반은 솔잎이 푸르네.
> 정신을 한데 모아 『포박자』抱朴子[12]를 보듯 하지만
> 모습을 그리자니 진소옹陳所翁[13] 아님이 부끄럽도다.
> 나무 아래 서면 날씨가 흐린지 맑은지 의심스럽다가
> 앞에 나서야 하늘의 색깔을 깨닫겠구나.
> 어찌하면 6월을 맞아 그 뿌리 곁에 앉아서
> 책을 읽으며 솔솔 불어오는 바람 소리 들으랴.
> 鎭廟門西似蓋松 半存枯幹半蘢葱
> 凝神如見抱朴子 圖貌慙非陳所翁
> 立下忽疑晴與晦 現前可悟色兮空
> 何當六月根旁坐 讀疏仡聽謖謖風[14]

---

10 『성조오행강남전록』聖祖五幸江南全錄에는 이 구절이 "五枝荊樹起今代"로 되어 있다. '형수'荊樹는 자형紫荊이라고도 하는 박태기 나무이다. 형제간의 우애를 이 박태기 나무에 비유하는데, 문맥상으로도 '형수'荊樹라고 표현하는 것이 옳다.

11 보천석과 취운병에 대한 설명과 사진은 『열하일기』 1권 「일신수필」의 '북진묘기'에 나왔다.

12 포박자는 진晉나라 사람 갈홍葛洪의 호이며 동시에 그가 지은 책 이름이다.

13 소옹은 남송 때의 유명한 화가 진용陳容의 호이다. 자는 공저公儲이다. 수묵화로 특히 용을 잘 그리기로 유명하며, 작품 〈구룡도〉九龍圖가 남아 있다.

14 한시 제목은 「화송」畵松이다.

라고 되어 있으며, 건륭신한乾隆宸翰이라는 서명이 있다. 또 황제가 쓰기를,

"갑술년(1754), 동쪽으로 순수巡狩를 나와 친히 북진묘에 제사를 드리고, 예를 마친 뒤에 북진묘를 두루 구경하였다. 북진묘 안에는 오래된 소나무가 있는데, 이미 반은 말라 죽어서 뻣뻣한 가지는 쇠나 돌처럼 굳었고, 동쪽으로 뻗은 가지는 울창하게 솟구쳐서 기이한 운치를 불러일으킨다. 그리하여 나무 아래에 서서 이 그림을 그린다. 9월 24일 어필御筆."

라고 했다. 낙관은 '천지군사'天地君師[15]라고 새겼다. 황제는 글씨와 그림에 모두 뛰어났다.

보천석 옆에는 또 삼한三韓 사람인 김내金鼐[16]의 시가 있다.

때때로 의무려산 산마루를 올라가
구름과 바다를 한눈으로 바라보노라.
암석에 낀 이끼는 발자취 싫어하고
새와 매미 소리에 사람 소리 묻혀서 그윽하네.
하늘에 뻗은 고목에는 용이 날아갔고
드넓은 땅에는 꽃이 새로 피고 봉황의 둥지 남아 있네.
북두성은 오직 신령스럽게 하늘을 받치는 한 기둥
억년 만년 우리 황제 감싸서 보호하리.

時登醫巫閭山頭 雲舍滄桑望裏收
石髮巖衣嫌跡擾 鳥鳴[17]蟬噪帶人幽
凌空樹古龍飛去 傍地花新鳳壘留
斗北惟神天一柱 億年萬紀庇皇秋

15 다른 판본들은 '천지위사'天地爲師로 되어 있는데, 이 책에서는 『연행음청(곤)』燕行陰晴(坤)에 따라 '천지군사'로 수정한다.

16 『흠정성경통지』欽定盛京通志에 김내는 요동인遼東人으로 되어 있고, 강희 13년(1674)에 벼슬에 임용되었다고 했다. 공부시랑工部侍郎 등의 벼슬을 하였다.

17 『연행음청(곤)』에는 '鳴'이 '啼'로 되어 있다.

라고 되어 있으며, 화공和公이라는 서명이 있는데, 필체가 대단히 졸렬하다.

혹자는 김내를 우리나라 사람이라고 말하는데, 이는 사람들이 요동을 또한 삼한이라고 일컬었다는 사실을 모르고 하는 말이다. 고정림顧亭林(고염무)[18]은 관직의 직함이나 땅의 이름에 옛날의 명칭을 그대로 쓰는 것을 반대하여 배척하기도 했지만,[19] 그러나 이를 본받아서 그대로 쓰는 사람이 대부분이다. 게다가 이 시는 뛰어나지 못했을 뿐 아니라, 우리나라 사람의 말투도 아니다.

• 허난설헌許蘭雪軒의 한시가 중국 사람이 편찬한 『열조시집』列朝詩集과 『명시종』明詩綜에 수록되어 있는데, 혹 이름이나 호를 쓰되 모두 경번景樊으로 기록되어 실려 있다.[20] 이에 대해서 나는 일찍이 이덕무李德懋의 『청비록』淸脾錄이란 책의 서문에서 상세히 변론을 했다.

이덕무가 북경에 있을 때 한림 축덕린祝德麟, 낭중 당락우唐樂宇, 사인 반정균潘庭筠 등 세 사람에게 허난설헌의 시를 보여주자, 돌아가며 시를 읽으면서 그를 칭찬했다고 한다. 지금 내가 여기 열하에 있으면서 『명시종』이란 책의 빠지고 잘못된 내용을 이야기하다가 허난설헌의 문제에까지 미치게 되었는데 윤형산은,

"강희 시대의 문인 학자인 회암悔菴 우동尤侗[21]은 「외국죽지사」外國竹枝詞[22]에 첫 번째로 귀국 조선에 대한 시를 실었습니다. 거기에,

양화도楊花渡[23] 입구에는 살구꽃이 붉고
팔도의 노랫소리 들리니 조선의 국풍이로다.

---

18 고염무의 『일지록』日知錄 권19, 권29 「삼한」三韓 항목에 나온다.
19 '관직의 직함이나……배척하기도 했지만'이라고 번역한 "官啣地名 借用古號 然亦"이 『열하일기』 초고본에는 '중국 사람들이 동이의 호칭을 쓰는 것을 배척했으나 요동 지방에서는, "華人用夷號 然遼左"라고 되어 있다.
20 이 내용은 「태학유관록」편에 나온 바 있다.
21 우동(1618~1704)은 청나라 문인이고 희곡가이다. 자는 동인同人이고, 호는 회암이며, 문집 『서당전집』西堂全集이 있다. 「외국죽지사」에 조선에 관한 4수의 작품을 실었다.
22 죽지사란 한시의 한 형식으로, 주로 외국의 풍물이나 민속을 칠언절구 형식으로 짓는다.
23 양화도는 한강 서남쪽 마을 이름으로, 오늘날 마포구 합정동에 있던 마을이다. 양화나루, 큰나루 인근에 있었기 때문에 마을 이름이 생겼다.

그중에도 가장 기억나는 것은 선녀 같은 여도사가
광한궁에 올라 상량문을 지은 것이라네.
楊花渡口杏花紅 八道歌謠東國風
最憶飛瓊女道士 上梁曾到廣寒宮

라고 했는데, 주석에 '규수 허경번許景樊은 뒤에 여도사가 되었으며, 일찍이 광한궁 옥루玉樓의 상량문을 지었다'라고 했습니다." 라고 한다. 나는 경번이란 이름이 전혀 근거 없는 무고임을 상세히 논변했고, 윤형산과 기려천은 모두 나누어서 기록하여 보관했다. 중국의 명사들은 응당 이 일을 저술의 자료로 한번 이용할 것이다.

대체로 규중에 있는 여성이 시를 읊조린다는 것이 본시 아름다운 일도 아니긴 하지만, 외국의 여자로서 아름다운 이름이 중국에 퍼졌다는 것은 가히 명예롭다고 말할 만하다. 그러나 우리나라 부인들은 일찍부터 이름이나 자호字號가 본국에서도 드러난 일이 없고 보면, 난설헌이라는 호 하나만으로도 오히려 과한 것이다. 하물며 경번이라는 잘못된 이름으로 도처에 기록된다면 천년이 지나도 씻을 수 없을 터이니, 재사才思가 있는 규방 여성이 밝은 교훈으로 삼지 않아서야 되겠는가?

• 여러 가지 요술 중에서 술을 만드는 돌이 가장 요긴한 물건이다. 만약 정말 이런 돌이 있다면 응당 천하의 훌륭한 보물이 될 터이다. 세상에 이런 이야기가 전한다.

"명나라 천계天啓 연간(1621~1627)에 왜놈들이 유구琉球[24]를 공격하여 그 왕을 사로잡아서 갔다. 유구의 태자는 나라에 대대

24 유구는 옛날 나라 이름으로, 현재 일본의 오키나와이다.

로 내려온 보물을 배에 싣고 가서 장차 아버지를 속량贖良하려고 했는데, 그만 배가 표류하여 제주도에 도착했다. 제주목사 아무개[25]가 배 안에 무슨 보물이 있느냐고 물으니, 태자는 주천석酒泉石과 만산장漫山帳이라고 대답했다.

주천석은 옥돌의 일종인 마노처럼 생겼고, 가운데는 술이 한 잔 정도 들어갈 크기로 움푹 파여 있으며 맑은 물을 담으면 즉시 맛 좋은 술로 변한다고 한다. 만산장은 바다거미줄을 약으로 염색하여 짠 그물인데, 작게 펼치면 집 한 채를 덮을 수 있고, 크게 펼치면 산 하나를 덮을 수 있으며, 그물 구멍으로 작게는 모기나 파리, 크게는 뱀 같은 것들이 들어갈 수 없다고 한다.

목사가 그것을 달라고 청하였으나 태자는 허락하지 않았다. 목사가 병졸들을 풀어서 배를 포위하니, 태자는 주천석과 만산장을 바닷속으로 던져 버렸다. 목사는 배 안에 실었던 물건들을 모조리 몰수하고 태자마저 죽였다. 태자는 죽음에 임해 시를 읊었는데,

[25] 김려金鑢의 「유구왕세자외전」琉球王世子外傳에 의하면 목사의 이름은 이난李瀾이다. 『담정유고』권9 수록.

폭군 걸의 복장을 입으면 요임금의 말인들 분간키 어려우니
죽음에 임해 어느 겨를에 하늘에 호소해 보랴.
어진 세 사람 무덤에 들어갔으나 어느 누가 속량해 주며[26]
두 아들 배에 오르자 도적놈은 어질지 않네.[27]
모래사장에 드러난 해골에는 풀이라도 얽혀 있건만
혼이 고국에 돌아간들 위로해 줄 친척조차 없구나.
죽서루竹西樓 아래로 콸콸 흐르는 물아
원한의 눈물인 양 만년을 목메어 우는구나.

堯語難分桀服身 臨刑何暇訴蒼旻

[26] 진秦 목공穆公의 장례 때에 억울하게 순장된 신하 엄식奄息, 중행仲行, 침호鍼虎 등 세 사람을 가리킨다. 『시경』진풍秦風 「황조」黃鳥편 참조.
[27] 전국시대 위衛 선공宣公의 두 아들인 급伋과 수壽는 계모의 흉계로 배에 오른 뒤 죽임을 당했다. 『시경』패풍邶風 「이자승주」二子乘舟편 참조.

三良入穴誰能贖 二子乘舟賊不仁

骨暴沙場纏有草 魂歸故國弔無親

竹西樓下滔滔水 遺恨分明咽萬春[28]

라고 하였다."

이 이야기는 이중환李重煥의 『택리지』擇里志에 수록되어 있는데,[29] 제주목사는 사헌부의 감찰에 걸려서 사형을 받았다가 감형되어 멀리 유배갔다고 한다.[30]

나는 이 이야기를 '제동야어'齊東野語[31]와 같은 황당무계한 말에 가깝다고 항상 의심을 했다.[32] 이 이야기가 과연 사실이라면 목사의 죄는 목을 잘라 시장에 조리를 돌려도 속죄할 수 없을 터인데, 그 자손들이 어떻게 길이 부귀를 누릴 수 있겠는가?[33]

유구의 중산왕中山王 상녕尙寧(1564~1620)은 여러 번 편지와 폐백을 번갈아 우리 사신에게 부쳐 왔는데, 갑신년(1644) 이후에 연락이 끊어지고 말았다.

[28] 『담정유고』와 『임하필기』에도 수록된 이 한시는 글자의 출입이 있다.
[29] 『택리지』「복거총론」卜居總論 '산수'에 수록되어 있다.
[30] 『담정총서』에 「유구왕세자전」琉球王世子傳이라는 작품이 있다.
[31] 제나라 동쪽 촌사람의 말이라는 뜻으로, 믿을 수 없는 황당한 말을 가리킨다.
[32] 『태천집』苔川集 권3 「용사추록」龍蛇追錄 「홍인걸·홍인간」洪仁傑·洪仁侃에 의하면, 이 시는 강릉의 생원 최삼崔參의 작품이며, 시를 지은 배도도 아주 다르게 되어 있다.
[33] 목사 아무개(이난李灤)의 아들은 이상연李尙淵이고 손자는 이익한李翊漢인데, 이익한은 영조 임금 때 병조참판과 한성부 부윤을 지냈다.

유구국 궁궐 수리성首里城의 정전 편액 '중산세토'中山世土라는 편액이 걸려 있다.

내가 이번 중국 여행에 바다 밖 나라에서 온 여러 사신들을 아직 만나지 못한 것이 유감이로다. 어제 본 술이 나오는 돌 요술을 가지고 판단해 보건대, 유구의 주천석이라는 것도 역시 요술인 것 같다. 민閩(복건 지방) 지방 사람인 왕삼빈王三賓[34]이 말한 바, 바다거미줄로 만든 그물로 호랑이를 잡았다는 것이 진짜라면, 만산장에 대한 이야기도 이치상 혹 괴이할 것은 없겠다.

• 열하에 있는 술집의 번화함은 북경보다 못하지 않아서, 벽에는 명인들의 글씨나 그림이 많이 붙어 있다. 유하정流霞亭이란 술집에는,

> 부귀와 공명을 다 잊어버리고
> 살아 있는 동안 한잔 술이나 실컷 마시세.
> 여러 종류의 아름다운 꽃 삼백 포기나 심어서
> 낮은 울타리 비바람에도 사시절 향기롭네.[35]
>
> 功名富貴兩亡羊 且盡生前酒一觴
> 多種好花三百本 短籬風雨四時香

라는 시가 걸렸다.

또 취구루翠裘樓라는 집에서 한잔을 할 때, 벽 사이에 써 놓은 시는 먹물이 아직 채 마르지 않았는데, 건륭 시대의 학자 우민중于敏中[36]과 명신 아극돈阿克敦의 필체를 닮았다. 술집 심부름꾼에게,

"이것을 쓴 사람의 이름을 아느냐?"
하고 물으니 그는,

---

[34] 왕삼빈은 「경개록」편에 소개된 인물이다.
[35] 이 시는 명나라 학자 섭자기葉子奇(1327~1390)의 「만흥漫興」이라는 작품이다.
[36] 우민중(1714~1780)은 자는 숙자叔子·중상仲常, 호는 내포耐圃이다. 호부상서를 지냈으며,『사고전서』편찬에 참여했다. 저서로『임청기략』臨淸紀略이 있다.

아극돈의 글씨

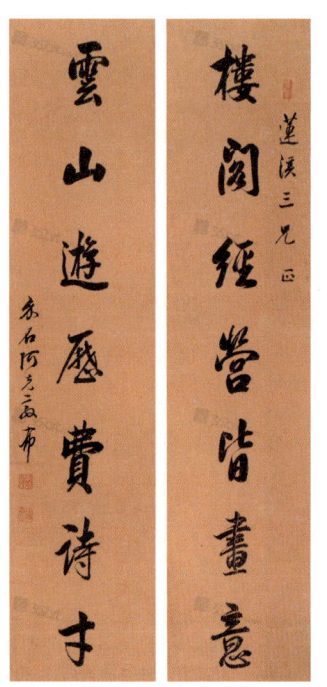

"아까 어떤 손님 한 분이 써서 붙이고 방금 떠났으니, 그의 성명을 알 수 없지요."
라고 대답한다. 그 시에,

임금 향한 초심은 한·당 사람에 비해 비루하여
만년의 신세는 농사로 생계를 꾸리네.
안개 낀 풀숲, 소 발자국 난 서산 밖으로 나가
또 술집에 누워 넘어가는 해를 보내노라.[37]
致主初心陋漢唐 暮年身世落農桑
草烟牛跡西山外 又臥旗亭送夕陽

우민중의 글씨

라고 적혀 있다.

두 편의 시는 어느 시대 누가 지은 것인지 알 수 없으나, 바람을 맞으며 한번 읊조리니 사람에게 감동으로 다가온다. 부채에 모두 베끼고, 돌아와서 윤형산에게 보이며 누구의 시냐고 물었다. 형산이 각기 누구라고 이름을 말해 주었으나, 내가 또 잊어버리고 말았다.

• 윤형산이 내게,
"고려 박인량朴寅亮은 박공과 어떤 관계입니까?"
하고 묻기에 내가,
"전국시대의 모수毛遂와 춘추시대의 모담毛聃의 관계와 같다고나 할까요.[38] 저희 박씨는 봉지封地의 지명으로 성을 하사받은 토성土姓인데, 소위 8망八望이라는 8명의 명망 있는 씨족으로 나뉘어 관향이나 계통이 서로 다르답니다.[39] 서로 일족이라 하지 않

[37] 이 시는 송나라 육유陸遊의 「촌 술집에서 술을 마시고 밤에 돌아오다」(飮村店夜歸)라는 시이다.
[38] 모수와 모담은 살았던 시기도 다르고, 본관도 다르다. 모담은 주나라 희성姬姓으로 모毛 지방에 봉해져서 성씨로 삼은 것이고, 모수는 관향이 중산中山이다. 즉 성은 같지만 본관이 서로 다른 남남의 관계라는 의미이다.
[39] '팔망'八望 혹은 '박팔'朴八로 불리는 박씨는 그 관향이 반남, 밀양, 고령, 함양, 죽산, 순천, 무안, 충주 등의 8개의 본관으로 나뉘었다.

40 오대 시대의 곽숭도는 당나라의 유명한 인물인 곽분양의 묘에서 곡을 했는데, 사실은 같은 곽씨가 아니었기 때문에 많은 비난을 받았다. 곽분양은 당나라 문신 곽자의郭子儀인데, 난리를 평정한 공으로 분양왕汾陽王에 봉해졌다.

41 원문은 靑脣. 숯을 불어서 검게 된 여자의 못생긴 입술을 말한다.

42 절강성 영파寧波 동남부 상산을 다스리는 벼슬.
43 상간은 하남성의 지명으로, 이곳의 남녀들이 음란한 노래를 잘 불렀다고 한다.
44 영인백설郢人白雪은 『몽계필담』夢溪筆談에 나오는 고사로, 초나라 옛 도읍지 영중郢中의 사람이 양춘백설陽春白雪의 노래를 불렀으나, 인기가 없어서 화답하는 사람이 적었다는 이야기가 있다.
45 老는 考의 오자이다. 송나라 조원고趙元考는 읽지 않은 책이 없을 정도로 독서광이었는데, 그를 '발이 달린 서루'(걸어다니는 백과사전)라는 의미에서 착각서루着脚書樓라고 불렀다고 한다. 『곡유구문』曲洧舊聞.
46 『태평광기』 권251, 「회해」詼諧 7의 '인부'隣夫에 나온다. 『태평광기』는 송나라 이방李昉 등이 황제의 명을 받아 편찬한 책으로 500권이고, 대부분 괴이하고 신기한 이야기로 구성되었다.

으며, 같은 곽씨郭氏 성씨라고 해서 곽숭도郭崇韜가 곽분양郭汾陽의 묘에서 곡을 했던 것과 같은 그런 행동은 감히 하지 않는답니다."⁴⁰

하니 형산은,

"강희 시대에 박뢰朴雷라는 사람이 있었는데, 자는 명하鳴夏이며 조선 사람이었습니다. 지금 청나라가 천하를 통일하고 나니, 중국이나 외국이 한집안처럼 되어서 모두 '시커먼 입술의 혐의'⁴¹는 없어졌습니다."

하기에 내가,

"'시커먼 입술의 혐의'라는 것은 무엇을 말하는 겁니까?"

하니 형산은,

"송나라 원풍元豊 연간(1078~1085)에 고려 사신 박인량이 중국 명주明州에 이르렀을 때, 상산위象山尉⁴² 장중張中이 시를 지어 보냈습니다. 박인량이 화답시를 보내고 그 서문에서 '꽃 같은 얼굴로 불을 부는 자태는 이웃 아낙의 시커먼 입술을 부끄럽게 만들고, 상간桑間⁴³의 야비한 곡조가 영인郢人의 백설白雪⁴⁴의 소리를 이었구나'(花面艷吹 愧隣婦靑脣之動 桑間陋曲 續郢人白雪之音)라고 하였습니다. 이 일을 두고 벼슬아치들이 장중을 탄핵하여, 지위가 낮은 관리들이 사사로이 밖의 오랑캐와 외교를 할 수 없다고 하였는데 고려 사신이 이를 임금께 아뢰었습니다. 신종은 측근에게,

'시커먼 입술이라는 게 무슨 사연인가?'

라고 물었으나, 아무도 능히 대답하는 사람이 없었답니다. 그래서 조원로趙元老⁴⁵에게 물었더니 조원로는,

'『태평광기』太平廣記란 책에 이런 내용이 있습니다.⁴⁶ 어떤 아

낙이 보니, 불을 피우느라 입으로 불을 부는 자기 아내의 모습을 보고서 시를 지어 주는 이웃집 남자가 있더랍니다. 그 시에,

> 불을 부느라고 붉은 입술 오물오물
> 장작을 넣느라고 비스듬 드러난 옥 같은 팔.
> 멀리 바라보이는 연기 속의 얼굴
> 흡사 안개 속의 꽃이라고나 할까.
> 吹火朱脣動 添薪玉腕斜
> 遙看烟裏面 恰似霧中花

라고 읊었습니다. 그 아낙이 제 남편에게 바가지를 긁으며, 당신은 어째서 저런 본을 못 배우시오 하자 남편이, 임자도 불을 불어 보시게. 내 의당 본떠서 시를 지으리다, 하였지요. 이에 남편이 시를 짓기를,

> 불을 부느라고 시커먼 입술 벌렁벌렁
> 장작을 넣느라고 비스듬히 드러난 먹 같은 팔뚝.
> 멀리 바라보이는 연기 속의 얼굴
> 흡사 사람의 정기를 빼먹는 귀신이라고나 할까.
> 吹火靑脣動 添薪墨腕斜
> 遙看烟裏面 恰似鳩盤茶

라고 하였습니다.'
라고 아뢰었답니다. 이 이야기는 송나라 왕벽지王闢之[47]의 『민수연담록』澠水燕談錄이란 책에 나오는 내용이라고 합니다."

[47] 왕벽지(1031~?)는 송나라 철종, 신종 때의 학자이다. 박인량 일화는 『민수담연록』 권10 「잡록」雜錄편에 나온다.

48 반초(32~102)는 후한 때의 장군으로, 아버지는 역사가 반표班彪, 형은 『한서』를 지은 반고班固, 여동생은 시인 반소班昭이다. 문관으로 벼슬하다가 붓을 던지며 남아는 장건 같은 공을 세워야 한다고 외치고 무장이 되었으며, 서역을 정벌한 공로로 정원후에 봉해졌다.

49 이 부분의 원문은 '수륙강관隨陸絳灌의 한'이라고 적혀 있다. 이 표현은 "수륙무무隨陸無武 강관무문絳灌無文을 한스럽게 여긴다"라는 말에서 나왔다. 즉 한나라의 수하隨何와 육가陸賈 같은 학자에게는 문은 있지만 무가 없고, 주발周勃과 관영灌嬰 같은 장수에게는 무는 있으나 문이 없음을 한스럽게 여긴다는 말이다. 즉 역대에 문무겸전하지 못함을 한으로 여긴 사람이 많았다는 말이다.

50 아계(1717~1797)는 아극돈阿克敦의 아들로 만주족이다. 장기간 중국 서북 변방을 지켰고, 미얀마를 정벌한 장군이다. 『군수칙례』軍需則例라는 저술을 남겼다.

51 서혁덕(1710~1777)은 만주인으로 문무겸전한 청조의 대신이다. 내각학사와 병부상서를 역임하였으며, 금천金川을 정벌하였다.

52 배도(765~839)는 당나라의 명재상으로, 문학과 정치에 뛰어났다. 회서淮西 지방을 평정했으며, 진국공晉國公에 봉해졌다.

53 문언박(1006~1097)은 북송 때의 정치가, 서법가이다. 재상 50년 동안 법 집행을 공정하게 했으며 노국공

• 내가 학지정郝志亭에게,

"장군께서는 비록 활을 쏘고 말을 타는 무관 출신이긴 하지만, 역사와 고전에 익숙하고 글씨와 글이 유려하시니, 비록 노숙한 학자나 늙은 선비라도 응당 함께 겨룰 만한 사람이 적을 겁니다. 모르겠습니다만, 중국에서 무장이 되기 위해서는 모름지기 풍치가 있고 아담하며 학문도 뛰어나야만 되는 겁니까? 아니면 장군만 특별히 전통적 유가 집안에서 태어나 후한 때의 정원후定遠侯에 봉해진 반초班超[48] 같은 인물처럼 학문을 하다가 장수가 되어 무공을 세우신 것입니까?"

하고 물으니 지정이,

"저희 집은 대대로 농사짓는 집안으로, 다행스럽게 성스러운 시대를 만난 것이지요. 그러나 중국에는 문무를 겸전하지 못한 것을 한스럽게 여겨 온 유래가 이미 오래되었으므로,[49] 저와 같은 정도의 사람은 그야말로 거재두량車載斗量 격으로 아주 흔해 빠졌으니, 저 정도야 족히 말할 게 뭐 있겠습니까. 지금 태학사太學士로 있는 아계阿桂[50] 공이나, 얼마 전 태학사 서혁덕舒赫德[51] 공은 모두 태평 시대를 이룰 만한 문학과 난리를 평정할 만한 용맹을 갖추었으니 그야말로 문무를 겸전한 분들이었지요.

문무를 갖추고 부귀를 누리며 장수하여 복을 받기를 당나라 때의 분양후汾陽侯에 봉해진 곽자의郭子儀나 서평장군西平將軍에 봉해진 이성李晟과 같이 되어야 하고, 나랏일에 부지런하여 공훈을 세우기를 당나라 때의 재상 배도裵度[52]나 문언박文彦博[53]과 같이 되어야 합니다. 그와 같이 되지 못하면 문관도 될 수 없을 것이며 무관도 될 수 없습니다. 지금 사해의 오랑캐들[54]이 모두 중국에 복종하여, 전쟁터의 바람과 먼지가 고요해진 이런 태평 시대

에 저 같은 사람은 그야말로 일개 썩어 빠진 무인이라 말할 수 있겠지요.

> 삼십 년 전 『육도』 같은 병서를 공부하여
> 꽃다운 이름은 일찍 준걸한 집단에 참여할 수 있으리.
> 일찍이 국난 때는 황금 갑옷을 걸쳐 입었고
> 집이 가난해도 보검만은 팔지 않았노라.
> 건장한 팔뚝은 활 쏘는 힘 약해졌다고 의심하랴
> 밝은 눈은 아직 적진 위의 높은 구름도 식별하네.
> 간밤 뜰 앞에는 가을바람 일어나니
> 꽃무늬 장식의 옛 전투 도포를 보기 부끄럽네.
> 三十年前學六韜 英名嘗⁵⁵得預時髦
> 曾因國難披金甲 不爲家貧賣寶刀
> 臂健尙嫌弓力軟 眼明猶識陣雲高
> 庭前昨夜秋風起 羞睹盤⁵⁶花舊戰袍⁵⁷

이 시는 송나라 때의 장수인 조한曹翰(924~992)이 지은 것인데, 시를 읽어 보면 그가 말안장에 걸터앉아서 사방을 둘러보는 용맹한 모습이 상상됩니다.

자고로 선비 출신 장수로는 『손자병법』을 지은 손무孫武, 전국시대의 장수였던 오기吳起·염파廉頗·악의樂毅, 진시황의 명장인 왕전王翦, 전한 시대의 무장 조충국趙充國·반초, 송나라의 심경지沈慶之·한세충韓世忠 등이 있는데, 이들은 모두 연세가 칠팔십의 장수를 누렸습니다."⁵⁸
라고 하기에 내가 웃으며,

潞國公에 봉해졌다.
54 학지정은 연암과 필담을 하고 있기 때문에 오랑캐(夷)를 쓰지 않고 음이 같은 彛를 사용하였다. 『열하일기』 원문에 사이四彛, 외이外彛라고 표기한 까닭은 그 때문이다.

55 '嘗'이 중국의 책에 '常'으로 표기되어 있는 판본이 있다.
56 '睹盤'이 중국의 책에 '看盤'으로 표기되어 있는 판본이 있다.
57 이 시의 제목은 「내연봉조작」內宴奉詔作이다.

58 오기는 전국시대 위衛 나라 장수, 염파는 전국시대 조趙나라 장수, 악의는 전국시대 연燕나라 장수이다.

"심경지는 낫 놓고 기역자도 모르는 무식쟁이인데, 어째서 선비 출신 장수라고 말하십니까?"

하니 지정도 웃으며,

"심공이 '나라를 다스리는 일은 집안을 다스리는 것과 같습니다. 밭을 가는 일은 응당 사내종에게 묻고, 길쌈하는 일은 응당 계집종에게 묻듯 해서 나라를 다스려야 하거늘, 전하께서는 전쟁하는 일을 장수와 의논하지 않고 일개 백면서생과 의논하니 될 턱이 있겠습니까?'라고 말한 바 있는데, 당시 사람들은 이 말을 가지고 그의 학문을 허여해 주었습니다.

명나라 장수 남궁南宮 척계광戚繼光은 시에 아주 능하여,

변방 호각 소리 한번 들리자 초목도 슬퍼하고
구름 끝자락은 돌문 열리는 곳과 마주하여 일어나네.
삭풍에 북방 토속주를 마셔도 취하지 않고
낙엽 지는 가을, 돌아가는 갈가마귀 무수히 날아온다.
다만 병장기가 살벌한 기운을 녹여 버리기만 한다면
백발의 늙은이로 변방이나 지킨들 무슨 관계랴.
누구와 함께 산꼭대기 바위에 공훈을 새길 것인가?
그 옛날 무검대에서 춤춘 이광李廣 장군과 함께하리라.[59]

霜角一聲草木哀 雲頭對起石門開
朔風虜酒不成醉 落葉歸鴉無數來
但使元[60]戈銷殺氣 未妨白髮老邊才
勒名峰上吾誰與 故李將軍舞劒臺[61]

척계광

[59] 한나라 무제 때의 장수 이광은 흉노족과 79차례 전투를 벌였으며, 북방에 그가 칼춤을 춘 무검대舞劒臺가 있다.

[60] 원래는 元이 아닌 玄이 들어가야 하는데, 강희 황제의 이름자 현玄을 피하여 원元이라고 쓴 것이다. 玄을 파자하여 '玄'으로 쓰기도 한다. 玄이 彤로 된 판본도 있다.

[61] 시의 제목은 「등반산절정」登盤山絶頂이고, 판본에 따라 글자의 출입이 있다.

라는 시를 지었으니, 그의 장수로서의 재능은 따라갈 수 있지만

시를 짓는 재능만큼은 따라갈 수가 없습니다."

• 저녁 무렵에 풍윤성豐潤城에 올랐더니 수염이 아름다운 점잖은 분이 내 앞으로 와서 읍하면서, 성명은 임고林皐이며 절강 지방 사람이라고 스스로 말한다.[62] 나의 성명을 묻기에 알려 주었더니, 한편 놀라고 한편 기뻐하면서,

"당신은 초정 박제가의 친족이십니까?"

하기에 나 역시 놀랍고 기뻐서,

"당신이 초정을 어떻게 아십니까?"

하고 물었더니 임고는,

"연전에 박초정이 같은 조선인인 이형암李炯庵(이덕무)과 함께 문창루文昌樓에 올랐습니다. 그것이 인연이 되어 같은 군에 사는 호형항胡逈恒의 집에 함께 묵은 적이 있습니다."

하고는 성 밑의 한 대문을 가리키며,

"저기가 바로 호형항의 집인데, 그 집 벽에 박초정의 글씨가 있습니다."

라고 한다.

그래서 변계함卞季涵, 진사 정각鄭珏과 같이 그 집의 가운데 대청으로 갔는데, 날은 저물어 컴컴했다. 주인이 등불 네 개를 켜서 벽을 비추어 주기에 한번 읽어 보니, 바로 내가 한양의 전의감동典醫監洞[63]에 살 때 이형암이 내게 와서 지은 시이다.

> 쓸쓸한 가을 기운을 나무가 먼저 알고 있건만
> 더위와 서늘함을 내맡기고 잊었으니 바보가 되었도다.
> 고요한 벽, 온갖 벌레 부지런히 울어 대고

62 임고와 함께 풍윤성에서 박제가 및 이덕무에 대한 이야기를 나눈 내용은 「관내정사」 7월 27일 일기에 나온 바 있다.

63 전의감동은 서울의 종로구 견지동과 공평동에 걸쳐 있던 동네이다.

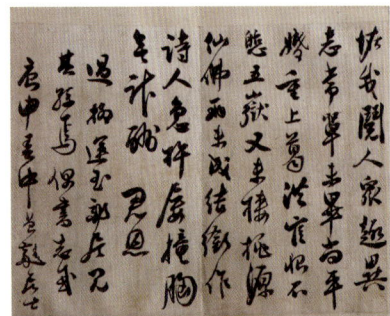

박제가의 친필 영남대 소장

64 요봉과 완정은 강희 시대의 문인 학자인 왕완汪琬과 왕사정王士禎의 호이다.
65 이덕무 시문집인 『아정유고』에 근거하여 '護'를 '語'로 바로잡았다.
66 시의 제목은 「추일독대경당집」秋日讀帶經堂集이다. 이덕무의 문집 『청장관전서』 '아정유고'雅亭遺稿에 수록되어 있다. 『대경당집』은 청나라 왕사정의 저서이다.

주렴 틈으로 새 한 마리 서로 엿보기 버릇이 되었네.
돈에 대한 집착 버리기를 내 몸 더럽힐 양 여기고
나를 책벌레라고 불러도 사양하지 않겠네.
중국을 좋아하는 사람, 부질없이 부러워한다네
요봉堯峰의 문필과 완정阮亭의 시를.⁶⁴

沈寥秋令樹先知 任忘暄涼做白癡
壁靜萬蟲勤自語⁶⁵ 簾虛一鳥慣相窺
抛他錢癖如將浼 呼我書淫故不辭
好事中州空艶羨 堯峰文筆阮亭詩⁶⁶

백로지白鷺紙 두 폭을 붙여서 썼으며 붓의 자태가 살아서 움직이고, 글자 하나가 양 손바닥을 합친 크기이다. 예전에 우리끼리 중국에 대한 이야기를 하면서 부질없이 부러워하며 애태우다가 몇 년 사이에 차례로 중국을 여행하게 되었다. 하물며 만리 밖 다른 나라에서 이제 그의 시를 읽게 되니 마치 친구의 얼굴을 보는 것 같구나.

• 유리창 안에 있는 육일재六一齋에서 황포黃圃 유세기兪世琦를 처음 만났는데, 그의 자字는 식한式韓이다. 눈이 맑고 눈썹이 빼어난 모습에서 혹 그가 반정균潘庭筠, 이조원李調元, 축덕린祝德麟, 곽집환郭執桓⁶⁷ 등 여러 명사 중 하나가 아닌가 하고 의심을 했다. 나보다 앞서서 이 명사들과 교유한 친구들이 있었기 때문에

67 반정균, 이조원 등은 홍대용, 박제가, 이덕무 등이 연암보다 앞서 연행을 가서 사귀었던 중국인이다.

그들의 아름다운 이름이나 얼굴의 모습은 마치 눈앞에서 보는 것처럼 선하였다.

내가 유황포와 필담을 하면서 혜풍惠風 유득공柳得恭이 그의 숙부 탄소彈素 유금柳琴의 연행을 전송하면서 지은 시를 다음과 같이 썼다.

고운 국화, 시든 난초의 모습 사행의 수레에 비치고
얇은 구름 가랑비 부슬부슬하는, 때는 늦가을.
장차 한마디 중국 땅에 전할 말이 있다면
지북池北에선 누가 있어 다시 책을 저술하느냐고?
佳菊衰蘭映使車 澹雲微雨九秋餘[68]
欲將片語傳中土 池北何人更著書[69]

황포가 내게 묻기를,
"'지북에선 누가 있어'라는 구절은 누구를 가리키는 말입니까?"
하기에 내가,
"이는 완정阮亭 왕사정王士禎[70]이 『지북우담』池北偶談을 저술할 때 우리나라 청음淸陰 김상헌金尙憲[71]의 시를 실은 적이 있는데,[72] 이를 말한 것입니다."
하니 유황포가,
"왕사정이 편집한 『감구집』感舊集이란 책에 실려 있기를, 이름은 상헌尙憲, 자는 숙도叔度라고 하는, 바로 그 사람입니까?"
하기에 내가,
"맞습니다. 청음이 지은 시에,

---

[68] 대부분의 필사본 『열하일기』와 유득공의 문집에는 '九秋餘'로 되어 있으나, 『열하일기』 초고본과 이덕무의 『청비록』에는 '迫冬初'로 되어 있다.
[69] 시의 제목은 「공정가숙부유연」恭呈家叔父遊燕이다. 6수 중 첫째 수이다.
[70] 왕사정은 청나라의 문인 학자로, 자는 이상貽上, 호는 완정 혹은 어양산인漁洋山人이다. 저서에 『지북우담』, 『향조필기』香祖筆記 등이 있다.
[71] 김상헌(1570~1652)의 자는 숙도叔度, 호는 청음·석실산인石室山人·서간노인西磵老人이며, 시호는 문정文正이다.
[72] 『지북우담』 권15 「조선시」朝鮮詩에 실린 내용이다.

엷은 구름 이슬비 성황당에 뿌릴 적
고운 국화 시든 난초, 때는 8월이라.
澹雲輕雨小姑祠 佳菊衰蘭八月時[73]

73 「차오청천대빈운」次吳晴川大斌韻 3수 중 첫 수의 1, 2구이다. 『청음집』 '조천록'朝天錄에 수록되어 있다.

라는 구절이 있습니다. 완정은 「논시절구」論詩絶句에서 청음의 시를 평하여,

엷은 구름 가벼운 비 성황당에 뿌릴 적
국화는 빼어나고 난초는 시든, 때는 8월이라.
조선 사신이 하는 말을 기억해 보면
과연 동국東國의 훌륭한 시로다.
澹雲微雨小姑祠 菊秀蘭衰八月時
記得朝鮮使臣語 果然東國解聲詩[74]

74 왕사정의 『어양시화』漁洋詩話 상권에 수록되어 있다.

라는 시를 썼는데, 혜풍의 작품은 바로 완정의 이 시를 모방해서 지은 것이지요."
라고 하니 유황포는,
"혜풍의 작품은 쉽게 얻을 그런 수준의 작품이 아니니, 완정이 말한 대로 '과연 동국의 훌륭한 시로다' 하는 그런 경지의 작품이올시다. 유혜풍의 다른 작품도 들어 볼 수 있을지요."
한다. 내가 혜풍의 다른 작품을 또 썼다.

책을 보며 눈물지으니 천년의 역사를 적시고
물가에 임한 시인은 끝없는 시름에 잠기도다.
확사礐士[75]가 편집한 시집은 너무 허둥댄 것 같으니

75 확사는 청나라 심덕잠沈德潛의 자이며, 그가 편집한 시집으로 『청시별재』淸詩別裁가 있다.

『치청전집』豸靑全集[76]이라도 구해서 볼 수만 있다면.

看書淚下染千秋 臨水騷人無限愁

磧士編詩嫌草草 豸靑全集若爲求[77]

유황포는 손을 내저으며, 붓으로 『치청전집』이라고 쓴 글씨를 가리킨다.

"그 책은 금서입니다. 철군鐵君(이개의 자)의 선조는 조선 사람입니다."[78]

내가 왜 금서가 되었냐고 물어도 유황포는 대답하지 않는다. 내가 또 혜풍의 다른 시를 써서 보였다.

이름난 시인으로 곽집환이란 이가 있어
부친 담원澹園에 대한 시가 동국에 널리 퍼졌네.
지금까지 삼 년 동안 소식이 감감하니
유유한 고향 분수汾水 물가의 모습 꿈속에 서늘하네.

有箇詩人郭執桓 澹園聯唱遍東韓

至今三載無消息 汾水悠悠入夢寒[79]

유황포는 시에다 비점批點을 치면서,

"곽집환이란 시인은 어느 지방의 사람입니까?"

하고 묻기에 내가,

"그는 산서山西 지방의 태원太原 사람입니다. 그런데 사동산師東山과 양유동楊維棟은 어떤 사람인지 혹 아십니까?"

"모두 모르는 사람들입니다."

"서점에 새로 출판한 『회성원집』繪聲園集이 나와 있는지요?

76 『치청전집』은 청나라 이개李鍇(1686~1755)의 문집으로, 그의 자는 철군鐵君이고 호는 치청산인豸靑山人이다.

77 「공정가숙부유연」恭矦家叔父遊燕 6수 중 세 번째 시이다.

78 이개는 영원백 이성량의 후손이다. 이성량이 조선인이라는 사실은 「동란섭필」편에 나온다.

79 6수 중 다섯 번째 시이다.

반정균이 김선행에게 준 부채

80 반정균(1742~?)의 자는 향조香祖·난공蘭公·난타蘭坨이고, 호는 추루秋庫·덕국원德國園이다. 그림에 능했고, 저서에 『가서당집』稼書堂集이 있다.

그 책에 사동망, 양유동 두 사람의 서문이 있고, 제가 쓴 서문도 거기에 실려 있습니다."

유황포가 즉시 『회성원집』 넉 자를 써서 문수당文粹堂이란 서점에 사람을 보내어 책을 구해 오라고 했는데, 그가 돌아와서 없더라고 말한다. 내가 그에게,

"그대는 학사 반정균潘庭筠80이란 이를 아시나요?"

하고 물으니 황포는,

"아직 교분을 나눈 적이 없습니다."

하기에 내가,

"반씨의 집이 종인부宗人府 건물과 벽 하나를 사이에 두고 있답니다. 제가 중국에 올 때에, 종인부 건물을 먼저 찾아서 대문을 지나 오른쪽으로 돌면 벽 하나 사이에 있는 집이 바로 반씨의 집이라고 일러 준 사람이 있었습니다. 종인부가 여기서 어느 정도나 떨어져 있습니까?"

하니 유황포는,

"박공께서는 예부禮部의 건물은 알고 계실 테지요."

하는데 웬 사람이 하나 자리에 들어오자마자,

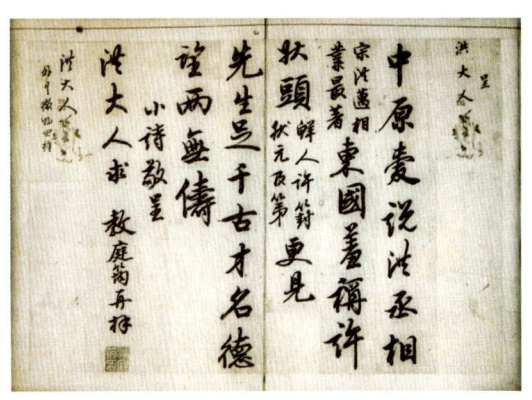

반정균이 홍대용에게 보낸 편지

"종인부를 찾을 것까지도 없습니다. 반씨의 댁은 여기서 멀지 않습니다. 양매서가楊梅書街라는 거리에서 단씨段氏의 약방인 백고약포白膏藥鋪와 대문을 마주하고 있는 집이 바로 반씨가 살고 있는 집이랍니다."

라고 한다. 유황포는 그와 뭐라고 말

을 주고받더니,

"지난해 가을 어름에 반씨가 이곳으로 이사를 와서 우거하고 있는데, 선생께서는 누구의 연분으로 그를 아십니까?"
하기에 내가,

"우리나라의 홍대용이 건륭 병술년(1766)에 사신을 따라서 중국에 와 북경에서 반씨를 만났습니다. 그 뒤로 계속해서 그와 사귀는 사람이 나오게 되고, 제가 비록 아직 만나보진 못했으나, 마음속으로는 외모나 표정을 알고 있습니다. 그는 서화에 뛰어나서 일찍이 자필로 복숭아와 버드나무를 그리고 시를 써서 홍대용에게 주기를,

우리 집 서호西湖 끝머리 나무들
연녹색 잎과 진홍색 꽃, 때는 바야흐로 2월이라.
그런 고향 강남을 두고도 돌아가지 못하고
뽀얀 먼지 분답한 도시에서 실낱같은 고향 꿈.
吾家西子湖頭樹 淺碧深紅二月時
如此江南歸不得 軟塵如粉夢如絲

라고 했습니다."

유황포가 검은 동그라미를 크게 치면서,
"귀하의 벗인 홍 수재洪秀才의 시를 들어 보고 싶습니다."
하기에 내가,

"기억하고 있는 시가 없습니다. 혜풍이 숙부 탄소를 전송하며 지은 시에,

연녹색 잎과 진홍색 꽃, 때는 바야흐로 2월이라
뽀얀 먼지 분답한 도시에서 실낱같은 고향 꿈.
항주가 낳은 선비 반향조
가련타, 아름다운 시는 시윤장施閏章과 비슷하리라.[81]

淺碧深紅二月時 軟塵如粉夢如絲
杭州擧子潘香祖 可憐佳句似南施[82]

라고 하였으니, 우리나라 선비들이 중국의 명사를 염모한 것이 이와 같았습니다."
하니 유황포는 다시 시에 동그라미를 치면서,

"반정균도 정말 명사이긴 하지만, 그러나 혜풍 역시 본시 크고 아름다운 인물입니다."
하고는 즉시 필담했던 종이를 거두어 품속에 간직하며,

"제가 바야흐로 『구당시화』氍堂詩話라는 책을 저술하고 있는데, 다행스럽게도 이런 아름다운 시화를 얻게 되었습니다."
한다. 함께 육일재 문에서 나와 작별하려는데 유황포가 손으로 가리키며,

"이리로 가시면 양매서가 가는 길입니다. 단씨의 약방은 패루에 큰 물고기 그림이 그려져 있는 곳, 바로 거기입니다."
라고 일러 준다.

• 강녀묘姜女廟는 산해관 밖에 있는데, 소위 망부석이 있는 사당이다. 당나라 시인 왕건王建[83]이 지은 「망부석」이란 시는 이렇다.

떠난 임을 바라본 곳, 강물은 유유히 흐르고

---

81 청나라 때, 남쪽의 시윤장施閏章(1619~1683)과 북쪽의 송완宋琬(1614~1673)이 시로 이름을 함께 날려서 남시북송南施北宋이란 말이 있었으며, 강희 시대 이래로 남시북송보다 시가 나은 사람이 없었다고 한다. 시윤장의 자는 상백尙白, 호는 우산愚山이며 『학여당문집』學餘堂文集을 남겼다. 송완의 자는 옥숙玉叔, 호는 려상荔裳이며, 『문아당집』文雅堂集을 남겼다.

82 6수 중 네 번째 시이다.

83 왕건(766~?)은 당나라 때의 시인이다. 자가 중초仲初, 46세에 처음 벼슬을 시작하여 뒷날 사마司馬에 올랐으므로 사람들이 '왕사마'王司馬라고 불렀다. 저서로 『왕사마집』이 있다.

몸이 돌로 변한 뒤론 머리도 돌리지 않는구나.
산머리에는 날마다 바람 불고 비까지 내리나
가신 임 돌아오면 망부석도 응당 말을 하리라.

望夫處 江悠悠 化爲石 不回頭

山頭日日風復雨 行人歸來石應語

세상에는 망부석이 하도 많아서, 하나는 태평太平 지방에 있고 하나는 무창武昌 지방에 있으니, 왕건이 읊었던 망부석은 산해관의 망부석이 아니다. 지금 여기 망부석이 있는 곳의 행궁은 그 화려함이 북진묘北鎭廟의 행궁에 비해 조금도 못하지 않다. 과친왕果親王(윤례允禮)이 금색으로 쓴 주련은 고금에 없는 명필이다.[84]

건륭 8년(1743) 10월에 황제가 시를 지어 돌에 새기기를,

석양 무렵, 앙상한 나무에 서늘한 바람이 불어
오늘도 슬픈 소리는 떠난 임 위로하는 소리인 양.
천고에 절의를 자랑하는 일에 무심했건만
이 몸 한번 죽어 사람이 지켜야 할 도리를 위했도다.
그날 이래로 세상에 맹강녀로 불렸으니
아내 도리 다하는 날, 기량杞梁의 처도 울게 만들었네.[85]
아름답고 떳떳한 인간의 도리, 길이길이 전해진다면
이 장소가 잘못 전해진들 무슨 관계랴.

凄風禿樹吼斜陽[86] 尙作悲聲弔乃郞

千古無心誇節義 一身有死爲綱常

由來此日稱姜女 盡道當年哭杞梁

長見秉彝公懿好 訛傳是處也何妨

84 주련의 글귀는 「피서록」에 나온다.
85 전국시대 제나라 기량의 아내가 남편의 전사 소식을 듣고 너무 슬피 울어서 성이 무너졌다고 한다.
86 『연암집』에는 '凉風頹樹'로 되어 있으나, 바위에는 '凄風禿樹'로 되어 있다. 건륭의 문집과 『성경통지』盛京通志에도 '凄風禿樹'로 되어 있다. 이에 따라 '凄風禿樹'로 수정하였다. '弔乃郞'도 문집과 『성경통지』에는 '弔國殤'으로 되어 있다.

과친왕의 글씨

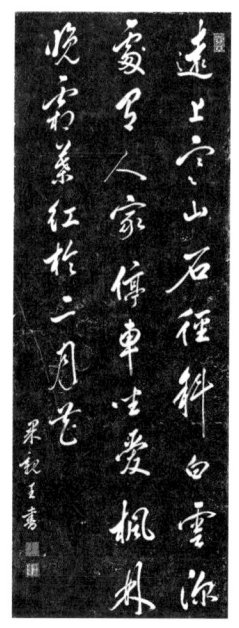

건륭 황제가 강녀묘의 바위에 쓴 한시

87 미원장은 송나라 서화가 미불米芾(1051~1107)이다. 원장은 그의 자이고, 호는 해악외사海嶽外史이다. 각종 서체를 잘 썼고, 그림에도 능하였다.

88 반당은 중국에 자비로 따라가는 사람을 말하며, '伴倘'이라고 표기하기도 한다.

89 사신을 호위하는 금군禁軍을 시위侍衛라고 하는데, 시위를 중국어로 발음하면 마치 새우라고 발음하는 것처럼 들린다. 김창업의 『노가재연행일기』老稼齋燕行日記에 의하면, 시위를 만주(여진족)의 발음으로 혁하嚇라고 발음하며 이 혁하嚇이 와전되어 하하蝦(새우)가 되었다고 한다. 김창업의 연행록 등 각종 연행록에 시위를 하하蝦로 표기하는 경우가 있다. 한글 연행록인 서유문徐有聞의 『무오연행록』 11월 30일 일기에, "철릭 입은 이를 문디文的라 하니 문관文官이라는 말이요, 군복 입은 이를 무디武的라 하니 무관武官을 일컫는 말이요, 무관을 또 '샤'라 일컬으니, '샤'자에는 세 가지 뜻이 있으니, 우리나라 새우 하蝦자를 한어漢語로 '샤'라 하니, 이 글자로 말하자면 두 수염이 앞에 있으니 전배前陪 비장裨將 한 쌍이 '새우 수염' 모양이란 말이요, 놀랄 해駭자를 또한 '샤'라 하니 이 글자는 황제皇帝 앞에 시위한 무관武官을 '샤'라 하니, 위엄이

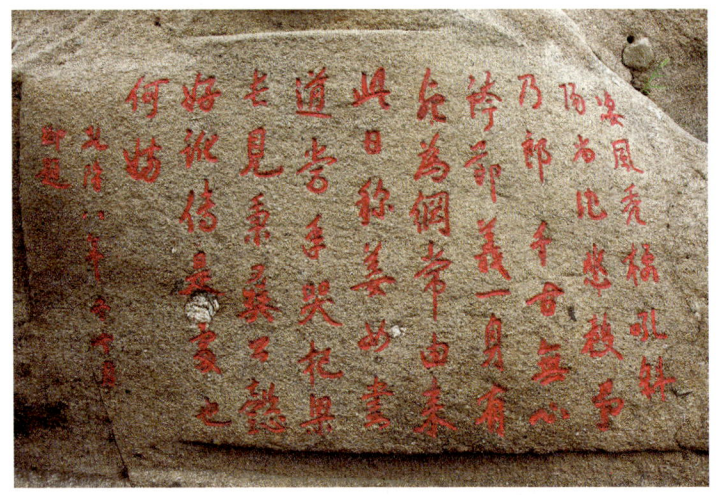

라고 하였다. 돌 옆에는 작은 정자가 있는데, 이름을 진의정振衣亭이라고 하였다.

대저 지금의 청나라 황실에는 대대로 명필이 많지만, 과친왕의 글씨가 아주 뛰어나서 미원장米元章[87]보다도 더 나은 것 같다.

• 사신을 따라서 중국에 들어가는 사람에겐 모름지기 부르는 호칭이 있다. 역관은 종사관從事官이라 부르고, 군관은 비장裨將이라 부르며, 나처럼 한가롭게 유람하는 사람은 반당伴當[88]이라 부른다. 소어蘇魚라는 물고기를 우리 말로는 '밴댕이'(飯當)라고 하는데, 반飯과 반伴의 음이 서로 같아서이다.

압록강을 건너면 소위 반당은 은빛 모자의 정수리에 푸른 깃을 달고, 짧은 소매에 가벼운 복장으로 차림새를 갖춘다. 그러면 길가의 구경꾼들은 손가락으로 가리키며 문득 '새우'(蝦: 샤xia)[89]라고 부르는데, 무엇 때문에 새우라고 부르는지는 모르겠으나 아마도 무장한 남자를 부르는 별칭인 것으로 보인다. 지나가는 곳

의 마을 꼬맹이들은 떼를 지어 몰려다니며 일제히 '가오리哥吾里 라이, 가오리 라이' 하고 외치며, 더러는 말꼬리를 따라다니며 다투어 외치는 바람에 귀가 따가울 정도이다.[90] '가오리 라이'라는 말은 '고려인이 온다'라는 뜻이다.

나는 웃으며 동행하는 사람들에게,

"이제 세 가지 물고기로 변하고 마는구먼."

하니 여러 사람들이,

"세 가지 물고기란 무엇을 말하는 겁니까?"

하고 묻는다. 내가

"조선의 길에서는 '밴댕이'라고 부르니 이는 소어라는 물고기요, 압록강을 건넌 이래로는 '새우'라고 부르니 새우도 역시 어족이고, 오랑캐 아이들이 떼를 지어서 '가오리'라고 외치니 이는 홍어가 아니던가?"

하니, 사람들이 모두 한바탕 웃는다. 그래서 말 위에서 시를 한 수 지어서 읊었다.

은빛 모자 정수리에 푸른 깃을 꽂은 무부武夫의 차림새로
천리 먼 길 요양遼陽에서 사신의 수레를 뒤쫓노라.
한번 중국 땅에 들자 세 번이나 물고기 이름으로 바뀌었으니
속 좁은 이 사람 본시 사물의 이름 따지는 것만 배웠네.

翠翎銀頂武夫如[91] 千里遼陽逐使車
一入中州三變號 鯫生從古學蟲魚

고려高麗는 본래 고구려高句驪를 따라서 나라 이름을 세운 것으로서, 구句자를 없애고 려驪자에서 마馬자를 생략하였다. 산

무서움을 느낄 만함을 이름이요, 아래 하下자를 '샤'라 하니 이 글자는 무관이 문관 반열의 아래에 있단 말이라. 세 글자에 어느 자가 옳은지 자세히 모르나 놀랄 해駭자가 옳은 듯하더라"라는 기록이 있다.

90 삼한총서본 「피서록」에는 이 다음에 "나는 장난삼아서 소리를 질러 그들을 붙잡으라고 명령했더니, 아이들은 놀라서 달아나다가 엎어지고 넘어지며 울부짖는다"라는 내용이 더 있다.

91 초고본 계열의 필사본에는 '武夫如'가 '窣靑袾'로 되어 있다.

이 높고〔高〕, 물이 화려한〔麗〕 것을 일러서 고려高麗라고 말한다면, 『천자문』에서 금이 여수麗水에서 나온다는 의미의 '금생려수'金生麗水라는 말에서 려麗라는 글자는 응당 거성去聲으로 읽어서 '려'로 발음해야 하는데도, 지금 중국 사람들은 이를 평성平聲으로 발음하여 '리'로 읽는다. 수나라, 당나라 때는 고구려를 모두 '가오리'高麗라고 불렀으니, 가오리라는 호칭은 그 유래가 오래된 것이다.

무관懋官 이덕무李德懋는 언젠가 말하기를,

"고구려라는 이름은 『한서』 「지리지」에 처음으로 나오는데, 선조는 금와金蛙입니다. 우리나라 말에 와蛙를 '개구리'皆句驪, 또는 '왕마구리'王摩句驪라고 하는데, 옛날 사람들은 질박하고 솔직하여 임금의 이름을 곧바로 국호로 삼았고, 그래서 성씨인 고高를 앞에 붙여서 고구려라고 한 것입니다."

라고 했다. 이는 비록 한때 농으로 한 말이긴 하지만 자못 일리 있는 말이다.

중국 주변의 나라는 대체로 말은 있으되 문자가 없는 경우가 많아서, 중국인들은 그 발음을 한자로 그대로 표기하였으니, 예컨대 은銀을 몽고蒙古라고 부르고, 좋은 금을 애신각라愛新覺羅[92]라고 부르고, 장사壯士를 예락하曳落河[93]라고 한 것이 바로 그런 예이다.

• 산서 지방 사람인 곽집환郭執桓은 자가 봉규封圭 혹은 근정覲庭이고, 호는 반우半迂 또는 동산東山이나 회성원繪聲園이라고 부르기도 한다. 건륭 병인년(1746) 출생으로 시에 능하고 글씨와 그림에도 뛰어난 인물이다. 벼슬을 하거나 봉함을 받은 집안은

---

[92] 애신각라는 청나라 황족의 성씨인데, 만주어로 애신은 금金이란 뜻이고 각라는 사람(종족)이란 뜻이다. 혹 각라는 누르하치의 선조가 살던 곳의 지명으로, 그 지명을 따서 성씨로 삼았다고 한다. 곧 애신각라는 금인金人의 후예임을 나타내는 말이다.

[93] 돌궐어 elaha를 음역하여 예락하라고 표기하였다고 한다.

아니나 대단한 부잣집으로, 그 집은 호산虎山을 베개로 삼고 대문은 노천蘆川을 앞에 두고 있다.

아버지 곽태봉郭泰峰은 자가 청령青嶺이고 호는 금납錦衲이며, 나라에서 중헌대부中憲大夫를 제수하였고, 관례에 따라 자정대부資政大夫로 승진되었다. 금납은 날마다 자기 집에서 심덕잠沈德潛[94]과 가락택賈洛澤 등 여러 명사들과 시를 주고받았다.

봉규는 일찍이 같은 군에 사는 문헌汶軒 등사민鄧師閔을 통해 담원澹園에 대한 한시 여덟 수를 지어 달라고 우리나라의 명사들에게 요청했다. 담원은 봉규의 아버지 금납이 거처하는 곳인데, 시를 통해서 아버지의 장수를 빌고 담원의 아름다움을 전하려 함이다.

나도 「담원팔영」澹園八詠을 지었는데, 다음과 같다.

94 심덕잠(1673~1769)은 청나라 시인, 시론가이다. 자는 확사确士, 호는 귀우歸愚이고, 저서에 『설시수어』說詩晬語, 『심귀우시전집』 등이 있다.

곽집환의 글씨

붉은 파초꽃 푸른 괴석 동쪽 담 밖으로 솟아 나고
커다란 오동나무 한 그루의 그윽한 집.
뻣뻣하게 지내 온 평생은 손님맞이에 게으르고
주인어른은 오직 저물어 가는 산만 우러러보네.
紅蕉綠石出東墻 一樹梧桐窈窕堂
傲骨平生送迎嬾 丈人惟拜暮山光 「내청각」來青閣

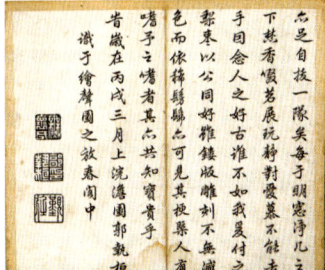

남쪽 비탈에는 온종일 그림자 너울너울 하는 모습
그림자가 나를 부르는 것 같기에 나도 그를 불렀다네.
미풍이 한들한들 스쳐 가자 물오리 해오라기 떠나가며

어지럽게 물방울에 수백 개의 얼굴이 비치노라.

南陀竟日影婆娑 耐可呼吾亦喚他

乍綴微風鳧鷺去 不禁撩亂百東坡[95]　　　「감영지」鑑影池

95 '百東坡'라는 말은 소식의 한시 「범영」泛穎이란 작품에서 유래한 말로 수중에 비친 사람의 그림자를 뜻한다.

코끝에 희끗하며 보기는 본 것 같은데
분별을 하려니 오장과 정신이 콧구멍을 막아 버리네.
홀로 그윽한 매화 향기 꿈속에 들어 싸늘한데
매화 가지는 밝은 달빛을 희롱하는구나.

已觀微白鼻端依 欲辨臟神掩兩扉

獨有暗香侵夢冷 羅浮明月弄輝輝　　　「소심거」素心居

소나무 깊고 깊어 만卍자 모양의 난간을 덮어서
비스듬한 바위에 드리운 넝쿨과 어울려 푸르네.
그림 같은 배, 바람 부는 대로 가도록 맡겨 두어라.
밤새 들리는 차가운 소리 여울물 내려가는 소리인 양.

松覆深深卍字欄 垂蘿欹石翠相攢

一任畵舫風吹去 盡夜寒聲瀉作灘　　　「송음정」松蔭亭

가볍게 뿜는 노을은 취한 꽃을 깨우려는 듯하고
천마天馬가 푸른 갈기를 허공에 가볍게 날리는 듯.
약초 캐러 떠난 유신劉晨과 완조阮肇를 장차 찾으려고 하니[96]
적성산赤成山 번쩍이는 아침 노을에 길을 잃었구나.[97]

噀輕堪醒醉魂花 天裏行空翠鬣斜

探藥將尋劉阮去 路迷廉閃赤城霞　　　「비하루」飛霞樓

96 한나라 명제明帝 때 유신과 완조는 천태산에 약초를 캐러 갔는데, 길을 잃고 굶다가 신선을 만났다고 한다. 천태산은 지금의 절강성에 있다.

97 적성산은 천태산 옆에 있는 산으로 노을이 유명하여 '적성하기'赤城霞起라는 말이 있다.

돌아가려는 손님 억지로 붙잡듯, 꽃이 오래 지지 않도록
바람과 비에게 부탁을 하다가 도리어 핀잔만 들었네.
골짜기 안에 핀 꽃들을 월별로 품평을 한다면
일 년 삼백육십 일 모두 봄이로세.
花似將歸强挽賓 囑他風雨反逢嗔
自從洞裏修甁史 三白六旬都是春　　　「유춘동」留春洞

옥자루의 주미麈尾[98]를 쥐고 맑은 밤 소월대에 오르니
구기자나무 울타리 서리 떨어지고 기러기 슬피 울며 날아가네.
외마디 울음소리 갈라지며 가을 구름 높은 곳에 다하고
만리 아름다운 허공엔 밝은 달이 뜨는구나.
玉麈淸宵獨上臺 杞棚霜落雁流哀
一聲劃裂秋雲盡 萬里瑤空皓月來　　　「소월대」嘯月臺

[98] 주미는 고라니 털로 만든 먼지떨이로, 은자들이 손에 쥐고 다녔다.

화예부인花蘂夫人[99] 처음 궁궐에 들어갔을 때
수줍음 머금고 말을 하려니 얼굴부터 붉어졌네.
말하는 앵무새 본래 오묘한 새가 아니었건만
누가 알았으랴, 아난阿難[100]이 도를 깨치게 할 공을 세울 줄.
花蘂夫人初入宮 含羞將語臉先紅
鸚哥舍利元非妙 誰識阿難悟道功　　　「어화헌」語花軒

[99] 화예부인은 오대 시대에 촉왕蜀王 맹창孟昶의 부인으로 미색과 문장을 겸하였다.
[100] 아난은 석가의 사촌동생으로, 평생 석가의 신변을 떠나지 않고 시중을 들었던 인물이다. 아난이 앵무새에게 설법을 하자 앵무새가 듣고 깨달음을 얻었다는 일화가 있다.

　　봉규는 그가 저술한 『회성원집』판각본 한 권을 내게 부쳐서 보내고, 그 서문을 써 달라고 청하였다.[101] 문집을 살펴보니 사람됨이 맑고 깨끗하며 쇄락하고 탈속한 것 같아서 마치 생식을 하는 신선을 닮았다. 그는 약관 시절부터 부친의 가업에 힘을 입어

[101] 『연암집』에는 「회성원집발」繪聲園集跋로 수록되어 있다.

서 나라 안의 시인들을 초빙하여 술을 마시고 문학을 하는 모임을 가졌으니, 양유동楊維棟·노병순盧秉純 등이 모두 『회성원집』의 서문을 지었다.

그의 「진문津門의 서정西亭을 그리워하며」라는 시에,

향기 흩어지고 꽃이 다한 가을의 작은 정원
서정西亭의 처마 끝에는 갈고리 같은 달 걸렸네.
북에서 날아온 외기러기 푸른 하늘에 비껴 날자
그림자 아래로 동남쪽을 비추며 바다로 흘러드는구나.
香散花殘小院秋 西亭簷角月如鉤
北來一雁橫空碧 影下東南入海流　「회진문서정」懷津門西亭[102]

102 『회성원시고』에는 제목이 「회진문서정월야」懷津門西亭月夜라고 되어 있다.
103 『회성원시초』에 실린 시의 원래 제목은 「춘일제원요산수소폭」春日題袁耀山水小幅이다. 원요는 건륭 연간의 화가로, 자는 소도昭道이고 산수화에 뛰어났던 인물이다.

라고 하였다. 또 「원요袁耀의 산수화 작은 폭에 쓰다」라는 시에,

금오패방(패루)의 모습

게딱지 같은 작은 집 어촌의 물굽이엔 물 색깔 맑고
연기 두른 가지와 이슬 맺힌 잎은 반은 흐리고 반은 맑네.
한가한 구름 하늘 맞닿는 곳으로 외로운 배 멀어지고
적막한 석양 무렵 외기러기 우는 소리.
蟹舍漁灣水色明 煙條露葉半陰晴
雲開天際孤帆遠 寂寞斜陽一雁聲　「제원요산수소폭」題袁耀山水小幅[103]

라고 하였다. 「느낌」이라는 시에,

맑은 가을 달빛은 호수의 다리에 비추고
회남淮南 갈대 억새의 모래톱을 꿈길에 두르네.

비 내려 어둑한 우거진 숲을 감도는 고요한 포구
바람에 꺾인 고목들 강물에 섞여 떠내려가네.
의지할 곳 없이 떠 있는 외로운 배, 천지는 넓고
외로운 이내 몸 부질없이 구름과 물 사이에 떠 있네.
보일락 말락 하는 저 먼 곳은 한없이 쓸쓸하여
멀고도 아득한 만리의 길은 수심에 잠기게 하노라.

濠梁月色照淸秋　夢繞淮南蘆荻洲
雨暗楚原連浦靜　風催古木雜江流
孤舟無倚乾坤闊　隻影空持雲水浮
最是蕭條極目處　迢遙萬里使人愁　　「유감」有感[104]

『회성원시고』

[104] 원래 제목은 「유감우부」有感偶賦이다.

라고 읊었다.

　　내가 금오金鰲와 옥동玉蝀[105]의 패방牌坊 사이를 왔다갔다 거닐기만 한다면, 우촌雨村 이조원李調元·추루秋庫 반정균潘庭筠·지당芝堂 축덕린祝德麟 같은 명사들을 모름지기 만날 수 있을 것이다. 그러나 곽집환은 죽은 지 이미 6년이 되었다. (곽집환이 건륭 을미년(1775) 8월에 죽었다는 말을 들었다. ─원주) 『회성원집』은 응당 다시 판각한 중간본이 있을 터라, 유리창의 서점에서 구해 보았으나 끝내 구할 수 없어서 참으로 안타까웠다.[106]

[105] 북경의 태액지太液池에는 긴 다리가 놓여 있고, 그 양쪽의 끝에 패방이 있다. 동쪽의 것을 옥동이라 했고, 서쪽의 것을 금오라고 불렀다. 뒤에 나오는 「황도기략」편의 금오교 및 태액지 항목 참조.

[106] 『회성원시초』는 건륭 34년(1769)에 방춘각放春閣 각본으로 간행되었고, 2010년 상해고적출판사에서 출판된 『청대시문집회편』淸代詩文集汇編에 영인 수록되어 있다.

　　• 윤형산이 검은 종이를 바른 작은 부채를 꺼내서 대나무와 괴석을 그리고, 젖빛을 띤 금색의 글씨로 시를 쓰기를,

푸른 대나무에서 군자의 모습을 보고
굽은 언덕에서 아름다운 말씀을 아뢴다.

부채를 펼쳐 그림을 그리고

손을 마주 잡으니 마음이 하나일세.

綠竹瞻君子 卷阿矢德音

揮毫開便面 握手得同心

라고 하고, 아래 모서리에 "윤가전 쏨, 나이 칠십"이라고 적었다.[107]

• 『명시종』明詩綜에 나의 5대 조부 금양군錦陽君 박미朴瀰의 「평양대동관제벽」平壤大同館題壁이라는 칠언절구의 시가 실렸는데,[108]

한나라 홍가鴻嘉 연간에 일어났던 고구려

궁전의 남은 터에는 풀과 나무가 우거졌도다.

슬프고 안타깝다, 을지문덕의 죽음이여

나라가 망한 것은 「후정화」後庭花 탓은 아니라네.[109]

高句驪起漢鴻嘉 宮殿遺墟草樹遮

惆悵乙支文德死 國亡非爲後庭花

라고 하였다.

고구려가 일어난 시기는 한나라 홍가鴻嘉(BC 20~BC 17) 연간이 아니라, 한나라 원제元帝 건소建昭 2년(BC 37)이다. 한나라 성제成帝 홍가 3년(BC 18)은 백제 태조 고온조高溫祚가 직산稷山에 도읍을 정한 해인데, 선조께서 우연히 따져 보지 못한 실수를 저지른 것이다. 그런데 유식한兪式韓[110]이 지은 『구당록』毬堂錄에는

[107] 이 시는 「망양록」편에서 나온 바 있다.

[108] 『명시종』 권95에 수록되었다.

[109] 「후정화」(맨드라미)는 남조南朝 진陳 후주後主가 지은 악부시로, 그 소리가 경쾌하면서도 슬펐기 때문에 흔히 망국의 음악이라고 불렸다.

[110] 연암이 유리창에서 만났던 유세기兪世琦로, 식한은 그의 자이며, 호는 황포黃圃이다.

고염무의 『일지록』日知錄을 인용하고 우리 역사의 증거로 삼는 『서경』 대전大傳을 이용해서 이 시의 홍가라는 연호가 잘못되었음을 변증하였으니, 중국의 선비들이 고증을 하고 변증 분석하는 것을 박식하고 고아하게 여김이 이와 같은 것이 많다.

• 장주長洲[111] 지방 출신의 회암 우동이 지은 「외국죽지사」에는 우리나라를 첫머리에 싣고, 그 아래에 100여 나라의 민요와 토산의 대체적 모습을 서술하였다. 거기 서술된 조선 관련 기사를 살펴보면 오히려 오류가 상당히 많은데, 하물며 사해 밖의 만리나 떨어져 있으며 문자조차 없어서 그 토속에 정통할 수 없음에랴. 우동이 조선을 읊은 시에,

111 지금의 강소성 소주의 서남쪽, 태호의 북쪽에 있는 지명이다.

고구려라는 국호를 하구려下句驪로 낮추어 불렀으니
조선이라는 옛 국호의 아름다움만 같지 못하도다.
천리 길 서울 한양에는 온갖 연희 베풀고 있어
한성漢城에서 오히려 옛 중국의 모습을 보도다.
高句驪降下句驪 未若朝鮮古號宜
千里王京陳百戱 漢城猶見漢官儀

라고 하고, 주석에 "고조선은 고구려에 모두 합병되었고, 수나라가 고구려를 정벌하려다 뜻대로 정복하지 못하자 고구려를 폄하하여 하구려라고 불렀다. 명나라 홍무洪武(1368~1398) 연간에 중국에 들어와 조공을 바치고 조서를 받들어 다시 조선이라고 불렀으며, 한성을 서울로 삼았고, 중국의 사신이 이를 때마다 온갖 연희를 베풀었다"라고 하였다. 또,

절풍건

112 절풍건은 고깔 모양의 건巾으로, 새의 깃털이나 새 꼬리를 꽂았다.

긴 저고리 넓은 소매에 절풍건折風巾¹¹²을 쓰고
다듬은 종이에 낭모필로 한자를 써서 진서라고 하네.
대대로 역사를 이어 와서 나라의 전통은 오래되었으니
『서경』의 홍범구주를 지은 기자의 나라 사람이로다.
長衫廣袖折風巾 硾紙狼毫漢字眞
自序世家傳國遠 尙書篇內九疇人

라고 지었고 또,

황창黃昌이라 불리는 여덟 살 난 어린아이
칼춤을 추며 능히 백제의 왕을 찔러 죽였도다.
한가위에 다시 회소곡會蘇曲을 불러
아침이 되자 길쌈한 실 광주리에 그득하다.
小兒八歲號黃昌 舞劍能誅百濟王
更唱嘉俳會蘇曲 朝來蠶績已盈筐

라고 하고, 그 주석에 "신라의 화랑 황창이 나이 여덟 살에 왕을 위해 백제로 가서 저잣거리에서 검무를 추었는데, 백제 왕이 그를 궁으로 불러들여 검무를 추게 하자 그 틈을 타서 왕을 찔러 죽였다. 7월 보름에 국왕은 왕녀를 시켜 육부六部의 여자들을 인솔하여 넓은 뜰에서 길쌈을 하게 하고, 8월 보름에 그 성적을 따져서 진 사람이 이긴 사람에게 술을 대접하고 서로 노래 부르고 춤을 추었다. 이를 가배嘉俳라고 하는데, 한 여자가 일어나 춤을 추면서 회소會蘇의 노래를 부른다. 뒷날 조선이 신라를 멸망시킨 뒤에 그 노래를 본떠서 황창곡, 회소곡 두 노래를 만들었다"고 하였다.

기려천이 『소대총서』昭代叢書[113]라는 책을 꺼내어 그 부분을 짚어서 서로 보게 한다. 내가 윤형산에게,

"국호를 '하구려'라고 낮추어 부른 것은 곧 한나라 왕망 때의 일입니다."

하니 윤형산은,

"그렇습니다."

하기에 내가,

"'대대로 역사를 이어 와서'라는 구절은 대단한 오류입니다. 기자조선은 위만조선에 의해 쫓겨났으니까요."

하니 윤형산은,

"그 착오는 동방 삼국시대를 종합해서 말한 것이지, 오로지 귀국 조선만을 가리키는 것이 아닙니다. 그 시에 '나라를 전해옴이 멀다'라는 구절은 조선이라는 국호가 멀리 성인 기자조선에서 비롯된 것이므로 귀국 조선을 극도로 찬미하는 표현인 것입니다. 대체로 그 시는 아름다운 작품도 아니어서 마치 바보가 꿈을 이야기하는 것 같고, 발바닥이 가려운데 신발 바닥을 긁는 것같이 아주 엉뚱한 것이랍니다."

하기에 내가,

"주석에 '조선이 신라를 멸망시켰다'는 말은 더더욱 잘못되었습니다. 우리 조선은 고려를 계승했고, 고려는 신라를 계승했으니 어떻게 조선이 500년 앞의 신라를 직접 멸망시킬 수 있겠습니까?"

하니 기려천이 크게 웃으며,

"소위 '을축갑자乙丑甲子[114]하고 있네'라는 소리구먼요."

한다.

[113] 『소대총서』는 청나라 장조張潮가 역대의 서적 중에서 일부를 뽑아서 총서 형태로 만든 책이다.

[114] 간지의 순서가 갑자을축이 바뀌어 을축갑자가 되었다는 말로, 순서가 서로 뒤바뀜을 의미한다.

• 내가 윤형산에게,

"당세의 시인 중에 나라 안에서 으뜸으로 칠 만한 사람이 누구인지 그 이름을 들을 수 있겠습니까?"

하니 윤형산은,

"나라가 크고 보니 훌륭하고 묘한 재주를 가진 사람이 없을 수는 없을 터이나, 제가 나이도 많고 세상의 일을 관여하지 않으니 재주 있는 젊은 사람을 알지 못한답니다. 저의 오래된 친구로 태사太史 원매袁枚라는 이가 있는데, 자는 자재子才이고 세속에 얽매이지 않은 뛰어난 선비입니다.[115] 벼슬하기를 달가워하지 않고, 산수에 노닐며 역사에 대한 회고적인 시를 아주 잘 짓는답니다."

하고는, 소리를 높여서 몇 구절을 읊조리는데 나는 전혀 알아들을 수가 없어서 써서 보여 달라고 청하였다. 원매의 「박랑성」博浪城[116]이란 시에,

진인眞人은 약초를 캐러 봉래蓬萊로 달려갈 때[117]
박랑성 모래는 저 망해대望海臺로 이어졌도다.
구정九鼎이 아직 잠겨 있는데 삼호三戶가 일어섰으며[118]
전국시대 여섯 왕이 끝나자 철퇴를 한번 휘둘렀도다.
범과 용 같은 기개를 잡으려고 황금을 다 써 버리고
산도깨비도 말이 없으니 흰 옥만 가엾게 되었도다.[119]
열흘간이나 수색했으나 허탕치고 빈손으로 돌아갔으니
그대 같은 장사, 역사에 드문 기이한 재주로다.

眞人採藥走蓬萊 博浪沙連望海臺

九鼎尙沈三戶起 六王纔畢一椎來

虎龍有氣黃金盡 山鬼無聲白璧哀

---

115 원매(1716~1797)는 호가 간재簡齋이고, 저서에 『수원시화』隨園詩話와 『소창산방집』小倉山房集이 있다. 건륭 시대 3대 시인 중의 하나라고 일컬어졌다.

116 박랑성은 하남성에 있는 지명으로, 진시황이 이곳을 순행할 때 장량이 창해역사滄海力士를 시켜서 철퇴로 그를 저격하려다 수레를 내리쳐서 그만 실패했던 곳이다.

117 진시황이 불로초를 구하기 위해 진인(도사)을 봉래산으로 보낸 고사이다.

118 구정은 천자가 사용하는 아홉 개의 솥을 말하는데, 구정이 잠겼다는 말은 주나라가 망했다는 뜻이다. 삼호三戶는 세 집 정도의 작은 마을이라는 말인데, '초나라가 지금 세 집 정도의 작은 나라이지만, 진秦을 멸망시킬 나라는 반드시 초나라일 것'이라는 말에서 유래했다.

119 진시황의 사신이 길을 갈 때 어떤 사람이 나타나서 옥을 바치며 "금년에 용이 죽을 것이다" 하고 홀연히 없어졌는데, 진시황은 그것을 두고 산도깨비가 한 가지 일을 가르쳐 준 것이라고 했다.

大索十日還撒手 如君終古儘奇才[120]

라고 하였다. 이 시를 살펴보니 중원 사대부들의 마음을 엿볼 수 있겠는데, 윤형산이 유독 이 시편을 읊조린 데에는 청나라를 진 시황에 비유해서 말하려는 비분강개한 뜻이 더더욱 드러나 보인다. 그러나 만주족인 기려천을 꺼려하지 않고 윤형산이 이런 시를 읊조리는 까닭은 무엇인가?

• 강희 무오년(1678) 강서江西의 여자 계문란季文蘭이 오랑캐에게 붙들려 심양으로 팔려 가게 되었다. 가는 길에 진자점榛子店에 이르러 벽에 시 한 수를 적었는데,

몽당머리, 옛 단장이 부질없이 가엾고
길을 나서자 촘촘했던 비단 치마도 다 닳았네.
부모님 생사를 어디에서 알 수 있으랴
봄바람에 통곡하며 심양 길을 나서는구나.
椎髻空憐昔日粧 征裙換盡越羅裳
爺孃生死知何處 痛哭春風上瀋陽

라고 하고, 그 밑에 쓰기를 "저는 강서의 수재秀才[121] 우상경虞尙卿의 아내 되는 사람입니다. 지아비가 죽임을 당하고 왕 장경王章京[122]에게 팔려서 장차 심양으로 가는 길입니다. 무오년 정월 21일. 눈물을 뿌리며 벽에 이렇게 시를 씀은 바라옵건대 천하에 훌륭한 마음씨를 가진 사람이 있어 이를 보고 가엾게 여겨 구원받기 위함입니다. 저는 금년 21살이옵니다"라고 하였다.[123]

---

120 원매 전집에는 시의 후반부가 "黃金宮闕神仙遠/白璧光陰山鬼催/此日西風如力士/當車還擊布幰開"로 되어 있다.

121 수재는 지방에서 재주와 학식이 있어서 관에 선발되어 임용된 사람.
122 장경은 청나라 때 문무관원을 일컫는 말로, 특히 장군의 뜻으로 사용했다.
123 삼한총서본 「피서록」에는 계문란이 왕장경에게 백금 70량에 팔렸으며 그 자태가 아리땁고 요염하다는 집주인 할머니의 증언이 더 있다.

124 김석주가 계문란의 시에 차운한 시는 그의 문집 『식암유고』의 '도초록'에 수록되어 있다.
125 김창업이 차운한 시는 그의 문집 『노가재집』의 '연행훈지록'에 수록되어 있다.

그로부터 6년 뒤인 계해년(1683) 청성부원군淸城府院君 김석주金錫冑가 진자점을 지나다가 이 시를 적어서 귀국했다.[124] 그로부터 30여 년이 지난 뒤에 노가재老稼齋 김창업金昌業이 또 진자점을 지나갔는데 벽에 써 놓은 먹빛이 아직도 있었다고 했다.[125] 지금 나는 노가재로부터 다시 60여 년 뒤에 이곳 진자점을 또 지나다가 시를 읊조리며 서성이었으나, 벽에 써 놓은 그 시는 보이지 않았다.

내가 우연히 그 시를 거론하여 기풍액에게 이야기하였더니 그는 눈물을 주르륵 흘리며 내게,

"그 진자점이란 곳이 어디에 있습니까?"

하고 묻기에 내가,

126 진자점은 산해관 안에 있다.
127 계문란 고사에 관한 연암의 한시는 그의 문집 「영대정잡영」 절구 4수의 첫 작품으로 실려 있다.
128 호가십팔박은 한나라 채옹의 딸인 채문희蔡文姬가 오랑캐에게 붙들려 갔다가 뒤에 귀국하여 그때를 생각하며 지은 노래이다. 조조가 천 냥을 내서 채문희를 속량해 왔다고 한다.

"산해관 밖에 있습니다."[126]

하니 기풍액은 즉시 칠언절구 한 수를 지었다.[127]

붉은 단장을 하고 아침에 오랑캐 군인에게 팔려 가게 되었으니
상심됨은 호가십팔박胡笳十八拍의 다섯 번째의 가사로다.[128]
천하의 남아에 조맹덕曹孟德 같은 이가 없으니
뉘라서 천금으로 채문희蔡文姬를 속량해 올까?

紅粧朝落鑲黃旗 笳拍傷心第五詞

天下男兒無孟德 千金誰贖蔡文姬

• 강희 황제가 피서산장을 읊은 시는 서른여섯 개의 경치에 따라서 지은 것으로 36수인데, 모두가 다 비루하고 치졸하여 운치라곤 없다. 대개 평소의 포부를 억지로 읊어서 드러내려고 했기 때문에 그렇게 된 것이다. 그런데도 아랫사람들은 온갖 책에

건륭 황제가 정한 36경의 하나인
수심사水心榭

서 자료를 수집하여 광범하게 시를 주석하였다.

　예컨대 피서산장에서 가장 아름다워 제일경第一景이라고 하는 연파치상煙波致爽의 궁전을 두고 지은 시에,

　　피서산장에 자주 피서를 오니
　　고요하고 조용해 시끄러운 일 적어지네.
　　山莊頻避暑 靜默少喧譁

라고 했는데, 이 시에 무슨 허다한 설명을 붙여서 주석을 낼 필요가 있단 말인가? 그런데도 주석을 붙인 사람들은 양梁나라 소통蕭統의 시,
　　'수레에 멍에를 명하여 산장을 나서네.'(命駕出山莊)
를 인용하고, 당나라 유우석劉禹錫의 시,
　　'푸른 댕댕이덩굴 아래에 산장이 있고.'(綠蘿陰下有山莊)
를 인용하고, 당나라 문인 대숙륜戴叔倫의 시,

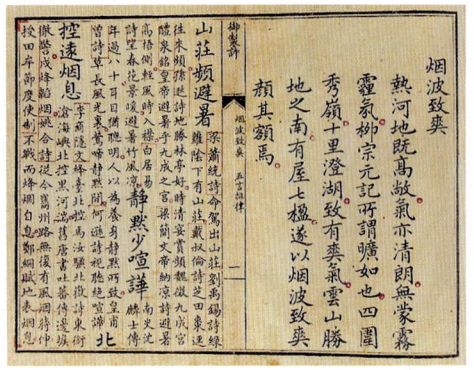

강희 황제의 시와 그 주석

'지초芝草 밭, 대추밭 길을 자주자주 오갔네.'(芝田棗逕往來頻)

를 인용하고, 당나라 문인 손적孫逖의 시,

'경치 좋은 땅 숲의 정자는 좋고, 맑은 시절 연회를 자주 베푼다네.'(地勝林亭好 時清宴賞頻)

를 인용하고, 당나라 위징魏徵이 지은 「구성궁예천명」九成宮醴泉銘의,

'황제께서 구성궁에 피서를 가셨네.'(皇帝避暑乎九成之宮)

를 인용하고, 양梁나라 간문제簡文帝의 납량시納凉詩의,

'높은 오동나무 곁으로 피서를 하니, 가벼운 바람 때때로 옷깃에 스며드네.'(避暑高梧側 輕風時入襟)

를 인용하고, 당나라 백거이白居易의 시,

'봄날을 바라보니 꽃 경치 따뜻하고, 대나무 시원한 바람에 피서를 하도다.'(望春花景暖 避暑竹風凉)

를 인용하고, 『남사』南史 심린사沈麟士 열전의,

'나이가 팔십이 지났건만 이목이 오히려 총명했으니, 사람들은 고요하고 조용히 수양한 결과라고 여겼다.'(年過八十耳目猶聰明 人以爲養身靜默所致)

를 인용하고, 당나라 문인 황보증皇甫曾의 시,

'좋은 풍광 속에 풀빛이 길어 보이고, 앵무새는 고요하고 조용한 사이에서 운다.'(草長風光裏 鶯啼靜默間)

를 인용하고, 양梁나라 문인 하손何遜의 시,

'보고 듣는 일에 시끄러운 일 끊어졌네.'(視聽絶喧譁)

를 인용했다. 겨우 두 구절인 이 시에 이해되지 않는 것이 하나도

없는 터에, 어찌 허다한 주석이 필요하겠는가? 또 황제가 평소 시가를 지을 때 어찌 허다한 출처를 인용하여 지었으랴?

주자가 말하기를 "지금 사람들은 시의 출처 밝히기를 좋아하여 『시경』의 첫 구절인 '꾸욱꾸욱 우는 저 물수리'라는 관관저구關關雎鳩의 출처가 어디냐고 묻는 사람까지 있다"[129]고 했으니, 이야말로 참으로 시학의 큰 경지를 이룬 분의 말씀이라고 하겠다.

• 길가에는「하간전」河間傳을 시끄럽게 외우고 다니고[130]
  규방 안에서는 양백화楊白花 노래를 구슬프게 부른다.[131]
  街頭喧誦河間傳 閨裏悲歌楊白花

이 시는 점필재佔畢齋 김종직金宗直[132]이 사방지舍方知를 풍자하여 지은 것이다.[133]

사방지라는 사람은 개인 집에서 부리는 종놈 출신으로, 어려서부터 여장을 하고 얼굴에 지분을 찍어 바르고 다니며 바느질을 배웠다. 성장을 해서는 조정 벼슬아치들의 집안을 출입했는데, 천순天順 7년(1463) 봄에 사헌부에서 풍문을 듣고 그를 체포했다.

그와 평소에 간통을 했던 한 비구니를 심문하니,

"그의 양물이 대단히 장대합니다."

라고 하여 여자 의원인 반덕班德을 시켜 더듬어 보게 하였다. 영순군永順君 이부李溥[134]와 하성위河城尉 정현조鄭顯祖[135]가 함께 시험을 해 보고는 모두 혀를 내두르며,

"끝내 준다."

라고 했다.

당시 중국에도 먼저 그런 일이 있었다. 오군吳郡 출신의 양순

129 『주자어류』朱子語類「논문」論文 하편에 나오는 말.
130 「하간전」은 유종원柳宗元이 지은 것으로, 음란한 부인에 대한 전기이다. 유종원은 음란한 부인의 성명을 말하고 싶지 않아서 그가 살았던 곳의 지명인 '하간'으로 전을 짓는다고 말했다.
131 북조北朝 시대에 양화楊華라는 자는 본명이 양백화楊白花였는데, 얼굴이 준수하여 당시 호 태후胡太后가 억지로 간통을 하였고, 양백화가 화가 미칠까 겁을 먹고 달아나자 태후는 "양백화가"라는 노래를 지어서 궁녀들에게 밤낮으로 부르게 했다. 그 노래가 대단히 구슬펐다고 한다.
132 김종직(1431~1492)은 자가 계온季溫, 호는 점필재이다. 저서에 『점필재집』과 『유두류록』遊頭流錄이 있고, 편저에 『동문수』東文粹와 『청구풍아』青丘風雅가 있다.
133 「사방지」舍方知는 제목의 2수 중 두 번째 시의 3, 4구이다. 김종직은 시의 서문에 사방지의 내력을 상세히 기록하였다.
134 이부(1444~1470)는 세종대왕의 손자로, 자는 준지俊之 호는 명신당明新堂이다.
135 정현조는 정인지의 아들로, 세조의 딸에게 장가들어 하성위에 봉해졌다. 1471년 성종의 즉위를 도운 공로로 하성부원군에 진봉되었다.

136 양순길(1456~1544)은 명나라 문인으로 자는 군경君卿, 호는 남봉南峰이다. 문집『송주당집』松籌堂集 외에『봉창오기』蓬窓吳記 등 여러가지 잡저를 남겼다.

길楊循吉[136]이 지은『봉헌별기』蓬軒別記에 이런 내용이 있다.

"성화成化 경자년(1480) 서울에 한 과부가 있었는데 방직이나 자수 같은 여자의 일도 잘하고, 젊고 예쁘며, 신발과 버선이 네 치가 안 될 정도로 발이 작았다. 여러 부잣집에서 서로 천거하고 이끌어서 집의 사람들에게 자수를 가르치게 했는데, 그는 남자를 보면 문득 수줍어서 피했고 뭘 물어도 대답을 하지 않았다. 밤에는 배우는 사람들을 따라서 함께 잠을 자며, 잠을 자는 곳에는 항상 자물통을 채웠기 때문에 사람들은 그가 자신을 잘 지켜 수절한다고 더욱 믿게 되었다.

태학생 아무개가 그 과부를 사모하였다. 그래서 자기의 아내를 여동생이라고 속이고는 과부를 자신의 집으로 끌어들였다. 그는 아내에게 밤중에 방문을 열고 거짓으로 변소에 가는 척하라고 몰래 일러두었다. 그가 갑자기 과부의 방에 뛰어들어 촛불을 끄자, 과부가 크게 소리를 질렀다. 그 사람이 과부의 목을 누르고 억지로 범하려고 한즉, 곧 남자였다. 그를 묶어서 관에 보내어 국문을 하니, 그의 성명은 상충桑翀이고 나이는 스물넷이었으며, 어려서부터 발에 전족을 하였다고 한다. 법관이 사건을 위에 보고하였더니, 헌종憲宗 황제가 여장남자의 변태라고 하여 극형에 처하게 하였다."

• 망부석望夫石에 천산千山 범광원范光遠이 시를 쓰기를,

만리장성을 쌓은 사람은 보이지 않고
열녀의 자취만 보이도다.
물어보자꾸나, 만리장성아

어떻게 된 것인가? 이 한 조각 망부석은.

不見築城人 但見貞女迹

試問萬里城 何如一片石

라고 하였다.

• 강희 때 간행된 『전당시』全唐詩는 모두 120권이나 되니 의당 누락된 시가 없을 것 같으나, 당나라 현종이 신라 경덕왕景德王에게 보낸 5언 10운으로 된 시는 거기에 실리지 않았다. 『삼국사기』에 신라 경덕왕 15년(756) 봄 2월에 왕은 현종이 촉 땅에 있다는 말을 듣고 사신을 당나라에 파견하여 양자강을 거슬러 올라가서 성도成都에 이르게 하여 조공을 바쳤다. 현종은 조서를 내려서 "가상하게도 신라의 왕이 해마다 조공을 보내 와서 예악과 명분을 닦는구나. 시 한 수를 하사하노라"라 하였다.

사방의 땅은 나뉘어 있지만
만물은 중국을 중심으로 속해 있도다.
예물이 천하에서 두루두루 오는데
산 넘고 바다 건너 장안長安으로 모여드는구나.
아득히 생각하니 신라는 동방의 먼 나라로
오랜 세월 부지런히 중국을 섬겼도다.
넓고 넓은 이 땅 다한 즈음에
푸르고 푸른 바다와 이어진 모퉁이 나라.
아하! 의리와 명분의 나라
어찌 산하가 다르다 할 수 있으리.

『전당시』

사신이 가서는 중국 풍속과 교화를 전하고

우리 땅에 와서는 법전과 문화를 배우도다.

의관을 갖추고 예를 받들 줄 알며

충성과 믿음으로 선비를 존중할 줄 아는구나.

정성스럽도다, 하늘이 굽어보고 있으며

어질도다, 덕이 있어 외롭지 않으리.

깃발 가진 수령의 책무는 작목作牧[137]과 같을지니

백성에게 내린 선물 생추生芻[138]에 비하랴.

송백 같은 푸른 뜻 더욱 진중하고 푸르러

바람과 서리에도 항시 변치 말지어다.

四維分景緯 萬象含中樞

玉帛遍天下 梯航歸上都

緬懷阻靑陸 歲月勤黃圖

漫漫窮地際 蒼蒼連海隅

興言名義國 豈謂山河殊

使去傳風敎 人來習典謨

衣冠知奉禮 忠信識尊儒

誠矣天其鑒 賢哉德不孤

擁旄同作牧 厚眖比生芻

益重靑靑志 風霜恒不渝

송나라 선화宣和(1119~1125) 연간에 고려 사신 김부의金富儀가 이 시의 판각을 가지고 가서 접빈사로 나온 학사 이병李邴[139]에게 보여주었다.[140] 이병은 이를 휘종徽宗 황제에게 올렸는데, 황제는 중서성과 추밀원 및 여러 학사들에게 펴서 보여주고 선언하기

---

137 천자가 벼슬아치에게 제후를 정벌할 권능을 부여하는 것을 작목이라고 하는데, 여기서는 신라의 왕이 천자의 벼슬아치의 하나라는 뜻으로 사용하였다.

138 '생추'란 『시경』에서 유래한 말로 갓 베어낸 풀이다. 곧 현자가 떠날 때 그가 탈 망아지에게 주는 좋은 꼴을 말한다. 여기서는 당 현종이 내리는 선물을 의미한다.

139 이병(1085~1146)은 송나라 문신으로 자가 한로漢老이고 호는 용감거사龍龕居士이다. 『초당집』草堂集 100권을 남겼다.

140 김부의는 김부식의 동생으로, 1124년 사은부사로 송나라 수도인 변경(개봉)을 다녀왔다.

를, "진봉시랑進奉侍郎(사은부사 김부의를 가리킴)이 올린 시는 정말 당 명황제(현종)의 글씨가 분명하다"하고는 아름답게 여기고 감탄해 마지않았다.

이 시가 이미 중국에 들어가 휘종 황제가 감상까지 하였음에도 불구하고 후세에 당시唐詩를 기록하는 자는 아울러 수습하지 못했다. 전 시대의 빠진 문장에 대해서 중국인의 눈과 귀가 미치지 못함이 있는 것을 알겠거니와, 해외의 작은 나라 선비들에 의해서 도리어 잃었던 것을 찾아내는 공로가 있으니, 어찌 우리에게 큰 다행이 아니겠는가?[141]

• 오중吳中, 즉 절강浙江 지방의 사람들은 옛날부터 천박하고 허탄하며 경망하고 야릇하다고 알려졌으나, 한편으로는 문장에 능하고 서화에 뛰어나서 명사가 많았다. 그러나 중원 지방의 사람들은 모두 그들을 싫어하여 장사치나 뚜쟁이를 지목할 때는 '항주풍'杭州風이라고 일컫는다. 이는 오중 사람들이 대체로 교활한 거간꾼의 사기술을 많이 가지고 있기 때문에 하는 말이다.

오중의 전당錢塘 지방 사람인 전여성田汝成[142]의 『위항총담』委巷叢談에 이런 내용이 있다.

"항주 지방의 풍속은 천박하고 허탄하여 함부로 남을 칭찬하기도 잘하고 억지로 헐뜯기도 잘하며, 길 가다가 주워들은 도청도설의 이야기도 다시 따져 보지도 않고 그대로 믿는다. 예컨대 어떤 사람이 무슨 이상한 물건을 가지고 있다고 하든지, 어떤 집에 이상한 일이 있다고 하든지, 아무개에게 더러운 행실이 있다고 하든지 하여 한 사람이 외치면 이에 백 사람이 부화뇌동하며, 누가 의심이 난다고 질문을 하면 자신이 나서서 그 의심을 증

141 1788년 일본인 상모하세령上毛河世寧이 『전당시』에 수록되지 못한 시를 뽑아서 『전당시일』全唐詩逸을 편찬했는데, 여기에 현종의 시가 수록되었다.

142 전여성(1503~1557)은 명나라 때 인물로, 자는 숙화叔禾이고, 『서호유람지』西湖遊覽志 24권, 『서호유람지여』西湖遊覽志餘 26권 등의 저서가 있다. 연암이 인용한 『위항총담』은 『서호유람지여』 권22~25에 들어 있는 한 부분이고, 여기 인용한 내용은 권25에 수록되어 있다.

험하기도 하고 직접 보기나 한 것처럼 명백하게 대답한다. 비유하자면 바람이 시작하는 곳도 없이 생겨서 지나가고, 그림자도 없어 종적을 찾을 수 없는 것과 같다. 그 때문에 속담에 이르기를 '항주 바람은 허공을 묶는 것 같아서, 좋은 것이나 나쁜 것이나 모두 한가지이다'라고 했고, 또 '항주 바람은 한 움큼의 파와 같아서, 꽃은 총총 피었으나 줄기는 텅 비었다'라고 했다.

또한 그 풍속이 가짜를 만들어서 눈앞의 이익을 챙기기 좋아하고 뒷일은 생각지도 않는다. 예컨대 술을 달고 맑게 하기 위해 재를 집어넣으며, 닭의 무게를 나가게 하기 위해 속에 모래를 채운다든지, 거위와 양을 크게 보이기 위해 뱃속에 바람을 불어넣는다든지, 생선과 고기의 무게를 부풀리려고 물을 넣기도 하고, 천을 짜면서 기름과 분으로 닦기도 하는 따위는 이미 송나라 시절부터 그러했다."

내가 귀주貴州 안찰사로 있는 만주족 기풍액에게 항주 출신의 육비陸飛[143]는 서화에 아주 능하다고 이야기를 했더니 기풍액은,

"그 사람은 범충凡虫, 즉 풍風입니다."

라고 말하는데, 아마도 항주풍을 일러서 말하는 것으로 보인다. 북쪽 사람이 남쪽의 선비를 증오 질시하는 것이 대체로 이렇다.

• 두기杜機 최성대崔成大[144]의 「이화암노승가」梨花菴老僧歌라는 시에,

오왕吳王은 연극을 보다가 광대의 상투에 눈물을 흘리고
전씨錢氏 노인은 중이 되어 춘추필법을 가탁했네.
吳王看戲泣魋髻 錢叟爲僧托麟筆

---

143 육비는 홍대용이 연행 갔을 때 북경에서 만나 교유한 사람으로, 절강 출신이며 서화에 능했다. 연암은 홍대용을 통해 그를 알게 되었다.

144 최성대(1691~?)는 조선 영조 때의 문신이다. 자는 사집士集, 호는 두기이다. 저서에 『두기시집』杜機詩集이 있다. 「이화암노승가」라는 작품은 병자호란 때 청나라에 끌려가 오랜 생활 끝에 고향으로 돌아왔으나 변해 버린 세상 물정에 적응하지 못하고 출가한 늙은 승려의 삶을 그린 장편 서사시이다.

라고 읊었다. 우리나라의 선배들 중에는 매양 중국의 일을 풍문으로 듣고는 실제의 사적을 상세히 알지 못해 왕왕 실수하는 경우가 있다.

위의 시에서 오왕은 오삼계吳三桂를 말하고, 전씨 노인은 전겸익錢謙益을 말한다. 두 사람은 모두 여진족 청나라에 항복하고 살아남아서, 머리가 셀 때까지 쓸쓸하게 지낸 인물이다. 하나는 비록 의로운 행동을 했다고 칭탁을 하지만 제왕이라고 호령하는 외람된 짓을 먼저 저질렀고, 하나는 책을 저술하는 데 뜻을 두었다고 하지만 이미 국가와 사직을 안정시키는 큰 일이 허물어졌다. 비록 후인들의 폄하하는 평가를 교묘하게 피해 보려고 했으나, 사람들이 누가 믿어 줄 것인가?

우리나라 속담에 사물의 물정에 어두운 사람을 두고 '몽롱춘추'朦朧春秋라고 하거니와, 우리나라 사람들은 춘추대의에 관해서 말하기는 좋아하지만 실제는 흐리멍덩하게 알고 있음이 이와 같은 게 많기 때문이다. 어찌 만주인의 비웃음거리가 되지 아니하랴.

• 송나라 휘종 대관大觀(1107~1110) 연간에 섭몽득葉夢得[145]이 고려 사신을 접빈하게 되었다. 선례에 의하면 사신이 대궐에 이르면 불과 한 달여 만에 즉시 돌려보내는 법이다. 휘종은 고려 사신에게 대궐에서 치르는 과거 시험의 합격자 발표 명단, 그리고 삼짓날 풍속을 구경시키려고 70일이나 머무르게 하였다. 고려 사신도 자못 근엄하면서도 상냥하고 온아하게 그를 대했기 때문에 섭몽득은 사신들을 전송하며 점운관占雲館까지 따라와서 이별을 하였다.

[145] 섭몽득(1077~1148)은 남송의 문인으로, 자는 소온少蘊, 호는 석림거사石林居士이다. 저서에 『석림시화』石林詩話, 『석림연어』石林燕語, 『건강집』建康集 등이 있다.

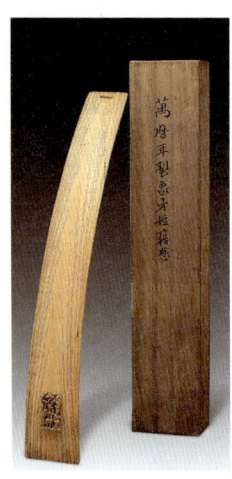

상아로 만든 홀(좌)과 그 함(우)

146 한교여(?~1122)는 고려 문신으로 초명이 교여이고, 뒤에 한안인韓安仁으로 개명했다. 자는 자거子居이다.
147 벼슬아치가 조회 때 조복朝服에 갖추어 손에 쥐는 물건인데, 주로 상아나 나무로 만든다. 여기 홀에 중요한 사항을 적어서 비망록의 역할로 쓰기도 하였다.
148 『석림시화』, 『송시기사』 宋詩紀事 등에 의하여 '帶'를 '玉'으로 수정하였다.

149 서산의 성은 뉴결록씨鈕祜錄氏, 자는 영악英崿이고, 만주 진황기인鑛黃旗人 출신이다.

　　고려 사신의 부사로 갔던 한교여韓皦如[146]가 옥으로 된 띠를 섭몽득에게 선물로 주면서,

"이는 당나라 때의 골동품으로 저희 집에서 대대로 전해 내려오는 보물입니다."

하고는 직접 홀笏[147] 위에 시를 한 수 지어서 보여주기를,

이별을 하려니 눈물이 방울방울 돋는다.
이생에선 다시 만날 기약이 없어라.
외람되게 보배 옥띠로 깊은 뜻을 베푸노니
잊지 말고 이 물건 볼 때마다 저를 생각하소서.
泣涕汍瀾欲別離 此生無復再來期
謾將寶玉[148]陳深意 莫忘思人見物時

라고 하였다.

　　섭몽득은 고려 사신의 전례에 비추어 보아 물건을 풀어서 주었던 선례가 없다는 이유로 선물은 힘껏 사양하고, 한편 그 시에 대해서는 비록 소박하고 서툴지만 주는 사람의 뜻은 가히 볼만하다고 칭찬을 했다고 한다.

● 옹정 황제 초에 청나라 칙사 서산書山[149]이 평양의 부벽루에 올라 시를 짓기를,

세상 모습은 홀로 옛 모습 그대로이건만
산하는 오히려 부끄러움을 띠었도다.
風物獨依舊 山河猶帶羞

라고 하였다. 서산은 만주족 사람인데, 홀연히 자신의 처지와는 반대로 한漢을 생각하는 시어를 지었음은 무슨 까닭인가?

• 얼마 전에 중국 상선이 황해도 옹진甕津에 표류하여 왔는데, 배에 탄 사람 중에 시를 잘하는 사람이 있어서 율시 한 수를 수군절도사에게 올려,

고국의 음악 소리 변했음을 누가 슬퍼하랴.
다른 나라에 와 통성명을 하자니 도리어 부끄럽도다.
천추에 주의周顗 있어 신정新亭에 뿌린 눈물[150]
푸른 바다에 부질없이 눈물 뿌리니 물이 마를 날 없어라.

故國誰憐鍾簴變 殊方還愧姓名通

千秋周顗新亭淚 空洒滄溟水不窮

[150] 주의는 진晉나라의 뜻 있는 선비로, 나라가 망하자 신정에서 통곡을 하였다.
[151] 인용된 시는 칠언율시의 후반부이다. 『연경재전집』硏經齋全集 외집 권34에 「표인시」漂人詩라는 제목으로 전편全篇 2수首가 실려 있다.

라고 했는데, 애석하게도 시의 전체를 얻지 못했고 시인의 이름도 전하는 것이 없다.[151]

• 섭몽득이 지은 『석림시화』石林詩話에 이런 이야기가 수록되어 있다.

"고려가 태종(송나라) 후부터 오랫동안 중국에 조공을 해 오지 않다가, 원풍元豊(1078~1085) 초에 비로소 사신을 파견하여 조회를 왔다. 신종神宗 황제는 장성일張誠一을 접빈사로 임명하여 고려가 다시 조회 온 뜻을 묻게 하였더니 고려국은 거란과 이웃하고 있는데 매양 거란의 가렴주구로 인해 그 공물을 견딜 수가 없었다. 국왕 왕휘王徽(문종의 이름)는 항상 『화엄경』을 외우며 중

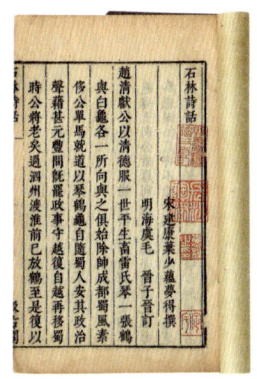

『석림시화』

국에 이르기를 기도했는데, 하루는 꿈에 서울(개봉開封)에 이르러 성읍과 궁실의 성대한 모습을 자세히 구경하다가 꿈을 깬 뒤로 중국을 사모하게 되었다고 한다. 그래서 시 한 편을 지어서 기록하기를,

악업의 인연이런가? 거란과 이웃을 하다니
일 년에도 조공을 몇 번이나 바쳐야 하는가?
꿈에나마 몸을 옮겨 서울의 화려한 땅에 왔더니
애석하다, 깊은 밤 날이 새려고 하네.
惡業因緣近契丹 一年朝貢幾多般
移身忽到京華地 可惜中宵漏滴殘[152]

라고 하였다."

• 전수지錢受之[153]가 『황화집』 발문에서 거론한 바 있는,

'나라 안에 창(戈)이 없고 한 사람이 앉아 있네.'(國內無戈坐一人)[154]

라는 시 구절은 곧 우리나라 모재慕齋 김안국金安國이 지은 것으로, 그의 문집에 실려 있다.[155] 전수지는 『황화집』皇華集[156]의 발문을 쓰면서 김안국의 이 희작시를 거론하며 조롱하고 꾸짖었다.[157] 그러나 사실은 이런 희작시는 홍산鴻山 화찰華察[158]이 조선에 조서를 반포하기 위해 사신으로 왔을 때 먼저 좋지 않은 선례를 남겼다. 예컨대,

넓은 들판에 가없는 물

---

152 사고전서본 『석림시화』에 의거하여 시의 3, 4구의 '中華裏'를 '京華地'로, '深宮滴漏'를 '中宵漏滴'으로 각각 수정하였다.

153 전수지는 전겸익錢謙益(1582~1664)으로 명말 청초의 학자이며, 수지는 그의 자字이다. 호는 목재牧齋이다. 저서에 『초학집』初學集, 『유학집』有學集 등이 있다.

154 나라 국國 안에 있는 과戈 자를 없애고 좌坐의 글자에 사람 인人 한 글자를 뺀 글자를 말하는 것으로, 이 구절은 파자를 이용한 희작의 시이다.

155 『모재집』 권8에 「차정사동파체운」次正使東坡體韻이라는 제목으로 수록되어 있다. 시의 제목이 '정사가 동파체를 본떠 지은 시에 차운함'이라고 되어 있고, 원운原韻의 시에 "國內無戈坐一人"이라는 구절이 있는 것으로 보아서, 이 구절은 엄밀히 말해서 김안국이 지은 것이 아니다. 곧 정사가 지은 것이다. 1518년 김안국이 사은부사로 중국에 갈 때, 정사는 권균權鈞이었다.

156 『황화집』은 명나라 사신으로 조선에 온 화찰이 사행길에서 지은 시를 모아서 만든 시집이다.

157 전겸익이 꾸짖은 내용은 뒤의 「동란섭필」, 전겸익의 문집 『유학집』, 이덕무의 저서 『앙엽기』에 각각 수록되어 있다.

158 화찰(1497~1574)은 명나라 가정 연간 사람으로 호는 홍산이고, 자는 자잠子潛이며, 『암거고』巖居稿라는 문집이 있다. 그는 1539년에

긴 하늘엔 한 점의 큰기러기

廣野無邊水 長天一點鴻

라는 구절이 희작시이다. 넓은 들판이라고 했으니 야野자를 쓸 때는 글자 모양을 넓게 쓰고, 긴 하늘이라고 했으니 천天자를 쓸 때는 글자 모양을 길게 쓴다. 변이 없는(가없는) 물이라고 했으니 변邊에서 책받침(辶)을 제거하여 臱(면)자로 만들고, 한 점의 큰기러기라고 했으니 점點을 치고 쳐서 한 점만 있는 點(점)으로 만든다. 이것이 이른바 전수지가 말한 두 글자가 일곱 글자의 뜻을 포함하고 있다(每二字含七字意)는 말이다.[159]

그러므로 임금 측근의 신하로 중국 사신을 접반하기 위해 용만龍灣(의주)에 갈 때는 반드시 글재주가 뛰어난 선비를 엄선하여 일을 맡겨서 임기응변의 수작을 대비하게 한다. 중국에서 오는 사신들은 길에 오면서 반드시 그따위 시들을 끄집어내니, 그 의도는 접반사를 골탕 먹이기 위함이다. 당시에 접반을 나가는 여러 사람들 역시 반드시 이런 것들을 미리 연습하여 만반의 준비를 하게 된다. 결국 하나의 전례가 되어서 하는 것이지, 즐거워서 그런 시를 짓는 것은 아니다.

그런데도 전수지는 홍산의 『황화집』에 발문을 쓰면서 그러한 전후 실정을 모두 빼 버리고는 우리나라 사람의 시 한 구절을 달랑 뽑아서 비웃었다. 급기야 그런 조선 사람과는 시를 수창하지 말라고 경계까지 시키기에 이르렀으니,[160] 이러고서야 어떻게 우리나라 선비들의 마음을 심복시킬 수 있겠는가? 내가 이를 거론하여 유식한兪式韓(유세기)에게 이야기했더니, 식한은 무슨 특이한 보물이나 얻은 것처럼 필담한 종이를 품에 간직한다.

중국 황제의 묘호를 반포하러 조선에 왔었다. 강소성 무석無錫 출신이다.

159 이런 시를 동파체東坡體라고 하는데, 이 문제에 대해서는 뒤의 「동란섭필」에 다시 상세하게 나온다.

화찰이 짓고 쓴 동파체 왼쪽은 '國內無一坐一人'을 오른쪽은 '一點殘花半日春'을 각각 쓴 것이다. 『황화집』皇華集 권25 인용.

160 전겸익의 문집인 『유학집』 권46 「발황화집」跋皇華集에 나오는 내용이다.

161 최립(1539~1612)은 조선 선조 때의 문신으로 자는 입지立之이며 호는 간이, 동고東皐이다. 저서로 『간이집』이 있다.

- 간이簡易 최립崔岦¹⁶¹의 「삼일포」三日浦 시에서,

육육봉六六峰의 맑은 봉우리 청산을 품고 있고
쌍쌍이 노니는 백조는 거울 같은 수면을 차며 나네.
삼일포에 놀던 신선 한번 간 뒤론 다시 오지 않으니
신선 사는 십주十洲에 아름다운 곳 많은 줄 알겠도다.

晴峰六六斂螺蛾 白鳥雙雙弄鏡波
三日仙遊猶不再 十洲佳處始知多

162 연암은 1756년 29세 때 금강산을 유람하였고, 이때 삼일포의 사선정에 올라 연구聯句를 써서 현판으로 걸어 놓았다. 『과정록』過庭錄 참조.
163 심념조(1734~1783)는 조선 영조 때의 문인 학자로 자는 백수, 호는 함재涵齋이다. 저서로 『함재유고』가 있다.
164 왕세정(1526~1590)은 명나라 가정 연간의 저명한 문인 학자이다. 이반룡과 함께 의고주의 문학을 했던 후칠자後七子에 속한다. 저서에 『엄주산인사부고』弇州山人四部稿 등 많은 저서를 남겼다.

라고 하였다. 내가 일찍이 삼일포의 사선정四仙亭에 오르니,¹⁶² 백수伯修 심념조沈念祖¹⁶³가 이 시를 쓰고 새겨서 정자 위에 걸어 두었는데, 시 자체는 그리 가작이라고 할 수 있는 작품은 아니다.

세상에 전하는 이야기로는, 최간이가 중국에 사신으로 가서 엄주弇州 왕세정王世貞¹⁶⁴을 알현하였을 때, 마침 그에게 공무가 산더미처럼 쌓여 있었다. 10수 명의 관리들이 번갈아 문서를 아뢰는데, 엄주는 책상을 차지하고 먼지떨이를 휘두르며 이리저리 좌우로 응수하여 판단하고 지시하기를 물 흘러가듯 거침없이 하니, 관리들의 많은 붓들이 일제히 움직여 그 많던 문건들이 순식간에 구름처럼 사라졌다. 또 10여 명의 소년들이 각기 과제로 지은 작품을 바치는데, 시도 있고 산문도 있으며 소품문도 있었다. 엄주는 붉은 먹을 갈아서 비점을 쳐 가면서 열람을 하며 잠시도 손에서 붓이 멈추지 않았다. 최간이는 크게 놀라고 감복을 받아서 시종에게 묻기를,

"어르신께서는 전에도 항상 이렇게 지내십니까?"

하니 시종이,

"지금은 마침 앉아 있는 동안에 잠시 틈이 나는 것이랍니다. 어르신께서는 왕년에 이미 시 만 수를 지었고, 책을 천 권이나 저술하셨는데요."

한다. 간이는 그만 아무 소리도 못하고 풀이 팍 죽었다. 소매 속에 넣어 온 자신의 문장을 꺼내어 가르침을 청하자 엄주는,

"글짓기에 뜻을 두긴 했으나, 다만 독서를 많이 하지 못했고 견문이 넓지 못합니다. 귀국한 뒤에 한유韓愈의 글 중에서 「획린해」獲麟解라는 글을 500번 정도 읽는 게 좋겠소이다. 그러면 글을 짓는 지름길을 응당 알 수 있을 겁니다."

라고 했다.

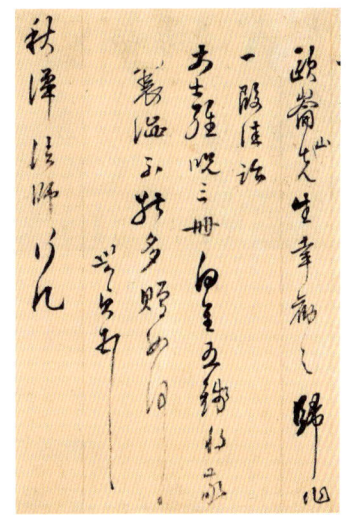

왕세정의 간찰

간이는 너무 부끄럽기도 하고 한이 맺혀서, 엄주를 만났던 한 가지 일만큼은 꽁꽁 숨기고 발설하지 않았다. 그리하여 그는 산문을 지을 때 난삽하고 기이하며 웅장하게 지으려고 힘을 썼으니, 이는 우린于鱗 이반룡李攀龍[165]을 배운 탓이다. 이반룡은 왕세정이 두려워했던 사람이었으므로, 간이는 이것으로 왕세정을 깔아뭉개려고 했던 것이다.

• 허균許筠[166]이 명나라에서 온 사신 태사太史 주지번朱之蕃[167]을 접빈하며 묻기를,

"주 태사께서는 일찍이 엄주 왕세정을 만나 보신 일이 있습니까?"

하니 주지번은 말했다.

"제가 일찍이 계사년(1593) 봄에 왕세정의 고향인 강소江蘇의

[165] 이반룡(1514~1570)은 명나라 가정 연간의 저명한 문인으로, 당시에 왕세정과 함께 '이왕'李王으로 불렸다. 자는 우린, 호는 창명滄溟이고 『창명집』 30권을 남겼다.

[166] 허균(1569~1618)의 자는 단보端甫, 호는 교산蛟山, 성소惺所이다. 저서에 『허균전집』이 있다.

[167] 주지번(?~1624)은 명나라 인물로 자는 원개元介, 호는 난우蘭嵎이다. 서화에 뛰어났고, 조선에 사신으로 왔다.

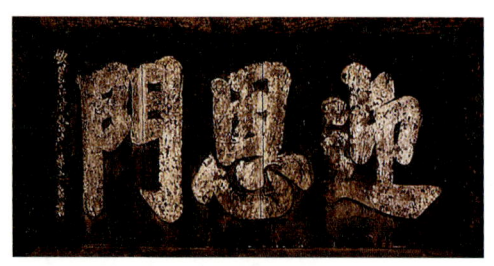

주지번의 글씨 명나라 사신을 맞기 위해 모화관 입구에 세운 영은문의 편액 글씨. 국립중앙박물관 소장.

태창太倉에 가서 그에게 배움을 청한 적이 있습니다. 당시 공은 남사구南司寇라는 벼슬을 그만두었는데, 용모는 보통 사람의 수준을 넘지 못했으나 눈빛만큼은 별처럼 빛이 났습니다. 꽃이 있는 정원에 별당을 짓고 제자와 벗들을 불러 술을 마시고 시를 지으며 소일을 하고 있었지요. 그는 날마다 대여섯 말의 술을 마시는데도 취하지 않았습니다. 누가 시문을 지어 달라고 청하면 시비侍婢들에게 피리를 불고 비파를 뜯게 하고는, 먹을 갈고 종이를 펼치는데 마치 비바람처럼 빠르고 귀신처럼 교묘하게 글을 지었습니다."

"왕세정이 꺼려하거나 두려워한 사람이 있었습니까?"

"공이 평생 두려워하여 복종한 사람은 오직 창명滄溟 이반룡 한 사람뿐이었습니다. 공은 매양 시를 지으려고 할 때면 반드시 먼저 이반룡의 진관秦關[168] 지방을 읊은 시를 소리 높여서 읊조린 뒤에 시를 지었으니 그 시에,

푸른 용 반쯤 걸리자, 진나라 냇가에 비가 내리고
돌로 된 말이 길이 울자, 한나라 정원에 바람이 불도다.[169]
蒼龍半挂秦川雨 石馬長嘶漢苑風

라고 했으니, 어떻게 이런 시를 두려워하지 않을 수 있겠습니까?"[170]

• 남당南唐 시대의 심분沈汾이 지은 『속신선전』續神仙傳에 말

[168] 진관은 섬서성 관중 지방으로, 중국 역사상 험한 산하가 둘러싸인 요새 지방의 하나로 일컬어졌다.

[169] 이반룡의 문집인 『창명집』에 제목이 「초추등태화산절정」杪秋登太華山絶頂이라고 되어 있고, 인용한 부분은 시 네 수 중 두 번째 시의 3, 4구이다.

[170] 진천秦川과 한원漢苑은 관중 지방을 뜻한다. 이 시는 화산華山이 드넓은 관중 지방을 웅장하게 내려다보고 있는 장관을 묘사한 작품이다. 창룡蒼龍은 화산의 창룡령을 말하는데, 높고 긴 창룡령이 허공에 걸려 있는 모습이 마치 푸른 용과 같아서 밑에 있는 진천 지방(관중 지방)에 비를 내리게 한다는 뜻이다. 또 화산 옥녀사玉女祠 앞에 말처럼 생긴 바위가 있어서, 관중 지방에 우는 바람 소리는 마치 석마가 우는 소리에서 나온다고 상상한 시이다.

하기를,

"신라인으로 빈공과에 든 진사 김가기金可紀가 신선이 되었다."

라고 하였다.[171] 그런데 당나라 장효표章孝標[172]가 귀국하는 김가기에 지어 준 전별시인 「송김가기귀신라」送金可紀歸新羅에,

> 당나라 과거에 급제하여 중국말을 하지만
> 해 돋는 동쪽을 바라보며 고향 생각 간절하네.
> 바람 높아지자 일엽편주 물고기 등처럼 빠르며
> 호수처럼 맑은 바다 가운데에 삼신산이 솟는구나.
> 登唐科第語唐音 望日初生憶故林
> 風高一葉飛魚背 湖淨三山出海心[173]

라고 한 것을 보면, 김가기가 신라로 귀국했음이 분명하다.

『속신선전』의 내용을 요약하면 이러하다.

"김가기는 종남산終南山의 자오곡子午谷[174] 골짜기에 은거해서 살다가, 3년 뒤에 배를 타고 본국 신라로 돌아갔다. 그리고 다시 돌아와서는 도사의 복장을 입고는 종남산에 들어가 음덕을 쌓는 일을 부지런히 하였다. 당나라 대중大中 11년(857) 12월에 홀연히 선종宣宗 황제에게 글을 올려서 '신이 옥황상제의 명을 받들어 명년 2월 25일에 신선이 되어 올라갈 것이옵니다' 하고 아뢰었다. 선종 황제는 이상한 생각이 들어 궁녀 네 명

[171] 『속신선전』의 원문에는 金可記로 되어 있다. 『전당시』 이외의 모든 문헌(『태평광기』 등)에는 金可記로 표기되었다. 장안박물관의 마당에 전시되어 있는 마애석각에도 金可記로 되어 있다.
[172] 장효표는 당나라 원화元和 연간의 시인으로, 『장효표집』이라는 시집이 있으며, 『전당시』에 그의 시가 다수 실려 있다.
[173] 이 시는 본래 칠언율시인데, 여기 인용된 내용은 그중에서 1, 2, 5, 6구句를 뽑은 것이다. 『전당시』 권506 참조.
[174] 종남산과 자오곡은 모두 섬서성陝西省 서안西安 부근의 산과 골짜기로, 예부터 도사들이 많이 은거했다. 이 자오곡 골짜기에 신선이 된 김가기를 기념하여 김선관金仙觀이란 글씨가 새겨진 커다란 바위가 있다.

김선관 김가기가 은거하여 신선이 된 곳.

175 한무외는 조선 선조 때의 청주 출신 선비로 신선술과 방술에 뛰어났다.
176 『전도록』은 『해동전도록』海東傳道錄을 말한다. 이 책에 대한 상세한 설명은 신돈복辛敦復의 『학산한언』鶴山閑言에 나온다. 또한 『학산한언』에는 김가기에 대한 구체적인 사실이 언급되어 있는데, 『해동전도록』에서 인용한 것이다. 『해동전도록』은 원문 영인본과 번역본이 나와 있다.
177 최승우는 신라 말의 문인 학자로 당나라에 들어가 공부했다.
178 의상대사의 초기 법명이라는 설이 있다.
179 신원지는 『선전습유』仙傳拾遺, 『태평광기』太平廣記의 신선 항목에 나오는 인물로, 생몰 연대를 정확히 알 수 없다고 했다. 당나라 때의 도사로 추정되는 인물이다. 『학산한언』과 『해동전도록』에 의하면 광법사라는 사찰에 거주하는 도사라고 했다.
180 나걸의 호는 월촌月村이고, 『필경』筆經이라는 저서와 문집 『월촌집』을 남겼다. 『월촌집』에 「연행일기서」燕行日記序라는 글이 있는 것으로 보아서, 중국을 다녀와서 연행일기를 남긴 것으로 생각된다.
181 마애석각으로 된 글씨의 탁본이다. 본시 화양진일華陽眞逸이 찬하고, 상황산초上皇山樵가 쓴 글씨로 강소성 진강시鎭江市 초산焦山의 암벽에 새겨진 것이다.
182 신사운(1721~1801)의 자는 형중亨仲, 호는 낙운樂耘이다.

과 향, 약, 황금, 비단을 하사하고, 또 궁중의 심부름꾼 두 명을 보내서 지켜보게 하였다. 과연 그날이 되자 하늘에서 오색의 구름과 난새와 학, 갖가지 음악 소리, 깃털로 장식한 수레가 그득하게 내려왔는데, 김가기는 승천하여 가 버렸다. 구경을 나온 벼슬아치와 서민들로 골짜기가 미어터졌으나, 모두 우러러 예를 표하며 이상하다고 감탄하지 않는 사람이 없었다."

한무외韓無畏[175]가 지은 『전도록』傳道錄[176]에는,
"김가기는 최승우崔承祐[177] 및 승려 자혜慈惠[178]와 함께 신선 신원지申元之[179]를 따라다니며 도를 배웠고, 당나라 도사였던 종리鍾離 장군과 인간 세상에 사는 신선 200여 명을 만났다."
고 했는데, 아무래도 억지로 끌어다 붙여서 만든 이야기인 것 같다.

• 나의 벗 나걸羅杰[180]은 자가 중흥仲興인데, 문장에 뛰어날 뿐 아니라 아주 걸출한 선비이다. 『주역』에 조예가 깊고, 평생 종요鍾繇와 왕희지王羲之의 서법을 좋아했다. 비단 조각이나 편지종이 쪼가리를 보면 문득 뒷면에 〈예학명〉瘞鶴銘[181] 몇 글자를 썼다. 혹 종이 쪼가리가 부족해서 글자의 점이나 획, 파임을 다 쓸 수 없게 되면 붓을 종이 밖에까지 운필을 했기 때문에 좌석이 온통 새까맣게 되었다.

그래서 나는 문 밖에 중흥이 오는 발소리가 나면 반드시 먼저 문방사우를 감춘 연후에야 나가서 맞이한다. 중흥이 방에 들어와서는 반드시 먼저 이리저리 둘러보면서 애써 종이와 붓을 찾다가 눈에 띄지 않은 뒤라야 그제서 인사를 주고받는다. 그의 솔직하고 꾸미지 않는 모습이 이와 같았다.

지난 병신년(1776) 동짓달에 그는 서장관 신사운申思運[182]을

따라서 북경에 들어가게 되었다. 그때도 정사는 금성위錦城尉 박명원朴明源이었다. 박명원은 선비에 대한 예우를 자못 깍듯이 하여, 예법에 구애받지 않는 그의 소탈한 행동을 기이하게 여겼다. 부채와 청심환도 주며, 담당 역관에게도 여러 차례 일러서 관아의 문에서 막는 일이 없도록 하게 했다.

그러나 중흥의 천성이 진실하고 솔직하여 이르는 곳마다 통하지 못하고 저지를 당하는 일이 많았다. 때문에 마음 놓고 유람도 할 수 없었으며, 한편 중국의 명사 한 명도 제대로 만나 보지 못했다고 한다. 그가 연행을 갈 때 나는 그를 송경(개성)까지 전송했다. 그는 돌아와서 중국의 제도를 모방해서 태평차를 만들었는데, 처자를 태우고 적상산赤裳山[183]으로 들어간 뒤로 지금까지 4년 동안 그를 보지 못했다.

이번에 내가 여행을 떠날 때, 책상자 안에 넣어 둔 친구들의 편지와 시문을 정리하여 보관하다가, 중흥이 예전에 지은 시를 찾았다. 행서와 초서의 글씨가 곱고 선명하기에 행낭에 넣어서 가지고 왔다. 이를 귀주 안찰사인 기풍액에게 보였더니 기풍액은 크게 칭찬하고 즐겨 감상하면서,

"씩씩하고 굳건하며 차분하여, 그 풍격과 힘은 정말 흡사 두보를 보는 것 같습니다."

한다. 그가 지은 「우연히 짓다」(偶成)라는 시에,

> 산골 사립문 텅 빈 집에선 갓이나 망건도 필요 없고
> 늙어 갈수록 점점 그윽한 일에 친숙해지네.
> 섬돌에 머물며 햇살 눈부시고 고요하길 기다리고
> 공중 밖으로 언뜻 보이는 조각구름 새롭다.

[183] 전북 무주군 적상면에 있는 산으로, 광해군 때 사고史庫를 지어 왕조실록을 보관하였다.

꾀꼬리 갑자기 날아와 푸른 나무에서 지저귀고
무수한 꽃들 알록달록 푸른 봄을 보내는구나.
알겠도다, 사물 하나도 나의 뜻에 어긋남이 없고
하늘이 길이 길러 주는 은혜를 저버리지 않았음을.

山扉寥廓棄冠巾 老去漸能幽事親

階除留待日華靜 空外翻看雲片新

黃鳥忽來啼綠樹 斑花無數度靑春

知無一物違吾意 不負皇天長育辰

라고 했다. 또,

184 금서는 충청도 금강의 서쪽 지방을 일컫는 말인 듯하다. 공주 공산성에 금서루가 있다.

하늘 밖 금서錦西[184] 지방 산 밖에 산이 있네.
근래에 집터를 잡고 보니 한가하기 그지없네.
외로운 봉우리, 맑은 돌은 푸른 하늘에 의지하고
오솔길 옆 그윽한 꽃, 점처럼 얼룩졌네.
새들이 날아감에 비를 뿌리려나,
꿀벌들은 기웃기웃 향기 물고 다투어 돌아간다.
흥겹고 긴 나날 청려장 짚고 나가니
보고 읊고, 읊고 보니 나그네 얼굴 펴진다네.

天外錦西山復山 近來卜宅不離閒

孤峰晴石依空翠 側徑幽花點細斑

鳥避誤疑沾雨過 蜂窺爭占飫香還

興長日日扶藜杖 一望一吟開旅顔

라고 했으며 또,

이 고을 동쪽은 흑치상지[185] 장군의 전쟁터라
객지에 오래 살자 모든 일에 통하도다.
산협의 새벽, 구름 걷히자 그윽한 골짜기 푸르고
개울가 넘어가는 해는 옛 성에 붉게 숨는다.
늦게 일어나고 일찍 자며 하고 싶은 대로 하면서
짧은 노래 긴 읊조림 본래 막힘이 없다네.
이런 곳에 흥취 없이 머물러 있으라 한다면
어느 때야 나그네 시름을 활짝 풀어 버리랴.

> 戰經黑齒郡之東 久住殊方事盡通
> 峽曉雲移幽洞翠 澗曛日隱古城紅
> 晚興早寢從他好 短詠長吟不自窮
> 若道淹留無逸興 何時得豁旅愁空

[185] 흑치상지(630~689)는 백제의 장군으로, 백제가 멸망한 뒤에 백제 부흥 운동을 하다가 뒷날 당나라에 항복하여 당나라의 장수가 되었던 인물이다.

라고 했다. 그의 「잠 못 이루며」(不寐)라는 시에,

밤이 되어 즐겨 보는, 골짜기를 이은 구름
먼 하늘에 노을은 점점 붉은빛으로 변한다.
처마를 바라보며 홀로 앉자 참새 소리 그치고
목침 베고 설핏 잠이 들자 모기 떼가 몰려든다.
산봉우리의 나무, 시내의 모래를 하릴없이 세고 있자
하늘엔 별들이 절로 문양을 이루는구나.
시름이 깊어 새로운 병이 됨을 안타깝게 생각 마라.
그 바람에 수놓은 듯 아름다운 시를 얻으려니.

> 入夜喜看連峽雲 遙空漸改赤紛紛
> 對簷獨坐息喧雀 支枕乍眠還聚蚊

峰樹溪沙漫欲數 南箕北斗自成文

未憐愁極添新病 剩得詩如刺繡紋

라고 했으며, 「낮잠을 자며」(午枕)라는 시에,

낮잠 한숨 자고 나니 찌는 더위 지치게 하고
만사가 귀찮고 게을러 도무지 손에 잡히지 않네.
상에 펴 놓은 책, 제비가 날며 엿보고
항상 남아도는 벼루의 먹물은 파리를 배불린다.
고샅길 지나는 길손 허투루 안부 묻고
아내는 오래 묵정밭 마주하자 짜증을 내려 한다.
홀연히 맑은 빛의 월출 모습을 보고서는
붉은 맷돌이 허공에 솟아오른 것으로 잘못 알았네.

昏昏午睡困炎蒸 萬事疎慵着不能

未卷床書窺紫燕 常餘硯墨飽靑蠅

客過小徑虛相問 妻對荒畦久欲憎

忽得淸光看月出 錯疑赫赫碾空昇

라고 했다. 기풍액은,

"정말 잘된 명구들이 많긴 합니다만, 간혹 율격에 맞지 않는 데가 더러 있습니다."

라고 한다.

우리나라의 음운은 더러 중국의 음운과 서로 차이가 나기 때문에 간혹 율격에 맞지 않는 것이 있다.

• 박충朴充, 김이어金夷魚는 모두 신라 사람으로 당나라에 가서 빈공과賓貢科의 진사가 되었다.[186] 당나라 사람 장교張喬가 사신의 임무를 받아서 귀국하는 김이어를 송별하며 지은 시 「송김이어봉사귀본국」送金夷魚奉使歸本國에,

[186] 『전당시』에는 김이어가 김이오金夷吾로 되어 있다.

바다 건너 중국에 들어와 과거에 급제하더니
돌아갈 땐 어엿이 중국인 모습 갖추었네.
渡海登仙籍 還家備漢儀[187]

[187] 오언율시 8구 중 1, 2구이다.

라고 했다. 또 장교는 시어侍御 벼슬의 박충이 귀국할 때도 「송박충시어귀해동」送朴充侍御歸海東이란 전별시를 지었는데,

하늘가 중국으로 떠나온 지 24년
대궐을 드나들며 세 임금을 섬겼구나.
天涯離二紀 闕下歷三朝[188]

[188] 오언율시 8구 중 1, 2구이다.

라고 하였다.

　중국의 인사들이 나를 처음 만났을 때 반드시 먼저 묻는 말이 있다. 뱃길로 온 일정과 어느 지방에서 배를 내렸냐는 것이다. 나는 한양에서 바로 육로로 일정을 잡아서 요동을 거쳐 산해관으로 들어와 북경에 이르렀다고 대답을 한다. 그러면 혹 내 말을 믿지 않는 자도 있는데, 그들은 장교가 박충에게 지어 준 시 구절인 "바다 건너 중국에 들어와 과거에 급제했네"를 암송하면서 그 증거로 삼는다. 정말 우리나라를 먼 바다 건너 떨어진 외국으로 여기어, 마치 유구국이나 구라파처럼 생각하는 모양이다. 중국 사

람 중에는 때때로 이렇게 무식한 자들도 더러 있다.

• 무관懋官 이덕무李德懋가 북경에 갔을 때, 묵장墨莊의 집에서 반추루潘秋庫에게 시를 보자고 청한 일이 있었다. (묵장은 한림서길사翰林庶吉士로 있는 이조원李調元으로, 촉 지방 금주錦州 사람이다. 추루는 반정균潘庭筠의 호이다. ─ 원주) 반추루는 대답하기를,

"제가 전에는 시를 지을 때에 자못 깊이 고뇌를 해서 몹시 시달리며 지었기 때문에 안타깝게도 지은 시가 많지 못합니다. 강희 시대의 시인인 운철소惲鐵簫가 쓸쓸한 버드나무를 소재로 지은 시를 모아 만든 책자를 제가 근간에 보았는데, 책의 후반부에 추사秋史 왕평王苹[189]이 버드나무를 읊은 네 수가 있었습니다. 그 버드나무는 명나라 상국相國 은사담殷士儋[190]이 오래전에 산동 제남濟南에 있는 별장 통락원通樂園에 심었던 나무입니다. 저도 느낀 바가 있어서 시를 지었습니다."

<small>189 왕평(1661~1720)은 청나라 강희 시대의 시인으로 산동 제남 사람이다. 자는 추사, 호는 요촌蓼村이고, 저서로 『요촌집』과 『이십사천초당집』二十四泉草堂集이 있다.
190 은사담(?~1582)은 명나라 가정 연간의 시인으로, 자는 정부正夫, 호는 당천棠川이며, 저서로 『금여산방고』金輿山房稿 14권이 있다.</small>

1
시름 깊은 이내 심사 화공畵工에게 부쳐 논하고
처량하게 늘어진 가지 강촌을 꿈꾼다.
해우정海右亭은 쓸쓸하고 명사들은 흩어졌는데
하늘가 잎 떨어진 나무로 황폐한 정원에 남았네.
눈썹 같은 희미한 달, 봄을 두고 떠나고
한결같은 석양빛, 저녁 넋을 거두어들이네.
육십 년 보아 오던 곱게 꾸민 책들
먹 향기 종이 빛깔, 또 티끌 속에 바랜다.

愁心都付畵工論 悽絶長條夢水邨

海右亭荒名士散 天涯木落廢園存

半規殘月春留別 一例斜陽暮斂魂

六十年來看粉本 墨香箋色又塵昏

　　2

둘러보니 봄바람 새롭게 불어와

버들개지 물에 잠기고 날리니 모두 정겹도다.

가련하다, 푸른 나뭇잎 매미 우는 그곳엔

붉은 난간에 말을 묶던 그 사람은 보이지 않는구나.

쇠잔한 그림자의 역참 누각에는 상심한 시인 두보

기쁨 잃은 마을에는 수염이 덥수룩한 진관秦觀.

(시의 자주自注에, 문항門巷은 진관秦觀의「수룡음」水龍吟이
라는 사詞의 "花下重門 柳邊深巷"에서 따왔다고 했다. ─ 원주)

작화산鵲華山[191] 산기슭 앙상한 버들가지 밖으로

단지 대명호大明湖에 차갑게 갓을 씻는 사람만 있을 뿐이로다.

看遍東風窣地新 蘸波吹絮摠情塵

可憐碧葉吟蟬地 不見紅欄係馬人

衰影驛樓傷老杜 離悰門巷憶髥秦

鵲華山麓髡枝外 只有明湖冷濯巾

　　3

화공과 시인은 일시에 가 버려 드물게 되고

금성金城의 버들은 아름드리 되어 세상은 모두 변했도다.[192]

언덕 누운 가지로 저녁 눈발 비끼고

191 작화산은 산동 제남에 있는 산 이름이다.

192 『진서』晉書「환온전」桓溫傳에 의하면 환온이 북쪽으로 정벌하러 갈 때 금성 지방을 지나며 자신이 젊은 시절 심은 버드나무를 보았는데 그 버드나무가 열 아름이나 될 정도로 큰 것을 보고는 눈물을 흘리며 "나무도 이렇게 크게 변했는데 하물며 사람이 어찌 견디랴!"라고 하였다고 한다. 여기서 '금성류'金城柳라는 고사가 생겼으며, 세상일의 흥망성쇠를 비유하는 말이 되었다.

누각에 스며드는 어둑한 빛엔 겨울 햇살 띠었구나.
고요 속에 지는 낙엽은 바스락 소리도 없고
먼 곳이 어두워지자 갈까마귀 점점이 돌아간다.
버들개지 진흙에 빠져 한스러움 남을 터이니
명년 봄에는 다시 떼 지어 날지 말지어다.

畫人吟子一時稀 減盡金城翠十圍

緣岸臥枝欹暮雪 入樓暝色帶冬暉

靜中黃葉無多嚮 遠處昏鴉數點歸

猶有沾泥閒恨在 逢春莫更作團飛

4

일흔 개의 샘물 소리 어지러이 돌절구를 찧는 양[193]
두 그루 초라하게 선 들판엔 서리가 자욱하다.
앞 왕조 때의 누각은 모래에 흔적만 남고
한 해가 저무는 변방에는 버드나무 그림자 어른거리네.
어쩌다 선비들을 위해 새싹을 피워 보지만
흡사 머리 센 늙은 기생을 길에서 만난 듯 여긴다네.
오동나무 꽃도 떨어지고 산동백도 시들었으니
누가 있어 버들처럼 깨끗한 왕랑의 모습을 알 것인가?[194]

七十泉聲亂石舂 兩株憔悴野霜濃

前朝臺榭沙痕在 晚歲關河樹影重

偶爲士流青眼放 恰如女妓白頭逢

桐花零落山薑老 誰識王郎濯濯容

이를 통해서 한인漢人들이 사물을 볼 때마다 어떠한 감흥을

---

[193] 작품의 버드나무가 있는 제남에는 샘이 많기로 유명한데, 원나라 우흠于欽은 일흔 개의 샘을 모두 품평하였다. 추사 왕평의 별장에 있는 망수천望水泉은 그중 24번째이다. 그래서 왕평은 자신의 서재를 '이십사천초당' 二十四泉草堂이라고 명명했다.

[194] 진晉나라 왕공王恭은 얼굴이 준수하고 깨끗하여 '봄바람에 깨끗해진 버드나무의 자태'(春風濯濯柳容儀)라는 평이 있었다.

불러일으키는지를 알 수 있겠다. 내가 이 시를 윤형산 등 여러 사람에게 보여주었는데, 모두 시에 감동하고 상심하여 눈물을 뿌리지 않는 사람이 없었다.

• 약천藥泉 남구만南九萬[195]이 암행어사가 되어 순찰을 돌다가 경상도 성주에 도착했다. 밤중에 성주목사로 부임했던 전임자들의 부임 기록을 열람하다가 제말諸沫이란 사람이 만력萬曆 계사년(1593) 정월 모일에 부임했다가 4월 모일에 그만두고 돌아갔다는 사실을 발견했다. 남공은 우리나라에 제씨諸氏 성씨가 있다는 것을 아직 들어본 적이 없었기에 자못 괴이하게 여겨, 당시 진주목사인 윤형성尹衡聖[196]에게 물어보았다. 윤형성은,

"중국의 강소江蘇와 절강 사이에 제씨諸氏가 있으니, 제말의 선조는 응당 중국 땅에서 우리나라로 건너왔을 겁니다. 임진왜란 때 제말이 의병을 일으켜 왜적을 토벌했는데, 가는 곳마다 승리를 거두어 의병장 곽재우郭再祐[197]와 함께 이름을 나란히 날렸습니다."

라고 하였다고 한다.

이 이야기는 남구만의 문집인 『약천집』에 실려 있다.[198] 약천과 같은 박학다식한 사람이 100년도 안 된 제말의 일을 알지 못하는 것으로 보아서는 제말이 미천한 출신임을 알 수 있겠다. 그와 같은 전공을 세웠으되 이름은 역사에 파묻히고 말았으니, 어찌 억눌리고 답답하여 원통한 귀신이 되지 않을 수 있었겠는가?

성주의 정석유鄭錫儒란 인물이 아직 과거에 급제하지 못했을 때 성주목사의 자제와 함께 과거 문장을 익히느라 관아에 유숙하였다. 관아의 후원에는 매죽당梅竹堂이란 별당이 있고, 매죽당 앞

남구만

195 남구만(1629~1711)은 조선 숙종 때의 정치가이며 문인이다. 자는 운로雲路, 호는 약천藥泉이다. 1662년 34세 때 경상도 진휼어사가 되었다. 저서로 『약천집』이 있다.

196 윤형성(1608~1676)의 자는 경임景任, 호는 기기재棄棄齋이다. 저서로 『조야첨재』朝野僉載가 있다.

197 곽재우(1552~1617)는 경남 의령 출신으로 임진왜란 때 의병장이었다. 호는 망우당忘憂堂이며, 문집 『망우당집』이 있다.

198 『약천집』 권29 잡저의 「영남잡록」嶺南雜錄에 실린 내용이다.

에는 또 지이헌支頤軒이란 정자가 있었다. 하루는 정석유가 지이헌 마당을 걷고 있었는데, 때마침 달빛이 매우 밝았다. 홀연히 검은 사모를 쓰고 붉은 도포를 입은 사람이 대숲에서 수염을 쓰다듬으며 걸어 나와서,

"나는 본 고을의 목사를 지냈던 제말이라는 사람이다. 본시는 경상도 고성현固成縣의 백성이었는데, 임진왜란 때 의병을 일으켜서 왜적을 토벌한 공로로 조정에서 특별히 성주목사를 제수했느니라. 그때 웅해熊海에서 적의 진영을 깨뜨리고, 정진鼎津[199]에서 왜적을 맞이하여 싸워서 그들을 무찌르지 못한 적이 없었다. 그러나 당시 의병을 모집한 격문이 없어지고, 전쟁에 대한 역사 기록도 전하는 것이 없게 되었다. 그때에 정기룡鄭起龍[200] 등과 같은 인물은 모두 나의 부장副將으로 있었던 사람들이다."

하고는 허리에 차고 있던 보검을 뽑아서,

"이 칼로 일찍이 왜놈 장수 여러 놈의 목을 베었지."

하는데 이마 위에는 붉은 화기 같은 것이 성대하게 빛나고, 성근 수염은 흩날린다. 스스로 시를 지어 읊조리기를,

산은 길고도 길어 구름과 함께 가는 듯
하늘은 멀고도 멀어 달과 함께 외롭도다.[201]
적막한 성산의 객관
영혼은 있는가 없는가?[202]

山長雲共去 天迥月同孤

寂寞星山館 幽魂有也無

라고 하였다. 또 말하기를,

---

199 정진은 경남 의령에 있는 지명이다.

200 정기룡(1562~1622)은 임진왜란 때의 장군으로 큰 전공을 세운 인물이다. 자는 경운景雲, 호는 매헌梅軒이며, 상주 충의사忠毅祠에 배향되어 있다.

201 유언호의 「제말전」諸沫傳에도 이 시가 수록되어 있다.
202 3, 4구는 초고본에 의해 보충하였다.

"내 무덤은 경상도 칠원漆原[203]에 있는데 황폐하고 묵었으나 자손이 없어서 돌보지 못하고 있다."
라고 한다. 그리고 길게 읍을 하고 재빠르게 가더니 홀연히 다시 대숲 속으로 들어갔다.

다음 날 날이 밝자 함께 그 일을 이야기하였다. 그들은 역대로 부임한 목사의 부임 기록에 제말이라는 이름이 있다는 것을 평소에 비록 알고는 있었으나, 일찍부터 성씨를 쓰지 않고 이름만 썼다고 의심했으며, 또한 그에게 이토록 열렬한 전공이 있음은 알지 못했다. 갑자기 이 사실을 알게 되었으니 모두들 탄식하고 특이하게 여기지 않는 사람이 없었다.

제말의 무덤(상)
진주성 쌍충각(하) 제말의 비가 있다.

경상도 감사 정익하鄭益河[204]가 이 소문을 듣고는 정석유를 불러서 상세히 물어보고는, 바야흐로 조정에 장계를 올려 보고하려다가 때마침 관직이 갈리는 바람에 뜻을 이루지 못했다. 그래서 칠원현감에게 공문을 보내어 그의 무덤을 다시 봉축하고 묘지기 두 집을 두어서 지키라고 지시하였다. 칠원현감 어사적魚史迪이 낮잠을 자는데 꿈에 웬 관인 하나가 와서 고하기를,

"나의 무덤은 칠원 관아와 몇 리 떨어진 어떤 언덕 어느 방향의 묏자리인데, 감사께서 묘를 수축하라고 응당 명을 내릴 터이니, 그대는 명심하시라."
라고 했다. 꿈을 깬 후 현감이 이상하게 생각하고 있는데, 과연 그 날 저녁에 감사가 보낸 공문이 도착했다. 그래서 어사적 현감은

[203] 칠원은 본시 현縣이었는데 지금의 경남 함안군 칠원면 지역이다. 제말의 무덤은 경남 창원시 마산합포구 진동면 다구리에 있다.
[204] 정익하(1688~?)의 자는 자겸子謙, 호는 회와晦窩이며, 형조판서를 지냈다.

묘를 크게 수축하고 보살펴 주었다고 한다.[205]

제말이라는 사람은 본시 시골의 촌사람으로 생전에 문자를 알지 못했기 때문에 비록 빼어난 공적이 있긴 하나 스스로 기록을 남길 수도 없었다. 그래서 죽은 혼백이 엉겨서 흩어지지 못하고 구천을 떠돌다가 이처럼 귀신으로 나타난 것이다. 또 시를 능히 읊었다는 것은 가히 이상한 일이라고 하겠다.[206]

• 평안도 병마평사兵馬評事를 지낸 신경연辛慶衍[207]은 나이 열두 살 때 황해도 배천〔白川〕에서 한양으로 상경하는 길에 명나라 사신을 만났다. 역참에 있던 사람에게 타고 오던 말을 빼앗기는 바람에 신경연은 아주 생고생을 하면서 걸어오다가, 명나라 사신이 점심을 먹기 위해 쉬는 곳에 이른 것이다.

신경연이 사신에게 하소연을 하니, 사신은 그의 용모가 옥처럼 깨끗한 것을 특이하게 여기고는 길가에 서 있는 장승을 가리키며,

"네가 저 장승을 소재로 시를 지을 수 있다면, 응당 너의 말을 돌려주겠노라."

하였다. 신경연이 운자韻字를 청하자, 사신은 뭐라 뭐라 운자를 일러 주었다.[208] 신경연은 즉시 시를 짓기를,

초패왕 항우의 신령은 천추에 길이 남았지만
오강烏江을 건널 젠 면목 없게도 오직 홀몸이었네.
음릉陰陵에서 길을 잃고 헤매던 당시의 한 때문이런가?
길이길이 행인들에게 가는 길을 가리키고 있구나.

楚覇千秋尙有靈 渡江無面只存形

---

[205] 뒷날 정조 임금은 제말의 사적을 조사하게 하고 관직을 추증했으며, 직접 제문을 지어 그를 위로했다. 『홍재전서』 참조. 현재 그를 기념하여 세운 쌍충사적비가 진주성 촉석루 뒤편과 성주읍 경산리에 각각 있다. 쌍충雙忠이란 제말과 그의 조카 제홍록諸弘祿의 충성을 함께 말한 것이다.

[206] 제말의 일화는 신돈복의 『학산한언』 제68화話로 실려 있다.

[207] 신경연(1570~?)은 조선 중기의 문신으로 자는 사달士達, 호는 금정錦汀이다. 저서로 『금정집』이 있다.

[208] 『학산한언』에 의하면 영靈, 형形, 정程의 운자를 불러주었다고 하였다.

當年恨失陰陵道 長向行人指去程

라고 하였다. 사신은 매우 놀라 탄식하고 칭찬하며, 문방사우와 여러 보물을 후한 상으로 내렸다. 이 시는 무명씨가 지은 작품으로 여겨져서 『명시선』明詩選에 수록되어 있다.

뒷날 신경연은 광해군 때 과거 시험에 합격해서 벼슬이 평안도 병마평사를 지냈고, 병마평사 시절에 마침 서쪽 변방에 변란이 생겨서 아홉 번이나 청천강晴川江을 건너다니다가 결국 순직하였다.

죽은 뒤에는 매우 신령한 사적들이 나타났다. 그가 죽은 수십 년 뒤에 그의 친구 아무개가 관서 지방으로 가다가 길에서 신경연을 만났는데, 신경연은 그 친구의 자를 부르고 옛일을 이야기하는 것이 살아 있을 때의 평소 모습과 같았다고 한다. 그는 친구에게 부탁하기를,

"나의 자손들이 매우 가난하게 지내는데, 내가 유물로 남긴 것이 있어도 그들에게 전해 주지 못하고 있다네. 보배로운 칼과 옥관자 한 쌍이 집의 대들보 위에 있건만 아는 식구들이 아무도 없네. 자네가 일러 주면 다행이겠네. 이 두 물건을 판다면 의당 좋은 값을 쳐서 받을 것일세."

하였다. 그 친구가 이상하게 여기고, 돌아와서는 즉시 그 자손들에게 말하여 함께 그 집의 대들보를 찾아보았더니 과연 칼과 옥관자를 얻게 되었다.[209]

(우리나라 길에 10리, 혹은 5리마다 나무 꼭두각시를 세웠는데, 그 모습이 마치 장군을 닮았다. 여기에 지명이나 이정의 거리가 몇 리 되는지를 써 놓고, 세속에서는 이를 장승長丞이라고 부

[209] 신경연의 일화는 신돈복의 『학산한언』 제69화에 수록되어 있다.

른다. 마치 중국에서 10리 혹은 5리마다 장정長亭, 혹은 단정短亭을 세워서 나그네가 쉬기도 하고 이정을 표시하는 것과 같다. 그래서 우리나라 시인들은 중국의 장정을 차용하여 장승의 뜻으로 사용하기도 하는데, 더러 적의 동태를 감시하기 위해 쌓은 보루인 중국의 정후亭堠를 우리의 장승으로 오인하기도 하고, 혹은 장정長亭을 정장亭長²¹⁰으로 오인하여 쓰기도 하니, 대단히 무식한 일이다. 내가 중국에 들어오니 길에 장정을 세우고 아무개 땅이라고 써 놓았으며, 그 좌우에는 단정을 세워서 '동쪽으로 어느 곳까지는 몇 리이며, 서쪽으로 어느 곳까지는 몇 리이다'라고 기록해 두었다. 지금 열하로 오니 장성 밖의 장정에 신汛이라는 글자를 대부분 써 놓았는데, 무엇을 가리키는 말인지 모르겠다. — 원주)²¹¹

• 신돈복辛敦復²¹² 어르신께서 언젠가 내게 이런 이야기를 들려주셨다.

"중종 임금 때에 남추南趎²¹³라는 이가 나이 열아홉에 과거에 급제해 대제학에 천거되는 물망에 올랐으나, 관직은 도서를 맡아보는 전적典籍에 그쳤다네. 그런 그에게는 어려서부터 이상한 사적이 많았지. 매일 아침 글을 배우러 글방 선생에게 가야 하는데, 가지 않고 중간에 새는 일이 많아서 식구들이 몰래 뒤를 밟아 보았다더군. 그랬더니 길을 가다가 재빨리 숲속으로 들어가는데, 그 안에는 공부를 하는 정사精舍가 한 채 있었다네. 집주인은 청아하고 속기라곤 하나도 없어 보이는 인물이었다지. 남추는 주인에게 나아가 절을 하고 강의를 듣고 질문을 하다가 반드시 날이 저물어서야 돌아왔다네. 집안사람들이 따져 묻자, 문득 거짓말로 둘러댔다더군. 그 뒤로부터 드디어 도술을 수련했다지.

210 과거 중국에서 변방에 적을 방어하기 위해 10리마다 하나의 정후를 두고, 그 정에 책임자를 두었는데 이를 정장亭長이라고 부른다.

211 지명에 신汛이 붙은 것은 신지汛地라는 말이다. 신지는 명·청 시대 지방 군대가 주둔한 곳을 말한다. 지명 뒤에 신汛이 붙어 있으면 그곳에 군대가 주둔해 있음을 의미하는데, 그것이 마치 지명처럼 사용되었다.
212 신돈복(1692~1779)은 자가 중후仲厚, 호는 학산鶴山 혹은 경헌景軒이다. 저서에 『학산한언』鶴山閑言, 『좌계부담』左溪裒譚, 『후생록』厚生錄 등이 있다.
213 남추의 본관은 고성固城이고, 자는 계응季應 호는 서계西溪·선은仙隱이며, 중종 9년(1514)에 과거 시험에 합격했다. 기묘사화 때 조광조 일파로 몰려 남곤에 의해 추방되었으며, 남곤을 풍자하여 「촉영부」燭影賦를 지었다.

과거에 오른 뒤에 기묘사화己卯士禍[214]를 당해 전라도 곡성현谷城縣으로 귀양을 갔다가, 결국 그곳에 집을 정하여 눌러앉아서 살았다네. 하루는 집의 노비에게 편지를 주어서 지리산 청학동으로 심부름을 보냈지. 거기에는 채색이 아주 화려한 집이 있고, 그 집에 두 사람이 있는데, 하나는 구름 모양의 운관을 쓰고 자주색 옷을 입었으며, 하나는 늙은 중으로 종일토록 마주 앉아 바둑을 두고 있었다더군.

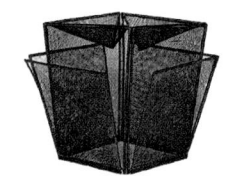
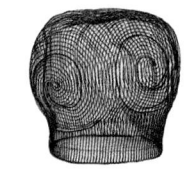

선비의 관인 흑관(상)과 운관(하)

노비가 하루를 머무르고 답장을 받아서 돌아왔는데, 노비가 처음 입산할 때는 중춘仲春(음력 2월)이라 풀과 나무에 바야흐로 꽃피고 잎이 무성해지는 시기였으나, 산을 나와서 보니 들판에서는 벼를 수확하고 있었다는군. 노비가 괴이하여 물어보았더니, 곧 9월 초순이었네. 남추가 죽을 때, 나이 서른이었고, 운구를 하려고 관을 들어 보니 너무도 가벼워서 식구들이 열어 보았더니 관이 텅 비어 있었다네. 관 안에 써 놓기를,

214 조선 중종 14년 기묘년(1519)에 남곤 등이 조광조 등의 사림을 몰아내어 처형당하게 만든 사건.

> 푸른 바다에는 배가 지난 자취를 찾기 어렵고
> 청산에는 학이 날아간 흔적이 보이지 않도다.
> 滄海難尋舟去跡 靑山不見鶴飛痕

라고 하였네.

마을 앞에서 밭의 김을 매고 있던 사람이 공중에서 음악 소리가 들리기에 우러러 쳐다보니, 남추가 말을 타고 둥실둥실 떠가며 흰 구름 속에 있었다는군. 충주에 사는 진사 남대유南大有[215]는 그의 방손 되는 사람이라 하더군."[216]

215 남대유(1699~?)는 영조 때의 문신으로 본관은 고성固城이고, 자는 천우天祐이다.

216 이 일화는 신돈복의 『학산한언』 제36화에 실려 있다.

• 한유의 「사자연시」謝自然詩라는 시에 "나무와 돌에도 요망한 변괴가 생긴다"(木石生妖變)라는 구절이 있다. 당나라 말엽 소주蘇州에 사는 의사義師라는 중은 나무로 깎은 불상을 보기만 하면 모아서 불태웠다.

우리나라에서도 양주楊州의 회암사檜巖寺에 옛날부터 나무로 만든 큰 불상이 있어서 극히 영험한 이적을 보였기에 원근의 속인들이나 중들이 분주하게 다니며 받들고 향불을 아주 성대하게 올렸다.

그러다 나옹懶翁 화상[217]이 어느 날 이 절에 주지로 오게 되었는데, 나옹은 중들에게 그 목불을 밖으로 끌어내어 태우라고 명을 내렸다. 중들이 모두 놀라고 두려워서 그래선 안 된다고 간절히 말렸으나 나옹은 듣지 않았다. 중 100여 명이 굵은 동아줄로 목불을 묶어서 어여차 하고 힘을 써서 잡아당겼으나, 목불은 털끝만큼도 미동을 하지 않았다. 나옹이 화가 치밀어 직접 나서서 한 손으로 밀어 버리자, 즉시 목불이 넘어졌다. 그래서 절 밖으로 끌고 나가 장작을 쌓아 놓고 불을 질렀는데 냄새가 고약하여 도저히 견딜 수가 없었다고 한다. 이유인즉, 큰 구렁이가 목불의 뱃속에 똬리를 틀고 있었기 때문이다. 그런 일이 있고 난 뒤에 절에는 오래도록 재앙이나 근심이 없었다고 한다.

대체로 나무가 오래되면 귀신이 달라붙고, 중이 없이 버려진 절의 목불에는 대체로 그런 요망한 것이 들러붙는 일이 많으니, 한유가 말한 "나무와 돌에도 요망한 변괴가 생긴다"는 것

217 나옹 화상(1320~1376)은 고려 말의 명승으로, 속명은 원혜元慧이고 나옹은 호이다. 불교 가사인 「서왕가」西往歌를 지었다고 전한다.

나옹 화상

이 바로 그것이다.

지금 반선이 우리 사신에게 선물한 불상은 그 크기가 거의 한 자나 되며, 아마도 나무를 깎아 겉에 도금을 한 것으로 보이는데, 요망하고 괴상한 것이 붙어 있지 않다고 어찌 장담할 수 있겠는가? 얼떨결에 이를 받고 나니 아랫사람 윗사람 할 것 없이 일행 모두는 마치 꿀단지에 손을 빠뜨린 것처럼 허둥지둥 어찌할 바를 몰랐다.

내가 밤중에 정사에게,

"불상을 처리할 좋은 계책이라도 마련하셨습니까?"

물으니 정사가 말했다.

"이미 수역관에게 작은 궤짝을 하나 짜라고 일러두었다네."

"잘하셨습니다."

"잘했다니, 그게 무슨 뜻인가?"

"그까짓 것 강물에 띄워 버리려고 하는 것이겠지요?"

그 말에 정사가 웃기에, 나도 웃어 버리고 말았다.

그 불상을 가는 길에 있는 사찰에다 버리거나 방치하자니 청나라의 분노를 살까 두렵고, 그렇다고 그 물건을 가지고 귀국하면 말썽을 불러일으킬 것이 뻔한 노릇이다. 그러니 우리와 저들이 마주하는 경계인 중간 지점에서 물에 띄워 보내어 바다로 내버릴 수밖에 없을 터이니, 그런 장소로는 압록강만큼 좋은 곳도 없을 것이다.[218]

• 호음湖陰 정사룡鄭士龍[219]은 평생 호사를 떨며 살았던 인물이다. 그가 젊은 시절에 예조의 좌랑佐郎으로 있으면서, 평성부원군平城府院君 박원종朴元宗[220]을 찾아간 적이 있었다.

218 국왕의 장수를 비는 뜻에서 반선이 불상을 사신 편에 보냈는데, 소식을 들은 정조 임금은 귀국 길에 묘향산에 안치하라고 하였다. 이 일로 인해 성균관 유생은 항의를 하여 권당捲堂을 하였고, 사행부사 정원시는 사태의 책임을 지고 사직 상소를 올렸다. 『조선왕조실록』 1780년 10월조 참조.
219 정사룡(1491~1570)은 조선 중종 때의 문인으로 자는 운경雲卿 호는 호음이며, 문집으로 『호음잡고』가 있다.
220 박원종(1467~1510)은 조선 중종 때의 재상이다. 중종반정의 공신으로 평성부원군에 봉해졌다.

당시 평성부원군은 영의정으로 있었는데, 별장의 은밀한 곳에 앉아서 시비侍婢 수십 명을 보내어 호음을 맞이하였다. 호음이 겹겹의 문을 넘어서 들어가니, 곳곳에 화려한 정각이 있고 굽이굽이 붉은 난간이 둘러 있었다. 평성부원군은 연못가의 평퍼짐한 소나무 아래에 자리를 펴고 앉아 있었으며, 그 좌우에서 심부름하는 여인들은 모두 비단치마를 땅에 끌고 다녔다. 진수성찬을 번갈아 올리고, 또 기생 몇 패를 불러들여 풍악을 잡히며 날이 저물도록 즐거운 연회를 하였다.

연회를 파할 무렵에 호음이 공적인 사무를 아뢰자 평성부원군은 살펴보지도 않고,

"이 늙은이야 그저 무인일 뿐이네. 요행스럽게도 좋은 시절을 우연히 만나 이런 벼슬에 이런 호사를 누리고 있으니, 그저 스스로를 즐김으로써 성스러운 지금 세상에 보답이나 하려는 것이네. 자네가 가지고 온 사무는 돌아가서 예조판서에게 물어보도록 하게나."

라고 하자 호음은 그만 망연자실 정신을 차리지 못했다.

그리하여 호음은 평생 동안 평성부원군의 생활을 선망하고 흠모하였기 때문에 늙을 때까지 호사스러운 생활을 하였다고 한다. 이 이야기는 나의 6대조 금계군錦溪君 박동량朴東亮[221]께서 지은 『기재잡기』寄齋雜記에 실려 있다.

세상에 전하는 이야기로는 호음이 평성부원군의 생활을 흠모하였기 때문에 부를 유지하기 위하여 남의 물건을 슬쩍하는 수단이 아주 좋았다고 한다. 일찍이 강원도 감사가 되어 관내를 순행하다가 금강산에 들어갔는데, 밤에 정양사正陽寺에 숙박을 하면서 절의 금부처를 슬쩍해서 드디어 큰 부자가 되었다.

[221] 박동량(1569~1635)의 자는 자룡子龍, 호는 기재寄齋·오창梧窓이다.

늘그막에 이르러 그때의 일을 대단히 후회하며 시를 지었는데,

찬비 내리는 정양사의 향불 피우는 밤
거원蘧瑗처럼, 사십 평생의 잘못을 이제야 깨닫도다.[222]
正陽寒雨燒香夜 蘧瑗方知四十非

라고 했다고 한다. 내가 일찍이 정양사를 유람했는데, 정양사 벽에 과연 이 시가 적혀 있었다.

지금 세 사신이 반선에게 선물로 받은 금부처 세 개를 모두 처분하면 금화 수천 냥은 받을 수 있을 터인데, 만약 호음이 이를 받았더라면 정양사에서의 일을 꼭 잘못되었다고만 하지는 않았을 것이다. 내가 이를 부사에게 이야기하여 서로 한바탕 웃었다.

내가 또,

"지금 이 불상이 불행하게도 나무로 된 부처에 도금을 한 것이기 때문에 모두들 이단이라고 물리쳐서 깨끗이 포기를 하지만, 만약 정말 금부처라면 이단을 물리치자는 논의는 쑥 들어갈 것이고, 응당 다시 의논해 보자고 할 것입니다."

라고 하여 서로 뒤집어질 정도로 웃었다.

• 『장자』에 "말의 머리에는 굴레를 씌우고, 소의 코에는 코뚜레를 꿴다"[223]고 한 것을 보면, 소에 코뚜레를 하는 것은 옛날부터 있었던 일이다. 우리나라에서는 소가 태어나 7~8개월이 되면 벌써 코뚜레를 한다.

송나라 왕안석王安石의 시에,

---

[222] 거원은 『논어』에 나오는 거백옥蘧伯玉이라는 인물이다. 춘추시대 위衛 나라 사람으로, 부단히 수양을 하며, 나이 50이 되어 49세까지의 일이 잘못되었음을 깨달았다고 한다. 여기 인용된 시는 칠언절구의 3, 4구이다. 김휴金烋의 『경와선생문집』敬窩先生文集 권3 「금강록」 참조.

[223] 『장자』「추수」秋水편에 나오는 내용이다.

코뚜레를 하지 않고 뿔에 고삐를 묶은 중국 소

소에게 만약 코뚜레를 꿰지 않는다면
맷돌방아를 기꺼이 돌리려고 할까?
牛若不穿鼻 豈肯推人磨[224]

라고 하였으니, 연자방아 돌리는 것도 오히려 그러하거늘 하물며 수레를 끌거나 밭을 갈려고 하겠는가?

책문柵門에 들면서부터 열하에 이르도록 살펴보니, 한 집에서 기르는 소가 일고여덟 마리보다 밑돌지는 않고, 혹 많은 경우는 삼사십 마리는 되었다. 밭을 갈거나 수레를 끄는 소는 모두 뿔을 묶어서 부리지, 코뚜레를 꿴 놈은 한 마리도 없었다. 게다가 소들은 모두 엄청나게 큰 데다가 집집마다 밖에 풀어놓고 기르며, 작은 어린애 하나가 소 수십 마리를 능히 몰고 다닌다.

그런데도 코뚜레를 꿰지 않았을 뿐만 아니라 역시 뿔도 묶질 않았다. 중국의 마소를 길들이고 부리는 법이야 비록 우리나라가 따라갈 수 있는 것이 아니라 하더라도, 코뚜레를 꿰지 않는 것은 고금에 서로 차이가 있는 것인가?

진晉나라 두예杜預가 상소한 글에,[225]

"지금 목축을 맡고 있는 기관에는 씨를 받기 위한 소가 4만 5천여 마리가 있는데, 밭을 갈거나 수레를 끄는 데 동원되지도 않으며 늙도록 코뚜레를 꿰지 않은 것도 있습니다."

라는 내용이 있다. 이를 본다면 중국에서도 옛날에는 소를 부릴 때 모두 코뚜레를 꿰었던 사실을 알 수 있다.

224 「의한산습득이십수」擬寒山拾得二十首라는 제목의 시의 첫 번째 수이다.

225 두예(222~285)는 서진西晉의 정치가·학자로, 두무고杜武庫로 불렸다. 저서에 『춘추좌씨경전집해』가 있다.

226 연암은 '猶貞'이라 하였으나, 오늘날의 주련에는 '銘貞'이라고 되어 있다(위 도판 참조). 어느 것이 옳은지 모르겠으나 대구를 고려한다면 '명정'이 옳을 듯하다.

227 글씨는 명나라 전당錢塘 사람 송기宋紀가 쓴 것이다.

228 과친왕의 주련은 건륭황제의 어제시를 쓴 것으로 현재 없으며, 대신에 사당 입구의 주련 "海水朝朝朝朝朝朝落 浮雲長長長長長長消"라는 이상한 글구가 걸려 있다.

229 등금거사는 건륭의 다섯째 아들이다. 셋째라고 한 것은 틀렸다. 이름은 영기永琪(1741~1766)이고, 자는 균정筠亭, 호가 등금거사이다. 26살에 죽었다.

• 산해관에 있는 강녀묘姜女廟의 주련에는 송나라 승상 문천상文天祥이 쓴 것이 비장했는데,

진시황은 어디 갔는가?
만리장성은 원망을 쌓은 것이로다
강녀는 죽지 않았도다.
천년을 지켜 온 돌조각이 오히려 굳건하도다.
秦皇安在哉 萬里長城築怨
姜女未亡也 千年片石猶貞[226]

라고 하였으며, 그 필적이 기이하고 웅장하다.[227]
과친왕果親王 윤례允禮가 쓴 것은 전아하고 고운데,

측백나무 잎은 예전부터 가장 늦게 시드느라 항상 괴롭고
매화는 예부터 꽃이 고와서가 아니라 향기 때문일세.
栢葉從來常自苦 梅花終古不爲妍

문천상이 지은 강녀묘의 주련

라고 하였으며, 그 필체가 귀신이 조화를 부린 것 같다.[228]
건륭 을해년(1755) 겨울, 황제의 셋째 아들 등금거사藤琴居士[229]가 쓴 것은 가련해 보였는데,

등금거사 글씨의 탁본

노송과 허물어진 담 사이로 오래된 사당 보이고
성을 무너뜨린 강녀의 사적 서럽기도 하여라.
서방님 돌아올 희망 끊어지자 기이한 절개를 이루고
끼었던 가락지만 부질없이 남아 옛 모습 기억하네.

맹강녀 사당(좌)
백휘가 쓴 망부석 글씨(우)

돌에 뿌린 물결의 흔적은 그날의 한이런가?
흐느껴 우는 물소리는 후인들의 추억이로다.
진의정 옆 밭두둑은 처량하기 짝이 없건만
하염없이 쳐다보던 그 눈초리는 더더욱 그리워라.

老松頹垣見古祠 崩城姜女事堪悲

藁砧望斷成奇節 環珮空餘識舊姿

石灑浪痕當日恨 水流鳴咽後人思

振衣亭畔悽涼甚 猶憶凝眸睞曼滋

라고 하였으며, 필체는 날렵하고 오묘하다.

꽃다운 향기 흘러 멀리멀리 전하리라는 뜻의 '방류요수'芳流遼水는 건륭 황제의 글씨이고, 굳센 절개는 처연한 바람과 같다는 뜻의 '경절처풍'勁節悽風은 과친왕이 쓴 것이며, '망부석'望夫石이란 세 글자는 산서山西 태원太原 출신의 백휘白輝가 쓴 것이다.

• 중국은 문자를 가지고 말이 되고, 우리나라는 우리말을 가지고 한문 문자로 들어가기 때문에 중국과 오랑캐의 구별이 여기

에서 생긴다. 왜 그러한가? 말을 가지고 문자로 들어가면 말은 말 대로 놀고 글은 글대로 따로 놀게 된다.

예컨대 천天자를 읽을 때 '하늘천'漢捺天이라고 읽으니, 이는 한자 외에 다시 대단히 이해하기 어려운 하나의 우리말을 가지게 되는 것이다. (『설부』說郛라는 전집에는 『계림유사』鷄林類事라는 책이 있는데, 천天을 하늘漢捺이라고 했다. — 원주) 어린아이가 '하늘'漢捺이 무슨 말인지 모르고 있은즉 또 어떻게 천天자를 알 수 있겠는가?

한漢나라 때 저명한 학자인 정현鄭玄의 집에는 여종들도 모두 『시경』을 능히 말한다고 해서 역사상 아름다운 이야깃거리로 전한다. 그러나 기실 중국에서는 무식한 부인이건 어린애건 간에 모두 문자를 가지고 말을 하기 때문에, 비록 눈으로는 낫 놓고 기역 자도 모르는 무식쟁이라도 입으로는 아름다운 문장을 줄줄 토해 내어, 경사자집經史子集의 문자들이 바로 입에 오르내리는 일상적인 담화가 된다.

우리나라 사람이 중국에 들어가서, 어린애가 냇물을 건너려다 그 어머니를 부르며 "물이 깊어서 건너갈 수 없어요"(水深渡不得)라고 말하는 광경을 처음 보고는 화들짝 놀라서 중국에서는 다섯 살 난 어린애도 입을 열면 능히 시를 짓는다고 여긴다. 이는 결코 그런 것이 아니다. 이는 말을 하는 것이지, 의도적으로 한시 구절을 만들려고 한 것이 아니다.

노가재 김창업이 요동의 천산千山을 유람할 때 촌의 할미가 술을 팔고 있기에,

"길은 궁벽하고 사람은 드문데 누가 있어 술을 사서 마시리."

路僻人稀 有誰沽飮

하고 물었더니 그 할미가 대답하기를,

"꽃에 향기가 있으면 나비란 절로 찾아오는 법이지요."

花香蝶自來

라고 하였다고 한다. 이러저러한 군말을 많이 할 것도 없이, 말이 분명하고 뜻이 통하여 저절로 운치 있는 시어가 되었다. 이는 다른 이유가 아니다. 문자를 가지고 말을 한다는 확실한 증거인 셈이다.

내 집에 아주 투미한 계집종이 하나 있다. 떡을 받아야 응당 마땅한 터에 다른 음식을 받고서도 기뻐서 사례하기를,

"파촉巴蜀도 또한 관중關中이지요, 뭐."[230]

라고 했다. 이 말은 본래 『사기』에 나오는 말이지만, 지금은 노름판에서 항용 쓰는 말이 되었다. 계집종이야 본시 파촉이 무엇인지 관중이 어디에 붙어 있는지 알지 못하면서도 다만 그 말이 피차에 별 차이가 없이 '그게 그것이다'라는 뜻으로 알고 말했으니, 합당하게 대답한 것이다.

이를 통해서 비로소 알겠다. 중국의 말이라는 것이 어려운 게 아니고, 또 정현의 집에 있던 계집종만이 반드시 천고에 고상함을 독차지할 것만은 아니라는 사실을.

• 이덕무의 『청비록』清脾錄에,

"삼한의 사람으로서 중국 땅을 두루 밟아 본 사람치고 고려 말의 익재益齋 이제현李齊賢 만큼 많이 다녀 본 사람도 없을 것이다. 그가 유람하며 지나간 역사 유적지는 그의 시에 나오는데, 예컨대 정형井陘, 예양교豫讓橋, 황하黃河, 촉도蜀道, 아미산峨眉山, 공명사당孔明祠堂, 함곡관函谷關, 민지澠池, 이릉二陵, 맹진孟津, 비

---

230 파촉은 파주와 촉주이다. 지금의 중경重慶이 파주이고, 성도成都가 촉주이다. 모두 사천 지방에 속한다. 관중은 섬서 지방이다. 파촉은 길이 아주 험해서 사람들이 가기 싫어하는 곳인데, 진秦나라 때 사람을 그곳으로 이주시키고 그곳도 역시 관중이라고 말한 『사기』의 고사가 있다.

간묘比干墓, 금산사金山寺, 초산焦山, 다경루多景樓, 고소대姑蘇臺, 도량산道場山, 호구사虎口寺, 표모묘漂母墓, 탁군涿郡, 백구白溝, 업성鄴城, 담회覃懷, 왕상비王祥碑, 효릉崤陵, 장안長安, 정장공묘鄭莊公墓, 허문정공묘許文貞公墓, 관룡방묘關龍逢墓, 망사대望思臺, 무측천릉武則天陵, 숙종릉肅宗陵, 빈주邠州, 경주涇州, 보타굴寶陀窟, 월지국月支國 사신이 말을 바친 곳 등이다. 그의 발자취가 닿은 곳은 모두 위대하고 장엄한 역사의 현장이어서 우리나라 사람들의 발길이 미칠 수 있는 곳이 아니다.

그의 시는 마땅히 우리 동방 2천 년 이래로 이름난 시인의 시가 될 것이니, 화려하고도 고우며, 밝고도 우아해서 삼한의 편벽되고 꽉 막힌 누습을 아주 통쾌하게 떨쳐 버렸다. 그런데도 금세기 사람들 가운데는 심지어 익재가 이제현인지도 모르는 사람이 있을 정도이다.

청나라 사람 군협君俠 고사립顧嗣立[231]이 『원백가시선』元百家詩選이란 책을 편찬하면서 고려인들의 시를 한 편도 수록하지 않았다. 익재가 원나라에 있을 때 교제한 목암牧菴 요수姚燧, 자정子靜 염복閻復, 장양호張養浩 등은 모두 익재의 시를 융숭하게 추천했는데도 그의 시 한 수가 수록되지 못했다는 것은 정말 괴상한 일이 아닐 수 없다."
라고 했다.

익재의 무덤은 황해도 금천金川 지금리只錦里 도리촌桃李村에 있으며, 묘소의 아래는 곧 익재가 살던 옛 집터이다. 집터에는 서원[232]을 건립하여 익재의 제사를 모시고 있다. 내가 거처하는 연암협의 별장과 서원의 거리는 불과 10리도 안 되게 가까이 있다. 나는 언젠가 한두 번 서원에 이르러 그의 문집을 읽어 보았는데,

[231] 고사립(1665~1722)의 자는 군협이며, 강소성 사람으로 원나라 때의 시를 모아 『원시선』元詩選 111권을 편찬했다.

[232] 숭양서원崇陽書院을 말한다.

익재 이제현의 무덤 황해도 금천(현재 개성시 장풍군 십탄리 서원동)에 소재.

233 청신과 백제성은 모두 양자강 상류에 있는 지명이다. 이 시는 7언 율시의 5, 6구句이다.

234 이릉은 효崤 땅에 있는 두 개의 능으로, 남쪽의 것은 하나라 임금 고皐의 능이고, 북쪽의 것은 문왕이 비를 피하던 능이다. 이 시는 7언 율시의 3, 4구이다.

235 '八月十七日效舟向峨眉山'이라는 제목의 7언 율시 중 5, 6구이다.

236 다경루는 강소성 진강鎭江 감로사甘露寺 안의 누각 이름이다. 시의 원래 제목은 '多景樓陪權一齋用古人韻同賦'이고, 7언 율시 중 5, 6구이다.

이덕무가 『청비록』에서 비평한 것이 확고부동한 논의임을 더욱 믿게 되었다.

　익재의 「고향으로 갈 것을 생각하며」(思歸)라는 시에,

가을 끝자락 청신靑神의 나무는 빗속에 잠겨 있고
해 저물녘 구름은 백제성白帝城에 비껴 있네.²³³
　窮秋雨鎖靑神樹 落日雲橫白帝城

라고 했으며, 「이릉二陵²³⁴에서 일찍 출발하며」(二陵早發)라는 시에,

구름은 노자가 선약을 만드는 아궁이에 감돌고
눈발은 문왕이 비를 피하던 이릉을 덮었네.
　雲迷柱史燒丹竈 雪壓文王避雨陵

라고 했고, 「배로 아미를 지나며」(舟行峨眉)라는 시²³⁵에,

비에 쫓긴 추운 송아지 어부의 집으로 돌아가고
물결에 밀려 가볍게 나는 갈매기 나그네 탄 배를 맴돈다.
　雨催寒犢歸漁店 波送輕鷗近客舟

라고 했으며, 「다경루」多景樓²³⁶라는 시에,

다경루

풍경 소리 시끄러운 밤에 조수는 포구로 밀려들고
도롱이 입고 저물녘 다경루에 서자 빗발이 들이친다.
風鐸夜喧潮入浦 烟蓑暝立雨侵樓

라고 했고 「함곡관」函谷關이란 시에,

흙 담은 주머니로 황하 북쪽을 막아 버리면
땅덩어리 연결되어 해 지는 곳까지 닿으리라.[237]
土囊約住黃河北 地軸句連白日西

237 인용된 대목은 7언 율시의 3, 4구이다.

라고 하였다.
　우리나라 시인들이 중국의 역사나 고사를 전고로 사용할 때는 모두 가 보지도 않은 채 차용해서 쓰는데, 제 눈으로 직접 보고, 제 발로 밟아 보고서 시를 쓴 사람은 오직 익재 이제현 한 사람뿐이다.

나는 지금 겨우 장성 밖 고북구古北口를 벗어나고도 앞 시대의 사람들은 가 보지 못한 곳을 왔다 하여 그들보다도 내가 낫다고 우쭐거리고 있으나, 익재에 비한다면 참으로 부족해도 한참이나 부족하다.

• 왕사정의 『감구집』感舊集에 청음 김상헌 선생의 시가 실려 있다. 왕이상王貽上[238]의 죽은 전처 추평鄒平 장씨張氏는 강남 진강부鎭江府 추관推官 장만종張萬鍾의 딸이며, 도찰원都察院 좌도어사左都御史를 지낸, 시호가 충정공忠定公인 장연등張延登의 손녀이다.

명나라 숭정(1628~1644) 말년에 청음 선생이 뱃길로 중국에 사신을 가는데, 길이 산동 제남濟南을 경유하게 되었다.[239] 당시 장충정공은 벼슬을 그만두고 고향집에서 생활하고 있었다. 청음 선생은 장만종의 소개로 그의 아버지 충정공을 만났는데, 충정공은 청음 선생을 한 번 보고는 그만 푹 빠져서 엿새나 머물도록 붙잡았다. 그리고 선생의 사신 기행문인 『조천록』朝天錄 한 권에 서문을 썼다.[240] 왕이상이 청음 선생을 익숙하게 알게 된 까닭은 아마도 그 처가 때문이었을 것이다.

그가 청음 선생의 시를 뽑아서 수록한 것에는 이런 시들이 있다.

늦가을 바다 언덕에 기러기 처음으로 날아오고
새벽녘 떠돌이별 하나가 하늘을 꾸민다.
三秋海岸初賓雁 五夜天文一客星
「새벽에 평도를 출발하며」(曉發平島)[241]

238 이상은 왕사정의 자이다.

239 김상헌은 1626년 성절겸사은진주사로 북경을 다녀왔다. 1626년은 천계天啓 6년이다. 연암이 청음의 중국 사행을 숭정 말년이라고 말한 것은 착오이다.

240 『청음집』에 마치 문집의 서문처럼 그의 필체로 된 「청음집조천록서」라는 글이 수록되어 있다. 천계天啓 7년 정묘년(1627)에 서문을 쓴 것으로 되어 있다. 청음이 1626년에 동지중추부사로 중국에 갔고 1627년에 장연등이 서문을 쓴 것으로 보아서 청음이 숭정 말년에 중국에 갔다고 한 연암의 말은 착오에서 나온 것이다. 천계 6년(1626년)은 숭정 연호가 사용되기 1년 전이다.

241 7언 율시의 5, 6구이다.

동해 바라보던 돌다리는 진시황 때 진작 끊어졌으나

은하수 통하던 뗏목은 한나라 신하를 통하게 허여했네.²⁴²

橋石已從秦帝斷 星槎惟許漢臣通

「봉래각에 올라」(登蓬萊閣)²⁴³

242 한나라 때 장건張騫이 뗏목을 타고 황하의 근원을 찾다가 은하수를 보았다는 고사가 있다.

243 7언 율시의 3, 4구이다.

새벽녘 희미한 달빛은 수성水城의 끝에 걸려 있고

그 누구이런가? 떠날 배에서 역사를 읊고 있는 사람.

동쪽 바다 향하여 돌아갈 길 찾지 않고

도리어 북두칠성 의지하여 중국 땅 바라보는구나.

五更殘月水城頭 詠史何人獨艤舟

不向東溟覓歸路 還依北斗望神州

「수성의 밤 경치」(水城夜景)

남북에서 모여든 상인과 나그네로 모래사장 북적이고

새 그림과 푸른 주렴으로 장식한 화려한 배는 몇 척이런가?

일제히 죽지사竹枝詞²⁴⁴ 부르며 옷소매 겯고 지나가고

달빛 가득한 성은 흡사 양주楊州 같도다.

南商北客簇沙頭 畵鷁青簾幾處舟

齊唱竹枝聯袂過 滿城明月似楊州

「등주에서 거비의 시에 차운하다」(登州次去非韻)²⁴⁵

244 지역민이 부르는 민가民歌를 죽지라고 하는데, 뒷날 문인들이 이를 모방하여 시로 지은 작품을 죽지사라고 한다.

245 거비去非는 당시 서장관으로 동행한 김지수金地粹(1585~1639)의 자이다. 김지수는 호가 태천笞川이고 문집『태천집』을 남겼다.

모두가 왕이상이 칭송하며 '맑고 고와서 암송할 만하다'라고 말한 시들이다.

왕이상은 중국 내에서 시의 으뜸으로 꼽히는 사람이어서, 사대부들이 그의 시구절 한 글자라도 모두 익숙하게 접하여 입에서 잠시도 떠나지 않고 암송하기 때문에 조선의 청음 선생을 모르는 이가 없을 정도로 그 이름이 알려지게 되었다. 그러나 그들은 선생의 시구절이나 알고 있을 뿐이지, 역사에 빛나는 선생의 큰 절개에 대해서는 능히 아는 사람이 없다.[246]

지정志亭 학성郝成이 김숙도金叔度[247]의 좋은 시 몇 편을 보기를 청하기에 내가,

"저는 원래 그의 시를 외우는 것이 없습니다. 이번 중국에 올 때에 청음 선생의 6대손인 김이도金履度가 지어 준 전별시가 있습니다."

하니 지정은 크게 기뻐하며,

"이것 또한 기이한 일이옵니다."

하기에 내가 꺼내어 보여주었더니 지정은 두세 번 소리 내어 읊조렸다. 뒷날 지정은 그가 쓰고 있는 『용재소사』榕齋小史라는 책에 다음과 같이 기록하였다.

"화산華山 김이도金履度는 명나라에 사신을 왔던 조선 사람 청음 김상헌의 6대손이다. 그의 「연암 어른을 북경으로 전별하며」(奉別燕巖朝京)(시의 본래 제목은 연경으로 간다는 의미에서 「봉별연암부연」奉別燕巖赴燕이었으나, 지정이 북경에 조공을 온다는 의미로 제목을 「봉별연암조경」奉別燕巖朝京으로 바꾸었다.—원주)란 시에,

1

사방에는 연燕나라 산이 넓게 있고
만리에 뻗친 진나라 장성은 높구나.
일행 중에 채찍을 드리운 자 있으니

---

[246] 청음 김상헌은 명나라를 지지하고 청나라를 반대했기 때문에 심양에 볼모로 잡혀가서 욕을 보았지만, 끝까지 절개를 굽히지 않았다. 이에 대해서는 이 책 「동란섭필」편에서 상세하게 거론하였다.

[247] 숙도는 김상헌의 자이다.

백발을 휘날리며 먼 길에 수고하시겠네.

四面燕山闊 萬里秦城高

中有垂鞭者 白髮行邁勞

    2

덕이 빛나고 큰 담헌 선생님

뜻이 크고 기개가 높은 연암 어르신.

중국까지 성명이 알려졌으며

높은 풍모는 앞뒤 시대를 이었구나.

(원래의 시에는 '殊方知姓名 高風繼前後'로 되어 있던 것을 지정이 '殊方'을 '海內'로, '繼'를 '屬'으로 고쳐서 썼다.―원주)

耿介湛軒子 倜儻燕巖叟

海內知姓名 高風屬前後

때는 건륭 경자년(1780) 5월 23일 화산 김이도 쓰다.

라고 하였다. 김이도는 자가 계근季謹이고 필법은 종요鍾繇와 왕희지를 본받았으며, 문장을 잘하는 기걸한 선비이다. 그 벗인 박연암과 한석호韓錫祜와 함께 시와 술로 막역하게 지낸다. 금년 8월에 박연암이 조공을 하러 북경에 오는 사신을 따라 중국에 와서 나와 함께 노닐며 친숙하게 지냈다. 이때 화산이 박연암에게 지어 준 전별시 세 편을 보게 되었는데, 시들이 『시경』에 나오는 「사모」四牡나 「황화」皇華와 같은 사행시로서의 뜻을 깊이 체득하였기에, 나는 그중에 두 수를 뽑아서 기록한다."

• 지정은 또 『용재소사』에 쓰기를,

"연암의 손자뻘 되는 일가친척인 박남수朴南壽[248]는 자가 산여山如이고 호는 금성錦城인데, 옥처럼 잘생긴 미남자라고 한다. 그가 연암에게 준 전별시에,

머리카락 희게 세었다고 말하지 마라.
천지의 무궁함도 별것 아닌 양 본다네.
필마로 요동의 들판을 가르니
채찍을 내려치자 만리에 바람이 일도다.

莫云頭已白 天地忽無窮

匹馬遼東野 一鞭萬里風

라고 하였다."(금성은 우리의 관향이다. 박남수가 '금성 박남수 산여'라고 썼으므로, 지정은 박남수의 호가 금성인 줄 알았다. ─ 원주)

• 지정이 또 『용재소사』에 쓰기를,

"조선의 높은 선비로 이재성李在誠[249]이 있는데, 자가 중존仲存이고 호가 지계芝溪이며, 연암의 처남이다. 그가 연암에게 준 전별시에,

한 줄기 허리띠처럼 좁아 보이는 압록강
장성에 가기 위해 약간의 양식을 준비했네.
(원래의 시에는 연성燕城으로 된 것을 지정이 장성長城으로 고쳤다. ─ 원주)
유유히 먼 길을 다녀온 사람들아

[248] 박남수(1758~1787)는 연암의 족손 되는 인물로 자는 산여山如, 호는 수우修隅이다. 유복자로 태어나서 가족의 슬픔을 많이 겪었으며, 문집 『수우전집』을 남겼다. 「을미구월제문」은 아내를 잃고 지은 한글 제문이다.

[249] 이재성(1751~1809)은 연암의 손아래 처남이다. 자는 중존仲存, 호는 지계芝溪이고 본관은 전주이다. 연암의 문학을 가장 잘 이해한 지기이기도 한데, 연암의 죽음에 지은 제문이 『과정록』에 수록되어 있다. 『열하일기』와 관련하여 연암이 이재성에게 보낸 편지 3통이 『연암집』에 실려 있다.

(원래의 시는 '古來經遊客'이었다. — 원주)
지나온 길 또렷하게 알 만한 사람 그 누구인가.

鴨綠衣帶水 長城宿舂之

悠悠遠行客 歷歷知是誰

라고 했고 또,

십여 년 연암협에 은거하던 사람이
새벽녘 행장 꾸려 먼 길 간다 고하네.
반평생을 책 속에서만 살더니
오늘은 황제의 나라 중국으로 떠나네.

十載巖棲客 晨裝告遠遊

半生方冊裏 今日帝王州

라고 했으며 또,

젊은 시절 한때는 큰 뜻을 품기도 했지만
산골의 사슴 멧돼지 무리에 자취를 감추었다.
이제라도 안복을 누리게 되었으니
늘그막의 답답함을 잊을 수 있으리라.

宿昔桑蓬志 沈冥鹿豕群

猶被雙眼役 可忘白頭紛

라고 했고 또,

빗물이 끓는 듯 관문의 냇물은 불어나고

찌는 구름은 계주薊州의 숲 아래로 깔리네.

청컨대 부디 몸조심하시오소서

(원래의 시는 '勉旃愼行役'이다.─원주)

떠나시라, 허둥지둥 당황하지 마시고.

雨熱關河漲 雲蒸薊樹低

請君愼行李 去矣莫棲棲

라고 하였다."

• 지정이 또 『용재소사』에 쓰기를,

"혜당惠堂 한석호韓錫祜,[250] 백후伯厚 양상회梁尙晦, 유재裕齋 이행작李行綽 등은 모두 개성 사람이다. 개성은 고려의 옛 도읍지로, 그 나라에서는 송경松京이라고 일컫는다. 옛날의 개주開州이고, 옛날의 호칭은 촉막군蜀莫郡이다. 신숭산神崇山과 자하동紫霞洞이라는 명승지가 있으며, 문인과 운치 있는 선비들이 아직도 을지생乙支生과 정인지鄭麟趾가 남긴 풍모를 가지고 있다. 우리나라 성스러운 조정의 문교가 먼 지방에까지 고루 퍼졌다. …….

혜당이 연암에게 지어 준 전별시 「연암을 북경으로 전송하며」(送燕巖朝京)에,

우연이로다, 아무 데도 이 한 몸 붙일 곳 없더니

하늘 아래 동해 바다 한 물가에 살게 되었네.

멀고 가까운 곳을 평등하게 볼 수 있다면

문 밖을 나서지 않았을 때도 먼 곳을 본 사람이리라.

[250] 한석호(1750~1808)는 연암에게 글을 배운 제자이다. 자는 혜중惠仲이고 호는 혜당이다. 『녹파잡기』綠波雜記의 저자 한재락韓在洛과 『고려고도징』高麗古都徵의 저자 한재렴韓在濂은 한석호의 아들이다.

偶爾無方住着身 一天之下海東濱

如將遠邇看平等 不出門時萬里人

새벽달 산에 걸려 산골 집이 밝아 보이고

목련 꽃 아래에 남은 정이 깊어라.

저 꾀꼬리 중국 땅 좋은 줄 어찌 알까?

이별이 아쉬운 양 「양관곡」陽關曲을 부른다.[251]

曉月依山磵戶明 木蓮花下靄餘情

黃鸝那識中州好 啼作陽關惜別聲

푸른 하늘 덮고 있는 들판, 사방이 둥글고

동남쪽 점점이 박혔던 산은 하나씩 없어지네.

요양 지방에 도착하니 무엇이 보이는가?

해바퀴 둥글게 돌아 바다와 구름 사이를 가리키네.

青天蓋野四周環 點失東南點點山

行到遼陽何所見 日輪回指海雲間

조각배 잡아타고 만리 밖으로 떠돌며

두루두루 천하 명승 구경이 평소의 소원이었네.[252]

유유히 필마를 잡아타고 북경 가는 길로 나서니

어찌 같으랴, 푸른 가을 바다에 외로운 배를 탄 것과.

常願風漂萬里舟 遍登天下有名樓

悠悠匹馬金臺路 何似孤帆碧海秋

장성이 무너지며 나라도 뒤를 따랐건만

---

[251] 왕유王維의 한시 「송원이사안석」送元二使安石을 노래로 만든 것이 「양관곡」이다. 「위성곡」渭城曲이라고도 불리는데, 석별의 정을 노래하였다.

[252] 박영철본 『열하일기』에는 "종간(박지원의 아들)이 살펴보건대 이 두 구절은 곧 아버님의 문집에서 해당이 그대로 인용한 것이다"라는 주석이 붙어 있다. 『과정록』 권4에 연암의 산구散句가 수록되어 있는데, 이 구절이 수록되어 있다.

벼슬아치, 시장 사람, 민가는 그대로 있구나.
공자님 사당 앞의 주나라 때 돌로 만든 북
인간 세상에서 석양빛을 몇 번이나 지났던가?

長城自壞國隨之 朝市人烟遂不移
夫子廟庭周石鼓 人間幾度夕陽時

라고 읊었으며 그의 「봄 뜰에 내리는 가랑비」(春院細雨)에,

이슬의 무거움을 오동나무 먼저 알고
천둥소리 미미하니 새조차 놀라지 않네.
눈이 돋는 새싹은 아직도 꿈속에 있는 양
농익은 꽃에 넋이 빠진다.
검은 개미 푸른 댓돌에 미끄러지고
나뭇잎 끌어안은 푸른 벌레 아슬아슬.
저 멀리 물 위로 쌍무지개 비치고
연기 속의 외로운 새 한 마리 더디 난다.
조용히 앉아 있는 외로운 나그네
골똘히 임을 생각하고 있는 것인가?

露重桐先聞 雷輕鳥不疑
嫩草深疑夢 濃花恰欲痴
玄蟻綠階滑 靑蟲抱葉危
水立雙虹遠 烟穿獨鳥遲
悄悄孤客坐 湛湛美人思

라고 했다. 백후 양상회의 「연암을 북경으로 전송하며」(送燕巖朝

京)라는 시에,

> 눈 닿도록 산하를 쳐다봄에 실낱같은 길 한 가닥
> 마음으로 약속한 것 같건만 따라갈 수 없구나.
> 이별의 자리에서 다시 술 한잔 올리오니
> 버드나무 푸릇푸릇, 해는 서산에 넘어가는 때로다.
> 極目山河路一絲 心如相約未相隨
> 離筵更進一盃酒 楊柳青青斜日時

라고 읊었으며 이행작의 「송별」送別이란 시에,

> 동해 출신의 나그네 채찍 하나 믿고 길을 나서니
> 요동 하늘 유월엔 장맛비가 걸려 있도다.
> 이정을 따져 보니 이로부터 삼천 리라
> 어느 때나 북경에 도착할 수 있으려는지?
> 濱海行人信一鞭 遼天六月雨長懸
> 計程從此三千里 借問幾時可到燕

라고 하였다."

중국 사람들의 기록 방식이 대체로 이와 같은 것이 많아서 비단 남의 원작 시를 자기 마음대로 뜯어고치는 일이 많을 뿐 아니라, 그가 '을지생과 정인지가 남긴 풍모를 가지고 있다'고 한 말은 더더욱 포복절도하게 만든다. 우리나라에는 을지생이란 사람이 없으니, 이는 곧 을지문덕을 말하는 것이다. 을지문덕과 정인지는 멀리 수천 년이나 떨어져 산 인물인데도 지금 싸잡아서 함께 말하는 것은 아마도 을지문덕이 『수서』隋書에 나오고, 정인지가 『고려사』를 편찬했기 때문에 그렇게 드러낸 것이 아닌가 한다.

지정이 김이도의 일을 기록하면서 '김이도는 한석호와 함께 시와 술로 막역하게 지낸다'라고 말한 것은 정말 배꼽을 잡고 웃을 일이다. 두 사람은 서로 얼굴을 본 적도 없는 관계일 뿐만 아니라, 동시대에 살긴 하지만 서로 이름도 모르고 있는 터에 어떻게 시와 술로 막역하게 지낼 수 있단 말인가? 하물며 그 두 사람은 술이라고는 평생 입에 한 방울도 대어 보지 못한 사람임에랴! 다음 날 북경으로 떠날 일정이 갑자기 잡히는 바람에 나는 그 오류를 바로잡아 주지 못했다.

• 이불李紱[253]의 『목당집』穆堂集에 실린 「경인년(1710) 새해 이른 아침」(庚寅元旦早朝)이라는 시에,

조선이 속국 된 이래 조회하러 온 지 오래이나
괴상한 의관 즐겨 입으니 너무 속된 티 나도다.
사모관대 홀笏 잡고 도포로 봄철 조공을 하니
해 돋는 동해에서 가장 태평한 나라일세.[254]
朝鮮內屬來王久 肯怪衣冠太俗生
紗帽版袍春入貢 海隅日出最昇平

[253] 이불(1673~1750)은 청나라 때의 문인으로 자는 거래巨來, 호는 목당穆堂이다. 『목당류고』穆堂類稿, 『육자학보』陸子學譜 등 많은 저서를 남겼다.

[254] 원시의 제목은 「庚寅元旦早朝馬上口號五首次郞梅菴韻」이고, 5수 중의 네 번째 작품이다.

라고 했다.

내가 아침나절에 피서산장 문 밖에서 청나라 관원들이 떼를 지어 조정에서 퇴청하는 것을 보았는데, 새빨간 벙거지에 소매 좁은 마제수馬蹄袖 복장이 보는 사람을 아주 부끄럽게 만든다. 거

조선 관복과 청나라 관복

기에 비해서 우리 사신들의 의관은 번쩍번쩍 빛이 나는 것이 가히 신선과 같다고 말할 만하다. 그러나 거리의 청국 아이들은 사신들의 의관에 놀라고 괴이하게 여겨서 도리어 연희마당의 광대들의 의복이라고 말하고 있으니, 참으로 안타까운 노릇이다.

• 익재 이제현은 자가 중사仲思이고, 다른 호는 역옹櫟翁이며, 경주 출신으로 나이 열다섯에 과거에 급제했다. 충선왕이 원나라 수도 북경에 머무를 때 만권당萬卷堂을 짓고 고려로 기꺼이 귀국하고 싶은 생각이 없어서, 익재를 불러 부중府中(관아)에 있게 하여 중국의 자앙子昻 조맹부趙孟頫, 복초復初 원명선元明善[255] 등 명사들과 서로 시를 주고받게 하였다.

충선왕이 서쪽 사천성 지방에 사신을 받들어 가고, 황제의 명으로 제사를 지내기 위해 강남 지방에 향을 가지고 갈 때, 익재는 따라다니며 이르는 곳마다 시를 지었는데, 그 시가 인구에 회

255 원명선(1269~1322)은 원나라 때 저명한 문인이고 학자이다. 특히 『춘추』에 밝았으며 문장에도 능하여 실록 편찬에 참여하였다.

이제현 원나라 진감여陳鑑如가 그린 초상

256 토번은 티베트 고원의 중앙에 성립된 고대 왕국으로, 7세기 송첸캄포에서 9세기 중순 랑다르마에 이르기까지 200여 년간 지속된 티베트 지역 역사상 국력이 가장 강했던 왕조였다. 당은 이 시기 티베트에서 존속한 왕조를 '토번'이라고 불렀으며, 청나라 때까지 중국 문헌에서는 티베트의 전역을 일컫는 말 또는 그 지배 세력을 일컫는 말로 언급됐다.

257 진나라 때 설치한 관문을 말하며, 보통 관중關中 지방을 일컫는다.

258 어부수와 조서산은 감숙성에 있는 강과 산의 이름이다.

259 경동은 하남성 일부와 산동성의 황하 이남 지방을 가리킨다.

260 회남은 회수淮水의 남쪽 지방을 가리킨다. 회수는 하남성에서 발원하여 안휘성 강소성을 거쳐 황하로 흘러 들어가는 강이다.

자되었다. 귀국해서는 다섯 왕을 섬기고 네 번 재상이 되었다. 충선왕이 참소를 입어서 토번吐蕃²⁵⁶으로 귀양을 갔을 때, 익재는 만리 길을 달려가 충선왕께 문안을 올렸으니, 그 충성과 의분이 넘쳤다.

뒷날 김해후金海侯에 봉해지고, 나이 여든하나에 죽었으며, 시호는 문충文忠이다. 그의 시는 화려하고 고우며, 밝고 우아하여서 우리나라의 편벽되고 꽉 막힌 습관을 통쾌하게 떨쳐 버렸다.

그의 「길에서」(路上自蜀歸燕)라는 시에,

말 위에서 이태백의 「촉도난」蜀道難이란 시를 읊조리며
오늘 아침 다시 진관秦關²⁵⁷을 들어간다.
푸른 구름 저물어서 어부수魚鳧水 건너편에 떠 있고
가을철 붉은 나무 조서산鳥鼠山²⁵⁸에 이어 있다.
문자를 남기면 천고에 한을 더하리니
명예와 이익을 누가 넓히랴, 일신이 한가해야지.
간절하게 생각나는 것은 안화사安和寺로 가는 길에
죽장망혜로 혼자 왔다 가던 그 옛날이로다.
馬上行吟蜀道難 今朝始復入秦關
碧雲暮隔魚鳧水 紅樹秋連鳥鼠山
文字剩添千古恨 利名誰博一身閒
令人最憶安和路 竹杖芒鞋自往還

라고 하였다.

내가 사는 연암협 뒷산 기슭에서 고개 하나 건너편에 안화사의 옛터가 있다. 나는 매양 익재공의 이 시를 읊조리며 공께서 죽장망혜로 이 사이를 왕래했음을 상상하였다. 하지만 한편으로 시에 나오는 촉도, 진관, 어부수, 조서산 등의 지명은 사람으로 하여금 우두커니 넋이 절로 나가게 만들었다. 그랬던 나로서 이번 여행에 익재공도 미처 와 보지 못한 여기 열하를 오게 된 것이다.

• 송나라 원풍元豐 7년(1084)에 신종 황제는 경동京東[259]과 회남淮南[260]에 조서를 내려 고려인이 쉬고 숙박할 수 있는 정자와 숙소를 지으라고 하였다. 그리하여 밀주密州와 해주海州 두 고을에서는 인심이 들끓고 부역을 견디지 못해 도망하는 사람까지 생겨났다. 그 이듬해에 내가(소식蘇軾) 이곳을 지나다가, 건축물들의 장엄하고 화려함을 개탄하며 절구시 한 수를 남겼다.

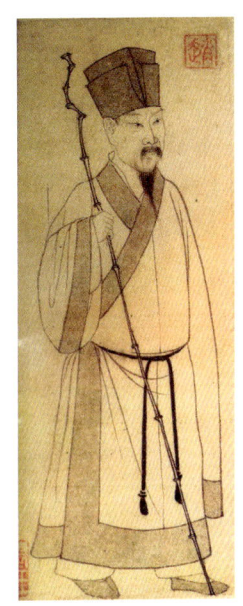

소동파

처마 기둥은 담장 밖으로 춤추며 날아갈 듯하나
민가의 농사일은 쓸쓸하여 공사하던 도끼만 남았다.
오랑캐에게 퍼 주느라 종노릇 하고 말았으니
모르겠다. 이들로부터 어떤 보답이 있었는지?[261]

簷楹飛舞垣墻外　桑柘蕭條斤斧餘
盡賜昆邪作奴婢　不知償得此人無

소동파가 고려를 미워했던 것은 이르는 곳마다 이와 같았다.
　만약 동파로 하여금 강희 황제가 조선 사신을 위해 만든 33개의 역참과 찰원察院[262]을 보게 했더라면 뭐라고 지껄였을까?

• 송나라 시인 산곡山谷 황정견黃庭堅이 장뢰張耒의 시에 차운한 「차운목보증고려송선」次韻穆父贈高麗松扇[263]이란 시에,

[261] 이 시의 제목은 위의 설명문 "원풍 7년 …… 절구시 한 수를 남겼다"의 내용 전체이다.

[262] 찰원은 도찰원都察院의 준말. 도찰원은 어사가 외부에 나갔을 때 머무는 관청이다.

[263] 정확한 제목은 「차운전목보증송선」次韻錢穆父贈松扇이다. 장뢰라는 시인이 전목보錢穆父(이름은 전협錢勰)에게 고려의 부채를 선물로 받고 사례로 지은 시가 있는데, 황정견이 그 시에 차운을 했다. 이 시는 중간에 환운을 한 고체시이다. 7언 절구 2수처럼 되어 있는 것은 오류이다.

황정견 시첩(부분) 황정견이 7언시를 짓고 쓴 「송풍각시첩」

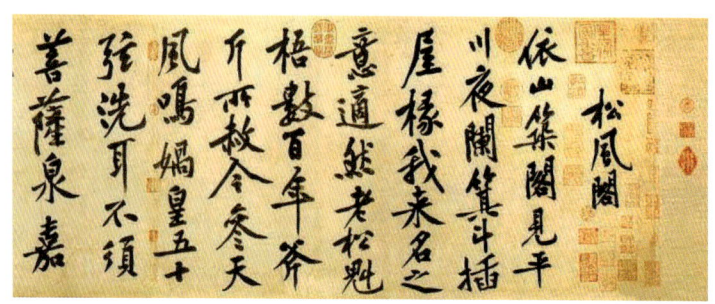

264 책구루는 고려의 성城 이름이다.
265 시집의 판본에 따라서 글자의 출입이 있는데, 황정견의 문집 『산곡집』山谷集(사고전서본)에는 '文人'이 '丈人'으로, '合得'이 '應得'으로, '不死藥'이 '不死草'로 각각 되어 있다.
266 중국측 문헌에 송선에 대한 고려인의 설명을 수록했다. 『선화봉사고려도경』의 「송선」 항목에는 소나무의 부드러운 가지를 가늘게 깎아서 만든 부채라고 설명했다. 그러나 『패문문부』 등에는 소나무 부채라는 뜻의 송선은 소나무로 만든 것이 아니고, 물가의 버드나무 껍질로 만드는데 부드럽고 문양이 마치 소나무 무늬와 같기 때문에 송선松扇이라고 했다고 하였다.

은고리 옥을 물리고 비단 종이 투명한 부채
고려 송선松扇에 시원한 바람까지 함께 보내셨네.
갸륵하다 부채여, 멀리 책구루幘溝婁264를 넘어오다니
때마침 지금의 패랭이보다도 썩 낫구나.
옥처럼 선 장인의 높고도 서늘한 기개인 양
삼한에 사신 가면 삼신산을 볼 것이니
신선 안기생安期生의 불사약을 응당 얻어서
나를 속세의 티끌에서 벗어나게 해 주구려.265

銀鉤玉唾明繭紙 松筌輕凉幷送似
可憐遠度幘溝婁 適堪今時襨子
丈人玉立氣高寒 三韓持節見神山
合得安期不死藥 使我蟬蛻塵埃間

송선 복건성 박물관 소장

라고 했다.

그런데 지금 그 고려의 소나무 부채라는 송선松扇이 어떤 모양으로 만든 것인지 알 수 없다. 지금 만난 중국의 여러 사람들은 송선에 대해 많이 묻는데, 아마도 황산곡의 이 시 때문에 그런 것 같다.266

• 내가 태사太史 고역생高棫生과 함께한 자리에서 반정균이 왕추사王秋史의 「쓸쓸한 버드나무」(寒柳) 시에 차운한 시를 암송했더니, 좌중에 있던 손님들이 모두 훌륭하다고 칭찬한다.

그래서 왕추사라는 인물이 누구냐고 물었더니 명재明齋 풍병건馮秉騝이, "그는 산동 지방의 역성歷城이란 곳의 진사로서, 이름은 평苹이고 자가 추사秋史이며, 자호를 칠십이천주인七十二泉主人이라고 합니다. 반정균의 시에 나오는 '일흔 개의 샘물 소리 어지러이 돌절구를 찧는 양'이라는 내용은 그를 말하는 겁니다."라고 한다. 사헌簑軒 능야凌野가,

"지금 우리나라의 시인들 중에는 왕추사를 추앙하는 사람들이 많습니다. 그가 언젠가 시를 짓기를,

샘물 소리 어지러운데 나막신 끄는 이 그 누구인가?
누런 단풍잎 떨어지는 숲에서 저서에 몰두하네.[267]

亂泉聲裏誰通屐　黃葉林間自著書

라고 했으며 또,

누런 단풍잎 떨어지는 가을, 해는 황소 등으로 기울고
푸른 산 잘록한 곳으로 술 취한 사람 지나가네.[268]

黃葉下時牛背晚　青山缺處酒人行

라고 했습니다. 그가 '누런 단풍잎'이란 시어를 즐겨 사용했으므로, 당시 사람들은 그를 왕황엽王黃葉이라고 불렀다고 합니다."[269]라고 한다.

267 7언 율시 「남원」南園의 3, 4구이다.

268 7언 율시 「추거적하산장감영」秋居赤霞山莊感詠의 3, 4구이다.

269 왕평의 시집 『이십사천초당집』二十四泉草堂集에 황엽黃葉이라는 시어가 50여 차례 사용되었다.

270 풍병건의 자(字)다.
271 조선 서예가 이광사李匡師의 자다.

고태사 역생, 풍병기馮秉驥²⁷⁰ 등 여러 사람과 명성당名盛堂에서 이야기하다가 도보道甫²⁷¹의 글씨 첩 하나를 꺼내서 보여 주었다. 그들은 한참 들여다보더니, 이윽고 나에게,

"이 글씨는 조선에서 어떤 등급의 글씨에 속합니까?"

하고 묻는다. 나는 멍하니 대답을 못 하다가 다만,

"우연히 행장 속에 끼어 들어왔습니다."

하고 대답하여, 스스로 옛날 중국 삼국시대 조자趙咨가 임기응변의 말을 잘했던 것처럼 우물우물하다가 피해 버렸다.

272 『동국사략』은 조선 태종 때 권근 등이 어명을 받아 단군 시절부터 고려 때까지를 엮은 역사책이다.

• 청나라 주이준朱彛尊이 편찬한 『일하구문』日下舊聞에는 『동국사략』²⁷²과 『고려사』 「열전」이 실려 있다. 거기에 의하면, 고려 세자가 원나라에 가서 편전에서 황제를 알현했는데 황제가 세자에게 무슨 책을 읽고 있느냐고 물었다. 세자가

273 정가신(?~1298)의 초명은 흥興이고, 자는 헌지獻之이다.
274 민지(1248~1326)의 자는 용연龍涎, 호는 묵헌默軒이다. 문집 『묵헌집』을 남겼다.

"선비 정가신鄭可臣²⁷³과 민지閔漬²⁷⁴가 함께 따라왔는데, 그들이 숙직하고 지키는 여가에 『효경』과 『논어』를 질문하곤 합니다."

라고 대답하자, 황제가 기뻐하며 세자에게 함께 데리고 들어오라고 명하였다. 다 함께 들어가자 황제는 자리를 내주며, 고려의 왕위가 전해 내려온 순서와 치란의 자취, 풍속의 좋은 점 등을 두루 묻고는 조금도 지루해하지 않고 들었다. 뒷날 황제는 공경들에게

275 교지는 지금의 베트남 북부에 해당되는 지역이다.

명하여 교지交趾²⁷⁵를 정벌하는 논의에 그 두 사람을 불러서 함께 의논하게 하였는데, 대답이 황제의 뜻에 맞았다. 그래서 정가신에게는 한림학사를, 민지에게는 직학사直學士를 각각 제수하였다.

「열전」에 의하면, 황제가 고려 세자를 자단전紫檀殿으로 불러서 보았는데, 정가신이 따라갔다. 황제는 그들을 앉히고는 갓을 벗으라고 명하고,

144

"공부하는 수재들은 꼭 머리를 땋을 것까지는 없으니, 두건을 쓰는 것이 마땅하다."
라고 하였다.

황제의 책상 앞에 어떤 물건이 있는데, 크게 둥글고 약간 갸름하며, 색깔은 희고 깨끗하며 높이가 한 자 다섯 치 정도 되어 보이고, 안에는 술 다섯 되를 담을 만했다. 마하발摩訶鉢이란 나라에서 바친 낙타조駱駝鳥의 알이라고 한다. 황제가 세자에게 구경하라고 명하고는, 이어서 세자와 따라온 신하들에게 술을 하사하고 정가신에게 시를 지으라 명했다. 정가신이 시를 지어 바치기를,

항아리 같은 큰 알이 있어
그 안에 불로주不老酒를 담았다.
원하옵건대 천년 장수하시어
그 향기 해동 사람에게도 미치기를.

有卵大如甕 中藏不老春

願將千歲壽 醺及海東人

하니 황제가 가상히 여기고 자신의 식탁에 있던 국을 하사했다.

(주곤전朱昆田[276]이 살펴보기를 "고려 세자는 곧 충선왕 왕장王璋이다. 일찍이 그는 원나라 수도에 만권당을 지었다. 정가신은 본국에 있을 때『천추금경록』千秋金鏡錄을 지었다. 민지는『세대편년절요』世代編年節要 7권을 증수增修하였으며, 또『고려편년강목』高麗編年綱目 42권을 지었다. 애석하게도 그 책들을 볼 수 없다"라고 하였다. ─ 원주)

276 주곤전(1652~1699)은 주이준의 아들이며, 자가 문앙文盎이고 호는 서준西畯이다. 저서에『적어소고』笛漁小藳 등을 남겼고,『남북사지소록』南北史識小錄이란 역사서를 저술하였다.

277 공인은 5품관의 아내에게 주는 칭호이다.

• 나는 전에 누님과 형수 이공인李恭人²⁷⁷의 묘지명을 지었는데, 이번 여행에 중국 사람에게 부탁하여 세상의 아름다운 필적을 구해서 글씨를 받으려고 하였다.

호부戶部의 주사主事로 있는 서대용徐大榕은 호주湖州 사람으로, 나와는 일면식도 없는 사이인데도 시를 지어서 보내 왔다.

1

해외에서 경전을 전한 이름 높은 부자父子
종일토록 산중에서 문을 닫아걸고 독서를 하네.
평생토록 서릉徐陵의 필법 못 미침이 부끄럽지만
산호로 만든 붉은 붓걸이는 부럽지 않다네.²⁷⁸

278 서릉은 남조 시대 양梁과 진쯥에 살았던 문인으로, 특히 필법이 좋았으며 붓을 거는 붓걸이와 벼루를 넣어두는 각을 모두 산호로 만들었다고 한다.

海外傳經名父子 閉門終日在山中
平生遠愧徐陵筆 不羨珊瑚作架紅

2

두 묘지명은 뒷날 멋지게 글씨를 써서
하늘 끝이라도 멀리 부치어 빈말 되지 않게 하리이다.
집닭 놓아 두고 물오리 좋아한다고 비웃지나 마시라²⁷⁹
재주 없고 연소해도 사마상여司馬相如²⁸⁰의 재주라오.

二銘他日爲工書 遠寄天涯定不虛
家鷄野鶩休竊笑 不才年少亦相如

279 집닭과 물오리, 즉 가계야목家鷄野鶩은 서예에 대한 비유로, 어린아이들은 집의 닭을 좋아하지 않고 밖에 있는 물오리를 더 좋아한다는 말이다. 즉 남의 글씨가 더 나아 보인다고 부러워한다는 뜻이다.
280 사마상여는 전한 시대의 저명한 문인으로, 특히 부賦 문학에 뛰어났다.

라고 하고 스스로 붙인 주석에,

"이때 출발 날짜가 너무 촉박한 관계로 능히 작은 해서체로 쓰지 못했다. 그래서 우선 집안의 외사촌에게 부탁하여 이를 쓰게 했다. 초고로 쓴 것은 지금 가지고 있으니, 마땅히 다시 써서 부칠 것이다. 연암에게 기증하니, 족하足下께서는 싱긋이 웃으며 모두 받아 주시길. 양호陽湖의 척암惕菴 서대용徐大榕 쓰다."
라고 했다. 그가 쓴 초서체를 보니 대체로 그것 또한 아름다운 필체이다. 두 묘지명은 전당錢塘 출신의 양정계楊廷桂가 썼는데, 양정계는 곧 서대용의 외사촌이다.

• 오조吳照[281]는 강서江西 사람으로, 자는 조남照南이고 호는 백암白菴이다. 그가 소주蘇州에 있는 석호石湖를 유람하며 지은 시는 모두가 아름다운 시이다.[282]

1
우거진 동산에 연기 사라지자 새벽 햇살 붉어 오고
삐걱삐걱 노 젓는 소리, 배는 횡당橫塘[283]에서 나온다.
푸른 산은 면면이 그림 병풍 펼쳐 놓은 듯
탑 하나가 아연 공중으로 솟구쳐 나타나는구나.
茂苑烟銷曉日黃 數聲柔櫓出橫塘
青山面面開圖障 一塔凌空見上方

2
잔잔한 물결 주름 잡힌 모습 물고기 비늘인 양
모래사장엔 갈매기, 물가에는 백로가 서 있도다.
그 옛날 치이자鴟夷子 범려范蠡의 풍류를 상상하니
미녀 서시를 태우고 노닐던 곳이 바로 여기이려니.
水縐微波漾細鱗 沙鷗白鷺入湖濱

281 오조(1755~1811)는 강서 남성인南城人으로, 저명한 서화가이다. 글씨뿐 아니라 산수화 인물화에 뛰어났다. 『설문자원고략』說文字原考略, 『청우루집』聽雨樓集을 남겼다.
282 『청우재시집』聽雨齋詩集 권2에 실려 있는 「범주석호육절」泛舟石湖六絶이라는 제목의 시이다.
283 횡당은 강소성 소주의 서남쪽에 있는 오래된 둑 이름이다.

284 『청우재시집』에는 3, 4구가 "斷灣斜港東西路 迎面紅妝不避人"으로 되어 있다.

風流想像鴟夷子 此地曾經載美人²⁸⁴

3

능가산楞伽山 아래에 능가사란 절이 있고
산문을 감도는 물, 한 굽이 쳐 비껴 흐르네.
새벽 범종 쳤건만 갈까마귀 흩어지지 않고
인적 없이 텅 빈 행랑엔 오동꽃 홀로 지네.

楞伽山下楞伽寺 水繞山門一曲斜

敲罷曉鍾鴉未散 空廊人靜落桐花

4

오종종 바늘 같은 나락 싹들 들판 가득 푸르고
구름과 물은 아득하여 서늘한 가을이 온 듯.
이 사이에 진정 최고의 즐거움은 바로 농사짓는 일
맨발의 이 지방 처녀 아이는 소를 먹일 줄 알도다.

短短秧針綠滿疇 水雲渺渺似凉秋

此間最是爲農樂 赤脚吳娃解飯牛

285 〈망천도〉는 당나라 시인 왕유王維가 고향 망천의 스무 개의 뛰어난 경치를 그린 그림이다.
286 송나라 시인 범성대가 만년에 석호에 은거했는데, 효종이 '석호'라는 글자를 써서 하사하였으므로, 자호를 석호거사石湖居士라고 하였다.

5

마름 잎 물결에 둥둥 뜨고 물오리 자맥질하는 모습
선명하고 아름다운 경치는 〈망천도〉輞川圖가 아니더냐?²⁸⁵
비스듬히 비낀 다리 옆에는 푸른 버드나무 몇 그루인가?
애절하게 그리운 석호石湖 범성대范成大란 시인.²⁸⁶

菱葉浮波覆野鳧 分明佳景輞川圖

斜橋幾樹靑靑柳 憶煞詩人范石湖

6

호수 넘어 산이 있고, 산 아래에 밭이 있네.
비 내리나, 이내가 끼나 호수 빛깔은 그 나름대로 제맛.
뒷날 내가 이곳으로 집을 옮겨 살게 된다면
서쪽 밭이랑 갈고 나면 배 타고 상앗대 찔러 보리라.

湖外有山山下田 湖光宜雨亦宜烟
他年我若移家住 耕罷西疇便刺船

오조는 이제 나이 30여 세이며, 향시鄕試에 급제하여 중앙의 회시會試를 준비하고 있는 사람이란다.[287]

오조의 〈서창청공〉書窓淸供

[287] 오조는 건륭 54년(1789)에 과거에 합격하여 국자감의 거인擧人이 되었다.

오조의 현판 글씨 '만고청풍'의 풍風

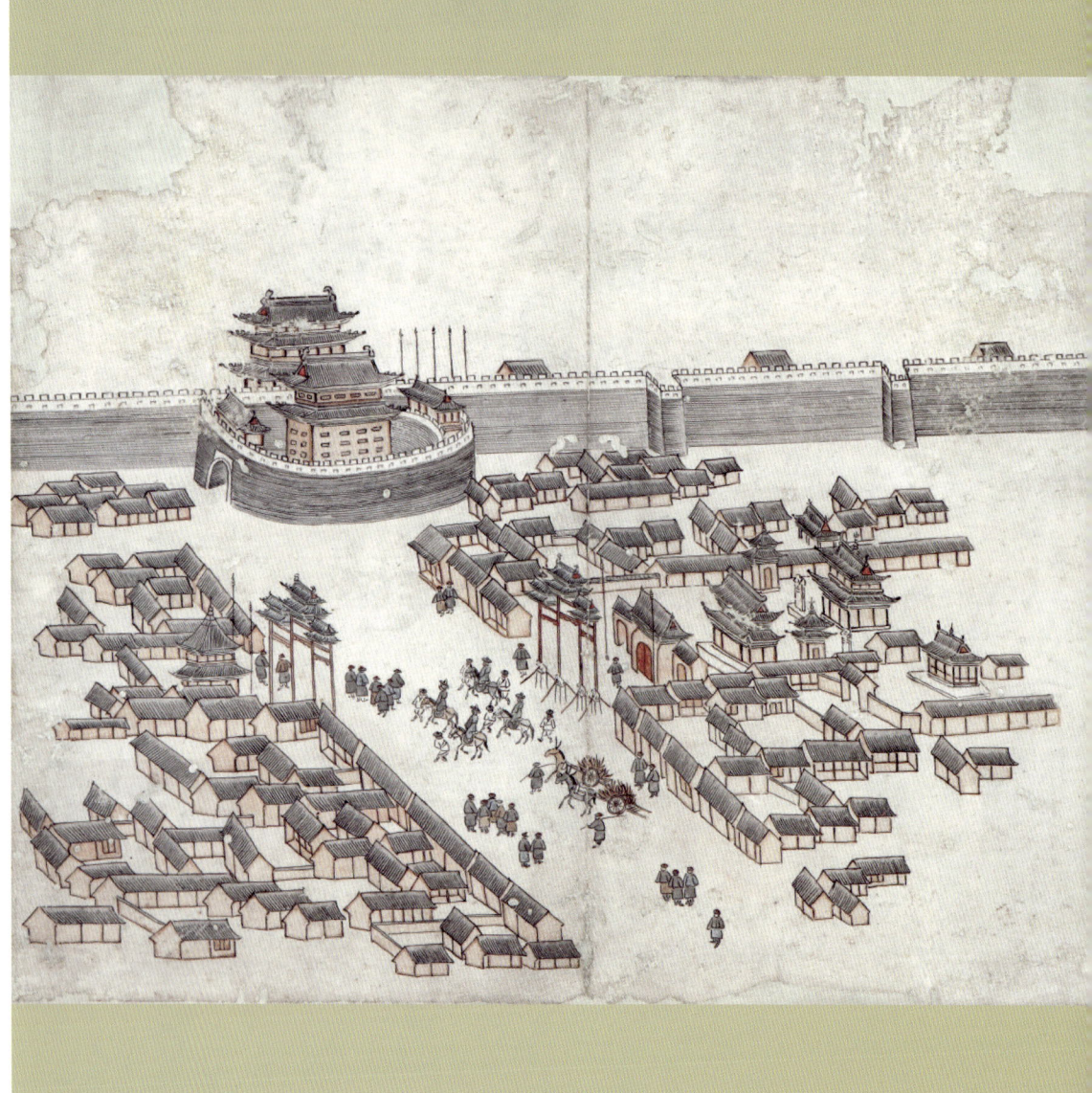

피서산장에서 쓴 시화 보충

피서록 보유

◉—

삼한총서본의 하나인 『열하피서록』에 수록되어 있는 것을 「피서록 보유」라고 하여 추가로 보충한다. 『열하일기』 「피서록」에는 서문과 56개의 단락으로 된 시화가 수록되어 있으며, 삼한총서본 『열하피서록』에는 서문은 없고 단지 22개의 시화만 수록되어 있다. 삼한총서본 『열하피서록』의 시화 중에서 12개는 『열하일기』 피서록과 겹치는 내용이지만, 나머지 10개는 『열하일기』에는 없는 내용이다. 두 책에 겹치는 시화도 글자의 출입이 있는데, 삼한총서본 『열하피서록』의 내용이 비교적 상세하게 구성되어 있거나, 새로운 내용이 추가되어 있다. 예컨대 「담원팔영」에는 여러 명이 쓴 『회성원집』의 서문의 내용이 소개되어 있다. 삼한총서본 『열하피서록』에만 있는 시화 중에는 이덕무의 『청비록』에 있는 시화와 유사한 내용도 있다.

우리나라 부인의 얹은머리 三韓婦人盤髮

『조선시선』朝鮮詩選[1]에 이달李達이 지은 「보허사」步虛詞가 실려 있다.

삼각 모양의 높은 머리에 붉은 비단 머리띠 날리고[2]
남은 머리칼 흐트러져 가느다란 허리까지 내려 왔네.
잠깐사이 잔치를 마친 서왕모西王母
한 곡조 생황 불며 벽도화碧桃花로 향하네.
三角嵯峨拂紫綃 散垂餘髮過纖腰
須臾宴罷西王母 一曲鸞笙向碧桃

그 주석에,

"삼한三韓의 부인은 틀어 얹는 머리로 장식하고 처녀는 땋아

1 『조선시선』은 1598년 명나라의 오명제吳明濟가 우리나라 한시를 편집한 시선집이다. 상·하 7권 2책이다. 임진왜란에 참전했던 오명제는 허균의 집에 머물면서 허균이 외워서 전해 준 시를 바탕으로 책을 편집하였다. 112명의 한시 340수가 수록되었다.
2 삼각 모양의 높은 머리란 당나라 때 유행했던 머리 모양인 삼각계三角髻를 말한다.

서 뒤로 드리운다. 그러나 모두 까만 머리를 묶고 나머지는 아래로 내려 드리우기 때문에 '남은 머리카락이 가느다란 허리를 지나간다'라 한다"고 하였다.

이 책은 명나라 유격장군으로 자字가 만리萬里인 남방위藍芳威가 만력 임진년(1592)에 조선을 도우러 왔을 때 엮은 것으로 알려져 있다.

청장青莊 이덕무李德懋는 말하기를, "이 책은 자어子魚 오명제吳明濟가 조선에 왔을 때 선발한 것인데, 무슨 이유로 남방위의 소유가 되었는가? 대체로 그릇된 내용이 많으니 좋은 책은 못된다. 중국 고대 선녀인 마고麻姑의 형상은 그 정수리에 머리칼을 묶고 남은 머리는 흩어서 아래로 드리웠다. 이 시가 「보허사」라면[3] 하필 우리나라의 여자만을 가리킨 것이라고 할 수 있겠는가. 남방위가 우리나라 계집아이의 머리 땋은 것을 보고 엉뚱하게 추측하여 이 시를 주석한 것이다"라고 하였다.

삼각 모양의 머리

[3] 보허는 신선이 허공을 밟고 돌아다닌다는 뜻으로 도교에서 경을 외우며 찬미하는 노래를 말하지만, 후대에는 문학에서 이를 원용하여 악부樂府의 잡곡雜曲으로 발전하였다. 대체로 이 계통의 작품은 신선 세계를 묘사하며, 중국은 물론 우리나라에서도 많은 작가들이 「보허사」라는 제목으로 시를 지었다.

춘첩자로 중국에 이름을 떨치다 春帖喧藉

만력萬曆 병오년(1606) 허균許筠이 신라·고려 이래의 시가들을 뽑아서 네 권으로 만들어서 태사太史 주지번朱之蕃에게 보여 주었다. 주지번이 하룻밤에 모두 읽어 보고 다음 날 허균에게 말하기를, "고운 최치원의 시는 약하고, 이인로李仁老와 홍간洪侃의 시가 가장 아름답다"라고 하였다.

살펴보건대 고려 이인로는 호가 쌍명재雙明齋이다. 원나라에 사신으로 가서 정월 초하룻날 객사의 문에 붙인 춘첩자春帖子로 중국 조정에 이름을 떠들썩하게 드날렸다. 명나라 학사들이 우리나라 사신을 만나면 춘첩자 시를 암송하는 자가 있었다.

춘첩자

길가의 버드나무 푸른 눈썹에 아리땁게 펼쳐지고
고갯마루 위 매화향기 백설에 흩날린다.
천리 먼 내 고향 잘 있는 줄 알겠네.
봄바람은 먼저 해동海東에서 불어오므로.

翠眉嬌展街頭柳 白雪香飄嶺上梅

千里家園知好在 春風先自海東來

홍간의 호는 홍애洪崖인데, 그의 「이른 아침 말 위에서」(早朝馬上)라는 시에,

붉고 푸른 산 빛 공중에 비껴 있고 시냇물은 흘러
천리에 펼쳐진 풍광 신선 산다는 창주滄洲와 닮았네.
돌다리 서쪽 두둑의 남대南臺 길에서
턱에 홀笏을 괴고 산 바라보니 또 한 번 가을이로다.[4]

紫翠橫空澗水流 風煙千里似滄洲

石橋西畔南臺路 拄笏看山又一秋

라고 하였다.

문득 동쪽으로 올 것을 생각하다 輒思東來

공자께서 말씀하기를 "도를 실천할 수 없으니 뗏목을 타고 바다로 뜨겠다"[5] 하였고, 또 "동방 오랑캐들 나라[6]에 살고 싶다. 군자가 살았던 곳이니 무슨 비협鄙狹[7]함이 있겠는가"[8] 하였다. 우리나라 선비들은 매양 이를 인용하여 구실로 삼아서 "공부자께서 우환의 세상에 태어나 위태롭고 어지러움을 싫증내고 괴로워하

---

4 진나라 왕희지가 업무에 열중하라는 상사의 독촉에 아랑곳하지 않고 홀을 턱에 괴고 서산을 바라보았다는 고사가 있다. '괘홀'拄笏은 속세의 시름을 잊고 노을의 산을 느긋하게 본다는 뜻이다.

5 『논어』「공야장」편에 나오는 내용이다.
6 동방 오랑캐들의 나라는 구이九夷를 이른다.
7 비협은 문화적 수준이 낮음을 이른다.
8 『논어』「자한」편에 나오는 내용이다.

여 도가 행해지지 않으니 문득 동쪽으로 올 것을 생각하여 상상과 탄식을 드러내었다"라고 말한다.

금金나라에서 벼슬했던 우문허중宇文虛中⁹이 「기유년(1129) 회포를 쓰다」(己酉歲書懷)라는 시에,

조국을 떠나 허둥지둥 벌써 두어 해가 지났어라
국가와 개인에 무익하니 두 쪽에 흐리멍덩한 처신.
당시에 주장을 굳건히 하지 못하였으니
금일의 곤궁과 수심이 어찌 족히 가련하랴?
생사는 전생에 정해졌으니 따를 수밖에
처신에 대한 시비는 뒷사람에게 남겨져 전해지리라.
외로운 신하 물에 투신하지 못했음이 한이러니
슬퍼하며 삼한의 별천지를 바라보네.
去國怱怱遂隔年 公私無益兩茫然
當時議論不能固 今日窮愁何足憐
生死已從前世定 是非留與後人傳
孤臣不爲沈湘恨 悵望三韓別有天

라고 하였다.

그가 벼슬을 할지 말지 하는 즈음에 아마도 허물과 후회가 많았음을 생각하고는 은근히 시가詩歌 작품 가운데 그러한 뜻을 밝혔다. 대체로 신세가 곤궁하고 수심에 젖으면 문득 동쪽으로 갈 것을 생각하며 스스로 공자께서 구이九夷에 살고자 했던 뜻에 부합시키려고 한 것이다.

9 우문허중(1079~1146)은 송나라 말기 금나라 초기의 정치인이며 시인이다. 본명은 황중黃中인데, 송 휘종이 허중이라는 이름을 하사하였다. 자는 숙통叔通이고 호는 용계거사龍溪居士이다. 송나라에서 벼슬하였고, 송나라 멸망 이후에는 금나라에서도 관직을 하였다. 시집이 있었으나 전해지지 않고, 시의 일부가 『전금시』全金詩, 『중주집』中州集 등에 전한다.

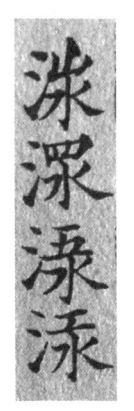

본문에 나오는 한자의 모양

10 별단은 외교상의 보고 문서이다.

11 뇌공이 누구인지는 미상이다. 뇌공은 일반적 의미로 우레를 말하는데, 우레가 새겼다고 하는 것은 비현실적이다. 「곡정필담」에 뇌공은 모기령을 지칭하는 별명이라고 하는데, 그 글자를 모기령이 새겼는지는 알 수 없다.

12 「담원팔영」은 청나라 곽집환의 한시인데, 그 시와 작자에 대한 내용이 앞의 「피서록」편에 나온 바 있다. 여기 삼한총서본 『피서록』의 「담원팔영」 조목은 앞의 그것과 대동소이한 내용이지만, 새로 추가된 내용이 있다. 이제 두 본의 동일한 내용은 제거하고, 추가된 내용을 여기에 번역하여 싣는다. 연암이 마테오 리치의 『교우론』을 읽었음을 알 수 있는 중요한 자료이기 때문이다.

이상하게 생긴 한자 浺㴱㴸㴹

강희 황제 43년 갑신년(1704)에 동지사 일행이 보내온 별단別單[10]에 "태원의 산이 옮겨지고 돌비석이 절로 나왔는데 비석면에 이상하게 생긴 글자 네 개가 있었다. 또 7언 4구가 있었다."

항아리 같은 언덕의 산꼭대기 하나의 산맥 푸르고
용처럼 서리고 범처럼 걸터앉은 참모습 드러냈네.
물이 표류하고 불 꺼지자 산이 걸음을 옮겼으니
50년 이래에 황제가 임하지 않을 것이로다.

阜甕山頭一脈靑 龍盤虎踞見眞形

水漂火沒山移步 五十年來帝毋臨

라고 하였다.

그런데 시의 운자로 사용한 臨은 靑, 形과는 운자가 맞지 않으며, 또 그 시어가 무슨 의미인지 상세하지 않다.

무관 이덕무가 언젠가 문자 관련 책자인 자서字書를 널리 상고해 보았지만 이 네 글자는 없었다. 내가 태원太原 사람인 이전李㽵을 만나 "이 네 글자는 어느 자서에서 나옵니까?" 하고 물으니, 이전은 "세상에 전하기를 뇌공雷公[11]이 새긴 것인데, 그 글자는 산이 무너져 물이 쏟아져 나오니 물줄기가 두 개의 물결, 세 개의 물결, 네 개의 물결, 다섯 개의 물결이 됨을 나타낸 것이라고 합니다"라고 말했다.

「담원팔영」과 관련한 자료들[12] 澹園八詠

(「담원팔영」은) 내가 일찍이 산서山西 사람 곽태봉郭泰峰을

위하여 지은 시이다. 태봉은 자가 청령靑嶺이고 호는 목암木菴이고, 또 다른 호는 금납錦衲이다. 나라에서 중헌대부中憲大夫를 제수하였으므로 관례에 따라서 자정대부資政大夫 후보 도원道院으로 4급의 품계를 더해 주었다. 금납의 아들은 집환執桓이며 자는 봉규尌圭, 또는 관정觀廷이다. 또 스스로 호를 반오半迕라고 하고, 또 동산東山, 회성원繪聲園이라고도 하였다.

그는 건륭 병인년(1746)에 태어났고, 집안은 벼슬을 하진 않았지만 큰 부자였으며 시에 능하고 글씨와 그림도 공교로웠다. 집은 호산虎山의 발꿈치를 베고 있고, 문 앞으로는 노천蘆泉의 물길을 마주하였다. 바위 계곡은 구불구불 서려 있고 구름과 나무가 고요한 곳에 탐추루探秋樓와 방춘각放春閣을 세웠으니, 막고산貌姑山과 분수汾水가 처마 사이로 은은히 비춘다.

금납은 그 안에서 날마다 심덕잠沈德潛·가락택賈洛澤 등과 같은 명사들과 시를 주고받았다. 금납이 죽자 봉규의 장인인 절강포정사浙江布政使 왕단망王亶望이 묘지墓誌를 지었다. 봉규는 일찍이 같은 군에 사는 문헌汶軒 등사민鄧師閔을 통해서 이 여덟 수를 청하였으니, 아마도 그 아버지를 위해 길이 전하려는 것일 게다.

봉규가 그가 지은 『회성원시집』繪聲園詩集 간행본 한 권을 겸하여 나에게 보내고는 책머리에 서문을 요청하였다. 그 시집을 읽어 보니 청허하고도 탈속적이어서 마치 세속 사람 같지 않다. 그는 약관 시절부터 아버지가 가진 재산과 가업에 힘입어 문사들을 초빙하여 글과 술의 모임을 가졌다. 양유동楊維棟, 노병순盧秉純 등이 시집의 서문을 썼으니, 모두 봉규 아버지의 벗들이다.

그의「봄날 북쪽으로 오르며」(春日北上)[13]라는 시에 이르기를,

13 시의 원제는 「춘일북상도차구점」春日北上途次口占이고, 그 두 번째 작품이다.

암석 사이 흐르는 물 날마다 따뜻하고 이미 녹음이 졌으나
두세 집 인가에는 아직 뽕잎 나지 않았도다.
교외에 비낀 석양에 웬 사람만 홀로 서 있고
푸른 산 한 모퉁이로 소와 양이 보이누나.

石溪日暖已成綠 三兩人家未有桑

郊外斜陽人獨立 靑山缺處見牛羊

라고 하였다. (중략)

그의 산구散句[14]는 다음과 같은 것이 있다.

그림자 싸늘한데 달은 야위어지려 하고
향기는 고요하나 국화는 장차 한창이네.[15]

影寒月欲瘦 香靜菊將闌

얇은 구름 날은 정오이고
실바람 솔솔 꽃 조각 나풀나풀.[16]

雲薄日亭午 風微花片輕

새들은 푸른 하늘에 들어 자유롭고
외로운 구름 한 조각 한가롭네.[17]

鳥入靑空濶 雲孤一片閒

높은 누각 구름 위로 층층이 솟고
먼 산에는 가는 비 내리도다.[18]

高閣層雲上 遙山細雨中

[14] 산구란 본래 시 전체를 이루지 못하고 일부분만 남은 것을 말하지만, 여기 산구란 어떤 시의 일부분만 인용한 것이다. 특히 시 안에서 잘된 구절만 뽑아서 제시한 것이다.
[15] 「추야민극견회」秋夜悶極遣懷라는 제목의 5, 6구이다.
[16] 「춘일기의봉겸시동인」春日奇意峰兼示同人이라는 제목의 3, 4구이다.
[17] 「면산원제벽이십」面山園題壁二什이라는 제목의 둘째 수의 3, 4구이다.
[18] 「춘일루거희우」春日樓居喜雨라는 제목의 3, 4구이다.

청산은 짙푸름 쌓이고
붉은 단풍나무엔 은은히 누른빛 나온다.[19]

青山積深翠 紅樹出微黃

흐드러진 봄꽃들 농염함을 다투고
들쭉날쭉 예쁜 새들 각자 날아다니네.[20]

春花爛熳同爭艷 好鳥參差各自飛

피어 오른 찬 연기의 산 밖에는 기러기
짙은 잎 떨어지고 빗속에 등불 켜 있네.[21]

淡淡寒煙山外雁 深深落葉雨中燈

황학루에는 고금 사람의 꿈 비었고
매화락梅花落 곡조는 물과 구름 사이에 들어오네.[22]

黃鶴樓空今古夢 落梅調入水雲間

19 「추야회성원즉사」秋夜繪聲園卽事라는 제목의 6, 7구이다.

20 「춘일작」春日作이라는 제목의 3, 4구이다.

21 「추일남귀과태항 2수」秋日南歸過太行二首라는 제목의 두 번째 작품 3, 4구이다.

22 「오월이십사일우청루거우부」五月二十四日雨晴樓居偶賦라는 제목의 5, 6구이다.

라고 하였으니, 모두 운율이 맑고 가락이 높았다.
   그의 벗 용문龍門[23]의 사동산師東山이 서문을 쓰기를,
"구속받지 않고 왔다가 자유분방하게 떠났다. 그 높은 명성과 귀한 풍모는 칼을 뽑아 일어나 춤을 추며 바람을 맞으며 휘파람부는 것 같고, 그 가볍고 어린 모습은 떨어진 꽃의 한 꽃잎이요 갓 떠오르는 조각달 같다."
라고 하였다. 또 그의 인간됨을 논하여,
   "성품은 그윽한 난초와 같고, 생각은 빼어난 학과 같다. 복숭아꽃 떨어져 물에 떠가며 굽이치는 맑은 물결 뛰어난 운치를 이

23 하남성 낙양 남쪽의 마을로, 황하가 이 지방에서 급한 여울목을 이루고 있기 때문에 잉어가 여기를 오르면 용이 된다는 전설이 생겼다.

루는 것 같고, 구름이 피어나고 노을이 높이 날리는 듯, 담백하고 원대함이 남의 마음에 맞는다."
라고 했다. 남계南溪 주좌탕朱佐湯은 시집 발문 말미에 말하기를,

"혹 덧없이 가는 세월을 마음에 경계할 때에는 촌음을 아낌이 있어서 한갓 달빛만을 스스로 즐거워하지 않았으며, 혹 친구들에게 주는 것이 있을 경우에는 서로 학문과 덕을 닦도록 서로 도와주어 한갓 금란지교로 서로 정의情誼만 좋게 지낼 뿐만이 아니었다."

라 했다. 정말 두 사람이 말한 것과 같다면 봉규의 인간됨과 시를 대략 상상할 수 있겠다.

내가 그의 책머리에 서문을 짓기를,

"『한서』漢書에서 붕우를 주선인周旋人이라 했고, 태서인泰西人(서양인)은 붕우를 제이오第二吾[24]라 하였다. 때문에 한자를 만든 사람이 손 수手와 또 우又의 글자로 友를 만들고, 날개 우羽 두 개로 朋을 만들었으니, 붕우란 마치 사람에게 왼쪽 오른쪽 손이 있으며 새에게 두 개의 날개가 있는 것과 같다. 그러나 이야기하는 사람들은 '천고에 옛사람을 벗으로 삼는다'라고 주장하니, 이는 너무도 답답한 말이다. 천고의 옛사람은 이미 휘날리는 먼지와 찬바람으로 변해 버렸으니, 그 누가 장차 '제2의 나'가 될 것이며, 누가 나를 위해 주선인이 되어주겠는가?

양자운揚子雲은 자기 당세에 지기知己를 얻지 못하자 개탄하면서 천년 뒤의 자운子雲을 기다리려고 했는데, 우리나라 사람 조보여趙寶汝[25]가 이를 비웃으며 말했다.

'내가 저술한 『태현경』太玄經을 내가 읽으면서, 눈으로 그 책을 보면 눈이 자운子雲이 되고, 귀로 들으면 귀가 자운이 되고, 손

[24] 마테오 리치의 『교우론』에 "나의 벗은 타인이 아니라 곧 나의 반쪽이요 바로 제2의 나이다"(吾友非他 即我之半 乃第二我也)라고 하였다.

[25] 보여는 조귀명趙龜命 (1694~1737)의 자이다.

으로 춤추고 발로 구르면 각각 하나의 자운이 되는데, 어찌 후세의 먼 세월을 기다릴 필요가 있겠는가.'

이 말은 역시 그럴듯하지만 틀린 말이다. 눈은 보지 못할 때가 있고, 귀는 듣지 못할 때가 있을진대, 이른바 춤추고 발 구르는 자운을 장차 누구에게 보게 할 것이며 누구에게 듣게 할 것인가? 아! 안타깝다. 귀와 눈과 손발은 나면서부터 한 몸에 함께 붙어 있어서 나에게는 이보다 더 가까운 것이 없지만, 그런데도 오히려 믿을 수 없음이 이와 같다. 그렇다면 누가 천고의 앞 시대로 거슬러 올라가며, 천세의 뒷시대를 기다릴 수 있을 것인가? 이로 말미암아 본다면, 벗이란 제2의 내가 되고, 나는 그와 함께 주선하게 되는 것이 분명하다.

내가 『회성원집』을 읽고서 나도 모르게 속이 뜨겁게 달아오르고 눈물을 마구 흘리면서 이런 생각이 들었다.

'나는 태어나 봉규邦圭 씨와 이미 이 세상을 함께 하고 있으니, 이른바 나이도 서로 같고 도道도 서로 비슷하다는 경우이겠는데, 다만 서로 벗이 될 수 없단 말인가. 기필코 장차 서로 벗을 삼을진대 다만 서로 만나볼 수 없단 말인가. 나는 봉규 씨의 키가 몇 자인지, 수염과 눈썹이 어떻게 생겼는지 알지 못한다. 용모를 알 수 없다고 한다면 한세상에 같이 사는 사람이라고 한들 무슨 소용이 있으랴.

봉규의 시는 매우 성대하다. 물이 깊고 쓸쓸한 바람 소리와 같은 시 세계는 동정호洞庭湖의 낙엽 지는 소리를 듣는 것 같고, 밝고 빼어나며 우뚝 솟은 시 세계는 마치 여산廬山의 한 봉우리를 바라보는 것 같다. 나는 또한 모르겠다. 이 시를 지은 사람이 자운인가? 시를 읽는 사람이 자운인가를.

아하! 언어는 비록 다르더라도 문자는 똑같으니 시에서 기뻐하고 웃고 슬퍼하고 우는 내용은 통역하지 않아도 통한다. 왜 그럴까? 감정은 밖에서 빌려오는 것이 아니고, 소리는 충심에서 말미암기 때문이다. 나는 장차 봉규 씨와 함께 한편으로는 후세의 자운을 기다리는 사람을 비웃어 주고, 한편으로는 천고의 옛사람을 벗 삼는 사람을 위로해 줄 것이다."

몇 년 뒤 봉규가 을미년(1775) 8월에 죽었다는 소식을 들었다. 아마도 그의 시 세계가 지나치게 청허하고 불우한 선비의 기상이 많기 때문에 마음에 온화함이 적어, 이것이 그가 요절할 상이었던 듯하다.

중국의 박식한 선비들 袁程陸汪褚蔣紀

무관 이덕무가 이부吏部 벼슬의 우촌雨村 이조원李調元[26]과 말을 하는데, 우촌이 자주 자재子才 원매袁枚[27]와 장사전蔣士銓[28]을 칭찬하였다. 모두 한림 출신이며 속세를 초탈한 은사로 조정에 서지 않고 산수 사이를 방랑하였다. 지금의 박식한 사람들로는 이부 주사吏部主事 정진방程晉芳,[29] 한림학사 육석웅陸錫熊,[30] 육비지陸費墀,[31] 한림서길사庶吉士 왕여조汪如藻,[32] 소첨사少詹事 저정장褚廷璋,[33] 한림학사 기윤紀昀[34] 등을 꼽을 수 있는데, 기윤과 육석웅이 바야흐로 지금 『사고전서』를 총괄 편찬하고 있으니, 모두 중국의 이름난 선비들이다.

그중 원자재가 마땅히 제일의 재주 있는 인물일 터이니, 그 이름은 매枚이고 저술이 심히 풍부하다. 나이가 지금 80여 세인데 서길사庶吉士로 상원上元 지방의 수령이 되었다가 벼슬은 여기에서 그쳤으나 천하에 그를 아는 사람이나 알지 못하는 사람이

---

26 이조원(1734~1803)은 청나라의 시인으로, 자는 미당美堂, 호는 우촌이다. 수많은 저서가 있고, 문집에 『동산문집』童山文集이 있다. 『주례적전』周禮摘箋과 『의례고금고』儀禮古今考, 『예기보주』禮記補注, 『춘추좌전회요』春秋左傳會要 등이 있다.

27 원매(1716~1797)는 청나라의 시인이자 산문가로, 자는 자재, 호는 간재簡齋 또는 수원노인隨園老人이다. 저서에 『소창산방시문집』小倉山房詩文集 82권과 『수원시화』隨園詩話 26권 등이 있다.

28 장사전(1725~1784)은 청나라의 시인이자 희곡가이며, 자는 심여心餘·초생苕生이고, 호는 청용淸容·장원藏園이다. 저서『충아당시집』忠雅堂詩集 등이 있다.

29 정진방(1718~1784)은 청나라 시인이자 경학가로, 자는 어문魚門, 호는 집원蕺園이다. 저서로 『집원시』蕺園詩 30권과 『면화재문』勉和齋文 10권 등이 있다.

30 육석웅(1734~1792)은 청나라 학자로, 『통감집람』通鑑輯覽과 『사고전서』 편찬에 참여하였다.

31 육비지(1731~1790)는 청나라 학자로, 자는 단숙丹叔, 호는 이재頤齋이다. 사고전서 편찬에 참여하였다.

32 왕여조의 자는 염손念孫으로 『사고전서』 편찬에 참여한 학자이다.

33 저정장(?~1797)의 자는 좌의左莪, 호는 균심筠心으로 한림원시독학사翰林院侍讀學士를 지냈다.

34 기윤(1724~1805)은 청

모두 원자재를 칭송한다고 한다. 우촌이 『자미헌한담』蔗尾軒閑談에 그 일을 갖추어 언급했다. 원매는 회고시에 가장 뛰어났으니, 「박랑성」博浪城이라는 시가 있고,³⁵ 「두목杜牧³⁶의 무덤」(杜牧墓)이라는 시에,

  대장부 백마 타고 멀리 종군했으니
  해 저물자 번천에서 자운이란 기생을 조문하네.
  나그네 길 두곡杜曲에서 꾀꼬리와 꽃의 봄을 만나니
  당나라 벼슬한 게 봄날의 시름되네.
  택로澤潞 지방의 반란에 삼만 군대 파견하자 장담했고
  양주揚州의 일 논정하고 나니 밤이 이경二更이 되었네.
  손수 부용화 꺾어 술 한잔 올리노니
  어떤 사람의 굳센 기개가 그대를 닮았을까.
  蕭郎白馬遠從軍 落日樊川弔紫雲
  客裏鶯花逢杜曲 唐朝春恨屬司勳
  高談澤潞兵三萬 論定揚州月二分
  手折芙蓉來酹酒 有人風骨類夫君

라고 하였다.

선비화 仙飛花

중국 사람이 선비화에 대해 묻기에, 나는 그런 나무 종자가 없고 그에 관한 사적이 신령하고 괴이한 것에 가깝다고 여겼기 때문에 대답하지 않았다. 퇴계선생이 선비화 나무에 대해 읊기를,

---

나라 학자로, 자는 효람曉嵐, 춘범春帆이고 호는 석운石雲이다. 사고전서총찬관四庫全書總纂官으로 『사고전서』 편찬을 주도했다.

35 「박랑성」이라는 작품은 「피서록」편에 나왔으므로 여기서는 생략한다.

36 두목(803~852)은 당나라의 걸출한 시인이자 산문가로, 자는 목지牧之, 호는 번천거사樊川居士이다. 저서에는 『번천문집』樊川文集이 있다.

37 조계는 본래 중국 강서성의 마을 이름인데, 선종의 혜능선사가 이 지방의 보림사寶林寺에서 설법을 하여 이름을 얻었기 때문에 조계는 선종의 조사祖師 혹은 포교 장소의 뜻으로 사용된다. 따라서 조계의 물이란 말도 불법을 비유적으로 이르는 말이다.

38 『임하필기』林下筆記에는 이 시가 율곡이 지은 것으로 말했고, 퇴계의 시문집에는 이 시가 실려 있지 않다.
39 부석사 조사당에 있다. 선비화로 불려지는 나무는 골담초이다. 금작화金雀花, 금계아金鷄兒라고도 하며, 선비화는 禪扉花로 표기하기도 한다.

부석사 선비화의 가지와 꽃 (골담초)

옥에서 뽑은 듯 곧게 절 문에 기대어 있으니
스님은 지팡이가 신령스러운 뿌리 되었다고 말하네.
지팡이 끝은 본래 조계曹溪[37]의 물에 닿아 있어서
천지간 비와 이슬의 은택 빌리지 않는다네.

擢玉亭亭倚寺門 僧言錫杖化靈根

枝頭自有曹溪水 不借乾坤雨露恩

라 하였다.[38] 나무는 순흥順興(경북 영주) 부석사浮石寺[39]에 있으니 이곳은 곧 신라 때의 고찰古刹이다.

신라 때 승려 의상義湘이 장차 서역으로 들어가며 지팡이를 거처하던 요사채 문 앞 처마 안에 꽂고 "내가 떠난 뒤에 이 지팡이에 반드시 가지와 잎이 생길 것이니, 이 나무가 마르지 않으면 내가 죽지 않았음을 알아라"라고 말씀하였다. 의상이 떠난 뒤에 절의 중이 의상이 거처하던 방에 그의 소상을 만들었다. 지팡이는 창문 앞에 있었는데 즉시 가지와 잎이 생겨났다. 비록 해와 달은 비추지만 비와 이슬에는 젖지 않았다. 나무의 길이는 겨우 처마와 가지런할 정도로 한 자 남짓하였는데 천년 동안 한결같았다.

광해군 때 경상감사 정조鄭造[40]가 절에 이르러 이 나무를 보고는 요망한 나무라고 말하며 베어 버리라고 하였다. 절의 중이 불가하다고 죽음으로 간쟁하자 정조는 "장생불사하는 신선이 짚었던 지팡이라니 나도 짚어 보자" 말하고는 마침내 잘라서 가지고 떠났는데, 나무에는 곧 두 가지가 뻗어 나왔고 길이는 전과 같았다.

계해년 인조반정 때(1623) 정조는 대역죄로 죽었고, 그 나무는 지금까지 사시사철 길이 푸르렀으며 또 잎이 피고 지는 일도 없었

다. 호칭은 선비화라고 부르지만 일찍이 꽃이 핀 적이 없었다.[41]

박홍준朴弘儁[42]은 나의 일가친척인데 어렸을 때 절에서 놀다가 장난삼아 가지 하나를 끊었는데 나무에서 곧 2개의 싹이 돋아나 전과 같게 되었다. 홍준은 수십 년 전에 곤장의 형벌을 받고 죽었다.[43] 우연히 이를 기록하여 경조부박한 젊은이들의 경계로 삼고자 한다.

고운 최치원의 필적 孤雲筆蹟

선조 임금 신묘년(1591)간에 진주晉州 쌍계사의 중이 돌 사이에서 종이 하나를 얻었는데 절구시 10개가 쓰여 있었다. 그 첫 편의 시에,

동국의 화개동은
호리병 속의 별천지 같네.
신선은 옥베개를 베인 채
그 신세 천년의 세월이 훌쩍.

東國花開洞 壺中別有天
仙人堆玉枕 身世倏千年

라고 하였다.[44] 글자의 획이 금방 쓴 것처럼 새로운데, 세상에 전하는 고운 최치원의 필적과 매우 비슷하였다.

최치원 글씨 쌍계사 진감선사비

금나라 시인들이 고려를 읊다 金人詩詠高麗

금나라 사람들이 고려를 읊은 시 중에는 아름다운 구절이 많다.

---

[40] 정조(1559~1623)는 광해군 때의 문신이다. 자는 시지始之이고 본관은 해주이다. 폐모론을 주동한 인물이다.

[41] 선비화 일화는 『학산한언』 제39화에도 나오는데, "꽃과 잎이 싸리나무와 비슷하고 세 가지 빛깔의 꽃을 피운다"고 하였다.

[42] 박홍준(1704~?)은 반남 박씨로 자는 자의子毅, 의숙毅叔이고, 호는 괴천槐川이다. 관직은 집의執義 등을 역임하였다.

[43] 『재향지』梓鄉志의 「순흥지」'부사' 항목에는 박홍준이 나무를 꺾었으나 동티가 나지 않은 것으로 되어 있다. 퇴계의 시에 대해서는 불교를 비웃은 작품이라고 해석하였다.

[44] 『지봉유설』에는 시가 16수라고 되어 있으며, 그중의 일부를 소개하고 있다.

45 평주는 황해도 평산平山의 옛 이름이다.

• 승지 이안李晏의 자는 치미致美인데 고려에 사신으로 왔다. 「평주45 중화관 뒤의 초정」(平州中和館後草亭)이라는 시는 다음과 같다.

등나무 꽃 땅에 가득 떨어졌으나 향기 아직 남았고
솔 그림자에 구름 덮이니 추위 걷히지 않네.
산새는 유람객 오는 게 싫은 듯
한 소리 울음으로 작은 정자의 정적 깨트린다.
藤花滿地香仍在 松影拂雲寒不收
山鳥似嫌遊客到 一聲啼破小亭幽

46 왕적(1128~1194)은 금나라 문학가로, 자는 원로元老 호는 졸헌拙軒이다. 문집 『졸헌집』을 남겼다.
47 중모는 장여유張汝猷의 자이다.

• 도운都運 왕적王寂46의 자는 원로元老이고, 계주薊州 옥전玉田 사람이다. 그의 「삼한으로 사신가는 장중모47를 전송하며」(送張仲謀使三韓)라는 시는 다음과 같다.

바다를 비추는 깃발 나부끼며 낙랑으로 떠나니
집을 지나며 성묘하고 빛나는 장도에 올랐네.
아침엔 압록강 복숭아꽃 반겨 맞아 주고

48 절령은 황해도 자비령이다.

밤엔 절령品嶺48의 송화가루로 탕을 끓이네.
옥새 찍힌 중한 조서 삼가 받들고
취한 말채찍 나직이 한들거리고 옥 칼집 기다랗다.
백성들 웃으며 천거天車(천자의 사신)의 길 가리키니

49 천자와 성씨가 다른 사람이 공로를 세웠을 경우 그를 왕(제후)으로 봉해 주는데, 이를 이성왕異姓王이라고 부른다.

남양南陽의 이성왕異姓王49과 흡사 닮았네.
照海旌幢出樂浪 過家上塚路生光
鴨江桃葉朝迎渡 品嶺松花夜煮湯

恩詔肅將芝檢重 醉鞭低裊玉鞘長

遺民笑指天車道 酷似南陽異姓王

그 주석을 살펴보니 "고려에서는 중국 사절을 일컬어 모두 천거天車라고 하는데, 장중모에 대한 사실은 염자수閻子秀의 『압강일기』鴨江日記에 나온다"라고 하였다.

• 장한張翰[50]의 자는 임경林卿인데 수용秀容 사람이다. 고려에 사신으로 와서 지은 「평주관을 지나며」(過平州館)라는 시는 다음과 같다.

[50] 『고려사』에 의하면 장한은 1212년 고려 강종康宗 원년에 강종을 고려왕에 책봉한다는 금나라의 조서를 가지고 부사로 왔다. 당시의 책봉문이 고려사에 수록되어 있다.

어제는 용천龍泉[51]의 경치 이미 기이하다 여겼더니
싸늘한 옥빛의 한 봉우리 처마 밑을 내려 누르네.
물과 산의 경치를 겸하기론 평주관만 한 곳 없으니
집 위로는 겹겹의 봉우리요 아래는 시냇물이로다.

[51] 용천은 황해도 서흥瑞興에 딸린 고을로, 여기에 사신이 머무는 관원館院이 있었다.

昨日龍泉已自奇 一峯寒翠壓簷低

兼幷未似平州館 屋上層巒屋下溪

「금교역」金郊驛[52]이라는 시는 다음과 같다.

[52] 금교역은 황해도 금천군金川郡에 딸린 역이다.

산 속의 객사 쓸쓸하고도 이처럼 맑으니
밤중의 잠자리에서 가을 기운 느끼겠네.
서쪽 창가 시 읊기에 그저 그만이고
솔바람 소리에 이어 빗소리 또 들리도다.

山館蕭然爾許淸 二更枕簟覺秋生

西窓大好吟詩處 聽了松聲又雨聲

• 채송년蔡松年[53]의 자는 백견伯堅이다.「고려의 객사에서 2수」(高麗館中二首)라는 시는 다음과 같다.

조갯국의 풍미는 아침 숙취 풀어 주고
소나무 끝에 구름 덮였으니 비 개이지 않겠네.
고요한 겹겹의 주렴 밑에 사람 소리 끊겼는데
푸른 호리병 술과 봄의 죽순으로 다시 함께 술잔 기울이네.

蛤蜊風味解朝醒 松頂雲凝雨不晴

悄悄重簾斷人語 碧壺春笋更同傾

높은 나무에 부는 저녁 바람에 회포 맑아지고
사람과 옥빛 술항아리 서로 비쳐 밝도다.
기생의 은은한 읊조림은 깊은 운치 있고
바다와 산, 별과 달은 나그네 정감을 울리네.

晚風高樹一襟清 人與縹瓷相照明

謝女微吟有深致 海山星月總關情

• 이홀李遹[54]의 자는 평보平甫이다.「고려에 사신으로 가다」(使高麗)라는 시는 다음과 같다.

고국 떠나 5천여 리를 왔건만
말 머리는 아직도 동쪽을 향하고 있네.
벼슬살이는 사슴을 파초잎으로 덮어 둔 듯 허망한데[55]

채송년의 글씨

[53] 채송년(1107~1159)은 금나라 문인, 정치가이다. 자는 백견, 호는 소한노인蕭閑老人이고, 문집『명수집』明秀集을 남겼다. 그는 1148년에 예부시랑의 벼슬로 고려의 종의宗毅을 책봉하는 조서를 가지고 사신으로 왔다.

[54] 이홀은 금나라 때의 문인이고 화가이다. 자는 평보이고 자호는 기암寄庵이다. 기인으로 알려진 인물이다.

[55] 사슴을 잡아서 남들이 가져갈까 염려하여 파초잎으로 덮어 두었다가 이를 망각하고는 꿈을 꾸었다고 생각한 일화가 있다.『열자』

세상의 맛은 괴로워도 떠날 수
없네.⁵⁶
고달픈 베갯머리 삼경에야 잠
들고
나그네 적삼엔 팔월 바람이 스
며든다.
산천의 가을 빛 눈에 가득하니
돌아갈 생각 외로운 기러기에
부친다.

去國五千里 馬頭猶向東

宦情蕉葉鹿 世味蓼心蟲

倦枕三更夢 征衫八月風

山川秋滿眼 歸思寄孤鴻

『중주집』 금나라 시선집

56 여뀌 잎에 붙어사는 벌레는 잎이 맵고 써도 다른 풀로 떠날 줄 모른다고 한다.

• 뇌계雷溪 위도명魏道明의 자는 원도元道이다. 「고려 객사 편량정」(高麗館偏凉亭)이란 시에,

푸른 바다 반 물굽이에 달팽이 뿔 같은 나라
봄바람 겨우 10리인데 압록강 강가에 물결치네.

碧海半灣蝸角國 春風十里鴨頭波

라고 하였는데, 소 발굽이 잠길 정도의 작은 물이나 탄환처럼 아주 작은 땅을 극대화하여서 아득히 눈에 차지 않는다는 뜻이 시어 밖으로 넘쳐난다.⁵⁷ 평양의 연광정練光亭 주련에,

57 이상 금나라 시인의 시는 중국의 『중주집』中州集과 조선의 『해동역사』海東繹史에 수록되어 있다.

이제현 신도비

58 이제현에 대해서는 『열하일기』 「피서록」에 2항목에 걸쳐 언급되어 있다. 삼한총서본 「피서록」은 이와 대동소이 하지만 전자에 없는 내용이 더 있기에 여기에 번역하여 싣는다.

기다란 성의 한쪽 면에 물이 넘실거리고
큰 들판 동쪽 가에는 점점이 산이라네.
長城一面溶溶水 大野東頭點點山

라고 하였는데, 본래 아름다운 구절도 아니지만 만약 중국 사람에게 올라서 조망하게 한다면 어찌 비웃음을 당하지 않았겠는가.

중국을 두루 답사하다[58] 遍踏中原

(전략前略) 목은 이색이 이제현의 묘지명에 "도덕의 우두머리요, 문장의 종주로다. 공로는 사직에 남아 있고, 은택은 백성들에게 흐르네"라고 하였다.

충선왕이 원나라 수도인 북경의 만권당萬卷堂에 있을 때 연구聯句 하나를 짓기를, "닭소리가 문 앞의 버들을 흡사하게 닮았네"(鷄聲恰似門前柳)라고 하자, 염복閻復과 요수姚燧 등 여러 학사들이 고사의 출처를 물었지만 왕은 대꾸하지 못했다. 이제현이 곁에 있다가, "우리나라의 시에,

지붕에 처음 해 뜰 무렵 금계가 우니
그 소리 흡사 수양버들처럼 간들간들 길기도 해라.
屋頭初日金鷄唱 恰似垂柳裊裊長

라고 하였으니, 닭소리의 부드러움을 버들가지의 섬세함에 비유한 것이지요. 우리 전하의 시는 이 뜻을 용사用事한 것이지요. 또한 한퇴지의 거문고를 읊은 시에 '뜬구름 버드나무 솜처럼 꼭지와 뿌리가 없네'(雲柳絮無根蔕)라고 하였으니, 옛날 시인들이 소리

를 버드나무 솜에 비유한 경우가 있었습니다"라고 답하였더니 좌중의 모든 사람들이 훌륭하다고 탄복하였다.[59]

중국인들이 문득 청음의 시를 암송하다. 中州人徹誦淸陰

중국 사람들이 문득 청음 선생의 시를 읊는 것을 보고 내가 미상불 감동하지 않은 적이 없었다. 그들에게 "공들은 어떻게 그 시를 압니까?"라고 묻자, 모두들 "어양漁洋 왕사정王士禎의 『지북우담』池北偶談에 청음의 아름다운 구절이 있습니다"라고 말한다. 내가 "청음 선생의 문장은 다만 그 밖의 일이고 정작 중요한 것은 도학과 절의입니다. 곧 우리나라의 큰 어른이십니다"라고 말하였지만, 사람들은 또한 다시 자세히 묻지를 않는다. 알면서도 말하기 꺼려해서인가? 아니면 청음 선생의 사적이 갑신년(1644) 이전에 있었던 일이라서 중국인들이 상세한 내용을 얻지 못해서인가? 나 또한 감히 장황하게 써서 충정을 펼 수 없으니 답답하지 않은 적이 없었다.

어양 왕사정은 「시를 논한 절구」(論詩絶句) 30여 수에서 옛 시인들을 차례대로 서술하다가 청음 선생을 논하여,

얇은 구름 가벼운 비 성황당에 뿌릴 적
국화는 빼어나고 난초는 시든, 때는 8월이라.
조선 사신이 하는 말을 기억해 보면
과연 동국의 훌륭한 시로다.
澹雲微雨小姑祠 菊秀蘭衰八月時
記得朝鮮使臣語 果然東國解聲詩

[59] 이 일화 관련하여 연암이 북경에서 지은 한시가 『연암집』'영대정잡영'의 절구 4수에 다음과 같이 수록되어 있다. "금빛 지붕의 닭 울음소리 늘어진 버들처럼 길어라.. 배신이 대답한 말 지금까지 향기롭네.. 노구교 새벽달은 아직도 깨끗하게 있건만. 뉘라서 심양왕의 만권당을 알겠는가?"(金屋鷄聲似柳長 陪臣牙頰至今香 蘆溝曉月涓涓在 誰識瀋王萬卷堂)

『잠미집』과 『대경당집』

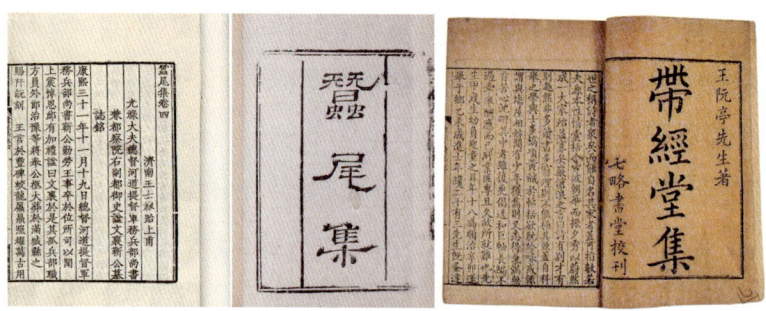

라고 했다.

앞의 두 구절은 곧 청음 선생의 시구를 쓴 것인데, 문집에 실려 있는 내용을 살펴보면 미우微雨는 경우輕雨로 되어 있고 국수란쇠菊秀蘭衰는 가국쇠란佳菊衰蘭이라고 되어 있는 것이 다만 작은 차이이다.

어양의 이름은 왕사진王士禛이고, 자는 이상貽上 호는 완정阮亭 또는 어양산인漁洋山人으로 제남濟南의 신성新城 사람이다. 뒤에 옹정雍正 황제의 이름인 윤진胤禛의 글자를 피하여 사정士正이라 개명하였고, 또 사정士貞, 사징士澂이라고도 했다.[60] 강희康熙 왕조에서 벼슬이 형부상서에 이르렀고, 중국에서 으뜸가는 시인이 되었는데, 지금까지 100여 년이 지나도록 이의를 제기하는 사람이 한 사람도 없다. 존경함이 지극하여 편지를 쓰거나 시화를 저술할 때에 어양漁洋이라는 두 글자는 줄을 바꿔 맨 위에 쓴다.

도곡陶谷 이 정승[61]이 북경에 들어가서 처음으로 왕어양의 『잠미집』蠶尾集 3권을 구득해서 왔고, 사천槎川[62]이 일찍이 소자상邵子湘[63]의 선본選本 3책을 얻어서 진귀한 비장의 서적으로 삼았다. 왕어양의 『대경당집』帶經堂集이 우리나라로 들어온 지 겨우 20여 년이 되었는데, 그것을 소장한 사람은 두셋에 지나지 않는다.

60 뒷날 건륭 황제가 명하여 이름을 사정士禎으로 개명하였다.

61 도곡 이 정승은 이의현李宜顯을 말한다. 도곡은 그의 호이다.
62 사천은 이병연李秉淵의 호이다.
63 자상은 소장형邵長蘅(1637~1704)의 자이다. 그의 호는 청문산인靑門山人이고, 저서에 『청문집』과 『청사열전』이 있다.

이상貽上 왕사정이 청음 선생을 칭송한 데에는 대개 이유가 있었다. 왕사정의 죽은 부인 장씨張氏는 추평鄒平 사람으로, 강남 진강부江南鎭江府 추관推官 만종萬鍾의 딸이며, 도찰원都察院 좌도어사左都御使 충정공忠定公인 장연등張延登의 손녀이다.

숭정崇禎 말년에 청음 선생이 항해로 명나라에 조회하러 갈 때에 길이 산동성 제남濟南을 경유하게 되었다. 당시 어사 장연등은 벼슬을 그만두고 고향 집에서 생활하고 있었고, 청음 선생은 장만종을 통해 그의 아버지인 장연등을 만나 보았는데 장연등은 청음을 한번 보고는 그만 경도되어 청음의 사행 기행문인 『조천록』朝天錄 1권에 서문을 썼다. 그러므로 왕이상 역시 청음 선생에 대해서는 처가에서 익숙히 들었던 것이다.[64]

왕이상은 일찍이 유지裕之 원호문元好問이[65] 편찬한 『중주집』中州集의 예를 본떠서 『감구집』感舊集 8권을 편찬했는데 역시 선생의 시를 수록하였다. 병술년(1776)에 사은사가 연행을 갈 때에 청음 선생의 방계 족손族孫인 김재행金在行이 수행하여 북경에 들어가서 전당錢塘 사람인 엄성嚴誠과 반정균潘庭筠을 만났었다. 그들이 "귀국의 청음 김상헌 선생을 아십니까?"라고 묻기에 김재행은 집안의 할아버지라고 대답하였다. 반정균이 한참을 감탄하다가 그의 책상자 안에 가지고 있던 『감구집』 한 부를 꺼내어 김재행에게 증정하고, 또 『감구집』 안에 있는 청음 선생의 시를 차운하여 이별할 때에 서로 예물로 주었다고 한다.

[64] 이하 『지북우담』에 초록한 김상헌의 시를 인용하고 있으나, 「피서록」편의 내용과 동일하므로 생략한다.

[65] 원호문(1190~1257)은 금나라의 시인·학자이며, 호는 유산遺山이다. 유지는 그의 자이다. 중국과 주변 국가의 한시를 뽑아서 『중주집』을 편찬하였다.

『감구집』

항주의 선비들과 교우를 맺다. 杭士訂交

나의 벗 담헌 홍대용이 병술년(1766) 북경에 들어갈 때 일행 중에 양허養虛 김재행이 있었으니 그 역시 문장에 뛰어난 호탕한 선비였다. 유람하는 즈음에 마음속으로 천하의 기이한 선비들을 미상불 몰래 구하지 않은 적이 없었는데 한참 뒤에 과연 항주의 선비 세 명을 얻어 건정호동乾淨衚衕에서 교우를 맺었다.

엄성의 자는 역암力闇, 호는 철교鐵橋이며 절강성 전당 사람으로 옹정 임자년(1732)에 출생하였다. 성리학에 조예가 깊고 문장에 능하였으며 예서를 잘 썼고 그림 또한 경지에 들었다.

육비陸飛의 자는 기잠起潛, 호는 소음篠飮이며 절강성 인화仁和 사람으로 강희 기해년(1719)에 출생하였다. 사람됨이 비분강개하고 큰 지조를 가졌다.

반정균의 자는 난공蘭公, 또 하나는 향조香祖이며 건륭 임술년(1742)에 출생하였다. 아름다운 자태와 용모에 글 짓는 재주도 기발했으며 글씨와 그림에 모두 뛰어났다. 호는 추루秋庫이며 절강성 인화仁和 사람이다.

담헌이 먼저 철교와 추루 두 선비를 만났는데 바야흐로 피차 교의가 두터워 마음에 거슬리는 바가 없는 사이가 되었다. 철교는 자질이 매우 순수하고 아름다웠으며, 처음에는 선종禪宗을 즐기고 양명학을 주로 공부하였으며 『능엄경』楞嚴經 읽기를 좋아하였다. 철교가 혼자 뻐기며 "위중한 병으로 거의 죽게 된 때에도 『능엄경』을 읽으면 심신에 도움이 되니 또한 한 첩貼의 청량산이다. 지地·수水·풍風·화火 네 가지 큰 것이 임시로 합성되어 인간의 육체가 만들어졌음을 깨달았으니 무슨 일인들 집착을 끊을 수 없으랴?"라고 하였다.

반추루가 그를 조롱하며 "엄형은 날마다 반드시 관세음보살 경전을 암송해야 하겠군" 하였다. 담헌은 드디어 그에게 넌지시 간하며, "늘그막에나 불교나 도교로 도피한다면 종당에 순수한 유학으로 돌아가는 데 무엇이 해롭겠는가?"라고 하였다. 철교가 이때부터 느끼고 깨닫게 되었다. 일찍이 잠자는 방에 써 붙여 놓기를,

엄성의 『철교전집』
국사편찬위원회 소장

> 타고난 마음 보존하기를 언제나 우렛소리 듣는 날처럼 하고
> 어떤 경우의 처신에도 항상 죽을 때를 생각한다.
>
> 存心總似聞雷日 處境常思斷氣時

라고 하였고 또 담헌에게 말하기를, "방옹放翁 육유陸游의 시에, '취중에도 온화하고 극기하면 바야흐로 덕을 이룰 수 있고, 꿈속에서도 또한 가지런하고 엄숙히 하면 공효를 보리라'(醉猶溫克方成德 夢亦齋莊始見功)[66]라고 하였는데, 제가 진작부터 이 말을 가슴에 간직하고 있습니다"라고 한다. 그의 공부가 정밀하고 열성적이며, 부패한 정치 사회 안에서도 능히 힘을 쓰고 있음을 알겠다.

그리고 며칠 뒤 소음이 향시의 합격자 자격으로 지방 장관을 따라 북경에 시험 치러 와서 같은 숙소에 이르렀다. 두 선비가 교우를 맺었다는 소식을 듣고는 크게 기뻐하고 또 한편으로는 약이 올라서 바로 그날 밤에 촛불을 밝히고 다섯 폭의 비단에 그림을 그렸다. 그림 그리기를 마치니 시각이 이미 삼경이었다. 그림과 『소음집』篠飮集 간본 다섯 책을 예물로 보내고는 담헌에게 편지를 써서 보내기를 "평생토록 벗을 사귀는 것을 운명으로 삼고 있었는데, 하물며 외국의 특이한 분들을 만났으니, 만약 끝내 엄성·반정균 두 벗의 말석에서라도 함께할 수 없다면 저는 평생 풀 수

66 7언 율시 「또 다음날 다시 장구를 지어 스스로를 다짐함」(又明日復作長句自規)이라는 제목의 3, 4구이다.

육비, 〈고사관폭도〉高士觀瀑圖

없는 시새움을 간직할 것입니다"라고 하였다.

그 뒤로 철교, 추루와 함께 담헌과 양허의 숙소에서 만나 팔을 붙잡고 술잔을 당기니 그 의기가 넘쳐흘렀다. 소음은 문장과 서화에 있어서 더욱 으뜸이었는데, 성근 귀밑머리와 볼록한 배에 성정이 비범하며 뜻이 크고 기개가 있었다.

철교가 말하기를, "육형이 사는 곳에 하풍죽로초당荷風竹露草堂이 있으니 호수와 동산이 있는 곳에 기거하면서 인간 세상의 맑고 한가한 복을 누리고 있습니다"라고 하기에, 담헌이 "형께서는 평소에 무엇을 하고 지냅니까?" 하고 물으니, 소음이 말하기를 "마음으로 밭을 갈고 붓으로 옷감을 짭니다"라고 답하였다.

소음이 이에 말하기를, "담헌과 양허 두 분이 생각지도 않게 한 분은 나를 형이라 하고 한 분은 나를 아우라 합니다. 이 생애 이 세상에서 일평생 다시 만날 수 없는 분들인데, 이런 그윽하고 황홀한 인간관계를 맺고 있으니, 어찌 아주 어리석은 사람이 아니겠습니까"라고 하였다. 그의 「양허에게 주다」(贈養虛)라는 시에,[67]

67 육비의 문집 『소음재고』에는 시의 제목이 '送洪金二秀才歸高麗'로 되어 있다.
68 편면은 대나무로 짠 부채 모양의 얼굴 가리개를 말한다.

편면

이별의 수심 너무도 많아 헤아릴 수 없건만
갈림길에서 한 잔 술도 다 마실 수 없네.
술 마신 뒤의 슬픔이 눈물로 변한다면
바닷바람이 비처럼 몰아다 옷을 적실 터이니.

別愁千斛斗難量 不得臨岐盡一觴
直恐酒悲多化淚 海風吹雨濕衣裳

라고 하였고, 또 편면便面[68]에 수묵화로 연꽃을 그리고 제화시를 써서 주었다. 그 시에,

밝은 달 아래 꽃을 피움이 마땅할 터
푸른 못 깊숙이 생장함이 사랑스럽네.
청아하고 깨끗한 모습이 이러하지만
누가 알랴, 괴로운 이내 심사.

開宜明月下 種愛碧池深

淸曠有如許 誰知多苦心

라고 하였다.

내가 열하에서 광동 안찰사 왕신汪新[69]을 만나서 기잠(육비)의 소식을 물었으니 그 역시 절강의 인화 출신이기 때문이었다. 왕신은 소음(육비)과 매우 친한 사이였는데, "그는 이미 진사에 합격했으나 관직에 나가지 않았습니다. 서호西湖를 떠나지 않았고 부귀가 극치에 달했으며, 차 마시는 그릇과 술 주발에 취향을 가지고 살고 있으니 저처럼 이 풍진 세상에 허우적거리는 사람과는 비교가 되지 않는 인물입니다"라고 말한다.

혜풍惠風 유득공柳得恭이 기잠의 시 50 몇 수를 뽑아 『건연외집』巾衍外集을 만들었는데, 거기에 실린 「물가 제비바위」(燕子磯) 라는 시에,

[69] 왕신은 절강성 인화仁和 사람으로 자는 우신又新, 호는 작파芍陂이다. 그에 대해서는 앞의 「경개록」편에 소상하게 설명되어 있다.

갈대 억새 쓸쓸한데 산까치 날고
저녁 바람 산들산들 물결 일렁이네.
그림처럼 화려하고 번화한 강남의 산수인데[70]
저물녘 물가 제비바위에 찬 연기 서렸구나.

葭菼蕭蕭山鵲飛 水紋滑笏晩風微

南朝畫軸餘金粉 落日寒煙燕子磯

[70] 금분남조金粉南朝라는 성어는 강남의 화려하고 번화했던 남조 시대의 여러 왕조를 말한다.

라고 했고 「호숫가에서 저물녘에 돌아오다」(湖上晚歸)라는 시에,

지팡이 짚고 나선 쓸쓸한 마을 땅거미 내리고
잎 떨어진 뽕나무 사이로 우는 닭 보인다.
조용한 문에는 마른 연잎 어지럽게 널렸고
서풍 부는 하얀 호수에 진흙 묻은 그물이 있네.
拄策荒村日脚低 桑巔葉脫見鳴鷄
閒門狼藉枯荷葉 白蕩西風着罱泥

라고 하였다. 「산행」山行이라는 시에,

병풍처럼 둘러진 산 지팡이 짚고 천천히 오르니
낙엽이 우수수 두건 위로 쌓이네.
나는 새 밖으로 나무꾼 비탈길 꼬불꼬불 얽혔고
흰 구름 바다 같은데 사람 하나 못 만나네.
翠屛徐上杖扶身 落葉蕭蕭欲墊巾
樵磴縈紆飛鳥外 白雲如海不逢人

라고 하였고 「팽념당[71]의 작은 초상」(彭念堂小影)이라는 시에,

시끄러워 애오라지 세속을 피했으니
출처의 처신에 신중하였네.
서책 많으니 가난해도 부자보다 낫고
사귀는 정은 나이 들수록 더 진실하네.
강과 산은 초라한 띠풀집을 둘렀고

[71] 팽념당은 팽상회彭湘懷이다.

바람과 비는 시인에게 맞닥뜨린다.
스스로 마음 논할 짝을 맺었거니
일찍이 현달한 벼슬길 어찌 알려
했으리.

以喧聊避俗 出處兩逶巡

書卷貧逾富 交情老更眞

江山擁茅屋 風雨屬詩人

自結論心侶 何嘗識要津

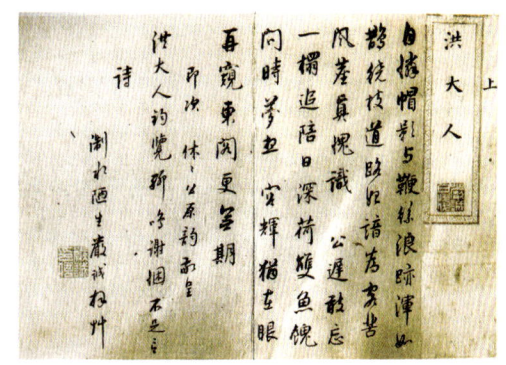

엄성이 홍대용에게 보낸 편지

라고 하였고 「황미칭의 그림책에 쓰다」(題黃未稱畵冊)라는 시에,

땅거미 진 황혼에 강 어둑어둑
어선이 짝 지어 돌아오네.
찬 못엔 오리가 고요한데
연기 나는 곳엔 사람 소리 들린다.

薄暮江溟溟 歸漁亦成侶

寒塘鳧鴨靜 煙際聞人語

라고 하였다.

안찰사 왕신은 소음을 당세의 당백호唐伯虎,[72] 서문장徐文長[73]과 같은 사람이라 말하였다.

철교 엄성이 담헌에게 부친 편지에, "천고에 둘도 없는 하늘 끝의 지기知己이기에 지극한 감격에 손이 절로 떨립니다. 오직 피차가 묵묵할 뿐이나, 외로운 저의 정성을 굽어 살피소서"라고 하였으니, 붕우 관계에서 그의 독실함은 아마도 천부적으로 뛰어난

[72] 백호는 명나라의 저명한 문인 당인唐寅(1470~1523)의 자이다. 그의 다른 자는 자외子畏이고 호는 육여거사六如居士이다.
[73] 문장은 명나라의 저명한 문인화가인 서위徐渭(1521~1593)의 자이다. 처음의 자는 문청文淸이었는데 후에 문장으로 고쳤고, 호는 천지산인天池山人이다.

성품의 인물이었기 때문일 터이다. 그의 「양허의 이별시에 수답하다」(酬養虛留別韻)라는 시에,

춥지도 덥지도 않은 날씨 술이 좋은 봄
등잔 앞 외로운 나그네 너무도 상심된다.
천애天涯의 벗 사귀는 의기 우리 무리에 있고
해외의 문장을 이 사람에게 보았지.
호방한 흥치는 천일주에 취한 듯 모시고
깊은 정의는 시 한 수 새로 지어 부치네.
작별에 임해 황망하여 달리 할 말 없으나
해 지나도 잊지 말고 소식 자주 전하시게.
輕暖微寒釀好春 燈前孤客最傷神
天涯意氣存吾黨 海外文章見此人
豪興擬陪千日醉 深情空寄一詩新
分襟草草無他語 隔歲音書莫忘頻

『일하제금집』에 실린 김재행의 모습

라고 했고 「삼가 청음 선생의 시에 차운하여 양허 존형께 답하다」(敬次淸陰先生韻和答養虛尊兄)라는 시에,

나그네 마음 깃발처럼 안정되지 못하고
쓸쓸한 객사 황량한 추위에 풍미도 느낄 수 없네.
거울을 드니 하얀 두 귀밑털 겁나고
책을 펼쳐 시름겹게 푸른 등불 마주한다.
천애의 훌륭한 시인과 함께함에 행복하나니
많고 많은 사람 중에 그 누가 애주가를 알아보랴.

서운하기도 해라 만나자마자 이별이라니
캄캄한 속에 오똑 앉아 생각남을 견딜 수 없네.
客心無定似懸旌 孤館荒寒味乍經
攬鏡怯連雙鬢白 攤書愁對一燈靑
天涯我幸追詞伯 人海誰能識酒星
惆悵相逢卽相別 不堪兀坐思冥冥

라고 했다. 「또 주다」(又贈)라는 시에,

높은 재각齋閣이라 먼지 하나 날지 않고
고아한 풍모와 깊은 정리 세상에 드문 분이네.
어찌하면 그대 따라 저 바다 건너가서
확 트인 안계眼界에 귀향 생각 잊어 볼까.
高齋不見一塵飛 古貌深情世所稀
安得隨君航海去 頓空眼界不思歸

라고 했고 또 「그림에 써서 주다」(題畵以贈)라는 시에,

띠풀 집에 푸른 산기운 들어오니
영원히 세속의 생각과 멀어졌도다.
좋은 손님들 우연히 서로 찾아드는데
아침 햇살 막 옷에 비친다.
소나무 사이엔 남은 이슬 뚝뚝 듣고
고개 너머로 외로운 구름 떠다니네.
나 또한 오래도록 은거하길 생각하여

산중에서 고사리나 캐며 살고 지고.

茆堂入翠微 永與俗情違

好客偶相訪 朝陽初上衣

松間殘露滴 嶺外孤雲飛

余亦懷長往 山中采蕨薇

라고 했고 「담헌에게 주다」(贈湛軒)[74]라는 시에,

귀로에 오른다는 소식에 열흘 동안 마음이 놀랐는데
여기 열사의 유허지를 잠시 지나갔네.
큰길에 새로 돋는 버들을 점점 보게 되니
나그네 회포는 함께 고향의 푸른 산을 생각하겠지요.
지금부턴 기러기 제비처럼 천리나 먼 길 오르리니
종당에는 남남처럼 영원히 못 만남이 한스럽네.
조선과 중국과는 간격이 없다 말들 하지만
이별의 근심 취한 것 같아 날마다 침울해지네.

驚心十日返行旌 烈士遺墟此暫經

官道漸看新柳綠 旅懷同憶故山靑

從今燕雁成千里 終古參商恨兩星

縱說神州無間隔 離憂如醉日沈冥

라고 하였다. 「홍서장[75]의 시에 차운하여 화답하다」(次和洪書狀)라는 시에,

깨끗한 돌 맑은 샘물 아름다운 계절 가을

[74] 이 시는 『청장관전서』에 의하면 김재행이 청음 선생의 시에 차운한 시가 있었는데, 엄성이 여기에 차운하여 담헌에게 주었다고 하였다. 청음의 시는 「새벽에 평도를 출발하며」(曉發平島)라는 작품이다.

[75] 홍서장은 서장관으로 연행에 참여했던 담헌의 숙부 홍억(洪檍, 1722~1809)을 말한다.

천연의 화폭이 우리 고을 설명해 주네.

얇은 비단 반폭에 주름지게 그린 그림

홀연히 용홍사龍泓寺에서 유람하던 일 생각난다.

白石淸泉媚好秋 天然畵本說吾州

生綃半幅開皴染 忽憶龍泓寺裏遊

라고 하였다. 「양허에게 편지를 보내며」(簡寄養虛)라는 시에,

보내온 편지 다 읽어도 특별한 말 없고

단지 천추에 한 말의 피눈물만 남았도다.

서로 만나면 모두 좋은 사나이들이니

이제부턴 그대 위해 백아절현伯牙絶絃[76] 하리이다.

素書讀罷無他說 只餘一斗千秋血

相逢都是好男兒 從此朱絃爲君絶

[76] 백아伯牙가 자기 거문고 소리를 잘 이해하던 종자기鍾子期가 죽자 거문고 줄을 끊었다는 고사이다.

라고 하였다.

　엄성은 정해년(1767)에 민중閩中(복건성)을 유람하다가 학질에 걸려 죽을 무렵에 담헌에게 편지를 보냈다. 그 글이 매우 처량하고 측은하였으니 아마도 그가 쓴 마지막 글인 것 같다. 「담헌에게 부치다」(寄湛軒)라는 시에,

서울에 꽃소식 전해 오니

아득히 먼 큰 바다 동쪽이로다.

사문斯文에 우리들이 있다고 여기니

이역에서도 이 마음은 같을 것이외다.

정의가 이미 형제와 같으니
진실한 사귐은 시종일관 잘하리라.
서로 그리워하기만 하고 만나지 못하니
가을바람 향해 소리 내어 운다오.

京國傳芳信 遙遙大海東

斯文吾輩在 異域此心同

情已如兄弟 交眞善始終

相思不相見 慟哭向秋風

라고 했고 또,

얼굴을 보려 해도 만날 날 없어 슬프지만
편지로 마음을 논할 수 있으니 기쁘지요.
만 리 밖에서 오는 편지라
일 년 남짓 걸려야 이르네.
주시는 격려의 말씀 그대를 번거롭게 만들지만
노년이라 혼자 사는 사람을 감동시키네.
사십이 다 되도록 알려진 게 없으니
차마 일각인들 헛되이 보내리오.

見面悲無日 論心喜有書

來從萬里外 到及一年餘

激厲煩良友 衰遲感獨居

無聞將四十 忍使寸陰虛

라고 하였다. 「양허에게 부치다」(寄養虛)라는 시에,

듣자 하니 김평중金平仲은
근래에 병들고 또 가난하다네.
저서는 오래된 집에 가득할 것이고
약 조제는 가인佳人에게 의지하겠지.
('가인'佳人은 담헌이 썼던 말이고, 감
히 서로 농담할 처지는 아니다.—원주)
백발은 운명을 슬프게 하고
청산은 은거하는 사람에게 친근하네.
천리마도 흔히 길을 잃으니
누가 과연 지금의 구방연九方歅[77]일까?

聞道金平仲 年來病且貧

著書餘老屋 調藥倚佳人

白髮哀時命 靑山狎隱淪

驊騮多失路 誰是九方歅

엄성, 〈추수조인〉秋水釣人

[77] 구방연은 춘추시대에 말을 잘 감정했던 인물이다.

라고 했다. 또,

한 번의 이별이 천년 세월 이루니
살아서의 이별이 곧 죽어서 이별하는 것 같네.
편지가 오면 애간장 끊어지려 하고
꿈을 깨면 눈물이 앞을 가리네.
중원에는 호걸스런 선비 적은데
청정한 담론은 두 나라에 마땅하리.
백 년 뒤 죽고 나서 나와 그대
구천에서나 우정을 다하자 기약하세.

一別成千古 生離是死離

書來腸欲斷 夢去淚先垂

豪士中原少 淸辭兩晉宜

百年吾與爾 泉下盡交期

라고 하였다.

소음(육비)이 철교의 부음訃音을 전하는 편지에 "철교가 올봄에 갑자기 민중(복건성)으로 여행을 갔습니다. 제가 극구 말렸으나 부친의 하명에 쫓기어 끝내 제 말이 소용이 없었으니 울며 탄식한들 무엇 하겠습니까. 전광석화같이 갑작스럽게 죽었으니 아마도 조선의 친구분들도 한결같이 그를 위해 길이 울부짖겠지요"라고 하고, 겸하여 역암力闇(엄성)을 위해 지은 만시輓詩를 보내었다. 그 시에,

무단히 천리 먼 길 유람하게 되었으니

내 의견 듣지 않았으니 다시 누굴 원망하랴.

남겨 놓은 글들이 모두 죽음을 예언한 참서讖書라

모진 곳의 비바람이 수심거리도 아니라네.

왕몽王濛이 끝내 요절하니 어찌 통곡을 견디겠으며

옥중의 사조謝眺를 구하기 어려워 머리를 긁적일 뿐이네.[78]

글 한 편이 참으로 생사에 관한 것이라

혼이 고구려의 북방 기러기 나는 가을에 끊어졌으리.

千里無端賦遠遊 吾謀不用更誰尤

遺箋剩筆都成讖 瘴雨盲風未是愁

竟夭王濛堪慟哭 難携謝眺只搔頭

78 왕몽은 진晉나라 때의 인물로 39세에 요절했고, 사조는 남제南齊 때의 인물로 36세에 옥사했다. 엄성은 향년 36세이다.

一書眞介關生死 魂斷句驪朔雁秋

라고 하였다.

　철교는 임종 때에 담헌이 준 먹을 꺼내어 한참 동안 냄새를 맡고 만지다가 가슴 위에 두고는 문득 죽었다. 삼오三吳[79] 지방의 인사들이 이 일을 전하여 기이한 일이라 여기고, 만사와 뇌문誄文[80]을 지을 때는 반드시 서로 이 일을 거론하였다. 조선 먹의 노래처럼 되어서 실로 양자강 남쪽에 두루 퍼졌다.

　담헌과 양허가 철교의 형 구봉九峰 엄과嚴果에게 편지를 보내어 조상하였는데, 편지가 도착한 날은 바로 철교가 죽은 후 27개월째로 장차 담제禫祭[81]를 지내려는 저녁이었다. 온 집안사람들이 놀라며 부르짖었고, 담제를 지내려고 참여했던 100여 명의 친구들이 탄식하고 기이하게 여기지 않는 사람들이 없었으며 의기투합한 정성이 흥감한 것이라고 말하였다.

　담제를 지낼 때 담헌의 뇌문을 읽어 초헌으로 삼고, 다음에 양허의 뇌문을 읽어 아헌으로 삼았다. 철교의 아들은 바야흐로 7~8세였는데 구봉이 그를 의지할 곳 없는 혈혈단신이라고 하여 자기의 차남 15세의 앙昻을 철교의 아들로 삼게 하였다.

　구봉은 담헌에게 편지를 보내고 철교의 유고 다섯 책과 철교가 스스로 그린 작은 초상화를 보내었다. 아들 앙昻 역시 편지를 보내어 담헌을 백부라고 칭하고는 겸하여 지은 바의 「과체론」科體論 한 수를 증정하였는데, 말의 뜻이 곡진하고 정다워서 대대로 사귐이 있는 집의 자제 같았다. 철교에게 주문조朱文藻 (1735~1806)라는 친구가 있었는데 그 또한 이 일에 감격해서 담헌

나감蘿龕이 그린 엄성의 초상화

[79] 삼오는 양자강 하류 일대이다.
[80] 만사, 뇌문은 요절 혹은 죽은 사람을 위해 애도의 내용을 담아서 짓는 글이다.
[81] 담제는 대상大祥을 치른 다음다음 달 하순의 정일丁日이나 해일亥日에 지내는 제사이다. 초상初喪으로부터 27개월 만에 지낸다.

에게 편지를 보내어 교우를 맺었다. 무술년(1778)에 무관 이덕무가 북경에 들어가서 비로소 여러 편지를 얻게 되었으니, 편지를 보낸 지 9년 만에 우리나라에 이르게 되었다.

　내가 유리창 안에서 근래 각인한『지부족재총서』知不足齋叢書를 보았더니 절강성 인화仁和 사람인 주문조의 저술 한 권이 있었다. 지금 황제(건륭)가 지은 7언 절구 1수가 어필로 주문조의 책머리에 쓰여 있다. 주문조라는 성명을 한번 보자 두 눈이 절로 휘둥그레졌다. 대개 주문조 또한 강소성 지방의 명사였을 것이다.

　난공(반정균)의 아내 상부인湘夫人 역시 시에 뛰어나『구월루집』舊月樓集이란 시집이 있었다. 담헌이 거문고를 연주하여 평조平調의 곡조를 타니 난공이 마음이 동요되어 눈물을 흘리고 슬피 오열함을 견디지 못하였다. 담헌도 마음이 처연하여 한 곡을 연주하고 그치며 "우리나라의 부족한 토속 음악이라서 군자의 귀를 어지럽게 만듭니다"라고 말하니, 난공이 "한번 이별한 후에는 또 서로 만날 기약이 없으니 사람을 죽고 싶게 만듭니다"라고 한다. 그는 양허의,

　　평생 비분강개로 지내더니 이제 백발 되었고
　　타국에서 만나 맞이하기를 너무도 기쁘게 하였네.
　　　平生感慨頭今白 異域逢迎眼忽靑

라는 구절을 읽고는 "참으로 오묘하고 지극합니다"라고 평했고,

　　문을 나와 손잡으니 별빛은 차가워라.
　　　出門摻手已寒星

라는 구절에 이르러서는 눈물을 줄줄 흘렸다. 양허의,

> 이별의 정자에 풀은 석양 밖으로 푸르고
> 만 리 길 채찍 잡고 홀로 떠날 때로다.
> 離亭草綠斜陽外 萬里垂鞭獨去時

라는 구절을 읽자, 난공은 손가락 끝으로 권점을 치며 몇 줄기 눈물을 줄줄 흘렸다. 대체로 난공의 모습은 부인네와 닮아서 정에 약하고 몸짓이 농익어 쉽게 눈물을 짓는다. 그러나 그의 시를 읽어 보면 맑고 고우며 민첩하고 참신하니, 또한 그의 사람됨을 족히 상상할 수 있겠다.

그의 「삼가 청음 선생의 시에 차운하여 담헌에게 증정하다」(敬次淸陰先生韻贈湛軒)라는 시에,

> 해는 높고 바람 거센데 두 사신을 전송하니
> 작은 이별이 천년이 됨은 아직 겪어 보지 못했네.
> 서불의 혼이 녹은 바다의 물결 그림자 멀어지고[82]
> 연대[83]엔 사람 떠나자 버들가지만 푸르네.
> 나그네의 눈물은 늦은 봄비처럼 멈추기 어렵고
> 기쁨은 새벽 별같이 쉽게 흩어진다.
> 아, 향산響山 못가의 정각은 멀기만 한데
> 수레에 오르니 자욱한 먼지 견뎌 낼 수 있으랴.
> 日高風勁送雙旌 小別千年未慣經
> 徐市魂銷波影闊 燕臺人去柳條靑
> 難禁客淚春深雨 易散歡悰曙後星

[82] 진시황 때 서불이 불로초를 구하여 오겠다고 동해 바다로 가서 돌아오지 않았다.
[83] 연대는 연나라 소왕昭王이 현자를 초빙하기 위해 세운 황금대를 말한다.

悵惘響山池閣遠 登車可耐頓塵冥

라고 하였고 「삼가 청음 선생의 시에 차운하여 양허에게 증정하다」(敬次淸陰先生韻贈養虛)라는 시에,

갈석궁碣石宮 남쪽에 가던 길 멈추고
옥초봉沃焦峯 밖에서 지난 일 생각하네.[84]
은빛 집 같은 파도를 지나온 옷은 열에 셋은 희게 되고
봉래산에 물든 전립 온통 푸른 색칠 하였네.
(스스로 붙인 주석에 "김양허는 유학자이나 군복을 입고 와서 서로 만났으므로 이렇게 언급한다"고 하였다.)
세찬 소나기 같은 필체의 서늘함은 이 시대의 왕희지이고[85]
담담한 구름 같은 싯구는 아름다워 옛 맹호연孟浩然일세.
(스스로 붙인 주석에 "청음 선생의 시에 '담운미우소고사'淡雲微雨小姑祠란 구절이 있는데, 양허의 시가 선생의 시를 차운했으므로 '담운'淡雲이란 말을 쓴 것이다"라고 하였다.)
가엾어라, 객사에서 시제詩題를 나누는데
어찌하나, 하늘은 어둑어둑 날은 컴컴해지네.
碣石宮南駐遠旌 沃焦峯外想曾經
衣留銀屋三分白 笠染蓬山一抹靑
驟雨聲寒今草聖 淡雲句好舊詩星
獨憐孤館分題處 不奈蒼然暮色冥

84 갈석궁, 옥초봉은 사행이 지나온 곳의 지명을 말하는데, 갈석궁은 산해관 부근에 있으며 그 유지가 남아 있다.

85 취우광풍驟雨狂風. 취우폭풍驟雨暴風의 표현은 기세가 좋은 필체를 비유하는 말로, 광초狂草로 알려진 회소懷素가 자신의 글씨를 그렇게 비유하였다.

라고 하였다. 「김양허에게 화답한 시」(和養虛)에,

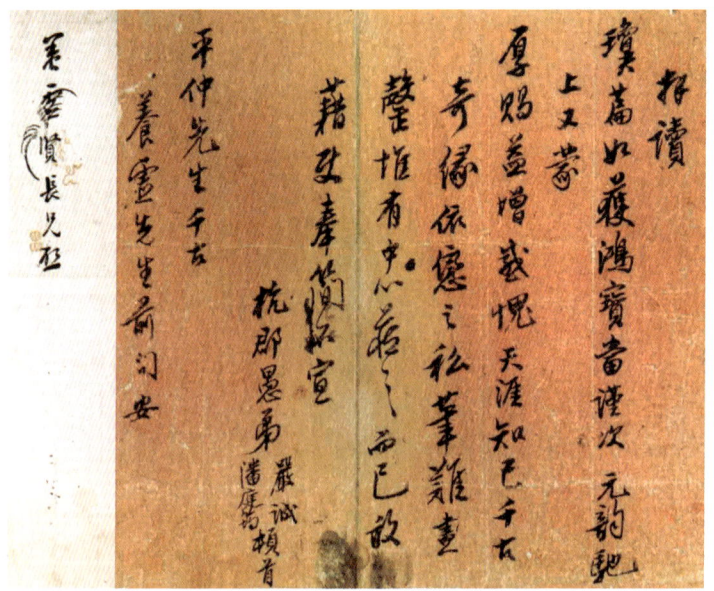

엄성, 반정균이 김재행에게 쓴 척독

외로운 객사에 홀연 번민이 없어짐은
훌륭한 손님이 훌쩍 오셔서라네.
얕은 술잔은 주량 적은 사람에게 편하고
묘한 글귀로 맑은 재주를 겨룬다.
구름 그림자 맑으니 아직 저녁이 아니고
꽃가지에는 붉은 꽃 터지려 하네.
의관은 순박함을 회복하여 예스럽고
그림 속의 인물인양 시샘이 나네.

孤館忽無悶 翩然上客來

淺杯便小戶 妙句角淸才

雲影澹未夕 花枝紅欲開

衣冠復淳古 人作畫圖猜

라고 했고 「스스로 복숭아와 버들을 그리고 제화시를 써서 주다」
(自畵桃柳題詩以贈)라는 시에,

  서호西湖 주변 우리 집 나무엔
  연푸름 짙은 붉음 때는 2월이라네.
  이 아름다운 강남으로 돌아가지 못하고
  자욱한 먼지에 고향 꿈은 실낱 같네.
  吾家西子湖邊樹 淺碧深紅二月時
  如此江南歸不得 輭塵如粉夢如絲

라고 하였다. 또 「그림병풍에 시를 쓰다」(題畵障)에,

  소슬한 가을 기운 차갑고 저물녘 산봉우리 밝은데
  한가한 마음 소박한 취향 일시에 생기네.
  언제나 조그맣게 솔잎 집 지어서
  성안에 가지 않고 남산만 마주볼는지.
  秋氣蕭寒晩岫明 閒心野趣一時生
  何年小築松毛屋 坐對南山不入城

라고 했고 「또 증정하다」(又贈)에,

  소매 속 넣어 둔 상사相思 두 글자
  모두가 짙은 피의 흔적이 되었네.
  300곡斛(말)이나 되는 이별의 시름이
  정양문을 가득히 채우네.

袖裏相思字 都成碧血痕

離愁三百斛 填滿正陽門

라고 하였다.

정유년(1777)에 기하당幾何堂 유금柳琴[86]이 북경에 들어가서 이부吏部 벼슬의 이조원李調元을 만나 난공의 소식을 물었다. 이부는 벽 위에 걸려 있는 「정월대보름」(元夕)이란 시를 가리키며 "이것은 반정균이 지은 것으로 지금 벼슬이 중서사인中書舍人입니다"라고 하였다. 그 「정월대보름」 시에,

[86] 유금은 유득공의 숙부로, 원래 이름은 유연柳璉인데 1776년(영조 52) 연행을 다녀오면서 이름을 '유금'柳琴으로 고쳤다.

한평생 정월 대보름 몇 번이나 만나기에
아직까지 북경에 머물러 있는가?
달은 수많은 산에 막혀 있고
별빛은 북경 만호에 흐르고 있네.
고향 그리는 꿈에 절강의 등불 보이고
명절의 수심은 담박한 노주魯酒[87]로 달랜다.
깜박이는 촛불 속의 부모님
해마다 멀리 나간 자식 생각하리라.

人生幾元夕 留滯尙皇州

月是千山隔 星仍萬戶流

淅燈鄕國夢 魯酒歲時愁

耿耿高堂燭 頻年憶遠遊

[87] 노주란 노나라에서 만들어진 술을 말하는데, 그 맛이 담박해서 흔히 박주薄酒의 뜻으로 사용한다.

라고 하였다.

유기하가 날짜를 정하여 함께 만나려고 하였는데 반정균은

반정균이 홍대용에게 기증한 책
『한예자원』漢隷字源

88 유득공이 지은 시는 「공정가숙부유연」恭呈家叔父遊燕이란 제목의 6수인데, 앞의 「피서록」편에 4수가 동일하게 인용되어 있으므로 여기에서는 생략한다.

황태후 장례로 임금을 호종하느라 상봉하지 못했다. 기하가 연행을 할 때에 그 조카 혜풍惠風 유득공이 시를 지어 전송하였는데 그 시는 이러하다.[88]

난공이 마침 이조원의 집에 이르러 벽에 붙은 유득공의 시를 보고 자신의 시가 남시南施와 비슷하다는 말에 크게 기뻐하면서 손수 그 시를 베껴서 돌아갔다. 남시라는 사람은 우산愚山 시윤장施閏章(1618~1683)이다. 유득공은 미상불 항주의 선비들과 교유를 맺은 것을 아름다운 이야기로 여기지 않은 적이 없다.

그 다음 해에 무관 이덕무와 차수 박제가가 북경에 들어갔다. 내가 송별하며 지어 준 시에,

　　초록의 풀빛은 떠나는 말과 연이었고,
　　정자의 버들은 나그네 옷을 어둡게 하네.
　　어젯밤 산속 집 창가에서 꾼 꿈에
　　그대보다 먼저 이미 요하를 건넜다네.
　　草色連去馬 亭柳暗征袍
　　昨夜山窓夢 先君已渡遼

라고 하였고 또,

　　붉은 아침 해 말 꼬리 쪽에 떠오르더니
　　돌아보니 말 머리 쪽으로 가라앉는구나.
　　요동 벌판 1천 리 길을
　　가고 또 가서 장차 누구를 만나려는가?
　　馬尾昇紅旭 旋看馬首沉

遼陽一千里 去去將誰尋

라고 하였다. 대개 그들이 육비와 반정균 등 여러 사람을 만나서 담헌의 예전 교유 관계를 이어 가기를 부탁하는 뜻을 담은 시이다. 두 사람은 과연 반정균을 만나서 여러 날 함께 놀았고, 내가 주었던 시를 말하자 난공은 크게 고무되어 나를 위해 '연암산거' 燕巖山居 4자를 써서 나에게 주었다. 내가 이제 중국에 와서 재차 그의 집을 찾아갔다. 그의 집은 유리창 안의 양매서가楊梅書街에 있다. 반정균은 바야흐로 무영전武英殿에 갇혀서 숙직하느라 아직 만나지 못했다. 담헌이 세 선비와의 필담을 엮어서 『회우록』會友錄이라는 책을 편집하였는데, 내가 그 책머리에 서문을 썼다.

신선 포선과 염옹 浦仙髥翁

동회東淮 신익성申翊聖[89]이 경포호를 유람한 기행문에 실린 시에,

염옹髥翁의 기행문은 높고 예스럽고
포선浦仙의 시는 고고하고 또 맑기까지 하구나.

髥翁記高古 浦仙詩更淸

라 하고, 그 주석에 "염옹은 장유張維[90]의 호이고, 포선은 곧 양포楊浦 최전崔澱[91]이다"라고 하였다. 대개 당시에 양포를 신선으로 칭하지 않는 사람이 없었는데, 경포대를 유람하고 지은 그의 한 절구시가 청허하고 세속을 끊은 듯했기 때문이다. 경포대를 유람한 시는 다음과 같다.

[89] 신익성(1588~1644)은 신흠申欽의 아들이고 선조 임금의 부마이다. 자는 군석君奭, 호는 낙전당樂全堂, 동회거사東淮居士이고 『낙전당집』을 남겼다.

[90] 장유(1587~1638)는 조선 중기의 문신으로 자는 지국持國, 호는 계곡谿谷이다. 문집 『계곡집』과 수필 『계곡만필』을 남겼다.

[91] 최전(1567~1588)은 조선 중기의 문인으로 자는 언침彦沈 호는 양포이다. 문집 『양포유고』를 남겼다.

봉래산에 한번 들어가니 3천 년 세월이 흘렀고
은빛 바다 망망하여 물은 맑고 얕도다.
난새 타고 피리 불며 오늘 홀로 날아 왔건만
벽도화 꽃그늘 아래 사람은 보이지 않네.

蓬壺一入三千年 銀海茫茫水淸淺

鸞笙今日獨飛來 碧桃花下無人見

양포의 자는 침언沈彦[92]이고 율곡 선생의 문인인데 나이 겨우 스물한 살에 죽었다. 율곡을 따라서 한양에 들어갈 때에 말 위에서 운자를 부르니[93] 즉시 대답하기를,

나그네 행차는 어찌 그리도 더딘가
시냇가 다리에 날 저무는 게 겁나지 않으랴.
청산 위 한 조각 구름
흩어져 강에 비를 내리네.

客行何太遲 不畏溪橋暮

靑山一片雲 散作江天雨

라고 했다.

양포의 아들 유해有海[94]는 호가 묵수黙守이다. 숭정 기사년(1629)에 뇌자관 겸 문안사賚咨官兼問安使에 임명되어 원숭환袁崇煥의 군영에 갈 때에 배가 표류하여 등주登州에 정박하게 되었다. 그때 병관兵官 계벌季筏 장가도張可度 및 도사都司 장도張濤, 시랑侍郞 송헌宋獻, 어사 양지원梁之垣, 참모 정희程僖 등 여러 문무의 큰 벼슬아치들이 모두 왕조의 중대한 일로 등주에 모였었다. 유

---

[92] 침언은 언침의 오류이다.

[93] 율곡은 『양포유고』의 발문을 썼고, 율곡이 운자를 불러 시를 짓게 했을 때 양포는 나이 아홉살이었다.

[94] 최유해(1587~1641)는 자가 대용大容, 호가 묵수당黙守堂, 감파紺坡이고, 문집 『묵수당고』를 남겼다.

해가 선친의 문집인 『양포집』楊浦集을 싸서 중국에 전해달라고 부탁하였는데 계벌이【거기에 쓰기를,

> 조선의 홍문관 학사 묵수黙守 최군은 기린과 봉황 같은 출중한 자질과 옥 같은 인품을 가졌고, 풍도와 문채가 매우 훌륭한 군자이다. 그가 선친의 유고를 꺼내어 보여주는데, 그 글은 여러 문체를 다 갖추었고 청신하고도 준일하였다. 애석하게도 향년이 길지 못해 품은 뜻을 펴지 못했으니, 비단 조선에서만 슬퍼하고 애도할 뿐 아니라, 또한 우리 중국에서도 우러러 사모하는 사람이다.

하고 이어서 시를 쓰기를,

> 아름다운 옥 같은 그릇 당시 사람들 부러워했는데
> 오늘에야 문집 보게 되니 비단에 수를 놓은 문장이로다.
> 當時共羨瑚璉器　此日傳看錦繡文

라고 하자 유해가 거기에 차운하여,

> 문단의 진중한 인물이 맑고 오묘한 글귀로
> 조선의 적막했던 문장을 드날려 주시네.
> 珍重騷壇淸妙句　揄揚屬國寂寥文

라고 썼다. 장가도는 곧 장가대張可大[95]의 아우이다. (이하 생략)】[96]

[95] 장가대(1580~1632)는 명나라 말기의 장군, 시인이다. 자는 관보觀甫이고 문집 『앙설재집』馱雪齋集을 남겼다.
[96] '계벌이' 다음에 이어지는【 】의 내용은 삼한총서본 『피서록』에는 결락된 부분이다. 『청장관전서』에서 보충하였다.

장성 밖에서 들은 신기한 이야기

구외이문
口外異聞

◉ ― **구외이문**

'구외이문'이란 구외口外에서 들은 특이한 이야기라는 의미이다. 여기서 구외는 고북구 장성 밖이라는 뜻으로, 열하를 지칭한다. 곧, '구외이문'은 열하에서 들은 신이하고 재미있는 이야기를 엮은 것이다.

본편에 수록된 내용은 연암이 직접 목격하고 느낀 소감을 적은 것도 있고, 중국인에게 들은 내용을 그대로 기록한 것도 있다. 일정한 체계나 순서도 없이 생각나는 대로 들은 대로 기록한, 그야말로 잡록의 형태를 띠고 있다. 뒤에 나오는 '동란섭필'과 잡록적인 성격이 같다.

이런 잡록 속에는 처음으로 목격하는 신기한 물건이나 다시 생각해 볼 역사적 사건 등을 기록한 흥미 위주의 내용이 많이 있다. 이 신이한 내용을 통해 잡록이 주는 흥미와 지적 정보를 십분 맛볼 수 있지만, 한편 잡록 속에서도 눈여겨 볼 내용이 더러 있다. 삶에 교훈이 되는 내용, 외교적으로 중요한 정책이나 지혜를 촉구한 내용, 민족적 자긍심을 고취시키는 내용, 조선의 현실을 비판한 내용, 고루한 선비들의 식견에 대한 풍자 등등이 그러한 것들이다. 그중에 중국판 『동의보감』이 워낙 비싼 탓에 살 엄두를 내지 못하고, 그 서문 전문만이라도 그대로 옮겨 적어 후일의 연구 자료로 삼겠다는 연암의 발언은 많은 여운을 남긴다.

필사본 『면양잡록』沔陽雜錄 제6책에 수록된 잡저 『연상우필』烟湘偶筆은 여기 「구외이문」의 모본으로 추정된다. 연상각에서 붓 가는 대로 쓴다는 뜻의 『연상우필』은 수필류의 저서인데, 연암이 「구외이문」을 저술할 때 『연상우필』에서 특히 중국과 관련된 내용을 뽑아서 끼워 넣은 것으로 보인다. 『연상우필』에 수록된 글 중에서 제목 위에 동그라미 표시를 한 것은 모두 「구외이문」에 수록되었다. 『연상우필』에서 동그라미 표시가 없는 글 중에도 중국 관련 내용이 있는데, 이는 「구외이문」편에 보충되어야 할 글이다.

반양

반양 盤羊

반양이란 동물은 몸통은 사슴처럼 생기고 꼬리가 가늘며 두 뿔은 꼬불꼬불 감겨 있고, 뒤쪽에는 주름 잡힌 무늬가 있다. 밤에는 뿔을 나무 위에 걸고 잠을 자는데 이로써 다른 짐승의 침범을 예방한다. 모양은 흡사 노새를 닮았고 떼를 지어 몰려다니며, 더운 날씨에는 먼지와 이슬이 서로 엉겨서 뿔에 달라붙고 거기에서 풀이 돋기도 한다. 혹 영양羚羊이라 부르기도 하고, 또 완양羱羊이라 하기도 한다.

한나라 허신許愼이 지은 『설문해자』說文解字에 영羚은 양보다 크고 뿔이 가늘다고 했으며, 송나라 육전陸佃이 지은 『비아』埤雅에 완양羱羊은 강남 지방에서 나는 흰색 면양과 비슷한데 뿔이 크다고 했다. 이번 황제의 생일날에 몽고에서 가지고 와서 황제에게 바쳤는데, 황제는 이를 반선에게 공양했다.

알록달록한 매와 푸른 날개의 나비 彩鶻·蝴蝶

강희 40년(1701), 황제가 장성 밖으로 피서를 갔을 때, 나리달喇里達 번족番族의 두목 되는 사람이 알록달록한 채색의 매 한 조롱과 푸른 날개의 나비 한 쌍을 바쳤다. 매는 능히 범을 잡을 수 있으며, 나비는 새를 잡을 수 있다고 한다. 이 이야기는 청나라 사람 이상貽上 왕사정王士禎이 쓴 『향조필기』香祖筆記[1]에 나온다.

1 『향조필기』 권4에 나온다. 『우초신지』虞初新志 등에 의하면 강희 황제가 색이합제索爾合濟에 갔을 때라고 한다.

고려주 高麗珠

중국 사람들은 우리나라의 진주를 보배로 여겨서 고려주라고 부른다. 그 빛이 옅은 흰색으로 마치 백색 조개인 차거硨磲처럼 생겼는데, 요즈음 모자의 앞 차양 끝에 한 개를 깊이 박아서 모자의 앞뒤를 구분하는 표시로 삼는다. 우리나라 진주는 8푼 이상은 되어야 보물로 여기는데, 황제의 고려주는 무게가 7돈이나 되며 사악한 꿈과 가위 눌리는 것을 막는 보물로 삼았다. 황후의 고려주는 6돈 4푼이나 되며 모양이 흰 가지처럼 생겼다. 건륭 30년(1765) 황후가 고려주를 분실했는데, 회회족回回族 후비가 황후를 참소하여 황제가 거둥할 때 호위하는 난의위鑾儀衛의 병졸 집을 수색하여 고려주를 찾아냈다. 그리하여 황후는 폐출되어 차디찬 후궁에 유폐되기에 이르렀다.

귀주 안찰사 기풍액은 모자의 차양에 고려주를 달았으나, 색깔이 그리 아름답지 못했다. 그의 말에 의하면 고려주의 크기가 6푼 7리釐[2]이며 값은 은화 40냥이라고 한다. 내가,

"고려주는 우리나라에서 나는 물건이 아닙니다. 더러 대합조개를 먹다가 어금니와 볼 사이에서 나오기도 하는데 이를 육주陸珠라고 부르며, 워낙 잘아 빠져서 진기한 것으로 쳐주지도 않는답니다. 부인네들이 장식으로 머리꽂이나 귀고리에 다는 것들은 모두 왜놈에게서 생산되는 왜주倭珠이며, 그중에도 붉은 빛이 도는 것을 보물로 칩니다."

하니 기 안찰사는 웃으며,

"아닙니다. 이것은 굴 껍데기를 둥글게 갈아서 만든 것이지, 고려주는 아니랍니다. 보배로 치는 고려주는 조개의 티가 없으

[2] 리는 푼分의 10분의 1에 해당하며, 푼은 양兩의 100분의 1이다.

며, 천연의 보석 빛이 절로 나는 것이랍니다."
한다. 자못 일리가 있는 말이다. 그러나 나는 알지 못하겠다. 고려 주라는 것이 우리나라 어디에서 생산되는 것이며, 또 도대체 누가 능히 캘 수 있는 것이기에 온 중국 천하에 두루 퍼진다는 것인지.

숭정 연간의 재상 崇禎相臣

명나라 숭정崇禎 연간의 17년 동안에 갈아 치운 재상이 50명이나 되었고, 변방의 장수들이 조정의 뜻을 조금이라도 어기면 문득 목을 잘라 그 수급을 모든 변경에까지 조리를 돌렸다. 당시 군대의 엄한 규율은 역대에 보기 드물 정도였으나, 역시 전쟁의 승패나 나라의 존망에는 아무런 보탬이 없었다.

이상아의 묘비와 패루

재상 이상아와 서혁덕 伊桑阿·舒赫德

강희 시대에 재상으로서의 공적과 문장, 학문을 꼽으라고 하면 모두들 이상아(1638~1703)를 추천한다. 그는 만주인으로 강희 무진년(1688)에 예부상서로 있으면서 재상에 임명되어 15년 동안 그 자리에 있었다. 예순여섯 살에 죽었고, 시호는 문단文端이다. 예순세 살 때 송나라 구양수歐陽脩가 사직서를 올린 예를 인용하여 서른 번이나 사직상소를 올렸다. 상소를 올릴수록 뜻이 더욱 간절하여 결국 윤허를 받았다.

근세의 재상으로서 성대한 공적을 이룬 사람으로는 서혁덕

(1710~1777)을 으뜸으로 치는데, 그 역시 만주인이다. 재상의 관사에 40여 년을 거처하다가 몇 년 전에 예순여덟 살에 죽었다. 당시 사람들은 50여 년을 재상으로 있었던 송나라 문로공文潞公 문언박文彦博³이란 인물에 그를 견주었다.

3 문언박(1006~1097)은 송나라 사람으로, 자는 관부寬夫이다. 네 임금을 섬기며, 50여 년을 재상으로 있었다. 저서에 『노공집』潞公集이 있다.

왕진의 무덤 王振墓

지난해, 곧 건륭 기해년(1779)에 왕진王振⁴의 묘를 서산西山⁵에서 찾아내어, 그 관을 쪼개고 시신을 끌어내어 그의 죄상을 따져 묻고는 갈가리 찢어서 조리를 돌렸다. 아울러 그 패거리 20여 개 되는 무덤을 발굴하여 모두 목을 잘랐다.

그런데 『명사』明史에 의하면 "영종 황제가 몽고족에게 쫓겨서 어가御駕가 토목보土木堡⁶로 몽진을 갔는데, 그때 왕진의 짐바리를 실은 수레가 천여 대나 되었으며, 적들이 사방에서 추격해 와서 일시에 따르던 관리와 장병들이 모두 죽었다"는데, 어떻게 그 와중에 왕진만 홀로 탈출할 수 있었을까? 또 당시에 왕진의 일족들이 모두 멸족을 당했으며, 그의 패거리 금의위錦衣衛 지휘指揮 대장인 마순馬順도 맞아 죽었고, 왕진의 조카 왕산王山은 찢어 죽이는 형벌을 당해 한동안 저자에 매달려 있었다고 했는데, 그 패거리가 어떻게 묘를 쓸 수 있었겠는가?

천순天順 원년(1457)에 영종이 황제로 복위하여⁷ 왕진의 관직을 복직시키고 사당을 세워 그를 제사 지냈다고 했다. 그렇다면 왕진의 무덤이 있다는 것도 족히 괴이할 것까지는 없겠다.

4 왕진(?~1449)은 정권을 쥐고 폭정을 했던 명나라 영종英宗 때의 환관이다.
5 서산은 북경시 서북쪽 문두구구門頭溝區에 있는 산이다.
6 토목보는 하북성 회래현懷來縣 동쪽에 있는 보루이다. 이곳에서 황제 영종이 몽고족에게 사로잡히는 소위 '토목지변'土木之變을 당했다.

왕진의 화상석 북경 지화사智化寺 소재

7 명나라 영종은 1449년 몽고에 포로로 잡히는 바람에 황제의 자리에서 물러났다가 다시 1457년에 황제의 자리에 올랐다.

조조의 수중 무덤 曹操水塚

건륭 무진년(1748) 장하漳河[8]에서 물고기를 잡는 사람이 물속에 들어갔다가 허리가 두 동강으로 잘려서 물 위로 떠오르는 사건이 생겼다. 황제는 수만 명의 병졸을 풀어서 강물 옆을 파서 물줄기를 돌리고 강바닥을 살펴보게 했는데, 만여 개의 쇠뇌에 모두 화살이 장착되어 있고 그 아래에는 무덤이 있었다. 그리하여 무덤을 발굴하여 관을 찾아냈는데, 은으로 꾸민 바다에 금으로 된 물오리가 있었으며 황제의 면류관과 복장을 갖추고 있었으니, 바로 조조曹操(155~220)의 시신이었다.

황제가 친히 관운장 사당의 소열昭烈 황제 유비劉備(161~223)의 소상 앞에 나아가 조조의 시신을 무릎 꿇리고 나서 참수하였다. 이 일은 사람과 귀신의 천고에 쌓인 분노를 씻어냈을 뿐 아니라, 아울러 후대에 자신의 묘가 발굴되는 것을 두려워하여 조조가 72개의 가짜 무덤을 만들었다는 소위 '칠십이七十二 의총疑塚'을 통쾌하게 깨 버린 조치이다.[9]

위충현의 무덤 魏忠賢墓

명나라 숭정崇禎(1628) 초에 위충현[10]을 봉양鳳陽[11]에 귀양 보내고 그 가산을 몰수하려고 하였다. 그러자 충현이 도당을 불러 모아 난을 일으키려 했다. 황제가 진노하여 충현을 체포하라고 명을 내리자, 그는 벗어날 수 없음을 알고는 스스로 목을 매달아 죽었다. 충현의 시신을 갈가리 찢어서 하간河間[12] 지방에 조리를

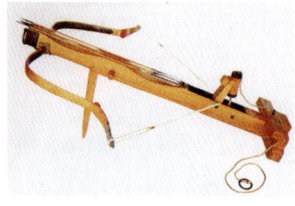

쇠뇌

[8] 산서성 동부에서 발원한 두 강물이 하남성과 하북성 경계에 와서 합쳐져 장하가 되었다.

[9] 2009년 중국 하남성 문물국은 조조의 무덤을 하남성 안양현安陽縣 안풍향安豊鄕에서 발견했다고 보고했다. 진위 여부에 논란이 있으나, 중국사회과학원에서는 조조의 무덤이라고 잠정 결론을 내렸다.

[10] 위충현(1568~1627)은 명나라 말기의 환관으로 본명은 이진충李進忠이고, 정사를 좌지우지하다가 탄핵을 받고 목매어 죽었다.
[11] 봉양은 안휘성 저주滁州에 있는 현懸이다.
[12] 하북성 하간현.

돌렸다. 그렇다면 위충현에게 어찌 묘가 있을 수 있겠는가?

명나라 강희 연간에 강남의 도감찰어사道監察御使 장원張瑗이 상소를 올리기를,

"황상께서 지난해에 남쪽으로 순유하면서 송나라 충신 악비岳飛[13]의 무덤을 수축하라 명하시고, 명나라 충신 우겸于謙[14]의 비석에 글씨를 하사하셨습니다. 진실로 이 두 충신은 그 충성이 일월을 관통하고 의리가 산하에 장엄합니다. 그러므로 드러내서 표창하고, 천하 사람들에게 밝게 고하라고 하신 것입니다. 신이 명을 받들어 서성西城을 순시하고, 지난번에 서산 일대를 사열하던 중에 향산香山 벽운사碧雲寺[15]에 이르게 되었습니다. 절 뒤에는 높은 건물과 둘러친 담이 몇 리나 덮었고, 울창한 숲이 뻗친 모습이 아주 휘황찬란했는데, 바로 명나라 환관 출신의 역당 위충현의 무덤이었습니다.

묘 옆에는 두 개의 높다란 비가 우뚝하게 나란히 서 있고, 비석에는 모두 두 줄의 글씨로 '흠차총독 동창관기판사 장석신사 내부공용고 상선감인무사례감 병필총독 남해자제독 보화등전완오 위공충현지묘'欽差總督 東廠官旗辦事 掌惜薪司 內府供用庫 尙膳監 印務司禮監 秉筆總督 南海子提督 保和等殿完吾 魏公忠賢之墓라고 쓰여 있었습니다. 황제가 계신 수도 가까운 땅에 이따위 더럽고 추악한 사적과 참람하게 넘치는 제도를 그대로 놔두고서야, 어떻게 크나큰 죄악을 경계하며 국법을 밝힐 수 있겠나이까?

하물며 지금 어명을 받아서 명나라 역사를 편찬하는 마당에, 무릇 명나라 말엽의 화를 당했던 여러 충성스럽고 어진 신하들의 열전을 써서 만천하에 밝게 드러내지 않음이 없는데, 어떻게 간사한 재앙의 잔당들이 대담하고 극악무도하게도 법률 따위는 안

[13] 악비(1103~1141)는 남송 초기의 충신으로, 무장이며 서예가, 학자이다. 전공을 쌓았으나, 무능한 황제와 재상에 의해 살해되었다. 저서에 『악충무왕집』岳忠武王集이 있다.

[14] 우겸(1398~1457)은 명나라의 민족 영웅으로 일컬어지는 충신이다. 열일곱 살에 지은 「석회음」石灰吟이란 시가 회자되고, 문집 『우충숙집』于忠肅集이 있다.

[15] 벽운사는 북경시 서북쪽 외곽인 향산 공원에 있다.

위충현 목조상

16 장원이 올린 상소문 전문이 『향조필기』香祖筆記에 수록되어 있는데, 『열하일기』는 그 글의 일부를 절록하여 인용하고 또 글자의 출입이 있다.

17 안록산(703~757)은 당나라의 장군으로 반란을 일으켜 황제라고 칭했던 인물이다. 본래 이란계 백인인 아버지와 돌궐족인 어머니에게서 태어났는데, 당 현종에게 아첨하여 절도사가 되었다. 양귀비에게 아첨하여 양자가 되었고, 당시 재상 양국충과 마찰을 일으켜 결국 안록산의 난을 통해 황제로 즉위했던 반역자이다.

중에도 없다는 식으로 날뛰고 있는 것을 용납할 수 있겠습니까? 우러러 황제께 바라오니 그 지방의 책임자에게 칙명을 내리시어 비석을 넘어뜨리고 묘를 깎아 버리게 하옵소서."[16]
라고 하였다.

그리하여 황제의 어명이 서성의 관원에게 내려져 비석을 넘어뜨려 허물어 버리고, 무덤을 밀어서 평지로 만들었다. 이를 통해 본다면, 환관 왕진王振의 묘도 응당 있었음을 알 수 있겠다. 내가 이 둘을 기록해서, 명나라 말엽에 법을 엄격하게 숭상하기는 하였으되 이처럼 기강은 똑바로 서지 않았음을 밝히고자 한다.

양귀비 사당 楊貴妃祠

양귀비

청나라가 나라를 세우자 오직 어짊을 드러내고 악을 없애는 법전으로 천하 사람을 복종시키려 하였다. 그런데도 계주薊州 반산盤山에 당나라 역신 안록산安祿山[17]의 사당이 있다. 게다가 한나라 때의 역신인 동탁董卓, 조조曹操, 당나라 때의 역신 오원제吳元濟와 황소黃巢 같은 무리도 왕왕 사당이 있건만, 어찌하여 그런 반역자들의 사당을 헐어서 없애 버리지 않는지, 그 이유를 모르겠다. 장성 밖의 한 길가에는 양귀비의 사당이 있어, 안록산의 소상까지 함께 두었다고 한다.

우리 마두배가 들어가서 보니, 양귀비의 소상은 극히 요염하게 만들어져 마치 살아 있는 것처럼 보였으나, 안록산의 소상은 뚱뚱한 몸뚱이에 배를 드러내고 있는 모습이 대단히 추악하게 생겼더라고 한다. 이런 돼먹지 못한 사당을 헐어 버리지 않는 이유가 혹 후인들에게 경각심을 불러일으키려는 목적인가?

『초사』 樵史

『초사』 한 권은 어떤 사람이 지었는지 알 수 없는 책인데, 명나라 왕실이 어지럽고 패망했던 이유를 기록하여 비분강개한 뜻을 담아서 드러내었다.[18] 여인 객씨客氏[19]에 대한 이야기를 기록한 것이라든가, 장수 웅정필熊廷弼을 죽인 일을 기록한 부분에는 자못 기이한 이야기들이 많다.

또 만력 연간에 신종 황제가 임진왜란을 당한 조선을 자발적으로 구원하는 바람에 나라의 재정이 바닥나고 인민들이 유리걸식하게 되었으나, 조정의 신하들은 손을 쓸 줄도 모른다고 그 잘못을 지적하였다. 웬 미친놈이 그런 판에 광산을 채굴해야 한다고 당시 재상에게 건의하자, 이를 선뜻 받아들여 시행하는 바람에 인민들이 더더욱 곤궁해져 모두가 도적으로 변했으며, 결국은 나라가 망하기에 이르렀다고 하였다.

내용에 비분강개하고 간절한 것이 많았다. 나는 정사와 함께 이 책을 읽다가 나도 모르게 눈물을 떨어뜨렸다. 다만 일정이 너무 바쁜 관계로 이 책을 베끼지 못했으며, 금서에 속하는 책이어서 필사본만 있다고 한다.

[18] 『초사』는 육응양陸應暘(1572~1658)이 지은 『초사통속연의』樵史通俗演義라는 소설책이다. 『초사』, 『초사연의』라고도 부르며, 명말 연간의 비사를 다룬 소설이다.
[19] 명나라 후이侯二의 아내로 희종熹宗의 유모가 된 여인이다. 간신 위충현과 간통하고, 왕비를 참소하여 해치는 등 포악한 정치를 하다가 처형되었다.

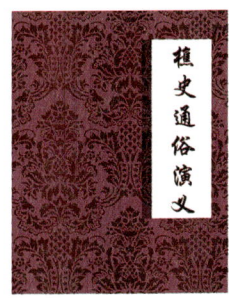

『초사통속연의』

큰사슴 뿔이 빠지는 달 塵角解

20 『중용』에 "非天子 不議禮 不制度"라는 구절이 있다.

『중용』에 오직 천자만이 제도를 논의하여 고칠 수 있다는 내용이 있는데,[20] 지금 건륭 황제가 『예기』 「월령」月令편의 내용을 뜯어고친 것에서 이 말을 징험할 수 있겠다.

내가 연암초당에 있을 때였다. 언제인가 푸른 사슴이 앞의 산골에 물을 마시러 왔는데, 머리가 마치 솜을 잣는 물레처럼 생겼다. 털과 뿔의 생김새를 자세히 보려고 살금살금 다가갔더니 사슴이 그만 놀라서 튀어 달아나는 바람에 끝내 상세히 관찰하지 못하였다.

지금 만리장성 밖으로 나와서 황제께 바치는 사슴 떼를 매일 보게 되었다. 사슴이 큰 놈은 노새 크기만 하고, 작은 놈은 당나귀 크기만 했다. 돌아올 때 다시 장성 안으로 들어와서 어떤 약국에 앉았다가 얼기설기 생긴 사슴 뿔을 보게 되었는데, 길이가 모두 네다섯 자 정도 되었다. 온 집안에 꽉 찼는데, 모두 그것을 녹용이라고 부른다. 내가 주인에게,

"이건 모두 순록의 뿔이니, 진짜 사슴의 녹용을 한번 봅시다."
하니 주인이 너털웃음을 웃으며,

"이 양반아, 순록이란 사슴의 큰 것이라는 말도 들어 보지 못했소? 사슴의 큰 놈을 순록이라고 한다면, 순록의 작은 놈이 사슴일 것이니, 뿔에 어찌 차이가 있겠소이까?"
하기에 내가,

"하지가 되면 사슴의 뿔이 빠지게 됩니다. 하지의 계절이란 주역에서 구姤괘에 해당하여 하나의 음기가 처음 생겨나는 때이므로, 이때 자른 녹용은 음기를 보하는 약재가 되는 것입니다. 동

구괘

복괘

지가 되면 순록의 뿔이 빠지게 되니, 동지는 주역의 복復괘에 해당하여 하나의 양기가 처음 생겨나므로, 이때 자른 순록의 뿔은 양기를 보하는 약재가 되는 것입니다. 자르는 시기와 용도가 이렇게 현격한 차이가 나는 것이지요."
하니 약국 주인은,

"그대는 아직 책력도 보지 않으셨소이까? 이미 「월령」편의 문장을 고쳤소이다. 황제께서 일찍이 순록의 뿔과 사슴의 뿔에 의구심을 가지게 되어, 천하에 명을 내려 글자 중에 무릇 사슴 록鹿 부수部首가 붙은 동물로 뿔이 있는 놈을 모두 산 채로 잡아서 동물원인 남해자南海子 안에 넣어서 기르게 했습니다. 구역별로 나누어 길러서 다른 종자와 서로 교미하지 못하게 하였는데, 하지가 되자 순록과 사슴이 동시에 뿔이 빠졌고, 동지에 이르러 뿔이 빠진 놈은 오직 큰사슴(麈) 하나뿐이었답니다. 그래서 『예기』 「월령」편에 '11월에는 순록의 뿔이 빠진다'라는 뜻의 '미각해'麋角解라는 말을 '큰사슴의 뿔이 빠진다'라는 뜻의 '주각해'麈角解란 말로 아예 고쳐 버렸답니다."[21]
라고 한다.

이로 본다면 우리나라의 관북 지방에서 나오는 녹용은 꼭 진짜 사슴의 뿔이라고만 할 수도 없을 터인데도, 나라 안에는 녹용이 날로 비싸지고 있으니, 어찌 탄식하지 않을 수 있겠는가? 내가 약국 주인에게,

"그 큰사슴이라는 놈이 어떻게 생겼습디까?"
하니 주인은,

"아직 보지는 못했습니다만, 혹자는 앞은 사슴 모양이고, 뒤는 말처럼 생겼다고 합디다."

21 건륭 이전에 나온 『예기』의 「월령」편에는 "미각해"라고 되어 있고, 건륭 이후에 발간된 『예기』에는 "주각해"라고 고쳐져 있다.

라고 한다.

　　대체로 「월령」의 내용을 바꾸더라도 천자의 위엄이나 권세가 아니라면 천하 사람들을 복종시키고 믿게 할 수 없을 터이니, 그 때문에 '오직 천자만이 제도를 논의하고 고칠 수 있다'고 말한 것이리라.

네덜란드 사슴 荷蘭鹿

　　약국 주인이 또 말하기를,
　　"사슴 중에도 아주 작은 놈이 있소이다."
하고는 자기의 주먹을 보이면서,
　　"요 정도 크기나 될까요. 전에 하란荷蘭(네덜란드)에서 바친 사슴 한 쌍을 보았는데. 푸른 바탕에 흰 얼룩점이 있더군요."
라고 한다.

타조 알 鴕答

　　내가 약국 주인에게 묻기를,
　　"점포 안에는 아주 희귀하고 기이한 약재도 구비되어 있습니까?"
하니 주인은,
　　"물론입지요. 풀이든 나무든 금속이든 돌이든 간에 이름을 대고 보기를 원하신다면 즉각 받들어 올리겠습니다."

하기에 내가,

"희귀하고 기이하며 값진 약재의 이름을 갑자기 생각하려니 생각이 나지 않습니다."

하니 주인이 동쪽 벽 아래에 있는 붉은 칠을 한 궤짝을 가리킨다.

"저 안에 사답乍答 하나가 들었는데, 정말 희귀하고 기이한 것으로 구하기 어려운 약재입니다."

"사답이란 게 무슨 물건입니까?"

주인이 웃으며 일어나서,

"구경하는 것쯤이야 무방하겠지요."

하고는 궤짝을 열어서 둥그런 돌덩이 하나를 꺼내어 놓는다. 크기는 몇 되 정도 들어갈 크기의 박처럼 생겼고, 모양은 흡사 거위 알처럼 생겼다. 내가,

"이건 물에 닳아서 둥그렇게 된 커다란 자갈이 아니요? 지금 장난하자는 거요?"

하니 주인은,

"어떻게 감히 일부러 무례한 짓을 하겠습니까? 이건 타조의 알인데, 이름도 알 수 없는 난치병을 능히 치료할 수 있답니다."

라고 한다.

참선에 든 중 入定僧

장성 밖 백운탑白雲塔에는 돌로 된 감실龕室 안에 요遼나라 때부터 참선에 들어간 중이 있다. 육신은 아직까지 문드러지지 않았고 약간의 온기와 부드러운 윤택이 있으며, 다만 눈을 감고

숨을 쉬지 않을 뿐이라고 한다.

비공식 보고서, 별단 別單

북경의 하류층에는 문자를 아는 사람이 아주 드물다. 소위 필첩식筆帖式이라 하여 각 관아에 설치된 하급 문관이라든지, 혹은 서반序班이라 하여 외국 사신을 접대하는 기관에 소속된 하급 관리는 대부분 남방 출신의 가난한 사람들이다. 안색은 초췌하고 성격이 괴팍하여 후덕하거나 느긋한 사람이라곤 하나도 없다. 나라에서 녹봉으로 지급하는 양식이 있긴 하지만 대단히 보잘것없고, 만리타향에서의 나그네 생활이라 살아가는 방도가 아주 쓸쓸하고 쇠약하여, 가난하고 군색한 땟국이 얼굴에 줄줄 흐른다.

우리 사신들이 중국에 가서 서책이라든지 지필묵을 살 때는 모두 이들 서반배들이 거간을 나서서 중개인 역할을 하며 거기서 이문을 뜯어먹는다. 또 우리 역관들이 여기 중국에서의 비밀스러운 일을 알려고 하면 서반배들을 통해서 정보를 구한다. 그래서 이들은 아주 황당한 거짓말을 하고, 듣도 보도 못한 신기한 말을 꾸며 대느라 애를 쓰는데, 모두 해괴하고 망측한 말을 가지고 역관들의 쌈짓돈을 우려낸다.

당시 정치에 관한 이야기를 들으려고 하면 좋은 내용은 싹 감추어 버리고, 잘못되거나 쭉정이 같은 내용만을 부풀려 지어낸다. 있지도 않은 역대의 천재지변이나 요괴한 인물들의 일을 끌어모으고, 심지어는 변방의 침략과 백성들의 원망으로 일시 소란했던 상황을 극도로 과장하고 꾸며서, 마치 나라에 위태하고 망할 화가 금방이라도 들이닥칠 것처럼 장황하게 나열하고 기록해서 역관들에게 준다. 역관들이 이를 사신에게 바치면 서장관은 고르고 추려서 자신이 견문한 사건처럼 별도의 비공식 보고서인 별단을 만들어 우리 임금께 아뢴다. 그 불성실함이 이와 같다.

도대체 임금에게 보고하는 일이 얼마나 삼가고 엄히 해야 할 일인가? 그런데도 아까운 은화만 낭비하여 허무맹랑한 일을 일부러 돈을 주고 사서 임금께 보고하는 자료로 삼으니, 어찌 옳다고 할 수 있겠는가? 사신들이 뻔질나게 중국에 드나들면서 100년을 이렇게 하고 있다. 정말 염려스러운 일은 이 따위 문서들을 불행하게도 잃어버려 만약 저들의 수중에 들어가기라도 한다면 우리나라에 닥칠 피해나 근심이 얼마나 클 것인가?

이번 열하에 왕래한 일만 가지고 말하더라도, 모든 일들이 실제로 눈으로 보고 겪은 것이어서 실제의 일을 기록한 것이긴 하지만, 그러나 정식 보고서인 장계狀啓를 보내면서 별도로 보낸 한 두 건의 비공식 문건은 저들 중국에게 숨겨야 할 일이 더러 있다. 그렇다면 압록강을 건너 귀국하기 전까지는 극도로 황공하고 초조하지 않는 날이 없을 것이다.

내 생각에는 저들 중국의 소식은 그것이 사실이든 거짓이든 간에, 장계에 붙여서 먼저 보내는 비공식 문건은 모두 우리 언문으로 써서 보내고, 승정원에 도착한 뒤에 다시 한문으로 번역하여 임금께 아뢰는 방식이 묘책일 것이다.

돌도 붙이는 등나무 즙 藤汁膠石

왕삼빈王三賓이 말하기를,

"운남과 귀주 지방에는 돌을 붙이는 등나무가 있습니다. 나무 이름을 양도등羊桃藤이라 하는데, 그 즙을 짜서 돌을 붙입니다. 산중에서 돌을 붙여서 허공에 돌다리를 만들 때 사용하는데, 수십 길 길게 연속으로 붙여도 끊어지지 않습니다. 마치 풀로 종이를 붙이듯, 아교로 나무를 붙이듯 합니다. 귀주 사람들은 돌을 붙이는 아교라는 의미로 '점석교'黏石膠라고 부른답니다."
라고 한다. 그 말이 아주 황당하기 짝이 없으나, 짐짓 기록해서 뒷날 참고 자료로 삼는다.

조라치 照羅赤

몽고의 말로 '삐뚜치'必闍赤란 공부하는 서생이란 뜻이고, '빠허시'八合識란 선생이란 말이다. 우리나라의 궁궐이나 임금을 호위하는 금군禁軍에 소속된 하인들을 '조라치'照羅赤라고 부르는데, 이는 응당 옛날 고려의 말을 그대로 답습한 말일 것이다. 고려 시대에는 외올어畏兀語(위구르의 말)를 많이 배웠으니, '조라치'라는 말은 틀림없이 몽고의 언어일 것이다.[22]

22 조라치는 詔羅赤으로도 표기하며, 몽고어로 종이나 사환을 일컫는 말이다.

원나라 천자의 이름 元史天子名

『원사』元史를 읽다 보면 천자의 이름이 일상적인 이름과 아주 달라서, 읽는 데 애를 먹는다. 장성 밖에 한 폐해진 절이 있는데, 원나라 때의 고찰이다. 그곳에 있는 끊어진 비석에는 원나라 여러 제왕들의 공적이 두루 서술되어 있다. 거기에 '청지쓰'成吉思라고 한 사람은 태조이고, '워쿼타이'窩闊台라는 사람은 태종太宗이며, '쉐찬'薛禪이라는 사람은 세조世祖이고, '완쩌'完澤라는 사람은 성종成宗이고, '취뤼'曲律라는 사람은 무종武宗이며, '푸옌두'普顏篤라는 사람은 인종仁宗이고, '거젠'格堅이라는 사람은 영종英宗이며, '후두두'忽都篤란 사람은 명종明宗이고, '이렌전반'亦憐眞班이란 사람은 중종中宗이다.

중국 남방 언어 蠻語

남방 소수민족의 말인 만어蠻語로 '아이모리'愛莫離라는 말은 중국어로 '오랜 인연'이란 뜻이고, '뤄우훈'落勿渾이란 말은 중국어로 '몰염치'라는 뜻이고, '예뤄허'曳落河라는 말은 만주어로 장사壯士라는 뜻이다.

'리'·'둥'이라는 중국 발음 麗音離·東頭登切

사행에 따라간 우리의 역졸이나 말몰이꾼이 배운 중국어는 모두가 남을 비방하는 엉터리 중국말이다. 자기들이 말하면서 무슨 뜻인지도 모르면서 항상 쓴다.

냄새가 아주 고약한 것을 중국말로 '가오리초우'高麗臭라고 하는데, 이는 고려인들이 목욕을 하지 않아서 발 냄새가 아주 고약하다는 것에서 나온 말이다. 잃어버린 물건이 있으면 '둥이'東夷라고 하는데, 이는 동쪽 오랑캐가 몰래 훔쳐 갔다는 것에서 나온 말이다. 고려의 려麗의 중국 발음이 '리'이고, 동녘 동東은 두頭와 등쯆의 반절음인 '둥'이다. 우리나라 사람들은 이런 사실도 모르고서 좋지 않은 냄새를 맡으면 문득 중국말로 '가오리초우'라고 일컫고, 누가 물건을 훔쳐 갔나 의심할 경우에는 아무개가 '둥이' 했다고 말한다. 그리하여 '둥이'가 그만 물건을 훔친다는 뜻의 말이 되어 버렸다. 참으로 기가 막힐 일이다.

즉위하던 해의 건륭 황제 이탈리아 선교사·화가인 주세페 카스틸리오네(郞世寧)가 그린 그림.

23 건륭 황제가 즉위한 날은 옹정 13년 을묘년(1735) 9월 초3일이다.
24 강희 황제의 재위 기간은 61년이고, 건륭 황제는 60년이다. 건륭은 을묘년인 1795년에 황제의 자리를 물려주었다.

설날 아침의 일식 丙午乙卯元朝日食

건륭 황제가 즉위하는 날,[23] 황제는 향을 피운 탁자 앞에 나아가 머리를 조아리고 하늘에 감사를 드렸다. 그날 밤 꿈에 옥황상제가 나타나서 황제에게 백 살을 살게 해 줄 것이라고 했다. 꿈에서 깬 황제는 다시 탁자 앞에 나아가 머리를 조아리고 하늘에 감사드리며,

"원하옵건대 돌아오는 을묘년(1795)에는 황제의 자리를 후계자에게 물려주어서, 저의 재위 기간이 할아버지 강희 황제보다 한 해가 적게 되도록 해 주시기 바랍니다."

라고 했다고 한다.[24]

금년(1780)에 천문을 관측하는 흠천감欽天監에서 아뢰기를,

"올해부터 6년 뒤인 병오년(1786) 새해 아침에 일식이 있을 것이고, 그로부터 10년 뒤인 병진년(1796) 새해 아침에 일식이 있을 것입니다."

라고 하였다.

이 말을 들은 황제는 계획을 바꾸어,

"을묘년에 만약 황제 자리를 물려주면 새로운 천자의 원년에 때마침 일식을 당하게 되고, 새해 아침의 조회와 경하를 드리는 자리가 그로 인해 응당 정지하게 될 터이다."

라고 하였다. 이는 송나라 고종이 황제 자리를 선양하는 것을 명분으로 삼았지만, 사실은 금나라 사람과 마주치고 싶지 않아서 그랬던 행동과 다를 바 없다.

황제는 또 말하기를,

"을묘년보다 뒤로 미루어 그해를 넘기게 되면, 이는 황제 자리에 있는 기간이 할아버지 강희 황제보다도 도리어 2년이 많아지게 된다. 이 때문에 마음이 편치 않다."

라고 했다고 한다.[25]

이런 이야기는 대단히 요망한 것이어서, 결코 황제가 직접 한 말이 아닐 것이다. 자고로 제왕의 통치 기간이 길어지면 사방에서 온갖 상서로운 징조를 앞다투어 바친다. 뭇 신하들은 임금의 뜻에 영합하려고 경사를 꾸며서, 없던 일을 날조하고 꾸미는 일이 없을 수는 없겠으나, 어찌 오늘처럼 미래에 일어날 일식을 미리 점을 쳐서 황제의 자리를 선위하는 연도를 앞뒤로 물리는 일을 할 수 있겠는가? 이는 필시 중국의 아첨하고 간사스러운 무리가 성인의 아흔 살 꿈에 대한 고사[26]를 빌려서 황제가 앞으로 살

25 건륭 황제는 1795년 을 묘년의 다음해인 1796년 병진년 정월 초1일에 가경嘉慶 황제에게 선양하였다.

26 주나라 문왕과 무왕이 꿈속에 서로 이야기를 하며, 문왕이 '나는 백 살까지 살고 너는 아흔 살까지 산다고 하니, 내가 세 살을 너에게 주겠다'고 했다. 과연 문왕은 아흔일곱 살을, 무왕은 아흔세 살을 살았다고 한다. 『예기』「문왕세자」文王世子 편 참조.

햇수를 꾸미려는 수작일 뿐이다.

승덕 주변의 여섯 지역 六廳

열하에 있는 태학 대성문大成門 밖의 동쪽 담에는 건륭 43년 (1778)에 황제가 내린 글을 새겨서 액자처럼 박아 두었다.

거기에 이르기를,

"경기京畿 동북쪽 400리에 있는 열하 지방은 고북구 장성의 북쪽으로, 곧 『서경』 「우공」禹貢 편의 기주冀州의 변방 끝이며, 하·은·주 3대에는 유주幽州의 영역이었다. 진나라, 한나라 이래로 이곳은 중국의 판도 안에 들어오지 않았고, 원위元魏(북위北魏, 386~534) 때 안주安州와 영주營州 두 고을을 세웠으며, 당나라 때는 영주 도독부를 두었으나, 먼 지방의 옛 명칭을 그대로 따서 지방 장관의 관청을 경기 지방에 둔 것에 불과하였다. 요遼, 금金, 원元나라에 이르러 비로소 열하라는 명칭을 사용했으나, 그들 나라의 역사가 오래 가지 못했기 때문에 그 지역은 곧 황폐해지고 말았다.[27] 명나라에서는 대령大寧[28] 지방을 아예 내팽개쳐 아주 남의 땅처럼 취급했다.

우리 조정에서는 지난번에 승덕주承德州를 설치했다가 지금 승덕부承德府로 승격시키니 그 우두머리를 승덕부동지承德府同知라는 벼슬로 바꾸고, 그 나머지 여섯 개의 지역은, 예컨대 객라하둔청喀喇河屯廳은 난평현灤平縣으로 고치고, 사기청四旗廳은 풍녕현豊寧縣으로 바꾸며, 팔구청八溝廳은 그 땅이 비교적 넓은 곳이니 평천주平泉州로 고치고, 오란합달청烏蘭哈達廳은 적봉현赤峰縣

27 『흠정열하지』欽定熱河志에 수록된 원문과 연암의 글이 약간 다르다. 여기서는 『흠정열하지』의 내용에 따라 번역하였다.
28 대령은 승덕, 평천, 적봉, 조양 등 열하의 동북 지방 일대를 가리킨다.

으로 바꾸며, 탑자구청塔子溝廳은 건창현建昌縣으로 고치고, 삼좌탑청三座塔廳은 조양현朝陽縣으로 바꾸어서 모두 승덕부에 소속시켜 통괄하게 할 것이다."
라고 하였다.

삼학사가 살신성인한 날짜 三學士成仁之日

미곶彌串[29] 지방의 첨사僉使를 지낸 장초張超의 일기에, "청 태조 누르하치가 심양으로 끌고 간 조선의 세 분 학사學士 중에, 오달제吳達濟와 윤집尹集은 정축년(1637) 4월 19일에 피살되었다"고 했다. 그래서 두 집안에서는 이 일기를 근거로 해서 그날 19일을 기일로 하여 제사를 지낸다. 정축년은 곧 명나라 숭정 10년인데, 두 학사께서 해를 당한 것은 청나라가 심양 땅에 있을 무렵의 일이었다. 학사 홍익한洪翼漢의 이름은 일기에 실려 있질 않아서, 그가 장렬하게 살신성인한 날이 정확하게 어느 날인지 소상히 알 수 없었다. 때문에 그 집안에서는 두 학사가 해를 입은 날짜를 따라서 19일에 제사를 모신다.

지금 청나라 사람이 편찬한 『황청개국방략』皇淸開國方略을 열람하니, "숭덕崇德 2년(1637) 3월 갑진일甲辰日에 조선 신하 홍익한 등의 목을 베어서 두 나라간의 맹약을 깨뜨리고 군대를 동원하고 명나라 편을 들자고 제안한 죄를 밝힌다"라고 특별히 써 놓았다. 숭덕은 곧 청 태종의 연호이고, 3월 갑진일은 간지를 따져 보면 초엿새이다. 기록에 홍익한 등이라고 한 등等 자를 가지고 본다면 오달제와 윤집이 해를 당한 날짜도 응당 3월 초엿새[30]

[29] 미곶은 압록강에 있는 지명으로, 우리말로 말곶이라고 하는데, 한자로 미곶彌串 혹은 진곶辰串이라고 표기했다.

[30] 1637년 3월 갑진일은 초닷새이다(『한국연력대전』참조). 『태종문황제실록』에는 3월 1일로 되어 있다.

삼학사 비석 심양 발해대학에 있는 비석으로, 1935년에 세운 중수비가 파손되어 2005년에 다시 세웠다.

일 것이다.[31]

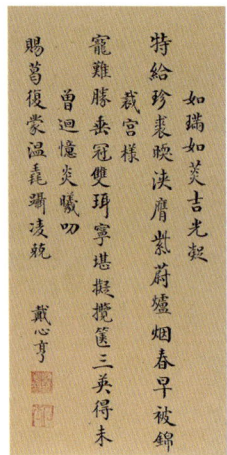

대심형의 글씨

지금의 중국 명사들 當今名士

지금 중국의 명사로 꼽히는 양국치梁國治, 팽원서彭元瑞, 호가 효람曉嵐인 기윤紀昀, 오성흠吳聖欽, 대구형戴衢亨과 그의 형 대심형戴心亨[32] 등은 모두 옛날 오吳나라 지방이었던 강남 사람들이다. 축덕린祝德麟과 이조원李調元은 모두 촉蜀 땅의 면죽綿竹 사람이다. 나는 대심형이 쓴 주련柱聯 한 쌍을 가지고 있는데,

책을 펴자 모든 언어들이 우아함을 지키고
거문고를 타자 육기六氣[33]가 맑게 되었다.
開帙群言守其雅 撫琴六氣爲之淸

라는 글씨이다.

명련의 아들이 왕으로 봉해지다 明璉子封王

조선 인조仁祖 임금 갑자년(1624) 구성부사龜城府使 한명련韓明璉이 평안병사平安兵使 이괄李适과 함께 반란을 일으켜서 군사를 동원해 대궐을 침범했다가, 실패하고 달아나다 잡혀서 모두 죽임을 당했다. 한명련의 두 아들인 윤潤과 난瀾은 눈 위에서 짚신을 거꾸로 신고 여진족의 본거지인 건주建州로 도망해 들어가

---

[31] 『황청개국방략』과 『태종문황제실록』太宗文皇帝實錄에는 윤집과 오달제의 이름이 모두 적혀 있다.
[32] 양국치(1725~1786)는 자가 계평階平, 호는 요봉瑤峰. 『사고전서』 편찬의 부총재를 지냈고, 저서에 『경사당문집』敬思堂文集이 있다. 팽원서(1731~1803)는 자가 장잉掌仍, 호는 운미芸楣. 『사고전서』 편찬의 부총재를 지냈고, 저서에 『은여당집고』恩余堂輯稿가 있다. 기윤(1724~1805)은 자가 효람曉嵐, 춘범春帆, 호는 석운石雲. 『사고전서』 편찬의 책임자로 『사고전서총목제요』를 편찬했고, 저서에 『열미초당필기』閱微草堂筆記가 있다. 대구형(1755~1811)은 자가 하지荷之, 호는 연사蓮士, 저서에 『진무구재시고』震無咎齋詩稿가 있다.

서 그곳의 장수가 되었다. 그로부터 13년 뒤인 정축년(1637)에 그들이 청 태종을 따라서 조선에 왔다고 한다.

이 이야기는 당시에 전해진 이야기인데, 진위 여부는 지금까지 알 수 없다. 그런데 지금 새로 간행된 『황청개국방략』을 읽어 보니 과연 "조선 장수 한명련이 부하에게 살해를 당하자, 아들 윤과 의義가 투항해 왔기에, 의義를 이친왕怡親王에 봉했다"고 했는데, 아마도 난瀾이 이름을 의로 바꾼 것 같다.[34] 청나라 장조張潮가 편찬한 『소대총서』昭代叢書 안의 「시호록」諡號錄에 그 이름이 응당 실려 있을 것이니, 뒷날 마땅히 확인해 보아야 할 터이다.

아, 슬프다. 우리 조선이 나라를 세운 400년 동안에 흉악한 역적들이 죽임을 당한 일이 없지는 않았지만, 이 두 역적들처럼 군사를 동원하여 대궐로 쳐들어온 자는 일찍이 없었다. 그런데 흉악한 무리가 남긴 재앙의 종자들이 오랑캐에게 투항하여 장수가 되고, 군사를 빌려서 걷잡을 수 없이 창궐하여 이런 고약한 지경에까지 이르게 되었다. 당시 건주라는 곳이 도망자들의 소굴이 되었으니, 평소에 변방 국경의 문을 엄히 단속하지 않았음과 압록강 연변의 수비가 엉성했음을 족히 짐작할 수 있겠다. 억센 이웃 나라에 빌붙어 함부로 우리나라를 침범하고 날뛰고 있는데도, 그 짓을 하고 있는 장수의 성명조차도 모르고 앉았으니, 하물며 그들의 용맹한 인재와 계책이 어디서 나오는지 알 수 있겠는가?

사정이 이러한데도 한갓 부질없는 큰소리만으로 적을 꺾으려 하고, 한 손으로 대의를 부지하려고 하고 있다. 아아, 참으로 어려운 일이다.

대심형(1752~1788)은 자가 습지習之, 호는 석사石士.
33 육기는 천지 혹은 인간의 여섯 가지 기운으로, 인간의 육정六情이라고도 하는데, 호好·오惡·희喜·노怒·애哀·낙樂이다.

34 『황청개국방략』에 의義는 한명련의 조카라고 되어 있으며, 한명련의 아들 윤潤과 함께 투항해 왔다고 하였다.

고아마홍 古兒馬紅

고아마홍이란 사람은 의주義州 관청의 노비로 있던 정명수鄭命壽[35]이다. 강공렬姜功烈이란 사람은 도원수都元帥를 지낸 강홍립姜弘立이다. 두 사람 모두 이름을 바꾸어 오랑캐에게 투항한 자들이다.

정명수란 자는 가장 흉악한 인물이어서 자기 부모의 나라를 깔보고 학대하여, 못하는 짓이 없었다. 세자시강원의 필선弼善 벼슬을 하는 정뇌경鄭雷卿이 울분을 참지 못하고, 정명수를 찔러 죽이려고 하였다. 그는 시강원 아전인 강효원姜孝元과 모의하여 청나라에 사람을 보내어 명수가 이익을 챙기려고 저질렀던 불법적인 일을 모두 일러바쳤다. 그러나 청나라 사람은 도리어 글을 바친 자를 참수하고, 정뇌경과 강효원을 사형에 처하게 하였다. 그리고 명수에게 그 사형 집행을 감독하게 했는데, 말할 수 없을 정도로 참혹했다고 한다. 뒷날 청나라 사람들도 정명수가 본국에서 저지른 심각한 죄상을 깨닫고 드디어 목을 베었다.

강홍립은 광해군 때 도원수를 지냈던 인물인데, 심하深河의 전투[36]에서 오랑캐에게 항복하였다. 인조반정이 일어나자 강홍립은 그의 가족들이 몰살된다는 소식을 듣고 크게 분노하여 후금의 오랑캐 병사를 동원하여 조선을 쳐 황해도 평산平山에 이르렀다. 조정에서는 부득이 그의 가속들을 그 군대의 진영 앞으로 석방하여 내보냈는데, 홍립의 숙부 강인姜絪이 홍립을 책망하자 그는 크게 부끄러워하였다.

얼마 있다가 만주의 후금도 강홍립의 거짓을 알게 되어 드디어 조선과 휴전을 선언하고 떠나며 강홍립을 본국에서 알아서 조

35 정명수(?~1653)는 이름을 命守라고도 표기한다.

36 1608년 명나라가 후금의 누르하치를 정벌하기 위해 조선에 원병을 요청했을 때, 광해군은 강홍립(1560~1627)을 도원수로 삼아 1만 3천의 군사를 거느리고 출정하게 하였다. 조선과 명나라의 연합군은 심하의 전투에서 대패하고, 강홍립은 항복하였다. 그러나 실제로는 전세가 불리하면 후금에 항복하여 조선 군사를 보호하고 적정을 살피라는 광해군의 밀명을 따라서 항복한 것이라고 한다. 8년간 후금에 억류되었던 강홍립은 1627년 정묘호란 때 귀국하여 막후에서 화친을 성사시켰다. 후금에 투항한 역신으로 몰려 삭탈관직되었다가 사후에 신원 복직되었다.

치하라고 남겨 두고 떠났다. 조정에서는 만주의 강성함을 겁내어 감히 홍립을 공개적으로 죽이진 못하였다. 홍립은 양화진楊花津[37]에 있는 그의 강가 정자에 나아가 거처했는데, 나라 사람들을 만나 볼 면목이 없어서 방문을 나오지 않았고 다만 긴 한숨 소리만 토해 냈다고 한다.

그로부터 5~6년이 지나서 그의 집안사람들이 홍립의 목을 매달아 죽였다고 한다.[38]

강홍립 묘 관악구 소재

[37] 양화진은 서울 마포구 합정동 한강 북쪽 언덕에 있던 나루이다.
[38] 강홍립은 정묘호란이 있던 1627년 조선에 와서 잔류해 있다가 그 해 7월에 병사했다고 한다.

『동의보감』 東醫寶鑑

우리나라의 책으로 중국에 들어가 다시 출판된 경우는 매우 드물다. 오직 『동의보감』 25권이 성행을 하였는데, 판본이 매우 정밀하고 오묘하다.

우리나라는 의술이 넓게 퍼지지 못하고, 고유의 약이라는 것이 믿음직하지 못해서, 우리 선조 대왕이 태의太醫 허준許浚[39]과 선비 출신 의원인 고옥古玉 정작鄭碏,[40] 의관 양예수楊禮壽,[41] 김응탁金應鐸, 이명원李命源, 정예남鄭禮男 등에게 명하여 편찬국을 설치하여 책을 찬집하게 하였다. 왕실 창고에 보관된 처방전 500여 권을 꺼내어 참고 자료로 삼게 하여, 선조 병신년(1596)에 시작해서 광해군 3년 경술년(1610)에 완성했으니, 때는 만력 38년이었다.

지금 중국에서 간행된 본의 서문이 자못 유창하고 후련한 내용으로 되어 있다. 서문은 이렇다.

"『동의보감』은 명나라 시대, 조선의 양평군陽平君 허준이 지

[39] 허준(1539~1615)의 자는 청원淸源, 호는 구암龜巖이다.
[40] 정작(1533~1603)의 자는 군경君敬이고 호는 고옥이다.
[41] 양예수(?~1597)의 자는 경보敬甫, 호는 퇴사옹退思翁이다.

『동의보감』(중국판)

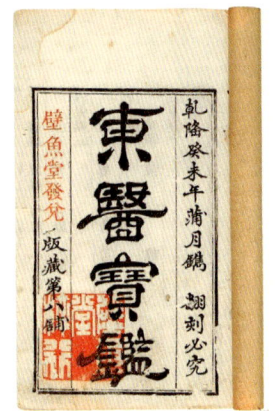

『동의보감』(건륭년간 판본)

42 중의中醫에서 칠정은 희喜·노怒·우憂·사思·비悲·공恐·경驚을 가리킨다.

은 책이다. 살펴보건대, 조선의 풍속은 본디 한문을 알고 독서하기를 좋아한다. 허씨는 또한 대대로 명문세족으로서, 만력 연간의 허봉許篈, 허성許筬, 허균許筠 삼 형제는 문장으로 일세를 울렸으며, 누이동생 경번景樊(허난설헌)의 재주와 이름은 다시 그 형제들보다 위에 있었다. 중국 변방에 있는 여러 나라 중에서 가장 걸출한 자이다.

책 이름에 동의東醫라고 말한 것은 무슨 뜻인가? 그 나라가 동쪽에 있기 때문에 의醫라는 글자 앞에 동東자를 붙인 것이다. 옛날 금나라 의학자 동원東垣 이고李杲(1180~1251)가 『십서』十書를 저술했는데, 북의北醫라는 이름으로 강소 절강 지방에 행해졌고, 원나라 의학자 단계丹溪 주진형朱震亨이 『심법』心法을 저술하여 남의南醫로 관중 지방에 행해진 예가 있다. 지금 양평군이 구석진 외국 변방에서 능히 책을 지어 중국에까지 행해지게 되었으니 내용을 전할 수 있느냐 하는 문제가 중요하지, 출신이 어디냐는 따질 필요가 없다.

보감寶鑑이라는 말은 무슨 의미인가? 태양빛이 구멍으로 새 들어오는 곳에는 얽혔던 묵은 음기가 풀리는 것처럼, 살과 피부를 가르고 분리하듯, 사람으로 하여금 책을 펴기만 하면 일목요연하게 밝은 빛을 비추는 것이 마치 거울 같다는 의미이다. 옛날 원나라 사람 익지益之 나천익羅天益(1220~1290)이 『위생보감』衛生寶鑑을 지었고, 명나라 사람 공신龔信(1568~1644)이 『고금의감』古今醫鑑을 지어서 모두 감鑑이라는 글자로 책 이름을 지었으나, 잘난 체한다는 혐의를 받지는 않았다.

가만히 따져 보면, 인간에게는 다섯 개의 장기가 있고, 병은 칠정七情[42]에서 생기게 된다. 그 사이에 하늘로부터 받은 천품이 온전한가, 치우쳤는가 하는 차이가 있으며, 감염됨이 깊고 얕음이 있고, 증상의 변화가 막혔느냐 뚫렸느냐 하는 차이가 있으며, 열흘 사이의 맥박의 움직임에 뜨고(浮), 중간이고(中), 가라앉는(沈) 세 부분이 있다. 이를 상세히 살펴본다면 마치 밭이랑이 분리되어 있듯 서로 넘을 수가 없고, 장작불이 환하게 비치듯 가릴 수 없는 것처럼 된다.

대황大黃[43]이란 약재가 체한 곳을 뚫는다는 것만 알고 그것이 가슴을 차갑게 한다는 사실은 모르거나, 부자附子라는 약재가 허한 곳을 보하는 것만 알고 그것이 몸에 독을 남긴다는 사실을 모른다면 병을 제대로 고칠 수 없을 것이다. 그러므로 의술이 최고의 경지에 이른 사람은 사람 몸에 병이 생기기 전에 치료하지, 병이 든 후에는 치료를 하지 않는 법이다. 병이 들어서야 비로소 치료를 받으려는 것은 아주 잘못된 방법이다. 그런데도 다시 돌팔이 의원에게 목숨을 내맡겨 결정하게 하고 있으니, 어찌 병이 나을 수가 있겠는가?

심지어 사리사욕을 채우려는 의원은 병이 없는 사람을 치료한답시고 하여 자신의 공으로 돌리고, 의술에 처음 종사하는 초보자는 아픈 사람을 자신의 공부하는 수단으로 이용하기까지 한다. 그래서 『주역』에서는 '까닭없는 병에는 약을 쓰지 않아야 낫는다'[44]는 점괘가 있고, 『논어』에는 '남방 사람들의 말에, 항심이 없는 사람은 무당이나 의원이 될 수 없다고 했다'[45]는 경계의 말이 있으니, 일찌감치 그런 부류들을 위해 그들의 숨겨진 속마음과 폐단을 벗기려는 경계이다.

춘추시대 명의로 알려진 편작扁鵲은 말하기를, "사람들은 병의 종류가 많음을 걱정하고, 의원들은 병을 치료하는 방법이 적

43 여뀟과에 속한 여러해살이풀로, 그 뿌리를 소화재나 화상약으로 사용한다.

44 『주역』「무망괘」无妄卦에 나온다.
45 『논어』「자로」子路 편에 나온다.

음을 걱정한다"라고 했다. 그러나 전설상 의원의 원조 격인 황제黃帝나 그의 신하인 기백岐伯이란 의원 이후로 각 시대마다 명의가 끊이질 않았다. 그리하여 지금까지 그들이 남긴 번다한 저술이 거의 한우충동汗牛充棟이 될 정도로 많으니, 치료하는 방도가 적음을 걱정할 필요는 없을 것이다.

    그런데도 의술에 효험이 있기도 하고 혹은 효험이 없기도 하니, 옛 의원들이 각기 자신의 견해로 학설을 만들어 낸 탓이 아니겠는가? 정밀하지 못한 의술을 선택하는 자는 설명이 상세하지 못하고, 한 가지만 고집하는 의원은 의술의 도를 해치게 된다. 이는 사람의 질병을 치료하려고 하면서도 그 사람의 마음을 치료하지 못하고, 마음을 치료하려고 하면서도 그 사람의 생각과 통하지 못하는 까닭이다.

    지금 『동의보감』을 살펴보면, 제일 앞에 내경內景(내과)을 두어서 병의 근원을 소급하게 했고, 다음에 외형外形(외과)을 두어서 병의 말단까지 소통하게 했으며, 다음에 잡병을 두어서 증상을 변별하게 했고, 가장 나중에 약탕과 뜸을 두어서 처방을 정하였다. 책 안에 인용한 책은 편작이 지은 『천원옥책』天元玉册에서부터 근래의 『의방집략』醫方集略에 이르기까지 모두 80여 종으로, 대부분 우리 중국의 책이고 조선에서 간행된 것은 세 종류에 지나지 않을 뿐이다. 옛날 사람이 이루어 놓은 법을 좇되 능히 신령스럽게 밝히고, 두 나라의 부족한 부분을 보충하여 사람 몸에 온화하고 따뜻한 빛이 퍼지게 하였다. 책을 저술하여 대궐과 조정에 바치자, 나라에서 타의 추종을 불허하는 최고의 서적으로 인정을 받았다.

    돌아보건대, 이 책은 궁중의 장서각에만 비장해 둔 터라 세상에서는 보기가 어려웠다. 전에 소금의 책임을 맡았던 차사軺使 산좌山左 왕공王公이 임월臨粵 지방(광서 지방)의 수령으로 있을 때, 당시 의원들이 오류를 저지르는 일이 많음을 안타깝게 여겨서 일부러 사람을 북경에 보내어 베껴 오게 했는데, 미처 책을 출판하지 못하고 일이 있어서 떠나게 되었다.

순덕順德 지방에 사는 명경明經[46] 좌한문左翰文 군은 나의 총각 시절부터의 친구인데, 개연히 책을 출판하여 널리 보급하겠다고 했다. 출판 비용 300꿰미[47]를 약조하고도 얼굴에는 조금도 아까워서 주저하는 기색이 없었다. 그의 마음은 대개 사람을 구제하고 사물을 이롭게 하려는 마음에서 나온 것이고, 그가 하려는 일은 음양의 조화를 잘 이루려는 일이다. 천하의 보배는 마땅히 천하 사람들과 공유하려는 생각이니, 좌한문 군의 어짊은 위대하다고 하겠다. 책이 완성되자 나에게 서문을 부탁하기에, 기꺼운 마음으로 그 서문을 짓는다.

건륭 31년 병술년(1766) 7월 상순. 전에 호남의 소양·예릉·흥령·계양현의 현사縣事를 지내고, 또 경오년·임신년·계유년·병자년에 호남과 광동의 향시에서 네 번이나 고시관을 지낸(湖南 邵陽 醴陵 興寧 桂陽縣事, 充庚午壬申癸酉丙子四科 湖廣鄕試同考官) 번우番禺 지방의 능어凌魚[48]가 짓다."

우리 집안에 훌륭한 의서가 없어서 매양 병이 나는 사람이 있으면 사방 이웃에서 빌려서 보았는데, 지금 이 『동의보감』 판본을 보자 구하고 싶은 마음이 아주 간절하였다. 그러나 책값 문은紋銀[49] 닷 냥을 마련키 어려워, 못내 아쉽고 섭섭하지만 돌아설 수밖에 없었다. 그래서 능어가 지은 서문이나 베껴서 뒷날 참고 자료로 삼고자 한다.

46 과거에서 유가의 경전을 시험 보아서 급제한 사람을 말한다. 문학을 통해서 급제한 사람은 진사라고 부른다.
47 꿰미(緡)는 엽전 1천 개이다.

건륭 연간의 은화

48 능어는 건륭 시대 광동성 번우현 사람으로, 『번우현속지』番禺縣續志와 『게양현지』揭陽縣志를 편찬했다.
49 문은은 청나라 때 통용된 가장 아름다운 색깔의 은화로, 모양은 말발굽처럼 생겼고, 안에 주름이 잡혔기 때문에 문은이라고 한다.

선비의 옷, 심의 深衣[50]

[50] 심의는 신분이 높은 선비들이 입던 웃옷으로, 흰 베로 두루마기 모양으로 만들었으며 소매를 넓게 하고 검은 비단으로 가를 둘렀다.

우리나라에서 심의를 삼베로 만들고 무명으로 만들지 않는 것은 잘못된 제도이다. 삼으로 짠 것은 응당 삼베(마포麻布)라고 말해야 하고, 모시로 짠 것은 모시베(저포苧布)라고 말해야 하고, 솜으로 짠 것은 응당 면베(면포綿布)라고 불러야 할 것이다. 그런데 우리말에서 포布를 '베'保라고 뜻을 풀이하고, 읽기를 '베포'保布라고 읽는다. 그래서 오로지 삼으로 짠 것만 베(布)라고 부른다.

이 때문에 시장에서도 삼베를 파는 집을 베전布廛이라 부르고, 모시베를 파는 집은 저포전苧布廛이라 하며, 면베綿布를 파는 집은 이름도 구분이 없기에 이르렀다. 우리말에 면화를 목화木花라고 하여, 솜으로 짠 것을 목木이라고 하면서도 면포가 곧 대포大布인 줄도 모르고 있다. 면포를 대포라고 이름을 붙이지도 않으면서, 그 파는 가게는 백목전白木廛이라고 부르며, 심지어 대포에 두 가지 세금을 붙여서 전세목田稅木, 대동목大同木이라고 말한다. 그리하여 대포라는 것을 특별한 다른 물건으로만 여겨서, 이런 이름을 관청의 문서에까지 올려서 온 나라에서 통용하고 있다.

[51] 『춘추좌전』 민공閔公 2년에 나오는 말이다.

심의 흥선대원군 이하응 초상

무엇을 대포라고 하는가? 순수하게 흰 무늬를 포백布帛의 문양이라고 일컬었으니, 면이라는 것은 실을 짜는 큰 근본이 되는 재료이다. 다섯 가지 채색을 넣어서 수를 놓을 수 없는 것으로, 바탕은 검소하고 색은 순수하여 무늬가 없는 무늬를 가지고 있다. 그 때문에 『춘추좌전』春秋左傳에서는 '거칠게 짠 옷'(大布之衣)이라고 말을 했고,[51] 『예기』에서는 "완전하고도 비용이 들지 않는 옷으로, 관복이나 제사복인 선의善衣의 다음 정도는 된다"52고 했으니, 여기 완전하고도 비용이 들지 않는다는 것은 무명을 말하는 것이고, 대포의 옷이란 심의이다.

52 『예기』「심의深衣」편에 나오는 말이다.

중국의 석새삼베인 삼승포三升布는 무명에 양털을 함께 섞어서 실을 자아 베로 만든 것이다. 우리나라 사람들이 삼승포를 사다가 되파는 가게를 일러 '청포전'靑布廛이라고 부르며, 겸해서 대포를 파는데 '대보'大保 혹은 '문삼승'門三升이라고 하여 그 값을 두 배로 쳐서 받는다. 그런데도 백목전에서 살피고 따지지 않는 까닭은 이름과 그 실제가 확실하지 않기 때문이다.

중국의 상복은 모두 면으로 만든 옷이다. 지금 길을 가다가 마주치는 상주들은 삼베옷을 입은 사람이 하나도 없으며, 머리에 쓴 두건조차도 모두 면포로 만든 것이다. 때가 여름철이라 땀과 사람의 기름이 엉겨서 뚝뚝 돋고 두건이 꺾여서 드리워져 있다.

내가 지금 입고 있는 옷은 면포로 만든 겹옷인데, 중국인들이 자세히 들여다보고는 그 올이 아주 촘촘한 것을 자못 진기하게 보고는, 심의의 옷감을 하겠다고 구하려는 자가 많았다. 내가 그들에게,

"중국에는 가늘게 짠 면포가 없습니까?"
하고 물으면, 모두들 탄식을 한다.

"중국에서는 모든 옷들을 각양 각종의 비단을 가지고 만들므로 대포로 옷을 지어 입는 것을 수치스럽게 여기고 있습니다. 그러니 옛날 성인께서 깊은 지혜로 먼 장래를 내다보고 만들었는데, 그 비용이 저렴한 옷의 제도는 그만 처박아 두고 강구하지 않은 지 오래되었습니다. 그러므로 비록 자루나 주머니를 만들기 위해

중국 상복

베틀에 얹어서 짜기는 하지만 워낙 엉성한 옷감이라서, 이것으로 선의善衣의 다음 정도 되는 옷을 만들 수는 없답니다."

"선의란 무슨 옷입니까?"

"선의란 관복이나 제사복처럼 아주 좋은 옷을 말합니다. 천자에서부터 일반 서민에 이르기까지 모두들 자기 딴에는 최고로 치는 좋은 옷을 가지고 있어서, 그 무늬로 신분의 귀천을 나타내는 것이지요. 그런데 심의라는 옷은 귀천이나 남녀의 구분이 없고, 길흉의 구분도 없이 모두가 똑같이 입는 옷입니다. 대포로 옷을 재봉했다는 것은 검소함을 밝히는 것이니, 이게 어찌 선의의 다음 정도 되는 옷이 아니겠습니까?"

우리나라 선비들은 심의를 아주 중요하게 여겨서 그림을 그린다, 설명을 한다 하여 떠들썩하게 서로 이론을 다툰다. 소매나 깃의 길이를 두고서도 한 치 한 푼을 고집하여 자기가 옳다고 주장을 하지만, 그러나 정작 심의의 옷감을 두고서는 삼베로 만드는 것인지 면포로 만드는 것인지 그 옷감조차도 모르고 앉았다. 심의의 큰 본질이 이미 옛 법과는 어그러졌는데도, 융통성 없는 유학자나 속물 선비는 이를 분변하지 못한다. 탄식할 만하다.

나약국의 국서 羅約國書

"건륭 44년(1779) 12월 나약국羅約國의 가달假㺚은 황제 폐하께 글을 올립니다. 신이 들으니, 중국의 삼황三皇이 먼저 나오고, 오제五帝가 이어서 황제가 되어 억조창생에 군림하여 그들을 다스리고, 하늘을 대신하여 법을 세웠다고 합니다. 그러나 어찌 다만 중화에만 군주가 있고 주변의 종족에게는 임금이 없으란 법이 있겠습니까? 넓고 넓은 하늘과 땅에 한 사람만이 홀로 임금 노릇 할 것도 아니고, 광대한 우주란 한 사람이 능히 전제할 수 있는 것이 아니니, 천하란 바로 천하 사람들의 천하이지 한 개인의 천하가 아닙니다.

신이 살고 있는 나약국은 수도가 불과 수백 리에 지나지 않고 영토는 3천 리를 넘지 않으나, 신은 항상 만족을 아는 마음을 가지고 있습니다. 그런데 폐하께서는 중원의 땅을 차지하여 통솔하면서 만승의 군주가 되어 수도는 수천 리가 되고, 영토는 수만 리가 되는데도 오히려 만족을 모르는 욕심을 품고서 매양 남의 나라를 집어삼킬 생각을 합니다. 그로 인해 하늘이 살기를 뿜어 귀신들은 울부짖고 통곡하며, 땅이 살기를 내뿜어 영웅호걸들은 달아나 숨었고, 사람이 살기를 내뿜어 천지가 뒤집어졌습니다.

요·순 임금은 도를 가지고 있었기에 사해에서 중국으로 들어와 조공을 바쳤고, 우禹·탕湯 임금은 은혜를 베풀었기에 만방에서 공손히 손을 잡고 섬겼습니다. 진시황은 여러 차례 흉노를 정벌하다가 결국은 죽어서 몸이 소금에 절여져서 바짝 마른 어포魚鮑가 되었으며, 거란족의 우두머리 야율덕광耶律德光은 중국 땅을 크게 유린하다가 결국 죽어서 내장이 들어내지고 소금을 친 제파帝豝⁵³가 되었습니다.

임금이 덕을 쌓으면 요·순·우·탕과 같이 되고, 죄악을 저지르면 진시황·야율덕광과 같이 됩니다. 그에 따르는 길흉화복이 마치 뿌리와 가지처럼 서로 함께 연결되어 있고, 춘하추동이 제때에 이르는 것처럼 확실하고, 뇌성벽력이 내려치듯 빠르니, 조심하지 않아서야 되겠습니까? '이 천리에 순종한다고 해서 꼭 삶

53 제파는 제파帝豝라고도 하는데, 거란의 장례 습속으로 시신을 건조시키는 것을 말하며, 황제이므로 제파라고 한 것이다.

이 보장되는 것도 아니고, 이를 거스른다고 해서 반드시 죽는 것만은 아니다'라고 말한다면, 이는 사람의 정상적 이치를 어긋나게 하는 일이고, 천도의 올바른 운행을 어기는 짓입니다.

그런데 신은 홀로 무슨 마음을 가지고 폐하의 수도에 머리를 숙이고 무릎을 꿇겠습니까? 비록 폐하께서 빠르고 날카로운 전군을 직접 거느리고 흉노의 옛 땅을 왕래하다가 거기 하란산賀蘭山[54] 아래에서 신과 서로 마주친다면 채찍을 들어서 평안 인사를 물을 것이며, 말 위에서 천하를 논할 겁니다. 그때는 구름 같은 사막 만리에서 용쟁호투龍爭虎鬪하며 자웅을 겨루게 될 것입니다.

대저 전쟁이란 양쪽이 다 이기는 법은 없고, 복이란 둘에게 모두 이르는 법이 없으니, 군대를 해산하고 전쟁을 그치어 백성의 고통을 풀어 주고 전쟁을 하는 어려움을 늦추어 주는 것만 못합니다. 그리 된다면 신은 삼가 해마다 조공을 마땅히 받들고, 대대로 신하라고 자칭하겠습니다. 그렇지 않다면, 저희 나라에도 인문을 논하는 공자 같은 성인이나 맹자 같은 현인의 학문이 있으며, 병법을 이야기하는 강태공이나 손자 같은 전략이 있으니, 어찌 중국에 양보만 하고 있겠습니까? 원컨대 폐하께서는 깊이 한번 살펴보시기 바랍니다.

이에 대신 다리마多里馬를 보내어 폐하의 붉은 섬돌 아래에 삼가 알현하게 하여 저의 정성스러운 마음을 공손히 드립니다. 절실한 정성은 하늘에 닿고, 감동 어린 눈물은 땅을 적시옵니다."

역관 조달동趙達東이 별단을 작성하다가 이 문건을 청나라 서반에게서 얻어 가지고 밤중에 내게 보여준다. 서장관도 와서 내게,

54 하란산은 회족 자치구인 영하성 서북쪽에 있는 산으로, 내몽고와 경계한다.

"아까 나약국의 국서를 보셨습니까? 세상일이 아주 겁나게 돌아가고 있습니다."
라고 하기에 내가,

"천하일에 대한 걱정은 그만 그쯤 해 두시게. 아마도 천하에는 본시 나약국이라는 나라는 없을 것입니다. 제가 일찍이 20년 전에도 이와 유사한 문건을 별단에서 본 적이 있는데, 역시 황극달자黃極㺚子라고 칭하는 사람의 오만한 글이었습니다. 선배들이 빙 둘러앉아서 한번 읽어 보고는 북방을 매우 우려하였으며, 어떤 분은 청나라를 대신할 사람은 황극달자라고 하는 분까지 있답니다. 지금 이 문건을 읽어 보니, 하나도 가감이 없는 그대로인 것 같습니다.

대체 중국의 서반배라는 것들은 모두 강남의 가난뱅이 출신으로 객지 생활에 무뢰배가 되어, 이 따위 망령된 말들을 만들어 내서 우리 역관들을 속이고 비싼 값에 팔아서 공금 은화를 빼먹으려고 수작을 부립니다. 별단에는 비록 보고 들은 내용을 기록해도 된다고 허락하고 있지만, 모두가 길바닥에서 주워들은 믿을 수 없는 이야기들입니다. 어찌하여 해마다 이런 황당한 이야기를 돈 주고 사고, 매번 사행마다 거짓으로 위조한 문건을 임금께 아뢰는 막중한 자료로 삼는단 말입니까? 제 생각에는 별단 안에는 응당 넣고 뺄 내용을 잘 헤아려서 해야 할 것입니다."
라고 하니, 서장관은 그렇다고 수긍을 하는데 조 역관은 자못 변명을 하고 하소연을 한다. 내가 조 역관에게,

"그대는 아직 나이가 젊어서 일을 잘 이해하지 못하고 있네. 우리나라 사대부들 중에도 아무 턱도 없이 건성으로 춘추대의를 이야기하고, 존주양이尊周攘夷를 부질없이 이야기한 지 100여 년

55 연갱요(1679~1726)는 형 연희요年希堯와 함께 고관을 지낸 인물이며, 여동생이 청 황실에 시집을 갔다. 자는 양공亮工, 호는 쌍봉雙峰이다.
56 사사정(?~1726)은 내각학사를 지낸 고관으로, 자는 윤목潤木, 호는 횡포橫浦이다. 문자옥에 걸려 옥중에서 죽었다.
57 증정(1679~1735)은 반청 사상을 가졌던 인물로, 호는 포담선생蒲潭先生이다.

이 넘었네. 중국의 인사 중에도 이런 마음을 가진 자가 어찌 없겠는가? 그러므로 강희 시대의 총독을 지낸 연갱요年羹堯,⁵⁵ 옹정 시대에 벼슬을 한 사사정查嗣庭⁵⁶과 증정曾靜⁵⁷ 같은 무리들은 상서로운 조짐을 가리켜서 재앙이라 하고, 정치가 잘된 공적을 완전치 못한 결점투성이 정치라고 속여서 사해를 선동하고 문자에 올려서 전파시켜, 마치 청나라가 위급하고 망하려는 현상이 아침저녁에 곧 들이닥칠 것처럼 꾸몄네.

그런데도 우리 역관들은 그 황탄한 말을 즐거워하여 제 스스로 바보 놀음을 하였다네. 사신 세 분이야 숙소의 깊은 곳에 오랫동안 박혀 있다가, 답답하여 시간을 보낼 마땅한 거리가 없던 차에 문득 자네들을 불러서 '뭐 새로운 소식을 들은 게 없는가?' 하고 물으면 자네들은 길에서 주위들은 이야기를 엮어서 그들의 억눌린 가슴을 후련하게 뚫리게 해 주었지.

그러면 사신들은 온전히 이해하지도 못하면서 수염을 쓰다듬고 부채를 펴며 '오랑캐 운수라는 게 백년 가는 법이 없지' 하고는 비분강개해서, 마음속으로 중국 땅을 깨끗이 청소하지 않고는 살아서 돌아가지 않을 각오를 하고 있었으니, 참으로 허망하기 짝이 없는 노릇 아닌가? 하물며 사신의 귀국에 앞서 먼저 보내는 군관들은 밤낮으로 빠르게 달려 반 이상을 말 위에서 잠을 자고 꿈을 꾸니, 만약에라도 저들 영토 안에서 별단의 문건을 떨어뜨리기라도 한다면 장차 닥칠 환란과 화를 어찌 감당할 것인가?"

하니, 서장관이 크게 웃고 또 크게 놀라며 조 역관에게 뭐라 뭐라 주의를 준다.

그 뒤에 과연 별단을 어떻게 처리했는지 모르겠다.

불경 佛書

불교의 서적이 처음 중국에 들어왔을 때는 『불설사십이장경』 佛說四十二章經에 불과하였다. 그 후에 불경이라고 불리는 책은 태반이 위魏·진晉 연간에 문인들의 손에서 만들어진 것이다. 불경을 만드는 일은 16국 시대 후진後秦에서 성행했고, 남북조 시기 양梁나라에서 극성했으며, 당나라 때 크게 갖추어져, 거의 유가의 경전과 맞먹게 되었다.

대개 상고시대부터 이미 이 불교와 유사한 학문이 있었다. 전설상의 황제黃帝, 황제의 스승인 광성자廣成子, 『장자』에 나오는 도사 남곽자기南郭子綦와 묘고야산인藐姑射山人, 요임금에게 천하를 사양했다는 허유許由와 소보巢父, 탕임금에게 천하를 사양했다는 변수卞隨와 무광務光, 공자 시대에 은거하여 밭을 갈았던 장저長沮와 걸익桀溺 같은 이가 그런 학문을 했던 사람들이다. 그들은 일찍이 부처라고 불린 적도 없거니와, 또한 그들이 남긴 저서도 있지 않았다. 그래서 후세에서는 단지 부처가 오랑캐에게서 나왔다는 사실만 알고, 중국 땅에도 이보다 앞서서 그런 도가 있었다는 것은 자못 모르고 있는 것이다.

공자는,

"우리의 도는 하나로 꿸 수 있다."(吾道一以貫之)

고 했으며 노자는,

"성인은 하나의 도를 감싼다."(聖人抱一)

고 했고 부처는,

"모든 법은 하나로 돌아간다."(萬法歸一)

고 하였다.

불교의 소위 '만법귀일'萬法歸一이란 것은 우리 유가에서 이치는 하나이지만 만 가지로 달라진다는 것(理一萬殊)과, 그 간단하고 행하기 쉽다는 취지에서는 서로 미상불 다름이 없다. 세간의 불경이라는 책은 모두가 『남화경』(『장자』)의 주석서에 불과하고, 『남화경』은 곧 노자 『도덕경』의 설명서에 불과하다.

그들 이단을 창시한 사람들은 모두 천품의 자질이 아주 뛰어나고 생각이나 도량이 탁월하였을 터인데, 어째서 인의예지가 모두 천하를 다스리는 근본적인 법이 된다는 사실을 몰랐을까? 그들은 불행하게도 말세에 태어나서, 본질은 없어지고 형식만 꾸미는 세상의 현실에 대해 눈살이 찌푸려지고 마음이 아팠을 것이다. 그리하여 비분강개해서 도리어 문자가 없던 상고시대의 정치를 그리워했을 것이다. 성인을 없애고 지혜를 버리며,[58] 도량형 제도를 파괴해야 한다[59]고 한 그들의 말은 모두 세태와 풍속을 분개하고 미워하는 데서 나온 것이다. 이단이 생긴 3천 년 이래로 그들을 배척한 사람이 하나둘이 아닐 터인데도 이단의 책은 아직까지 남아 있으며, 그런 책들이 비록 있다 하더라도 마침내 천하의 치란에는 아무런 영향을 주지 못하고 있다.

당나라 한창려韓昌黎(한유)는 이단인 양주楊朱와 묵적墨翟에 대항하여 배척했던 맹자의 모습을 어렴풋이 상상하고는, 이에 노자와 불교를 배척하는 것을 자기의 독자적 노선으로 삼았다. 맹자의 본령은 단지 양주와 묵적을 배척하는 것만으로 곧바로 아성亞聖이 된 것은 아닐 터인데도 한유는 단지 노자와 불교의 서적을 불살라 버리는 것만으로 맹자의 뒤를 이으려고 하였다. 그들의 책을 불사르는 것만으로 과연 이단을

---

58 『노자』 제19장에 "絶聖棄智"라는 말이 있다. 그렇게 해야 백성의 이익이 백 배가 된다고 했다.
59 『장자』 「거협」胠篋편에 "剖斗折衡"이란 말이 있다. 그렇게 해야 백성이 다투지 않는다고 하였다.

만법귀일 현판

배척하는 본령이 될 수 있을지 모르겠다.

명나라 마패 皇明馬牌

우리나라 상서원尙瑞院[60]에 소장하고 있는 명나라 마패[61]는 짙은 황색의 무늬 없는 비단에 까만 오목烏木을 굴대로 만든 하나의 두루마리 모양으로 되어 있다. 길이는 두 자 네 치이고, 폭은 다섯 자 남짓하며,[62] 가장자리에는 이무기와 용을 수놓았고 중앙에는 안장을 갖춘 붉은 말 한 필을 수놓았다.

거기에 황제의 지시문을 써 놓았다.

"공적인 사무로 가는 사람이 역참을 지날 때 이 부험符驗을 발급해서 소지한 사람에게 말을 지급하는 것을 허락하도록 하라. 만약 이 부험이 없는데도 멋대로 말을 내준다든지, 각 역참의 관리가 법대로 집행하지 아니하고 정실情實에 의해서 말을 내준다면 모두 중죄인으로 치죄할 터이니, 마땅히 이를 준수하여 시행토록 하라. 홍무洪武 23년(1390) 월 일."

글자는 모두 검은 실로 수를 놓았고, 연호 위에는 옥새를 찍었으며, 옥새의 글자는 '제고지보'制誥之寶라고 되어 있다. 왼쪽 옆에는 가느다란 글씨로 '통자 70호'通字七十號[63]라고 쓰여 있고, 그 아래 연결된 폭에는 작은 옥새의 반으로 계인契印을 찍어 놓았다.

또 적마赤馬 한 필이라고 되어 있는 두루마리에는 '통자 67호', 청마靑馬 한 필이라고 되어 있는 두루마리에는 '통자 68호', 적마 두 필이라고 된 두루마리에는 '달자達字 30호'라고 각각 적혀 있

[60] 상서원은 조선 시대에 옥새, 부인符印, 도장 등을 맡아 관리하던 기관이다.
[61] 마패는 말을 제공해 주는 증명서인데, 마패라는 용어를 쓰기도 했지만 부험符驗이라는 용어를 사용하기도 했다.
[62] 현재 국립중앙박물관에 소장되어 있는 실물은 34×124cm의 크기이다.

[63] 발급하는 문서의 일련번호를 말한다.

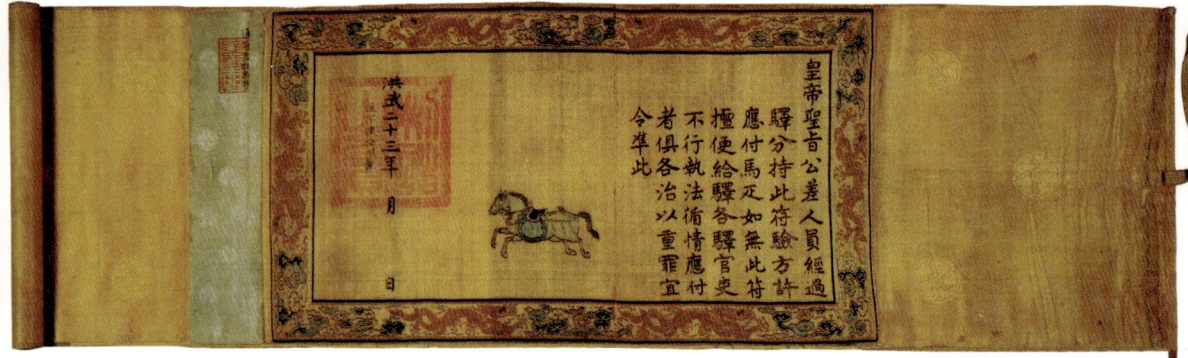

마패 '통자 68호'

다. 대개 이것들은 홍무洪武 경오년(1390) 우리 군산도群山島에서 배를 출발하여 금릉金陵(남경南京)으로 조회를 갈 때 명나라가 발급한 부험 네 개이다.

또 적마 두 필이라고 된 두루마리 하나는 만력 27년(1599) 월 일에 발급된 '달자 16호'이고, 다른 하나는 '달자 13호'이다. 황제의 명령문과 연호는 검은 실로 수를 놓았고, 사방 가장자리에는 이무기와 용을 수놓았으며, 옥새를 찍은 모습이 모두 홍무 연간에 만든 것과 모양이 같았다. 다만 왼쪽 옆에 가느다란 글자로 쓴 '통자'와 '달자', 몇 '호'라는 글자는 수를 놓지 않았다. 아마도 임시로 '통자'와 '달자', 몇 '호'라고 쓰고, 문서를 만들어 옥새로 계인을 찍어서 지급한 것으로 보인다.

'홍무 통자 67호'와 청마 이하의 여덟 필 말은 모두 말안장과 굴레가 없는 그림이다. 만력 기해년(1599)은 요양遼陽의 길이 막혔기 때문에 우리나라 가도椵島64에서 배로 출발하여 중국 등주登州에서 뭍으로 내려 북경으로 조회를 갈 때 내린 부험 두 개다.

두루마리는 모두 붉은 칠을 한 가죽통에 담고 주석 장식을 했으며, 다시 사슴 가죽주머니에 넣었다. 그런데 당시 사신이 돌아

64 평안북도 철산군 백량면에 있는 섬으로, 피도皮島라고도 부른다.

오며 이 마패를 사용하고 왜 다시 반납하지 않고, 우리나라에 보관하고 있는지 그 이유를 모르겠다. 아니면 명나라의 예전 관례에 따라서 외국 사신이 배를 타고 수로로 조회를 갈 때도 이를 위해 갈라서 지급한 것인가?

이번 열하에 오는 사행에도 말을 지급하라는 어명이 있었을 터이고, 그렇다면 응당 지급하는 마패가 있을 법한데, 서로 길이 어긋났는지 모르겠으나, 마패를 맞추어 보고 말을 지급하는 제도가 어떤 형식을 갖추었는지 아직 보질 못했다.

가도

합밀왕 哈密王

북경 동직문東直門을 나가서 열하를 향하여 몇 리를 채 못 갔을 때, 황성의 가마꾼 30여 명이 가마채를 메고 발을 맞추며 지나간다. 회족 사람 10여 명이 그 뒤를 따라가는데, 얼굴이 아주 사납게 생긴데다가 코는 우뚝하고 눈동자는 푸르며 수염과 머리칼이 뻣뻣하고 세다. 그중 두 사람은 눈매가 맑고 빼어나며, 입고 있는 의복이 아주 화려하다. 주홍색 전립을 머리에 썼는데 그 좌우의 차양은 돌돌 말렸고 앞뒤의 채양은 뾰족하고 날카로워서 마치 아직 펴지지 않은 연잎과 같았다. 이리저리 휘휘 둘러보는 모습이 경망스럽고 촐싹거려서 우스꽝스러웠다. 우리 마두배들은 억측하여 그들을 회회국回回國의 태자라고 일컫는다.

그들과 앞서거니 뒤서거니 길을 함께한 지 3~4일이 되어, 때로는 말 위에서 서로 담배를 바꾸어 피우기도 하였는데 그들의 행동거지가 자못 공순해졌다. 어느 날 하루 정오에는 지독하게

위구르족裕固族 남자 복장 연암의 설명에 의하면 회족의 모자가 아니고 위구르족의 모자로 추정된다.

65 함밀은 현재 중국 신장성 자치구에 있는 도시 하미 Hami를 가리키며, 신장 동부에 위치해서 신장에서 중국 내지로 들어오는 교통의 요충지이다.

더워 말에서 내려 길 가운데 있는 삿자리로 지붕을 덮은 집 아래에 쉬고 있었는데, 그 두 사람도 뒤따라와 말에서 내려 의자를 마주하고 앉는다. 그들이 내게,

"만주말을 할 줄 아십니까? 몽고말을 할 줄 아십니까?"

하고 묻기에 나는 우리말로 농담을 하며,

"양반이 어찌 몽고나 만주의 말을 알겠소?"

하고는 즉시 글을 써서,

"회회국이란 어떤 나라요? 그 내력이나 물읍시다."

하니, 한 사람은 머리를 절레절레 흔들며 옆 사람을 멀뚱멀뚱 쳐다보는 모습이 아마 완전히 까막눈인 모양이다. 옆 사람이 흔연히 붓을 잡고 한참 생각을 하더니 겨우 한 글자를 쓰는데, 아주 생고생을 하며 갖은 괴로운 형상으로 끙끙거리며 자신은 합밀哈密[65]의 왕이라고 말하고, 함께 같이 오는 사람도 역시 토번吐蕃 12부족의 왕이라고 운운하는데 그가 대답으로 쓰는 글이 도대체 문리가 되질 않아서 이해할 수가 없다.

짐꾼들이 메고 가는 물건이 무엇이냐고 물으니, 모두 황제에게 바칠 옥으로 된 기명器皿이며 그중에서도 가장 큰 것은 자명종이라고 한다. 토번왕이라고 하는 사람이 주머니를 끌러 차 끓이는 도구를 꺼내고 시종에게 끓이게 하여 서로 마시고, 내게도 한 잔을 마시라고 권한다. 분명 특이한 차이려니 생각했으나 색과 향을 보니 북경에서 예사로 파는 평범한 것이었다. 차를 끓이는 화로와 다기는 모두 붉은 칠을 한 가죽으로 밖을 감싸서 허리띠의 쇠나 등짐에 대롱대롱 달고 다니게 되어 있는데, 아주 간편해 보였다. 차를 마신 후 먼저 일어나 채찍을 한 번 치며 떠났다.

그다음 날 또 물가에서 만났기에 내가 중국말로,

신강성 합밀왕부哈密王府

"합밀왕은 나이가 얼마나 되오?"
하고 물으니 그 역시 중국말로 서른여섯이라고 대답한다. 토번왕은 중국말을 더욱 잘하였는데 두 손바닥을 두 번 합쳤다가 한 손을 펴 보이며 스물다섯이라고 말한다.

『당서』唐書를 살펴보면 '회흘'回紇은 일명 '회골'回鶻이라고도 하며, 『원사』元史에 '외올아부'畏兀兒部라고 있는데 '외올'이 곧 회골이다. 지금 회회回回라고 부르는 것은 회골의 발음이 변한 것이다. 『고려사』에 원나라가 고려인에게 '외오아'畏吾兒 말을 가르쳐 익히게 했다고 하는데, '외오아'는 '외올'의 발음이 변한 것이다.

합밀은 한나라 때는 이오伊吾[66]의 땅이었고, 당나라 시대에는 이주伊州의 땅이었다. 고려 말의 설손偰遜이란 사람은 회골 사람이었다. 원나라 조정에 벼슬을 하다가 고려의 공주를 따라서 동쪽으로 왔는데, 그로 인해 고려에서 벼슬을 하게 되었다. 조선조에 벼슬을 한 설장수偰長壽[67]는 곧 설손의 아들이다.

66 이오는 현재 중국 신강성 위구르 자치구의 이오현伊吾縣이다.
67 설장수(1341~1399)는 아버지를 따라 고려에 와서 귀화하였다. 고려에 벼슬하다가 조선이 건국된 뒤에도 벼슬을 하며 경주를 본관으로 받았다. 명나라에 전후 8차에 걸쳐 사신을 다녀왔고, 글씨와 시에도 능했다. 자는 천민天民 호는 운재芸齋이며, 저서로 『직해소학』直解小學과 『운재집』을 남겼다.

서화담 문집 徐花潭集

화담花潭 서경덕徐敬德 선생의 수학은 송나라 학자 강절康節 소옹邵雍과 비슷하다. 그가 남긴 시문은 약간 편이 있긴 하나 볼 만한 것은 없는데, 지금 건륭이 편찬하는 『사고전서』에 편입되었다.[68]

68 서경덕의 문집은 『사고전서』 본문에는 들어 있지 않고, 다만 『사고전서총목』 권178에 『서화담집』 2권이라는 제목 아래에 저자와 내용에 대하여 상술하고 있다.

장흥루판 長興鏤板

지금 줄을 쳐 놓은 공책인 오사란烏絲欄은, 곧 옛날의 대나무를 엮은 편죽編竹이다. 옛날에는 문자를 모두 대나무에 옻칠로 써서 가죽끈으로 묶었다. 이른바 간책簡冊이라는 것이니, 그 모양은 오사란과 같다. 공자가 『주역』을 읽을 때 가죽끈이 세 번이나 끊어졌다는 '위편삼절'韋編三絶이 이것이다. 한나라 무제武帝가 하동河東을 건너다가 책 다섯 상자를 잃었다가 다행히 장안세張安世의 암송에 힘입어 이를 생각해 내게 하여 기록했다 하니, 그때는 판본으로 새긴 책이 없었음을 알 수 있겠다.

후대에 판본을 새기기 시작한 것은 후당後唐 명종明宗(이사원李嗣源, 867~933) 때부터이다. 명종은 오랑캐 출신으로 글을 모르는 사람이었으나, 구경九經을 판각에 새겼으니 곧 장흥長興(930~933) 연간의 일이었다.[69] 그 공로가 한나라 때의 장서를 보관하던 홍도鴻都의 석경石經[70]에 비해 못하지는 않을 것이다. 명종은 당시 사대부들이 길흉에 관한 예를 거행하면서 죽은 사람을 혼인시키는 명혼冥婚 제도와 상중에 있는 사람을 불러서 벼슬을 시키는 기복起復 제도에 대해 탄식을 하며,

69 오대五代 장흥 연간에 간행된 구경九經을 오대감본五代監本이라고 부른다.
70 한나라 때 채옹蔡邕이 건의하여 육경을 돌에 새겨서 태학에 세웠다. 이를 홍도 석경 또는 희평熹平 석경이라고도 한다.

"선비란 효성과 우애를 높이고 풍속을 돈독하게 하는 사람들이다. 지금 전쟁이 일어난 것도 아닌데 상중에 있는 사람을 불러서 벼슬을 시키고 있으니 옳다고 할 수 있는가? 혼인이란 경사스러운 예식이거늘, 어찌하여 죽은 자에게 혼인의 예를 한단 말인가?"
하고는, 이에 유악劉岳[71]에게 조서를 내려 문학과 고금의 일에 정통한 선비를 뽑아서 함께 오례五禮에 관한 책을 개정하게 하였다.

유악은 당시 태상박사 단옹段顒 및 전민田敏과 함께 그 책을 가감하였는데, 그러나 그 일이 거칠고 촌스러운 데서 나와서 모두 당시 여자들과 집안사람들이 일상적으로 전해서 익히는 예법에 지나지 않게 되었다. 지금 『사고전서』의 취진판聚珍板[72]을 간행함에 있어서 글자를 새기는 일은 호부시랑 김간金簡[73]이 감독하여 작업하는 것이다.

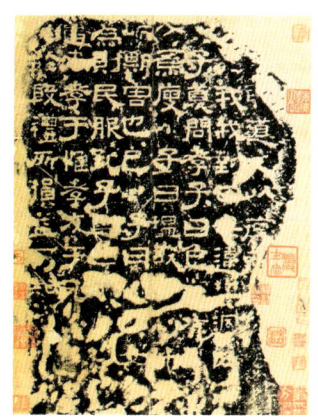

홍도 석경

[71] 유악은 오대 시대 후당後唐의 인물로, 자는 소보昭輔이다. 문학과 예학에 밝았으며, 『신서의』新書儀라는 책을 편찬했다.

[72] 취진판은 『사고전서』의 선본을 골라서 활자로 간행한 활자판이다.

[73] 김간에 대한 사적은 『열하일기』 2권 「태학유관록」편의 8월 초10일에 나왔다.

양주한과 주앙 梁周翰·朱昻

사람이 젊은 시절에는 전도가 창창하여 마치 자신은 영원히 늙을 날이 없을 것처럼 생각하여, 말하는 사이에 툭하면 노인들을 무시하는 말을 하기 십상이다. 이는 품행이 방정맞은 젊은이들이나 경박한 부류들의 짓일 뿐 아니라, 장래에 찾아올 복도 걷어차게 될 터이니 조심시키지 않으면 안 될 것이다.

찬성贊成을 지낸 민형남閔馨男[74]이 칠십이 넘은 나이에도 불구하고 손수 과일나무의 접을 붙이고 있었는데, 벼슬깨나 하는

[74] 민형남(1564~1659)은 조선 인조 때의 사람으로 자는 윤부潤夫, 호는 지애芝崖이다.

이름난 마을의 여러 젊은이들이 이를 비웃으며,
"어르신께서는 아직도 백년 사실 계획을 꾸리고 있습니까?"
하고 빈정대었더니 민공이,
"바로 그대들에게 남겨 주려고 하는 것이네."
하였다. 그 뒤에 민공은 나이 아흔네 살까지 살았는데, 벼슬깨나 했던 사람들의 제삿날에 손수 과일을 따서 부조를 했다고 한다.

옛날 송나라 양대년楊大年[75]이 약관 시절이었을 때 양주한과 주앙이 다 함께 한림에 근무했는데, 두 사람은 이미 머리가 하얗게 센 노인들이었다. 매양 일을 논할 때마다 양대년이 그들을 업신여기며,
"두 영감은 어떻게 생각하시오?"
하니 주한은 그 모욕을 자못 견디지 못하여,
"자네, 노인을 너무 놀리지 말게나. 자네는 늙을 날이 없을 줄 아는가? 응당 자네에게도 이 흰머리를 남겨 줄 터이니."
하자 옆에 있던 주앙이,
"저 사람에게는 흰머리를 남겨 주지 말게. 저 사람이야 젊은이에게 무시당하는 일이 없도록 해 주어야 하지 않겠나?"
라고 했다. 뒤에 양대년은 과연 나이 50도 못 채우고 죽었다고 한다.

열하의 태학에는 곡정鵠汀 왕민호王民皥라는 늙은 훈장이 있는데, 민가民家(한족)의 열세 살짜리 어린 학동인 호삼다胡三多[76]를 가르친다. 그밖에 글을 배우는 사람으로 만주 출신인 왕라한王羅漢이란 자가 있는데, 바야흐로 나이가 일흔셋이다. 호삼다의 나이에 비해 한 갑자(60년)가 더 많은 1708년 무자생戊子生으로, 곡정에게 강의를 받는다.

75 대년은 양억楊億(974~1020)의 자이다. 그는 박람강기하여, 국가의 서적 편찬 사업에 참여해서, 『책부원귀』册府元龜 등을 편찬했고, 『무이신집』武夷新集, 『양문공담원』楊文公談苑 등의 저서를 남겼다. 양주한(929~1009)과 주앙은 송나라 초기의 문인 학자이다.

76 호삼다에 대한 일화는 『열하일기』 2권 「경개록」편에 나왔다.

244

그는 매일 이른 새벽에 호삼다와 함께 책을 옆구리에 끼고 앞서거니 뒤서거니 왕곡정의 문하에 이르러 인사를 드린다. 곡정이 혹 담론하느라고 강의할 여가가 없으면 왕라한은 문득 몸을 돌려서 어린애 호삼다에게 주저없이 강의를 한 차례 받고는 돌아간다. 곡정이 말하기를,

"저분은 손자가 다섯이고 증손자가 둘이랍니다. 매일 몸소 와서 강의를 받고 집으로 돌아가서는 여러 손자들에게 다시 가르친답니다. 그의 근면 성실함이 이와 같습니다."
라고 한다.

늙은이는 젊은이를 부끄러워하지 않고, 젊은이는 늙은이를 업신여기지 않는다. 내가 중국이 예의가 밝다는 사실은 오래전부터 들어 왔으나, 열하 같은 이런 변방에서도 풍속의 순박함을 볼 수 있겠다.

하루는 호삼다가 붉은 종이로 된 첩지와 문은紋銀 두 냥을 가지고 와서 내게 보인다. 그 첩지에 쓰여 있기를,

"공손히 동학同學 동경同庚의 아우 호군에게 부탁하여 조선의 박 공자朴公子께 청심환 한두 알을 전편으로 청하옵니다. 삼가 변변치 않은 폐백을 갖추어 예물을 대신합니다. 예물은 하찮지만 정은 깊사옵니다. 해내에 박 공자의 의가 중해지길 바랍니다."
라고 했는데, 왕라한의 글이다.

나는 은화는 돌려보내고, 청심환 두 알을 찾아서 보내었다. 첩지에 소위 함께 공부한다는 동학과, 띠가 같다는 동경의 아우 호군이란 호삼다를 말하는 것인데, 더더욱 포복절도하게 만드는 말이다. 그러나 아주 원만하고 중후한 태도는 주앙이 양억에게 저주를 퍼부은 독설과는 자못 차이가 있기에, 아울러 기록해서

젊은이들이 노인을 무시하는 풍조에 경계로 삼고자 한다.

열하에서 바로 조선으로 돌아가는 길 武列河

"역도원이 저술한 『수경주』水經注[77]에 '유수濡水가 또 동남으로 흐른다' 하였고, 무열하武列河의 물이 그리로 흘러간다"라고 하였는데,[78] 유수란 지금의 난하灤河이고, 무열하의 물이란 지금의 열하熱河이다. 열하라는 호칭이 『수경』水經이란 책에는 나오지 않는 것을 보면, 아마도 열하는 무열의 발음이 변해서 된 것으로 보인다. 그 수원지가 셋이니, 하나는 무욱리하武郁利河에서 발원하고, 하나는 석파이대石巴伊臺에서 나오고,[79] 하나는 탕천湯泉에서 나와서 함께 열하로 모여서 피서산장을 감싸며 남쪽으로 흘러 난하로 흘러든다.

우리 사신 일행이 줄달음을 치듯이 열하에 들어왔는데, 여기서 곧장 귀국하자는 논의가 있었다. 그래서 사신이 담당 역관에게 동쪽으로 돌아가는 노정路程을 미리 강구해 보라고 지시하였다. 담당 역관이 중국인 통관에게 탐지해 보았더니 통관은 펄쩍 뛰며,

"산 뒤로는 모두 달자韃子[80]가 사는 지방으로, 의무려산을 끼고 동북으로 길을 꺾어 돌다 보면 반드시 달자들에게 겁탈을 당하게 됩니다. 우리 중국 사람도 이 길을 아는 사람이 없답니다. 비록 열하에서 곧바로 귀국하라는 어명이 있더라도 사신이 예부에 글을 올려서 그 길만은 면해 달라고 간절히 바라는 것이 옳습니다."

하여 담당 역관은 그만 더 이상 물어볼 곳이 없어서 바야흐로 고

77 중국 하천과 물의 계통을 기록한 책인 『수경』은 한 나라 상흠桑欽이 지었다고 전하며, 이를 북위의 지리학자 역도원이 주석을 붙여 40권으로 만듦으로써 유명하게 되었다.

78 인용된 문장은 『수경주』의 권수卷首에 실린 「어제열하고」御製熱河攷라는 건륭황제의 글에서 인용한 것이다.

79 무욱리하, 석파이대 등의 명칭은 오류로 보인다. 「어제열하고」에 의하면, 고도이호固都爾呼와 시음곽륵賽音郭勒을 그렇게 쓴 것으로 판단된다.

80 달자는 서북쪽의 소수민족으로 달단達旦, 달단韃靼, 타타르塔塔兒로 불리기도 한다. 몽고가 이들을 멸망시킨 뒤에는 몽고족을 달자라고 부르기도 했다.

민에 빠져 있었다.

　마침 만주 출신의 늙은 장수가 이 길을 지난 경험이 있어서 또렷하게 말을 해 줄 수 있다기에 그에게 지필묵을 주어서 기록하게 하였다. 그는 한자를 전혀 모르는 사람이라서, 우두커니 하늘만 멀뚱멀뚱 쳐다보다가는 땅을 굽어보고 금을 긋고 손으로 모래를 모아서 산의 모양을 만들며 검불을 잘라서 배를 만들어 건너가는 형상을 만들었다. 그런 뒤에 붓을 잡고 재빠르게 쓰는데 곧 만주 글자였다. 이를 보고도 아는 사람이 없어서 구경하는 사람들이 모두 한바탕 웃었다.

　내가 우연히 그 종이를 왕곡정에게 보였더니, 곡정 역시 이해하지 못하고 왕라한에게 보여주었다. 왕라한은,

　"내가 비록 알기는 하지만, 이를 한문으로 다시 번역하여 베끼기는 어렵습니다. 저의 이웃집에 봉천奉天(심양) 사람이 손님으로 와 있는데, 아마도 응당 이 길을 알지 싶습니다. 내일 그 사람에게 물어서 상세하게 기록해서 가지고 오겠습니다."

하고는, 종이를 품 안에 간직하고는 갔다. 다음 날 과연 상세하게 기록하여 가지고 왔다. 그 기록은 다음과 같다.

　"열하에서 30리를 가면 평대자平臺子에 이르고, 또 30리를 가면 홍석령紅石嶺이요, 25리를 가면 황토량黃土梁이요, 15리를 가면 서육구西六溝에 이르니, 여기가 승덕부承德府의 경계가 되는 곳인데 경계비가 있다. 이로부터 상운령祥雲嶺까지 20리, 칠구七溝까지 30리, 봉황령鳳凰嶺까지 30리, 평천주平泉州까지 20리, 대묘참大廟站까지 35리이니, 여기가 평천주의 경계이다. 여기서부터 양수령楊樹嶺까지 40리, 쌍묘雙廟까지 25리, 송가장宋家庄까지 30리, 건창현建昌縣까지 30리, 장호자長鬍子까지 30리, 야불수夜不

收까지 25리, 공영자公營子까지 20리, 담장구擔杖溝까지 30리니, 여기가 건창현의 경계이다. 여기서부터 행호자대杏湖子台까지 10리, 라마구喇麻溝까지 25리, 호접구蝴蝶溝까지 20리, 대영자大營子까지 15리, 조양현朝陽縣까지 25리, 대릉하大凌河까지 25리, 대릉하를 두 번 건너서 다시 망우영蟒牛營까지 25리, 장가영張家營까지 30리, 만자령蠻子嶺까지 25리, 석인구石人溝까지 25리이니, 여기가 조양현의 경계이다. 여기서부터 육대변문六臺邊門까지 30리, 최가구崔家口까지 30리, 그곳에서 20리를 가서 의주성義州城을 지나고 대릉하를 건너서 금주위錦州衛를 나가면 광녕廣寧으로 가는 길이 된다. 운운……"

옹노후 雍奴侯

내가 어린 시절에 역사 기록을 읽다가 한漢나라 장군 구순寇恂을 봉하여 옹노후로 삼았다는 기록을 보고 혼자 괴이하게 생각한 적이 있었다.[81] 하고 많은 이름 중에 그리도 마땅한 이름이 없었던지 하필이면 옹노후라고 이름을 지었을까 하고.

살펴보건대, 옹노는 지명으로 어양漁陽의 우북평右北平에 있다. 나는 지난번에 연燕, 계薊 지방을 들어오느라고 어양의 북평 지방을 지나왔다. 옹노란 지명이 지금 어떤 이름으로 변했는지 알 수 없지만, 혹 옹노라는 지명을 지나온 것은 아닐까?[82]

옹노는 또 늪의 이름이니 『수경주』水經注에 사방에 물이 있는 곳을 '옹'雍이라 하고, 물이 흐르지 않고 고여 있는 것을 '노'奴라고 한다[83]고 했다.

81 구순이라는 장군이 옹노후에 봉해졌다는 사실은 『한서』 권16 「등구」鄧寇 열전에 수록되어 있다.

82 현재 천진시 무청구武淸區 최황구진崔黃口鎭 지방이다.
83 이 부분은 『흠정일하구문고』欽定日下舊聞考 권192에 나오는 내용을 인용한 것이다.

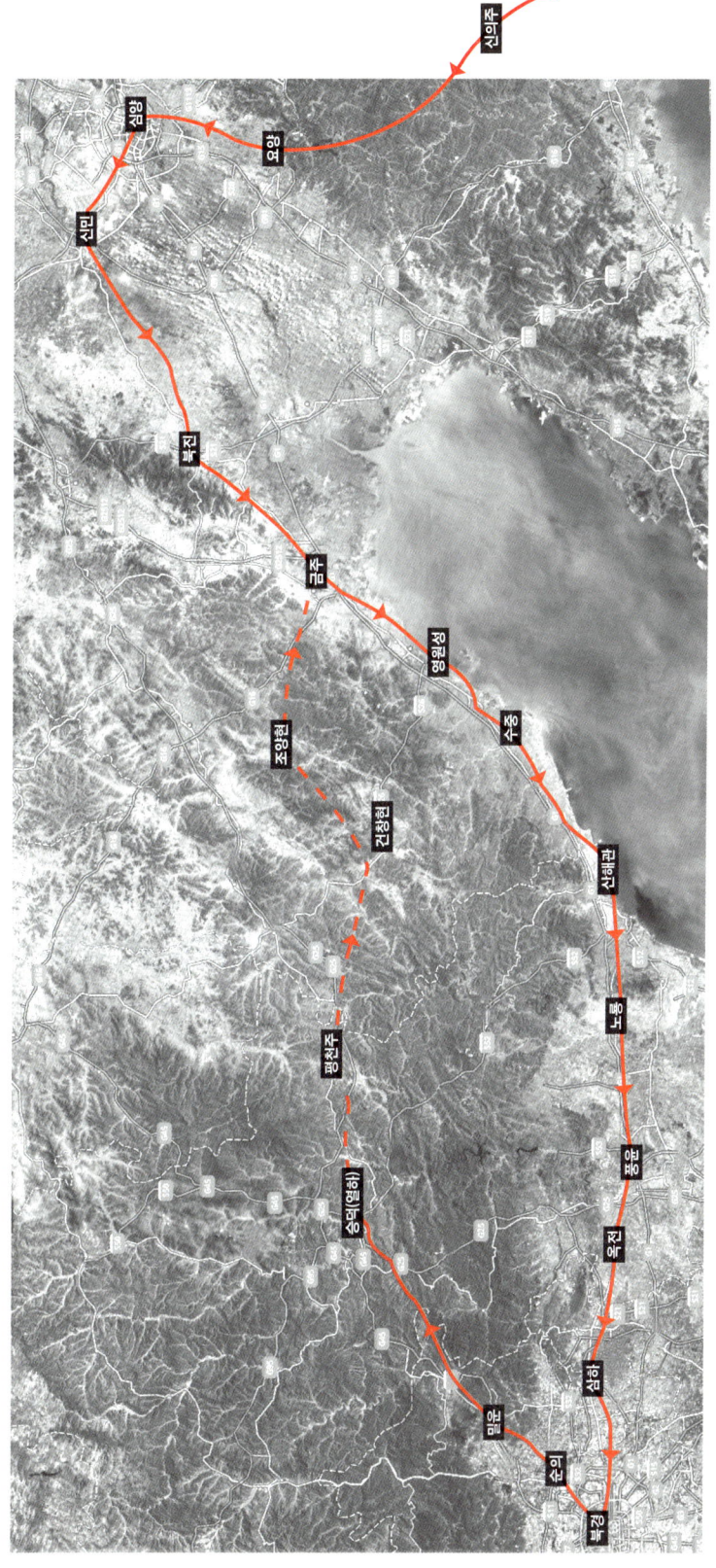

사행 노정도 실선은 요양에서 열하까지의 사행길이고, 점선은 열하에서 조선으로 바로 귀국하는 길이다.

사 懅

『한서』「지리지」에 의하면 청하군清河郡에는 사제현懅題縣이 있다고 했다. 내가 이번 여행에서 막북漠北에 유람하다가 다시 고북구 장성으로 들어갔고, 밤에 청하현清河縣에서 잠을 잤다. 그런데 지금 사제현이 어디인지 모르겠다.[84] 따져 보면 반드시 이 청하현과 가까운 곳일 터이다. 당나라 안사고顏師古의 『한서』 주석에는 "懅는 莎(사)의 옛 글자이다"라고 하였다.

[84] 『한서』의 청하군과 지금의(연암 당시) 청하현은 서로 다른 곳이다. 지금의 청하현은 북경시의 북쪽이고, 한나라 때의 청하군은 현재 하북성 형수시衡水市의 남쪽 조강현枣强縣이다.

순제묘 順濟廟

명나라 때 사람 장섭張燮(1574~1640)이 지은 『동서양고』東西洋考라는 책에,

"오대십국 시절, 민왕閩王[85] 때 복건 지방의 도순검都巡檢으로 있던 임원지林愿之[86]의 여섯째 딸이 후진後晉 천복天福 8년(943)[87]에 태어나서, 송나라 옹희雍熙 4년(987) 2월 29일에 신선이 되어 하늘로 올라갔다. 그녀는 항상 붉은 옷을 입고 바다 위를 날아다녀서 마을 사람들이 사당을 지어 제사를 지내 주었다. 송나라 선화宣和 계묘년(1123), 급사중給事中 벼슬의 노윤적路允迪이 고려로 사신을 가다가 중도에 벼락과 태풍을 만났다. 함께 가던 여덟 척의 배는 모두 물에 잠겼으나, 노윤적이 탄 배는 홀로 돛대에 그 신녀[88]가 내려와 무사하게 되었다. 사신이 돌아와서 조정에 아뢰어, 특별히 그 사당의 이름을 순제묘라고 하사하였다."
고 하였다.

[85] 후량後梁의 태조인 주온朱溫이 왕심지王審知를 민왕에 봉하였다.
[86] 『동서양고』에는 임원지林愿之라고 되어 있다. 그 딸은 미래를 예언하는 신통력을 가졌고, 급류에 휘말려도 물을 건너 무사했으므로, 신녀神女 혹은 용녀龍女라고 불렀다 한다.
[87] 『동서양고』에는 송宋 원우元祐 8년(1093)으로 되어 있다. 그러나 그녀의 몰년을 고려하면 모순된다. 천복 8년이 맞거나, 30여 살에 하늘에 올라갔다는 사실에 비추어보면 원우는 건우乾祐(948~950)의 오류일 수 있다.
[88] 중국에서 그 신녀를 천비낭낭天妃娘娘, 천후天后, 마조媽祖라고 부르는데, 바닷가 사당에 모신다.

지금 북경 천주당[89]의 천장에 붉은 옷을 입은 여자가 바다의 구름 사이를 날아다니는 모습을 그려 놓았는데, 아마도 그 신녀인 것 같다.

천비낭낭

해인사 海印寺

우리나라 합천陝川 가야산에 있는 해인사는 신라 애장왕哀藏王 때 창건된 절이다. 이름난 가람이나 거대한 사찰의 이름은 중국의 명칭을 따서 그대로 붙이는 수가 많지만, 이 절의 명칭만큼은 그렇지 않다. 중국 순천부順天府(북경)의 서해자西海子라는 동산 옆에는 예전에 해인사가 있었다고 한다. 명나라 선덕宣德(1426~1435) 연간에 다시 중건해서 그 이름을 대자은사大慈恩寺로 고쳤다가 뒤에 또 폐해져서 헛간이 되었다. 우리나라 해인사는 곧 1천여 년이나 오래된 고찰이니, 북경의 해인사는 응당 신라 해인사가 창건된 뒤에 세운 절이라고 생각된다.

[89] 당시 연암이 갔던 천주당은 선무문宣武門 근처에 있는 남천주당이다. 남천주당에 대해서는 뒤의 「황도기략」편에 나온다.

4월 초파일 방등 四月八日放燈

중국에서 등불을 밖에 내다 거는 것은 정월 대보름 밤으로, 14일에서 16일까지 달아 놓는다. 우리나라의 방등放燈은 반드시 4월 초파일에 하니, 이날이 부처의 탄신일이라고 해서이다. 이는 고려 시대의 풍속을 그대로 답습한 것 같다. 석가여래는 천축국 정반왕淨飯王의 태자로 중국 주나라 소왕昭王 24년 갑인년(기원전 1027) 4월 8일에 태어나고, 42년 임신년(기원전 1008) 나이 열아홉에 태자의 자리를 버리고 출가해서 도를 닦다가 주나라 목왕穆王 계미년(기원전 996)에 성불成佛했다고 한다.

다섯 현의 비파 五絃琵琶

원나라 문인 염부廉夫 양유정楊維楨[90]이 지은 「궁사」宮詞에,

북쪽 화림和林[91]에 거둥하자 대궐의 천막도 널찍하고
고려의 시녀들이 궁녀가 되어 시중을 드네.
군왕께선 스스로 「소군곡」昭君曲[92]을 친히 부르며
하사하신 비파를 말 위에서 연주하라 하시네.
北幸和林幄殿寬 句麗女侍婕妤官
君王自賦昭君曲 勅賜琵琶馬上彈[93]

오현비파

90 양유정(1296~1370)의 자는 염부이고, 호는 철애鐵崖이다. 「고악부」古樂府, 「해향죽지사」海鄕竹枝詞 등의 작품이 있다.
91 화림은 내몽고 호화호특 시의 아래에 있는 지명이다.
92 「소군곡」은 한나라 때 흉노로 끌려간 왕소군王昭君이란 여성을 두고 지은 노래이다.
93 「궁사」 12수 중 여섯 번째 작품이다.
94 여기 내용은 『흠정일하구문고』欽定日下舊聞考와 『흠정속문헌통고』欽定續文獻通考라는 책에서 그대로 옮긴 것이다.

라고 하였다. 『고려사』 「악지」樂志에 실린 내용을 살펴보면 "비파라는 악기는 현이 다섯 줄이다"라고 하였으니, 궁녀가 연주했던 비파는 다섯 줄의 현이었을 것이다. (호조봉胡兆鳳의 『온광루잡지』韞光樓雜志에서. ─ 원주)[94]

사자 獅子

명나라 도종의陶宗儀가 지은 『철경록』輟耕錄에 말하기를,

"나라에서 매번 여러 왕과 대신들에게 연회를 베푸는 것을 일러 대취회大聚會라고 말하는데, 이날이 되면 만세산萬歲山에 여러 짐승들을 모두 풀어놓는다. 범, 표범, 곰, 코끼리 등과 같은 짐승들을 하나하나 나열해서 둔 뒤에 그다음에 사자를 오게 한다. 사자는 몸뚱어리가 아주 작아서 사람들이 집에서 키우는 황금빛 털의 원숭이나 개와 아주 흡사하게 닮았으나, 모든 짐승들이 이 사자를 보면 두려워서 땅에 납작 엎드리고 감히 쳐다보지 못한다. 기가 눌려서 질리는 것이 이와 같다."

라고 했다.

내가 언젠가 만세산에 가 보았으나 기르는 짐승이라고는 아무것도 보지 못했는데, 모두 서산西山과 원명원圓明苑 등 여러 동산에 두었다고 한다. 그런데 이번 열하에서 본 기이한 짐승들은 대단히 많았으나 대부분 이름을 알 수 없었다. 길들인 곰과 사육한 범들은 날마다 보지만, 대체로 귀가 축 처지고 눈을 감고 졸면서 항상 가련한 꼴을 하고 있었다. 더구나 아직 사자를 보지 못한 것이 못내 아쉽다. 그러나 100년 이래로 사자를 진상하는 사람이 전혀 없었다고 한다.

강선루 降仙樓[95]

우리나라 평안도 성천成川에 있는 강선루의 현판 글씨는 명

[95] 평안남도 성천군 성천읍 비류강 옆에 있는 누각으로 성천객사인 동명관東明館의 부속 건물이다. 고려 때 만들어졌고, 6·25 때 소실되어 지금은 주춧돌만 남았다.

96 미만종(1570~1628)은 명나라 만력 연간의 인물로 미불의 후손이다. 자는 중조仲詔, 호는 우석友石, 담원湛園이다. 당시에 동기창董其昌과 함께 글씨로 이름을 날려서, '남동북미'南董北米라는 말이 있었다.

97 이징중(1629~1700)은 청나라 초기의 문인, 사학가이다. 자가 위청渭淸, 호는 인전茵田, 어촌漁村이다. 문집『와상산방문집』臥象山房文集,『백운촌문집』白雲村文集 등이 있다.

98 양향은 현재 북경시 방산구房山區에 속한 고을이다. 북경시의 서남쪽 20km 지점에 있다.

99 뒷날 이 돌은 건륭 황제가 북경 이화원 만수산의 낙수당樂壽堂 앞으로 옮기고 이름을 청지수靑芝岫라고 부르고, 시를 짓기도 했다. 이 돌 때문에 미만종이 파산했으므로 패가석敗家石이라고 부른다. 현재 이화원에 있다.

100 『간재필기』에는 이 인용문이 없다. 연암에게 착오가 있었던 것으로 보인다. 미만종은 이와 관련하여「대석기」大石記라는 글을 지은바 있고, 건륭 황제는 이 바위를 소재로 한시를 지으며 그 서문에「대석기」의 일부를 인용하였는데 인용문의 중간 부분까지 동일한 내용이다.

나라 사람 중조仲詔 미만종米萬鍾[96]이 쓴 것이다. 그의 필법은 미원장米元章(미불米芾)보다 못하지 않지만, 괴석에 집착하는 취미는 그를 뛰어넘는다.

청나라 이징중李澄中[97]의『간재필기』艮齋筆記에 의하면,

"하북 지방의 방산房山에 길이가 세 길丈, 폭이 일곱 자 되는 돌이 있었는데, 색깔이 푸르고 윤이 났다. 중조가 이것을 작원勺園에 가져다 놓으려고 생각하였다. 수레를 겹으로 하여 말 사십 필이 끌고, 인부 백 명이 이를 이레 만에 겨우 산에서 끌어내었다. 또 닷새가 걸려서 비로소 양향良鄕[98]까지 도달했으나, 길에서 힘과 예산이 말라 버려 그만 밭 가운데 눕혀 놓고는 담을 둘러서 호위를 하고 갈대 덮개로 덮었다.[99] 이에 대한 왕복 서한까지 있어서 한때에 아름다운 이야기가 되었다."[100]

고 했다.

내가 북경을 유람할 때, 복건 지방 출신의 오문중吳文仲이 미만종의 괴석을 그린 그림책 한 권을 팔려고 온 자가 있었다. 파는 그림은 영벽석靈壁石, 방대석方臺石, 영덕석英德石, 구지석仇池石, 연주석兗州石이 있었다. 또 비비석非非石, 청석靑石, 황석黃石 등이라 불리는 돌이 있었는데, 모두가 기이하고 괴상하게 생긴 모습이다.

거기에 미만종이 지은「자제담원」自題湛園이라는 제목의 시가 실려 있었다. 그 시에,

동산의 주인은 심성이 본래 맑아
동산을 담원이라고 하였네.
때때로 바둑을 두면서

손님 오면 술항아리를 연다네.
한가한 구름은 물가의 대나무로 돌아가고
떨어지는 석양빛 소나무 문 비추네.
높은 대에 올라 산의 달을 기다리노라면
흐르는 달빛은 친구처럼 속살거리네.

主人心本湛 以湛名其園
有時成坐隱 爲客開靑罇
閒雲歸竹渚 落日映松門[101]
登臺候山月 流輝如晤言

강선루

[101] 이 작품이 수록된 『기보통지』畿輔通志에는 '映'이 '深'으로 되어 있다.

라고 하였다.

미만종이 벼슬하러 사방에 다니며 모아들인 것은 오직 돌뿐이라고 하니, 그렇다면 그 역시 명사일 것이다. 우리나라 사람들은 글씨에 미원장米元章만 있는 줄 알지, 중조 미만종이 있는 줄은 모르고 있기 때문에 특별히 기록해 둔다. 다만 강선루라는 현판의 글씨가 어떤 인연으로 성천의 강선루에 걸리게 되었는지는 후일의 고증을 기다릴 일이다.

이영현 李榮賢

명나라 곽반郭鎜이 편찬한 『태학지』太學志에,

1. 미만종이 옮겼던 돌(청지수, 패가석)
2. 미만종의 글씨
3. 미불의 글씨

"융경隆慶 원년(1567) 황제(목종穆宗)가 국학에 거둥하셨는데, 조선의 사신 이영현李榮賢[102] 등 6인에게 각각 직품에 맞는 의관을 갖추도록 하여 이륜당彝倫堂 밖 문신이 서는 반열의 차례에 나아가게 하였다."
라고 하였다.

그 당시에 반열에 참여할 수 있었던 사람은 응당 사관使館에 머물고 있던 사신일 터인데, 어찌해서 여섯 명이나 되는 많은 인원이 참여할 수 있었을까? 지금으로서는 이영현이 누구의 조상이 되는지도 알 수 없고, 함께 참여했던 다른 인원들의 성명 또한 고찰할 수 없다.[103] 선배 이만운李萬運[104]은 옛날 일들을 많이 아는 분이니, 우선 기록해 두었다가 다음에 한번 찾아뵈어야 하겠다.

[102] 榮賢은 英賢의 잘못이다. 이영현(1507~1572)의 자는 희성希聖, 본관은 광주廣州이다. 그는 명종 22년(1567) 명나라 세종의 시호를 받은 것을 하례하기 위해 북경에 갔다.

[103] 당시 사신으로 간 사람은 이조참판 홍춘년洪春年과 형조참판 이영현 등이다.
[104] 이만운(1736~?)의 자는 원춘元春, 호는 묵헌默軒이다. 저서에 문집 『묵헌집』과 『기년아람』紀年兒覽이 있다.

왕월의 과거 시험 답지 王越試券

명나라 사람 왕월王越의 과거 시험 답지가 바람에 날려 우리나라에 와서 떨어졌다. 나라에서 중국에 가는 사신 편에 답지를 돌려보냈더니, 중국의 기록에는 유구국으로 잘못 기록되었다. 당시에 왕월은 바람을 일으키는 풍력風力을 가지고 있다고 해서 발탁하여 사법 기관에 근무하게 하였다.

명나라 문림文林이 편찬한 『낭야만초』琅琊漫鈔를 일찍이 읽어 보니 거기에,
"성화成化(1465~1487) 연간에 태감太監(환관) 왕고王高가 휴가를 받았는데,[105] 병부상서 아무개가 그를 찾아가서 알현하였다. 마침 도어사都御史 왕월과 호부상서 진월陳鉞도 그 자리에 있었다.

[105] 당시 왕고는 경수사慶壽寺에 머물고 있었다.

왕고가 한참 있다가 비로소 나와서 여러 사람들에게 읍을 하고 자리에 앉으며,

'지난날 환관 왕진王振이 일을 처리할 때 여섯 명의 대신들이 사사로이 찾아가서 알현한 적이 많았기 때문에, 사람들은 왕진이 권세를 독차지해서 제멋대로 한다고 말했소이다. 지금 여러분의 방문을 받고 보니, 외부인들이 나를 두고 수군거리지 않으리라고 어찌 장담하겠소? 또한 그대들이 나를 방문하니, 나를 어떤 사람으로 생각하는지 모르겠소이다.'

하니 병부상서가,

'공께서는 정말 성인이십니다.'

하자 왕고의 얼굴색이 변하며,

'학덕이 위대하고 교화력을 가진 사람을 일러서 성인이라 하니, 이는 공자께서도 오히려 내가 어찌 감히 성인이라고 자처하겠는가 하셨는데, 내가 어떤 사람이기에 감히 성인이라고 말할 수 있겠소이까?'

하니 여러 사람들이 두려워 감히 숨도 제대로 쉴 수 없었다."

라는 내용이 있었다.[106]

106 『낭야만초』에 수록되어 있는 원문의 일부를 축약하여 인용하였다.

그 당시 병부상서는 비록 자신의 이름을 숨긴다고 하기는 했지만, 잘못된 처신이라는 공론만큼은 덮기 어려웠다. 그렇다면 소위 왕월의 신통한 풍력이라는 것이 어디에 있단 말인가?

과거 시험장에 난 화재 天順七年會試貢院火

명나라 천순天順 7년(1463) 2월 북경에서 회시를 거행하던 중

과거 시험장인 공원貢院에 불이 났다. 당시 감찰어사를 지낸 초현焦顯이란 자가 시험장 문에 자물통을 채워서 출입을 막는 바람에 과거 시험을 보던 자가 90여 명이나 불에 타 죽었다.[107]

신라호 新羅戶

북경의 동북쪽 군현에는 고려장高麗莊이란 곳이 많을 뿐 아니라, 당나라 총장總章(668~670) 연간에 신라의 가옥이 있는 곳을 빌려서 관아를 설치했으니, 양향良鄕의 광양성廣陽城이 바로 그곳이다.

『고려사』로 증명하는 중국 역사 證高麗史

주곤전朱昆田은 죽타竹坨 주이준朱彝尊의 아들이다. 그의 「원안」原按에,

"원나라 순제順帝가 북쪽으로 달아나서 응창應昌 지방에 머물 때 태자 애유지리달납愛猷識里達臘[108]이 왕위를 이어서 수도를 화림和林으로 옮기고 연호를 선광宣光으로 바꾸었다. 고려에서는 이를 북원北元이라 일컬으면서, 국왕 신우辛禑(우왕)는 일찍이 그 연호를 받들었다. 그때가 명나라 홍무洪武 10년(1377)이다. 그다음 해에 두질구첩목아豆叱仇帖木兒[109]가 왕으로 섰는데, 북원은 사신을 고려에 파견하여 그 사실을 고하고, 연호를 천원天元으로 고친 사실을 고려에 고했다. 이런 사실들은 조선의 정인지가 편찬

107 초현(1427~?)은 자가 문명文明으로, 명나라의 정치가이다. 법 집행을 엄정하게 하여 명나라의 포청천으로 불린 인물이다. 상관에게 아부하거나 권위에 굴복하지 않았다고 한다. 이 화재로 영종英宗 황제는 초현을 감옥에 가두었다.

108 애유지리달납(1339~1378)은 애유지리답납愛猷識里答臘으로 표기하기도 한다. 주곤전의 글에는 '아유이석리달라'阿裕爾錫哩達喇로 표기되어 있다. 몽고 제국의 16대 칸으로, 원 순제順帝의 장자이고, 어머니는 고려에서 시집간 기황후奇皇后이다. 선광宣光 8년(1378)에 죽었고 묘호는 소종昭宗이다.

109 두질구첩목아(1342?~1388)는 몽고 제17대 칸(황제)이다. 중국에서는 탈고사첩목아脫古思帖木兒로 표기한다. 주곤전의 글에는 '도탑제특목이'都塔濟特穆爾로 표기되어 있다.

110 『고려사』권133 「신우」후 禑 열전에 나온다. 북원의 사신이 고한 것은 1378년이다.

111 여기까지의 내용은 『흠정일하구문』에서 그대로 인용한 것이다.

112 북경의 여섯 거리의 꽃 시장과 꽃에 대한 이야기를 수록한 책인데, 현재 일실되어 전하지 않는 책이다.

113 줄기가 연하고 물기가 많으며 꽃이 피고 열매를 맺은 뒤에 말라 죽거나 땅 위의 줄기만 말라 죽는 식물을 말한다.

한 『고려사』에 나타난다.110 그렇다면 원나라 마지막 왕인 순제를 이어서 왕이 되어 연호를 세운 것은 비단 선광宣光에만 그치는 것이 아니다."
라고 하였다.111

대개 순제라는 칭호는 중국에서 부르는 호칭이고, 혜종惠宗이란 묘호廟號는 망해 가는 원나라가 붙인 시호이다. 뒷날 중국이 선광 임금의 시호가 소종昭宗이란 사실만 겨우 기록했었다. 그렇다면 천원天元이란 연호와 임금의 등극 사실에 대해서는 역사가들이 생략해 버리고 쓰지 않은 것이다. 그래서 우리 『고려사』를 근거로 원나라 역사를 증명하려고 한 것이리라.

하포목단

승혜국(부자)

조선목단 朝鮮牡丹

청나라 풍훈馮勛이 지은 『육가화사』六街花事112에 이르기를,
"하포목단荷包牡丹은 초본식물草本植物113로, 일명 조선목단이라고 한다. 꽃의 모양은 승혜국僧鞵菊(부자附子)과 비슷하고 짙은 자주색이다. 목단이라고 이름을 붙인 까닭은 잎 모양이 비슷하기 때문이다. 북경의 괴수사가槐樹斜街 거리와 자인사慈仁寺, 약왕묘藥王廟의 꽃 시장에는 항상 있다."
라고 하였다.

이른바 하포荷包란 수를 놓은 둥근 주머니로 중국인들이 서로 선물로 주고받는 것이니, 곧 주머니 이름이다. 승혜국이란 어떻게 생겼는지 알 수 없거니와, 요컨대 모두 일년초 꽃일 것이다. 이름을 조선목단이라고 붙여 놓았으나, 우리나라에서 유독 볼 수 없음은 무슨 까닭인가?

쑥호랑이, 애호艾虎

애호

단오일에 우리나라의 공조工曹에서는 궁선宮扇과 애호艾虎를 진상한다.[114] 명나라 이후李詡[115]가 지은 『계암만필』戒菴漫筆에 이르기를,

"단옷날에 북경의 관리들에게 궁선(대나무 골격으로 만들고 종이 면에는 모두 새나 짐승들을 그리되, 정교하게 하지 않는다), 채색끈(한 가닥으로, 오색의 실로 꼬아서 만들며 술의 끝은 호랑이 형상을 만든다), 채색 지팡이(2개로, 길이는 한 장丈쯤 되고 오색의 실을 묶어 두른다), 애호(종이 2폭이며, 사방 한 자尺쯤 되고 모두 호랑이와 다리가 많이 달린 여러 독충들을 그린다)를 하사한다."[116]

고 했으니, 단옷날의 애호는 곧 중국에도 있던 옛 풍속이다.

열 가지 가소로운 일 十可笑

청나라 때의 필기筆記인 『대두야담』戴斗夜談이란 책에 이르기를,

"북경에 서로 전하는 말 중에 열 가지 가소로운 일이 있다. 궁중의 요리를 맡는 광록시光祿寺의 찻물, 황제의 전속 의원인 태의원太醫院의 약방문, 도교의 음악을 연습하는 신악관神樂觀의 기

---

[114] 궁선은 둥글기 때문에 단선團扇이라고도 부르며, 궁중에서 주로 사용하므로 궁선이라고 부른다고 한다. 애호는 쑥으로 호랑이 형상을 만들거나, 혹은 채색 종이나 비단에 호랑이 그림을 그린 것으로 단옷날 문에 걸어서 귀신이나 사악한 기운을 막는 액막이 용도의 장식물이다.

[115] 이후(1505~1593)는 명나라 때 인물로, 자는 덕후德厚, 호는 계암노인戒庵老人이다. 여러 차례 과시에 낙방하여, 평생을 저작에 몰두하였다. 저서 중에서 『계암만필』만 전해지고, 『세덕당음고』世德堂吟稿 등 수많은 저서는 일실되었다.

[116] 인용문은 『흠정일하구문고』欽定日下舊聞考에 수록된 『계암만필』의 내용을 뽑은 것인데, 『흠정일하구문고』 자체가 『계암만필』의 내용을 잘못 끊어서 인용했다. 이에 역자가 원서인 『계암만필』을 참고하여 본래의 문장을 인용 번역했다. 『계암만필』 권2 「강음탕대리은뢰」江陰湯大理恩賚.

도와 푸닥거리, 무기 보관을 담당하는 무고사武庫司의 무기, 토목 공사를 맡는 영선사營繕司의 작업장, 빈민을 구제하는 기관인 양제원養濟院의 의복과 식량, 음악 관청인 교방사敎坊司의 여자, 사법 기관인 도찰원都察院의 법 기강, 학문하는 국자감國子監의 공부방, 한림원翰林院의 문장 등의 열 가지이다. 이는 한漢나라 속담에 '문장으로 과거에 급제한 수재가 글을 모르고, 효렴孝廉 과목으로 과거에 오른 사람이 그 아비와 별거한다'는 말과 같은 것이다."

라고 하였다.[117]

우리나라 속담에 '관가 돼지 배 앓는 격'이라는 말이 있는데, '월越나라 사람이 진秦나라 사람이 수척해지는 모습을 무관심하게 본다'는 말과 같다. 그 이름만 있고 실체는 없다는 뜻인데, 과거 한나라 때 부모에게 효도하는 사람을 뽑는다는 효렴의 과거시험이 그와 같이 유명무실했다고 한다면, 하물며 후세에는 더 말해 무엇하랴!

접동새 子規

원나라 지정至正 19년(1359) 접동새(소쩍새)가 거용관居庸關에서 울었다고 한다. 거용관은 황성에서 70리 떨어진 곳인데, 거용관의 첩첩이 쌓인 푸른 산의 빛깔은 북경 팔경八景의 하나이다. 원나라 문인 왕운王惲[118]은 말하기를,

"진시황이 장성을 쌓을 때 이곳에서 인부(庸)들이 거처(居)하고 쉬었기 때문에 거용관이라고 했다."

117 『흠정일하구문고』 권 146에 있는 내용을 그대로 인용한 것이다. 또 『고요언』古謠諺 권51 「경사십가소언」 京師十可笑諺이라는 제목 아래 그대로 인용되어 있다.

118 왕운(1227~1304)은 원나라 간신諫臣의 한 사람으로 자는 중모仲謀, 호는 추간秋澗이다. 문집 『추간선생대전집』이 있다.

고 하였고, 『방여기요』方輿紀要에는,

"후연後燕의 세조 모용수慕容垂가 모용농慕容農을 열옹蠮螉의 요새로 보냈는데, 열옹은 곧 거용의 와전된 발음이라고 한다."
고 했다.

나는 일찍이 이 거용관을 한번 가 보고 싶었으나, 왕복하는 길이 140리로 하루 만에 다녀오기 어렵기 때문에 그만두었는데, 지금까지도 한이 된다.

경수사 대장경 비석문의 대략 慶壽寺大藏經碑略[119]

"(전략) 국가에서 불법佛法을 숭상하고 신봉하여 큰 사찰을 건립하면 반드시 대장경을 안치하여 보관하게 한다. 천하에 글씨를 잘 쓰는 사람을 모으고 황금을 이겨서 대장경을 베끼게 하여 그 위엄을 과시하게 되며, 천하에 판각을 잘 새기는 사람을 선발하여 좋은 목재를 다듬어서 대장경을 판각하고 책을 반복하여 찍

[119] 경수사는 1186년에 창건되었으며, 1267년에 쌍탑을 만들었기 때문에 쌍탑사라고 불린다. 현재는 폐사되었고, 비석 일부가 법원사에 보관되어 있다.

거용관의 만리장성 모습

어서 널리 반포하게 한다.

수도의 여러 절에는 날마다 중들을 공양하여 복을 빌게 하니 중들은 단정하게 앉아서 떼를 지어 불경을 암송하고, 종을 치고 소라고둥을 부는 소리가 밤낮으로 끊이질 않는다. 또 해마다 한두 번 사신들을 역참의 말에 태워서 향과 폐백을 받들고 온 천하를 두루 돌아다니게 한다. 또한 이렇게 해야 셀 수조차 없는 이 세상의 모든 곳이 모두 복을 받게 된다. 어허! 지극하도다.

동남 바닷가의 나라 고려국은 예부터 문화와 예의를 아는 나라라고 일컬어지고 불교를 받들기를 더욱 근엄하였다. 우리 위대한 원나라가 천하를 차지함에 풍모를 듣고 와서 의지하자 세조 황제께서 은혜로 맺고 예로 대접하여 특별히 대우를 하였다. 그리하여 원종元宗과 충렬왕忠烈王 부자는 함께 나란히 원나라의 공주에게 장가를 들어 부마가 되었다.

지금의 고려 충선왕忠宣王은 또한 총명과 충효로 황제와 황태후에게 총애를 받고 있는데, 대덕大德 을사년(1305)에 불경을 시주하여 대경수사大慶壽寺에 넣고, 그 아름다움을 황제께 돌려서 보답하였다. 이 절은 세조이신 유황裕皇 황제의 복을 비는 곳으로, 수도의 여러 사찰 중에서도 가장 오래된 고찰이다.[120] 황경皇慶(원 인종의 연호) 원년(1312) 여름 6월에 황제께서 신에게 일러 이에 대한 글을 짓고 돌에 새기게 하셨다. (중략)

충선왕의 이름은 장璋이다. 어진 사람을 좋아하고 착한 일 하기를 즐거워하며, 도덕과 문장을 모두 갖추었다. 세조 황제를 섬기고, 황제의 생질로서 고려의 세자가 되어 중국에 들어와서 궁궐에 거처하며 그 재능을 인정받게 되었고, 성종 때에 선발되어 원의 공주에게 장가를 들었다. 대덕 말년에 지금 황제인 인종을

120 금金나라 세종世宗 대정大定 26년(1186)에 창건하였다.

경수사의 쌍탑

따라서 내란을 평정하였고, 무종武宗 황제를 세우는 데 공이 있어서 '추충규의협모좌운공신 개부의동삼사태자태사 상주국부마도위 심왕정동행중서성우승상'推忠揆義協謨佐運功臣 開府儀同三司 太子太師 上柱國駙馬都尉 瀋王征東行中書省右丞相이 되었고, 고려국 왕위를 계승했다. 지금 황제(인종)가 즉위하여 공훈을 책봉함에 위의 직함에 다시 태위太尉를 더하였다. (하략)"

위의 비문은 원나라 거부鉅夫 정문해程文海[121]가 지은 것으로, 그의 문집인 『설루집』雪樓集에 수록되어 있다. 비문의 표현 중에는 기롱하고 풍자하는 말이 많이 있으니, 대개 외국 사람을 위해 찬술하는 문장에다 자신의 뜻을 은밀하게 드러내었던 것이다. 우리 『고려사』에 반드시 실려 있지 않을 것이므로, 그 대략을 끊어서 기록해 둔다.

황량대 謊糧臺

북경의 동악묘東岳廟에서 5리 정도를 채 못 가서 황량대荒凉臺라는 곳이 있는데, 그 글자가 잘못되었다. 명나라 장일규蔣一葵의 『장안객화』長安客話[122]에,

"당나라 태종이 동쪽으로 고구려를 정벌할 때 일찍이 여기에 군사를 주둔시키고 거짓으로 곡식 창고를 만들어서 적을 속이려고 하였다. 그래서 세속에서는 이곳을 거짓 곡식의 축대라는 뜻에서 '황량대'謊糧臺라고 부른다."[123]

라고 하였는데, 그 말이 제법 그럴듯하다.

---

121 정문해(1249~1318)는 원나라의 문인으로 자는 거부鉅夫, 호는 설루雪樓 혹은 원재遠齋이다. 문해라는 이름이 무종武宗의 이름과 같다고 해서 본명보다는 자인 거부로 더 많이 불려, '정거부'라고 한다. 문장이 당시 중국에서 으뜸이었으며, 저서에 『설루집』雪樓集이 있다. 『설루집』 권18에는 이 글이 「대경수사 대장경비」라는 제목으로 실려 있다. 장문의 글인데 연암은 불경에 관한 일반론은 대부분 생략하고 고려와 관계되는 내용만 절록하였다.

122 『장안객화』는 역사, 지리에 관한 일화를 적은 필기 소설로서 명나라 장일규가 지었다. 장일규의 자는 중서仲舒, 호는 석원石原이고, 서재의 이름은 요산당堯山堂이다. 『장안객화』 외에도 『요산당외기』堯山堂外記 등 많은 저서를 남겼다.

123 『장안객화』 권4 「교경잡기」郊埛雜記편에 수록되어 있다.

오랑캐 원나라의 성대한 유학 胡元理學之盛

중국의 유가 철학 사상이 성대하기로는 오랑캐 원나라 시대보다 더 높은 적이 없었으며, 게다가 두 가지 특이한 일이 있었으니, 원나라 개국 초기에 도사이면서 유가 선비의 말을 한 사람이 있었고, 승려이면서 유가 선비의 행실을 한 사람이 있었다.

도교의 진리를 깨달은 진인眞人 장춘長春은 본명이 구처기邱處機[124]이고 자가 통밀通密이며 산동성 등주登州 사람이다. 장춘은 그의 호인데, 금나라 황통皇統 무진년(1148) 5월 19일에 태어났다. 정우貞祐 을해년(1215) 금나라 임금이 불렀으나 가지 않았고, 기묘년(1219) 송나라 황제가 사신을 파견하여 불렀으나, 역시 응하지 않았다.

그해 5월 몽고의 태조(칭기즈칸)가 내만柰蠻에서 측근의 신하(유중록劉仲祿과 철백이徹伯爾)에게 손수 쓴 조서를 가지고 가게 하여 초빙하자, 드디어 부름에 응하였다. 철문관鐵門關[125]을 넘어서 몇십 개 되는 나라의 땅 만여 리를 지나 설산雪山에서 황제를 만났다. 만나서 먼저 "천하를 통일하려는 사람은 사람 죽이기를 좋아하지 않아야 한다"고 대답을 했다. 큰 사냥을 그만두라고 간하면서,

"하늘의 도는 살리기를 좋아합니다."

라고 말했고 정치를 하는 방법을 묻자,

"하늘을 공경하고 인민을 사랑해야 합니다."

라고 했으며 자신을 수양하는 도에 대한 물음에는,

"마음을 맑게 하여 욕심을 적게 해야 합니다."

라고 말했고 불로장생하는 약에 대해서 묻자,

---

[124] 구처기(1148~1227)는 19세에 출가하여 도를 수련했고, 도교 전진파全眞派를 창시하였다. 저서에 『대단직지』大丹直指, 『섭생소식론』攝生消息論, 『계집』溪集 등이 있다. 〈지살령〉止殺令은 그의 삶을 다룬 영화이다.

[125] 산동성 이진현利津縣 북쪽에 있는 관문이다.

장춘 진인 구처기

"건강에 유익한 방도는 있으나, 장생의 약은 없습니다."
라고 답하였다.

매양 황제가 부르면 나아가 앉아서 황제에게 권한 말은 모두가 자애와 효성에 관한 내용이었다고 하니, 이것이 어찌 도사이면서 선비의 말을 한 것이 아니겠는가?

그때 몽고가 중국을 짓밟았는데, 특히 하북과 하남 지방이 더욱 심하였다. 인민들이 포로로 사로잡히거나 죽임을 당하였으나, 달아나 목숨을 보전할 방도가 없었다. 그러자 구처기가 북경으로 돌아와 그 문도들에게 직첩을 가지고 가서 전쟁 통에 살아남은 사람을 불러 모았다. 그리하여 남의 노비가 된 사람이 다시 양민이 되기도 하고, 거의 죽다시피 했다가 다시 살게 된 사람이 무려 2, 3만 명이나 되었다. 이 이야기는 『원사』元史에 나온다.

또 "해운국사海雲國師의 법명은 인간印簡(1202~1257)인데, 산서山西 영원寧遠 사람이었다. 나이 열하나에 능히 대중에게 불경을 설법하는 장을 열었고, 흉년이 들어 사람끼리 서로 잡아먹는 대중을 구제하였기에 금나라 선종宣宗이 통현광혜대사通玄廣惠大師라는 법호를 내려 주었다. 고향 영원성이 몽고에게 함락되었을 때, 그 스승 중관中觀과 함께 사로잡혔다. 원나라 태조 칭기즈칸이 사신을 대사에게 보내어, '늙은 스님과 젊은 스님'이라고 부르라고 했는데 이는 천하 사람들에게 좋은 인물임을 고한 것이니, 이때부터 세상에서는 그를 젊은 스님이라는 뜻의 '소장로'小長老라고 불렀다.

해운국사는 매번 원나라 큰 벼슬아치인 홀도호忽都護에게,

'공자는 성인이므로 마땅히 대대로 봉하여 제사를 지내 주어야 하고, 안연·맹자의 후손과 주공과 공자를 공부하는 사람들은

해운국사 육신상과 비석(왼쪽부터)

모두 부역을 면제하여 그 업을 근면히 따르도록 해 주는 것이 마땅합니다.'"

라고 말하여, 그대로 시행하게 하였다.[126]

이 이야기는 원나라 왕만경王萬慶이 쓴 구급탑九級塔[127] 비문에 나오는 내용이니, 승려이면서 선비의 행실을 한 자가 아니겠는가. 이에 함께 기록해 둔다.

126 『흠정일하구문고』의 내용을 그대로 전재한 것이다.
127 앞에서 나왔던 북경의 '경수사'慶壽寺라는 절에 두 개의 탑이 있는데, 하나는 '구급탑'(해운탑海雲塔)이고 하나는 '칠급탑'(가암탑可庵塔)이라고 했다. 구급탑이란 9층 탑이란 의미이며, 비의 정확한 이름은 '원명해운우성국사지탑비'圓明海雲佑聖國師之塔碑이다. 왕만경이 지은 글의 제목은 「대몽고국연경대경수사 서당해운대선사비」大蒙古國燕京大慶壽寺 西堂海雲大禪師碑이다. 현재 비석은 법원사法源寺에 있다.

가시나무에 절하다 拜荊

내가 일찍이 풍윤현豊潤縣을 지날 때, 그 동북쪽에 진왕산秦王山이란 산이 있었다.

"오직 가시덤불만 무성하게 자라고 있었는데 전하는 말에, 당 태종이 아직 진왕秦王으로 있을 때 이 산에 올라서 가시덤불을 보고는 깜짝 놀라며 '이 가시나무는 어린 시절 마을의 글방 선생

환향하

님이 내게 글읽는 법을 가르칠 때 쓰던 회초리이다' 하고는 말에서 내려 절을 하였더니, 가시나무가 모두 머리를 땅 쪽으로 숙여서 마치 사람이 머리를 숙이듯 하였는데, 가시나무는 지금도 그런 모양을 하고 있다고 한다."[128]

128 "오직 가시덤불만" 이후부터의 내용은 『흠정일하구문고』에서 그대로 인용한 것이다. 본래의 출처는 『연산총록』燕山叢錄이다.

환향하 還鄕河

풍윤현과 옥전현玉田縣 사이에 환향하還鄕河라는 강이 있다. 무릇 이 지방의 물은 모두 동쪽으로 흘러가건만, 유독 환향하만은 서쪽으로 흘러간다.

명나라 서창조徐昌祚가 지은 『연산총록』燕山叢錄에,

"송나라 휘종徽宗이 이 강의 다리를 지나가다가 말을 세우고 사방을 둘러보면서 처연하게 '여기를 지나면 점점 북쪽의 큰 사막과 가까워지게 되리니, 나는 언제나 저 물처럼 고향으로 돌아갈 것인가?' 하고 식사도 하지 않고 떠났다고 한다."
라고 했다.[129]

혹자는 석소주石少主가 환향하라고 이름 지었는데, 사람들이 지금까지 그대로 부른다고 했다. 석소주라는 사람은 아마도 석경당石敬瑭이 세운 후진後晉의 젊은 임금 석중귀石重貴[130]를 두고 하는 말로 보이는데, 그 역시 거란에 포로로 잡혀갈 때 응당 이 강을 지나갔을 터이다.

129 송나라 휘종 황제는 여진족 금나라의 포로가 되어, 연경으로 잡혀가서 민충사에 구금되었다가 다시 압송되어 흑룡강성의 오국성五國城에 수감되었다.

130 석중귀(914~974)는 후진의 황제로 석경당의 양자이다. 942년에 황제가 되었으나 4년 뒤에 거란의 침입으로 포로가 되어 거란에 잡혀가서 974년 죽을 때까지 억류되어 있었다.

『계원필경』桂苑筆耕

『당서』「예문지」에는 신라 최치원의 『계원필경』桂苑筆耕 20권이 있다고 했는데, 후세에 책을 쓰는 사람들이 인용한 책 목록엔 그 이름이 보이지 않으니, 중국에선 응당 이 책이 없어진 지 오래된 모양이다.

천불사 千佛寺

밀운현密雲縣에서 북경 덕승문德勝門으로 들어올 때 길이 너무 질척거리고, 또 양 떼들이 길을 막고 있어서 앞으로 갈 수가 없었다. 그래서 말에서 내려 역관 홍명복과 함께 길 옆에 있는 천불사千佛寺에 들어가 잠시 쉬었다.[131]

절의 부처 앉은 자리에는 천 개의 연꽃이 둘러 있고, 연꽃은

131 천불사는 1581년에 창건되었고, 1733년에 중수되면서 염화사拈花寺로 개명되었다. 건물 일부가 북경 서성구에 남아 있고, 비석은 오탑사(진각사)의 석각예술박물관에 있다.

천 개의 부처를 두르고 있었다. 석가모니불 및 여러 부처 24구와 십팔나한十八羅漢은 모두 우리 조선에서 진상한 것이라고 한다. 이는 명나라 사람 동인同人 유동劉侗의 『제경경물략』帝京景物略을 근거로 한 말이지만, 청나라 사람 납란성덕納蘭性德의 『녹수정잡지』淥水亭雜識에는 교응춘喬應春이 지은 절의 비문을 근거로 하여 부처는 태감太監 벼슬의 양용楊用이 주조했다고 말한 사실을 알지 못하고서 하는 말이다.

천불사 건물과 탑 건물은 현재의 모습이고, 탑은 본래 천불사 탑이었는데 원명원으로 옮겨졌으며 근대에 파괴되기 전에 외국인이 촬영한 것이다.

옥갑에서의 밤 이야기

옥갑야화
玉匣夜話

◉ — **옥갑야화**
본편은 열하에서 북경으로 돌아오는 길에 옥갑이라는 곳에 묵으며 여러 비장들과 밤새 나눈 이야기를 옮겨 적은 것이다. 역관과 그들의 무역에 대한 것이 그날 밤의 주된 화제였다. 여러 이야기가 꼬리에 꼬리를 물어 결국 연암이 허생의 이야기를 하는 것으로 끝을 맺고 있는데, 사실 앞의 이야기는 허생의 이야기를 끌어내기 위한 도입부에 해당한다.
허생 이야기는 연암 자신이 젊은 시절 윤영이란 인물에게서 제보를 받은 내용이거니와, 연암은 당시 윤영에게 허생에 대한 전을 짓겠다고 약속한 바 있었다. 허생 관련 일화는 연암의 뇌리에서 적어도 20여 년을 떠나지 않고 맴돌았던 창작의 소재였는데, 그 약속이 『열하일기』를 통해 지켜진 셈이었다. 이는 허생에 대한 이야기가 한밤중의 한담으로 그칠 성질의 것이 아님을 분명하게 보여주는 것이다.
작품에서 허생이 제시한 소위 시사時事 삼난三難은 북벌의 허구성을 통렬하게 폭로한 것이며, 진보 세력의 국제적 결속을 통해 동아시아의 새로운 질서를 전망할 수 있다는 허생의 생각은 연암의 그것으로 보아도 좋을 듯하다.

옥갑에서의 밤 이야기
「옥갑야화」玉匣夜話

사신 일행이 돌아오며 옥갑玉匣¹에 이르렀다.

밤에 여러 비장 역관들과 침상을 나란히 붙여 놓고 밤새 이야기를 주고받았다.

북경의 예전 풍속에 대한 이야기가 나왔다. 옛날에는 북경의 풍속이 순박하고 도타워서 우리 역관들이 만 금이라도 서로 빌려 쓰곤 했으나, 요즈음은 저들 중국인들이 우리에게 사기 치고 배신하는 것을 능사로 여기고 있다. 실은 그 잘못이 미상불 우리나라 사람에게서 시작되지 않은 것이 없다고 한다.

30년 전의 일이다. 한 역관이 빈털터리로 북경에 들어갔다가, 장차 귀국할 무렵에 거래하던 단골집 주인을 마주 보고서 눈물을 흘렸다. 주인이 괴이하게 여겨 까닭을 묻자 그는,

"압록강을 건너올 때 남의 은자를 몰래 숨기고 들어오다가 그만 일이 들통나는 바람에 제가 가진 돈까지 관에 몰수를 당했

---

1 옥갑의 위치는 정확하게 알 수 없다. 혹 석갑石匣의 오자가 아닌가 한다. 석갑은 석갑성石匣城을 말하는데, 연행의 노정에서 연암은 열하에서 돌아올 때 여기 석갑성에서 하루를 잔 것으로 추정된다. 『열하일기』의 수록된 글의 순차 상 「옥갑야화」는 열하에서 북경으로 돌아오는 과정에 놓여 있으며, 석갑성은 고북구 만리장성과 밀운성 중간에 있기 때문이다. 또 연암이 다닌 연행 노정에 갑匣이라는 이름이 들어간 지명은 석갑이 유일하기 때문이다. 필사본 『일재본』에는 「진덕재야화」進德齋夜話라고 되어 있다. 진덕재는 열하 태학에 있는 건물 이름이다.

습니다. 지금 빈털터리로 귀국하려니 살아갈 길이 막막합니다. 차라리 돌아가지 않음만 못하답니다."

하고는 칼을 뽑아서 자결하려고 하였다. 주인이 깜짝 놀라서 급히 그를 껴안으며 칼을 빼앗고 물었다.

"몰수당한 은자가 얼마나 되오?"

"3천 냥입니다."

주인이 그를 위로하며,

"사내대장부가 자기 몸이 없어질까 걱정을 해야지 어찌 돈이 없음을 걱정한단 말이오? 만약 죽고 돌아가지 않는다면 장차 당신의 처자는 어찌 되겠소? 내가 그대에게 만 금을 빌려줄 터이니, 5년 동안 재물을 늘려 나가면 다시 만 금을 벌게 될 것이오. 그때 가서 본전 만 금을 내게 갚구려."

하였다.

역관은 만 금을 얻어서 크게 무역을 하여 돌아왔다. 당시에 이런 속내를 아는 사람이 없었기에 모두들 그의 재주를 신통하게 여기지 않는 사람이 없었다. 그리하여 그는 5년 만에 드디어 큰 부자가 되었다. 그러고는 사역원의 역관 명부에서 자기의 이름을 스스로 파 버리고는 북경 가는 발길을 끊어 버렸다.

한참 뒤에 그의 친한 친구가 북경에 가게 되자 그는 은밀하게 부탁하기를,

"북경 시장에서 만약 아무개 단골집 주인을 만나면 그는 반드시 내 안부를 물을 것이네. 그러면 그에게 내 가족이 모두 전염병에 걸려 몰사했다고 꼭 이야기해 주게."

친구가 황당한 거짓말을 할 수 없다고 자못 난색을 보이자 그는,

"그렇게만 말하고 돌아오면 내가 자네에게 응당 100금을 주

겠네."
라고 하였다.

그 친구가 북경에 가니, 과연 그 단골집 주인을 만나게 되었다. 주인이 역관의 안부를 묻기에 친구는 부탁받은 그대로 말을 하였다. 그러자 그 주인은 얼굴을 가리고 대성통곡을 하고는 눈물을 비가 오듯 흘리며,

"하늘이여, 하늘이여. 어찌하자고 그 착한 사람에게 이토록 처참한 재앙을 내리십니까?"
하고는 드디어 돈 100금을 그 친구에게 주면서 부탁을 하였다.

중국에 간 19세기 조선 상인

"그의 처자까지 모두 죽었다 하니, 제사를 지내 줄 사람도 없겠구려. 그대가 귀국하거든 나를 위해 50금은 폐백을 갖추어 제사상을 차려 제사를 지내 주고, 50금은 재를 올려 명복을 빌어 주시면 다행이겠습니다."

친구가 아연 깜짝 놀랐지만, 이미 거짓말을 해 버리고 난 터라 도리없이 100금을 받아 가지고 귀국했다.

그런데 그 역관의 집이 정말 역병에 걸려서 이미 몰사를 하여 살아남은 사람이 하나도 없었다. 친구는 크게 놀라고 두려워서 받은 돈 100금을 가지고 단골집 주인의 부탁대로 재를 올려 주었고, 그 뒤로는 죽을 때까지 다시는 북경에 가지 않으며,

"내가 무슨 면목으로 그 주인을 다시 볼 수 있단 말인가?"
라고 하였다고 한다.

2 이추는 숙종 때의 역관으로 자는 두경斗卿으로, 일본어 역관을 지낸 이유李愉의 현손이다. 경종·영조에 이르기까지 33회에 걸쳐 중국에 갔던 인물이다. 그의 행적에 대해서는 『통문관지通文館志』 권7 「인물」편에 소상하게 수록되어 있다.

지사知事 이추李樞[2]의 이야기가 나왔다. 그는 근세의 이름난

역관이었다. 평상시 거처하면서 입에 돈이라는 말을 올리지 않았으며, 40여 년을 북경에 출입했으나 한 번도 은을 지참하지 않았다. 참으로 기상이 화락하고 단아한 군자의 기풍이 있었다고 한다.

당성군唐城君 홍순언洪純彦의 이야기도 나왔다.[3] 그는 만력(1573~1620) 연간의 이름난 역관이었다.

그가 일찍이 북경에 갔을 때 청루靑樓(창기의 집)에 놀러 갔다. 창기의 미모에 따라 해웃값을 정해 놓았는데, 천 금짜리 여자가 있었다. 그는 천 금을 내고 수청을 들게 하였더니, 과연 여자는 나이 열여섯에 절색이었다. 여자가 홍순언을 마주하자 눈물을 흘리며,

"제가 저의 몸값을 아주 높이 요구한 까닭은 천하의 남자들이란 모두 쫀쫀하고 인색하여 선뜻 천 금을 쓸 사람이 없다고 생각하여 당할 욕을 잠시 면하기를 바랐기 때문입니다. 하루 이틀 지내며 기생집 주인을 속이고, 한편으로는 천하의 의기 있는 남자가 나타나서 저를 속량시켜 소실로 삼아 주기를 바랐던 것이지요. 그러나 제가 여기에 온 지 닷새가 되었어도 감히 천 금을 가지고 오는 사람이 없었답니다. 오늘 다행히 천하의 의기 있는 분을 만나긴 했으나, 나리께서는 외국의 선비라서 법적으로 저를 속량시켜 데려갈 수 없답니다. 이 소녀의 몸이 한 번 더럽혀지면 그만 다시 씻을 길이 없을 것이옵니다."

라고 한다. 그는 소녀를 자못 가련하게 여겨서 물었다.

"어떤 사정으로 기생집에 굴러들게 되었는고?"

"저는 본시 남경南京의 호부시랑을 지냈

3 당성군은 당릉군唐陵君으로 표기되어야 한다. 홍순언(1530~1598)의 실제 사적은 『통문관지』 권7 「인물」편에 수록되어 있다. 그는 1584년 변무사의 역관으로 참여하여 광국공신 2등 공신에 들었으며, 당릉부원군唐陵府院君에 봉해졌다. 그에 대한 일화는 정재륜의 『공사견문록』公私見聞錄과 정태제의 『국당배어』菊堂俳語 등에 실려 있고, 『청구야담』 등의 야담계 소설에도 많이 실렸고, 박치복朴致馥의 「보은금」報恩錦 같은 장편 서사시로 지어지기도 하였다.

북경 청루 창기의 명패

던 아무개의 여식이온데, 그만 집을 몰수당하고 재산도 추징당했습니다. 그래서 저 스스로 창기의 집에 몸을 팔아서 죽게 될 아비의 목숨을 구한 것이옵니다."

홍순언이 깜짝 놀라며,

"실로 그런 사정이 있었는지 내 몰랐도다. 내가 당장 자네를 속량시킬 것이니, 몸값으로 얼마를 치러야 하는가?"

"2천 금이옵니다."

홍순언은 즉시 몸값을 치르고 그 여자와 작별했다. 여자는 그를 은혜로운 아버지라고 일컬으며 수도 없이 절을 하고 떠났다. 그 뒤로 홍순언은 그 일을 전혀 마음에 담아 두지 않았다.

홍순언이 언젠가 다시 중국에 들어가게 되었다.[4] 연도에서 사람들이 홍순언이 이번에 오느냐고 자주 물어서 그는 아주 괴이하게 생각했다. 북경 근처에 이르렀을 때 어떤 사람이 길 왼편에 성대하게 장막을 쳐 놓고 그를 환영하면서,

"저희 병부상서 석씨石氏 어르신께서 받들어 모시랍니다."

라고 하는 것이었다. 석씨의 집에 도착했더니, 석 상서石尙書가 환영을 하면서 절을 하고는,

"은혜로운 장인이십니다. 장인어른의 딸이 기다린 지 오래되었습니다."

하고는 손을 잡고 내실로 인도했다. 내실에서는 석 상서의 부인이 성대하게 차려입고는 마루 아래로 내려와서 절을 올린다. 홍순언이 황공하여 몸 둘 바를 모르고 있으니 석 상서가 웃으면서,

"장인어르신은 오랫동안 따님도 잊고 계셨습니까?"

라고 한다. 그제야 홍순언은 그 부인이 바로 기생집에서 몸을 빼내 주었던 여자임을 알게 되었다.

4 『통문관지』通文館志에 의하면 선조 17년 1584년에 홍순언은 변무사 황정욱黃廷彧을 수행하여 북경에 들어갔다고 한다.

그때 여자는 기생집에서 나와서 곧바로 석성石星⁵의 재취再娶로 들어갔다. 남편 석성이 벼슬이 높아져도, 부인은 오히려 손수 비단을 짜고 거기에 모두 보은報恩이라는 글자를 수놓으며 그 은혜를 잊지 않았다고 한다.

홍 역관이 귀국하게 되자, 보은을 수놓은 비단과 다른 비단 및 금은을 바리바리 싸서 보내왔는데 얼마나 많은지 다 셀 수조차 없었다. 임진년에 왜구가 쳐들어왔을 때, 석성은 병부를 맡아 있으면서 출병할 것을 강력히 주장했는데, 이는 석성이 본시 조선인을 의롭게 보았기 때문이라고 한다.

우리나라 상인들이 단골로 익숙했던 정세태鄭世泰의 이야기가 나왔다.⁶ 정세태는 북경에서도 제일 큰 부자로 있었던 사람인데, 그가 죽고 나자 그 많던 재산이 쓸어 낸 듯 하나도 남아나지 않았다. 그에게는 오직 손자 하나가 있었는데, 그는 남자 중에서도 아주 절색이어서 어린 나이로 광대들의 놀이마당에 팔려 갔다.

정세태가 살아 있을 때 그 집에서 회계를 보던 임가林哥라는 이가 지금은 큰 부자가 되어 있었다. 임가가 광대의 놀이마당에서 웬 미남자 하나가 재주 부리는 것을 보고 마음에 담아 두었는데, 그가 바로 정세태의 손자라는 이야기를 듣고는 즉시 부둥켜안고 울었다. 그래서 천 금에 속량시켜 자기의 집으로 데리고 왔다. 집안사람들에게,

"잘 돌봐 주도록 해라. 그 아이는 내가 전에 모시던 옛 주인의 손자이니, 광대의 자식으로 천하게 보지 말도록 해라."
하고 주의를 주었다.

손자가 성장을 하자 임가는 자신의 재산을 반으로 나누어 그

---

5 석성(1537~1599)은 자가 공진拱辰 호는 동천東泉으로, 1591년 벼슬이 병부상서를 지냈다. 임진왜란 때 조선에 구원병 파견에 의견이 분분할 때 출병을 적극 주장하였고, 심유경의 의견을 받아 일본과 화친을 맺었다가 일본이 배신하고 재차 조선에 침입하자 하옥되었다. 1599년 감옥에서 병으로 죽었다.

6 정세태는 강희 연간의 상인이었다. 그의 집이 북경 옥하교 남쪽에 있어서 조선관과 가까웠고, 많은 물건을 갖춘 대상인이었으므로 조선 상인들이 거래하는 단골이 되었다. 김창업의『노가재연행일기』老稼齋燕行日記 권4 1월 17일 일기에 그에 대해서 상세히 기록하고 있다.

에게 생업을 이어가게 하였다. 정세태의 손자는 몸이 뚱뚱하고 살결이 희며 얼굴이 곱고 아름다웠는데, 특별히 하는 일도 없이 오직 종이연을 날리는 것으로 소일하며 북경 안을 싸돌아다니며 놀았다고 한다.

옛날에는 중국과 물건을 매매할 때 일일이 포장을 풀어서 검사하지도 않고, 다만 북경에서 포장해서 준 그대로 가지고 돌아와서 물목대장과 대조하여도 조금도 어긋남이 없었다. 한 번은 저쪽에다 흰 털모자를 주문해서 포장을 해서 보내왔는데 귀국해서 풀어 보니 모두가 초상 때 쓰는 흰색 실로 만든 모자를 보낸 실수가 있었다. 그래서 미리 살펴보지 않았던 것을 후회하였다. 때마침 정축년(1757)에 왕비 서씨와 대왕대비 김씨의 국상[7]이 나게 되어 도리어 배나 되는 값을 받았다고 한다. 그러나 이는 저들 중국이 옛날과는 아무래도 같지 않다는 증거이다. 근래에는 물화를 구매하는 상인들이 모두 직접 포장을 하지, 중국 객주에게 포장을 맡기지는 않는다고 한다.

변승업卞承業[8]에 대한 이야기가 나왔다. 그가 병이 들었을 때 자신의 재산이 얼마나 되며 변리로 빌려 준 돈이 얼마나 되는지 살펴보려고 회계를 맡고 있는 청지기와 장부 문서를 모아서 계산하게 하였더니 도합 은 50여만 냥[9]이었다. 그 아들이,

"빌려 주고 거두어들이고 하는 일이 번거로울 뿐만 아니라, 오래되면 돈을 떼여 축이 나는 수도 있으니, 이제 이를 계기로 모두 거두어들이시지요."

하자 승업은 크게 화를 내어 꾸짖기를,

---

7 영조 33년(1757) 2월에 영조의 비 정성왕후貞聖王后 서씨가 돌아가고, 3월에 숙종의 계비 인원왕후仁元王后 김씨가 돌아갔다.

8 변승업(1623~1709)은 1645년에 역과譯科에 합격한 일본어 역관이다. 아버지 변응성은 중국어 역관으로 중국과의 중개무역으로 부를 축적하였고, 변승업은 일본과의 중개무역 그리고 국내의 대부업(고리대금업)을 통해 부를 축적하였다.

9 오늘날의 돈으로 환산하면 대략 1,500억 원에 해당하는 금액이다.

"이 돈은 한양 도성의 1만 가구의 목숨줄이거늘, 어찌해서 하루아침에 이를 끊어 버릴 수 있느냐? 빨리 장부 문서를 되돌려 주도록 해라."

했다. 승업이 늙자 자손들에게 주의를 시키기를,

"내가 섬긴 조정의 공경[10]들 중에는 국론을 한 손에 쥐고서 자신의 재산을 불린 자들도 많았는데, 삼대를 이어 간 사람이 드물었다. 지금 나라 안에서 돈놀이를 하는 사람들이 우리 집안의 돈이 들어오고 나가는 것을 가지고 이자의 기준을 삼으니, 이것 역시 하나의 국론을 좌우하는 것이다. 재물을 흩어 버리지 않는다면 장차 화가 닥칠 것이니라."

라고 하였다. 그래서 그 자손들이 번성하기는 했으나, 가난하게 사는 사람들이 많은 까닭은 승업이 늙어서 재산을 많이 여러 사람들에게 나누어 주었기 때문이란다.

10 삼공과 구경을 합해서 공경이라 하는데, 삼공은 삼정승이고 구경은 육조판서와 좌·우참판, 한성판윤을 가리킨다.

나도 윤영尹映이란 자에게 들은 이야기를 하였다. 일찍이 윤영이 말하기를 변승업의 부는 그 재물이 조상으로부터 내려온 유래가 있었다고 했다. 변승업의 조부 때에는 돈이 수만에 불과했으나, 언젠가 선비 허생의 은자 10만을 얻고서 드디어 그 부가 일국의 으뜸이 되었는데 변승업 때에 이르러서는 조금 쇠퇴한 것이다. 집안이 처음 재산이 불어날 때는 마치 그렇게 되라는 명운이 있었던 것 같다고 한다. 그와 허생許生 사이에 있었던 일을 살펴보아도 아주 이상한 일이다. 허생은 끝내 자기의 이름을 말하지 않았기 때문에 세상에서는 그 이름을 아는 이가 없다고 했다. 윤영이 말해 준 허생의 이야기는 이러하다.

11 묵적동은 오늘날 서울 중구 충무로와 필동에 걸쳐 있던 동네이다. 묵동墨洞, 묵사동墨寺洞, 묵적골 등으로 불려지기도 했다.

허생許生은 묵적동墨積洞[11]에 살았다. 묵적동에서 곧장 남산 아래로 이르는 곳에 우물이 있고, 우물가에는 오래된 살구나무가 있었다. 살구나무를 향해 사립문이 열려 있고, 몇 칸 안 되는 초가집은 비바람도 제대로 가리지 못했다. 그러나 허생은 독서를 좋아하고, 그 아내가 삯바느질을 하여 겨우 입에 풀칠을 하고 살았다.

하루는 아내가 배가 몹시 고파서 눈물을 흘리며,

"임자는 평생 과거에 응시하지도 않으면서 책을 읽어서 무엇 하려고 그러시오?"

하니 허생이 웃으며 말했다.

"내가 책을 읽는 것이 아직 미숙해서 그렇다오."

"그렇다면 장인바치 일이라도 하지 그러시오?"

"장인바치 일은 본래 배우지 못했으니, 어찌하란 말인가?"

"그럼 장사가 있잖습니까?"

"장사야 본시 밑천이 드는 법인데, 어찌하란 말인가?"

그 아내가 왈칵 화를 내고 버럭 소리를 질렀다.

"밤낮으로 책을 읽더니 고작 배운 게 '어찌하란 말인가'라는 말뿐이오? 장인바치 일도 못한다, 장사도 못한다면, 어째서 도적질은 못하는 게요?"

허생이 읽던 책을 덮고는 일어서면서,

"애석하도다. 내 본래 책 읽기를 10년을 기약했더니, 이제 7년 만에 그만 접어야 하다니."

하고 문을 나서서 가 버렸다.

허생은 평소에 알고 지내는 사람도 없고 해서, 곧바로 번화한 운종가雲從街[12]로 나아가 시장 사람에게 물었다.

"한양에서 누가 가장 부자입니까?"

12 운종가는 지금의 종로 세종로에서 종로 6가까지의 거리를 말한다.

변씨卞氏라고 말해 주는 사람이 있어서, 허생은 드디어 그 집을 찾아갔다. 허생은 변씨를 만나 길게 읍을 하고는,

"내가 집이 가난한데 조그마한 일을 시험해 보려는 것이 있으니, 그대에게 돈 만 금을 빌릴까 하오."

하니 변씨는 '그러시오' 하고는 그 자리에서 만 금을 내주었다. 허생은 끝내 고맙다는 인사도 하지 않고 나가 버렸다.

변씨 집의 자제들과 와 있던 손님들이 허생의 몰골을 보니 이건 영락없는 비렁뱅이였다. 허리를 두른 실띠는 술이 빠졌고, 갓신의 뒤축은 자빠졌으며, 갓은 찌그러지고 도포는 그을려 행색이 꾀죄죄한 데다가, 코에서는 맑은 콧물이 줄줄 흘렀다. 허생이 가고 나자 모두들 대경실색하여 물었다.

"대인께선 저이를 아십니까?"

"모른다네."

"아니, 지금 평생 알지도 못하는 사람에게 갑자기 만 금의 돈을 함부로 던져 버리시고도 그 이름조차 묻지 않으시다니, 대체 이게 무슨 영문입니까?"[13]

"자네들이 알 수 있는 일이 아니네. 무릇 남에게 무얼 빌리러 오는 사람은 반드시 자기 생각과 뜻을 대단히 떠벌리고 자신의 신의를 먼저 보이려고 자랑하지만, 안색은 부끄러움에 비굴하고 말은 중언부언하게 마련이라네. 그런데 그 손님은 비록 행색은 꾀죄죄하나, 하는 말은 간단하고 눈빛은 오만하며 얼굴에 부끄러워하는 기색이 전혀 없으니, 필시 재물을 가지고 만족하는 그런 속물은 아닐 것이네. 그가 시험해 보자는 것이 작은 일이 아닐 것이매, 나 역시 손님에게 시험해 보려는 것이 있네. 주지 않으려면 그만이겠지만 이미 만 금을 주었는데 성명은 물어서 무엇 하겠는

13 만 금은 만 냥이다. 1냥을 현재 물가로 대략 5만원으로 환산할 수 있는데, 만 금은 대략 5억 원에 해당하는 금액이다.

가?"

한편, 만 금을 빌린 허생은 다시 집으로 돌아가지 않고, 그 길로 경기도 안성安城으로 내려가 거기에 머물며 거처를 마련하였다. 안성 지방이 경기도와 충청도의 경계이고, 삼남 지방의 길목이 된다고 생각했기 때문이다. 거기서 대추, 밤, 감, 배, 석류, 귤, 유자 등의 과일들을 모두 시세의 곱절 가격으로 모조리 사들였다.

허생이 과일을 사재기하는 바람에 과일이 동이 나서 나라 안에서는 잔치나 제사를 지낼 수 없었다. 얼마 지나자 허생에게 곱절의 가격으로 팔았던 장사치들이 도리어 열 배의 가격으로 되사 가게 되었다. 허생이 한숨을 쉬며 탄식하였다.

"겨우 만 금으로 한 나라를 휘청하게 만들었으니, 나라의 경제 규모를 짐작할 만하다."

허생은 다시 칼, 호미, 베, 명주, 무명을 사 가지고 제주도로 들어가서 그곳의 말총을 다 거두어들였다.

"몇 해가 지나면 나라 사람들이 머리를 싸매지 못할 것이다."

과연 얼마 있다가 망건 값이 열 배로 치솟았다.

허생이 늙은 뱃사공을 찾아서 물었다.

"바다 밖에 사람이 살 만한 빈 섬이 있던가?"

"있습지요. 언젠가 태풍에 표류하여 곧장 서쪽으로 사흘을 가서 한밤중에 어떤 빈 섬에 닿았습니다. 따져 보니까 중국의 사문沙門(하문厦門)과 일본의 장기도長崎島(나가사키)의 중간쯤 될 겁니다. 꽃나무가 절로 피며, 과일이 절로 익어 있고, 사슴들이 떼를 지어 다니고, 물고기는 사람을 봐도 놀라질 않았습지요."

허생이 크게 기뻐하며,

"자네가 나를 그곳으로 데려다 준다면 부귀를 함께 누리게 해 줌세."

하니 사공이 그 말을 따르기로 하였다.

드디어 동남풍을 타고 그 섬에 들어가게 되었다. 허생은 섬의 높은 곳에 올라서 사방을 둘러보고는 그만 실망하여 탄식하였다.

"땅이 고작 천 리가 못 되니, 무슨 큰일을 할 수 있겠는가? 땅은 기름지고 샘물은 달콤하여 그저 돈 많은 늙은이 노릇이나 할 수 있겠구먼."

그러자 사공이 물었다.

"텅 빈 섬에 사람이라곤 없는데 도대체 누구와 함께 살아간다는 말이시오?"

"덕만 있다면 사람이란 절로 모이게 마련이네. 덕이 없을까 걱정해야지, 어찌 사람이 없음을 근심하겠는가?"

그때 전라도 변산반도에는 도적 떼 수천이 우글거리고 있었다. 그 지방의 고을과 군에서 군졸을 풀어서 체포하려고 했으나 잡을 수가 없었다. 도적 떼도 감히 나돌아 다니며 노략질을 함부로 할 수가 없어서 바야흐로 굶주림에 허덕였다. 허생이 도적의 소굴로 들어가서 괴수를 달랬다.

"천 명이 천 금을 털어서 나누면 한 사람 앞으로 얼마의 돈이 돌아가는가?"

"한 사람에 한 냥씩 돌아가지요."

"자네에게 아내가 있는가?"

"없답니다."

"가진 밭뙈기라도 있는가?"

도적들이 코웃음을 쳤다.

"아니, 밭 있고 아내가 있다면 무엇 때문에 괴롭게 도적이 된

단 말이오?"

"자네들이 그렇게 잘 안다면 어째서 장가를 들어 집을 짓고, 소를 사서 밭을 갈 생각은 하지 않는 겐가? 그리되면 살아서 도적놈이란 이름도 없을 것이고, 집에 살면서 부부의 즐거움도 있을 것이며, 나돌아다녀도 관에 붙잡힐 염려가 없을 것이고, 길이길이 의식의 풍요함을 누릴 수 있지 않겠는가?"

"어찌 그런 생활을 원하지 않겠소이까? 다만 돈이 없어서 못 하고 있을 뿐입죠."

허생이 웃으며 말했다.

"자네들이 명색 도적질을 하는 도둑놈이련만 어찌 돈 없다는 걱정을 다 하누? 내가 자네들을 위해 돈을 마련해 줄 것이네. 내일 바닷가를 바라보게나. 바람에 붉은 깃발이 펄럭이는 배가 모두 돈을 실은 배일 터이니, 어디 자네들 마음껏 한번 가져가 보게."

허생이 도적들과 약조를 하고 떠나자, 도적들이 모두 '미친 놈'이라고 비웃었다.

다음 날이 되어 바닷가에 허생이 돈 30만 냥을 싣고 나타나자, 모두들 크게 놀라 허생에게 줄을 지어 절을 하였다.

"오직 장군의 명령대로 따르겠소이다."

"있는 힘대로 지고 가게나."

그리하여 도적들이 다투어 돈을 짊어졌으나, 사람마다 고작 100금을 넘지 못했다.[14] 허생이,

"너희들 힘이란 게 고작 100금을 들기에도 부족하거늘, 어찌 도적질이라도 변변히 할 수 있겠는가? 지금 너희들은 비록 평민이 되려고 해도 이름이 이미 도적의 명부에 올라 있으니 어디 갈 곳도 없을 것이다. 내가 여기서 너희들을 기다릴 터이니, 각자

14 100금은 100냥인데, 1푼짜리 상평통보 만 개이다. 이를 무게로 환산하면 대략 40kg에 해당한다.

100금씩 가지고 가서 사람마다 아내 한 사람과 소 한 마리씩 장만해 오너라."
하자, 군도들이 모두 좋다고 승낙하며 흩어졌다.

그동안 허생은 2천 명이 한 해 동안 먹을 양식을 장만해 그들을 기다렸다. 도적들이 기한된 날짜에 모두 도착해 뒤에 처진 사람이 하나도 없었다. 드디어 모두 배에 싣고, 빈 섬으로 들어갔다. 허생이 도적을 모두 쓸어 가자 나라 안에는 도적 걱정이 없어졌다.

한편 섬으로 들어간 허생과 도적들은 나무를 찍어서 집을 짓고, 대나무를 엮어서 울타리를 만들었다. 땅 기운이 온전하다 보니 온갖 곡식이 심는 대로 크고 무성하게 자라고, 김을 매거나 쟁기질을 하지 않아도 한 줄기에 아홉 이삭이 달렸다. 3년 먹을 식량을 비축해 두고 나머지는 모두 배에 싣고 장기도長崎島로 가서 팔았다. 장기도는 일본에 속한 고을로 31만 호가 되는 큰 지방인데 바야흐로 큰 기근이 들어 있었다. 그리하여 굶주린 사람들을 진휼하고 은 100만 냥을 얻게 되었다.

허생이 탄식하면서,

"이제야 나의 자그마한 시험을 마치게 되었구나."

하고는 남녀 2천 명을 모두 모아 놓고 명을 내렸다.

"내가 처음 너희들과 이 섬에 들어올 때의 계획으로는 먼저 너희들을 풍부하게 만들어 놓은 다음에 따로 문자를 만들고, 의관 제도를 새로이 제정하려고 하였느니라. 그런데 여기 땅이 좁고 내 덕이 얇으니, 나는 이제 여기를 떠나련다. 아이들이 태어나 숟가락을 잡게 되면 오른손으로 잡도록 가르치고, 하루라도 나이가 많은 사람이 먼저 먹도록 양보하게 하라."

그러고는 다른 배를 모두 불살라 버리고,

"나가는 사람이 없으면 들어오는 사람도 없을 테지."
하고 은자 50만 냥을 바닷속에 던지며,

"바다가 마르면 얻는 사람이 생기겠지. 100만 냥이나 되는 돈은 나라 안에서도 놓아둘 곳이 없거늘, 하물며 이 작은 섬에서야."
했다. 글을 아는 사람은 모두 배에 실어서 함께 섬을 빠져나오며,

"이 섬에 화근을 없애려 함이네."
라고 하였다.

뭍으로 나온 허생은 나라 안을 두루 돌아다니며 가난하고 의지할 곳이 없는 사람들을 구제하였다. 돈을 그렇게 써도 아직 은자 10만 냥이 남았다.

"이 돈이면 변씨에게 빌린 돈을 갚을 수 있겠군."

허생이 변씨를 찾아가서 보고는,

"그대는 나를 기억하시겠소이까?"
하고 묻자 변씨는 깜짝 놀라며 말했다.

"그대의 얼굴색이 조금도 나아지지 않은 걸 보니, 혹 만 금을 다 털어먹은 건 아니오?"

허생이 웃으며 말했다.

"재물을 가지고 얼굴이 번드르르해지는 일이야, 당신 같은 장사치들의 일일 뿐이오. 만 금이란 돈이 어찌 사람의 도를 살찌우기야 하겠소?"

이에 은 10만 냥을 변씨에게 주며,

"내가 잠시 굶주림을 참지 못하여 책 읽기를 마저 끝내지 못하고 그대에게 만 금을 빌렸던 것이 부끄럽소이다."
하니 변씨는 깜짝 놀라서 일어나 절을 하고 10만 냥을 다 받을 수 없다고 사양하며, 10분의 1만 이자로 쳐서 받겠다고 하였다. 허생

이 버럭 화를 내며,

"당신은 어째서 나를 한낱 장사꾼 따위로 취급하려는 게요?"
하고는 옷자락을 뿌리치고는 휙 가 버렸다.

변씨가 몰래 그의 뒤를 밟아서 쫓아가니, 허생이 남산 아래로 향하더니 작은 오두막집으로 들어가는 것이 멀리 보였다. 한 늙은 할미가 우물가에서 빨래를 하고 있기에, 변씨가 물어보았다.

"저기 보이는 오두막이 누구의 집이요?"

"허 생원 댁이랍니다. 가난한 형편에 글 읽기를 좋아했는데, 어느 날 아침 훌쩍 집을 나가더니 돌아오지 않은 지 벌써 5년이나 됩니다. 부인이 혼자 집에 있으면서 허 생원이 집 나간 날짜에 제사를 지낸답니다."

변씨는 그제야 그의 성씨가 허씨라는 것을 알고 탄식하며 돌아갔다.

이튿날 변씨는 허생에게 받은 은자를 모두 가지고 가서 그에게 돌려주었다. 허생은 사양하였다.

"내가 부자가 되려고 했다면 100만 금을 버리고 이까짓 10만 금을 취하려고 하겠소? 내가 지금부터는 그대의 도움을 받아 가며 살아갈 터이니, 그대가 나를 자주 들여다보고 먹는 입을 따져서 양식을 보내 주고, 몸을 헤아려 옷감이나 보내 주구려. 한평생 그렇게 살아간다면 충분할 것이니, 어찌 재물로 정신을 괴롭히고 싶겠소이까?"

변씨가 백방으로 허생을 달랬지만 끝내 어찌할 수가 없었다. 변씨는 그때부터 허생의 양식과 옷가지가 떨어질 만한 때를 헤아렸다가 자신이 직접 찾아가서 가져다주었다. 그러면 허생도 흔연히 받아들였고, 만약 조금이라도 많이 가져오면 언짢아하면서,

"그대는 어째서 내게 재앙을 안겨 주려는 것이오?"
하였다.

술을 가지고 가면 더욱 기뻐하며 서로 권커니 잣거니 하며 취하도록 마셨다. 이렇게 몇 년을 지내자 두 사람의 정분이 날로 두터워졌다.

어느 날 변씨가 조용한 틈을 타서 어떻게 5년 만에 100만 금을 벌어들였는지 물어보았다. 허생이 대답하였다.

"그것이야 아주 알기 쉬운 일이오. 조선이란 나라는 배가 외국으로 통하지 못하고, 수레가 나라 안을 다니질 못하기 때문에, 모든 물품이 그 안에서 생산되고 그 안에서 소비됩니다.

대저 천 금이란 돈은 작은 돈이므로 물건을 모두 사들일 수 없지만, 이를 열로 쪼개면 100금이 열 개가 되어서 열 가지 물건이야 충분히 살 수가 있겠지요. 물건의 단위가 가벼우면 굴리기 쉽기 때문에 설령 한 가지 물건이 밑진다 하더라도 나머지 아홉 개의 물건으로 재미를 볼 수 있답니다. 이런 장사 방법은 정상적으로 이익을 취하는 방법이고, 작은 장사꾼이나 하는 수단이지요.

그러나 만 금이란 돈은 물건을 모조리 사재기할 수 있으니, 수레에 있는 것은 수레 전부를, 배에 있는 것은 배 전부를, 한 고을에 있는 것은 고을 전부를 마치 촘촘한 그물로 모두 훑어 내는 것처럼 싹쓸이할 수 있지요. 뭍에서 생산되는 만 가지 물건 중에서 한 가지를 몰래 사재기하고, 바다의 만 가지 어족 중에서 한 가지를 슬며시 사재기하고, 약재 만 가지 중에서 하나를 몰래 독점하면, 그 한 가지 물건이 남몰래 잠겨 있는 동안에 모든 장사치들의 물건이 모두 말라 버리게 되지요.

이런 사재기 방법은 인민을 해치는 길이 될 것이니, 후세의 당국자들이 만약 내가 써먹었던 이런 사재기를 한다면 반드시 나라를 병들게 하고 말 것이오."

"처음에 그대는 내가 돈을 꾸어 줄 것을 어떻게 알고서 나를 찾아와서 돈을 빌리려고 했던 겁니까?"

"꼭 그대만 내게 돈을 빌려 줄 뿐 아니라 만 금을 가진 사람이라면 누구라도 모두 빌려 주었을 것이오. 내 스스로 요량해 보아도 내 재주가 100만 금이란 거금을 충분히 치부할 수 있겠습니다만, 그러나 되고 안 되고는 하늘에 달린 것이니, 낸들 어찌 미리 알 수 있겠습니까? 그러므로 나를 능히 활용하는 사람은 복이 있는 사람일 것이고, 그 부자는 반드시 더 큰 부자가 될 겁니다. 이는 하늘이 명하는 것이지요. 그러니 돈을 빌려 주지 않을 수 있겠습니까?

만 금을 얻고 나서는 그 사람의 복에 의지해 장사를 했기 때문에 하는 일마다 성공을 했던 겁니다. 만약 내가 내 돈을 가지고 사사로이 뭔가를 하려 했다면 그 성패는 역시 알 수 없었겠지요."

"시방 사대부들이 남한산성에서 오랑캐에게 당했던 치욕[15]을 씻어 내려 하니, 지금이야말로 뜻있는 선비들이 팔을 걷어붙이고 지혜를 떨쳐 볼 때입니다. 당신은 그런 재주를 가지고 어찌 괴롭게 은거하며 어둠에 파묻혀서 일생을 마치려 합니까?"

"자고로 은거했던 분들이 어디 한두 분이었소? 졸수재拙修齋 조성기趙聖期[16] 같은 분은 적국에 사신으로 보낼 만한 인물이었건만 평생 벼슬 없이 베잠방이를 걸친 채 늙어 죽었고, 반계磻溪 유형원柳馨遠[17] 같은 분은 군량미를 조달할 능력이 있었건만 바다 한 귀퉁이에서 일생을

15 병자호란 때 인조仁祖 임금이 남한산성으로 피난해 있다가 마침내 굴복하여 삼전도에서 청 태종에게 삼배구고두례三拜九叩頭禮를 행한 치욕을 말한다.
16 조성기(1638~1689)는 숙종 때의 학자이다. 자는 성경成卿이고 호는 졸수재이며, 저서에 『졸수재집』이 있다.
17 유형원(1622~1673)은 실학파의 선구자이다. 전북 부안의 반계동에 은거하며, 『반계수록磻溪隨錄』이라는 저서를 남겼다.

남한산성 치욕의 상징인 삼전도비

배회하였습니다. 지금 나라의 정치를 도모한다는 인물들을 알 만하지 않겠습니까? 나 같은 사람이야 그저 장사나 잘하는 사람입니다. 장사를 해서 번 은자로는 구왕九王[18]의 모가지라도 사기에 충분한 돈이지만, 그러나 바다에 던져 버리고 온 까닭은 이 나라 안에서는 도대체 쓸 데가 없기 때문이었지요."

변씨는 '휴우' 하고 크게 탄식을 하고는 돌아갔다.

변씨는 본시 정승 이완李浣[19]과 각별하게 지내는 사이였다. 이공은 당시 어영청 대장御營廳大將으로 있었는데, 언젠가 변씨와 이야기를 하다가 지금 여항이나 일반 민가에 혹 쓸 만한 재주 있는 사람 중에 대사를 함께 도모할 인물이 있는가를 물은 적이 있었다. 변씨가 허생의 이야기를 하였더니, 이공은 깜짝 놀라며 물었다.

"기이한 일이로세. 정말 그런 인물이 있단 말인가? 그래 이름은 뭐라던가?"

"소인이 그와 3년을 함께 지냈지만, 여태껏 이름도 모르고 있답니다."

"그이는 필시 이인異人일 걸세. 자네와 같이 가 보도록 하세."

밤중에 이 대장은 아랫사람을 물리치고 변씨와 둘이 걸어서 허생의 집에 당도하였다. 변씨는 이공을 문 밖에 기다리게 하고, 혼자 먼저 들어가서 허생을 만나 보고 이공이 찾아온 연유를 이야기했다. 허생은 짐짓 못 들은 척하며,

"그만, 자네가 차고 온 술병이나 이리 풀어 놓으시게."

하고는 서로 즐겁게 마셨다. 변씨는 이공을 밖에 기다리게 해 놓은 것이 민망하여 여러 차례 말을 꺼내 보았으나, 허생은 대꾸도 하지 않았다. 밤이 깊자 허생이 말했다.

---

18 구왕은 청나라 태조 누르하치의 14째 아들이고, 세조의 숙부로 정권의 실세였다. 이름은 다이곤多爾袞이고 예친왕睿親王에 봉해졌는데, 병자호란 때 태종을 따라서 우리나라에 왔다. 뒤의 「황도기략」편 '문연각' 조목에 구왕은 다이곤이라는 설명이 있다.

19 이완(1602~1674)은 효종·현종 때의 무신이다. 병자호란 때 공을 세웠으며, 효종이 북벌을 계획하자 어영청 대장이 되어 무기를 제조하고 성곽을 수축하였다.

"손님을 불러도 되겠소."

이 대장이 방에 들어왔으나, 허생은 편안하게 앉아서 일어나지도 않았다. 이 대장은 몸 둘 바를 모르고 엉거주춤하다가 겨우 나라에서 어진 인재를 구하려는 뜻을 설명하였다. 허생이 손을 내저으며 말했다.

"밤은 짧은데 말이 너무 길어서 듣기에 아주 지루하구먼. 그래, 너는 지금 무슨 벼슬을 하느냐?"

"어영청 대장입니다."

"그렇다면 너는 바로 나라에서 신임 받는 신하가 아니더냐. 내가 응당 재야에 숨은 와룡선생臥龍先生을 천거할 터이니, 네가 임금께 아뢰어 그에게 삼고초려三顧草廬할 수 있게 하겠는가?"

이 대장은 머리 숙여 골똘히 생각하더니 한참 만에 대답했다.

"어렵겠습니다. 그다음의 것을 듣고자 합니다."

"나는 '그다음'이란 말은 아직 배우지 못했도다."

이 대장이 그래도 굳이 묻자 허생은 말했다.

"명나라 장군과 병사들은 조선이 예전에 입은 은혜가 있다고 여겨서 그 자손들이 되놈의 나라에서 몸을 빼어 우리나라로 많이 건너왔으나, 이리저리 떠돌며 홀몸으로 외롭게 지내고 있는 이가 많다. 네가 임금께 아뢰어 종실의 여자들을 뽑아서 두루 시집을 보내고, 훈척과 권귀들의 집을 몰수하여 그들의 살림집으로 내어 줄 수 있게 하겠느냐?"[20]

이 대장이 고개를 숙이고 한참 있다가 대답하였다.

"그것도 어렵겠습니다."

20 초고본 계열의 필사본에는 '훈척과 권귀'가 '김류金瑬, 장유張維' 혹은 '이귀李貴, 김류金瑬'로 되어 있다.

이완 장군의 무덤 경기도 여주 소재

"아니, 이것도 어렵다 저것도 어렵다 한다면 대관절 무슨 일이 가능하겠느냐? 아주 쉬운 일이 있으니, 네가 능히 할 수 있겠느냐?"

"말씀해 주시기 바랍니다."

"대저 천하에 대의를 외치려면 먼저 천하의 호걸들과 사귀어 결탁하지 않고는 되지 않는 법이고, 남의 나라를 정벌하려면 먼저 첩자를 쓰지 않으면 성공을 거둘 수 없는 법이다. 지금 만주족이 갑자기 천하의 주인이 되었으나, 아직 중국을 완전히 손아귀에 넣어 친하게 지내지 못하는 형편이니, 조선이 다른 나라보다 먼저 항복하였으니 저들에게 신뢰를 받을 것이다. 만약 당나라, 원나라 때의 예전 일처럼 우리 자제들을 청나라에 파견하여 학교에 입학하고 벼슬도 할 수 있게 하고, 장사치들의 출입도 금하지 말도록 저들에게 간청한다면, 저들도 자기네에게 친근하고자 하는 우리를 보고 반드시 기뻐하여 이를 허락할 것이다.

이렇게 되면 나라의 자제들을 엄선하여 머리를 깎여 변발을 하게 하고 오랑캐 복장을 입히고 선비들은 빈공과에 응시하고, 일반 사람들은 멀리 강남까지 장사를 하게 만들어서 그들의 허실을 엿보고 한족의 호걸들과 결탁하게 한다면, 천하를 도모할 수 있을 것이며 나라의 치욕도 씻을 수 있을 것이다. 만약 명나라 황족의 후손인 주씨朱氏를 찾되 구하지 못하면, 천하의 제후들을 인솔해서 하늘에 임금이 될 만한 사람을 천거하게 하라. 잘만 되면 대국의 스승이 될 것이며, 못 되어도 성씨가 다른 제후국가 중에서는 제일 큰 나라로서의 지위는 잃지 않을 것이다."

이 대장이 낙심하고 허탈해서 말했다.

"사대부들이 모두 예법을 삼가 지키고 있거늘, 누가 기꺼이

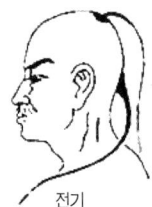
전기

중기

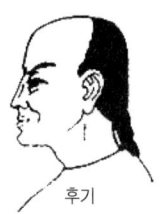
후기

변발의 변천

머리를 깎고 오랑캐 옷을 입으려고 하겠습니까?"

허생이 대갈일성하며,

"도대체 사대부라는 게 뭐하는 것들이냐. 오랑캐 땅에서 태어난 주제에 자칭 사대부라고 뽐내고 앉았으니, 이렇게 어리석을 데가 있느냐? 입는 옷이란 모두 흰 옷이니 이는 상주들이 입는 옷이고, 머리는 송곳처럼 뾰족하게 묶었으니 이는 남쪽 오랑캐의 방망이 상투이거늘, 무슨 놈의 예법이란 말인가?

번오기樊於期[21]는 개인적 원한을 갚기 위해 자신의 머리를 아끼지 않고 내주었고, 무령왕武靈王[22]은 자기 나라를 강하게 만들기 위해 오랑캐 복장을 입는 것을 부끄럽게 여기지 않았다.

지금 명나라를 위해서 복수를 하려고 하면서도 그까짓 머리털 하나를 아까워한단 말이냐. 장차 말을 달려 칼로 치고 창으로 찌르며 활을 당기고 돌을 던져야 하는 판에 그 따위 너풀거리는 소매를 바꾸지 않고서, 그걸 자기 딴에 예법이라고 한단 말이냐?

내가 지금까지 너에게 세 가지 계책을 일러 주었거늘, 도대체 너는 한 가지도 가능한 일이 없다고 하니, 그러면서도 신임을 받는 신하라고 말할 수 있겠느냐? 그래, 신임 받는 신하라는 게 고작 이런 것이냐. 이런 놈은 목을 잘라야 옳을 것이니라."

하고 좌우를 둘러보며 칼을 찾아서 찌르려고 하였다. 이 대장은 깜짝 놀라서 일어나 뒷문으로 뛰쳐나가 재빠르게 달아났다.

이튿날 다시 찾아갔더니 집은 이미 텅 비어 있고, 허생은 간 곳이 없었다.

[21] 번오기는 전국시대 진나라 장수로 있다가 연나라로 망명한 인물이다. 연나라 형가가 진시황을 암살하려고 진나라에 들어갈 때, 번오기는 진시황이 자기의 목에 현상금을 건 것을 알고 선선히 자기의 목을 베어서 형가에게 주어, 그가 진시황에게 접근할 수 있는 예물로 쓰게 하였다.

[22] 무령왕은 전국시대 조나라 임금이다. 북방 오랑캐에게 대항하기 위해 전쟁에 편리한 오랑캐 옷을 입었다.

덧붙이는 이야기 1

어떤 이는 말하기를, 허생의 정체는 망국 명나라의 남은 백성일 것이라고 한다. 숭정 갑신년(1644) 명나라가 망한 뒤에 우리나라로 망명해 온 사람이 많았으니, 허생이 혹 그런 사람이라면 그 성이 반드시 허씨인지는 알 수 없는 일이다.

세상에는 이런 이야기가 전한다.

판서 조계원趙啓遠[23]이 경상도 감사로 있을 때 관내를 순행을 하다가 청송靑松 지방에 도착했다. 길 왼쪽에 웬 중 두 명이 서로 베고 누워 있었다. 앞에 있던 하인들이 꾸짖어도 비켜나지 않고, 채찍으로 때려도 일어나지 않았으며, 여럿이 달려들어 끌어당겨도 꿈쩍 하지 않았다.

조 감사가 이르러 가마를 멈추고,

"어느 절의 중인가?"

하고 물었더니 두 중이 그제야 일어나 앉는다. 더욱 고압적이고 거들먹거리며 눈을 흘겨보며 한참 있다가 말했다.

"네가 헛소리나 치고 권세에 빌붙어 감사의 자리를 얻었다더니, 이제 또 그럴 것이냐?"

조 감사가 중들을 보니, 하나는 붉은 얼굴이 둥글게 생겼고, 하나는 검은 얼굴이 길쭉하게 생겼는데, 말하는 품이 자못 비범하게 느껴졌다. 그래서 가마에서 내려 말을 걸어 보려고 했더니 중이,

"따르는 사람들을 물리치고 혼자 우리를 따라오너라."

라고 했다. 조 감사가 몇 리를 따라가자 숨이 헐떡거리고 땀이 그치지 않고 줄줄 흐른다. 조금 쉬자고 청하자, 중이 욕을 하며 말했다.

---

23 조계원(1592~1670)은 인조 때에 과거에 급제하여 형조판서를 지냈다. 자가 자장子張이고, 호는 약천藥泉이다. 병자호란 때 군량미를 조달했고, 청나라에 볼모로 간 소현세자를 시종했다.

"네가 평소에 여러 사람들 앞에서 갑옷을 입고 병장기를 잡아 마땅히 선봉에 서서 명나라를 위해 복수하고 치욕을 씻겠노라고 항상 큰소리로 떠벌리더니, 이제 겨우 몇 리를 걸었다고 한 발짝에 열 번 헐떡이고 다섯 걸음에 세 번 쉬자고 하는구나. 그런 주제에 어찌 요동과 계주薊州의 들판에 말을 달릴 수 있겠느냐?"

한 암벽 아래에 이르니, 서 있는 나무를 이용해서 집을 만들고 땔나무를 쌓아서 자는 곳을 만들어 그 위에 거처하도록 되어 있었다. 조 감사가 목이 매우 말라 마실 물을 청하자 중이,

"귀한 몸이시니, 응당 배도 고플 터이지."

하고는 약초 황정黃精[24]으로 만든 떡을 꺼내어 먹으라고 하였다. 솔잎가루에 계곡물을 섞어서 마시라고 주는데, 조 감사는 얼굴을 찡그리며 마시질 못했다. 중이 다시 크게 욕을 하며 말했다.

"요동 들판엔 물이 귀해서 목이 마르면 말 오줌이라도 받아서 마셔야 한다."

이윽고 두 중은 서로 부둥켜안고 통곡을 하며 '손노야孫老爺 손노야'하고 외쳐대다가 조 감사에게 물었다.

"오삼계吳三桂[25]가 운남 지방에서 군사를 일으켜서 강소와 절강 지역이 아주 들끓고 있다는데, 네가 알고 있느냐?"

"아직 듣지 못했소이다."

두 중이 탄식하였다.

"명색이 한 도를 책임지고 있는 감사의 몸으로 중국 천하에 이런 큰 일이 벌어지고 있는 것도 듣지 못했고 알지도 못한다니, 한갓 허풍만 쳐서 벼슬자리를 얻었을 뿐이로구나."

"스님들은 대체 어떤 사람들이오?"

"딱히 물을 것도 없다. 세간에는 우리를 아는 사람도 있을 것

24 황정은 죽대의 뿌리를 한방에서 일컫는 말로, 몸이 허약하고 기운이 없을 때 보약으로 쓴다.

25 오삼계는 청나라 장수로, 역적 이자성을 격파하고 평서왕平西王에 봉해졌다. 청나라에 저항했으나 뒤에 모반하여 황제라고 칭했다.

오삼계

이다. 너는 잠시 여기 앉아서 우리를 기다리고 있거라. 우리가 지금 스승님을 모시고 올 테니, 너에게 하실 말씀이 있을 것이다."

두 중은 함께 일어나서 깊은 산으로 들어갔다. 조금 지나서 해가 떨어졌고, 한참을 지나도 중들은 돌아오질 않았다. 조 감사가 중이 오길 기다리고 있는데, 어느덧 밤은 깊어져 바람 소리가 나며 풀이 흔들리고 범이 '어흥' 하며 싸우는 소리가 들려온다. 조 감사가 크게 두려워서 거의 기절할 지경이 되었다.

이윽고 여러 사람들이 횃불을 밝히고 감사를 찾아왔다. 조 감사는 낭패를 보고 계곡에서 나오게 되었다. 오랜 뒤에도 항상 근심으로 마음이 답답하여 가슴에 한을 품게 되었다.

뒷날 조 감사는 우암尤菴 송시열宋時烈(1607~1689) 선생께 물었다.

"그들은 아마도 명나라 말기의 총병관總兵官 같아 보입니다. 전쟁에서 지자 우리나라로 와서 중이 되어 자신의 신분을 숨긴 사람일 겁니다."

"계속 내게 손가락질을 하고 얕보며 '니' '니'하고 부른 것은 무슨 까닭인가?"

"자기들 스스로 우리나라 중이 아님을 밝히려는 것일 터이고, 거처하는 곳에 땔나무를 쌓아 놓았다는 것은 와신상담의 뜻이겠지요."

"통곡을 하며 '손노야'를 부르던데, 그가 누구이겠는가?"

"아마도 명나라 말에 태학사太學士로 있다가 전사한 손승종孫承宗[26]을 말하는 것으로 보입니다. 손승종은 병부상서로 일찍이 산해관에서 군대를 감독 통솔한 일이 있었으니, 그 중들은 아마도 손승종의 휘하에 있던 사람인 듯합니다."

26 손승종(1563~1638)은 명나라 말기의 무장이다. 자는 치승稚繩, 호는 개양愷陽이며, 저서에 『고양집』高陽集이 있다.

손승종

298

덧붙이는 이야기 2[27]

내 나이 스무 살 때 서대문 봉원사奉元寺에서 글을 읽고 있었다. 그때 절에 한 손님이 있었는데, 음식을 아주 적게 먹고 밤새 잠도 안 자며 도인법導引法[28]을 하였다. 그러다가 한낮이 되면 문득 벽에 기대고 앉아서 잠시 눈을 붙이고 용호교龍虎交[29]를 하였다. 나이가 자못 늙어 보였기에 나는 엄숙하게 그를 공경하였다.

그 노인이 때때로 나에게 허생의 일과 염시도廉時道,[30] 배시황褒時晃,[31] 완흥군부인完興君夫人[32] 등에 대한 이야기를 해 주었다. 이어지는 수많은 말로 이야기는 몇 밤이 되어도 끊어지지 않았으며, 이상야릇하고 괴기스러우며 변화무쌍하여 참으로 들을 만했다. 그때 그는 자신의 이름이 윤영尹映이라고 말하였다. 이때가 병자년(1756) 겨울이었다.

그 후 계사년(1773) 봄에 나는 서도 평안도로 유람을 갔다. 성천 비류강沸流江에서 배를 띄우고 '십이봉'十二峰 아래에 이르렀다. 거기에 작은 암자가 하나 있었는데, 윤영이 홀로 중 하나와 함께 그 암자에서 거처하고 있었다. 나를 보더니 뛸 듯이 반가워하고 서로 위로를 하며 안부를 물었다. 18년이라는 세월이 지났건만 그의 외모는 조금도 늙지 않았다. 나이가 이제 여든 살쯤 되었을 터인데 걸음걸이는 날 듯이 빨랐다.

내가 허생의 이야기에 한두 가지 모순되는 점이 있다고 묻자, 노인은 즉시 이야기를 끄집어내어 해설을 하는데 마치 어제의 일처럼 또렷하게 기억을 하였다.

노인은 내게,

"자네가 전에 한창려韓昌黎의 글을 읽었는데, 응당 글이 숙달

---

[27] 이 글은 박영철본 및 여타의 필사본에는 없고, 필사본 '일재본'一齋本, '만송문고본'晚松文庫本, '수당본'綏堂本, 역자 소장본인 '법고창신재본'法古創新齋本에만 수록되어 있다. '일재본', '만송문고본', '수당본'에는 앞의 '덧붙이는 이야기 1'이 없고, '법고창신재본'에는 두 글이 모두 수록되어 있다.

[28] 도인법은 도가의 양생술의 한 방법이다.

[29] 용호교는 도가의 수련법으로 잡념을 끊고 선잠 상태에 들어가는 것을 말한다.

[30] 염시도는 허적許積(1610~1680)의 겸종으로, 의로운 인물이다. 그에 대한 일화가 『청구야담』과 『이향견문록』 등에 수록되어 있다. 염시도는 廉時度로 표기되기도 하며, 국문 소설에는 「염시탁전」으로 되어 있다.

[31] 배시황은 효종 때의 인물로, 장군 신유의 비장이었다. 조선과 청나라 연합군이 러시아 군대를 공격할 때 화공법을 건의하여 승리를 취하게 하였다. 「배시황전」裵是愰傳은 그의 일화를 다룬 국문 소설이다.

[32] 여기 완흥군은 임란 때 공훈을 세우고 사후에 완흥군으로 봉해진 이유징李幼澄(1562~1593)을 가리키는 것으로 보인다. 그는 의주로 피난을 간 선조를 섬기기 위해 어머니와 이별하였는데, 그 어머니가 온갖 고생 끝에 의주로 걸어와서 모자가 상봉한 일이 있었다.

되었을 터이지."

그리고 이어서 말했다.

"자네가 전에 허생을 위해 전기를 짓겠다고 하더니, 응당 글이 완성되었겠지?"

하고 물었다.

나는 아직 손을 대지 못했다고 사과했다. 이야기를 주고받는 사이에 내가 그를 '윤씨 어르신'이라고 불렀더니, 노인은 말했다.

"나는 성이 현玄[33]가이지, 윤씨가 아닐세. 자네가 뭔가를 착각하고 있구먼."

내가 뜻밖의 대답에 깜짝 놀라서 그의 이름을 물었다.

"내 이름은 색쬼이라네."

내가 그에게 따져 물었다.

"어르신의 성함이 어찌 윤영이 아니라고 하십니까? 지금 무엇 때문에 이름을 현색이라고 바꾸어 말씀하시는 건가요?"

노인이 벌컥 화를 내며 말했다.

"자네가 뭔가를 잘못 알아 놓고는 남에게 이름을 바꾸었다고 말하는 겐가?"

내가 재차 따지려고 했더니, 노인은 더욱 골을 내는데 푸른 눈동자가 형형하게 빛이 났다. 그제야 나는 노인이 바로 기이한 뜻을 품은 선비라는 것을 깨달았다. 혹 망한 집안의 후손이거나, 유가가 아닌 좌도左道 이단의 몸으로 사람을 피하여 자신의 자취를 숨기려는 무리일지, 알 수 없는 노릇이다.

내가 암자의 문을 닫고 나오자, 노인이 안에서 '쯧쯧' 혀를 차면서 말했다.

"애처롭구나. 허생의 아내는 필경 또다시 굶주리게 되었을

[33] 『연암집초고』 보유9에 따라 '辛'을 '玄'으로 수정하였다.

터이지."

또 경기도 광주廣州의 신일사神一寺라는 절에 한 노인이 있었다. 별호를 삿갓(약립蒻笠) 이 생원李生員이라 일컫는데, 나이가 90이 넘었으나 힘은 범을 움켜잡을 만하고, 바둑과 장기를 잘 두었다. 때때로 우리나라 옛날이야기를 할 때면 마치 자개바람이 일듯 거침이 없었다. 그의 이름을 아는 사람이 없다고 하는데, 나이나 외모를 들어 보면 윤영이라는 노인과 아주 닮았다. 내가 그를 한번 찾아가 보고 싶었으나 아직 뜻을 이루지 못했다.

세상에는 이름을 감추고 은거하며, 모든 세상사를 깔보고 공손치 아니하게 사는 사람도 진실로 있는 법이니, 어찌 홀로 허생에 대해서만 그런 인물이 정말 있을까 하고 의심을 할 것인가?

한양 평계平谿[34]의 국화 아래에서 약간의 술을 마시고, 붓을 잡아 쓴다. 연암 기록하다.

차수次修 박제가朴齊家의 논평

허생에 대한 이 글은 대략 「규염객전」虯髥客傳[35]을 「화식전」貨殖傳[36]에 섞어서 만든 것이다. 그 안에는 중봉重峰 조헌趙憲[37]이 중국에 다녀오면서 올린 상소인 「만언봉사」萬言封事, 유형원의 『반계수록』, 이익李瀷[38]의 『성호사설』星湖僿說에서도 말하지 못했던 내용이 들어 있다. 문장을 써 나간 법은 더더욱 호방하고 활달하여 자잘한 예법에 구속을 받지 않았으며, 비분강개한 뜻을 담고 있다. 압록강 동쪽에서 손꼽을 만한 문장이다.

박제가 쓰다.

34 평계가 한양의 어디인지 확실하지 않으나, 연암의 처남인 이재성의 집이 있는 곳이고, 이를 연암이 빌려서 우거하고 있었다. 종로구 평동과 서대문구 냉정동(냉천동) 사이에 계천이 있었는데, 이를 평계라고 불렀던 것으로 추정된다.

35 「규염객전」은 당나라 때의 전기소설로, 주인공 규염객이 호걸을 만나 큰일을 하라는 계시와 함께 경제적 지원을 받는다는 내용이다.

36 『사기』 「화식열전」으로, 부를 이룬 사람들의 전기와 경제 문제를 다룬 내용으로 되어 있다.

37 조헌(1544~1592)의 자는 여식汝式이며, 임란 때 의병 투쟁하다가 전사하였다. 저서에 『중봉집』이 있다.

38 이익(1681~1763)은 조선 후기의 실학자로 자는 자신子新이다. 문집 이외에 『성호사설』星湖僿說, 『곽우록』藿憂錄, 『질서』疾書 등 많은 저서를 남겼다.

북경의 이곳저곳

황도기략
黃圖紀略

⊙ ─ 황도기략

황도黃圖란 본래 수도를 의미하는 말로, 여기에선 북경을 지칭하는 용어로 쓰였다. '황도기략'이란 북경의 명승지와 건물의 모습과 내력, 위치 등을 요약하여 정리한 기록이다. 연암이 북경 도성의 여러 곳을 직접 답사하고 기록한 내용이므로, 이를 통해 북경에서 연암이 다녔던 동선을 살펴볼 수 있다.

여기 기록된 명승지와 건축물은 현전하는 것도 있고, 없어진 것도 있어서 오늘날의 북경의 실제 모습과는 다른 부분도 있다. 또한 그 명칭이나 건축물의 유래, 위치에 착오가 있는 내용도 없지 않다. 그러나 짧은 여정에 직접 답사하고 이 정도의 기록을 남긴다는 것은 지금으로서도 대단히 어렵다는 사실을 감안한다면, 연암의 기록은 예리한 관찰력의 소산이라고 하지 않을 수 없다.

북경의 아홉 개 성문 皇城九門

북경 성(황성)은 둘레가 40리로, 바둑판처럼 평평하고 네모반듯하게 생겼다. 문이 아홉 곳 있는데, 정남쪽의 문을 정양문正陽門이라 하고, 동남쪽은 숭문문崇文門, 서남쪽은 선무문宣武門, 정동쪽은 조양문朝陽門, 동북쪽은 동직문東直門, 정서쪽은 부성문阜成門, 서북쪽은 서직문西直門, 북서쪽은 덕승문德勝門, 북동쪽은 안정문安定門이라 부른다.

황성 안에 자금성紫禁城을 만들었는데, 둘레는 17리로 붉은 담장을 두르고 담장의 지붕에는 황금빛 유리기와를 덮었다. 자금성에는 문이 4개 있다. 북쪽 문을 지안문地安門이라 하고, 남쪽은 천안문天安門, 동쪽은 동안문東安門, 서쪽은 서안문西安門이라 한다.

자금성 안에 황제가 거처하는 궁성宮城이 있으며, 정남쪽의 문은 대청문大淸門이고,[1] 제2문이 곧 자금성의 천안문이며, 제3문은 단문端門, 제4문은 오문午門, 제5문은 태화문太和門이다. 궁성의 후문은 건청문建淸門이고, 건청문의 북쪽은 신무문神武門, 동쪽은 동화문東華門, 서쪽은 서화문西華門이다.

황성의 문 아홉 개와 누각은 모두 3층 처마이고, 모두 문을 보호하기 위한 작은 옹성甕城이 있다. 옹성에는 적을 감시하기 위해 만든 2층의 적루敵樓가 있고, 쇠로 감싼 문은 성문과 마주 보며, 좌우에는 모두 통행문인 편문便門이 있다.

황성의 정남쪽 한 면이 외성外城인데, 문이 일곱 개이고 황성의 아홉 개 성문과 만든 제도가 동일하다. 정남쪽의 문이 영정문永定門, 남쪽의 왼편이 좌안문左安門, 오른편이 우안문右安門, 동쪽이 광거문廣渠門, 서쪽이 광녕문廣寧門, 광거문의 동쪽 모퉁이

자금성의 담장

[1] 대청문은 명나라 때는 대명문大明門이라고 했고, 민국 시기에는 중화문中華門이라고 개명하였다. 지금은 그 자리에 모택동기념관이 있다.

정양문과 전루箭樓　조선 화원이 그린 그림(상)과 근대 초기에 촬영한 사진(하). 사진에는 오른쪽 건물이 정양문이다.

1. 자금성
2. 각루
3. 대통교

가 동편문東便門, 서쪽 모퉁이가 서편문西便門이다.²

지안문 밖에는 고루鼓樓가 있고, 그 북쪽에는 종루鍾樓가 있다.

자금성에는 전망을 보거나 방어를 위해 담 위에 누각을 세운 각루角樓가 여섯 개 있고, 성벽을 뚫어 성 안으로 물을 끌어들이는 갑문인 수관水關이 세 개 있다. 황성의 해자에 흐르는 물은 옥천산玉泉山³에서 발원한 것이다. 고량교高梁橋⁴를 지나서 물은 두 갈래로 갈라지는데, 하나는 성 북쪽을 감싸 돌며 동쪽으로 꺾여 남쪽으로 흘러가고, 하나는 성 서쪽을 따라서 남쪽으로 꺾여 동쪽으로 흘러가서 황성皇城으로 들어가 태액지太液池가 된다. 이 물은 성의 아홉 개 문을 감싸 돌고 아홉 개 수문을 지나서 대통교大通橋에 이르러 동쪽으로 흘러가고, 물이 흐르는 좌우 언덕에는 모두 벽돌이나 돌로 축대를 쌓았다.

아홉 성문에 있는 해자에는 모두 커다란 돌다리를 설치하였다. 외성의 해자에 흐르는 물도 옥천산에서 발원된 물이 나뉘어 흘러드는데, 서쪽 각루에 이르러 외성을 둘러서 남쪽으로 흘렀다가 꺾어져 동쪽으로 가고, 동쪽 각루에 이르러 외성 일곱 문을 지나서 운하運河로 들어가는데, 각기 다리 하나씩을 걸쳐 놓았다.

내성에는 큰 거리가 열여섯 개이고, 구역을 나눈 방坊⁵이 스물네 개 있다. 대청문 동쪽이 부문방敷文坊이고 서쪽이 진무방振武坊이며, 숭문문 안의 마주보는 곳이 취일방就日坊이고, 선무문 안의 마주보는 곳이 첨운방瞻雲坊이다. 동대구東大衢 사패루四牌樓 있는 곳이 이인방履仁坊이고, 서대구西大衢 사패루 있는 곳이 행의방行義坊이며, 태학의 동서로 마주 보고 있는 곳이 성현방成賢坊이고, 순천부학順天府學의 동서로 마주 보고 있는 곳이 육현방育賢坊이며, 제왕묘帝王廟의 동서로 마주한 곳이 경덕방景德坊

2 자금성 안의 건물 명칭과 문의 명칭은 2권 면지 참고. 북경 성문의 위치와 명칭에 대해서는 『열하일기』 1권 460쪽 '북경 성문의 명칭' 도판 참조.

3 옥천산은 현재 북경의 이화원 옆에 있다.
4 고량교는 북경시 해정구 서직문 밖에 있는 다리의 이름이다.

5 우리나라의 동洞과 같은 개념이다.

이다.

　　정양문에서 남쪽으로 곧바로 10리를 가면 남교南郊인데, 동짓날 하늘에 제사를 지내는 원구圜丘(천단天壇)가 거기에 있고, 안정문安定門에서 북쪽으로 곧바로 10리를 가면 북교北郊인데, 하짓날 땅에 제사를 지내는 방택方澤(지단地壇)이 거기에 있다. 조양문에서 동쪽으로 곧바로 10리를 가면 동교東郊인데 아침 해가 여기에서 뜨고, 부성문에서 서쪽으로 곧바로 10리를 가면 서교西郊인데 저녁에 여기서 달이 뜬다.

　　태묘太廟는 대궐의 왼쪽에 있고, 사직단社稷壇은 대궐의 오른쪽에 있다. 육부六部[6]의 잘못을 살피고 감독하는 기관인 육과六科가 단문端門의 좌우에 있고, 육부와 모든 행정기구는 대청문 밖의 좌우에 있다.

　　내가 중국에서 돌아온 뒤에 매양 지나온 곳을 생각할 때마다 가물가물한 모습이 마치 아침노을이 눈에 어른거리는 것 같고, 어리병병한 모습은 마치 새벽꿈에 넋이 빠진 것 같아서, 남북의 방향이 바뀌고 이름과 실제가 헷갈렸다.

　　하루는 석치石痴 정철조鄭喆祚[7]에게 『팔기통지』八旗通志[8]를 참고하여 북경을 한눈에 볼 수 있는 지도를 그리게 하였다. 지도를 펴자 황성의 성곽, 연못, 궁궐, 거리, 동네, 관청 등이 마치 손금을 보듯 환하고, 사람들이 신발을 끌고 돌아다니는 소리가 종이 위에서 들리는 것 같았다. 드디어 황성의 개요를 묶어 「황성구문」(북경의 아홉 개 성문)이라 하여 이 편의 맨 앞에 두고, 편명을 '황도기략'黃圖紀略이라 하였다.

　　요컨대, 황성의 도시 체제는 앞에 조정을 두고 뒤에 시장을 두었으며, 왼쪽에는 태묘를 두고 오른쪽에는 사직을 두었다. 황

6　육부는 이부吏部, 호부戶部, 예부禮部, 형부刑部, 공부工部, 병부兵部이다.

7　정철조(1730~1781)의 자는 성백城伯, 호는 석치이다. 연암의 친구이고, 이가환李家煥이 그의 처남이다. 손재주가 있어 천체기구와 기계 및 벼루를 잘 만들었으며, 그림도 잘 그렸다. 특히 돌로 벼루를 잘 만들었기 때문에 자신의 호를 '돌에 미친 바보'라는 뜻으로 석치라고 하였다.
8　『팔기통지』는 북경에 대한 종합적인 백과사전격의 책으로, 옹정 황제 때 250권으로 만들고, 건륭 황제 때 342권으로 증보하였다.

성 아홉 개의 문이 바르고, 아홉 개의 큰 거리가 직선으로 반듯하게 나 있으니, 도성 하나가 바르게 되자 천하가 바르게 되었다.

사신의 숙소 서관 西館

서관은 선무문 첨운패루瞻雲牌樓 안쪽, 사패루四牌樓 대가大街의 서쪽, 백묘호동白廟胡同 왼쪽에 있다.[9] 정양문 오른쪽에 있는 것을 남관南館이라 일컫는데, 모두 우리나라 사신들의 숙소이다. 동지사가 먼저 와서 남관에 들고 난 뒤에 별사가 바로 이어서 오면 별사는 이곳 서관에 각각 나누어 들게 된다. 혹자는 서관이 누구의 집을 몰수한 것이라고 한다. 서관 앞의 담장이 10여 칸으로, 벽돌에 모란꽃을 새겨서 쌓았는데, 그 무늬가 알록달록 영롱하다. 정사는 서관의 몸채인 정당正堂에 거처하며, 가운데뜰의 좌우에는 동서 양당이 있어서 부사와 서장관이 각기 나누어 들었고, 나는 앞채(정당)에 거처하였다.

[9] 현재 서단西單의 중국은행 본점과 민족문화궁民族文化宮의 중간 부근이 서관의 옛터이다. 사신의 숙소에 대해서는 뒤의「알성퇴술」편의 '조선관'에 다시 언급되어 있고 그 위치는 1권의 464쪽 참조.

금오교 金鰲橋

태액지太液池[10]를 걸터타고 돌다리가 놓여 있다. 동서의 길이가 200여 보쯤 되고, 다리의 양쪽에는 백옥으로 난간을 설치했으며, 다리 가운데에는 천자가 지나는 길인 치도馳道를 두 자 높여서 만들었고, 치도를 끼고 있는 양쪽 협도夾道에는 겹난간을 만들었다. 난간의 상부에는 공복蚣蝮의 석상을 올려놓았는데, 모두

[10] 태액지에 대해서는 이 편의 뒤에 따로 다루었다. 현재 자금성 뒤, 경산 공원 왼편에 있는 북해北海가 옛날 태액지의 일부이다.

금오교 금오교 옥동패방의 옛 모습

480여 개이고 각각 일정한 모양을 갖추고 있어서 같은 것이 하나도 없다.

다리의 양쪽 끝에는 패방牌坊을 각각 세워 마주 보게 하였는데, 서쪽의 패방이 금오金鰲이고 동쪽의 패방이 옥동玉蝀이다. 수레와 말이 입구를 잔뜩 메웠고, 유람객들이 와자지껄 복작거렸으나, 호수의 물결이 햇볕에 반짝이며 먼지 하나 일지 않는다. 멀리 북쪽으로 오룡정五龍亭이 보이고, 서쪽으로 자금성이 보인다.

숲에 나무가 자욱하게 우거졌고 층층의 누각과 겹겹의 궁전이 서로 가리기도 하고 비추기도 하는데, 오색의 찬란한 유리기와는 태양빛에 따라 명암이 달라진다. 백탑사白塔寺의 부도와, 정자와 누각에 달아 놓은 황금 호리병 꼭대기가 때때로 나무 밖으로 솟구쳐 오른다. 나무 밖으로 더욱 푸르게 보이는 하늘 색깔과 맑고 맑은 아지랑이의 하늘하늘하는 모습은 사람의 마음을 화창하게 만들어, 늦은 봄날의 날씨를 느끼게 하는 것 같다.

경화도 瓊華島

태액지 안에 경화도라는 섬이 있다. 세상에 전하는 말로는 이 섬이 요나라 태후가 화장하고 머리를 빗던 화장대가 있던 곳이며, 원나라 순제順帝가 총애하던 궁녀 영영英英을 위해 채방관采芳館을 지었던 곳이라 한다.

경화도 패루와 정상에 있는 백탑

    섬을 가로질러 큰 돌다리가 있는데, 금오교와 만든 제도가 같다. 역시 양쪽 끝에 패방을 마주 보게 세웠는데, 패방의 이름은 퇴운堆雲과 적취積翠이다. 어떤 사람은 이 다리를 금해교金海橋라고 부른다. 호숫가에는 옹성처럼 생긴 축대가 있고, 축대 위에는 푸른 일산처럼 생긴 전각이 있다. 다리 위에 서서 금오교를 둘러보니, 돌아다니는 사람과 수레, 말들의 모습이 마치 속세 같지 않다.

    축대 아래에는 금나라 때 심은 오래된 소나무가 있다. 명나라 가정 연간(1522~1566)에는 이 나무에 녹봉을 주고 벼슬도 주어서

도독송都督松이라 불렀다고 한다. 이 나무를 잣나무라고 하는 사람도 있고, 향나무라고 하는 사람도 있다. 명나라, 청나라 시절에는 이 나무를 소재로 시를 지은 사람이 많았다는데, 지금은 꺾여 없어지고 말라비틀어진 두 줄기만 남아서 마치 허연 뼈다귀 같아 무슨 나무인지 분간할 수가 없다.

토원산 兎園山

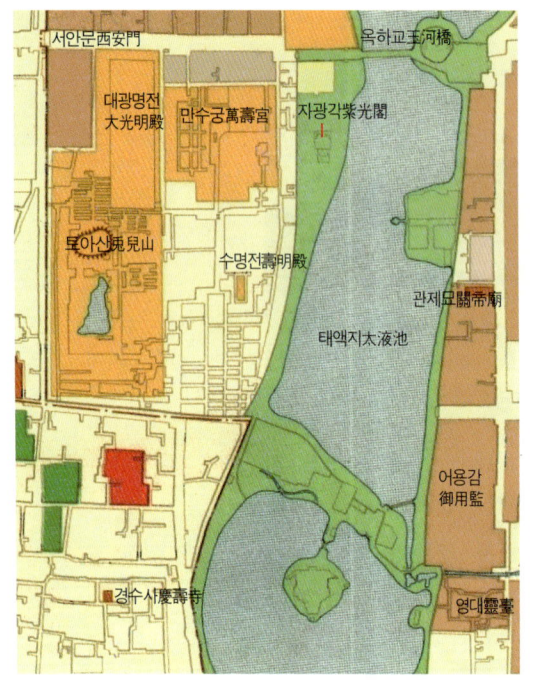

토원산(토아산)의 위치

유상곡수의 정자

토원산은 일명 토아산兎兒山이라고도 하는데, 높이는 고작 대여섯 길에 불과하고, 둘레라고 해봐야 겨우 100여 발자국쯤 된다. 섬돌과 주춧돌이 이리저리 있는 것으로 보아 아마도 예전에 축대나 전각이 있던 터로 보인다. 안으로는 흙을 쌓아서 산을 만들고, 밖으로는 태호석太湖石을 돌아가며 세워서, 구멍이 숭숭 나고 영롱하게 빛나는데 모두 푸른색으로만 비치고 다른 잡색은 섞이지 않았다. 돌의 높이는 모두 한 자 남짓한데, 아주 기가 막히게 생긴 돌들이다.

1. 만춘정
2. 부람정
3. 법륜간

　돌을 포개어 작은 동굴을 만들고, 양쪽 머리에는 모두 무지개 문을 만들어 달았다. 동굴을 빠져나오면 또 기암괴석의 길을 나선형으로 봉우리를 만들어 빙글빙글 돌아가는 모양을 꾸몄다. 그 위에는 몇 칸의 빈 누각을 만들어 놓아 자금성의 궁궐을 굽어볼 수 있게 하였다. 또 수십 보를 가면 돌로 된 용이 머리를 치켜들고 있으며, 그 아래로는 네모난 연못이 있다. 벽돌을 쌓아 수로를 만들어 구불구불 굴곡진 모양이 술잔을 띄워 놓고 노는 유상곡수流觴曲水의 장소 같은데, 물을 끌어들이고 돌아가게 하는 장치는 하

만수산 유홍관劉洪寬, 《천구단
궐》天衢丹闕(부분)

나도 남아 있지 않다.

산 꼭대기에는 석상石床과 옥으로 된 바둑판이 있다. 또 수십 보를 가면 3층으로 된 둥근 축대가 있는데 마치 맷돌처럼 생겼고, 그 아래에는 막 넘어진 듯한 전각이 있다. 산속에 있는 만 개의 돌들은 모두 높고 험하게 생겼어도 기울어지거나 삐딱하게 놓여 있는 놈이 하나도 없으나, 허물어진 담장과 깨진 기와가 곳곳에 널려 있어 심란하게 만든다.

내가 듣기로, 황제가 서산西山에 토목공사를 어마어마하게 벌이고 있다는데, 궁궐 지척에 있는 이곳은 조금도 수리를 하지 않고 마치 황폐한 산과 폐허의 촌락처럼 내버려 두고 있음은 무슨 까닭일까?

만수산 萬壽山

11 전각의 이름은 만춘정萬
春亭이다.

태액지를 파고 나서 그 흙으로 만든 산이 만수산인데, 매산煤

山이라고도 부른다. 산 위에는 3층 처마로 된 전각이 있고,[11] 네 개의 법륜간法輪竿[12]이 세워져 있다. 이 만수산은 명나라 마지막 황제 의종毅宗 열황제烈皇帝가 사직을 위해 목숨을 끊은 곳이다.

나는 오룡정五龍亭에서 항주 사람 육가초陸可樵와 이면상李冕相을 만났다. 두 사람은 북경이 초행인지라 방향을 잃고 헤매기는 나와 다를 바 없었다. 그들은 단지 옛 기록이나 문서를 의지하여 구경을 다니며, 때때로 옷 속에 넣고 있던 것을 꺼내어 들여다보고는 서로 쳐다보며 웃기도 하고, 깜짝 놀라 마주 보기도 하였다.

대개 옛 기록과 맞추어 보아서 똑같을 때도 있고 다를 때도 있어서, 자기도 모르게 기뻐하기도 하고 놀라기도 했던 것이다. 저들 중국 사람도 견문이 서로 어긋나고 기록이 때때로 착오가 생기는데, 하물며 나 같은 외국인이랴. 나는 그들의 여행 방법을 보고 크게 대오 각성하였다.

나는 처음에 만세산萬歲山을 만수산이라 생각했다. 대개 중국 발음에 만萬은 '완'宛으로 읽고, 세歲는 '수'秀와 '쇄'灑의 반절음으로 발음한다. 만수萬壽나 만세萬歲가 음이나 뜻이 서로 비슷해, 산 하나를 두고 두 가지 이름으로 부르는 줄 알았다. 지금 두 사람이 가지고 있는 예전 기록들을 살펴보니, 과연 동일한 산이 아니었다. 지난번에 유람했던 토원산兎園山의 경도瓊島가 바로

의종 순국처(상)와 수황정(하)

12 법륜이란 불교에서 부처님의 말씀 즉 교법의 수레바퀴를 굴려 중생을 구제한다는 것을 법륜이라고 비유하는데, 이 바퀴 모양의 구조물을 건물의 꼭대기에 장식하는 것을 법륜간이라고 한다. 만수산 정상에 있는 만춘정에는 법륜간이 없으며, 연암이 4개의 법륜간이 있다고 한 것으로 보아서 법륜간처럼 생긴 정자를 말한 것으로 보인다. 만수산에는 만춘정을 중심으로 좌우측 능선에 법륜간처럼 생긴 정자가 4개 있는데, 예컨대 부람정富覽亭이 그중의 하나이다.

아亞 모양의 난간

만세산이었다.[13] 비유하자면 사람들이 자리를 마주하고 앉아 얼굴을 확인하고 이름을 교환한 뒤에야 얼굴과 이름을 각자 정확하게 아는 것과 같은 셈이었다.

만세산은 금나라 사람이 송나라 수도 개봉開封에 있던 간악산艮嶽山[14]의 태호석太湖石을 수레로 운반해서 만들었다고 한다. 당시에는 돌 하나를 옮기는 데에도 그만한 양식이 들어갔기 때문에 이를 비꼬아서 양식을 축낸다는 뜻으로 산 이름을 절양석折糧石이라 했다고 한다. 원나라 세조가 그 위에 광한전廣寒殿을 세웠으며, 명나라 선종 황제가 지은 「광한전기」廣寒殿記는 이 광한전을 두고 지은 글이다. 고려 공민왕 때 원나라 태자가 고려 찬성사贊成事 이공수李公遂[15]를 광한전에 불러서 보았다고 했으니, 곧 만세산이었다.

또 고려 원종元宗 5년(1264) 9월에 왕이 연경에 왔다가 10월에 만수산에 있는 옥으로 된 궁전에서 황제와 이별을 하였고, 원종 때의 인물인 신사전申思佺[16]이 만수산의 옥으로 된 궁전을 두루 구경했다고 하였는데, 다만 옥전이라고 말했지 전각의 이름은 밝히지 않았다. 그러나 만수산이라고 이미 일컬은 것을 보면 소

13 연암 시대에 만수산으로 불렸던 산은 오늘날 경산景山으로 개명되고, 이화원에 있는 산을 만수산이라고 한다. 또 기록에 의하면, 경산을 원나라 때 만수산으로도 만세산으로도 불렀다고 한다.

14 송나라 휘종徽宗은 평지인 개봉에 산이 있어야 된다고 하여 중국 남방의 태호석을 옮겨 와 동북 방향에 인공산인 간악산을 조성하였다. 이 태호석을 간악석艮岳石, 절량석折糧石, 북송망국석北宋亡國石이라고 하였다.

15 이공수(1308~1366)는 고려 공민왕 때의 문신으로, 본관은 익산이고, 시호는 문충文忠이다.

16 신사전(?~1289)은 고려 후기 재상을 지낸 인물이다. 1268년에 일본을 다녀왔고, 1271년에 북경에 있으면서 원종의 복위를 도왔다.

위 옥전이라는 것이 광한전이 아님은 분명하다. 의종 열황제가 자결했다는 만수산의 수황정壽皇亭을 살펴보려 했으나, 문지기가 들여보내 주질 않았다. 그 정자가 지금도 그대로 남아 있는지 모르겠구나. 아, 슬프고 애통하도다.

태화전 太和殿

태화전은 명나라 때의 옛 이름이 황극전皇極殿이다. 3층 처마에 아홉 계단의 돌층계로 되었고, 지붕은 누런 유리기와를 덮었다. 월대月臺[17]는 3층으로 되었으며, 각각의 높이는 한 길이다. 매층마다 백옥석으로 보호 난간을 둘렀으며, 모두 용과 봉황을 새겨 놓았고, 난간머리에는 모두 이무기 머리를 만들어 밖을 보도록 했다.

태화전의 학(상)과 솥(하)

17 월대는 궁전이나 누각 앞에 두른 섬돌이다.

축대 위에는 쇠로 만든 학이 훨훨 날아갈 듯 춤을 춘다. 첫 번째 난간 안에는 여덟 개의 솥을 나열해 두었고, 두 번째 난간의 모서리에는 두 개의 솥을 마주 보게 했으며, 세 번째 난간 안에는 난간을 끼고 각각 솥 하나씩을 우뚝 세웠다. 솥의 높이는 모두 한 길이 넘었다. 뜰 가운데에도 30여 개의 솥을 늘어놓았는데, 귀신이 교묘하게 빚은 것처럼 특색이 있다. 옛날 우임금이 아홉 개의 솥[九鼎]을 만들었다더니, 그것이 여기에 있는 것인가?

태화전 월대의 이무기

태화문太和門으로부터 백옥석 난간을 만들어 구불구불 연결하여 태화전에 이르고, 또 한 바퀴를 두르고 나서 중화전中和殿에 이르고, 또 보화전保和殿에 이르

태화전

러 아亞 자 모양을 이루었다. 태화전 앞에는 동쪽에 체인각體仁閣이 있고, 서쪽에 홍의각弘義閣이 있는데, 축대의 높이는 태화전의 돌층계와 맞먹지만, 다만 한 층으로 된 하나의 난간일 뿐이다.

대저 태화전은 천자가 나와 앉아 정치를 하는 곳이건만, 생각만큼 높지도 크지도 않았다. 다른 사람에게 물어보니 그들의 의견도 비슷했다. 처음에 자못 의아해했더니 수역首譯이 웃으며,

"이는 다른 이유가 없습니다. 지금까지 거쳐 온 수천 리 사이에 성읍이나 민간의 집들이 그와 같이 장엄하고 화려했고, 사찰이나 도교 사원이 있는 곳마다 굉장하고 호사스러웠으니, 우리의 안목이 날마다 높아지고 심중의 생각은 점점 커져, 태화전을 보기도 전에 머릿속에는 이미 고대의 하늘처럼 맑고 밝은 유리기와[18]를 지붕에 덮은 어마어마하게 큰 명당이 천자가 정치하는 곳이라는 생각으로 꽉 찼을 겁니다. 지금 좌우에 있는 곁채를 보다가 갑자기 태화전을 보니 그다지 특이한 것이 없어서, 도리어 어리둥

---

[18] 이 부분의 원문은 '청양옥엽'淸陽玉葉인데, 『자치통감』 주석에 의하면 '청양'은 맑고 밝은 하늘을, '옥엽'은 유리기와를 뜻한다고 하였다. 명당明堂의 지붕을 덮는 재료이다.

절해서 지금까지 예상했던 생각이 달아났기 때문일 것입니다.

사람에게 비유한다면, 요임금과 순임금 같은 성군도 일반인과 같은데, 만약 그 곁에 받들고 보필하는 팔원팔개八元八愷[19]와 같은 훌륭한 신하는 없고, 한갓 도축하는 백정이나 장사치 혹은 꼴 베고 나무하는 사람들로 구차하게 자리를 채운다면, 아무리 요·순 같은 사람이 혼자서 상의에는 해와 달, 별, 산, 용, 꿩의 그림이 있고 하의에는 쌀, 물풀, 불, 호랑이와 원숭이가 그려진 술잔, 도끼 모양과 활 모양의 자수 등을 수놓은 곤룡포를 입고 눈썹을 휘날리고 겹눈동자[20]를 희번덕거린다 해도, 오롯이 혼자 외롭게 서서 어떻게 높디높고, 넓디넓은 천하의 정치와 교화를 이룰 수 있겠습니까?

그러므로 지금까지 보아 왔던 사찰이나 도교 사원은 비유하자면 요·순의 중요한 신하들이니, 그들이 있음으로 해서 제후들에게 조회를 받고 천하를 소유할 수 있는 것과 같습니다. 또 보아 온 민간의 여염집이나 시장과 저잣거리는 비유하자면 요·순 시대의 거리와 같아서, 집집마다 모두 봉해 줄 만한 집 아닌 곳이 없는 것과 같을 겁니다. 그렇게 생각해야 황제의 거처가 장엄하다는 것이 비로소 보입니다.

지금 여기 3층 처마와 아홉 돌층계, 누런 유리기와 등은 평민이 감히 주제넘게 할 수 있는 것이 아니고, 이 밖의 모든 궁궐이 태화전을 닮지 않은 것이 없으니, 이것이 태화전을 사치하게 만든 까닭입니다. 그렇지 않다면 태화전 역시 시답잖은 초가 오두막과 다를 게 뭐가 있겠습니까?"

하기에 내가,

"자네 말처럼 한다면 요·순 같은 성군도 걸桀이나 주紂와 같

[19] 팔원팔개는 고대의 전설적인 여덟 명의 착한 신하와 여덟 명의 너그러운 신하.

[20] 순임금의 눈동자는 겹으로 되어 있다는 전설이 있다.

체인각

은 임금의 포악성을 겸하고 있어야만 비로소 자신의 뜻대로 만족하고 뽐낼 수 있는 천자가 되겠구먼."

하니 옆에서 듣던 사람들이 모두 크게 웃었다.

체인각 體仁閣[21]

황궁의 사무를 맡아 보는 내무부內務府의 관원과 통관이 우리 역관과 함께 입회하여 우리나라에서 가져온 자주색 명주와 누런 모시 예물을 물목대장과 대조·점검하여 체인각에 바쳤다.

그때 체인각에서는 바야흐로 한림의 최고 학사를 지낸 이시요李侍堯의[22] 가산을 접수하고 있었다. 이시요는 운남·귀주의 총독으로 있던 해녕海寧에게 금 200냥을 뇌물로 받은 일이 적발되어 가산을 몰수당한 것이다.

[21] 명나라 영락 연간인 1420년에 건립된 체인각은 처음에는 문루文樓라고 부르다가 그 뒤에 문소각文昭閣이라 불렸다가 청나라 초기에 체인각으로 개명되었고 건륭 연간 1783년에 소실되었다가 중건되어 내무부內務府의 비단 창고로 사용되었다.

[22] 이시요(?~1788)는 만주족 출신의 무장으로 대만, 미얀마, 태국 등을 점령한 공을 이루었으나, 1780년 운남성의 해녕海寧이 그를 뇌물죄와 사적 영리를 꾀한다는 죄상으로 고발하였다.

중국에는 내직이나 외직, 벼슬의 높낮이나 귀천에 관계없이 모두 일정한 봉급과 그 이외에 받는 상여금이 있지만, 외직의 경우는 상여금을 나누어 주기가 번거롭고 충당하기가 고달파서 제도로 정착되기 어려웠다. 만약 정해진 녹봉 외에 사사로이 세금을 거두어들인다든지, 당국자에게 남몰래 뇌물을 주다가 발각되면 추징을 당한다. 비록 털끝만 한 죄과라도 범하면 그의 사유재산과 부정하게 받은 돈을 모두 몰수당하는데, 다만 삭탈관직만은 하지 않는다. 그러므로 봉급 한 푼 못 받고 빈털터리로 일만 하고, 처자는 떠돌게 된다. 이는 명나라의 옛 법을 따른 것인데, 청나라로 들어와서 한층 더 엄해졌다.

내무부의 관원이 마주 앉아서 몰수된 물품을 접수하는데, 다른 물건은 없고 모두 부인네들이 입는 담비로 된 가죽옷 200여 벌이다. 그중의 하나는 제법 길고, 털 가장자리에는 황금으로 용무늬를 그렸다.

문화전 文華殿

옹화문[23]을 나오면 문화전이라는 전각이 있는데, 누런 유리기와로 지붕을 덮었다. 명나라 고사에 의하면,

"문화전의 동쪽 방에 아홉 개의 신주를 넣는 감실[24]을 만들어서 복희·신농·황제·요·순·우·탕·문왕·무왕 등 유가에서 받드는 아홉 성인의 신주를 모시는데, 왼쪽 감실에는 주공周公을, 오른쪽 한 감실에는 공자의 신주를 모셨다. 천자는 매일 이 문화전에 납시어 강의를 개회하는데, 먼저 한 번 절하고 세 번 머리를 조

23 옹화문은 협화문協和門의 잘못이다.

24 감실은 벽이나 바위에 구멍을 파서 작은 방이나 장롱처럼 꾸미고, 그 안에 부처나 신주를 모셔 놓는 공간을 말한다.

문화전

아리는 일배삼고一拜三叩의 예를 성인들에게 올리면, 그동안 재상과 강관講官들은 건물 밖 월대 위의 오른쪽 돌난간 좌측에서 대기한다. 승지가 '선생 납시라' 하고 소리를 지르면 재상과 강관들은 꿰어 놓은 물고기처럼 한 줄로 죽 서서 차례로 들어가 반을 나누어 자리에 들어간다. 이때는 신하가 대궐에서 천자에게 해야 하는 엄격한 절차를 약간 생략하고, 천자에게 강의하는 신하는 안석에 기댈 수 있도록 편의를 봐준다."
라고 한다.

    근세의 강의에서도 이런 예법을 그대로 쓰고 있는지 모르겠다.

문연각의 어제와 오늘

문연각 文淵閣

문화전 뒤에는 문연각이라는 누각이 있는데, 천자의 책을 소장하는 장서각이다.[25] 명나라 정통正統 6년(1441)에 송·금·원나라 때부터 보관해 오던 책들을 모두 합하고 그 도서목록을 편찬했는데 무릇 43,200여 권이었고, 『영락대전』永樂大典까지 더하니 23,937권이 더 불어났다. 만약 근세에 간행된 『고금도서집성』古今圖書集成과 지금 황제가 편찬한 『사고전서』四庫全書까지 합한다면, 문연각에는 책이 넘쳐서 밖에 쌓아 두어야 할 것 같다.

자물쇠로 문을 잠가 놓아 단지 드리워진 발의 틈새로 전각이 웅장하고 깊다는 것만 대략 바라보았을 뿐, 천자의 풍부한 서책을 엿보지 못하였으니, 대단히 한스러운 일이다. 일찍이 듣자하니, 옛날 우리 소현세자昭顯世子께서 구왕九王을 따라 여기 문연각에서 유숙했다고 한다. 구왕이란 자는 청나라 초기 예친왕睿親王에 봉해진 다이곤多爾袞이다.

25 문화전이 앞(남쪽)에 있고 바로 그 뒤에 문연각(북쪽)이 있다.

무영전 武英殿

무영전

협화문協和門[26] 밖에 무영전이란 전각이 있는데, 문화전과 만든 제도가 같다. 희화문熙和門과 서화문西華門이 마주 보고, 협화문協和門과 동화문東華門이 마주 보는데,[27] 무영전 뒤에 무연각武淵閣이 있다.[28] 요컨대 전각의 문과 담은 서로 짝을 이루어 마주 보지 않은 것이 없으며, 가운데뜰의 넓이까지 같아서 조금도 차이가 나거나 다르지 않다.

강한江漢 황경원黃景源[29]의 「배신전」陪臣傳[30]에,
"숭정 갑신년(1644)에 살합렴薩哈廉[31]이 북경에 들어와서 무영전에서 명나라 문무백관들의 조회를 받았다."
라고 했는데 이는 잘못 전해진 소문 같다.

26 여기 협화문은 희화문熙和門의 잘못이다.
27 협화문과 희화문, 동화문과 서화문이 각각 마주 대응하고 있다.
28 문화전 뒤에 문연각이 있고, 무영전 뒤에는 무연각이 있다. 2권의 면지에 있는 자금성 평면도 참조.
29 황경원(1709~1787)의 자는 대경大卿, 호는 강한이다. 조선 영조 때의 문신으로 저서에 문집 『강한집』, 『명조배신고』明朝陪臣考 등이 있다.
30 원래 『명배신고』明陪臣考라는 명칭이었으나, 뒤에 『배신전』으로 책명을 바꾸었

살합렴이란 자는 만주족의 황족이다. 일찍이 「시호록」諡號錄을 보니, 살합렴의 시호는 무의武毅라고 하였다. 무영전에서 문무백관들의 축하 조회를 받은 사람은 예친왕 다이곤이지 살합렴이 아니다. 갑신년 3월에 이자성李自成의 군대가 황성을 격파했고, 그해 5월에 다이곤이 황성에 입성했다. 그때는 명나라가 망한 지 겨우 달포가 지났는데, 따라온 우리나라 사람이 무영전에 있는 천자의 섬돌을 보니 다만 박쥐의 똥만 있어서 서로 쳐다보며 눈물을 흘렸다고 한다.

지금은 우리의 역졸과 마부들이 무영전의 뜰이 터져 나가도록 들어서서 마음껏 유람하고 구경하고 있다. 비록 저들이 명나라가 망하던 당시의 광경을 알 까닭은 없지만, 그래도 청나라 관인의 붉은 모자를 업신여기고, 소매 좁은 마제수馬蹄袖를 수치로 여기지 않는 사람이 없다. 자신들의 행색을 돌아보면 누덕누덕 기운 의복을 입고 있으면서도, 오히려 저들 비단옷을 입은 자들과 함부로 부딪치고 나란히 서서 조금도 부끄러워하거나 꿀리지 않는다.

이는 우리나라에서 오랑캐를 물리치고 중국을 높이는 존주양이尊周攘夷의 정신이 미천한 비복들에게까지 뿌리 박고 있다는 증거가 아니겠는가? 인간이면 누구나 변함이 없는 상도常道를 가지고 있음은 속일 수 없는 사실이로구나.

다. 명·청 교체기에 숭명배청을 내세우며 청나라와의 화친을 배격한 조정의 신료 29명에 대한 열전을 수록한 책이다.
31 살합렴(1604~1636)은 살합린薩哈璘이라고도 하는데, 청 태조의 손자, 예친왕의 아들로서 청나라 건국에 공을 세운 인물이다.

하늘을 떠받치는 기둥, 경천주 擎天柱[32]

32 화표주華表柱라고도 부른다.

자금성의 오문午門 밖 좌우에는 몇 길 되는 돌사자를 세워 놓

경천주

33 기둥 끝에 앉힌 동물은 후犼라는 동물이다. 중국에서 속칭 망천후望天犼 혹은 조천후朝天犼라고 부르기도 한다.

후犼

았고, 단문端門 안의 좌우에는 돌로 만든 큰 거북을 앉히고, 그 등에는 여섯 모가 난 돌기둥을 세웠다. 돌기둥의 높이는 예닐곱 길이고, 기둥의 몸통에는 용과 이무기를 두루두루 새겨 놓았다. 기둥 끝에 앉힌 동물은 무슨 형상인지 분간할 수 없으나, 모두가 뭔가를 움켜쥐고 있다.33 천안문 밖에도 한 쌍이 서로 마주 보고 있는데, 이는 돌로 쌓아서 궁궐이나 무덤 앞에 장식물로 세우는 석궐石闕인 것 같다.

황제의 마구간 御廐

황제가 타는 말을 관리하는 마방간은 전성문前星門 밖에 있다. 동서 양쪽에 목책을 세워서 문을 만들어 놓았는데, 말은 고작 300여 필에 불과하고 모두 굴레를 벗고 제멋대로 놀고 있다.

한낮이 되자 말먹이꾼이 책문을 열고 채찍으로 지휘하며 부르는 시늉을 하자, 양쪽 마구간에 있던 말들이 모두 나와서 머리를 가지런히 하고는 좌우로 갈라선다. 북쪽 담장 아래에 큰 우물이 있고, 우물가에는 돌로 만든 큰 구유가 있다. 두 사람이 도르래를 돌려 물을 떠서 연신 구유 안으로 부으니, 말먹이꾼은 채찍으로 열 마리씩 한 조로 나누어 차례대로 들어가 마시게 했다. 앞의 조가 일제히 마시고 물러나면 그다음 조가 앞으로 나가는데, 감히 먼저 들어가려고 다투며 차례를 어지럽히는 놈이 없다. 들어가는 놈은 오른쪽으로 들어가고 나오는 놈은 왼쪽으로 나오는데, 제 발로 마구간으로 들어간다.

내가 물어보았다.

"천자의 말이라는 게 고작 이 정도밖에 되지 않습니까?"
하니 말먹이꾼이 웃으며,

"말 4만 필을 가지고 있다고 해서 천자를 일러 만승萬乘이라 하지 않습니까? 북경 밖의 웬만한 부잣집도 이 정도의 말은 가지고 있는 터에, 하물며 만승천자야 어느 정도이겠습니까? 창춘원暢春苑, 원명원圓明園, 서산西山 등에 모두 만 마리씩 있고, 황제의 전용 사냥터인 남해자南海子에도 천리마가 있답니다. 지금 황제의 말을 키우는 곳의 가장 좋은 사마駟馬들은 모두 준화주遵化州로 보냈습니다. 여기 남아 있는 놈들은 모두 늙고 쇠잔해 사람을 태우거나 수레를 끌 수 없어서, 단지 단문端門 앞에 의장용으로 세우기 위해 갖추어 둔 말들입니다. 모두 나이가 육칠십은 되는 놈들입니다."
하고는 그중에 누렇게 생긴 말을 가리키며,

"이놈은 나이가 백세 살입니다."
하며 말의 입술을 열어서 보이는데 이빨 두 개만 달랑 남아 있다.

건초와 콩을 먹지 못한 지 이미 30여 년이 되어서, 한낮에는 막걸리 전국 두 단지를 먹이고, 아침과 저녁에는 엿밥과 보릿가루 두 되를 소주에 섞어 주면 구유에 대고 싹싹 핥아먹는다고 한다. 매달 3품의 녹봉을 받으며, 황제가 때때로 자신의 반찬을 하사하기도 하는데 말은 반드시 두 무릎을 꿇고 머리를 조아린다고 한다. 옹정 황제 때는 하루에 천 리를 달렸다고 한다.

털빛이 깨끗하고 윤기가 나서 말은 그다지 늙어 보이지 않았지만, 다만 작은 눈에 눈곱이 흐른다. 두 눈동자는 맑고 푸른 것이 마치 말갈족의 눈처럼 생겼다. 양쪽 눈썹에는 대여섯 개의 터럭이 하늘하늘 아래로 처져 있고, 귀 안에 난 흰털이 밖으로 삐져

오문의 북쪽 모습

나와서 마치 말갈기처럼 생겼다. 다만 정강이만큼은 다른 말보다 월등하게 커서 젊고 건장했을 때는 힘깨나 썼을 것으로 상상이 된다.

말먹이꾼이 턱없이 많은 행하行下를 강요하다시피 내놓으라고 하는데, 그 생김새가 너무나도 우악스럽고 야비해서 그의 말을 그대로 믿어야 할지 모르겠다. 매년 삼복 날 황제의 총애를 받는 측근의 신하들이 황제의 의장대를 앞세워 풍악을 잡히고 나와서 어마감御馬監[34]이 거느리고 오는 말을 인도하고 맞이해 덕승문德勝門 밖에 있는 적수담積水潭에서 말을 목욕시킨다고 한다.

[34] 어마감은 열두 감監의 하나로 황제의 말을 키우고 감독하는 벼슬아치이고, 환관으로만 임명한다.

오문 午門

오문의 세 무지개문은 그윽하고 깊어서 마치 동굴 안을 가는 것 같고, 여러 사람이 시끄럽게 떠들어 메아리가 웅장하게 되어

종묘(태묘)

서 왁자지껄하는 것이 마치 북소리를 둥둥 울리는 것 같다. 다섯 개의 다리는 모두 백옥석으로 난간을 둘렀다.

종묘와 사직 廟社

육부六部를 감독하는 기관인 육과六科는 단문端門 안에 있고, 육부와 모든 관청은 대청문 밖에 두었는데 정양문과 곧바로 거리가 겨우 백 보 정도이다. 이것이 자금성 앞의 조정인 전조前朝가 된다. 태액지 북쪽에서 신무문 안쪽이 자금성 뒤편의 시장인 후시後市가 된다.[35] 종묘(태묘)는 대궐의 왼쪽에 있고, 사직단은 대궐의 오른쪽에 있어서 전후좌우에 배치하고 설비한 것이 균형과 틀이 꽉 잡혔다. 이리하여 천하에 왕 노릇하는 임금으로서 갖추어야 할 제도가 완전히 갖추어졌다 하겠다.

일찍이 『수구기략』綏寇紀略[36]을 읽어 보니 거기에,

[35] 『주례』周禮에 "左祖右社 面朝後市"라고 하여 도성(황궁)의 왼쪽에 종묘, 오른쪽에 사직, 전면에 조정, 후면에 시장을 둔다고 하였다. 역대의 왕조는 도성과 황궁 건축에 이 원리를 그대로 따랐다. '전조, 후시'라는 말은 이 『주례』의 말을 인용한 것이다.

[36] 『수구기략』은 오위업吳偉業(1609~1671)의 저서로, 명나라 말기의 사적을 기록한 책이다. 오위업의 자는 준공駿公 호는 매촌梅村이다. 시문과 서화에 뛰어났으며, 저서에 『매촌집』『춘추지리지』 등이 있다.

"숭정 16년(1643) 5월 북경에 핏물로 된 비가 밤새 내리고 번개가 태묘의 중앙 방에 내리쳐서 신주가 거꾸러지고, 태묘의 솥과 술잔 등 제기들이 번갯불에 모두 녹아내렸다. 또 6월 23일에는 밤에 뇌성벽력이 일어나 봉선전奉先殿 사당 문의 문고리가 모두 용에 의해 녹아내렸고, 종묘 앞의 돌 위에는 용이 할퀸 손톱 흔적이 있었다."[37]

고 하였다.

아아, 슬프다. 갑신년(1644)에 일어난 떠돌이 도적 이자성의 변란은 천고에 없던 일이었다. 하늘이 무너지고 땅이 갈라지며, 천자의 종묘가 뒤흔들리다가 드디어 그로 인해 애신각라씨愛新覺羅氏(청나라 성씨)의 종묘가 되게 생겼으니, 어찌 그와 같이 커다란 천재지변의 변괴가 없을 수 있었으랴?

[37] 『수구기략』 권12에 나오는 내용인데, 책에는 인용문의 내용과는 조금 다르게 표현되어 있다. 연암이 표현을 조금 바꾸어 재구성한 것으로 보인다.

[38] 태자를 전성前星이라 한다.

젼셩문 前星門

체인각에서 나오면 협화문과 동화문이 마주 보는 곳에 문화전이라는 전각이 있고, 동쪽에 전성문[38]이 있다. 지붕은 푸른 유리기와를 덮었고, 문 안에는 다시 겹문이 있는데 모두 자물쇠를 채웠다. 겹문 안에 모두 푸른 유리기와로 지붕의 용마루를 이은 것을 보아 태자궁임을 알 수 있다.

어떤 사람이 말하기를,

"태자가 거처하는 곳을 전심전傳心殿이라 하고, 그 뒤에는 비정碑亭이 있습니다. 쇠로 주조한 비碑에 청나라 왕가의 교훈을 써서 비정의 땅에 묻었다는데, 감히 거기까지 가 본 사람은 아무도

전심전 편액(상)과 전심전(하)

없습니다."
라고 한다.

세상에 전하는 말로는,

"강희 황제가 왕위에 너무 오래 있게 되자,[39] 태자가 궁중에 근무하는 사람에게 '세상에 머리가 허옇게 센 태자도 다 있다더냐?'고 하였는데, 그 말이 밖으로 새 나가서 결국 태자는 폐해졌고 그로부터 태자를 미리 세우지 않았다."

고 한다.

건청궁에 있는 정대광명 편액

옹정 황제는 즉위한 원년(1723) 8월 17일에 조서를 내려,

"우리 성조聖祖 인황제仁皇帝(강희 황제)께서 지난해 11월 13일에 종묘사직을 위해 여러 왕자 중에서 신중하게 선발하여 짐에게 나라의 대업을 이으라고 명하셨다. 이 한마디 말로 국가의 중대한 계획이 결정되었으니, 해내외海內外에서 기뻐하고 떠받들지 않는 사람이 없었다. 그날 성조께서 폐위된 두 형님의 일로 심신이 근심하고 초췌하셨음은 천하 사람이면 모두 아는 일이다.

지금 짐의 여러 아들이 아직 모두 어리니, 세자를 세우는 일은 반드시 상세하게 살피고 신중하게 처리해야 할 것이다. 특별히 이 일에 대해서는 짐이 직접 써서 밀봉을 하고 이를 건청궁乾淸宮 정중앙의 세조世祖 장황제章皇帝(순치 황제)가 쓰신 정대광명正大光明이라는 편액 뒤에 보관하였노라. 이곳은 궁중에서 최고로 높은 곳이므로 예기치 못한 일에 대비케 하였노라. 이에 여러 왕과 대신 들에게 고하노니, 모두 마땅히 이를 알도록 하여라."[40]

[39] 강희 황제(1654~1722)는 8살인 1661년에 황제가 되어 61년을 황제로 있었다.

[40] 옹정 원년 8월 건청궁乾淸宮 서난각西煖閣에서 반포한 이 조서는 장문의 글인데, 『열하일기』에서는 이 글을 축약하여 인용하고 글자의 일부도 수정하였다. 『황조통전皇朝通典』 참조.

라고 했다.

　　예부의 주사主事 육생남陸生楠[41]이 태자를 미리 세워야 한다고 상소를 올리자, 옹정은 조서를 내려 준엄하게 책망하였다.

　　"태자를 미리 세우지 않음은 우리 왕가의 법통이다. 황자들로 하여금 각자 효성과 우애, 공손과 검박함을 힘써서 하나같이 천명을 들을 것이요, 형제끼리 시기하고 의심하며 헐뜯고 사특한 마음을 끊게 하려는 목적이니, 이는 만세에 장구하도록 지켜 나갈 아름다운 법이니라. 명나라 간신 왕석작王錫爵[42]이 태자를 세우기를 주청하자 어진 왕자를 택하지 아니하고 천계天啓(희종) 같은 못난이를 세자로 세워 드디어 천하를 잃게 되었다. 네가 지금 왕석작을 본받으려 함이냐?"

　　그로부터 천하에선 감히 태자를 미리 세우자는 말을 다시는 입에 올리지 못하였으니, 전성문이 닫힌 지 장차 100년이 되어 간다.

41 육생남(1673~1729)은 옹정 연간에 역사를 비판했다는 황당한 문자옥文字獄으로 희생을 당한 인물이다.

42 왕석작(1534~1614)은 예부상서와 태학사를 역임한 벼슬아치로, 자는 원어元馭 호는 형석荊石이다.

오봉루 五鳳樓

　　태화전의 앞뜰은 면적이 수백 보는 되고, 축대의 높이는 한 길이 넘는데 백옥석白玉石 난간으로 둘렀다. 위에는 태화문이 있고, 문 위에는 삼 층 처마에 누런 기와를 이었으니, 이를 일러 오봉루[43]라고 한다. 큰 조회를 할 때 황제가 거둥을 하여 태화전에 나와 앉으면, 일기를 맡은 흠천감欽天監이 오봉루 위에서 시간을 알리는 북을 치고, 음악을 맡은 교방사敎坊司가 오봉루의 양쪽에서 중화소악中和韶樂이란 음악을 연주한다.

　　통관 서종현徐宗顯의 말에 의하면 조회 때의 풍경은 이러하다.

43 태화문을 오봉루라고 한 것은 연암의 착오이고, 오문午門과 좌우의 누각을 오봉루라고 한다. 오문과 그 좌우의 누각을 공중에서 보면 새가 날개를 편 모습과 같다고 하여 붙인 이름이다.

오봉루

"황제의 의복과 기구를 맡은 금의위錦衣衛에서 출입할 때 필요한 의장儀仗을 태화전의 뜰 동서로 진열하여 북쪽을 보게 하고, 길들인 코끼리를 오봉루 아래의 동서에 마주 보게 세워 놓으며, 천자의 수레를 태화문의 붉은 섬돌 가운데 길에 북쪽으로 진열해 놓는다.

어마감御馬監이 의장용 말을 벌려 세우고, 금오위金吾衛[44]와 운휘사雲麾司[45]에서는 갑옷을 입은 병사, 의장대, 징과 북을 태화문 밖과 오문 안의 붉은 섬돌에 배치하며, 북경을 수비하는 장교 7만 명이 도로의 양쪽에서 깃발을 세워 바둑판처럼 넓고 반듯한 거리를 호위하고 경계한다.

조정의 백관들은 단문 안의 경천주 아래에서 기다리다가, 오봉루 안에서 첫 번째 북소리가 나면 반열을 정비하고, 두 번째 북소리가 나면 문무 반을 나누어 태화문 좌우의 문을 끼고서 한 줄로 나란히 들어간다. 그러면 황제의 어가가 보화전에서부터 중화전을 거쳐 태화전으로 듭시는데, 길잡이 하는 시위가 아홉 개의 옥새와 인장, 부절符節을 두 손으로 받들고 앞에 간다.

[44] 금오위는 자금성 경비를 맡은 관청이다.
[45] 운휘사는 황제의 행렬에 경호를 맡은 직책이다.

**태화전 앞에서 거행된 광서제光
緖帝의 혼인 의례**

46 「비룡인지곡」은 황제가
보위에 오름을 경하하는 음
악이다.
47 대악은 궁중의 의식을
담당하는 관청이다.
48 「풍운회지곡」은 군신의
만남을 노래한 곡이다.
49 「경황도」는 황도를 경축
한 음악이다.
50 「희승평」은 태평성대를
기뻐하는 음악이다.

이때 풍악은 「비룡인지곡」飛龍引之曲[46]을 연주하고, 대악大樂[47]은 「풍운회지곡」風雲會之曲[48]을 연주한다. 그때에 맞추어 여러 대문을 일제히 열어젖혀 곧바로 정양문까지 환하게 트이게 만드는데, 안팎이 바르고 곧아서 하나도 숨기거나 굽은 것이 없다.

그리고 오봉루 안에서 「경황도」慶皇都[49]와 「희승평」喜昇平[50]을 연주하는 소리가 마치 천상에서 울리는 것처럼 흘러나온다."

전에 들은 바로는 숭정 초년에 오봉루 위에서 누런 보자기 열 겹으로 싼 예언서 같은 하늘의 글씨를 얻었는데, 겉에 '천계天啓 7년, 숭정崇禎 17년, 복왕福王 1년'이라고 쓰여 있어서 해당 황제의 재위 기간을 예언했다고 한다.

이는 비록 요망한 말이라 하겠으나, 국가의 그와 같은 큰 일에 어찌 하늘이 미리 정해 놓은 명수가 없다고 하겠는가?

천단 天壇

천단은 외성外城의 영정문永定門 안에 있다. 담장 둘레가 거의 10리에 가깝고, 담장 아래 부분은 세 등급으로 되어 있으며, 그 위에서는 말이라도 달릴 수 있게 되어 있다.

그 안이 동짓날 하늘에 제사를 올리는 원구圓丘가 있다. 제1층의 기단은 넓이가 100여 보이고 높이는 한 길이 넘는다. 기단의 바닥면은 모두 푸른 유리벽돌을 깔았다. 난간의 주위는 모두 녹색 유리로 기둥을 만들었고, 사방으로 터진 층층대는 모두 아홉 계단이며, 넓이는 거의 두 길이고 역시 푸른 유리벽돌을 깔았다. 계단의 난간 역시 녹색 유리로 기둥을 만들었다. 제2층 기단의 바닥면은 그 폭이 두 발 남짓 되는데, 사방으로 나 있는 층계는 모두 아홉 계단으로 되어 있다. 기단의 바닥면은 푸른 유리벽돌을 깔았고, 기단의 아랫부분과 사방의 난간도 모두 녹색 유리로 기둥을 만들었다.

원구 밖은 누런 유리기와를 이은 담장으로 주위를 둘렀다. 네 방향에는 영성문欞星門[51]을 만들어서 원元·형亨·이利·정貞으로 호칭을 붙여 동서남북 사방에 짝을 맞추었다.

동쪽 제1단에서는 해를 제사 지내고, 서쪽 제1단에서는 달을, 동쪽 제2단에서는 스물여덟 별자리인 이십팔수二十八宿를, 서쪽 제2단에서는 바람·구름·우레·비를 각각 제사 지낸다.

천단 안에 있는 건물 중 천신의 신위를 모신 황궁우皇穹宇, 음악을 맡아 보는 곳인 신악관神樂觀과 기년전祈年殿, 재계를 하는 건물인 재궁齋宮, 물품을 보관하는 창고인 천고天庫, 제사 음식을 장만하는 주방인 신주神廚 등의 건물은 모두 누런 유리기와로 지

51 영성欞星은 하늘의 별자리인데, 하늘에 제사를 지내기 전에 이 별에 먼저 제사를 지낸다.

1. 황궁우
2. 천단 안에 있는 원구
3. 영성문
4. 기년전(천단의 중심 건물)
5. 재궁

붕을 덮었다. 신악관은 평소에 악공들과 춤추는 무생舞生들을 교습하는 장소이며, 기년전에서는 매번 큰 행사를 앞두고 제를 올리는 예행 연습을 한다.

천단 안에는 제사에 쓰는 양, 돼지, 사슴, 토끼 등을 기르는 축사와 우리가 있다. 북쪽 담장 아래에는 네모난 연못을 20여 군데 파 두었는데, 겨울에 이곳의 얼음을 잘라서 서늘한 방에 보관해 둔다. 제사에 필요한 모든 것이 깨끗하게 구비되어 있고, 또 모든 것을 천단 안에서 자급자족하고 있음을 알 수 있다.

정양문에 딸린 적루敵樓 아래에 정남향으로 난 문 하나가 항시 닫혀 있어서 괴이하게 생각했더니 누군가가 말하기를, '황제가 친히 천단에 제사를 지내러 어가가 나올 때만 정남향의 옹성문을 여는데, 이 문은 유지油脂 100섬을 부어서 문의 지도리를 매끄럽게 해야 열린다'고 한다.

호랑이 우리 虎圈

황제의 마구간 뒤에 호랑이 우리가 있다. 봉수대처럼 높이 성을 쌓고, 그 위에 우물 정井자 모양의 들보를 걸치고 팔뚝 굵기의 철망을 덮었다. 그리고 담장에 붙여서 작은 굴을 파고 쇠를 세워서 철책을 만들었다.

예전에는 호랑이 두 마리가 있었는데, 최근에 한 마리는 죽여서 쓰러뜨렸고 다른 한 마리는 원명원圓明園으로 보내어서 지금은 우리가 비어 있다. 황제가 어디로 거둥을 할 때는 반드시 호랑이를 나무 우리에 가두어서 행렬 선봉에서 메고 가게 하는데, 황제는 마음에 께름칙한 기분이 들면 호랑이 우리에 임해서 친히 활을 쏜다고 한다.

천주당 天主堂

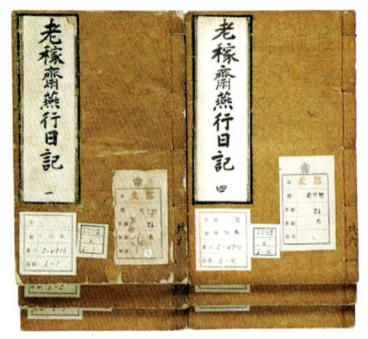

『노가재 연행일기』

나의 벗 덕보 홍대용이 언젠가 천주당의 교묘함을 논하면서 이런 이야기를 하였다.

"우리나라 선배 중에 노가재 김창업이나 일암一庵 이기지李器之[52] 같은 분은 모두 식견이 탁월하여 후세 사람들이 도저히 따라갈 수 없네. 특히 그 식견은 중국을 잘 관찰한 점에서 아주 잘 드러나지. 그러나 그들이 북경 천주당에 대해서 기록한 것을 보면 뭔가 부족한 느낌이 드네.

52 이기지(1690~1722)는 조선 중기의 학자로, 자는 사안士安, 호는 일암이다. 저서에 『연행기』와 문집 『일암집』이 있다.

이건 다른 이유가 아닐 걸세. 천주당이란 것이 사람의 생각으로 미칠 바가 아니고, 갑자기 보아서 이해할 수 있는 것도 아니어서 그럴 것이네. 그들의 뒤를 이어 북경에 이른 사람들 중 천주당을 먼저 관광하지 않은 사람이 없었으나, 어리둥절하고 짐작하기 어려워 도리어 신비하고 괴이하다고 하여 배척하고 있으니, 이는 안중에 도무지 아무것도 보이는 것이 없기 때문일세.

일암 이기지 고려대 소장

노가재가 천주당의 건물과 집기에 대해서 상세하게 이야기했으나 그림에 대해서는 소략했고, 일암은 그림과 각종 서양 기기들에 대해서 더욱 상세하게 이야기했으나 풍금(파이프 오르간)에 대해서는 언급하지 못했네. 아마도 두 분은 음률을 그다지 이해하지 못했기 때문에 그 근처에도 못 간 것이란 생각이 드네. 나는 비록 귀로는 풍금 소리를 살피고, 눈으로는 만든 제도를 관찰

남당(선무문 천주당)의 어제와 오늘 위의 사진은 의화단이 훼손하기 전의 본래 모습으로 1874년 영국 사진사 토마스 차일드가 촬영한 것이다. 1900년 의화단에 의해 훼손되고 기둥 일부만 남은 터에 다시 복원한 것이 현재의 교당이다.

할 수 있었지만, 문장으로 그 오묘함을 다 묘사할 수 없는 것이 아주 큰 유감이네."

그런 다음에 노가재의 기록을 꺼내어 함께 읽어 보았다. 이런 대목이다.

"천주당 안의 동쪽 벽에 이층으로 된 붉은 문이 있는데, 위는 문짝이 둘이고, 아래는 문짝이 넷이다. 차례대로 문짝을 열어 보면 그 안에 대나무 통 같은 것이 들어 있는데, 기둥과 서까래만 한 것들이 빼곡하게 서 있다. 크기가 각각 다르고, 모두 금빛, 은빛으로 섞어서 칠해 놓았다. 그 위에는 하나의 철판을 옆으로 걸쳐 놓았는데, 한쪽은 무수한 구멍을 뚫어 놓았고 다른 한쪽은 부채 모양에 방위와 12시각을 새겨 놓았다.

잠시 보니, 해 그림자가 그 방위로 이르자 대臺 위에 있는 크고 작은 종들이 각기 소리를 네 번 울리고 중앙의 큰 종은 여섯 번 울린다. 이것은 자명종이니 그다지 이상할 것도 못 되고, 괴상한 것은 종소리가 막 그치자 동쪽 가에 있는 무지개문 안에서 홀연히 한바탕 바람 소리가 일어나며 마치 여러 개의 바퀴를 돌리는 듯한 소리를 냈다. 이어서 음악이 연주되며 관악기 현악기의 소리를 연주하는데, 어디에서 소리가 나오는지 알 수 없으나 가락이 법도에 맞고 음률이 조화를 이루었다.

통관이 중국의 음률이라고 말한다. 한참 있다가 그치더니 또 다른 음악 소리를 내는데, 마치 조정에서 조회를 할 때 들어 본 소리 같다. 만주의 음률이라고 한다. 한참 있다가 그 소리가 그치더니 또 다른 곡이 나오는데, 음절이 매우 촉급하다. 통관이 몽고의 음률이라고 한다. 음악 소리가 그치고 나니 여섯 문짝이 절로 닫혔다. 서양 사신 서일승徐日升[53]이 제조한 것이라고 한다."(노가

53 서일승(1645~1708)은 포르투갈 출신의 선교사로, 자는 인공寅公이고, 본명은 토마스 페레이라Thomas Pereira이다. 저서에 『남선생행술』南先生行述과 『율려정의』 등이 있다.

재의 일기는 여기까지이다. — 원주)

덕보가 읽고 나서 크게 웃으며 이렇게 말했다.

"이른바 말을 했으되 상세하지 않다고 하는 것은 바로 이런 어정쩡한 기록을 두고 하는 말이네.

'중간에 들어 있는 통이 기둥과 서까래만 하다'는 말은 유기로 만든 관을 가리키는 것이네. 가장 큰 관은 기둥과 서까래만 하고 빼곡하게 들어차 있고 길이가 들쭉날쭉 가지런하지 않으니, 이는 생황 소리를 크게 내기 위한 것이지. '크기가 모두 다르다'는 말은 차례대로 음률을 취해서 소리를 배가하는 것으로, 여덟 음을 건너뛰어 소리나게 한 것이니, 마치 『주역』에서 8괘를 변화시켜서 64괘를 만들어 내는 것과 같은 원리라네.

'금빛, 은빛을 섞어서 칠했다'라는 말은 외관을 화려하게 치장한 것을 가리키네. '한바탕 바람 소리가 일어나며 마치 여러 개의 바퀴를 돌리는 것 같다'라는 것은 풍금의 지하 길이 구불구불 서로 통하게 되어 있어, 풀무를 불어서 공기를 연결하는 것이 마치 입으로 바람을 부는 것과 같다는 말이고, '이어서 음악이 연주되며'라는 말은 바람이 지하의 길을 통하여 들어와서 구불구불 빠르게 돌면서 생황의 쇠청이 절로 열려 여러 구멍에서 시끄럽게 소리를 내는 것이라네.

바람을 내게 하는 풀무를 만든 법은 다섯 장의 소가죽을 마주 붙여서 부드럽고 매끄럽기는 마치 비단주머니 같은데, 큰 줄로 들보 위에다 매달아 놓는다네. 마치 큰 종에 두 사람이 줄을 잡고서 힘껏 뛰어올라 몸을 매달고 있는 것 같고 돛을 달고 있는 것 같아, 발로 풀무 주머니를 밟으면 점점 찌그러져 납작해졌다가 그 배가 팽창하면서 공기가 빵빵하게 찼다가 풍금의 지하 길로 공기

54 금설金舌은 쇠서를 말한다. 쇠서는 쇠청이라고도 하는데, 생황의 대통 아래 끝에 붙여 떨어 올리게 하는, 백동으로 만든 서이다.

를 몰아넣는다네. 그리하여 음률에 맞추어 구멍을 닫으면 밖으로 새어 나갈 수가 없으니 이에 쇠로 된 혀〔金舌〕⁵⁴를 치며 순차적으로 열리면서 여러 음악 소리를 내는 것이라네. 이제 내가 그 대략을 말할 수는 있으나, 오묘한 것을 다 말할 수는 없다네. 만약 나라에서 비용을 주어 만들어 보라고 한다면 거의 그대로 만들 수 있을 것이네."(덕보의 이야기는 여기까지이다. — 원주)

지금 내가 중국에 들어온 이래로 매양 풍금의 제도가 어떻게 만들어졌을까 하고 항상 마음에 잊지 않고 애를 태웠다. 열하에서 북경으로 돌아와서는 코끼리 우리인 상방象房을 관광하고 장소를 옮겨 천주당을 찾아갔다. 선무문 안에서 동쪽을 바라보면 집 마루가 둥근 것이 마치 종을 엎어 놓은 모양을 하고 여염집 위로 솟구쳐 나온 곳이 바로 천주당이다. 황성 안에는 사방에 모두 천주당이 하나씩 있다. 여기 있는 당이 바로 남천주당이다.⁵⁵

55 현재 북경 천주당의 명칭은 다르다. 서직문西直門에 있는 천주당을 서당이라 하고 선무문에 있는 것을 남당이라고 한다. 왕부정王府井에 있는 천주당을 동당이라 하고, 서성구西城區에 있는 것을 북당이라고 한다.

천주라는 말은 천지 만물의 큰 근본(宗主)이다. 서양 사람들은 역법曆法을 잘 만들었고, 자기 나라의 제도로 집을 지어 살며, 학술은 부화하고 거짓된 내용을 근절하고 성실과 신뢰를 귀중하게 여긴다. 하느님을 밝게 섬기는 것을 으뜸으로 삼고, 충효와 자애를 공적인 의무로 삼으며, 개과천선하여 종교에 입문하고 사람이 죽고 사는 큰 문제에 미리 준비하여 근심하지 않는 것을 궁극의 목표로 삼는다.

그들 스스로는 자신들의 학문은 근원을 연구하고 근본을 따지는 학문이라고 평가한다. 그러나 뜻을 세움이 지나치게 높고 말하는 것이 편벽되고 교묘해서, 하늘을 기만하고 사람을 속이는 죄과를 범하는 데로 귀결되고, 의리에 어긋나고 인륜을 상하게 하는 구덩이에 스스로 빠지는 줄 모른다.

천주당의 높이는 일곱 길이고, 넓이는 무려 수백 칸인데, 흡사 쇠로 주조했거나 흙으로 구워 놓은 것 같다.

명나라 만력 29년(1601)에 천진天津 지방의 감세관監稅官으로 있던 마당馬堂이란 관리가 서양인 이마두利瑪竇(마테오 리치)의 서양 물품과 천주녀상天主女像(마리아상)을 바쳤는데 예부에서 말하기를,

"대서양은 우리『명회전』明會典에도 실려 있지 않으니, 그 진위 여부를 알 수 없다. 적당히 살펴서 의관을 주어 본토로 돌아가게 하고, 북경에 몰래 들어와 사는 일이 없도록 하라."

라고 하고는, 황제에게는 보고조차 하지 않았다고 한다. 서양이 중국과 교통한 것은 아마도 이마두로부터 시작된 것 같다.

천주당은 건륭 을미년(1775)에 불에 탔으므로 소위 풍금이란 것이 남아 있질 않았다.[56] 누각 위에 있는 망원경과 여러 관측, 실험 기구 등은 창졸간에 상세히 살펴볼 수가 없었기 때문에 기록하지 않는다. 이제 덕보가 논했던 풍금의 제도에 대해서만 추억하며 실망스러운 심정으로 기록해 둔다.

56 남당은 1605년에 마테오 리치가 처음 건설하였고, 1650년에 선교사 탕약망(아담 샬)이 크게 중건하였으며 1721년 궁정화가 낭세녕(주세페 카스틸리오네)이 벽화를 그렸다. 1775년에 화재로 소실된 것을 이듬해 중건하였으며 1900년 의화단에 의해 다시 소실되었다가 1904년에 일부 중건하였다.

천주당의 그림 天主堂畵

대저 그림을 그리는 사람이 사물의 외모만 그리고 내면의 모습을 그릴 수 없는 것은 어쩔 수 없는 형세이다. 사물이라는 것은 돌출되거나 오목한 부분이 있게 마련이고, 작은 것도 있고 큰 것도 있으며, 멀기도 하고 가깝기도 한 것이 있게 마련이거늘, 그림을 잘 그린다는 사람도 이를 무시하고 대략 붓을 몇 번 놀려서 그

중간치를 그리는 데 불과하다.

그런 그림의 산에는 주름이 잡히지 않고, 물에는 물결이 일지 않으며, 나무에는 가지가 없다. 이렇게 그림을 그리는 기법을 가리켜, 사물의 모양보다는 화가의 마음을 나타낸다는 소위 사의법 寫意法이라고 한다.

어떤 사람이 산수화 병풍을 얼마나 사실적으로 잘 그렸던지, 두보가 이를 보고 지은 시가 있다.

마루 위에 단풍나무가 산다는 것은 합당치 않고
괴이하다, 강산에 연기와 안개가 오르고 있으니.
堂上不合生楓樹 怪底江山起煙霧[57]

57 두보의 「봉선유소부신화산수장가」奉先劉少府新畫山水障歌라는 시의 맨 앞부분이다.

마루 위는 나무가 자랄 곳이 아니므로 '합당치 않다'는 시어는 이치와 맞지 않다는 말이고, 연기와 안개는 강산에서 피어오르는 것이 합당하건만 만약 그림을 그려 놓은 비단에서 생긴다면 아주 의아한 현상임을 말한 것인데, 그만큼 잘 그렸다는 뜻이다.

지금 천주당 안의 벽과 천장에 그려 놓은 운무와 인물들은 보통 사람의 지혜와 생각으로는 헤아릴 바가 아니고, 언어와 문자로도 형용할 수 있는 것이 아니다.

내 눈으로 그림 속의 인물을 보려고 하자, 번개처럼 번쩍번쩍하면서 광채가 내 눈을 아득하게 만들었다. 그림 속의 그가 내 속을 훤히 꿰뚫어 보는 것 같아 싫었다. 내가 귀로 들어 보려고 하자, 굽어보고 올려보며 돌아보고 흘겨보며 흡사 소리가 없는 것에서 듣는 것 같았다. 나는 그가 내가 숨기고 있는 것을 꿰뚫어 보는 것 같아 부끄러웠다. 내가 입으로 말하려고 하자, 그가 깊은 침묵을 지키고 있다가 갑자기 뇌성벽력을 지르는 것 같다.

나는 그가 두려워서 처음에서 멈칫거리다가 물러나 피하려고 하였다. 그가 정말 나를 사랑하는 것 같기에 이에 숨을 죽이고 용모를 단정히 가다듬고 앞으로 나아갔다. 오색의 구름 속에 붉은 옷을 입고 반듯하게 서 있는 사람, 이것이 이른바 야소耶蘇(예수)의 모습인가?

그림 속에는 한 부인이 대여섯 살쯤 된 어린아이를 무릎에 앉혀 놓고 있는데, 어린애는 병들어 파리한 몸으로 눈을 흘기며 하늘을 쳐다보는데 오랫동안 눈동자를 굴리지 않는다. 부인은 고개를 돌려 차마 바로 쳐다보지 못하고 있다. 곁에서 시중드는 대여섯 명의 사람들이 병든 아이를 굽어보고 있는데, 처참한 광경에 고개를 돌린 자도 있다.

검고 큰 나비 같은 새의 날개는 마치 박쥐 같은 모습을 하고 있는데, 빙글빙글 돌면서 땅으로 추락한다. 한 신장神將이 발로 새의 배를 질끈 밟고 손에 든 철퇴로 새 머리를 짓이기고 있었다. 또 머리와 몸은 사람이면서 새의 날개를 달고 날아다니는 놈도 있고, 별의별 괴상망측하고 기이한 것들이 많아서 도대체 분간이 되질 않는다.

좌우 벽 위에 그려진 그림은 묘한 풍경화이다. 운무가 뭉게뭉게 피어오르는 모양이 한여름 대낮 같이 그려진 그림, 바닷가에 비가 오다가 갓 갠 풍경의 그림, 어둑한 골짜기에 막 빛이 들어 밝아오는 모습의 그림, 구름이 뭉게뭉게 오르는 모습이 마치 천 떨기, 만 떨기의 꽃봉오리가 햇살에 비치어 햇무리가 생기는 모습의 그림이다.

멀리서 바라보면 아스라하고 깊으며 까마득하고 끝이 없는 사이로 온갖 신령들이 출몰하고 모든 귀신들이 모습을 드러내어, 옷깃을 헤치고 소매를 떨치고 어깨를 비비고 발등을 밟는다. 홀연히 가깝게 있던 놈이 멀리 보이고 얕은 놈이 깊게 보이기도 하며, 숨은 놈이 나타나기도 하고, 가려진 놈이 드러나기도 하며, 각각 떨어져 서 있는데 모두가 허공에 떠서 바람을 타고 있는 형세이다. 이는 운무가 서로 간격을 두고 그려져 있어서 그렇게 보이도록 만든 현상이다.

천장을 올려다보면 무수히 많은 어린애가 채색 구름 속에서 뛰는데, 주렁주렁 공중에 매달려 내려오는 것 같다. 살결을 만져 보면 따듯할 것 같고, 손마디와 종아리가 살이 포동포동 쪄서 끈으로 잘록하게 묶어 놓은 것 같다. 갑자기 구경하던 사람들이 놀라서 소리를 지르고 창졸간에 경악을 하면서 떨어지는 어린애를 받을 듯이 손을 치켜들고 옷을 펼치지 않는 사람이 없다.

코끼리 우리 象房

코끼리 우리는 선무문 아래 서성西城 북쪽 담 아래에 있는데, 코끼리 80여 마리가 있다.

무릇 큰 조회 때 코끼리를 오문에 의장儀仗을 세우기도 하고, 천자의 수레와 출입시의 의장에 모두 코끼리를 쓰며, 코끼리에게 어떤 품계에 해당하는 녹봉을 주기도 한다. 조회를 할 때 조정 백관들이 모두 오문에 들면 코끼리가 서로 코를 엇대고 서서 보초를 서는데, 아무도 함부로 출입할 수 없게 된다. 코끼리가 병이 들어서 의장을 못 서게 되어 다른 코끼리를 억지로 끌어내서 대체

하려고 하면 고집을 피우며 말을 듣지 않는다. 코끼리 조련사가 병든 코끼리를 데리고 와서 보여주어야만 그제야 교대해 준다.

코끼리가 물건을 다치거나 사람을 상하게 하는 죄를 지으면 조칙을 선포하고 매를 때리는데, 엎드려 매맞는 모습이 사람과 다를 바 없다. 매를 맞고 나면 일어나서 머리를 조아려 사죄하고, 품계가 깎이면 벌을 받은 코끼리의 대열에 가 있어야 한다.

자금성 코끼리

내가 조련사에게 부채 하나와 청심환 하나를 주면서 코끼리에게 재주를 부려 보라고 했다. 조련사가 대가가 부족하다며 부채 하나를 더 요구한다. 당장 가진 게 없어, 뒤에 따로 주겠으니 먼저 재주를 피워 보라고 했다. 조련사가 수긍하고는 코끼리에게 가서 재주를 부리라고 구슬렸으나, 코끼리는 눈웃음을 치고 심드렁해하면서 못하겠다는 시늉이다. 부득이 따라온 자에게 돈을 더 주라고 하였더니, 코끼리는 한동안 곁눈질로 보다가 조련사가 몇 푼을 받아서 주머니에 넣는 것을 보고 나서야 기꺼이 움직이려 한다.

코끼리 의장대

코끼리는 시키지도 않았는데 여러 가지 재주를 부린다. 머리를 땅에 조아리기도 하고 두 무릎을 땅에 꿇기도 한다. 또 코를 흔들며 휘파람 소리를 내는데, 마치 피리 소리가 나는 것 같다. 또 둥둥 북을 울리는 소리를 내기도 한다. 대체로 코끼리의 교묘한 재주는 코와 어금니인 상아에서 나온다.

언젠가 코끼리 그림을 본 적이 있는데, 코끼리는 모두 두 개의 상아가 곧두서 있어 마치 무슨 물건을 찍으려는 모습이었다. 내심 코끼리의 코는 밑으로 드리워져 있고 상아는 곧추서 있다고 생각했다. 그런데 지금 실제로 코끼리를 보니 전혀 그렇지 않다. 상아는 모두 아래로 드리워져 있어서 마치 지팡이를 세워 놓은 모양이다. 앞을 향하면 마치 칼을 잡고 있는 모습을 하다가 홀연히 서로 마주 볼 때는 마치 乂(예)자 모양을 하고 있어서, 그 사용 방법이 한두 가지가 아니다. 당나라 명황제明皇帝(현종) 때 코끼리를 춤추게 했다는 기록이 있어서, 역사책을 볼 때마다 마음속으로 항상 의아하게 생각했더니, 지금 보니 과연 사람의 뜻을 잘 알아차리는 동물로 코끼리만 한 것이 없는 듯하다.

숭정 말년에 이자성의 반란군이 북경의 성을 함락시키고 들어와서 코끼리 우리를 지나갔는데, 코끼리들이 눈물을 흘리며 먹이를 먹지 않았다고 한다.

코끼리란 놈은 몸집은 꿈틀꿈틀 둔하지만 성질은 지혜롭고, 눈은 간사해 보이지만 얼굴은 덕스럽게 생겼다. 어떤 이는 코끼리는 새끼를 배어서 5년 만에 낳는다 하고, 어떤 이는 새끼를 가진 지 12년이 되어야 낳는다고 한다.[58]

해마다 삼복날에, 금의위錦衣衛[59]의 관리와 장교들이 깃발을 나열하고 의장을 세우고서 징과 북을 치며 코끼리를 맞이해서는 선무문 밖으로 나가 성 둘레의 해자에서 목욕을 시키는데, 구경꾼들이 항상 수만 명에 이른다고 한다. (따로 「상기」象記라는 글이 '산장잡기'편에 실려 있다. — 원주)

58 코끼리의 임신 기간은 21~22개월이다.
59 금의위는 황제의 의복과 기구를 맡은 직책이다.

황금대 黃金臺[60]

참봉 노이점盧以漸 군은 정사의 비장으로 사행에 충원되었는데, 우리나라 안에서는 경학과 행실로 진작 소문이 난 사람이다. 평소에 중국을 높이고 오랑캐를 배격하는 춘추대의에 엄격한 사

60 여기 「황금대」라는 글은 초·중기의 『열하일기』 필사본에는 없는 글이고, 뒤의 「황금대기」가 「황금대」라는 제목으로 수록되었다. 이 「황금대」는 본래 연암의 시문집 『연암산고』 2에 수록되어 있는 글인데 후기의 필사본에는 이를 전재하고, 원래의 「황금대」는 「황금대기」라는 글로 이름이 바뀌게 된 것이다.

람인지라, 사행길에 중국 사람을 만나면 만주족이든 한족이든 간에 따지지 않고 덮어놓고 '되놈'이라고 불렀으며, 지나는 곳의 산천이나 누대는 노린내 나는 고장의 것이라고 하여 전혀 거들떠보지도 않았다.

그러나 황금대, 사호석射虎石, 태자하太子河 등과 같은 옛 역사 유적지는 길이 구불구불 굽고 먼 것을 가리지 않고, 또 명칭이 잘못됨을 따지지 않고 끝까지 찾아 내야 직성이 풀렸다.

하루는 나와 황금대를 함께 찾아가 보기로 약조했다. 나는 황금대의 위치를 사람들에게 널리 수소문해 보았으나 아는 사람이 아무도 없었다. 옛 기록을 뒤져 봐도 이야기가 분분했다. 양梁나라 사람 임방任昉이 지은 『술이기』述異記에,

"황금대는 연燕 소왕昭王이 곽외郭隗[61]를 위해 쌓은 축대로, 지금 유주幽州[62]에 있는 연왕燕王의 옛 성 안에 있다. 그 지방 사람들은 '현사대'賢士臺라고 부르기도 하고, '초현대'招賢臺라고도 부른다."[63]

라고 하였다.

지금 북경은 옛 구주九州에서 기주冀州에 속하는 지역이다. 연왕의 옛 성도 어느 곳에 붙어 있는지 모르는 판에, 하물며 그 안에 있다는 이른바 황금대를 어찌 알 수 있겠는가?

송나라 이방李昉이 편찬한 『태평어람』太平御覽에는,

"연나라 소왕이 천금을 축대 위에 두고서 천하의 어진 선비를 맞이하였는데, 이를 황금대라고 불렀다."

라고 하였다. 그렇다면 후세에는 다만 황금대라는 이름만 전하는 것이지, 실제로는 그런 황금대가 없었음을 알 수 있겠다.

하루는 노이점 군이 몽고 사람 박명博明을 통해서 황금대를

61 곽외는 전국시대 연나라 사람이다. 연나라 소왕이 현인을 초빙할 수 있는 방법을 묻자, 그는 평범한 자신부터 중용하면 자기보다 나은 인재가 절로 올 것이라고 답했다.
62 『상서』「우공」禹貢편의 9주九州의 하나인 기주冀州를 『주례』에서는 기冀, 유幽, 병幷 등의 세 주州로 나누어서 9주로 만들었다.
63 『술이기』 권 하下에 나온다.

황금대 석조비夕照碑
건륭 연간에 옛 황금대 터에 비친 석양의 모습을 북경팔경의 하나로 꼽고, 이를 기념하여 세운 비석이다. 조양문 밖 관동점關東店에 있다. 비석에 금대석조金臺石照라고 적혀 있다.

황금대 옛 터

찾았다고 한다. 그가 베껴 온 것을 보여주며,

"명나라 사람 장일규蔣一葵가 지은 『장안객화』長安客話에 '조양문을 나와서 해자를 따라 남쪽으로 가다가 동남쪽 모퉁이에 이르면 높다란 흙 언덕이 나오는데 거기가 황금대이다. 해가 뉘엿뉘엿 서산에 넘어가고 사방이 아득하고 쓸쓸해질 때 옛일을 생각하여 마음 아파하고 슬퍼하는 선비가 이 황금대에 올라, 문득 고개를 숙이고 배회하며 천년 역사의 영험한 기운에 대한 생각을 가지게 된다'[64]고 하였습니다."

64 『장안객화』 권1 「황도잡기」皇都雜記 '황금대'에 나오는 내용이다.

라 한다. 노군은 이로 인해 실망이 들어 황금대 구경을 작파하기로 하고, 다시는 황금대 이야기를 입에 올리지 않았다.

어느 쉬는 날이었다. 노군과 함께 동악묘의 연희 구경을 하고, 같이 수레를 타고 조양문을 나와 돌아오던 길에 태사 고역생高棫生을 만났다. 그는 사헌簑軒 능야淩野와 함께 수레를 타고 지금 황금대를 찾아가는 길이라고 했다. 능야는 월중越中, 곧 절강 사람으로 아주 특이한 선비인데, 북경이 초행이라고 했다. 고적을 탐방하러 가는 길이니 나에게 함께 가자고 청했다. 노군은 하늘이 내린 인연이라고 말하며 크게 기뻐했다.

그러나 막상 도착하고 보니, 황금대라는 곳은 그저 몇 길 안 되는 허물어진 흙 언덕으로, 후손이 없는 황폐한 무덤 꼴을 하고 있었다. 이런 곳을 억지로 황금대라고 이름 붙이다니, 그 이름이 무색할 지경이다. 따로 「황금대 이야기」(黃金臺記)를 쓴다.

황금대 이야기
「황금대기」黃金臺記

　　　　　조양문을 나와 해자를 따라서 남쪽으로 가면 몇 길의 무너진 흙 언덕이 있는데, 이것이 옛날의 황금대였다고 한다.
　　　세상에 전하는 말로는, 연나라 소왕이 축대를 쌓고 황금대 위에 천금을 두고 천하의 어진 선비를 초빙하여 강대국 제나라에 원수를 갚으려 하였다. 때문에 옛일을 회고하며 슬퍼하는 선비들이 여기에 이르면 비분강개한 기분으로 서성거리며 차마 발길을 돌리지 못했다고 한다.
　　　아하, 슬프다. 황금대 위에 두었던 황금은 다 없어졌건만 기다리던 선비는 오지 않는구나. 그러나 생각해 보면 천하 사람들에게는 본래 원수나 원한이 없는데도 원수를 갚으려는 일은 그칠 날이 없으니, 황금대의 금도 천하에 끊어지지 않고 이어져 오지 않았다고 할 수는 없을 것이리라. 이제 원수를 갚았던 역대의 큰 사건을 들추어 내어서, 천하에 황금을 많이 쌓아 놓은 사람들에게 충고하려고 한다.

　진나라 때 제후의 장수들에게 황금을 뇌물로 먹여서 그 나라를 모두 멸망시켰으니, 몽염蒙恬 장군이야말로 가장 힘을 썼던 사람일 것이다. 그런데 진나라 재상 이사李斯는 본래 제후의 식객으로, 제후를 위하여 원수 몽염에게 복수하였으니, 천하의 원수를 갚으려는 자가 이에 이르러 한동안 그치게 되었다.

　얼마 뒤에 환관 조고趙高는 이사를 죽이고, 자영子嬰[65]은 조고를 죽였으며, 항우는 자영을 죽였고, 패공沛公 유방은 항우를 죽이는 데 황금 4만 근을 썼다. 진晉나라 때 천하의 갑부였던 석숭石崇은 그 많은 재물이 만들어진 유래가 있었을 터이나, 도리어 "놈들이 내 재물에 눈독을 들이고 있어" 하고 꾸짖었으니, 얼마나 어리석은가.

　그러나 황금이 돌고 돌아 서로 원수가 되고 원수를 갚으면서 천 년이 지나 오늘에 이르렀으나, 복수를 위해 썼던 황금만은 아직 세상에 남아 있다. 어째서 그런 줄 아느냐고?

　원위元魏(남북조 시대의 북위) 때, 장군 이주조爾朱兆[66]가 난을 일으키자 성양왕城陽王 원휘元徽[67]가 금 100근을 싸 가지고 낙양령洛陽令으로 있던 구조인寇祖仁을 찾아가 의탁하려고 했다. 구조인 집안에서 배출한 자사刺史[68] 세 명 모두가 사실은 자신이 발탁해 주었으므로 거절하지 않으리라 생각했기 때문이다.

　그러나 구조인은 기뻐하며 집안 식구들에게 "오늘 부귀가 절로 굴러들어 왔네"라고 하였다. 그러고는 원휘에게 "잡으러 온 장수가 곧 들이닥친다"고 겁을 주어 다른 곳으로 도망가라고 해 놓고는 길에서 장맞이하고 있다가 죽여 버렸다. 그리고 그 머리를 이주조에게 보냈다. 이주조의 꿈에 원휘가 나타나서 "내 금 200근

65　자영은 조고에게 피살된 진시황의 맏아들인 부소扶蘇의 아들이다.

66　이주조(?~533)는 북위의 장군으로 자는 만인萬仁이다. 난을 일으켰다가 고환高歡에게 패배하여 자결하였다.
67　원휘(?~531)는 북위의 왕족으로 성은 척발拓跋이고 자는 현순顯順이다. 성양왕 척발장수拓跋長壽의 손자이다.
68　자사는 지방 주州의 장관이다.

이 구조인의 집에 있으니, 그대가 가지도록 하게"라고 하였다. 이 주조가 구조인을 체포하여 꿈대로 금을 내놓으라고 했으나 찾지 못하자 구조인을 죽여 버렸다. 이것이 바로 원수를 갚으려던 사람이 아직도 그대로 있다는 증거가 아니겠는가?

오대五代 시절, 성덕절도사成德節度使 동온기董溫琪는 황금 누만 냥을 가지고 있었다. 그가 거란의 포로가 되자 밑에 있던 지휘사指揮使 비경祕瓊이 동온기의 가족을 모조리 죽여서 한 구덩이에 파묻고는 그 금을 가로챘다. 진 고조晉高祖가 왕이 되자 비경을 제주방어사齊州防禦使로 보냈다. 비경이 가로챈 금을 자루에 넣고 위주魏州로 가는데, 범연광范延光이 그 경계에 복병하고 있다가 비경을 죽이고 금을 모두 빼앗았다. 연광은 끝내 황금 때문에 양광원楊光遠에게 살해를 당하고, 양광원은 진晉나라 출제出帝에게 사형을 당했다.[69] 그러자 광원이 오랫동안 데리고 있던 고급 관리(孔目) 송안宋顏이 그 금을 모두 취하여 이수정李守貞에게 바쳤다. 뒤에 이수정은 주周나라 고조高祖에게 격파되어 처자와 함께 스스로 불을 질러 타 죽었다.

그렇다면 그 금은 응당 세상 어딘가에 아직도 있을 것이다. 어떤 근거를 가지고 그걸 아느냐고?

옛날에 도적놈 셋이 함께 무덤 하나를 도굴하여 금을 얻었다. 저희들끼리 "오늘은 몹시 피곤하군. 금도 많이 얻었으니, 어찌 술 한잔 안 걸칠 수 있겠는가?" 하니, 그중 한 명이 흔연히 일어나 술을 받으러 갔다. 길을 가면서 스스로 쾌재를 부르며, "하늘이 준 기회로다. 셋이 나누기보다는 혼자 꿀꺽하는 게 백 번 낫지" 하고는 음식에 독을 타 가지고 돌아오니, 남아 있던 두 놈이 벌떡 일어나 술 받아 온 놈을 때려죽였다. 그리고 술과 음식을 실컷 먹고 나

69 동온기로부터 양광원에 이르기까지 언급한 역사적 사실은 『자치통감』 권282에 나온다.

서 금을 나누기로 하였는데, 얼마 있다가 그 두 놈도 무덤 옆에 죽어서 나뒹굴었다.

슬프다. 그 금은 길가에 뒹굴다가 반드시 줍는 사람이 생겼을 것이다. 금을 주워서 차지한 사람도 반드시 하늘에 대고 고맙다는 인사를 마음속으로 할 터인데, 금이 무덤에서 도굴된 것이고, 독약을 먹은 자들이 남긴 것인지는 애당초 모를 것이다. 또 앞사람을 거치고 뒷사람을 거쳐서 앞으로 황금 때문에 몇 천 명이나 더 독살될지 모를 것이다. 그런데도 천하의 사람들 중 황금을 사랑하지 않는 사람이 없음은 무슨 까닭인가?

『주역』에 "두 사람이 마음을 합하면 그 이로움은 쇠를 끊는다"고 했다. 이는 반드시 도적놈을 위한 점괘일 것이다. 어째서 그런 줄 아느냐고? '끊는다'는 것은 나눈다는 말이다. 나누는 것이 금이라고 한다면 마음을 합치는 것이 유리함을 알 수 있을 것이다. 의리를 말하지 않고 이로움을 말한 것을 본다면 그것이 불의의 재물임을 알 수 있을 것이다. 이게 도적이 아니고 무엇이겠느냐?

나는 바란다, 천하의 사람들에게. 황금이 있다고 해서 반드시 기뻐할 일도 아니요, 없다고 해서 반드시 슬퍼할 일도 아니다. 이유도 없이 자기 앞에 황금이 굴러들면 천둥이 치는 것처럼 놀라고 귀신을 만나듯 무서워해야 할 것이다. 길을 가다가 수풀에서 독사를 만나면 머리칼이 쭈뼛 서도록 소스라쳐서 물러나지 않는 사람은 없을 터이다.

옹화궁 雍和宮

옹화궁 대불(좌)과 패루(우)

옹화궁은 옹정 황제의 명복을 비는 법당인데 만든 제도가 동악묘東嶽廟에 비해서 약간 작다. 3층 처마로 된 큰 전각이 있고, 전각 안에는 금부처가 있다. 사다리 열두 개를 밟고 오르면 마치 귀신 소굴에 들어가듯 컴컴하고, 사다리가 끝나야 누각이 나오며 비로소 햇빛이 들어온다. 누각의 중앙은 사방으로 난간을 둘렀고 가운데를 비워서 마치 우물 모양을 하고 있는데, 여기에 이르러야 겨우 금부처의 하반신에 미치게 된다.

또 여기서부터 사다리를 밟고 마치 칠흑 같은 밤중에 가듯 한참을 가야 드디어 여덟 창문이 환하게 터진다. 누각 중앙은 우물 모양으로 가운데를 비운 모습이 아래층과 같다. 여기서는 금부처의 허리와 옆구리의 절반이 겨우 보인다.

또다시 어둠을 더듬어 발로 가늠하며 계단을 통해서 컴컴한 곳으로 올라가야 그제서야 위층이 나오고, 비로소 부처의 정수리

옹화궁 대사전(대웅전)

와 나란히 서게 된다. 난간을 의지하여 밑을 굽어보니 서늘한 기운이 오싹 불어오는 것이 마치 만 그루 소나무 숲에서 바람이 우수수 불며 파도소리를 내는 것 같다.

거처하는 중들은 모두 라마승으로 그 수가 3천 명이다. 모습이 우악스럽고 추악하기 짝이 없으며, 모두 비단으로 짠 가사를 질질 끌고 다녔다. 때마침 오전 10시 무렵이 되어서 중의 무리가 한 줄로 죽 서서 제일 큰 전각 안으로 들어간다. 다리가 짧은 책상을 나열해 놓았는데, 책상은 바둑판 크기이다. 한 사람이 하나씩 차고앉아서 가부좌를 틀었다. 한 중이 종을 울리자 모든 라마승들이 일시에 염불을 한다.

다시 역관 이혜적李惠迪과 대사전大士殿(대웅전)에 올랐다. 여기에 오르면 황성의 아홉 개 문을 멀리서 바라볼 수 있고, 그 안에 즐비한 여염집과 북경의 전체 모습이 응당 발아래에 깔릴 것이라고 생각했다. 막상 창을 열고 나와 난간에 임하니, 곳곳의 누각들이 둘러서서 겹겹이 막고 있었다. 난간을 한 바퀴 돌고 나니 도리어 가슴이 꽉 막히고 답답하며, 아래를 굽어보자 다리가 후들후들 떨려서 오래 있을 수 없었다.

대광명전 大光明殿

서안문 안의 남쪽으로 작은 골목길을 수백 보를 가면 3층 처마와 12면으로 된 둥근 전각이 있는데, 자주색 유리기와로 지붕을 덮고 황금 호리병 모양의 꼭지를 달고, 현판에는 대광명전이라고 쓰여 있고, 높이는 여섯 일곱 길(丈)이 된다. 전각 안의 네 기둥은 황금빛 용龍을 감았는데, 하나는 올라가고 하나는 내려오는 모양을 새겨서 위로 빗물받이까지 이어 놓았다.

가운데에는 옥황상제의 소상을 모셔 놓고, 이를 둘러서 호위하는 32개의 소상은 모두 곤룡포를 입고 면류관을 썼으며 손에 홀을 쥐고 있다. 사면에는 작은 창을 냈고, 담장과 벽은 모두 푸른 유리벽돌로 쌓았으며, 아홉 개의 층층대에는 난간을 세 겹으로 둘렀다. 여기를 신선이 거처하는 큰 집이라는 뜻으로 대현도大玄都라고 부른다.

명나라 세종世宗 황제가 득도한 도사 도진인陶眞人을 맞이해서 자신의 정기를 단련하는 수련법을 강의하게 한 곳이 바로 이곳 대광명전이다.

청나라 순치順治 신축년(1661)에 만주 출신의 색니索尼(1601~1667), 오배鰲拜(?~1669), 소극살합蘇極薩哈(?~1667), 알필륭遏必隆(?~1674) 등 네 대신이 겨우 여섯 살에 황제가 된 어린 강희康熙를 잘 보필하라는 세조世祖의 유언을 받들고 나서, 여기 대광명전에 함께 이르러 향을 피우고 팔뚝을 찔러서 피를 내고 옥황상제에게

70 강희가 여섯 살에 황제가 되었다고 한 것은 만 나이로 계산한 것이고, 강희제는 우리 나이로 여덟 살에 황제가 되었다. 네 대신 중 가장 연로한 색니가 죽자 오배는 알필륭과 결탁하여 소극살합을 처형하고 권력을 농단하다가 15세가 된 강희 황제에게 제거되었다.
71 도가에서 받드는 세 명의 신선으로, 옥청원시천존玉淸元始天尊, 상청영보도군上淸靈寶道君, 태청태상노군太淸太上老君을 말한다.
72 『노가재연행일기』권6 2월 9일 조목에 천원각과 대광명전의 동쪽 행랑을 중수하는 장면과 중수하는 관원에 대한 언급이 있다.
73 대광명전은 1900년에 허물어졌다.

정중히 맹세를 했다고 한다.[70]

대광명전의 뒤에 있는 전각은 태극전太極殿인데, 삼청신三淸神[71]의 소상을 모셔 놓았다. 그 뒤의 전각이 천원각天元閣이다. 수양하는 도사 수십 명이 있고, 이곳을 관리하는 태감太監이란 관리가 있다.

천원각과 대광명전의 동쪽 행랑을 중수할 때 우리나라 노가재 김창업이 와서 보았는데, 사다리를 설치하여 기와를 걷어 내는 장면이 매우 장엄하다고 하였다. 노가재의 『연행일기』에 의하면, 그때가 강희 계사년(1713) 2월 초9일이라고 했다.[72] 지금 태극전과 천원각은 모두 황금색 기와로 지붕을 이어서 누렇고 푸른빛이 찬란하게 비추고 있다. 그때 계사년에서 지금까지 68년의 세월이 흘렀으나 찬란한 색깔이 눈에 확 들어오는 것이 마치 처음 그대로의 모습을 하고 있는 것 같다.[73]

청나라 사람 고사기高士奇[74]가 지은 『금오퇴식필기』金鰲退食筆記에 말하기를,

"내가 하사받은 집은 대광명전의 좌측에 있다. 그때 가을비가 처음으로 개어 푸른 하늘은 씻은 듯 맑아서 옷깃을 풀어헤치고 밖에 나가 앉았다. 우뚝하게 솟은 대광명전의 옥 같은 건물과 밝은 달에서 흐르는 빛이 서로 비추고 있어, 마치 내 몸이 광한궁廣寒宮[75]에 오

대광명전의 천원각(19세기 말경)

74 고사기(1645~1704)는 문사철에 뛰어난 청나라의 저명한 학자이다. 자는 담인澹人, 호는 병려甁廬, 강촌江村으로, 『좌전기사본말』과 『청음당집』淸吟堂集 등의 저술을 남겼다.

75 광한궁은 달 속에 있다는, 항아姮娥가 사는 가상의 궁전으로, 광한전이라고도 한다.

대광명전(19세기 말경)

른 것처럼 황홀함을 깨달았다."
라고 하여 그 아름다운 모습을 묘사하였다.

아마도 그가 거처하던 땅이 약간 널찍한 곳을 차지하고, 달밤에 맑게 갠 광경이라도 만나기만 한다면 더더욱 뛰어난 경치가 되었을 것이다.

개 우리 狗房

개 우리에는 사냥개 200마리가 있는데, 크기도 일정치 않고 생김새도 각양각색이나 모두 바짝 여위었다. 벌렁 누워 있는 놈도 있고, 웅크리고 있는 놈도 있어서 동작들이 한가해 보인다. 게을러서 잠을 못 이기는 놈도 있고, 좋아서 꼬리를 치는 놈도 있으며, 일어나서 킁킁 옷 냄새를 맡는 놈도 있다. 입을 쫙 벌리고 하품을 아주 늘어지게 하는데, 아래위의 잇몸 사이가 한 자도 더 된다.

우리나라 사람 수십 명이 갑자기 와서 소란을 피울 뿐 아니라, 입은 옷이나 말소리가 응당 눈에 설 터이련만 놀라거나 괴이하게 여겨 으르렁거리거나 짖어대는 놈이 하나도 없다.

따라온 하인 하나가 개 조련사에게 육포를 꺼내어 주면서 개에게 재주를 시켜 보라고 하였다. 조련사는 육포를 몇 발 되는 긴 장대에 매달아, 마치 낚싯대에 미끼를 달아서 드리운 것처럼 하여 우리 안에 있는 개 한 마리를 불러냈다.

황구 한 마리가 냉큼 튀어나오고, 다른 개들은 발돋움을 하고 서 있을 뿐 다투지 않는다. 장대를 위아래로 흔들자 개가 좌우로 이리 뛰고 저리 뛰면서 한 발을 치켜들고 낚아채려 한다. 조련사가 장대를 힘있게 이리저리 흔들기를, 마치 낚싯대에 고기를 잡아채듯 서너 길 허공을 올리자, 개도 높이 뛰어올라 긴 장대를 뛰어넘는데, 빠르기가 질풍처럼 잽싸다.

조련사가 그놈에게 소리를 질러 물러가라고 하고, 다른 놈을 불러 차례로 시험을 하였다. 개에게 먹이를 주는 법은 먹이를 모두 공중에 던져 개가 머리를 치켜들고 뛰어올라 낚아채서 먹게 하고, 땅에 떨어진 것은 못 먹게 하였다. 똥오줌을 누이는 곳이 별도로 있어서 개들의 우리는 모두 정결하고 하나도 더럽지 않았다.

공작포 孔雀圃

공작포孔雀圃에 푸른빛의 공작 두 마리와 붉은빛의 공작 한 마리가 있는데, 깃털 끝에 금빛 동전 모양을 하고 있는 모습은 모두 동일하다. 붉은 놈이 몸을 뒤척이자 짙은 녹색으로 바뀌고, 푸른 놈이 몸을 뒤집자 붉은색으로 바뀌는데, 금빛 동전 모양이 금방 아청빛으로 변한다. 사람의 인기척을 듣고는 온 몸의 깃털이 홀연 빛과 색을 잃고 삼시간에 번쩍하며 다시 본래의 모습으로 되돌아간다.

공작의 체구는 해오라기보다 약간 작으나, 꼬리는 길어서 석 자가 넘는다. 정강이와 발은 거칠고 더러워서 마치 사람이 비단 옷을 몸에 걸치고 발에는 짚신을 신은 꼴이라, 사람들을 민망하게 만든다. 공작새가 먹는 것은 오직 뱀뿐인데, 또 뱀들과 엉겨 붙어 뒤섞여 있다.

온 땅에 허연 뱀의 뼈들이 널려 있어 자리가 대단히 더러웠

오룡정 정자 다섯 개가 물 위로 연결되어 있다. 아래 그림은 조선의 화원이 그린 모습이다.

부취정 浮翠亭 용서정 湧瑞亭 용택정 龍澤亭 징상정 澄祥亭 자향정 滋香亭

다. 공작포를 관리하는 사람이 맨발로 돌아다니는 우리 하인들을 보고는 "허연 뼈를 밟지 마시오. 뱀의 새골(아감뼈)이 살에 박히면 즉시 썩어 문드러질까 겁나오"라고 주의를 준다.

오룡정 五龍亭

태액지 연못가로 서남쪽 방향의 물가에 채색 정자 다섯 개가 나란히 서서 서로 연결되어 있다. 각각의 정자 이름은 징상澄祥, 자향滋香, 용택龍澤, 용서湧瑞, 부취浮翠인데, 통틀어서 오룡정五龍亭이라고 부른다.

만경창파 일렁이는 넓디넓은 연못에 누렇고 푸른 단청의 그림자가 어른거리고, 멀리 금오교 다리 난간에 오가는 수레와 말, 행인을 바라보면 아스라한 모습이 마치 신선 세계에 온 듯하다.

뒷날 오중吳中, 즉 절강 지방의 항주杭州 출신 사람들과 놀면서 그들에게 서호西湖의 뛰어난 경치를 물었더니, "서호를 보지 못하셨다면 오룡정이 바로 서호의 한 풍경입니다"라고 대답한다.

이 정자를 언제 세웠는지 알 수 없으나,[76] 명나라 천순天順(1457~1464) 연간에 태소전太素殿 뒤에 초가 정자가 있었다는데, 지금은 없어진 것으로 보아 여기가 그 옛터인 듯하다. 자광각紫光閣과 승광전承光殿의 자주색 기와와 황금빛 꼭대기가 숲 속에 은은히 숨어 있고, 붉은 담장 안에 채색 기와의 정자와 누각이 아래위로 첩첩

76 오룡정은 명나라 1602년에 건립되었고, 이곳은 본시 태소전太素殿의 옛터였다.

승광전

이 포개져 있다.

　부사, 서장관과 함께 이르렀을 때는 바야흐로 저녁 해가 뉘엿뉘엿 넘어가고 있었다. 은은한 노을이 맑게 일렁이는 광경은 더더욱 기이한 완상거리였다.

　맑게 갠 새벽에 갔더니, 갓 솟아오르는 햇살에 비친 오룡정의 모습이 신선하고 화려하였다. 다만 정자 아래 수많은 연 줄기에 꽃이 달려 있지 않음이 못내 아쉬웠다. 역관들의 말에 의하면, 오룡정의 광경은 아침저녁으로 천태만상 변하는 것이 좋지만, 한여름의 연꽃이 장관일 때보다는 못하고, 연꽃이 피는 여름철도 한겨울의 얼음놀이(빙희氷戲)보다는 못하다고 한다.

구룡벽　오룡정 주변의 구룡벽. 이것과 꼭 같은 구룡벽이 자금성 안에도 있다.

구룡벽 九龍壁

　　오룡정에서 나와 작은 둔덕을 돌아 나가서 한 문으로 들어가면, 문 앞에 조장照墻(장식용 가림벽)이 서 있다. 높이는 대여섯 길이고, 폭은 여남은 길인데, 백자로 구운 벽돌로 쌓아서 아홉 마리의 용무늬를 만들었다.

　　용의 몸뚱이는 모두 몇 길씩 되고, 오색 이외에도 별도로 자주색, 초록색, 감색이 있다. 양각으로 튀어나온 용은 꿈틀꿈틀 움직이는 것처럼 보이는데, 자세히 살펴보면 용의 사지와 몸뚱이, 머리와 뿔이 모두 구운 벽돌을 조각조각 붙여 만든 것이다. 오르내리고 힘차게 나는 모습이 모두 각각의 형체를 갖추고 있어 변화무쌍하며, 털끝만큼도 이어 붙인 흔적이 보이지 않는다. 아주 세심하게 관찰하지 않는다면 눈치챌 수 없다.

　　조장照墻이란 옛날의 색문塞門과 같은 것으로, 대문의 안과 밖을 가리는 차단막이다. 궁궐이나 관청, 도교 사원 같은 곳에 모두 설치하고, 여염집에서는 대문 안쪽에 세운다.

태액지 太液池

　　태액지는 서안문 안에 있는데, 둘레가 몇 리인지는 정확히 알 수 없다. 내가 일찍이 동해를 유람할 때 고성 삼일포三日浦의 둘레가 10여 리 정도 되었는데, 지금 태액지가 삼일포에는 미치지 못하는 것 같다. 태액지는 옛날에 서해자西海子라 불렀다고 한다.

　　못 안을 걸터타고 무지개다리를 세웠는데, 길이가 수백 보쯤

태액지의 경관 봄(상)·여름(중)·겨울의 빙희도冰嬉圖(하)

되고, 흰 돌을 새겨서 난간을 만들었으며, 난간 밖에 또 흰 돌로 된 난간이 있다. 난간 위로는 사자 모양의 산예狻猊 수백 마리를 올렸는데, 크기는 같지만 형태는 구구 각각이다. 다리 양쪽에는 각기 패루를 세워 놓았다. 동쪽 머리에 있는 패루에는 옥동玉蝀이라고 적혔고, 서쪽 머리의 패루에는 금오金鰲라고 적혔다.

금오 옥동

또 멀리 북쪽을 바라보면, 다리 하나가 경화도에서 나와 승광전承光殿으로 이어져 있고 그 남북에도 패루가 서 있는데, 각기 적취積翠와 퇴운堆雲이라고 한다. 못 둘레에는 전각과 누각, 정자들이 첩첩의 용마루와 처마가 서로 붙을 지경이며, 고목들은 홰나무와 버드나무가 대부분이다.

8월 초3일에 내가 옥동 패루에 갔다가 월중越中, 절강 출신의 능야淩野라는 사람을 만났다. 함

금오 옥동 패방의 글씨

께 오룡정을 갔는데, 그 역시 북경은 초행이며, 도착한 지 아직 며칠이 안 되었다고 한다. 그는 태액지의 겨울 얼음놀이와 황도의 팔경[77]을 내게 물어볼 정도로 소탈하고 꾸밈이 없었는데, 대개 북경에서 수만 리 떨어진 지방에서 북경으로 배우러 오는 사람이 많지 않기 때문이다.

77 황도(북경) 팔경은 2권 8월 19일 일기의 주석에 나왔다.

내가 태액지에 대엿새만 일찍 왔더라도 못에 그득한 늦은 연꽃을 볼 수 있었을 것이다. 작은 거룻배 수십 척이 마름 사이를 헤집고 다니며 연밥을 따는데, 배에 탄 사람들이 모두 발가벗고 있어서 몹시도 흉했다. 못에는 오색 물고기가 많고, 큰 고기 세 마리가 보이는데, 모두 두 자가 넘는다. 온몸이 얼룩얼룩하며 막 부들

대 밑으로 와서 먹이를 먹기에, 내가 손뼉을 쳐서 놀래 주려고 했으나 유유자적 헤엄친다.

해마다 한여름이면 황제는 만주족과 한족 출신의 대신 및 한림, 중앙정부 기관의 벼슬아치들에게 여기 태액지의 경화도와 영대瀛臺 사이에 배를 띄워 놓고 연회를 베풀며, 연뿌리와 연밥, 신선한 물고기를 하사한다. 얼음이 얼고 눈이 쌓이는 겨울철에는 팔기병八旗兵을 대오로 나누어 얼음 위에서 공차기 놀이나 얼음 지치기 등을 하는데, 신발 바닥에는 모두 쇠로 된 징을 박아서 달리고 쫓는 데 빠르고 편리하게 한다. 이때 천자도 직접 거둥하여 관람한다고 한다.

자광각 紫光閣

태액지를 따라가다 보면 건물의 꼭대기가 둥글게 생긴 작은 전각이 나온다. 지붕에는 누런 기와를 이었고, 처마는 푸른 기와를 사용하였는데, 이름이 자광각이다.[78] 그 곁에 백조방百鳥房이 있어서 별별 기이한 새와 짐승들을 키웠다. 자광각은 매우 높고 확 트였으며 그 아래로는 말을 달리고 활을 쏘는 마당이 있는데, 예전에는 평대平臺라고 불렀다 한다.

숭정 경오년(1630)에 계주순무사薊州巡撫使로 있던 원숭환袁崇煥이 북경에 들어와 황제를 구원하려다가 도리어 모함을 당했는데, 황제가 친히 평대에 나와 앉아서 원숭환을 찢어 죽였다고 하니, 이곳이 바로 그 땅인 것 같다.[79]

78 명대에 건축되었고, 건륭 때 중건했으며 5칸의 2층으로 된 건물이다.

79 1629년(기사년) 12월 숭정 황제가 원숭환을 체포한 평대는 자금성 보화전保和殿 뒤의 운대문雲臺門을 말한다.

자광각

만불루 萬佛樓[80]

구룡벽을 거쳐서 몇 발자국을 가면 큰 전각이 나오는데, 벽을 돌아가면서 감실을 만들고 작은 부처를 안치하여 놓았다. 감실 하나에 부처 하나씩, 도합 만 구의 부처를 모셨다. 또 여섯 길 정도 되는 관세음의 변상變相이 있는데, 머리 위에는 만 개의 부처를 둘러 앉혔고, 천 개의 손에 천 개의 눈을 가지고 있으며, 간사하고 기괴한 귀신, 악독한 짐승과 벌레가 요괴로 변하여 아직 불성佛性을 깨치지 못한 것들을 발로 짓밟고 있다.

그 앞에는 커다란 향로가 놓여 있다. 향로의 세 발은 한 길이 넘고, 수천 수백의 요괴들이 솥의 발을 들고 있다. 팔뚝으로 떠받들고 발로 버티며 눈을 부릅뜨고 입을 벌리며 '어여차' '누구냐' 하고 뭔가를 소리치는 모습이, 마치 불교에서 남의 자식을 잡아

80 만불루는 건륭이 그 모친의 80세를 기념하여 지은 누각이다.

만불루와 비석 현재 만불루의 누각은 없어지고 당시의 비석만 남아 있다.

81 귀자모는 여신의 하나로, 500의 자식을 가지고 있으면서도 남의 자식을 잡아먹으므로 세존世尊이 그가 가장 아끼는 막내아들을 감추어 그가 반성하도록 하였고 마침내 정법正法에 돌아왔다고 한다. 자식이 없는 사람이 빌면 자식을 주고, 아픈 사람이 빌면 병을 고쳐 준다고 한다.

먹는다는 귀자모鬼子母[81]라는 신이 유리로 된 바리때를 쥐고 있는 듯하다.

극락세계 極樂世界

새로 지은 큰 전각은 기둥이 수백 개이고 지붕은 푸른 기와를 이었다. 건물 안에는 향나무인 침향목沈香木과 단향목檀香木으로 중국 오악五嶽의 모형물을 만들어 놓았다. 바위와 골짜기, 동굴과 계곡이 깊고 그윽하며 가파른 모습을 하고 있고, 사찰과 누각이 그 위에 펼쳐져 있다. 비단을 오려서 꽃을 만들었고, 소나무와 전나무는 구리와 쇠로 잎을 만들었는데 푸른색이 아주 돋보였다.

높이가 몇 길이나 되는 폭포는 물보라와 거품을 내뿜고, 눈보라가 흩날리고 파도가 치는 모습은 마치 실제인 양 사람을 아주 헷갈리게 만든다. 얼음으로 새긴 것이라느니, 물이 부딪쳐서 생기게 한 것이라느니 모두들 떠들썩하게 말을 하지만, 실제로는 유리를 녹여서 여산廬山의 폭포 모양을 본뜬 것이라고 한다.

극락세계

영대 瀛臺

영대는 태액지 못가에 있다. 거기에 있는 전각 이름은 소화전昭和殿이고, 정자 이름은 영훈정迎薰亭인데, 모두 누런 기와를 이었다. 물가 기슭의 수목은 모두 아름드리 나무이고, 그윽하고 깊숙하여 햇살을 어른어른 비춘다. 무지개다리와 복도는 구불구불 돌아가며 숲속 나무 사이로 이어져 통하고, 푸른 기와와 자주색 용마루의 모습이 호수의 한가운데에 거꾸로 비친다. 바야흐로 연

영훈정

꽃이 처음 떨어지는 시기이다. 갈대밭의 물가와, 마름과 노랑어리연꽃 사이로 작은 거룻배들이 때때로 출몰하며 연밥 송이를 따고 있었다.

남해자 南海子

남해자 패루

82 해자海子라는 말은 호수를 가리킨다.

숭문문을 나와서 남쪽으로 20리를 가면 남해자[82]라는 동물 동산이 나온다. 사방 둘레가 160리로, 원나라 때부터 천자가 수렵하는 장소이다. 명나라 때 주위에 담을 치고 관리하는 사람을 두어 지키게 하였다. 북경의 안과 밖으로 새가 아주 드문 까닭은 아마도 나무와 숲이 없기 때문이다. 남해자까지 가지 않아서 눈앞으로 몇 리 전체에 푸른 숲이 가득히 펼쳐져 있고, 까마귀, 솔개, 왜가리, 무수리 등이 하늘을 덮고 있다.

역관 조달동이 뒤쫓아 와서 말한다.

"시방 남해자 관리인들에게 전염병이 크게 창궐하여 발길을 할 수가 없고, 게다가 해가 짧아서 갔다가 올 수도 없습니다. 여기서 대홍교大紅橋까지만 해도 20리이고, 대홍교에서 안응대按鷹臺(양응대晾鷹臺)까지 10여 리입니다. 남해자 안에는 세 개의 큰 못이 있어서 물이 그득하게 차서 넘실거리고 맑게 비치며, 72개의 다리가 있습니다. 임금이 거둥하여 머무는 행궁이나 누대들은 우리가 연도에서 보아 왔던 것에 불과하고, 거기에서 기르는 기이한 새나 짐승들은 말을 달려 가더라도 다 볼 수 있는 것이 아닙니다. 지금 여기서 서둘러 되돌아가도 성문을 닫을 시간에 미치기 어려울 것 같습니다."

그가 한사코 말리기에, 도리 없이 섭섭한 마음으로 수레를 돌려야 했다. 천녕사天寧寺와 백운관白雲觀83을 지나서 빠르게 수레를 몰아 정양문에 들어오니, 이미 황혼을 넘긴 시각이다.

83 천녕사와 백운관에 대해서는 다음 「앙엽기」편에 나온다.

회자관 回子館

회족이 거처하는 회자관은 밖의 문이 벽돌로 건축되었고, 만든 제도나 모양이 아주 특이하여 천주당에서 본 것과도 달랐다.

문에 들어서서 겨우 몇 발자국을 떼자 개 두 마리가 달려들어 아가리를 벌리고 으르렁거리며 덤벼든다. 화들짝 놀라서 멈칫 섰더니, 회족 아이들 수십 명이 박수를 치며 일제히 깔깔거린다. 문 안쪽의 좌우에 큰 기둥을 마주 보게 세우고, 몇 발 되는 쇠사슬로 개의 목을 옭아서 그 기둥 아래에 묶어 두고 문을 지키게 하였다. 개가 낯선 사람을 보면 벌떡 일어나 달려들지만 쇠사슬의 길이가 한계가 있어 항상 사람의 몇 발자국 앞에서 멈추게 되어 있다. 그래도 사나운 기세가 겁을 주어서 가슴이 철렁 내려앉도록 만든다.

회족 여인 10여 명이 밖으로 나와서 나를 쳐다보는데, 모두들 건장한 사내처럼 생겼다. 뺨은 붉고 관자놀이는 넓으며, 눈썹은 푸르고 눈동자는 붉다. 그중의 한 젊은 부인은 몇 살 되는 어린애를 안고 있는데, 그런대로 요염한 자태가 있다. 모두 흰색의 옷을

회자관(회자영回子營)

유리창의 현재 모습(상)과 유리창의 서점(하)

입었으며 머리를 총총 묶어서 10여 가닥을 만들어 등 뒤로 늘어 뜨렸다. 머리에는 흰 모자를 얹었는데 마치 광대들의 고깔처럼 생겼다. 옷은 우리나라의 철릭帖裏[84]처럼 생겼으나, 소매가 좁다.

84 무관武官이 입는 공복公服의 일종이다.

유리창 琉璃廠

유리창은 정양문 밖의 남쪽 성 아래에서 가로로 선무문 밖에까지 뻗어 있다. 이곳은 연수사延壽寺의 옛터이다. 송나라 휘종이 금나라에 포로로 잡혀서 북쪽으로 수레를 타고 갈 때 정 황후鄭皇后와 함께 여기 연수사에서 묵었다고 한다.

지금은 공장이 되어서 여러 색깔의 유리와 기와 및 벽돌을 만들고 있다. 공장에는 사람의 출입을 금하고, 특히 물건을 구워 만들 때에는 더욱 꺼리는 금기사항이 많아서, 비록 기술자라 하더라도 모두 4개월치 식량을 싸 가지고 들어가는데, 한번 들어가면 함부로 못 나온다고 한다.

유리공장이 있는 밖은 모두가 점포로서, 재화와 보물들이 넘쳐 난다. 책을 파는 점포 중 가장 큰 곳은 문수당文粹堂, 오류거五柳居, 선월루先月樓, 명성당名盛堂 등인데, 과거 시험 준비를 하는 천하의 거인擧人들이나 중국 내의 이름이 알려진 선비들은 대부분 이 서점들 안에 우거하고 있다.

새 파는 점포 彩鳥鋪

조길趙佶의 〈금계도〉

85 여기 '뱁새'라는 글자는 연암이 한글로 써 놓은 것이다.

백한

점포 안에는 갖가지 새들이 시끄럽게 지저귀고 있어 마치 산장에서 창문을 열고 봄 새벽을 맞이하는 것 같다. 새들은 모두 철사로 얽은 작은 새장 안에 들어 있는데, 새장 하나에 새 한 마리씩이 들어 있다. 더러 두 마리씩 들어 있는 것은 암수가 함께 있는 새장이다.

새들은 모두 우리나라에도 있는 새 같은데, 그 이름을 모르겠다. 새장 안에는 물을 담은 작은 종지를 두었고 몇 줄기의 조 이삭을 걸어 두어서 마시고 쪼아 먹도록 하였다. 빈 새장을 가지고 점포에 오는 사람들이 서로 어깨를 비빌 정도로 붐볐다.

한림 초팽령初彭齡과 주 거인周擧人이 각각 빈 새장을 가지고 점포로 와서 암수 두 마리가 든 새장과 바꾼다. 이 새는 곧 우리나라 속명으로 '뱝새'(뱁새)[85]라는 놈인데, 그다지 기이하거나 희귀한 새가 아닌데도 그 값이 50냥이나 한다.

꿩처럼 생긴 금계錦鷄는 집에서 기르는 닭을 닮았으나, 이마에는 볏이 없고 턱 밑 살에도 쌍으로 된 귀고리 모양이 없다. 부리와 정강이는 모두 붉으며, 흰색의 두 꼬리가 길게 나 있고, 그 끝은 약간 굽었고 푸른 동전 모양의 무늬가 한 점씩 박혀 있다. 커다란 구유에 물을 담아 두었고, 밖에는 목책을 둘렀으며, 위에는 그물을 덮고 그 안에 금계를 기른다. 쇠로 만든 큰 조롱에는 꿩과에 속하는 흰 새인 백한白鷳을 두었는데, 크기는 까치만 하고 금계처럼 꼬리가 두 개 났다.

화초 파는 점포 花草舖

점포에 있는 꽃은 모두 풀꽃이다. 가장 많은 종류는 수국, 가을해당화(베고니아), 석죽石竹(패랭이꽃) 등이다. 목이 길고 배가 볼록한 형형색색의 화병에 배열해서 꽂아 둔 꽃은 모두가 사계화四季花, 곧 월계화(중국 장미)이다. 푸르고 모난 화병에는 붉은 연꽃 한 떨기를 꽂아 두었는데, 꽃의 크기가 박꽃만 하고 잎은 손바닥 같다.

월계화(상)와 금국金菊(하)

때는 바야흐로 가을 국화가 활짝 필 무렵인데, 국화는 모두 우리나라에도 있는 종류이다. 가장 많은 것은 학령鶴翎이라는 국화 품종인데, 줄기가 그리 길지는 않다. 금국金菊이라는 품종이 가장 특이한데, 꽃의 떨기가 겨우 동전 크기이고 마치 새로 금박을 입힌 것처럼 샛노랗다.

수선화는 아직 꽃이 피지 않았고, 난초는 흡사 원추리처럼 생겼으며, 꽃이 대단히 푸르긴 하나 좋은 향기는 없었다.

공자 사당을 참배하고

알성퇴술
謁聖退述

◉ ── 알성퇴술

성인 공자를 알현하고 물러나 서술한다는 의미의 '알성퇴술'에는 북경의 학교 유적지에 대한 내용을 주로 담고 있다. 순천부학과 태학인 국자감의 시설, 위치, 제도, 그 안의 유물 유적 등을 주로 다루고 있으며, 그밖에 문천상 사당, 관상대, 과거시험장, 조선관 등의 위치와 시설, 제도 등을 소개하였다.

본편은 주로 유교, 유학과 관련된 항목을 다루고 있다는 점에서 다음에 나올 「앙엽기」와는 정반대적인 성격을 가지고 있다. 「앙엽기」에는 유교에서 이단이라고 칭하는 불교와 도교, 야소교 등과 관련된 유물 유적을 다루고 있다. 유학에 대해서는 '성인'이라는 표현을 한 데 비해서, 이단에 대해서는 '쪽지'라고 표현했는데, 연암이 제목을 다는 문제에서조차 세심하게 배려했음을 알 수 있다.

이 편에 실린 「문승상사당기」는 송나라 충신 문천상에 대한 기문으로, 선비 혹은 벼슬아치가 역사 변혁기에 어떻게 처신해야 할 것인가를 보여준다. 선비의 출처관, 이는 인간의 자기 가치를 실현하는 중요한 문제이다.

순천부학 順天府學[1]

황성의 동북쪽 모퉁이 땔나무 파는 시장인 시시柴市에 동서로 대치하여 육현방育賢坊이라는 두 개의 패방牌坊을 세웠는데, 이 두 패방 가운데에 순천부학이 있다. 부학의 정문인 영성문欞星門에 들어가면 문 안쪽에 반달 모양의 못을 파 놓았는데, 이것이 반지泮池이다. 반지에는 세 개의 구름다리를 놓고, 흰 돌로 난간을 만들었다. 다리 북쪽에 세 개의 문이 있는데, 가운데가 대성문大成門이고, 왼편이 금성문金聲門, 오른편이 옥진문玉振門이다.

공자의 사당인 성전聖殿(대성전大聖殿) 밖 편액에는 선사묘先師廟라고 적혀 있고 안에는 만세사표萬世師表라고 적혀 있는데, 강희 황제의 어필이다. 공자의 위패에는 '지성선사공자지위'至聖先師孔子之位라고 적혀 있고, 네 분의 제자를 배향했는데, 복성復聖 안자顔子와 술성述聖 자사子思의 위패는 동쪽에, 종성宗聖 증자曾子와 아성亞聖 맹자孟子의 위패는 서쪽에 각각 모셨다.

사당의 좌우에 있는 행랑채인 동무東廡와 서무西廡 사이에는 오래된 측백나무가 많다. 세상에 전하는 말로는 원나라 때의 학자인 노재魯齋 허형許衡[2]이 심은 것이라고도 하고, 원나라 학자 야율초재耶律楚材[3]가 심은 것이라고도 한다.[4]

명륜당明倫堂은 성전(대성전)의 동쪽에 있고, 계성사啓聖祠[5]는 명륜당의 북쪽에 있다. 규문각奎文閣은 명륜당의 동북쪽에 있고, 문천상文天祥을 모신 문승상사文丞相祠는 명륜당의 동남쪽에 있다. 중문(대성문) 밖의 오른쪽이 명환사名宦祠이고, 왼쪽이 향현사鄕賢祠이다.

여기 순천부학은 옛날에 보은사報恩寺라는 절이었다. 원나라

---

1 북경 지방의 명칭은 북평北平에서 순천, 순천에서 북경으로 불렸고, 전국시대에는 연燕나라에 속한 땅이었으므로 연경燕京이라고도 불렸다. 부학府學은 한 지방의 관아가 있는 곳의 일급 학교를 말한다. 결국 순천부학은 과거 북경의 최고 학교를 말하는데, 이곳에 공자 사당이 있다. 마치 우리나라의 성균관대학교 안에 공자의 사당인 대성전과 명륜당이 있는 것과 같다.

2 허형(1209~1281)의 자는 중평仲平, 호는 노재이다. 저서에『독역사언』讀易私言,『노재유서』魯齋遺書가 있다.

3 야율초재(1190~1244)는 원나라 문인 학자로 자는 진경晉卿이며, 거란인이다. 시「서역하중십영」西域河中十詠 등이 유명하다.

4 순천부학에는 측백나무가 없다. 연암이 공묘의 측백나무와 혼동한 것으로 보인다. 공묘의 측백나무는 허형이 심은 것으로 현재 수령이 700년이고, 간신을 분별하는 영험이 있어서 변간백辨奸柏 혹은 촉간백觸奸柏으로 불린다.

5 계성사는 공자의 아버지 숙량흘叔梁紇을 모시는 사당이다. 숭성사崇聖祠라고도 하는데, 실제로 숭성전崇聖殿이라고 되어 있다.

지정至正(1341~1367) 연간 말엽, 탁발하고 다니던 중이 호남湖南 상담湘潭 지방에서 시주를 받아 여기에 보은사라는 절을 조성했으나, 채 불상을 안치하기도 전에 명나라 군대가 북경을 함락시켰다. 명나라 군대가 병졸들에게 공자의 사당에는 난입하지 말라고 경계를 시키자, 중이 얼떨결에 나무로 만든 공자의 신주를 빌려다 대웅전 안에 두었다. 그 뒤로 감히 치우지 못하게 되어 드디어 북평부北平府의 부학府學이 되었다가, 명나라가 북경으로 수

1. 순천부학
2. 공묘의 공자 위패
3. 공묘의 측백나무

6 명말 청초 손승택孫承澤의 『춘명몽여록』春明夢餘錄에 나오는 이야기이다.

도를 옮기자 순천부順天府의 부학府學이 되었다고 전한다.[6]

태학 太學

황성 동북쪽 모퉁이에 숭교방崇教坊이라는 동네가 있는데, 그곳에 네 개의 패루가 서 있는 성현가成賢街가 있다. 패루 안쪽에는 모두 국자감國子監이라고 적혀 있다.

영락永樂 2년(1404)에 왼쪽 공자의 사당인 공묘와 오른쪽 태학을 완공하였다. 그리고 선덕宣德 4년(1429) 8월에 대성전 앞의 동무東廡와 서무西廡를 수리하였다. 수리하기에 앞서 태학이 원나라의 옛것이라고 해서 이부吏部 주사主事 이현李賢(1409~1467)이 황제께 수리할 것을 주청하여 이를 따른 것이다. 정통正統 9년(1444) 정월에 태학이 완공되자 영종英宗 황제가 친히 나와 보고 선성先聖 공자를 공손히 알현하고 석전釋奠의 예를 거행했으며, 이

태학(국자감)

륜당彛倫堂으로 물러나서는 좨주祭酒[7] 이시면李時勉[8]에게 강의를 하라고 명하였다.

연호가 홍치弘治(1488)로 바뀌던 해에 효종孝宗 황제가 태학에 임했다. 모징毛澄이 지은 『성가림옹록』聖駕臨雍錄에, 이때 황제가 태학에 내린 칙지勅旨,

성현가

황제에게 올린 장주章奏, 의례儀禮, 공문서, 강의, 관직 등에 대한 일을 모두 갖추어 실었다. 태학의 의례와 제도는 이때에 크게 완비되었다.

만력 경자년(1600)에 대성전의 기와를 유리기와로 바꿨으니, 사업司業으로 있던 부신덕傅新德의 주청을 따른 것이다. 숭정 14년(1641)에 태학을 중수했는데, 낙성식을 하던 8월에 황제의 어가가 태학의 벽옹辟雍에 친히 임했다. 그때 좨주 남거인南居仁이 『서경』의 「고요모」皐陶謨편을 강의했고, 사업 나대임羅大任이 『주역』의 「함괘」咸卦를 강의했는데, 문무 3품관 이상의 벼슬아치들이 모두 앉아서 강의를 경청하고 황제는 이들에게 차茶를 내렸다. 강의가 끝나자, 천자는 경일정敬一亭에 들어가서 세종이 세운 정자程子의 사잠비四箴碑[9]를 탁본하여 열람하게 하고 석고石鼓에 새긴 글자가 마모되고 빠진 것을 살펴보고는 보수한 뒤에 보고하라고 명했다.[10]

명나라 사람 장일규蔣一葵가 지은 『장안객화』長安客話에 의하면, "명나라 초년에 고려가 김도金濤[11] 등 네 명을 파견하여 태학에 입학시켰다. 홍무洪武 4년(1371)에 김도가 진사과에 합격하여 귀국하였다."

[7] 좨주는 국자감의 벼슬 이름으로, 주로 석전의 제향祭享을 맡아 보는 직책이다.
[8] 이시면(1374~1450)은 명나라 초기 여섯 황제를 섬긴 벼슬아치이다. 본래 이름은 이무李懋인데, 자인 시면時勉이 이름처럼 불렸고 호는 고렴古廉이다.

[9] 사잠비는 정자의 "예가 아니면 보지도, 듣지도, 말하지도, 움직이지도 말라"는 잠언을 써 놓은 비석이다.
[10] 이상의 태학의 연혁에 관한 내용은 『흠정일하구문고』欽定日下舊聞考를 인용한 것이다.
[11] 김도(?~1379)는 고려 말의 문신이다. 1370년 공민왕 때 명의 과거에 합격하였다. 자는 장원長源이고, 공민왕에게 나복산인羅蔔山人으로 불렸다. 옥사에 연루되어 처형되었다.

공묘 입구

12 이영현에 대한 내용은 앞의 「구외이문」편의 '이영현' 항목에 나왔다.

라고 했다.

명나라 사람 곽반郭鑿의 『태학지』太學志에는,

"융경隆慶 원년(1567)에 황제가 태학에 거둥했을 때, 조선에서 온 대신 이영현李英賢[12] 등 여섯 명에게 각각 등급에 맞게 의관을 갖추어 입고 이륜당 밖으로 나가서 문신들이 서는 반열 다음에 서도록 했다."

라고 했다.

나는 부사와 서장관을 따라 뜰에서 절을 두 번 올렸다. 내가 지난번에 알현했던 열하의 태학은 이 북경 태학을 본떠서 지은 것이다. 지금 공묘의 모양을 두루 살펴보니 명나라의 옛것을 그대로 따랐다는 생각이 들고, 황제의 태화전에 비해 비록 약간 작은 것 같으나 만든 제도는 아주 정제되어 대동소이했다. 뜰과 섬돌의 넓이와 행랑과 곁채의 둘레는 동악묘東岳廟와 비교할 바가 아니었다.

성인들의 위패는 모두 함에 넣고 누런 휘장을 드리워 놓았다. 강희 연간에 주자를 높여 공문십철孔門十哲의 다음에 배향했다. 거문고, 비파, 종, 북 등은 모두 대성전 안에 진설陳設되어 있다.

동무東廡와 서무西廡에는 100명이나 배향했는데, 위패의 진설은 대성전의 그것과 꼭 같았다. 태학에는 일곱 개의 윤리 도덕을 강론하는 강당이 있는데, 회강會講, 솔성率性, 수도修道, 성심誠心, 정의正義, 숭지崇志, 광업廣業 등의 이름을 붙였고, 모두 생도들이 학업을 익히는 곳이라고 한다.

이륜당 앞에 있는 측백나무는 원나라 때의 유학자 허형이 심은 것으로 세상에 전한다. 사당의 문에는 석고石鼓 열 개를 나열해 두었는데, 주周 선왕宣王의 수렵 내용을 새겨 놓았다.

혹자가 말하기를, 당나라 노공魯公 안진경顔眞卿의 글씨첩인 〈쟁좌위첩〉爭座位帖, 송나라 평숙平叔 장백단張伯端이 쓴 〈금단사백자〉金丹四百字, 원나라 문민공文敏公 조맹부趙孟頫가 임서臨書한 왕희지의 〈악의론〉樂毅論, 〈황정경〉黃庭經, 〈난정정무본〉蘭亭定武本 등 다섯 개의 비문이 모두 이 태학 안에 있다고 하는데, 어디로 향해야 할지 몰라서 결국 보지 못하고 돌아섰다.

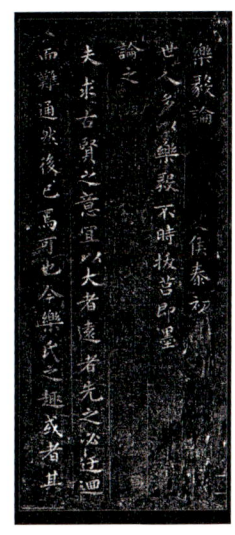

조맹부가 임서한 「악의론」 부분

태학의 이륜당 현판

학사 學舍

어제 태학의 조교助教인 구양歐陽이란

학사

자가 국자감 안팎의 학사 제도를 베껴서 보여주었다.

내외 학사學舍로, 내호內號 학사는 광거문廣居門 오른쪽에 있으며, 문 한 짝에는 퇴성退省이라고 적혀 있다. 학사는 사방으로 연결되어 있으며 모두 49칸이다. 남쪽으로 욕실과 화장실이 있다. 퇴성문으로부터 점점 북쪽으로 꺾어서 서쪽으로 나아가면 천天, 지地, 인人, 지知, 인仁, 용勇, 문文, 행行, 충忠, 신信, 규規, 구矩, 준準, 승繩, 기紀, 강綱, 법法, 도度 등 모두 열여덟 호號의 학사가 있다. 매 학사마다 모두 21칸으로 되어 있으며, 도度자가 붙은 학사에는 북쪽으로 보안당保安堂 5칸이 있는데, 병에 걸린 국자감 생도가 거처하는 곳이다.

이륜당彛倫堂 뒤로는 격格, 치致, 성誠, 정正이라는 네 호號의 학사가 있으며, 모두 98칸씩이다. 가정嘉靖 7년(1528) 경일정敬一亭 밖에다 다시 지었다.

동호東號 학사는 문묘 왼쪽에 있으며 모두 34칸이다. 대동호大東號 학사는 거현방居賢坊 새만백창賽萬百倉 서문가西門街에 있다. 문이 두 개 있는데, 하나는 등준登俊이라는 문으로 학사가 동서로 연결되어 모두 40칸이고, 다른 하나는 집영集英이라는 문으로 학사가 27칸이다. 신남호新南號라는 학사는 북성北城 이조호동二條衚衕 동쪽 입구에 있고, 문은 하나이고 동서의 방이 두 줄로 연결되었으며 모두 34칸이고 남북으로 4칸이다. 소북호小北號 학사는 거현방 호동衚衕에 있고, 문은 하나이고 남북의 방이 두 줄로 연결되었으며 모두 80칸이다. 교지호交趾號 학사는 국자감의 남쪽에 있고, 문은 하나이며 남북의 방이 두 줄로 연결되었으며 모두 28칸이다.

서호西號 학사는 성현가의 서북쪽, 국자감과는 50보 거리에 있으며, 옛 운한사雲閒寺 절터이다. 작은 방이 10칸이고, 또 이 층 방은 9칸씩이었는데, 본래 국자감에 소속된 관원이 번갈아 거처하는 곳이다. 북쪽의 작은 방 4칸과 남쪽의 1칸, 서쪽의 작은 방과 가까운 16칸이다.[13]

이것은 단지 국자감생들만의 휴식 공간인데 밤에 박래원朴來源과 계산해 보니 모두 580여 칸이다. 이륜당에서 그 아래에 있는 동서 양쪽의 강당, 전적을 넣어 두는 서고, 음식 창고, 회식하는 식당, 의약품이 있는 양호실, 종과 북을 달아 둔 누각, 부엌, 욕실, 자숙하는 방, 박사가 거처하는 대청, 계성사啓聖祠[14]와 토지사土地祠는 또한 몇 칸이나 되는지 알 수 없다.

구양이 이 기록을 가져다 보이는 의도는 학사의 규모를 외국 사람에게 은근히 과시하려는 데 있는 것 같다. 그러나 한나라, 당나라 때의 태학 학사와 비교해 보면 저절로 초라하고 썰렁하다.

송나라 경력慶曆(1041~1048) 연간에 왕공진王拱辰(1012~1085)이 국자감을 맡으면서 말하기를, "한나라 태학의 학사는 1,800칸이고 생도가 3만 명이며, 당나라의 태학은 6,200칸이나 된다"라고 했으니, 당시 학사의 넓이나 생도의 많음은 가히 후대에 비할 바가 아니다.

또 살펴보면, 명나라 홍무 4년(1371)에 황제가 조서를 내려 주州, 부府, 현縣의 생도 중 준수한 생도를 뽑아서 국자감에 입학시키라고 하였다. 당시는 전쟁이 갓 끝난 뒤라서 떠돌던 사람이 채 돌아오지 않아 경황이 없는 판인데도 오히려 진여규陳如奎 등

13 여기까지의 내용은 명나라 『태학지』太學志의 내용을 그대로 옮긴 것이다.

14 공자의 아버지 숙량흘叔梁紇을 모신 사당으로, 뒷날 숭성사崇聖祠로 이름을 고쳤다.

2,782명이 국자감에 입학했다. 홍무 26년(1393)에는 이미 열자悅慈 등과 같은 국자감생이 8,124명이나 되었으며, 영락永樂 19년(1421)에는 방영方瑛 등 국자감생이 9,884명에 이르렀으나,[15] 아직 1만 명을 채우지는 못했다. 명나라도 앞 시대 당나라, 송나라와 비교해 보면 선비를 기르는 성대함이 그에 못 미친다.

    청나라가 세상을 통치한 지 이미 오래되어 나라 안이 태평하고 문교 정책이 찬란히 빛나, 그들 스스로는 한나라, 당나라보다도 뛰어나다고 과시하지만, 지금 내가 여러 학사들을 두루 다니며 관찰해 보니 열에 여덟아홉은 비어 있다. 일전에 치른 석전釋奠의 행사 때 대성문 왼쪽 극문戟門 왼편 벽에 참례한 생도들의 명단을 죽 나열해 써 놓았는데 고작 400여 명에 불과했다.

    400여 명도 모두 만주인과 몽고인뿐이고, 한족은 한 명도 없으니, 무슨 까닭인가? 한족들은 비록 벼슬을 하여 공경에 오르더라도 황성 안에 집을 얻을 수 없으니, 수도의 땅에는 유학하는 한족 선비도 감히 살 수 없어서 그런 것인가? 아니면 중화의 민족이라고 저들 오랑캐 종족과 함께 나란히 앉아서 공부하는 것을 치욕으로 여긴 때문인가?

    비록 그렇긴 하나, 역시 본받을 만하고 기뻐할 만한 것도 있다. 지금 여기 집과 학사가 비어서 고요하니, 응당 먼지가 켜켜이 쌓이고 풀이 수북하게 났으리라 생각되지만, 실제는 깨끗하게 씻고 말끔하게 닦아 놓지 않은 것이 없다. 서가와 탁자가 반듯하게 정리되고, 창문은 밝고 깨끗하며, 종이를 발라 놓은 것이 비록 옛날 것이기는 하지만 터지거나 구멍 난 곳이 하나도 없다. 이는 비록 한 가지 작은 일에 불과하나, 여기에서 중국 법도의 대체를 족히 엿볼 수 있다.

---

15 『춘명몽여록』春明夢餘錄에 나오는 내용을 인용한 것이다.

역대의 비석들 歷代碑

원나라 학자 반적潘迪이 석고石鼓의 문자를 해설하여 만든 「석고문음훈비」石鼓文音訓碑가 대성문 왼쪽 극문 앞에 있다. 원나라 대덕大德 11년(1307)에 공자에게 성인이라는 호칭을 내린다는 내용의 「가봉성호조비」加封聖號詔碑가 지경문지경門 밖에 있고, 지순至順 2년(1331)에 공자의 부모와 처, 네 명의 제자에게도 봉해 준다는 내용의 「가봉선성부모처병사배제사비」加封先聖父母妻幷四配制詞碑가 문 서쪽에 있다.

명나라 홍무 3년(1370)에 태학의 제도를 밝힌 「신명학제비」申明學制碑, 15년(1382)에 태학에 내린 조칙을 적은 「칙유태학비」勅諭太學碑, 16년(1383)에 태학의 규정을 제정한 내용의 「정학규비」定學規碑, 30년(1397)에 문묘와 태학을 그림으로 그린 「흠정묘학도비」欽定廟學圖碑, 가정嘉靖 7년(1528)에 경일정敬一亭을 세우고 황제의 뜻을 알린 「작경일정어제성유비」作敬一亭御製聖諭碑, 정통正統 9년(1444)에 태학을 중수했다는 내용의 「어제중수태학비」御製重修太學碑 등이 있다. 홍무 연간에 만들었다는 네 개의 비는 응당 남경 태학에 세웠던 것을 후세에 추가로 새겨서 여기에 다시 세운 것으로 생각된다.

지금 청나라 인황제仁皇帝(강희 황제)가 지은, 공자를 찬양한 「선성찬비」先聖贊碑와 안자, 증자, 자사, 맹자를 찬양한 「안증사맹찬비」顏曾思孟贊碑는 모두 강희 28년(1689) 윤3월에 세운 것이다. 준갈이부准噶爾部(신장 위구르 지방)의 갈이단噶爾丹을 평정하고 그 머리를 바친다는 내용의 「어제평정삭막고성태학비」御製平定朔漠告成太學碑는 강희 43년(1704)에 세운 것이다.

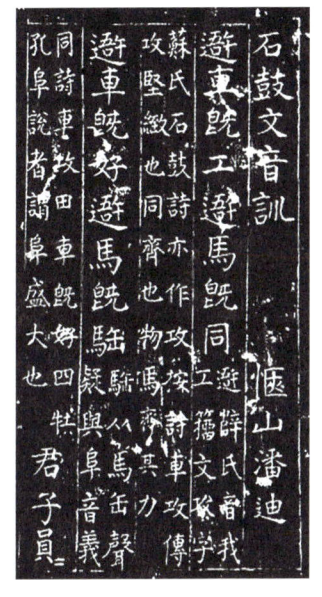

「석고문음훈비」 탁본(부분)

태학에 있는 「가봉성호조비」

역관 조달동趙達東에게 여러 비석을 나누어 베끼게 했으나, 모두 다 기록할 수가 없었다. 볼만한 문장이 많았는데 두루 다 열람하지 못한 것이 안타까울 뿐이다.

명나라 진사의 이름을 새긴 비석 明朝進士題名碑

국자감에서 진사과에 합격한 사람의 이름을 비석에 새기기 시작한 것은 명나라 선덕宣德 5년(1430)부터였다. 그때 임진林震의 방榜부터 시작하여 명나라 말기인 숭정 13년 경진년(1640) 위덕조魏德藻의 방까지 무릇 71기의 비석을 세웠다.[16]

그 아래에 아직 비석 두 개 정도는 더 세울 만한 공간이 있었으나, 황제는 진사에 그만 신물이 나서 박대하였다. 그래서 과시에 낮은 점수를 받은 과시생 사돈史悖 등과 회시會試에 합격한 정시廷試 공사貢士 오강후吳康侯 등을 남게 하여 특별 채용을 하려고 하였다. 사돈 등이 상소를 하여 황제에게 진사의 관례대로 공자의 사당을 알현하고 석채釋菜[17]의 예를 행하는 것과, 아울러 비석을 세워서 이름을 적어 주기를 청원하였더니, 황제가 이를 허가해 주었다. 그리하여 태학사 주연유周延儒[18]가 조칙을 받들어 글을 지은 비석이 경진년의 비석 다음에 세워져 있다.

그리고 가정 16년(1643) 계미년 양정감楊廷鑑의 방 뒤부터는 드디어 비석을 세울 만한 틈이 없어서, 명나라의 진사의 이름을 비석에 새기는 전통은 그

16 『일하구문고』에 의하면 선덕 5년 임진林震의 방방부터 시작되었음은 오류이고, 비석은 영락永樂 18년(1420) 이기李騏의 방방부터 시작되었다고 한다.
17 국자감에서 공자를 제사 지내는 예식으로, 석전에 비해서 간소하여 희생과 음악 없이 채소만 올린다.
18 주연유(1593~1643)는 동각東閣 태학사를 지냈으며, 자는 옥승玉繩, 호는 읍재挹齋이다. 말년에 처신을 잘못하여 자진했고, 간신으로 지목되었다.

명조진사제명비

때부터 중지되었다고 한다.

지금 청나라의 과거 제도는 모두 명나라의 옛 제도를 그대로 따라, 진사의 이름을 쓴 비석이 아주 촘촘하게 들어서서 마치 총총하게 파를 심은 밭과 같아 다 기록할 수도 없게 되었다.

만약 덕화가 멀리 미치고 왕조의 명운이 오래 연장되거나, 중국의 왕조가 바뀌더라도 여기 북경을 항상 황제의 수도로 삼아서 태학의 비석을 세우는 관례를 폐하지 않는다면, 도대체 그 많은 이무기를 새긴 비석머리와 거북이 비석 잔등을 어디에다 다 세우려는지 모르겠다.

석고 모형과 진품 지금 태학에 있는 것은 모형이고, 진품은 고궁박물관에 있다. 아래 사진은 진품 석고에 새겨진 주문이다.

돌로 만든 북, 석고 石鼓

석고 열 개는 갑을병정……의 10간干 순으로 차례를 매겨서, 대성문 좌우 극문 안쪽에 각기 다섯 개씩 나열해 두었다. 이 석고는 주나라 선왕宣王이 기산岐山 남쪽에서 크게 사냥을 하고는 돌을 깎아 북을 만들고 그 일을 기록한 것이다. 높이는 두 자 남짓하고, 직경은 한 자 조금 더 된다. 석고에 새긴 글자체는 주문籒文이고, 표현은 『시경』의 체제를 닮아 4언 4구로 되었으니, 천자의 수렵을 찬송하고 미화하기 위해 만든 돌북이다.

석고는 처음에 섬서 봉상鳳翔 지방의 진창陳昌이라는 들판에 있었는데(지금의 보계시寶鷄市 석고산),

절구로 사용된 석고

당나라 한유韓愈가 박사가 되었을 때 당시 태학의 좨주에게 청하여 태학으로 옮기려고 했으나 끝내 뜻을 이루지 못했다. 재상 정여경鄭餘慶[19]이 섬서 봉상鳳翔 지방의 장관으로 있을 때 석고를 옮겨 봉상부의 공자 사당에 두었다.

뒷날 오대五代 시대의 어지러운 혼란기에 석고는 모두 흩어졌다. 송나라 사마지司馬池[20]가 봉상부를 맡았을 때 석고를 수색하여 찾아다가 다시 봉상부의 부학에 두었으나, 그중 하나는 끝내 찾지 못했다. 그러다가 송나라 황우皇祐 4년(1052)에 상전사向傳師가 잃었던 석고를 마저 찾아서, 드디어 열 개의 숫자를 채우게 되었다.

송나라 대관大觀 2년(1108)에 경조京兆 지방[21]에서 수도 변경汴京(현재의 개봉시開封市)으로 옮기고, 황제가 글자의 음각 부분에 금을 채워서 처음에는 태학에 두게 하였다가 뒤에는 보화전保和殿으로 옮겼다.

송나라 정강靖康 2년(1127)에 금나라가 변경을 함락시키고, 담요로 석고를 겹겹이 싸서 수레에 싣고 연경으로 가지고 와서는 메웠던 금만 파내서 가지고 석고는 버리고 갔다. 그 뒤에 석고는 선무사宣撫使 왕즙王檝의 집에 보관되었다가 다시 북경의 남쪽 지방인 대흥大興의 부학府學으로 옮겨졌다.[22] 원나라 대덕大德 11년(1307) 우집虞集[23]이 대도大都, 즉 북경의 교수로 있으면서 석고를 숲 속의 진흙에서 찾아내어 비로소 국학(국자감)에 안치하게 되었다. 그중에 여섯 번째 기己 자의 석고는 민간에 굴러다니며 그 윗부분을 우묵하게 파서 절구로 사용했기 때문에 문자가 더더욱 문드러졌다.

옛날 유적 중 석고만큼 파란만장하고 기구한 사연을 가진 것

[19] 정여경(748~820)은 당나라 재상을 지낸 인물로, 자는 거업居業이고 글씨와 문장에 능했다. 문집 『정여경집』이 있었으나 실전되고, 약간의 글이 남아 있다.
[20] 사마지(980~1041)는 시어사侍御史를 지냈고, 자는 화중和中이다. 『자치통감』의 저자 사마광司馬光의 아버지이다.
[21] 경조 지방은 섬서 서안과 화현華縣 사이의 지명이다.

[22] 여기까지 석고의 내력은 『춘명몽여록』에 수록된 것이다.
[23] 우집(1272~1348)은 원나라 때의 저명한 학자이며, 특히 글씨에 뛰어나 모든 서체를 골고루 잘 썼다. 자는 백생伯生, 호는 도원道園이며, 문집 『도원집』이 있다.

도 없을 것이다. 내가 나이 열여덟에 처음으로 한유와 소식의 「석고가」石鼓歌라는 한시를 읽고 그 문사를 특이하게 여겼으나, 다만 실제 석고의 전 문장을 볼 수 없음을 한으로 여겼다. 그런데 지금 내 손으로 직접 그 석고를 어루만지고, 입으로는 반적潘迪의 「석고문음훈비」石鼓文音訓碑까지 읽게 되었으니, 이 어찌 외국인으로서 더 없는 행운이 아니겠는가?

문천상 사당

문천상의 사당 文丞相祠[24]

송나라 충신 문천상文天祥[25]의 사당인 문승상사文丞相祠는 땔나무 시장 동네인 교충방敎忠坊에 있다. 사당은 세 칸으로 되었고, 남쪽에 문이 있다. 또 대문 앞과 사당의 서쪽으로 회충회관懷忠會館이 있다. 강우江右 지방, 즉 강서 지방의 사대부들은 설날에 여기에 모여서 문천상의 제사를 지낸다.

명나라 홍무 9년(1376) 북평北平의 안찰부사按察副使로 있던 유숭劉崧(1321~1381)이 처음으로 문천상의 사당을 짓자고 태조太祖에게 청하였다. 영락 6년(1408)에 태상박사 유이절劉履節이 어명을 받들어 제사에 관한 법전을 바로잡으며, 황제에게 "문천상은 송나라 왕실에 충성을 한 인물이긴 하오나, 이곳 연경은 바로 그가 죽어서 절개를 이룬 곳이니 사당을 지어 제사를 지내 주기를 청하옵니다"라고 하니, 황제가 이를 따랐다.

24 이 글은 본래 『연암산고』燕巖散稿 2에 수록되어 있으며, 초·중기 대부분의 필사본 『열하일기』에는 들어 있지 않다가 후대의 필사본에 들어갔다. 초·중기 필사본에는 뒤에 있는 「문승상사당기」가 「문승상사」라는 제목으로 수록되었다.

25 문천상(1236~1283)은 남송 말기의 충신으로 원나라에 포로로 잡혀 가서 끝내 굴하지 않다가 죽임을 당했다. 자는 송서宋瑞, 호는 문산文山이며, 뒤에 승상丞相 신국공信國公에 봉해졌다.

원나라 학자 유악신劉岳申[26]이 지은 문천상의 전기 「신공전」信公傳에 이렇게 쓰여 있다.

"공이 연경의 객관에 이르렀을 때 마치 최고의 손님을 대접하는 것처럼 요란하게 장막을 베풀어 놓았으나, 공은 의리상 그곳에서 잠을 잘 수가 없다고 하여 앉아서 아침을 맞이하였다. 장홍의張弘義가 와서 조금도 굴하지 않는 그의 모습을 보고는 황제에게 상세히 보고하자, 황제는 병마사兵馬司로 보내어 공에게 차꼬를 채우고 묶어서 빈 방에 가두게 하였다. 10여 일이 지나서 포박을 풀고 차꼬를 제거하고는 4년 동안 가두었다. 시를 지은 것이 『지남록』指南錄 3권과 『지남후록』指南後錄 5권 그리고 두보의 시를 모은 『집두시』集杜詩 200수가 있으며, 모두 자신이 쓴 서문이 붙어 있다."

문천상의 묘지명 탁본

[26] 유악신(1260~?)의 자는 고중高仲, 호는 신재申齋이며, 문집 『신재집』이 있다. 『신재집』에는 「문승상전」文丞相傳으로 되어 있고, 연암이 이를 「신공전」이라고 한 것은 『일하구문고』의 내용을 그대로 인용했기 때문이다.

[27] 조필의 자는 보지輔之, 호는 설항雪航이다. 저서에 『효빈집』效嚬集이 있고, 문천상의 전기인 「문산전」文山傳을 지었다.

[28] 원래 작품 이름은 「속송승상문문산전」續宋丞相文文山傳이다.

또 명나라 사람 조필趙弼[27]이 지은 「신공전」信公傳[28]에는 이렇게 쓰여 있다.

"문천상이 북경 시시柴市(땔나무 시장)에 이르자 만여 명의 구경꾼이 몰려들었다. 공은 죽기 전에 남쪽 송나라를 향해 재배를 하였다. 문공이 죽던 날, 큰바람이 모래를 날리고 대낮에도 천지가 어두워 궁중에서는 촛불을 켜고 다닐 정도였다. 원나라 세조가 진인眞人 장백단張伯端에게 이유를 묻자, 장 진인은 '이는 아마도 문천상을 죽여서 생긴 소치인 것 같습니다'라고 하였다.

그래서 세조는 공에게 '금자광록대부 개부의동삼사검교태보 중서평장정사 여릉군공'金紫光祿大夫 開府儀同三司檢校太保 中書平章政事 廬陵郡公으로 특진시켜 추증하고, 충무忠武라는 시호를 하사했다. 그리고 추밀 왕적옹王積翁[29]에게 문공의 신주를 쓰게 하고는 시시柴市를 청소하고 제단을 설치하여 제사를 지내게 하였다. 승상 발라孛羅가 첫 술잔을 따르는 초헌의 예를 올리자, 갑자기 광풍이 땅에 회오리바람을 일으키며 문천상의 신주를 말아서 구름 속으로 가져가 버렸다. '전 송나라 우승상右丞相'[30]이라고 신주를 고쳐 쓰자 하늘이 비로소 개었다."[31]

"문천상이 죽었을 때에 강남의 의사 열 명이 공의 시신을 거적에 싸고 관에 넣어서 뒷날 이장하기 쉽게 하려고 남문 밖 길가의 5리쯤에 매장하고 그곳을 표시해 두었다. 그 후 대덕大德 2년(1298)에 문천상이 의리로 맺은 아들 승陞이 연경에 왔을 때, 비단을 짜는 집에 시집간 한 부인을 만났다. 그 부인은 바로 문공이 옛날 데리고 있던 여종으로, 이름은 녹하綠荷였다. 부인이 승에게 감옥에서 주살당한 문천상의 모습을 이야기해 주어, 드디어 고향인 강서 여릉廬陵으로 유골을 모시고 가서 반장返葬하였다."[32]

명나라 선덕宣德 4년(1429)에 북경의 부윤府尹을 지낸 이용李庸이 사당을 다시 짓고, 해마다 봄가을의 중간 삭일朔日에 유사有司가 음식을 진설하고 제사를 모시도록 하였다.

문 승상 사당에 대한 기문記文을 따로 짓는다.

---

[29] 왕적옹(1229~1284)은 송나라에서 벼슬하며 원나라에 저항하다가, 송이 멸망하자 원나라에 벼슬하였다. 일본에 사신으로 가다가 피살되었다. 자는 양존良存, 양신良臣이다.

[30] 「문산전」에는 "前宋少保右丞相信國公"으로 되어 있다.

[31] 조필의 「문산전」과 유동劉侗의 『제경경물략』帝京景物略 「문승상사」文丞相祠의 내용을 축약하여 인용하였다. '발라'는 '박라'博囉로 표기된 문헌도 있다.

[32] 이상의 내용은 『제경경물략』 「문승상사」의 내용을 축약 인용하였다.

문 승상 사당 이야기
「문승상사당기」文丞相祠堂記

교충방

    부사, 서장관과 함께 문천상의 사당을 경건하게 참배하였다. 사당은 땔나무 시장인 시시柴市에 있다. 시시는 곧 선생이 순절한 곳으로, 동네의 이름은 교충방敎忠坊이다.

    원나라 때는 선생의 소상을 만들어 선비의 옷을 입혀 놓았다가, 명나라 정통正統 13년(1448)에 순천부, 즉 북경의 부윤府尹 왕현王賢이 황제에게 주청을 하여 소상의 옷을 송나라 때의 승상 관복冠服으로 바꾸었다. 사당에 제사를 지내기 시작한 것은 영락永樂 6년(1408)부터이다. 해마다 봄가을의 가운데 삭일에 천자가 순천부 부윤을 파견하여 제사를 모시게 했는데, 제물로는 술 세 종류, 과일 다섯 종류, 비단 한 필, 양 한 마리, 돼지 한 마리이다.

    나는 사당에 재배하고 물러나 착잡한 생각이 들었다. 한숨도 나오고 탄식도 나오며 이런 생각을 해 보았다.

    천고의 역사상, 나라가 흥하고 망하고 하는 흥망의 시점에서는 하늘의 뜻이 무엇인지 확실하게 알 수 있다. 하늘의 뜻은 요망한 재앙과 상서로운 조짐으로 나타나서 그 뜻이 나라를 몰아내서 제거하려는 것인지, 혹은 나라를 부지하여 세우려는 것인지 반드시 확실하게 힘을 싣는 바, 비록 철없는 부인네나 어린애들이라도 하늘의 뜻이 어디에 있는지 환하게 볼 수 있다.

그런데도 충신과 의사들은 한갓 한 손으로 하늘의 뜻과 맞서서 대항하려고 하니, 어찌 이치에 어긋나고 또한 어려운 일이 아니겠는가? 천하를 차지할 수 있는 임금의 위엄과 무력을 가지고도 능히 일개 선비를 굴복시킬 수 없으니, 이는 선비의 꿋꿋한 절개는 백만 군중보다도 강하고, 사람이 지켜야 할 영원한 도리는 한 시대에 나라를 얻는 것보다 중하다고 할 수 있다. 그렇다면 충신의 그런 행동은 역시 천도天道가 거기에 깃들어 있는 것이다.

나라의 터전을 처음 일으키는 임금이 자신의 역량과 일의 핵심을 충분히 살피고 천하를 차지했다고 한다면, 이는 하늘이 명을 해서 그리 된 것인가? 아니면 순전히 자신의 힘만으로 천하를 취한 것인가? 하늘이 내게 천하를 차지하라고 명하고 내가 힘을 쓰는 것은 용납하지 않았다면, 그 뜻이 장차 천하에 대한 책임을 내게 맡기려고 그런 것인가? 아니면 천하를 가지고 내 몸을 이롭게 만들려고 하는 것인가?

문천상 소상

내 몸을 이용하여 천하를 이롭게 하려는 것이 하늘의 뜻이라면 천하를 이롭게 하는 방법에는 진실로 올바른 길, 즉 도道가 있을 터이다. 그래서 나는 천명을 받아서 도탄에 빠진 백성을 구하면 그만일 것이다.

그러므로 무왕武王이 포악한 주왕紂王을 정벌한

것은 무왕 개인이 그를 정벌한 것이 아니고, 도가 있음(有道)이 도가 없음(無道)을 정벌한 것이다. 그렇기 때문에 무왕은 당당하게 천하를 차지하고도 천자의 자리를 자신의 즐거움으로 삼지 않았다. 이 때문에 하늘에 대해서는 의심함이 없고, 사람에 있어서는 꺼림이 없으며, 적국에게도 원수 됨이 없고, 천하 사람에게도 내가 아니면 안 된다는 그런 마음을 가지지 않아, 오직 도가 있는 곳을 따라서 거기에 나아갔던 것이다.

때문에 무왕이 기자箕子를 방문한 것은 사람 기자를 찾아간 것이 아니라, 바로 그 도를 찾아갔던 것이다. 도를 방문한다는 것은 천하를 이롭게 하려는 것이다. 만약 무왕이 기자를 윽박질러 강제로 신하로 삼으려고 했다면, 기자라는 사람도 역시 홍범구주洪範九州를 품고서 문천상처럼 땔나무 시장으로 나아가 죽었을 것이다. 천하를 다스리는 도가 전해지고 전해지지 않는 것이 기자 자신에게 무슨 상관이 있었으랴!

후세에 천하를 차지한 사람 치고 천명을 받지 않은 사람은 하나도 없다. 그러나 자기 자신의 역량이나 일의 핵심을 정확하게 살필 수 없기 때문에 하늘을 믿지 않는다. 하늘을 믿지 못하기 때문에 남을 꺼려하지 않을 수 없다. 무릇 나의 무력으로 굴복시킬 수 없는 사람은 모두 나의 강적이 될 것이라고 생각하고, 그가 의로운 군사를 규합하여 망한 나라를 다시 광복시키려고 하지 않을까 상상하여 항상 두려워하게 되니, 차라리 '그 사람'을 애초에 죽여서 후환을 없애 버리는 것만 못하다고 여기게 된다.

'그 사람'이란 자도 역시 한번 죽어서 대의를 만천하에 밝히려고 한다. '그 사람'이란 자는 천하 사람들에게는 어버이와 형의 존재와 같은 사람이다. 천하 사람들에게 어버이와 형이 되는 사

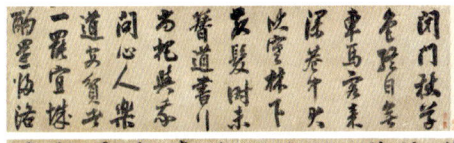

문천상의 글씨

람을 죽였는데도, 그 자제 되는 사람들이 원수를 갚으려는 것을 어찌 능히 그치게 할 수 있겠는가?

아하, 슬프다. 천하의 흥망은 일정한 운수가 있는 법이니, 망한 나라의 백성으로, 문 승상처럼 절개를 지킨 사람이 어느 시대이건 미상불 배출되지 않은 적은 없었다. 당시 천명을 받아서 새로이 천하를 차지한 임금은 바로 '그 사람'을 어떻게 응당 처리해야 할 것인가?

내 생각은 이렇다. 백성으로 삼되 신하로 부리려 하지 말고, 존중은 하되 지위는 없게 하며, 봉하지도 조회를 받지도 않는 그런 반열에 두면 그만일 것이다.

원나라 세조의 처지에서 해야 할 일은 친히 문천상이 갇힌 사관에 나아가서 그가 차고 있는 차꼬를 천자의 손으로 깨 버리고, 동쪽을 향하여 그에게 절을 한 뒤에 중국의 문화로 오랑캐를 변화시키는 방법을 물어야 할 것이며, 천하 사람들을 인솔하여 그를 스승으로 삼게 해야 할 것이다. 이것이 바로 옛날의 훌륭한 왕들이 썼던 방법이다.

알성퇴술 공자 사당을 참배하고

백이伯夷처럼 깐깐하고 까탈스러운 사람이라서 벼슬을 거부할 것인지, 이윤伊尹처럼 적극적이고 책임감이 있는 사람이라서 덮어놓고 벼슬을 할 것인지, 그것은 선생이 알아서 선택할 문제이다. 문천상의 고향 여릉廬陵의 100이랑 정도 되는 밭에 구역을 지어서 세금을 부과하지 않는다면, 녹봉을 받지 않고도 살아갈 수 있을 것이다.

아하, 문천상이 말하기를 나라가 망했으니 마땅히 죽어야 하는 것이 자신의 분수이지만, 그래도 만약 산다면 고향으로 돌아가 평민의 모자와 복장을 갖춘 농부가 되는 것이 소원이라고 했다. 그것은 바로 망한 나라에 살 수 없으니 백마를 타고 동쪽으로 가겠다던 기자의 뜻과 같은 것이 아니겠는가? 인간으로서 떳떳한 윤리를 서술하는 까닭과 예악을 일으키는 이유는 무엇인가? 선생의 뜻은 바로 이를 벗어나지 않으려고 했던 것이 아닐까?

관상대 觀象臺

성에 마주 붙여서 축대를 높이 쌓아 성가퀴보다 한 길 남짓 더 위로 솟아 있는 축대가 있는데, 이를 관상대라고 한다. 관상대 위에는 여러 가지 실험 기구가 있어, 멀리서 바라보면 마치 실을 잣는 커다란 물레처럼 생겼다. 이것을 이용해서 하늘의 별자리나, 낮밤이 바뀌는 자연현상을 관찰한다. 무릇 해와 달, 별의 움직임이나 바람과 구름의 날씨 변화는 이 관상대에 올라서 예측을 한다.

관상대

그 아래에 있는 관청을 흠천감欽天監이라고 한다. 흠천감 본채의 편액에는 '관찰을 오직 부지런히 한다'는 뜻의 '관찰유근'觀察惟勤이라는 글씨가 쓰여 있다.[33] 뜰 가운데에는 여러 가지 실험 기구를 여기저기 두었는데, 모두 구리로 만들었다. 나는 그 이름을 모를 뿐만 아니라, 형태와 만든 제도가 이상야릇하고 기이하여 사람의 눈과 마음을 놀라게 한다.

관상대 위로 올라가면 성 안이 다 굽어볼 수 있을 것 같은데, 지키는 사람이 완강하게 막는 바람에 올라갈 수 없어 돌아서고 말았다. 아마 관상대 위에 있는 여러 기구들은 천문을 관측하는 혼천의渾天儀와 옥으로 만든 선기옥형璇璣玉衡 같은 종류일 것으로 생각된다. 뜰 안에 비치해 둔 기구들도 나의 벗 석치 정철조의 집에서 본 것과 유사하게 생겼다.

일찍이 석치는 대나무를 깎아 손수 여러 기구를 만들었는데, 다음 날 기구를 보자고 하면 이미 부셔 버린 뒤였다. 언젠가 홍대용과 함께 정석치의 집에 갔는데, 두 사람은 황도黃道,[34] 적도赤

33 '관찰유근'의 편액은 강희 황제의 어필이고, 현재는 '관상수시'觀象授時라는 건륭 황제의 어필 편액이 걸려 있다.

34 지구가 태양을 중심으로 하여 도는 궤도.

관상대

35 지구의 중심을 지나면서 지축과 직각을 이루도록 자른 단면이 지표와 만나는 선.

道,³⁵ 남극과 북극에 대해 토론하며, 더러 머리를 흔들기도 하고 혹 고개를 끄덕이기도 하였으나, 그 학설이 모두 난해하여 나는 살피기 어려웠다. 나는 자느라고 듣지 못했는데, 새벽에 일어나 보니 두 사람은 그때까지도 등불을 켜 놓고 마주 앉아 도란도란 이야기를 하고 있었다.

당시 정석치가 했던 말 중에,

"우리나라 전라도 강진현康津縣은 북극의 몇 도에 나오는 지역으로, 중국 황하의 물이 회수淮水로 들어가는 입구와 서로 직선거리에 있으므로, 탐라의 귤이 바다를 건너 강진에 이르기만 하면 탱자가 됩니다."

라는 것이 기억난다. 그 학설이 전혀 근거 없는 말은 아닐 것이다.

36 과거 시험장은 관상대 건너편에 있고, 현재는 중국 사회과학원 주변 일대가 과거 시험장인 공원貢院이었다.

과거 시험장 試院(貢院)³⁶

과거 시험장의 담은 둘레가 거의 5리나 된다. 벽돌로 쌓아 성처럼 만들었는데, 매끈하게 생긴 것이 마치 도끼로 다듬어 놓은

듯하다. 높이는 두 길 남짓하고, 위에는 가시나무를 올려놓았다.[37]

가운데에 큰 집이 한 채 있고, 그 사방에 한 칸 정도 되는 방이 수천 개 있으며, 방과 방 사이는 반 칸 정도 된다. 방의 좌우는 창문을 터 놓아 빛을 받아들이게 되어 있으며, 앞은 판자로 사립문을 내고 가운데는 작은 온돌을 만들어 놓았으며 부엌과 욕실도 모두 갖추었다. 밖은 처마가 없게 벽돌로 그냥 쌓았는데, 방 한 채도 허물어진 곳 없이 안팎이 아주 정결하다. 비록 구멍을 뚫어서 부정행위를 하고 싶어도 담벼락이 철옹성같이 견고하여 어찌 해볼 도리가 없게 생겼다.

과거 시험장 7,500개의 방이 있는 과거 시험장

37 과거 시험장에 잡인을 엄금한다는 뜻에서 가시나무를 둘러친다. 때문에 가시나무를 둘렀다는 '극위'棘圍라는 말은 과거 시험장을 지칭하는 용어로 사용한다.

어제 과거에 낙방한 응시생의 답지를 보았더니, 길이는 두 자 남짓하고 폭은 여섯 자로, 항용 책을 만드는 데 사용하는 종이이다. 우물 정井자로 칸을 붉게 인쇄했는데, 작은 해서체로 글자를 쓰면 가히 천여 자는 쓸 수 있겠다. 답지 머리에는 예부禮部라는 붉은 인장이 찍혔고, 아래는 봉하게 되어 있다. 아마도 예부에서 시험 답지를 인쇄해 응시생들에게 나누어 주는 종이인 것 같다.

답안을 고열考閱한 것을 보니 마치 당송팔대가의 문장을 비평한 것처럼 되어 있으며, 아래 본방本房이라고 하는 네모 칸에는 직함과 성명이 기재되어 있고, 논평한 글이 몇 줄 쓰여 있다. 또 채점관들의 직함과 성명이 나열되어 있다. 모두 평가한 항목이 있고, 붉은 글씨로 우물 정자 한 칸에 글자 하나씩을 썼다. 상上, 중中, 하下, 차次, 외外, 경更 등의 등급을 매기지는 않았다. 낙방한 답지에도 품평한 글이 정성스럽고 상세하게 쓰여 있어, 답지를

청나라 말기의 과거 시험 답지

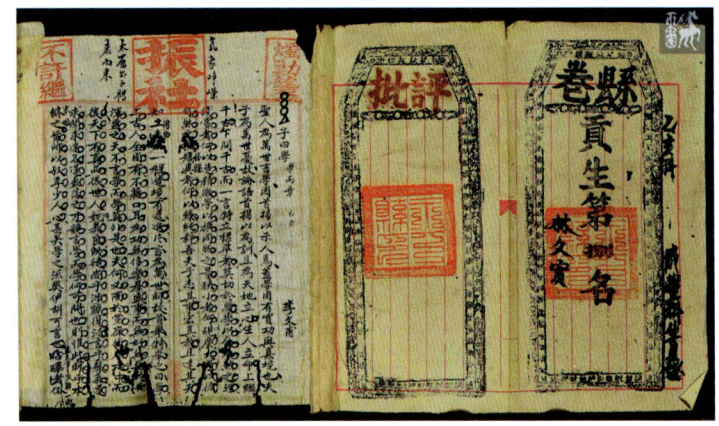

작성한 사람이 떨어진 이유를 소상하게 알 수 있도록 했다. 그 정중하고 친절하며 간절한 모습이 마치 스승과 제자 사이에 가르치고 배우는 화기애애한 뜻이 담긴 것 같다.

대국의 과거 시험장이 간결하고도 엄격하고, 시험을 보고 채점하는 방식이 상세하고도 근엄하여 과거 응시생을 조금도 유감스럽게 만들지 않는다는 사실을 볼 수 있겠다.

조선관 朝鮮館

조선 사신이 머무는 사관은 처음에는 옥하관玉河館이라고 하여 옥하교玉河橋 가에 있었다.[38] 그 옥하관을 아라사鄂羅斯(러시아)가 차지하는 바람에, 지금은 정양문正陽門 안 동쪽 성문 아래의 건어호동乾魚衚衕의 조선관으로 옮겼는데, 한림원의 서길사庶吉士 건물과 담을 마주하고 있다. 해마다 정기적으로 공물을 가지고 오는 사신이 먼저 이르러 이 관에 들고, 다시 특별 사신이 이어서

38 옥하관의 위치에 현재는 북경 최고인민법원 건물이 있다.

오게 되면 서관西館에 나누어 들기 때문에 이곳을 남관南館이라고 부른다.[39]

작년에 창성위昌城尉 황인점黃仁點[40]이 사행을 왔을 때 남관에 불이 났다. 3경쯤 되었는데, 남관 안은 솥에 물이 끓듯 시끌벅적 정신이 없었다. 일행은 조공으로 가져온 봉물짐을 성 아래에 황급히 쌓아 두었다. 수백 필의 말들은 문을 메운 채 서로 먼저 빠져나가려고 아우성이었다.

옥하교

그런데 갑옷을 입은 군졸들 수천 명이 철옹성처럼 엄하게 호위하고, 수십 대의 물차를 나란히 몰고 들어오는 모습이 벌써 보였다. 편담扁擔으로 어깨에 물 두 통을 지고 와서 물차의 수통에 차례대로 붓는데, 물 한 방울도 허투루 흘리지 않았다. 불을 직접 끄는 사람은 모두 모직물로 된 벙거지와 가죽옷을 입었는데, 벙거지와 가죽옷은 물을 적셨고 손에는 기다란 자루가 달린 도끼, 갈고리, 낫, 창을 쥐고 화염 속으로 뛰어들어 마음대로 휘젓고 다니며 불길을 잡았다.

잠시 만에 불이 꺼지자 떠들거나 요란을 떨지 않았고 고요했으며, 여기저기 흐트러진 봉물짐도 잃어버린 것 하나 없었다. 중국의 삼엄한 법도와, 매사에 구차스럽거나 어렵게 여기지 않음이 이와 같음을 거기에서 볼 수 있었다고 한다.

39 남관이 있던 곳에는 현재 북경시 공안국 건물이 들어섰다. 『건륭경성전도』乾隆京城全圖 11-7에 「고려관」으로 표기되어 있는 곳이 남관이다. 서관의 위치에 대해서는 앞 「황도기략」편에 나왔고, 현재 서단西單의 민족문화궁 부근이다.

40 황인점(1732~1802)은 영조의 딸 화유 옹주和柔翁主에게 장가를 들어 창성위에 봉해졌고, 정조 즉위년(1776)에 사은사로 중국에 다녀온 이래 모두 일곱 차례 중국을 다녀왔다. 자는 경락景樂 호는 염와恬窩이다. 1784년 사행시에 사행원인 이승훈李承薰이 『천주실의』 등 천주교 서적을 반입한 책임으로 1801년 신유사옥 때 삭탈관직 되었다.

적바림[1] 모음

앙엽기
盎葉記

◉ ― **앙엽기**
나뭇잎에 글자를 써서 항아리에 넣어 보관했다가 기록한다는 의미의 '앙엽기'는 일종의 기록 쪽지인 적바림과 통하는 말이다. 본편에는 북경성 안팎에 있는 사찰과 도교 사원, 기타 민간 신앙과 관련된 건물, 야소교와 관련된 유적을 소개하고 있다. 본편은 유교에서 이단이라고 불리는 종교나 학문을 다루고 있다는 점에서 앞에 나온 「알성퇴술」과는 정반대의 성격을 지니고 있다.
여기 내용은 연암이 현장에 가서 직접 관련 유적을 답사하고, 그곳 소재의 비석 등과 같은 유물의 내용을 직접 베껴 왔다는 점에서 그 제목도 '앙엽기'라고 하였거니와, 건축물의 조성 연대 등과 같은 사실 관계에 약간의 오류가 있는 부분도 없지 않지만 이는 어디까지나 1차 자료의 오류에 의한 것이고, 오히려 그 점이 기록의 직접성을 느끼게 해 주는 부분이기도 하다.

1 '적바림'이란 나중에 참고하기 위하여 간단히 적어 둠, 또는 그런 기록을 뜻하는 우리말이다.

머리말
「앙엽기서」盎葉記序

　　북경 황성 안팎의 여염집과 점포 사이에 있는 사찰이나 도교 사원 및 사당은 천자의 칙명으로 특별히 건축한 것이 아니라 모두 왕족들이나 부마 그리고 만주족이나 한족 대신들이 희사한 집이다. 게다가 부자들과 큰 장사치들은 반드시 사당 하나를 새로 지어서 여러 신들에게 부富를 이루게 해달라고 비는데, 천자와 경쟁적으로 사치하고 화려하게 집을 꾸미려 하였다. 때문에 천자는 도성을 화려하게 만들기 위해서 일부러 토목공사를 따로 벌여 별궁을 만들 필요가 없었다.

　　명나라 정통正統(1436~1449)과 천순天順(1457~1464) 사이에 궁중의 내탕금을 내어 만든 것이 200여 군데나 된다. 그리고 최근에 새로 지은 것은 대부분 대궐 안에 있어 외부인이 구경할 수가 없다. 다만 우리나라 사신이 이르면 때때로 받아들이고 인도해서 마음 놓고 구경하도록 해 준다.

그러나 이번에 내가 구경한 것은 겨우 그 100분의 1 정도에 지나지 않는다. 어떤 경우에는 우리 역관들에게 제지를 당하기도 하고, 더러는 들어가기 힘든 곳을 문지기와 다투어 가면서 바야흐로 그 안으로 들어가면 시간이 언제 가는지 총총하여 시간이 부족할 지경이다. 건물을 세운 고사와 연혁은 비석에 새겨진 글을 살펴보지 않고선 어느 시대의 어떤 절인지 알 수가 없다. 겨우 비석 하나를 읽는데도 문득 시간이 훌쩍 흘러 버려, 자개와 구슬처럼 찬란하고 아름다운 사찰이나 도교 사원을 그저 문틈으로 달리는 말을 내다보는 격으로 시간이 훌쩍 지나가고, 빠른 여울을 지나는 배처럼 건성으로 볼 수밖에 없다.

이 때문에 다섯 감각기관인 눈, 귀, 코, 혀, 피부는 모두 피로한 상태이고, 베껴 적으려다 보니 문방사우가 모두 모자라졌다. 항상 꿈속에서 무슨 예언서를 읽는 것 같고, 눈에는 신기루가 어른거려서 뒤죽박죽 섞이고 희미해져서 이름과 실제의 사적이 헷갈리는 것이 대부분이다.

귀국한 뒤에 기록했던 작은 쪽지를 점검해 보니 종이는 나비 날개처럼 얇고 자그마하며, 글자는 파리 대가리처럼 작고 까맣다. 모두가 바쁜 총중에 비석을 읽고 조급하게 베낀 것이라 엉성하기 짝이 없다. 드디어 편집을 해서 '앙엽소기'盎葉小記라고 하였다. 앙엽이란 옛사람이 감나무 잎에다 글자를 써서 항아리 안에 넣어 두었다가, 나중에 모아서 하나의 기록으로 정리했다는 것을 본받아 붙인 이름이다.

홍인사 弘仁寺[2]

2 홍인사는 원나라 때 동물원이었는데, 1666년 강희 5년에 중건하여 홍인사로 개명되었다. 취봉사鷲峰寺의 전단불상旃檀佛像을 옮긴 이래로 사람들이 전단사로 불렀다. 북해와 서천주당 사이에 있었던 홍인사는 1900년에 난 화재로 전소되었다. 경내의 비석은 오탑사(진각사)로 옮겼다.

3 육수부는 남송의 충신으로 자는 군실君實이다. 남송이 몽고군에게 쫓겼을 때 단종을 옹립했고, 단종이 죽은 후에는 후위왕後衛王 조병을 황제로 세웠으나, 원나라에 패하자 임금을 업고 바다에 몸을 던져 죽었다.

홍인사의 가장 뒤에 있는 전각에는 관음보살의 변상變相이 있는데, 천 개의 손과 천 개의 눈을 가졌으며, 손에는 각각 뭔가를 쥐고 있다.

불상 뒤에는 대형 가리개 그림이 걸려 있다. 그림에는 큰 바다가 넘실거리고 빈 배가 떴다 잠겼다 하며, 바다와 하늘의 구름 기운이 뭉게뭉게 피어오르고 오색의 상서로운 구름으로 변하는데, 그 안에 금관옥대金冠玉帶를 하고 어린아이를 껴안고 있는 사람이 있다. 어린아이는 면류관에 곤룡포를 갖추었으며, 곱고 엄숙 단정한 모습을 하고 손으로 하늘을 가리키고 있다. 수천 명이나 되는 사람들이 구름 기운 속에서 이들을 호위하고 있는데, 모두들 이마에 부처님의 광명인 불광佛光을 둘렀다. 언덕에 있는 수많은 남녀들은 이마에 손을 얹고 하늘을 우러러보고 있는데, 그 수가 만 명은 되는 것 같다.

그림을 그린 사람의 성명도 없고, 그린 연월일의 표제도 없으니, 무슨 인연으로 이런 그림을 절에 시주한 것인지 구경하는 사람들은 분별할 수가 없다.

나는 이 그림이 송나라 충신 육수부陸秀夫[3]가 황제를 안고 바다에 뛰어드는 장면을 그린 것이라고 생각했다. 무슨 근거로 그런 그림인 줄 아느냐고? 일찍이 송나라의 임금과 신하를 그려 놓은 〈송군신도상〉宋君臣圖像을 본 적이 있는데, 그림 속의 재상 범중엄范仲淹의 관복 모양이 이

홍인사(전단사) 소실 전 모습(상)과 그 위치(하)

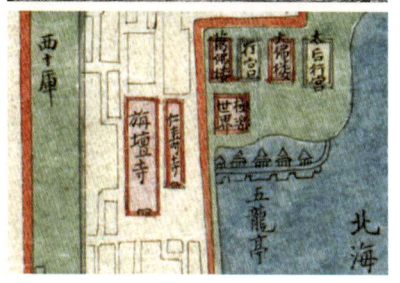

그림 속 관복과 같았다. 또 어제 참배했던 문 승상 사당에서 문천상의 소상이 하고 있는 모자와 허리띠가 이와 유사했기 때문이다.

곤룡포와 면류관을 하고 있는 어린아이는 틀림없이 송나라 마지막 황제였던 위왕衛王 조병趙昺일 것이다. 빈 배가 떴다 잠겼다 하는 모습은 육수부가 황제를 끌어안고 바다에 뛰어들자 배에 타고 있던 사람들이 모두 그 뒤를 따라 물에 빠져 죽는 장면을 그린 것이다. 피어오르는 구름이 하늘로 올라가고, 이마에 불광을 두르고 있는 사람은 후인들의 망상일 터인데, 그림을 그린 화가가 고심해서 그려 넣은 부분일 것이다.

그때는 송나라의 종묘사직이 큰 바다에 떠 있었고, 군신 상하 모두 하루살이 같은 목숨을 회오리바람이 불어 고래처럼 몰아치는 파도에 맡기고 있었으니, 그야말로 물이 아니면 하늘이니 어디로 갈 수조차 없었다. 그런 상황에서도 육수부는 날마다 『대학장구』大學章句를 써서 황제를 가르쳤다고 한다. 그 조용하고 한가하며 안락함이 마치 큰 대궐의 양탄자 방석에 앉아 군신 간에 토론을 하는 모습처럼 하였다니, 어찌 현실감이 없고 의혹을 살 일이 아니겠는가?

아아, 슬프다. 충신과 의사 들이란 나라가 기울고 엎어지며 패망한다고 해서 그 정성스럽게 충군애국忠君愛國하는 마음을 조금도 게을리하지 않는 사람들이다. 그렇다면 진실로 천하 사람들과 국가를 위하는 근본은 오직 뜻이 정성스럽고 마음이 바른 데 달려 있을 것이다. 하루라도 군신 관계가 없다면 그만이겠지만, 하루라도 군신 관계가 있다면 뜻이 정성스럽고 마음이 바름은 그 하루에도 힘써야 할 급선무이다.

임금이 된 자가 이것을 분명히 알지 못하기 때문에 나라의 땅

덩어리가 비록 만 리나 되지만 오히려 천하에 국가가 없는 것과 같게 되는 것이다. 만약 이를 급선무로 여긴다면 비록 일엽편주 같은 조각배 안에서도 '치국평천하'治國平天下 하는 이치가 평소부터 미상불 갖추어지지 않은 적이 없을 것이다.

나라에 식량을 제거하면 백성이 굶어 죽게 되고, 군대를 제거하면 나라가 망할 터인데도, 공자 같은 성인은 죽고 망하는 문제보다 백성에게 신뢰받는 것을 더 우선시하였다.[4] 하물며 그 당시에 승상 문천상 같은 인물이 밖에서 군사를 맡아 보고 있었고, 등광천鄧光薦[5] 같은 인물이 안에서 군량미를 감독하고 있었다면, 비록 배 안에 있는 천하라고 하더라도 오히려 나라를 광복해야 할 이치가 있었을 것이리라.

---

[4] 『논어』「안연」편에 나오는 내용이다.
[5] 등광천(1232~1303)은 남송 말기의 애국시인이다. 은거하던 그가 친구 문천상의 천거로 벼슬에 나가서 예부시랑 등의 관직을 역임하였다. 남송이 멸망하자 두 번이나 바다에 투신했으나 죽지 못했고, 문천상과 함께 포로로 잡혀 북경에 억류되었다가 만년에 석방되었다. 자는 중보中甫이고 호는 중재中齋이다. 문천상 관련 저작을 많이 남겼고, 문집 『중재집』, 『동해집』東海集을 남겼다.

보국사 報國寺

보국사는 선무문 밖 북쪽 대각선 방향으로 1리쯤 가면 있다. 매달 초하루, 보름, 25일에 세 번 장이 서는데, 해내의 온갖 재화들이 이곳으로 몰려든다. 불당의 전각은 세 채이고, 행랑채가 주변을 돌아가며 있으나, 절에 거처하는 중들은 아주 적다. 모두가 북경 밖에서 온 행상들로, 절이라는 게 시장판이나 다를 바 없다. 참선하는 사원 안에 하나의 큰 도회지가 있는 셈이다.

첫 번째 불전의 편액에는 '속세의 티끌이 하나도 오지 않는다'는 뜻의 '일진부도'一塵不到가 적혀 있으며, 세 번째 전각 뒤에는 비로각毘盧閣이 있다. 그 중간은 큰길이 나 있어서 점포가 죽 들어섰으며, 수레와 사람들로 떠들썩하고 후끈 달아 있으니, 비단 장날만 그런 것이 아니었다.

내가 『사기』를 읽을 때, 전국시대 유세가인 소진蘇秦이 제나라 왕을 설득하면서, "제나라 수도 임치臨淄의 도로는 수레바퀴가 서로 부딪치며 사람의 어깨가 서로 닿을 정도로 복잡하고, 땀을 뿌리면 비를 이루고 옷깃을 연결하면 장막을 이룰 정도로 사람이 붐빕니다"라는 구절이 있었는데, 처음에 나는 아주 과장된 글이라고 생각했다. 그러나 지금 황성의 아홉 개 문을 구경하고 나니 정말 사실임을 알겠다. 보국사와 융복사隆福寺 같은 절에도 모두 도성의 대도처럼 뚫

보국사 경내의 골동 시장

린 도로가 있음을 본 뒤에는, 옛사람들이 말하거나 쓴 기록이 요란하게 과장한 허튼소리가 아니라는 사실을 더더욱 알게 되었다. 춘추전국시대 제후의 나라들은 날마다 전쟁이 꼬리를 물고 일어났으되 도읍지의 풍부하고 넉넉함은 오히려 그와 같았으니, 하물며 오늘날 태평한 천자의 도읍지임에랴.

비로각에 오르니, 전각은 35칸이었고, 그 가운데에는 도교에서 모시는 신령인 문창성군文昌星君을 안치하였으며, 그 좌우에는 불상들과 신장神將들을 나열하였다. 북쪽 벽으로부터 층층대 사다리를 밟고 비로각 꼭대기에 오르자니 컴컴하기가 칠흑과 같고, 더듬더듬 조심해서 예닐곱 길쯤 올라갔을 무렵 사다리가 끝이 나고 밝은 빛이 환하게 들어온다. 비로각의 꼭대기는 15칸인데 커다란 금부처 11좌座가 있다.

난간을 따라 한 바퀴 돌아보니 황성 아홉 문의 안팎이 아주 자그마하게 보인다. 사람은 콩알처럼 보이고 말은 한 치 정도로 작게 보이는데, 먼지 속에 꿈틀꿈틀 하고 있다. 천녕사天寧寺의 영탑影塔은 하늘과 구름 사이로 높이 솟아 있고, 태액지의 넓고 투명한 물결과 그 안의 경화도에 솟은 백탑白塔은 투명하게 마주하며 스스로 아름다운 모습을 드러내고 있다.

　　절은 명나라 성화成化 2년(1466)에 황태후의 복을 빌기 위해 창건되었다.[6] 당시 명나라 학자인 한림시독학사翰林侍讀學士 유정지劉定之[7]가 비문을 짓고, 왕객汪客이 글씨를 썼다.

6　절은 본래 요遼나라 때 창건되었으나 규모가 작아 소보국사라고 불렸고, 1466년(성화 2년)에 중수하여 자인사慈仁寺로 불렸고, 1754년(건륭 연간)에 중수하여 대보국자인사大報國慈仁寺라고 하였다.

7　유정지(1409~1469)는 명나라의 저명한 문인 학자로, 자는 주정主靜 호는 매재呆齋이다. 저서에 『매재집』, 『역경도석』易經圖釋, 『비태록』否泰錄 등이 있다.

천녕사 天寧寺

　　보국사에서 돌아서 가면 천녕사에 이른다. 천녕사는 원위元魏(남북조시대의 북위) 효문제孝文帝 때에 이름이 광림사光林寺였고, 수隋나라 때(602년)는 홍업사弘業寺였다. 당나라 개원開元(713~741) 연간에 현판을 천왕사天王寺로 바꾸어 달았고, 금나라 대정大定 21년(1181)에는 대만안사大萬安寺가 되었다가, 명나라 선덕宣德 10년(1435)에 수리하여 천녕사라 했다가, 정통正統 10년(1445)에 또 중수하여 광선계단廣善戒壇이라 하였다.

　　큰길에 임해서 2층 축대를 쌓았는데, 높이가 다섯 길 정도 된다. 축대 위에 행랑채를 빙 둘러 잇달아 지어서 연결했는데 거의 몇 리까지 이어진다. 그 가운데에 부처를 모신 큰 전각 다섯 채가 있다.

　　전해 오는 옛이야기에 의하면,

"수나라 문제文帝가 인수仁壽 2년(602) 정월에 아라한阿羅漢[8]을 만났는데 그에게서 부처님 진신 사리 한 주머니를 받았다. 그래서 칠보함에 넣어서 기주岐州, 옹주雍州 등 30개 주州에 보내고, 주마다 탑 하나씩을 세워 사리함을 보관하게 했다. 지금 천녕사의 사리탑도 그중의 하나이다."

라고 한다.

탑의 높이는 스물일곱 길 다섯 자 다섯 치라고 한다.[9] 탑은 13층 탑으로, 팔각형으로 생겼다. 방울을 사방으로 돌아가며 달아 놓았는데, 그 수가 만 개쯤 되어 '댕그랑'거리며 울리는 소리가 끊일 때가 없다. 탑의 꼭대기에 구리로 만든 법륜法輪의 바퀴가 바람에 닳아서 번쩍번쩍 빛을 반사하여 사람들의 옷소매에 푸릇푸릇 비치고 하얗게 희번덕거렸다.

옛소문에 의하면,

"탑의 그림자가 거꾸로 비추어 대웅전에 들어간다. 정오 때 대웅전의 문을 닫아걸면 빛이 문틈으로 들어와 탑 전체의 그림자가 돌 위에 비치게 된다."

라고 한다. 이번에 우리가 갔을 때는 마침 날이 흐리고 흙비가 오는 바람에 그 그림자를 보지 못했다.

불상 뒤에 있는 『화엄경』華嚴經 병풍은 그 솜씨의 기묘함이 귀신이 만든 듯하다. 강희 신미년(1691)에 대흥현大興縣[10] 이지수李之秀의 아내 유씨劉氏가 『화엄경』을 직접 베껴 쓴 것으로, 전부 81권 60만 43글자다.[11] 병풍에는 글자를 이리저리 구불

8 아라한은 소승불교 수행자 가운데서 가장 높은 경지에 오른 이를 말한다.
9 55.38m 높이이다.
10 대흥현은 섬서성 장안현長安縣.
11 『일하구문고』, 『순천부지』順天府志에 의하면 보탑도는 우산廬山 허덕許惪이 쓰고, 이지수의 아내 유씨가 시주한 것으로 되어 있다.

천녕사 탑과 표면 부조

구불 써서 5층 전각 모양을 만들고, 중간에는 불상을 안치하였다. 글자의 크기는 개미 머리 정도로 작지만, 점과 획이 근엄하고 긋고 삐친 획이 정제되어 터럭만큼도 허술하고 어지러운 곳이 없다. 글자로 구성된 전각의 처마와 지붕, 창틀의 격자 모양이 저울 눈금이나 기장 알맹이만큼도 오차가 전혀 없고, 불상의 눈과 눈썹은 마치 살아 있는 사람 같으며, 의복의 주름이나 접힌 부분까지 아주 자연스럽다.

허어! 일개 여자의 마음씨와 솜씨로 만든 것이라고 할 수 없을 정도로 신기하게 만들다니. 하물며 절 전체를 만든 공력은 천하의 모든 힘을 모아서 만든 것임에랴. 절 안에 보관된 보물이나 진기한 그릇들은 다 돌아볼 여가가 나지 않았다.

백운관 白雲觀

도교 사원인 백운관은 그 주위를 둘러싸고 있는 건물의 장엄함이나 화려함이 천녕사에 조금도 뒤지지 않는다. 도사 100여 명이 거처하고 있다.

패루의 바깥 편액에는 '동천승경'洞天勝境이라고 쓰여 있고, 안쪽의 편액에는 '경림낭원'瓊林閬苑이라고 쓰여 있다. 구멍이 하나인 무지개다리를 건너서 옥황전玉皇殿에 들어가니, 옥황상제는 황제의 복장을 갖추어 입었으며, 전각을 돌아가며 33천三十三天의 도교의 신을 세웠는데, 모두 홀을 잡고 면류관을 늘어뜨리고 있는 것이 옥황상제와 동일한 모습이다. 하늘의 신인 천봉신장天蓬神將은 머리가 셋이고 팔이 여섯으로 각각 병장기를 끼고 있

백운관 패루(상)와 백운관의 옥황전(하) '동천승경' 편액이 보인다.

다. 앞의 전각에는 인간의 수명을 맡고 있다는 남극노인성군南極老人星君이 흰 사슴을 타고 있는 상을 안치하였고, 왼쪽의 한 전각에는 도교에서 받드는 여신인 두모斗姆를 모셨고, 오른쪽의 한 전각에는 원나라 때의 도사 장춘長春 구처기丘處機의 상을 안치하였다. 구처기는 원나라 세조의 국사國師였다. 옥황전의 편액에는 '자허진기'紫虛眞氣라고 되어 있고, 두모전斗姆殿의 편액에는 '대지보광'大智寶光이라고 적혔는데, 모두 강희제의 어필이다.

도사들이 거처하는 행랑채는 천여 칸이나 되는데 모두 맑고 정숙하여 먼지 하나 일지 않는다. 쌓아 둔 서책들은 모두 비단 두루마리에 옥으로 만든 굴대로 되어 있으며, 마룻대와 처마까지 채우고 있었다. 솥과 술잔, 제기 등의 골동품들이 비범하고 예스러우며, 병풍과 서화 중에는 왕왕 세상에 아주 드문 보물들이 있다.

법장사 法藏寺[12]

12 법장사는 미타사라고도 불렸고, 절 안에 흰 전탑이 있었기 때문에 백탑사 혹은 법탑사로도 불렸다고 한다. 청나라 때 황폐해졌고, 유일하게 7층 30m 높이의 8각형 탑이 남았으나, 그것도 1965년에 절단되어 헐렸다고 한다.

천단 북쪽 담을 따라 동쪽으로 몇 리를 가면 법장사가 있다. 금나라 대정大定(1161~1189) 연간에 창건되었고, 옛 이름은 미타사彌陀寺이다. 명나라 경태景泰 2년(1451)에 태감太監 배선정裵善靜이 중수를 하고 지금의 이름으로 바꾸었다. 절을 만든 제도는 천녕사 등 여러 절과 비교해 보면 대동소이하다.

7층탑은 높이가 10여 길(30여 미터)은 되는데, 그 안은 비었고 나선형의 계단을 만들어 놓았다. 그 안은 밤중처럼 캄캄하여, 더듬더듬 발을 옮기며 따라 올라가면 마치 귀신 소굴에 들어가는 것 같다. 한 층을 올라서면 여덟 개의 창이 나 있어서 훤하게 터져, 마음과 눈이 다 상쾌하고 탁 트인다. 일곱 층을 하나하나 오를 때마다 한 번씩 꿈을 꾸다가 깨는 것 같다.

법장사 탑

매 층은 모두 여덟 면으로 되어 있고, 면마다 창이 있으며, 창에는 모두 불상이 있어서 모두 합하면 58존尊이 된다. 불상 앞에는 모두 등 하나씩을 설치해 놓았다. 어떤 사람이 말하기를 "정월 대보름날 밤에는 탑을 돌며 등불을 밝히고 번갈아가며 생황 피리 등으로 음악을 연주하는데, 마치 천상에서 울려 퍼지는 소리 같다"고 한다.

　탑의 1층에는 우리나라 김창업 공께서 이름을 남겼고, 그 밑에 나의 벗 홍대용도 이름을 남겼는데, 먹빛이 방금 써 놓은 것 같다. 서글프게 한참을 어정거리다 보니, 만나서 이야기라도 할 수 있을 것 같은 기분이다.

　난간에 기대어 사방을 둘러보니 황성의 전체가 또렷하게 눈에 들어온다. 눈으로 실컷 보고 나자 정신이 달아나고 머리카락이 쭈뼛 곤두서서 오래 머물 수 없었다.

　둘째 전각에는 두 개의 비석이 있다. 하나는 급사중給事中 여헌呂獻이 짓고 홍려시승鴻臚寺丞 고대高岱가 쓴 것이다. 다른 하나는 국자좨주國子祭酒 호형胡濚이 짓고 태자빈객太子賓客 회음淮陰 출신의 김렴金濂이 썼으며, 비석 위의 전서체篆書體 글자는 좌도어사左都御使 고소姑蘇 출신의 진감陳鑑이 썼다.

태양궁 太陽宮[13]

　법장사를 나와 서쪽으로 수백 보를 가면 태양궁이 있다. 향불을 아주 성대하게 피우고, 몰려든 수레와 말이 마당을 꽉 채웠다. 안팎의 여러 전각과 좌우의 곁채에는 복을 비는 남녀들이 하루에도 수천, 수만 명이나 된다. 섬돌과 층계 사이에는 녹은 촛농이 봉우리를 이루었고, 타고 난 향의 재가 눈처럼 쌓였다.

　앞의 전각 한가운데에는 자미성군紫微星君을, 동쪽에는 태양성군太陽星君을, 서쪽에는 태음성군太陰星君을 각기 모셨다. 뒤의 전각에는 구천성군九天星君과 성모聖母를, 왼쪽 한 전각에는 관운

13 건륭 황제가 이곳에 나와서 햇빛이 비치는 모습에 감탄하여 태양궁이라고 명명을 했고, 마을 주민이 이를 기념해서 세운 건물이 태양궁이다. 현재는 없어지고 그 이름을 딴 현대식 건물이 많이 들어섰다.

장을, 오른쪽 한 전각에는 석가모니를 각각 모셨다.

　술과 음식, 꽃과 과일을 팔기도 하고, 새를 놀리기도 하며, 온갖 재주와 기술을 놀리고 파는 사람들로 왁자지껄하고 분답한 모습이 절집 안에 하나의 도회지가 있는 것 같다.

안국사 安國寺

　숭문문 밖 서남쪽에 금어지金魚池,[14] 일명 어조지魚藻池라는 못이 있다. 못을 구역으로 나누어서 제방과 연못을 만들고 못둑에는 복숭아나무와 버드나무를 많이 심어 놓았다. 주변에 사는 사람들은 해마다 오색 물고기를 키워서 시장에 내다 파는 것을 업으로 삼는데, 금색 물고기가 제일 많기 때문에 못을 금어지라고 부른단다.

　해마다 단오절이면 도성의 사람들이 모두 떼를 지어 나와서 못 주변에서 말을 달린다. 못의 북쪽에는 정원이나 정자가 매우 많은데, 그중에서도 안국사의 건물이 가장 장엄하고 화려하다.

　절 문 좌우에는 종각과 고각鼓閣이 있으며, 커다란 전각이 세 채 있다. 전각 앞 동서의 곁채는 수백 칸이나 되고 모두 소상塑像이 있으며, 누렇고 푸르며 휘황찬란하게 꾸며 놓은 모습은 뭐라고 형용하기 어려울 정도이다. 전각 뒤에는 또 세 채의 커다란 누각이 있고, 황금빛 난간에 수를 놓은 창문이 구름 사이에서 나풀거린다.

14 근대에 들어와 금어지 물이 썩고 또 그 주변이 빈민굴로 슬럼화되어 1965년에 못을 매우고 새로운 주거지로 만들었다.

1960년대 금어지

그런데 단지 중 두 명이 서로 지키고 있고, 향불을 피우러 오는 사람이 드물어 아주 괴상하였다.

약왕묘 藥王廟

천단의 북쪽에 약왕묘가 있는데, 명나라 때 무청후武淸侯 이성명李誠銘이 건립한 것이다.[15]

15 천단 북쪽 동효시가東曉市街에 있던 약왕묘로 남약왕묘로 불렸다.

전각 가운데에는 전설의 황제인 태호복희씨太昊伏羲氏를 앉히고, 왼쪽에는 신농씨神農氏를 오른쪽에는 황제黃帝 헌원씨軒轅氏를 앉혔다. 그리고 역대의 명의를 배향해 놓았다. 예컨대 명나라 진인眞人 손사막孫思邈, 황제黃帝 때의 명의 기백岐伯, 춘추시대 정鄭나라의 명의 편작扁鵲, 진晉나라의 도사 갈홍葛洪, 후한 때의 명의 화타華陀, 진晉나라의 왕숙화王叔和, 당나라 진인 위자장韋慈藏, 한漢나라 태창령太倉令인 순우의淳于意, 후한 때의 중경仲景 장기張機, 삼국시대 사안士安 황보밀皇甫謐 등인데 많아서 다 기록할 수조차 없다.

약왕묘의 배향과 제사 지내는 제도는 대체로 문묘를 모방하였다. 매달 초하루와 보름에는 도성의 남녀들이 구름같이 모여들어 무병無病과 쾌차를 기도하는데, 촛농과 향의 재가 눈처럼 쌓였다. 지금 막 한 여자가 잘 차려 입고 머리를 조아리며 기도를 하는데, 그 땀과 분가루가 깔고 앉은 방석을 적신다. 전각과 집의 장엄하고 화려함은 태양궁과 거의 맞먹었다.

천단 북쪽의 남약왕묘

천경사 天慶寺

약왕묘와 담 하나를 사이에 두고 천경사가 있다.

천경사에는 네 채의 커다란 전각이 있는데, 첫째가 사왕전四王殿이고, 둘째가 원통전圓通殿, 셋째가 대연수전大延壽殿, 넷째가 공상전空相殿이다.

공상전 가운데에는 한 치 남짓 되는 작은 금불상을 수천, 수만 구軀를 쌓아서 커다란 불상을 만들어 놓았다. 불상의 눈과 눈썹은 산 사람의 용모처럼 생동감이 있고, 이마의 주름이나 옷의 구김도 작은 불상이 아닌 것이 없어서 가로세로로, 바로 거꾸로 세워 만든 것이 마치 화가가 붓으로 그린 것 같다. 이런 정성과 뛰어난 솜씨라면 토목공사를 공교롭게 하고 단청의 화려함을 만드는 데 무슨 어려움이 있겠는가?

이런 큰 사찰에 단지 늙은 중 하나와 사미승 서넛이 거처할 뿐이고, 곁채에는 온갖 장인바치들이 거주하며 분주하게 작업을 하고 있다. 서화의 두루마리와 굴대, 배접과 표구 등을 모두 그 안에서 작업한다. 동북쪽 모퉁이에는 높은 누각이 있고, 그 안에는 13층 금탑을 세웠는데, 아로새긴 조각과 화려한 색채의 성대함은 거의 귀신의 솜씨 같다. 절은 명나라 천순天順 3년(1459) 기묘년에 건립했다.[16]

16 천경사는 요나라 때 창건되었고, 원나라 1272년에 중건되었다. 이후 명나라 때 여러 차례 중수되었다. 처음 이름은 영태사永泰寺였으며, 요나라 연호인 천경을 따서 천경사로 불리게 되었다. 천순天順, 성화成化 연간에 중수하였다.

두모궁 斗姥宮

천단의 서쪽에 도교 사원인 두모궁이 있다.

정문 앞에는 큰 도로가 있으며 패루 세 개를 세웠다. 남쪽 패루의 바깥 편액에는 '여천동수'與天同壽라고 적혀 있고, 안쪽 편액에는 '만수무강'萬壽無疆이라고 되어 있다. 동쪽 패루의 바깥 편액에는 '봉래심처'蓬萊深處, 안쪽 편액에는 '동화주산'東華注算이라고 되어 있다. 서쪽 패루의 안쪽 편액에는 '천축연상'天竺延祥이라 적혔고, 바깥 편액에는 뭐라고 쓰였는지 기억이 나지 않는다.[17]

백운관의 두모원군斗姥元君

세 개의 누각이 솥발처럼 버티고 서 있는데, 금색 푸른색 단청이 어찌나 찬란한지 똑바로 쳐다볼 수가 없다. 제1전각에는 방방을 '북극전'北極殿이라고 붙여 놓고 안에 북두성군北斗星君을 안치했다. 제2전각에서 제5전각까지는 모두 자물쇠를 채워 놓아 외부인의 관람을 허락하지 않았다. 대체로 토목공사의 성대함이나 화려한 단청의 공교함은 보통 사람들의 지혜나 역량으로는 미칠 바가 아니다. 좌우 곁채의 벽에 그려 놓은 그림은 모두 처음 보는 것이었지만, 갈 길이 바빠서 상세히 보질 못했다.

[17] '선경장춘'仙境長春이라고 적혀 있다.

또 한 전각에 이르러 창틈으로 멀리 엿보니, 안에 무슨 놈의 보물단지들이 있는지 알 수 없으나, 푸른 불빛이 선명하게 빛나는 모습이 도깨비불 같고 차곡차곡 쌓이고 뒤섞인 모습이 마치 부처 뱃속과 같아, 알려고 해도 알 수가 없으며 꿈속에서 부적을 본듯 허황하다. 또 가다가 한 전각에 이르렀는데 옛 서화를 많이 비치해 두었다. 송나라 서화가 미불米芾의 〈천마부〉天馬賦와 〈산정목매도〉山精木魅圖는 그 표제만 보고서 떠났다.

미불의 〈천마부〉(부분)

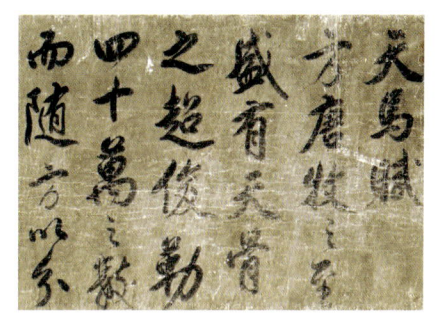

강희 황제 때 태감太監으로 있던 고시행顧

18 고시행은 고문행顧問行의 오자이다.
19 태황태후는 강희 황제의 할머니 효장문황후孝莊文皇后(1613~1688)인데, 청 태종의 황비이다.
20 고사기(1645~1704)의 자는 담인澹人, 호는 병려甁廬이다. 강희 황제 때 『대청일통지』와 『명사』를 편찬했으며, 『청음당전집』淸吟堂全集 외에 20여 종의 저서가 있다.

21 『일하구문고』에 의하면 매달 9, 10일에 열린다고 하였다.

융복사 비석 1453년 명 대종代宗의 융복사창건어제비. 오탑사, 석각박물관 소재.

時行[18]이 태황태후太皇太后[19]의 명복을 빌기 위해 강희 30년(1691)에 자신의 사재를 털어서 이 궁을 건립하였다. 비문은 한림원 시강학사翰林院侍講學士 고사기高士奇[20]가 짓고 강희 을해년(1695)에 세웠다.

융복사 隆福寺

융복사의 장날은 매달 1일, 11일, 21일로 세 번 선다.[21] 나는 의주 상인 임경찬林景贊과 융복사에 동행했는데, 그날따라 시장에 수레와 말이 더더욱 꽉 매우고 있어서, 절 안 지척의 거리에서 그만 서로를 놓쳤다. 하는 수 없이 나 혼자 다니며 구경을 하였다.

비석에 새겨진 내용을 보니,

"명나라 경태景泰 3년(1452) 6월에 공부시랑工部侍郞 조영趙榮이 공사 인부 만 명을 감독하여 경태 5년(1454) 4월에 낙성을 하였다. 황제가 택일을 하여 절에 거둥하려고 했더니, 태학생 양호楊浩와 의제낭중儀制郞中 장륜章綸이 상소를 올려 간하는 바람에 그날로 가는 것을 파의하였다."

라고 하였다.

조정의 공경과 사대부들이 연달아 수레와 말을 타고 절 안에 이르러 직접 물건을 고르고 사고 있었다. 갖가지 물건들이 절의 마당에 그득하고, 진주와 옥으로 된 값진 보물들이 쌓여 있었다. 걸어가는 도중에 물건들이 발끝에 채일 정도여서, 걷는 사람의 발길을 움츠리게 하고 마음을 쭈뼛쭈뼛하게 만들며 눈을 휘둥그렇게 한다.

섬돌과 층층대, 옥으로 된 난간에 펼쳐서 걸어 놓은 것은 모두 용과 봉황을 수놓은 모직물이고, 담과 건물 벽에 유명한 글씨와 그림들로 온통 도배를 해 놓았다. 더러 장막을 설치하여 징을 두드리고 북을 치는 자는 재주를 부리거나 요술을 하며 돈벌이하는 사람이다.

융복사 대웅전의 조정藻井 북경 고건축박물관 소재

왕년(1778)에 이덕무가 이 절에 유람을 왔을 때가 마침 장날이었는데 내각의 학사인 숭귀崇貴라는 사람을 만났다고 했다. 그는 직접 여우 털옷을 골라서 옷깃을 헤쳐 보기도 하고 입으로 털을 불어 보기도 하며 몸에 대 보고 길이를 재더니 자기 손으로 은자를 꺼내어 계산했는데, 이덕무가 이를 보고 깜짝 놀랐다고 한다.

숭귀는 만주인으로 왕년에 칙명을 받들고 우리나라에도 왔던 인물이다.[22] 관직이 예부시랑, 몽고부총통 등에 이른 고관이다. 우리나라에선 비록 선비가 궁핍하여 부릴 심부름꾼 하나 없는 처지라도 자신이 직접 시장판에 감히 나가는 일은 없다. 장터에 나가서 되잖은 장사치들과 물건 값을 흥정하는 것을 비루하고 좀스러운 일로 여기기 때문이다. 그러니 그런 광경이 우리나라 사람의 눈을 깜짝 놀라게 한 것은 어찌 보면 당연한 일이다.

그러나 내가 여기저기 다니며 물건을 사고파는 사람들을 둘러보았더니 모두들 오중吳中, 즉 강소 지방 명사名士들이고, 아주 좀스러운 장사꾼이나 거간꾼은 아니었다. 구경하러 온 사람들은 대체로 한림원의 서길사庶吉士들이 많으며, 친구를 방문하기도 하고 고향 소식을 묻기도 하면서, 겸하여 기명이나 옷가지를 사기도 하였다.

그들이 찾는 물건은 대부분 골동의 술잔이나 솥, 새로 출판된

22 숭귀는 몽고 출신이다. 1776년 영조의 승하 때 조문을 위한 조선의 부사로 왔었다.

서책, 유명인의 글씨와 그림, 관복과 조주朝珠, 향주머니와 안경 등이었다. 이런 물건들은 사람을 보내 사 오게 할 물건도 아닐뿐더러, 잘 알지도 못하는 얍삽한 사람을 시켜서 일을 구차하고 어렵게 만들기보다는 차라리 자신이 직접 판단하고 처리하는 것이 더 마음이 유쾌하기 때문이다.

물건을 직접 고르고 사는 사이에 그 인간됨의 간명하고 솔직함 또한 절로 드러나는 법이니, 중국 사람들이 사람마다 능히 물건 감정에 정통하고 감상하는 취향이 고상하게 되는 까닭이다.

석조사 夕照寺[23]

23 석조사는 천단과 광거문의 중간쯤에 있었는데, 현재는 없어져 중창하고 있으며, 다만 석조사가夕照寺街라는 거리 이름만 남아 있다.

유세기俞世琦를 방문하러 석조사에 갔다. 절은 그다지 크지 않았으나, 정갈하고 그윽하여 그야말로 티끌 한 점 일지 않았다. 이렇게 깨끗한 사원은 처음 본다.

절에는 중이라곤 한 명도 거처하지 않고, 복건이나 광동 지방에서 올라왔다가 과거 시험에 낙방한 수재들이 고향에 돌아갈 밑천조차 없어 대부분 이곳에서 머물며 살고 있다. 책을 짓기도 하고 판각도 새기고 해서 생활하고 있다. 지금 31명이 거처하고 있는데, 남의 글 품팔이하러 아침에 나가서 아직 아무도 돌아오지 않았다. 절간은 사람 하나 없어 고요하고, 그들이 거처하는 곳은 모두 정결하고 자리나 물건을 둔 것이 잘 정돈되어 있었다. 사람으로 하여금

중건된 석조사의 모습

많은 생각이 들고 배회하도록 만들어 쉽게 떠날 수 없게 만든다.

청나라 사람 주운周篔이 지은 『석진일기』析津日記에, "북경에 여덟 곳의 아름다운 경치[24]가 있으니, 그중의 하나가 황금대의 저녁 노을이라는 뜻의 금대석조金臺夕照인데 이 절의 이름은 거기서 유래한 것이다"라고 하였다.

유세기 군은 본래 복건 사람으로, 섬서 지방의 병비도兵備道를 지내는 진정학陳庭學의 자형이다. 금년(1780) 2월에 아내를 잃었다. 아들은 없으며, 네 살배기 어린 딸을 처가에 맡기고, 자신은 홀로 어린 심부름꾼과 함께 이 절에서 지내고 있다.

24 북경팔경은 태액추풍太液秋風, 경도춘음瓊島春陰, 금대석조金臺夕照, 계문연수薊門煙樹, 서산청설西山晴雪, 옥천수홍玉泉垂虹, 노구효월盧溝曉月, 거용첩취居庸疊翠이다.

관제묘 關帝廟

관운장의 사당은 온 천하에 널렸을 정도로 많다. 아무리 궁벽한 변방이나 황량한 국경 지방이라도 몇 집이 모여 사는 촌락이면 어김없이 화려한 건물을 지어서 푸닥거리에 온 정성을 쏟는다. 소를 치는 목동이나 새참을 나르는 촌 여자들이라도 모두 분주하게 가서 혹 뒤처질까 걱정을 한다.

책문에 들어서면서부터 황성에 이르기까지 2천여 리 사이에 새로 지은 사당이나 오래전에 있던 사당이 크든 작든 곳곳에 있어서 사당 건물이 서로 바라볼 정도이다. 그중에서도 요양과, 산해관 못 미처에 있는 중후소中後所의 관제묘가 가장 영험하다 하고, 여기 북경에 있는 것으론 백마관제묘白馬關帝廟를 꼽는다. 나라의 제사에 관한 법

관제묘 정양문

동기창이 쓴 비문의 탁본

전인 『사전』祀典에도 실려 있으니, 정양문 오른쪽의 관제묘가 바로 그곳이다.

해마다 5월 13일에 제사를 지내는데, 제사 열흘 전에 태상시太常寺[25]에서 파견 관원의 명단을 보내고, 태상시의 당상관이 예를 거행하게 한다. 이날 민간에서는 성대하게 향불을 피운다.

무릇 국가에 큰 재앙이 생기면 제사를 지내고 고한다. 명나라 만력(1573~1615) 때 특별히 '삼계복마대제신위원진천존'三界伏魔大帝神威遠鎭天尊에 봉하였으니,[26] 그 지시가 궁중에서 나왔다. 우리나라의 남관왕묘南關王廟[27]의 벽에 붙어 있는 그림은 아마도 이를 모사한 것으로 보인다.

명나라 학자 초횡焦竑[28]이 관제묘의 비문을 짓고, 명나라 명필 동기창董其昌[29]이 이를 썼는데, 세상에서는 이 두 가지를 귀중하게 취급하여 이절二絶이라 일컫는다.[30]

명인사 明因寺

들자하니, 명인사에는 전촉前蜀의 후주后主인 왕연王衍 시절에 관휴貫休[31]라는 사람이 그린 16나한상羅漢像이 있다. 기기괴괴하게 생겨서, 세상에 전하는 일반 나한상과는 아주 다르다고 한다. 한번 구경하고 싶은 생각이 들었는데, 자리를 함께한 한림 초팽령初彭齡도 나와 같은 생각을 하고 있어서 드디어 함께 가기로 약조하였다.

수레를 함께 타고 절에 갔는데, 절은 정양문 밖 삼리하三里河

---

25 태상시는 종묘의 의례를 맡아 보는 관아.
26 만력 42년(1614) 가을에 봉호를 내렸다.
27 남관왕묘는 남대문 밖에 있던 관왕묘이다. 동대문 밖의 관왕묘인 동관묘는 지금도 있다.
28 초횡(1540~1620)의 자는 약후弱侯, 호는 의원漪園이다. 경학에 관한 수많은 저서를 남겼고, 문집 『담원집』澹園集이 있다.
29 동기창(1555~1636)은 명나라의 저명한 서화가이다. 그림과 글씨에 모두 뛰어나, 「동기창기념선」이라는 우표선집이 간행될 정도로 수많은 명작을 남겼다. 자는 현재玄宰, 호는 사백思白 또는 향광거사香光居士이다.
30 이 비석은 현재 풍태구豐臺丘 괴방촌槐房村 공원에 있다.
31 관휴(832~912)의 세속 성씨는 장張이고 자는 덕은德隱이다. 당나라 말기에 그림을 잘 그린 승려였다.

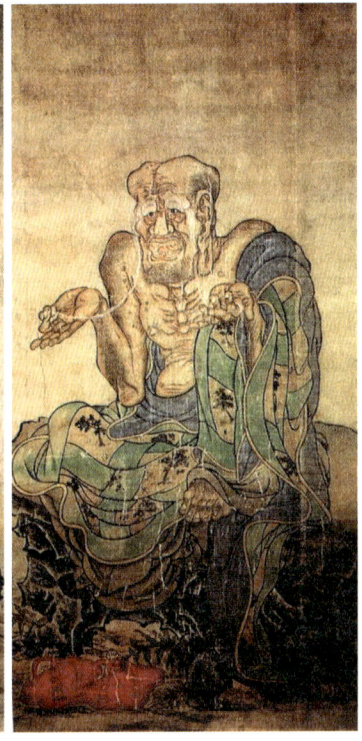

관휴의 〈16나한도〉(부분)

의 동쪽 둔덕에 있었다. 그다지 크거나 화려하지 않은 절에는 해수병으로 기침을 콜록거리는 중 하나가 있었는데, 우악스런데다 막돼먹었다. 그런 그림이 없다고 한사코 숨길 뿐 아니라 절 구경도 못하게 막았다. 초 한림이 두 번, 세 번 굽실대며 간청했으나 중은 점점 더 고집을 피우고 이제는 응답조차 안 하려고 하더니 한참 있다가 고래고래 소리를 지르며 욕을 해댄다.

    초 한림은 얼굴이 벌겋게 상기되어 물러났는데, 아주 낭패를 당했다는 표정이 역력하다. 나를 이끌고 함께 돌아오다가 호국사護國寺에 들렀다.

대룡선호국사 大隆善護國寺

호국사를 도성 사람들은 천불사千佛寺라고 일컫는데, 절에 천 개의 불상이 있기 때문이다. 또 숭국사崇國寺라고 부르기도 한다. 크고 작은 불전이 열한 군데나 있어서 아주 굉장하고 우람하지만, 파괴되고 무너진 곳 또한 많았다.

명나라 정덕正德(1506~1521) 연간(1512)에 칙명으로 서번西藩의 대경大慶 법왕 영점반단領占班丹과 대각법왕大覺法王 착초장복着肖藏卜 등을 여기에 거주시켰다고 한다. 소위 반단이니 장복이니 하는 말은 지금 열하에 와 있는 반선班禪과 같은 뜻이다.

절은 어느 시대에 창건되었는지 알 수 없고, 원나라 때의 재상 탈탈脫脫[32]의 소상이 있다.[33] 머리에 복두건을 쓰고 붉은 옷을 입었으며, 수염과 눈썹이 길고, 풍기는 모습이 맑고 엄숙해 보였다. 옷과 모자는 중국의 제도와 닮았는데, 원나라 때의 승상은 혹 머리를 깎지 않았던가? 괴이한 일이다. 곁에는 머리에 봉황관을 쓰고 붉은 치마를 입은 노파가 있는데, 바로 탈탈의 아내이다.

또 명나라 때의 도사이자 문학가로 유명한 요광효姚廣孝[34]의 상을 그린 그림이 있다. 자태와 용모가 엄숙 끼끗하고, 머리를 깎고 가부좌를 틀고 앉은 모습이 일체의 인연이 모두 공空[35]이라는 것 같아, 서호西湖에 있을 적에 볼기를 두드려 가며 혼자 시를 읊조리던 모습과는 아주 다르게 생겼다.

옛날에 사마천은 장량張良의 모습을 보지 않고서 그가 부인처럼 생겼을 것이라 하였다는데, 내가 이 소상을

[주석]
32 탈탈(1314~1355)은 탁극탁托克托이라고도 하는데 몽고족으로, 자는 대용大用이다. 운남으로 귀양가서 독살되었다. 『요사』, 『송사』, 『금사』 등을 주편主編하였다.
33 1284년 원나라 때 창건되었다. 원래는 승상 탁극탁托克托의 고택이었다. 처음에는 숭국사崇國寺로 불렸고, 명나라 때 대룡선호국사로, 청나라 강희 때 호국사로 각각 다르게 불렀다. 동쪽의 융복사와 짝을 하여, 서사西寺로 불리기도 하였다.
34 요광효(1335~1418)의 초명은 천희天僖, 법명은 도연道衍이고 자는 사도斯道다. 14세에 승려가 되었다. 시와 그림에 뛰어났고, 음양 술수의 학에도 밝았다. 황제가 광효라는 이름을 하사했다.
35 불교 사상의 중추를 이루는 개념으로, 모든 것이 끝내는 실체가 없다고 하여 존재 자체를 부정하는 이론이다.

요광효

보지 않았을 때에는 마음속으로 탈탈에게서 하늘까지 넘실거리는 살기가 풍길 것이라 생각했는데, 지금 보니 전혀 그렇지가 않다.

화신묘 火神廟

전설적인 불의 신인 화덕진군火德眞君을 모시는 사당은 북안문北安門(지안문地安門) 일중방日中坊[36] 동네에 있다. 당나라 정관 6년(632)에 건립되었고, 원나라 지정 6년(1346)에 중수하였으며, 명나라 만력 33년(1605)에 증개축을 하였다. 천계 원년(1621)에 제사 지내는 조례를 문서로 만들어 매년 6월 22일에 태상시太常寺의 관원에게 화덕의 신을 제사 지내게 하였다.

앞의 큰 집이 융은전隆恩殿이고, 뒤의 다락집이 만세경영각萬歲景靈閣, 전당殿堂의 좌우가 보성전輔聖殿, 필령전弼靈殿, 소녕전昭寧殿 등 무릇 큰 집이 6개이다. 여섯 전각 모두 푸른 유리기와로 지붕을 이었고, 섬돌의 계단은 녹색 유리벽돌로 쌓았다. 전각 뒤의 수정水亭은 호수에 임하여 누렇고 푸른 단청이 물결에 반사되어 비친다. 장엄하고 화려함은 약왕묘와 서로 나란할 것 같은데, 경치는 그보다 뛰어나다.

비석 하나는 명나라 때 주지번朱之蕃이 지었고, 다른 하나는 옹정춘翁正春[37]이 지은 것이다.

화신묘

[36] 일중방은 일충방日忠坊의 오기이다.

[37] 옹정춘(1553~1626)은 명나라 만력 연간의 인물로, 자는 조진兆震이다. 강직한 성품으로 여러 번 벼슬을 사직했다. 저서에 『청양집』靑陽集이 있다.

북약왕묘 北藥王廟

북약왕묘는 건물이나 신위의 설치가 남약왕묘의 제도와 동일하다. 동쪽으로 호숫가에 임해 있고, 둑을 따라 수많은 버드나무를 심어 놓아서, 호수 물가에 짙은 녹음이 드리워져 유람 나온 사람들이 항상 그득하게 찼다. 명나라 천계(1621~1627) 연간에 위충현魏忠賢[38]이 건립한 것이라 한다.

숭복사 崇福寺

숭복사[39]는 본래 민충사憫忠寺라는 절이다. 당나라 태종이 직접 요동을 정벌하고 돌아오면서 전쟁에서 죽은 장수와 병사를 위해 이 절을 짓고 그들의 넋을 천도薦度했다고 한다.

절에는 두 개의 탑이 마주 보며 서 있는데, 어떤 사람은 당나라 현종 때의 반역자 안록산安祿山이 건립한 것이라고 하고, 어떤 사람은 현종 때의 반역자 사사명史思明[40]이 건립한 것이라고 한다. 높이는 각기 열 길이나 된다. 요컨대 두 역적이 건립한 것인데도 중국인들은 오히려 천 년이 된 옛 사적이라고 없애지 않는다는 것이다.

『송사』에 의하면,

"송나라 충신 첩산疊山 사방득謝枋得[41]이 원나라 지원 26년(1289) 4월 연경에 도착해 원나라에 잡혀 와 살

---

38 위충현은 「구외이문」편에 나왔던 인물이다.
39 당나라 때 건립된 민충사는 순천사順天寺(당), 민충사, 대민충사大憫忠寺(요), 숭복사(명), 법원사法源寺로 바뀌어 현재는 법원사法源寺라는 명칭으로, 선무구宣武區에 있다.
40 사사명(703~761)은 돌궐족 출신으로 안록산과 동향 출신이다. 뒷날 반역을 하여 연호를 응천應天이라 하고 대연大燕이라는 나라를 세워 천자 노릇을 하다가, 그 아들과 부장에게 살해되었다.
41 사방득(1226~1289)은 남송 말기의 저명한 애국시인이며 관료이다. 자는 군직君直, 호는 첩산이다. 송나라가 망하자 원나라의 포로가 되어 북경으로 압송되었는데 단식하여 죽었다. 문집 『첩산집』을 남겼다.

숭복사(법원사)의 민충각

해당한 송나라 이종理宗의 황후 사태후謝太后의 빈소와 송나라 공종恭宗인 영국공瀛國公의 소재처를 물어서 찾아가 재배하고 통곡하였다. 그러자 원나라 사람들이 그를 민충사로 보내어 방 안에 가두어 놓았는데, 그는 벽 틈으로 「조아비」曹娥碑[42]를 보고 눈물 지으며 '일개 여자아이도 오히려 그러했거늘' 하고는 음식을 거부하고 굶어 죽었다."
라 하였다.

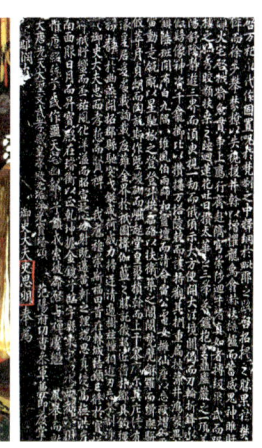

장불긍이 짓고 소령지가 쓴 비석 (좌)과 그 탁본(우)

장불긍張不矜이 역적 사사명을 위해 당나라 숙종肅宗에 대한 찬송비를 짓고, 이를 서예가 소령지蘇靈芝가 쓴 비석이 여기 민충사에 있다고 해서 찾았으나, 지금은 없어졌다.[43] 그러나 이 비석 글자의 진위 여부는 마땅히 주이준朱彝尊이 논변한 것[44]을 바른 논설로 삼아야 할 것이다.

『고려사』에 의하면 충선왕이 대도大都, 즉 북경에 오자, 황제가 그의 머리를 짧게 자르고 석불사石佛寺에 안치시켰다[45]고 했는데, 혹자는 이 절이 바로 그 석불사라고 하지만 이는 확실치 않다.

[42] 후한 때에 조아라는 여자아이가 물에 빠져 죽은 아비의 죽음을 슬퍼하여 17일을 울다가 결국 물에 투신하였는데, 그 사적을 후한의 서예가 채옹蔡邕이 비석에 기록한 것이다. 이 비석이 숭복사에 있었다고 전한다.

[43] 현재 절 안의 민충대閔忠臺라는 건물에 보존되어 있다.

[44] 주이준의 문집에 실린 「당민충사보탑송발」唐閔忠寺寶塔頌跋이란 글이다.

[45] 『고려사』 「세가」世家 권34에 나오는 내용이다. 이에 의하면 1320년 10월에 충선왕이 머리를 깎이고 석불사에 안치되었다고 하였다.

진각사 眞覺寺

진각사를 세속에서는 오탑사五塔寺라고 부른다. 또 정각사正覺寺라고도 한다. 부도의 높이가 열 길이나 되는데, 금강보좌金剛

진각사(오탑사)

寶座라고 부른다. 그 안으로 들어가면 컴컴한 가운데 나선형 계단을 통해 꼭대기로 올라가게 되어 있다. 그 위는 평평한 축대로 되어 있고, 축대 위에 다시 동서남북과 가운데의 5방方에 다섯 개의 탑을 세워 두었다.

세상에 전하기로는 명나라 헌종憲宗(1447~1487) 황제가 생전에 건설한 분묘로, 입었던 의관을 보관해 둔 절이라고 한다. 혹자는 몽고인이 건축한 것이라고 하기도 한다.[46] 또 어떤 사람은 명나라 성조成祖 황제(1360~1424) 때 서번西番의 판적달板的達이 금부처 다섯을 조공으로 바쳤는데, 이 절을 창건하여 그 부처를 안치했다고도 한다.

우리나라 사람들은 황금지붕의 전각 안에 들어앉아 있는 서

46 내몽고 호화호특呼和浩特에 북경 진각사의 금강보좌와 꼭 같은 형태의 부도가 있다. 이름을 오탑사라고 부른다.

번의 승려를 처음 보기만 해도 마음속으로 깜짝 놀란다. 그러나 중국은 역대로 이들을 숭상하고 받들었다. 그래서 서번의 승려가 거처하는 곳을 두고, 천하 사람들은 모두 천자가 정신을 휴식하고 한가하게 즐기는 장소로, 겸하여 명복을 비는 장소로 이용하는 것을 함께 인정하고 있다. 때문에 그것이 비록 지나치게 사치하더라도 아랫사람들은 손가락질하며 배척하지 않고, 애오라지 누이 좋고 매부 좋다는 격으로 그대로 보아 넘겨 온 것이다.

마테오 리치의 무덤 利瑪竇塚

부성문阜成門을 나와서 몇 리를 가면 길 왼쪽에 돌기둥 40~50개를 나열해 세우고, 그 위에 포도나무를 시렁으로 얹었는데, 바야흐로 한창 잘 익었다.

그곳에 돌로 만든 세 칸의 패루가 있고, 좌우에는 돌로 된 사자가 마주 보며 웅크리고 앉았다. 그 안에 높은 전각이 있기에, 지키는 사람에게 물어보고서 이마두利瑪竇(마테오 리치)의 무덤이라는 사실을 알았다. 서양 선교사의 무덤들이 동서로 이어져 모두 70여 기나 된다. 무덤의 둘레는 정방형 바둑판 모양으로 담을 쌓았는데, 거의 3리 정도 이어졌으며, 그 안에는 모두 서양인 선

마테오 리치 묘지(상)
마테오 리치 비석과 무덤(하)

47 현재는 마테오 리치의 무덤만 있고, 나머지 선교사들의 무덤은 없어졌다. 다만 그 선교사들의 비석은 현재 진각사 마당에 전시되어 있다.

48 번역문의 '대나무 홈통 모양의 기와'에 해당하는 원문의 글자는 '箭'과 '瓦'가 합쳐진 글자인 '䉶'이다. 그런데 이 글자는 없는 한자이다. 연암은 없는 한자를 독창적으로 만들어서 사용하였는바, 이는 연암 문체의 중요한 특징으로 지적할 수 있다. 후대의 필사본은 글자가 없기 때문에 '䉶'으로 글자를 바꾸었는데, 이는 연암의 의도를 몰랐기 때문이다.

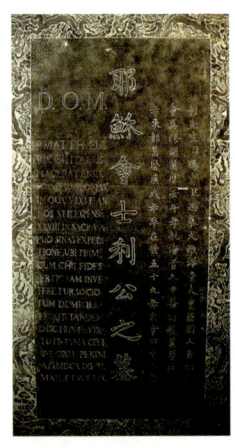

마테오 리치 묘비석

49 탕약망(1592~1666)은 학자 출신의 독일인 선교사로, 자는 도미道未이다. 본명은 아담 샬Johann Adam Schall von Bell이며, 중국에 들어와 서양 과학 서적을 한문으로 번역하고, 시헌력時憲曆 등을 만들었다.

교사들의 무덤이 있다.⁴⁷

명나라 만력 경술년(1610), 나라에서 이마두의 장지를 하사하였다. 무덤의 높이는 몇 길이 되고, 벽돌로 쌓고 석회로 떼운 봉분은 마치 대나무 홈통 모양의 기와⁴⁸처럼 생겼다. 그 기와 모양이 사방으로 삐죽삐죽 처마 밖으로 튀어나와서 멀리서 바라보면 마치 다 피지 않은 커다란 버섯처럼 생겼다. 무덤 뒤에는 벽돌로 쌓은 육각형의 높은 가옥이 있다. 마치 쇠로 된 종처럼 생겼는데, 삼면에는 무지개문을 달았고 안은 텅 비어 아무것도 없다.

무덤 앞에 비석을 세워 '야소회 선교사 이공의 무덤'(耶蘇會士利公之墓)이라고 써 놓았다. 글씨 왼쪽 곁에 작은 글씨로,

"이利 선생의 이름은 마두瑪竇이다. 호는 서태西泰이고, 대서양 의대리아意大里亞 나라의 사람이다. 어려서부터 야소회에 들어가 정성껏 수양하고 몸가짐을 잘했다. 명나라 만력 임오년(1582)에 항해를 하여 처음으로 중국에 들어와 포교를 했고, 만력 경자년(1600)에 북경에 들어왔으며, 만력 경술년(1610)에 죽었다. 향년 59세이고 야소회에 들어간 지 42년째이다."

라고 적었고, 그 오른쪽에는 서양의 글자로 같은 내용을 새겨 놓았다.

비석의 좌우에는 화표주를 세웠는데, 돋을새김으로 구름과 용을 새겼다. 비석 앞에는 또 벽돌로 된 가옥이 있는데 위가 평평한 것이 마치 축대처럼 생겼고, 구름과 용을 새긴 돌기둥을 줄지어 세워 석물로 삼았다. 제사를 모시는 제각이 있고, 제각 앞에는 돌로 된 패루와 사자 그리고 은혜를 기록한 독일인 선교사 탕약망湯若望⁴⁹의 비석이 각기 서 있었다.

근대 초기 마테오 리치의 묘지 전면(상)과 비석과 묘(하)

동란재에서 쓰다

동란섭필
銅蘭涉筆

◉ — **동란섭필**

'동란섭필'이란 동란재에서 붓으로 썼다는 의미이고, 동란은 구리로 만든 난초를 가리킨다. 연암은 이 구리로 된 난초를 중국인에게 빌려서 자신이 임시로 거처하는 방에 두고 방의 이름을 동란재라고 했는데, 본편은 여기 동란재에서 기록한 잡다한 내용으로 구성되어 있다. 앞에 나온 「구외이문」과 같은 성격의 글로, 연암이 직접 보고 들은 내용을 기록한 것이다.

「구외이문」에는 연암이 처음으로 목격한 신기한 사물에 관한 내용이 많은 데 비해, 이 편에는 중국과 조선의 역사·문학·문화·지리·음악에서 역사적으로 특이한 문제를 중심으로 그 유래나 진실을 밝힌 내용이 많이 수록되어 있다.

내용 중에는 흥미를 끄는 새로운 이야기도 있다. 특히 강희, 옹정, 건륭 등 중국 황제의 치세에 어느 정도 긍정적인 측면이 있다고 인정하고 있는 부분과 충선왕, 전겸익 등 역사 인물에 대한 비판적 관점 등은 학술사적 측면에서 주목해 볼 부분이다.

머리말
「동란섭필서」銅蘭涉筆序

연병(벼루 가리개)

    석조사夕照寺에 있는 황포黃圃 유세기兪世琦를 방문했더니, 벼루맡에 무늬 있는 돌로 만든 연병硯屛이 놓였으며, 그 앞에 난초 한 포기가 있었다. 난초를 자세히 살펴보니, 구리로 만든 것이었다. 봉황새의 눈매 같은 잎은 바람을 맞아서 하늘거리는 것 같고, 자주색 꽃대가 이슬을 머금은 모양이 참으로 기이하게 만든 것이었다. 그에게 난초를 며칠 빌려서 내가 거처하는 방의 동쪽 벽 아래에 두고, 방의 편액을 '동란재'銅蘭齋라고 붙였다.

• 건륭 41년 병신년(1776)에 유구국琉球國 사신이 예부에 글을 올려 빨리 귀국하기를 요청하였다. 그 글에,

"유구국 정사 이목관耳目官[1] 상숭유向崇猷와 도통사都通事 모경창毛景昌은 저희들의 사정을 아뢰니 일찍 귀국할 수 있도록 승낙해 주시기 바랍니다.

저희들이 왕명을 받들어 삼가 건륭 39년(1774)에 조공의 책임을 맡아서 복건福建 무창撫昌에서 병패兵牌를 발급받고, 연로沿路에 호송을 받으며 와, 작년 12월 초1일에 북경에 이르렀습니다. 은혜로운 처분을 내리시어 반열에 따라 예를 행할 수 있게 해 주시고, 또 조정에 하례를 할 때와 설날에는 작은 나라의 말단 관원이 황제의 용안을 가까이서 뵐 수 있게 해 주셨습니다. 게다가 상급을 내리시고 음식까지 챙겨 주시어 저희들의 감격한 마음을 비할

1 이목관은 어사御使의 별칭이다.

《황청직공도》에 실린 유구인의 모습

곳이 없습니다. 그리하여 공적인 사무를 모두 마치고 한가롭게 지내며 방을 지키고 있습니다.

우리 유구국은 해외에 속하는 땅이라 왕래할 때는 오로지 바닷바람의 상황에 의지해야 하는바, 바로 지금이 복건으로 돌아가서 귀국하기에 가장 알맞은 기후이옵니다. 다만 저희들이 북경에 올 때는 한겨울을 만나서 강물이 얼어붙어 부득불 왕가영王家營[2]부터는 곧바로 육지로 길을 잡아서 왔습니다.

지금 바야흐로 배를 되돌리면, 시절이 바로 봄철이라 바람은 온화하고 땅은 따뜻하여 길을 떠나기 매우 적합한 시기입니다. 정성을 다하여 간절히 대인께 청하옵니다. 위로 황제께서 어루만져 주시는 지극한 뜻을 받들고 먼 지방의 사람을 굽어살피시고, 전례에 따르고 비추어 육로로 산동의 제녕濟寧까지 가서 거기서 배를 타고 돌아가도록 특별한 은전으로 허락해 주시기 바라옵니다.

사리로 보아 응당 대인께 먼저 말씀 드려 밝혀야 하겠기에 이 글을 올리니, 속히 칙명이 내리도록 주청해 주시기 바랍니다. 아울러 병부 관계의 여행 절차와 문건을 2월 초 안에 공문이 내리도록 해 주시면, 소식을 듣는 대로 저희들은 바로 출발할 것이옵니다. 실로 은혜로운 조치는 천추에 그 공덕을 잊지 못할 것이옵니다. 간절히 바라옵니다. 건륭 41년(1776) 정월 24일 갖추어 올립니다."

그 글이 솔직하게 서술되고, 생각이나 표현이 완곡하고 간절하다.

이는 관보官報의 일종인 당보塘報의 오래된 종이에서 나온 것이다. 이번에 우리 사신들이 여러 차례 예부에 문건을 올렸으니, 응당 당보에 실려 온 천하에 공개되고 전해질 것이다.

2 왕가영은 중국 강소성 회음현淮陰縣 북쪽에 있는 지명으로, 명·청 이후로 물자 수송과 교통의 요지였다.

• 유구국의 조공은 관례에 따라 유황 1만 근, 구리 1천 근, 주석과 땜납 3천 근이라고 한다.

• 송나라 때 이방李昉이 편찬한 『태평어람』太平御覽에,
"한나라 때의 곽리자고霍里子高는 조선 사람이다. 그가 새벽에 일어나 상앗대로 배를 저어 가다가, 머리가 허옇게 세고 거칠게 생긴 남자가 머리칼을 풀어 헤친 채 술병을 들고 급류에 뛰어들어 건너려는 것을 보았다. 아내가 남자를 말렸으나 미치지 못하고 결국 물에 빠져 죽었다. 그러자 아내가 가지고 있던 공후箜篌를 뜯으며 노래를 불렀다.

그대 강물 건너지 마시라 했으나
그대 기어이 강물 건너시는구려.
그대 물에 빠져 돌아가셨으니
그대 이 몸은 어찌하라 하시나이까?
公無渡河 公終渡河
公淹而死 當公奈何

그 노랫소리가 매우 처절했는데, 노래를 마치자 아내도 강물에 몸을 던져 죽었다. 곽리자고는 집에 돌아와 아내 여옥麗玉에게 그 노랫소리를 들려주었다. 여옥은 마음 아프게 여기며 공후의 곡조로 그 소리를 모방하여 「공후인」箜篌引이라는 노래를 만들었다."
라고 하였다.

내가 열하의 태학에서 악기들을 두루 구경했는데, 소위 공후

공후

라는 악기는 없었다. 북경의 유리창에 여러 차례 사람을 보내어 공후를 구해 보려 했으나, 끝내 구하지 못하여 공후가 어떻게 생겼는지 알지 못했다.

• 바다의 여신인 천비天妃를 세속에서는 황하의 신이라고 한다. 지금 청나라에서는 칙명으로 천후天后로 봉했는데, 회회回回 사람들 중에는 이를 믿는 종교에 가입한 자가 많다고 한다. 천비의 신은 열두 글자의 존호가 있어,[3] 청나라 제사 의례에 관한 전적에 실려 있다.

• 우리나라의 도포와 갓과 허리띠는 중국 중들의 그것과 무척 닮았다. 그들이 여름에 쓰는 갓은 등나무로 만든 것도 있고 종려나무로 만든 것도 있다. 도포는 다만 네모난 깃이 우리와 다를 뿐이다.

그러나 그들의 도포는 모두 검은 빛깔의 고급 비단인 흑공단黑貢緞이나 무늬 있는 고급 비단인 문사紋紗로 만든 것이다. 아주 가난한 자들도 오히려 수화주秀花紬나 야견사野繭絲와 같은 고급 비단으로 도포를 만들어 입는다.

내가 의원 변관해卞觀海와 함께 옥전玉田의 한 점포에 들어갔더니, 수십 명의 중국인이 우리를 에워싸고서 베로 만든 우리의 도포를 다투어 구경하였다. 만든 모양을 상세히 관찰하고는 크게 의아해 저희들끼리 수군거리며 "저 탁발하고 다니는 중들이 어디서 왔을까?" 하고는, 장난으로 "인도 사위국舍衛國[4]의 석가가 설법하던 급고독원給孤獨園에서 왔을 거야"라고 대답한다. 그들은 우리가 조선 사람이라는 사실을 모르지 않지만, 우리의 도포와

3 '호국비민묘령소응굉인보제천비'護國庇民妙靈昭應宏仁普濟天妃라고 한다.

4 사위국은 옛날 중인도中印度에 있던 나라로, 그 수도가 사위성이었다.

갓을 보고 자기들의 비렁뱅이 중들과 닮았음을 조롱한 것이다.

대체로 중국의 여자와 중 그리고 도사들의 복장은 옛날 제도를 그대로 지켜 와서 바뀌지 않았다. 우리 동방의 의관 제도는 신라의 옛 제도를 답습한 것이 많다. 신라는 처음에 중국의 제도를 모방했으나, 세속에서는 불교를 숭상했기 때문에 민간의 여염집에서는 중국 중들의 복장 제도를 본받아 지금까지 천여 년이 지나도록 바꿀 줄 몰랐다. 그런데도 지금 중국의 중들이 우리나라의 의관 제도를 좋아해서 본뜬다고 거꾸로 말하고 있으니, 어찌 그렇겠는가?

• 중국 중들이 쓰는 갓으로, 등나무 올로 엮어서 만든 것은 색깔이 우리의 초립草笠[5]과 같고, 종려나무 올로 짠 것은 색깔이 우리의 붉은색 갓인 주립朱笠과 같다. 등나무 갓은 종려나무 올로 무늬를 짜고, 종려나무 껍질 갓은 등나무 올로 무늬를 넣는다.

몽고인들도 한여름에는 갓을 쓰는데, 대부분 가죽으로 만들고 도금을 하며 겉에는 구름무늬를 그려 넣는다. 우리나라의 풍속은 겨울 날씨에도 갓을 쓰고 눈이 와도 손에는 부채를 쥐고 있어 타국 사람들의 비웃음을 산다.

5 관례를 치른 젊은이가 쓰는 갓으로, 누른 빛깔의 가느다란 풀로 엮어 만든다.

주립

초립

• 중국의 지방 과거 시험인 향시鄕試의 규정은 제1시험장에서 사서四書로 짓는 산문 세 편, 성리론 한 편을 하루 밤낮으로 보고, 제2시험장에서는 오경五經으로 짓는 산문 네 편, 배율시排律詩 한 수를 하루 낮에 치르며, 제3시험장에서는 책문策問 다섯 편을 역시 하루 밤낮으로 보는데, 편마다 모두 천여 글자씩 되어야 한다.

향시 합격자를 대상으로 중앙에서 치르는 회시會試 역시 향시의 규정과 동일하다. 회시 합격자를 대상으로 임금 앞에서 치르는 전시殿試는 한 차례의 시험을 보이는데, 책문 한 편을 역시 하루 밤낮으로 보며 반드시 만여 글자가 되어야 한다. 그런 연후라야 정해진 격식에 맞게 된다. 또 격식에 한치의 착오나 잘못이 없어야 비로소 한림에 들어갈 수 있다.

전시 후에는 또 조고시朝考試[6]가 있어서 황제의 지시문인 조詔, 교시문인 고誥, 논論, 시詩를 하루 낮 동안에 치르게 된다. 향시와 회시의 다섯 편의 책문 중에서 세 편은 옛날 역사에서 출제하고, 두 편은 시사 문제를 출제하며, 전시에서는 오로지 시사 문제만을 출제한다. 향시에 한번 합격하면 거인擧人이 되어 회시마다 응시할 수 있고, 비록 회시에 합격을 못하더라도 10여 년 후에는 지방의 고을 수령쯤은 하게 된다.

6 진사시에 합격한 사람을 대상으로 천자가 인견引見하기 전에 직접 제목을 출제하여 보이는 시험이다.

변발

• 명나라 말기의 이탁오李卓吾는 머리가 가렵고 손질하기 번거로운 것을 견디지 못하고 아예 드러내 놓고 머리를 삭발했다. 중국인들은 그것이 흉칙한 그의 성질 탓이라고 말했지만, 아마도 중국이 장차 머리를 깎고 변발을 하게 될 조짐이었다. 지금처럼 중국인들이 머리를 깎는 제도는 과거 금나라, 원나라 같은 오랑캐가 세운 나라에서도 없었다.

명나라 태조와 같은 참다운 군주가 중국에 다시 태어나 천지를 말끔히 쓸어버린다 해도, 백성은 이런 머리 모양에 익숙하고 풍속을 이룬 지 이미 100여 년이나 되었으니 머리를 다시 길러서 묶게 하고 모자를 쓰게 한다면, 도리어 번거롭고 가렵다고 불편하게 여길 자가 응당 나올 것이다.

• 내가 중국에 들어와 길을 따라 연도의 2천 리를 가는데, 때는 바야흐로 여름과 가을이 교차하는 환절기인지라 지독하게 더웠다. 해가 있는 한낮에는 항상 네댓 번씩은 말에서 내려 인가에 들어가 쉬었다 가곤 하였다. 그럴 때마다 인가의 마당에는 두 길 정도 되는 파초나 태호석, 장미 종류인 도미꽃(荼蘼花)을 올린 시렁과 갈색 반점의 대나무 난간이 왕왕 있었고, 섬돌을 덮은 푸른 대나무와 주렴에 그득한 푸른 오동나무가 도처에 많이 보였다.

목씨 홍공(겸가당)

• 고려 시대에는 송나라 상선商船이 해마다 우리 황해도 예성강 포구에 자주 정박해서 중국의 온갖 재화들이 몰려들었다. 고려 왕이 그들을 예우했기에 당시 중국의 서적들이 크게 갖추어졌고, 중국의 기물들 중 고려로 들어오지 않은 것이 없을 정도였다. 허나 조선은 뱃길로 중국 남방의 재화를 통상하지 않기 때문에 전적이나 훌륭한 인물에 대한 정보에 더더욱 캄캄하게 되었다. 청나라 초기에 강남의 세 왕[7]이 청에 반기를 들고 저항한 사실조차 몰랐던 까닭은 순전히 이러한 이유에서이다.

일본은 중국의 강남과 통상을 하기 때문에 명나라 말엽에 골동 그릇이나 서화류, 서적과 약재 등이 장기도長崎島로 밀려들었다. 지금 겸가당蒹葭堂 주인인 목씨 홍공木氏弘恭[8]은 자가 세숙世肅인데, 서적 3만 권을 보유하고 있으며, 중국의 이름난 선비들과 많이 교유하고 있다고 한다.

• 반선이 거처하는 곳 앞에는 저울, 뒤에는 거울, 왼쪽에는 종, 오른쪽에는 옥, 위에는 물을 담은 소반, 아래에는 보배로운 칼을 두고 해가 있는 대낮에는 향을 피운다고 하니, '허어' 하고 한번

---

7 강남의 세 왕은 청나라 초기에 반란을 일으키다가 강희 황제 때 평정된 세 명의 왕을 말한다. 평남왕平南王에 봉해진 상가희尙可喜(1604~1676), 평서왕平西王에 봉해진 오삼계吳三桂(1612~1678), 정남왕靖南王에 봉해진 경정충耿精忠(1644~1682) 등이다. 흔히 삼왕은 삼번三藩으로 일컬어지기도 하는데, 당시 조선의 식자들은 세 왕의 반란을 명나라가 다시 회복될 희망적인 사건으로 여겼다. 오삼계 등의 모반을 모르는 조선의 벼슬아치를 두고 힐난하는 명나라 사람의 비분강개한 어조가 「옥갑야화」의 후기에 실려 있는 것을 보면, 세 왕의 모반에 대한 정보는 당시 조선의 고위 관료들조차 모르고 있었다.

8 목씨 홍공은 목홍공 혹은 기무라 켄카도木村蒹葭堂(1736~1802)로서, 일본의 서화가이자 장서가이다. 이덕무의 『청비록』「겸가당」항목에 그를 상세히 소개하였다.

9 오동은 구리에 약간의 금과 은을 배합한 검붉은 빛의 구리이다.
10 『유양잡조』酉陽雜俎에 의하면, 어떤 승려가 말라 죽은 포도 넝쿨을 심었더니 살아서 포도가 열렸는데, 시퍼런 넝쿨은 마치 용처럼 휘감기고(草龍), 포도송이는 진주로 장막(珠帳)을 쳐 놓은 것 같다고 하여, 당시 사람들이 이를 '초룡주장'이라 불렀다고 한다.
11 강희제는 1654년 3월 18일(양력 5월 4일) 자금성 경인궁景仁宮에서 순치제의 셋째 아들로 태어났다.
12 진경은 왕선王詵(1048~1104)의 자이다. 영종英宗의 부마도위이다.

화신이 건륭의 나이 80세에 헌상한 인장 건륭 황제가 지은 시 구절을 판 인장이다.

웃을 일이다.

• 지금 호부상서로 있는 치재致齋 화신和珅은 황제의 총애를 받는 신하이다. 그는 황성의 아홉 개 문을 수비하는 금군의 책임자인 구문제독九門提督을 겸하고 있어, 귀한 명성을 조정에 떨치고 있다.

황제의 탄신일에 내가 피서산장의 문 밖에 이르렀더니, 황제에게 헌상하는 물건들이 문 앞에 폭주하였다. 모두 누런 보자기로 덮였는데, 금부처가 아니면 옥으로 된 기명이라고 한다. 화신이 실어 온 수레에는 진주로 만든 포도 한 시렁이 있다고 한다. 금과 은, 오동烏銅⁹으로 색깔을 내서 포도나무의 넝쿨과 잎을 만들고, 보배 구슬의 일종인 화제주火齊珠와 푸른색 보석인 슬슬瑟瑟로 포도송이를 만들었다고 하니, 그야말로 죽은 포도 넝쿨을 심었더니 진짜로 살아서 포도가 열렸다고 하는 초룡주장草龍珠帳¹⁰인 셈이다.

강희 황제의 만수절, 곧 탄신일은 3월이다.¹¹ 강희 계미년(1703) 탄신일에 구경九卿의 대신들이 옥으로 된 골동과 서화를 진상하여 황제의 장수를 빌었는데, 모두 궁중의 창고에 보관하라는 성은을 입었다. 왕사정王士禎은 당시 형부상서로 있었다. 그 역시 자기 집안에 예로부터 소장해 오던 송나라 왕진경王晉卿¹²의 〈연강첩장도〉烟江疊嶂圖 긴 두루마리 그림을 황제께 헌상했다. 그 그림의 뒷면에 미불米芾이 소동파의 한시 「연강첩장도」를 써 놓은 것이 있다.

그러자 황제는 "지난번에 바친 그림들은 대개 오래된 것이 없었는데, 지금 이 두루마리 그림과 뒷면의 미불의 글씨는 대단히 아름답기 때문에 특별히 받아들이고, 이 사실을 널리 알리도록 하라"고 하였다. 이렇게 본다면 강희 시절에 옥으로 된 골동이나 서화를 헌상했던 것은 미상불 그저 겉치레에 불과했는데, 그것이 두 번 거듭되더니 결국 금부처와 진주 포도를 바치는 것으로 변하고 말았으니, 신하들이 사사로이 임금께 선물을 바치는 관습은 강희 황제가 처음으로 길을 튼 것이다.

화신은 황제의 총애를 한창 독차지하는 귀한 신하이기 때문에 황제 역시 선물을 받고는 '화신이 나를 위하고 사랑하는구나. 자기 집에 소장할 생각은 하지 않고 짐에게 헌납하다니'라고 응당 말했을 것이다. 그렇다면 황제는 장차 '짐은 사해의 부를 다 차지하고 있으면서도 이런 진주 포도를 가지지 못했는데, 화신은 도대체 어디에서 이런 물건을 얻었을까?'라고 말할 수도 있을 것이다. 그리 되는 날엔 화신은 위태로우리라.[13]

• 논농사와 길쌈하는 전 과정을 그린 〈경직도〉耕織圖는 송나라 때부터 그려지기 시작했다.

임안臨安 지방 오잠於潛의 수령으로 있던 사명四明 누숙樓璹[14]은 자신이 그린 〈경직도〉를 송나라 고종에게 바쳤는데, 매 그림의 단락마다 헌성황후憲成皇后가 쓴 글씨가 있었다. 이를 강희 시대에 와서 기술자에게 명하여 모사시키고 각 단

13 뒷날 건륭 황제가 죽은 뒤에 가경 황제 4년(1799)에 화신은 탐관오리로 지목되어 가산이 몰수되었다. 당시 그의 재산은 청나라 정부의 10년 세금에 해당되었다고 한다. 백성들은 '화신이 거꾸러지자 가경이 실컷 배부르게 되었다'고 말했다고 한다.

14 누숙(1090~1162)은 누주樓儔라고도 하는데, 자는 수옥壽玉, 국기國器이다. 〈경직도〉 45폭을 그린 인물로 유명하다.

〈경직도〉 먹

마다 강희 황제의 시를 어필로 써 넣었다. 건륭 연간에 먹으로 유명한 안휘 지방 휘주徽州에서 한 수령이 〈경직도〉의 각 단마다 먹 표면에 본떠 정교하게 새겨 넣었다. 먹은 모두 네 갑으로 되어 있고, 한 갑에는 먹이 열두 개씩 들어 있으며, 값은 은자 130냥이다. 건륭 신묘년(1771) 사이에 값이 이러했는데, 병신년(1776)에 와서는 값이 떨어져 은자 80냥이 되었다고 한다.

지금 내가 유리창에 가서 두 개의 함을 발견했는데, 그 정교함이 거의 사람이 만든 솜씨가 아니었다. 문포文圃 서황徐璜에게 값을 물었더니, 그는 "먹의 품질이 아주 뛰어나지도 않고 게다가 〈경직도〉의 차례 중 예전에 두 개가 빠졌기 때문에 오래도록 팔아치울 수가 없었습니다. 그러나 값은 오히려 은자 60냥 이하로 내려가지 않을 겁니다"라고 대답한다.

• 서황이 내게 말하기를,

"장서에 좀이 슬지 않게 하려면 한식날에 밀가루를 납설수臘雪水[15]에 개어서 쑨 풀로 표구를 하면 됩니다. 쥐엄나무(주엽나무) 열매의 가루를 책 속에 넣어 두어도 좀이 슬지 않습니다. 이런 방법은 송나라 때 문헌공文憲公 왕백王柏[16]에게서 나온 것입니다.

붓을 보관하는 방법은 유황물에 타 끓여서 붓촉을 펴서 담그는 것인데, 소동파는 한약재인 황련黃連을 달인 물에 한약재 경분輕粉을 섞어서 붓촉을 담갔다가 바짝 말려서 간수했다고 합니다. 송나라 때의 문인 산곡山谷 황정견黃庭堅은 약재인 천초川椒와 황벽黃蘗을 달인 물에 붓을 적셨다가 보관을 하면 더욱 좋다고 하였습니다."

라고 한다.

15 납설수는 납일臘日, 즉 동지 뒤의 셋째 술일戌日에 내린 눈이 녹은 물로, 살충과 해독약으로 쓴다.
16 왕백(1197~1274)의 자는 백회伯會, 호는 장소長嘯이다. 시에 능하고 그림을 잘 그렸다. 문집 외에 많은 저술이 있다.

• 신선술을 닦는 방사方士들이 말하는 삼신산三神山은 봉래蓬萊, 방장方丈, 영주瀛州인데 바다 가운데에 있어 신선들이 항상 왕래하며 그 사이에서 노닌다고 한다. 일본인들은 삼신산이 자기 나라에 있다고 자인한다. 우리나라에서도 금강산을 봉래라 하고, 제주 한라산을 영주라 하며, 지리산을 방장이라고 한다.

명나라 장천복張天復이 편찬한 『황여고』皇輿攷에 말하기를,

"천하에 명산이 여덟 있으니, 그중 다섯은 중국에 있어 태산泰山, 화산華山, 소실산少室山, 태실산太室山,[17] 수양산首陽山이고 나머지 셋은 중국 밖의 오랑캐 땅에 있다."

라고 했으니, 이는 망언이다. 『황여고』는 방사들이 말하는 삼신산을 근거로 하여 셋이 중국 밖의 오랑캐 땅에 있다고 말한 것이다.

그런데도 우리나라와 왜국은 부산하게 떠들며 서로 있다 없다 따지고 있으니, 이는 잘못된 것이다. 천하의 명산이 어찌 여덟 개에 그칠 것인가? 그리고 중국에도 어찌 다섯 개에 그칠 것이며, 중국 밖에도 어찌 세 개만 있겠는가?

[17] 하남성의 숭산嵩山에 소실산과 태실산이 있는데 서로 마주 보고 있다.

• 『황여고』에 말하기를,

"천하에 큰 강물이 셋 있으니, 황하와 장강 그리고 압록강이다. 그러나 압록강은 역시 중국 밖의 오랑캐 땅에 있다."

고 했다.

"명나라 사람 진정陳霆이 지은 『양산묵담』兩山墨談에 말하기를,

'장회長淮, 즉 회수淮水는 중국의 남북을 가르는 큰 경계선이다. 회수 북쪽은 강물이 북쪽 가닥이 되어 무릇 물은 모두 황하를 대종大宗으로 삼아서 '강'江이라는 명칭이 붙은 강물이 없으며,

18 혼동강은 송화강松花江, 모란강牡丹江, 흑룡강黑龍江 등 시대마다 조금씩 다른데, 일반적으로 송화강을 지칭하는 것으로 본다.
19 여기 인용문은 연암이 『향조필기』香祖筆記를 그대로 인용한 것인데, 정작 인용했다고 거론한 『양산묵담』에는 '압록강'이 없다.
20 만조는 당나라 때 중국 남쪽의 운남, 사천, 귀주 등지에 걸쳐 있던 왕조의 이름이다.
21 옛날에는 말수沫水라고도 부른 대도하는 사천성 서부에 있는 강이다. 청해성과 사천성의 변방에서 발원하여 중국 서남부를 흐른다.

22 책문에서 요양의 영수사迎水寺까지의 8개의 역참을 동팔참이라고 한다.

회수 남쪽은 강물이 남쪽 가닥이 되어 무릇 물은 모두 장강을 주류로 삼아서 '하'河라고 이름이 붙은 강물이 없다. 이 두 가닥의 물 이외에, 북쪽의 고려에 있는 강물은 혼동강混同江[18]과 압록강이며,[19] 남쪽의 만조蠻詔[20]라는 나라에 있는 강물은 대도하大渡河[21]인데, 모두 멀리 국경 밖에 있어서 우임금이 치수사업을 했던 지역에 포함되지 않았던 강물들이다'라고 했다."

그런데 이 설명은 틀렸다. 강물 이름에 '강'江과 '하'河를 붙인 것은 맑고 흐린 것을 구분하여 붙인 것이다.

내가 압록강을 건너며 보니, 그 강폭은 한강보다 넓지는 않았으나 맑기는 비교할 만했다. 거기서부터 북경에 이르기까지 무릇 물을 건넌 것이 10여 차례였는데, 배를 타기도 하고 말안장에 앉아서 말이 물에 뜬 채 건너기도 했는데, 혼하混河, 요하遼河, 난하河, 태자하太子河, 백하白河 등 이름에 '하'河가 붙은 것들은 모두 누런 흙탕물이었다.

대개 들판을 흐르는 물은 탁하고, 협곡을 빠져나와서 흐르는 물은 맑다. 압록강은 장백산에서 발원하여 변방의 여러 산을 거쳐서 흐르기 때문에 항상 맑은 것이다. 이는 동팔참東八站[22]의 여러 물들이 모두 맑다는 사실에서도 증명된다.

내가 아직 장강을 보지는 못했으나, 사천의 민산岷山과 아미산 등 수많은 산에서 발원하여 삼협三峽을 뚫고 하류로 흘러내려 오니, 그 물이 맑음을 알 수 있겠다. 소위 남쪽 물의 가닥에 '하'河라고 이름 붙이지 않은 까닭은 초나라 남쪽 지방은 산도 많고 암석도 많아 물이 모두 맑기 때문이다.

사천성의 대도하(말수)

그렇다면 남쪽 만조蠻詔에 흐르는 대도하大渡河는 상상컨대 평야 지대에서 발원하여 물이 탁하기 때문에 이름을 '하'河라고 일컬었을 것이다.[23]

23 현재 사천지방의 대도하 물은 맑다.

• 명나라 양순길楊循吉이 저술한 『지이』志異에 이르기를,

"명나라 문신 중 최고의 품계와 작위를 받은 자는 몇 명 되지 않는다. 위녕백威寧伯 왕공王公 같은 분이 그중 한 사람이다. 왕공이 궁중에서 과거 시험 보는 날에 답지를 다 써서 제출하려고 하는데, 갑자기 겨드랑이 아래에서 회오리바람이 일어나더니 그 답지를 하늘 위로 날려 버렸다. 조정의 신하들과 과시를 보던 자들이 모두 우러러 쳐다보니 시간이 갈수록 더욱 까마득하게 올라가더니 결국 사라져 버렸다.

이에 궁중 안의 관리가 황제에게 보고했더니, 별지를 주고 써서 제출하도록 하라는 어명이 내렸다. 뒤에 왕공은 중집법中執法, 대사마大司馬를 거쳐서 백작에까지 오르게 되었다."
라고 하였다. 이는 명나라 사람 왕월王越[24]의 사적을 말한 것이다.

우리나라 성종 때 경복궁 간의대簡儀臺[25] 주변에 종이 한 장이 떨어져 있었는데, 바로 중국의 과시 답안지로 그 봉미封彌[26]에는 왕월의 이름이 있었다. 조정에서는 중국에 조공을 보내는 사신 편에 답안지를 보내고 사실을 보고했다.[27] 천자는 왕월에게 바람을 일으키는 능력이 있음을 가상히 여기고 그를 발탁하여 사법 기관의 직분을 맡겼다.

양순길의 기록은 단지 회오리바람이 답지를 날려 버린 것만 말했지 그것이 어디에 떨어졌는지는 상세히 말하지 않았고, 그가 사법기관을 거쳐서 출세한 것은 말했으나, 기실 우리나라가 천자

24 왕월(1426~1499)의 자는 세창世昌이다. 이에 대한 이야기는 앞의 「구외이문」편에 '왕월의 과시 답안지'라는 제목으로 나온 바 있다.
25 간의대는 경복궁 경회루 북쪽에 있던 천문 관측대이다. 여기에 간의, 혼천의, 규표 등 천문 관측기구를 두었다.
26 과거 시험의 채점 부정을 막기 위해 수험자의 이름을 쓰고 풀로 붙이는 곳.
27 조선에 떨어진 왕월의 과시 답안지를 중국에 돌려주었다는 이야기는 왕세정王世貞의 「왕월전」王越傳에 수록되어 있다.

에게 아뢰어서 그렇게 되었다는 사실은 몰랐다.

• 명나라 영왕寧王 주권朱權[28]이 편찬한 『원시비서』原始秘書에 말하기를,

"고려의 학문은 기자箕子에게서 시작되었고, 일본의 학문은 진시황 때 불로초를 찾기 위해 보냈다는 서복徐福에게서 시작되었다. 안남安南(베트남)의 학문은 한나라가 군현을 세워 자사를 두고 중국 문학을 보급한 데서 시작되었으며, 뒷날 오대 말엽에 절도사 오창문吳昌文[29]에 이르러 바야흐로 크게 성행했다.

중국의 문화가 밖으로 오랑캐에까지 퍼져 나간 지 수천 년이 되었건만, 그들의 문학은 모두 이적夷狄의 티를 벗지 못하여 군색하고 비루해서 성인의 가르침을 계승하기에는 부족하다. 그렇게 될 수밖에 없는 까닭은 대개 그들의 성음이 중국과 달라 그 정밀미묘하고 그윽하며 심오한 이치를 필설로 전할 수 없기 때문에 서로 합치되지 않아서이다."

라고 했으니, 이는 참으로 적절한 논의라고 할 만하다.

우리 동방의 사람들은 협음叶音, 곧 어떤 음운의 글자가 다른 글자의 음운과 서로 통용해서 쓰는 묘리를 알지 못한다. 그러므로 미암眉巖 유희춘柳希春[30]은 한자의 음운에 능통하다고 알려진 인물인데도, 『시경』을 언해한 그의 저술에는 협음을 따르지 못해서 운자가 맞지 않고 끊어진 곳이 많다. 예컨대 '왕희지차'王姬之車라는 구절에서 '차'車라는 글자의 운을 '마'麻자의 운목韻目을 따르지 않고 '어'魚자의 운목을 따랐기 때문에 '차'車를 '거'車라고 음을 표기한 것이 그러한 예이다.

28 주권(1378~1448)은 명 태조 주원장의 아들로 호는 구선臞仙, 단구선생丹丘先生으로 불렸고 영왕에 봉해졌다. 문학, 도교, 희극에 관한 많은 저술을 남겼다. 10권으로 된 『원시비서』는 사물의 기원에 대해서 서술한 백과사전류이다. 인용된 내용은 권7의 '이적상문'夷狄尙文 항목이다.
29 오창문(?~963)은 월남인으로 오왕吳王을 폐하고 스스로 남진왕南晉王이라 일컬었던 인물이다.

30 유희춘(1513~1577)의 자는 인중仁仲, 호는 미암眉巖이다. 저서에 『미암일기』, 『속몽구』續蒙求, 『천해록』川海錄, 『헌근록』獻芹錄, 『주자어류전해』朱子語類箋解, 『시서석의』詩書釋義 등이 있다.

• 당나라 단성식段成式(803~863)이 저술한 『유양잡조』酉陽雜俎에 말하기를,

"근래에 어떤 뱃사람이 신라로 가다가 바람에 밀려 한 섬에 이르게 되었다. 섬에 오르니 산에는 모두 온통 검게 옻칠을 한 숟가락과 젓가락이 그득했다. 거기에는 큰 나무가 많았는데 그 사람이 나무를 올려다보니 숟가락과 젓가락은 모두 나무의 꽃과 수술들이었다. 그래서 100여 쌍을 주워서 돌아왔다. 이를 사용하려고 하니 너무 굵어서 사용할 수가 없었다. 뒷날 우연히 찻물을 휘저으니, 휘젓는대로 금방 녹아 버렸다."[31]

고 하였는데, 이는 아마도 망언인 것 같다. 우리나라 남해 연안의 섬에 만약 이런 나무가 있다면 어찌 듣지 못했겠는가?

• 송나라 허항종許亢宗이 쓴 『봉사행정록』奉使行程錄에 말하기를,[32]

"동주同州에서 40리를 가면 숙주肅州에 이르는데, 동쪽으로 바라보면 큰 산이 있다. 금나라 사람들은 이 산을 신라산新羅山이라 부른다. 산에는 인삼과 백부자白附子[33]가 나며, 고구려와 경계를 접하고 있다."

라고 했다.[34] 이는 망언이다. 동주와 숙주라는 곳이 어디에 붙어 있는 고을인지는 모르겠으나, 금나라 사람들이 가리킨 신라산이라는 것이 어떻게 고구려와 경계를 접할 수 있단 말인가? 가히 남과 북의 방위가 서로 뒤바뀐 것이라 하겠다.

• 고려인이 인삼을 예찬한 「인삼찬」人蔘讚에,

[31] 『유양잡조』 권4 「경이」境異 편에 나온다.

[32] 『선화기사봉사금국행정록』宣化己巳奉使金國行程錄을 말한다.

[33] 백부자는 한약재로 쓰는 독초이다.

[34] 『향조필기』에서 그대로 인용했다. 정작 『봉사행정록』에는 함주咸州에서 40리를 가면 숙주에 이르고, 숙주에서 50리를 가면 동주에 이른다고 하였다.

가지의 아귀가 셋, 잎이 다섯

　　양지를 싫어하고 음지를 좋아한다네.

　　와서 나를 찾고 싶으시다면

　　단椴나무 밑에서 찾으시구려.

　　　三椏五葉　背陽向陰

　　　欲來求我　椴樹相尋

라고 하였는데, 중국 문헌에 이「인삼찬」이 많이 실려 있다. 단椴나무는 잎이 오동나무와 비슷하게 생겼고, 대단히 커서 그늘이 많이 지기 때문에 인삼이 그 음지에서 생긴다고 한다. 단나무(피나무)는 곧 우리나라에서 말하는 자작나무로, 그 목재는 책의 판각으로 이용한다. 우리나라에서는 지천으로 널린 것이 자작나무인데, 중국에서는 분묘 주변에 모두 이 나무를 심으며, 청석령靑石嶺에는 숲을 이루고 있다.

• 당나라 유숙劉肅이 지은『대당신어』大唐新語에 말하기를,

"이습예李襲譽[35]는 성품이 깔끔하고 단정하며 독서를 좋아하여 책을 베낀 것이 수만 권이나 되었다. 그는 자제들에게, '나는 재화를 좋아하지 않기 때문에 지극히 궁핍하게 살고 있다. 그러나 서울에 하사받은 땅 10이랑이 있으니 밥은 먹을 수 있고, 하남河南에는 뽕나무 천 그루가 있어서 옷은 입을 수 있으며, 베낀 책이 수만 권이니 가히 벼슬을 구할 수도 있다. 너희들은 다만 이 세 가지 일을 부지런히 하거라. 어찌 남에게 손을 벌리겠는가?'라고 하였다."

고 한다.[36]

---

35 이습예는 당 태종 때의 인물로 자는 무실茂實이다. 저서에『오경묘언』五經妙言,『강동기』江東記,『충효도』忠孝圖 등이 있다.

36『대당신어』부터 인용문 끝까지의 내용은 왕사정王士禎의『향조필기』香祖筆記에서 그대로 인용한 것이다.『당신어』唐新語에 실린 내용을 약간 축약하였다.『당신어』권3「청렴」淸廉 제6 참조.

나도 재물을 좋아하지 않는 성격이기 때문에 지극히 궁핍하게 살았다. 그러나 평생 베낀 책을 따져 봤자 채 열 권을 못 채우고, 연암협 골짜기에 심은 뽕나무라고 해 봤자 겨우 열두 그루인데, 그것도 가장 키가 큰 것이라고 해야 고작 어깨 높이 정도밖에 되지 않으니 일찍이 슬퍼하며 탄식을 금하지 못했다. 지금 요동 벌판을 지나오면서 보니, 밭 둘레에 심어 놓은 뽕나무 숲이 일망무제로 툭 터져 있어 또 멍하니 넋이 빠져 버렸다.

　　• 중국인들은 『시경』의 각 편마다 저작 동기를 밝혀 놓은 '소서'小序를 반드시 폐지할 수 없다고 생각한다. 이에 대한 논의는 청나라 시문학자인 완정阮亭 왕사정王士禎의 학설이 자못 공정하다. 그의 저술 『향조필기』香祖筆記에는 이렇게 말했다.

　　"정자程子는 말하기를, 『시경』의 소서는 필시 당시 사람들이 전해 온 바의 국사에서 정치가 잘 되고 못 된 자취를 밝힌 것이다. 소서가 없다면 어떤 근거로 각 편의 시가 무슨 뜻인지 알 수 있었겠는가? 『시경』의 대서大序는 곧 공자가 지은 것이다. 요컨대 소서이든 대서이든 간에 모두 『시경』의 대의를 얻었다'라고 하였다. 주자가 정자 형제분에게 배우고 그들을 존중하면서도 유독 『시경』의 '소서'만큼은 그렇지 않다고 여기고 깎아서 없앤 까닭은 무엇인가? (중략)

　　명나라 학자 초망楚望 학경郝敬[37]은 『시경』의 시 편마다 반드시 주자의 주석을 반박하였는바, 이 역시 옳지 않은 태도이다. 명나라 때 절강 상숙常熟 지방의 인물인 중공仲恭 고대소顧大韶[38]는 『시경』을 새로 간행하면서 한나라 때 모형毛亨이 전한 『시경』인 '모전'毛傳을 위주로 삼았다. 모전의 설명이 통하지 않으면 한나

37　학경(1558~1639)은 명나라 말기의 저명한 경학 연구가이다. 자는 중여仲輿, 호는 초망이다. 『모시원해』毛詩原解, 『주역정해』周易正解 등의 저서를 남겼다.

38　고대소(1576~?)는 명나라 말기의 경학 연구가이다. 경사백가에 통달했고 특히 『시경』과 『의례』에 밝았다. 동림당東林黨 여섯 군자의 한 사람으로 저명한 고대장顧大章과는 쌍둥이 형제이다.

라 정현鄭玄의 학설을 사용하였고, 모형이나 정현의 학설이 통하지 않은 연후에야 주자의 학설을 사용했으며, 이 세 가지가 반드시 통하지 않은 연후라야 여러 학자들의 모든 설명을 망라하고 자기의 의견을 절충시켰다.

송나라 엄찬嚴粲[39]의 『시집』詩緝은 주자의 『시경』 주석 뒤에 나온 것으로 홀로 여러 주석가들의 주석보다 우수하다고 여겨졌으며, 『시경대전』詩經大全이란 책은 주자의 주석을 부연 설명한 것일 뿐 새로이 밝혀 낸 사실이 전혀 없으니, 그런 책은 간장 단지나 약단지를 덮고 바르는 종이로 써도 될 것이다."

대저 중국인들은 주자가 『시경』의 '소서'를 다 제거한 사실을 배척하면서, 이를 한 시대의 여론으로 삼고 있다. 죽타竹坨 주이준朱彛尊의 『경의고』經義攷 200권은 주자의 학설을 반박한 책이다. 예컨대, 『시경』의 「모과」木瓜편에서 제나라 환공桓公을 찬미한 것, 「자금」子衿편에서 학교를 폐지함을 풍자한 것, 「야유만초」野有蔓草 및 주나라 말기의 유왕幽王과 정나라 공자 정홀鄭忽을 풍자한 것 등에 대한 '소서'의 내용은 모두 경전을 살펴서 확실한 근거를 가지고 쓴 것인데도, 주자는 모두 반대하고 자기 임의로 판단하여 그 '소서'들을 없애 버렸다고, 주이준은 주자를 반박하였다.

그러나 주이준은 기실 '소서'를 존중하고 주류로 인정하면서도 유독 정鄭나라, 위衛 나라의 시에 대해서는 '소서'를 무시하고 공자가 말한 "음탕한 정나라의 노래는 추방해야 된다"는 말을 근거로 모두 음란하고 추잡한 시로 취급하였다. "시를 노래하는 음성은 음란하지만, 시 내용은 음란한 것이 아니다"라는 말은 서하西河 모기령毛奇齡의 학설이다.

[39] 엄찬의 자는 탄숙坦叔, 명경明卿이며 화곡선생華谷先生으로 불렸다.

『시경』의 '소서'를 인정해야 된다는 사람들의 학설은 대체로 이와 같다. 그들은 주자가 『시경』 '소서'를 직접 없앤 것이 아니라 분명 그 문하 제자들의 손에서 이루어진 것이라 말하는데, 이것은 대담무쌍하게 문인들을 함부로 대함으로써 주자를 마음 놓고 공격하려는 속셈이다.

『송사』「유림전」儒林傳에 왕백王柏이 말하기를,

"『시경』 300편이 어찌 모두 공자의 손에서 직접 산정된 것이겠는가? 산정된 시 중에는 여항의 천박하고 경솔한 사람들의 입에서 나온 것도 있을 터인데, 한나라 때의 유학자들이 이를 취하여 없어진 시를 보충한 것도 있을 것이다."

라고 하였으니, 이 말이 이치에 매우 그럴듯하다. 그렇다면 중국인들이 인정하고 있는 '소서'라는 것에도 어찌 한나라 유학자들이 견강부회하여 억지로 만들어 낸 것이 없다고 할 수 있겠는가?

나는 일찍이 한림 초팽령初彭齡, 태사 고역생高棫生과 함께 단가루段家樓에서 술을 마시며 『시경』 '소서' 문제를 가지고 떠들썩하게 서로 토론한 적이 있었다. 나는 큰소리로,

"『시경』 300편이라는 것은 당시 여항 사이에서 불렸던 노래에 불과할 것입니다. 기쁘고 즐거우며, 화가 나고 아프며, 희로애락 하는 사이에 부득불 이런 노랫소리를 내지 않을 수 없었을 터이니, 마치 시절에 맞게 우는 풀벌레나 새들처럼 절로 울고 절로 읊조렸을 겁니다. 각 지방의 풍속을 살피는 자가 민요를 채집하여 문자로 정리하고 시의 구절로 만들어서 이를 학교에 늘어놓기도 하고 악기에 올려 연주를 하였습니다. 이것이 이른바 열국들의 노래인 국풍國風이니, 시라는 명칭도 여기에서 생겨난 것이지요. 그러니 어디에서 그 시를 지은 사람의 성명을 찾을 수가 있겠

습니까?

그런데도 '소서'에서는 시를 설명하면서 반드시 시를 지은 사람이 모두 있다고 말하며 '이 시는 누구누구가 지은 것이다'라고 말해서, 마치 후세에 『전당시』全唐詩에 수록된 시의 저자를 말하는 것처럼 하고 있으니, 이는 결단코 견강부회해서 억지로 하는 말임을 알 수 있습니다. 예컨대 소위 「공작동남비」孔雀東南飛라고 불리는 「고시위초중경처작」古詩爲焦仲卿妻作이라는 작품 및 「고시십구수」古詩十九首 같은 작품은 어찌 작자의 성명이 확실하게 있었겠습니까?"
라고 하였더니, 여러 사람들이 모두 잠자코 있으면서 반박은 하지 않지만 그렇지 않다고 여기는 표정이었다.

대개 '소서'를 종주로 삼아 소중하게 여긴 것은 송나라 소철蘇轍에게서 시작되었고, '소서'를 공격한 것은 송나라 학자 협제夾漈 정초鄭樵(1104~1162)에게서 시작되었으며, 주자의 주석을 반박하기로는 송나라의 마단림馬端臨(1254~1323), 청나라의 모기령, 주이준 등이 극심했고, 근세에 와서는 여론으로 풍미하게 되었다.

- 오군吳郡의 풍시가馮時可[40]가 지은 『봉창속록』蓬牕續錄에 의하면,

"취두선聚頭扇이란 부채는 곧 접었다 폈다 하는 쥘부채(접부채)로 영락(1403~1424) 연간에 공물로 받은 것인데 나라 안에서 성행했다. 소동파는 '고려의 백송선白松扇은 펴면 넓이가 한 자 남짓 되고, 접으면 단지 두 손가락 정도 된다'라고 했다. 왜인이 만든 부채로 바탕에 금색을 칠하고 오죽烏竹으로 뼈대를 만든 것이 바로 취두선이다. 내가 북경에 이르렀을 때 외국인 도사 이마

40 풍시가(1540~?)는 명나라 가경 연간의 학자로 자는 민경敏卿 호는 무성无成이다.

두(마테오 리치)가 내게 왜인 부채 네 개를 선물로 주었는데, 접으니 능히 한 손가락 폭도 되지 않았으나 매우 가볍고 바람이 잘 날 뿐 아니라 견고하고 치밀했다."
고 하였다.

이로 말미암아 살펴본다면, 중국에는 애초에 쥘부채가 없었다. 부채는 모두 둥근 모양의 단선團扇으로, 우리나라에서 일컫는 미선尾扇[41]과 모양이 유사하다. 대개 중국의 옛 그림에 나오는 파초의 잎이나 오동나무의 잎, 흰 깃털로 만든 부채가 그것이다. 우리나라의 기물들 중에는 일본을 모방해서 만든 것이 많으니, 쥘부채는 고려가 일본에서 배운 것이고, 중국은 고려에서 배운 것인가?

중국의 큰 부채를 고려선高麗扇이라고 부르는데, 만든 제도가 매우 질박하다. 우리나라 종이를 붙여서 누런 기름을 먹이고 세밀하게 글씨와 그림을 그리는데, 자못 진기한 것으로 취급한다.

41 부채 끝을 공작깃처럼 두 개의 원을 펼친 모양으로 공그른 부채.

미선尾扇

• 구라파의 쇠줄로 된 거문고인 구라철현금歐邏鐵絃琴을 우리나라에서는 서양금이라고 부르고, 서양인들은 천금天琴이라고 일컫는다. 중국인들은 이를 번금蕃琴 또는 천금이라고 부른다.

이 악기가 어느 시대에 우리나라로 왔는지는 알 수 없으나, 이 악기를 가지고 우리 가락으로 곡을 풀어낸 것은 덕보 홍대용에서 시작되었다. 그때가 건륭 임진년(1772) 6월 18일 유시酉時(오후 6시 무렵)이다. 나는 그때 홍덕보의 담헌湛軒에 앉아서 그가 철현금을 풀어내는 것을 직접 보았다.

나는 홍대용이 음악 소리를 듣고 살핌에 아주 예민하다는 것을 대략 알고 있었고, 또 그

구라철현금(양금)

것이 비록 작은 기예이긴 하지만 우리나라에서 철현금을 최초로 연주했다는 사실 때문에 그 날짜까지 상세히 기록하였다. 그 악기를 타는 방법이 드디어 널리 전해져 9년이 지난 지금에는 탈 줄 모르는 금사琴師들이 없게 되었다.

오군의 풍시가가 처음으로 북경에 이르러 이마두에게서 철현금을 얻었는데, 구리철사로 현을 만들었고 손가락으로 타는 것이 아니라 작은 판을 튕겨서 연주해야 그 소리가 더욱 맑게 난다고 하였다. 또 자명종自鳴鐘이란 것이 크기는 겨우 향을 담는 작은 향합만 하고 정교한 금속으로 만들었는데, 하루 열두 시각에 열두 차례 소리를 울려 역시 특이하다고 했다. 이 이야기는 모두 풍시가의 저서 『봉창속록』에 나온다. 대개 이 철현금과 자명종은 명나라 만력(1573~1615) 연간에 처음 중국에 들어왔다.

내가 사는 연암협 산골짜기에 양금이 있는데, 그 뒷면에는 오음서기五音舒記라는 낙인이 찍혀 있고, 만든 제도가 자못 정교하고 좋다. 그래서 이번 중국에 와서 남의 부탁을 들어주기 위해서 소위 '오음서'라는 것을 두루 찾았으나 끝내 구할 수 없었다.

• 그림에 관한 기록인 저자 미상의 『단청기』丹青記에 의하면,
"당나라 시인 왕유王維(701~761)가 기왕岐王인 이범李範[42]을 위해서 커다란 돌 하나를 그려 주었다. 붓끝이 돌아가는 대로 자신의 뜻을 드러낸 그림으로, 천연의 아취가 있었다. 기왕이 이를 아주 보배롭게 여기어, 때때로 집의 부시罘罳[43]를 친 처마 밑에 홀로 앉아서 그림을 주시하고는, 마치 자신이 산속에 와 있는 상상을 하면서 유연히 흥취가 있었다. 수년 뒤에 그림은 더욱 정취를 발휘하였다.

---

42 이범(686~726)은 당 예종睿宗의 아들이고 당 현종의 아우이다. 본래 이름은 이융범李隆範이었으나 현종의 이름 이융기李隆基의 이름을 피하여 이범으로 고쳤다. 글씨를 잘 썼고, 서화를 수집하는 취미를 가졌다.
43 부시는 새가 앉지 못하게 하기 위하여 전각의 처마에 둘러치는 철망을 말한다.

어느 날 아침에 비바람이 몰아치고 천둥 번개가 함께 일어나더니, 홀연히 돌이 뽑혀 나가고 집이 모두 부서졌다. 왜 그렇게 되었는지 모르고 있다가, 후에 그림의 빈 두루마리를 보고서야 그림 속의 돌이 날아간 사실을 알게 되었다.

헌종憲宗(806~820) 때 고려에서 사신을 보내와 아뢰기를, '어느 해 모일에 비바람이 크게 불던 중에 신숭산神崇山 꼭대기에 기이하게 생긴 돌이 날아왔는데, 돌 아래에는 왕유라는 글자의 도장이 있었습니다. 이것이 중국의 물건이라는 것을 알게 되어 왕께서는 감히 고려에 둘 수 없다고 하여 사신을 파견해 바치옵니다'라고 하였다.

임금께서 군신들에게 명하여 왕유의 필적과 대조해 보니, 털끝만큼도 차이가 나지 않았다. 임금은 왕유의 그림이 신령스럽고 오묘하다는 것을 알고는, 나라 안의 왕유 그림을 두루 찾아서 궁중에 보관하도록 하였다. 그리고 땅 위에 개와 닭의 피를 뿌려서 날아가지 못하도록 예방하였다".[44]
라고 하였다.

[44] 이 글은 왕유의 문집인 『왕우승집』王右丞集 「유사」遺事편에 수록되어 있다.

이 이야기로 미루어 본다면, 중국의 괴담을 적어 놓은 『제해』齊諧의 기록들이란 것이 엉성하기 짝이 없고 오류가 많다는 사실을 알 수 있다. 중국이 고구려를 일컬어서 고려라고 했던 건 본래부터 그런 것이지만, 고구려가 망한 연도는 당나라 고종 영휘永徽 연간인데 당나라 헌종 때에 어떻게 고구려가 사신을 보낼 수 있단 말인가?

왕씨의 고려가 송악산 아래에 도읍을 하고, 송악산을 신숭산이라고도 불렀는데, 만약 사신을 보낸 나라가 왕씨의 고려라고 한다면 고려 태조가 나라를 일으킨 연도는 바로 후량後梁의 마지막 임금인 주우정朱友貞의 정명貞明 4년(918)이니, 이는 헌종 때보다 100여 년이나 뒤가 된다. 또 왕유는 당나라 명황明皇 때의 인물로 헌종 때보다는 100여 년이나 앞이 된다.

그림 속의 돌이 날아오고, 그것도 우리 땅에까지 날아왔다는 말은 본시 그 자체가 황당한 이야기이고, 또 그 기록이란 것이 대단히 어그러지고 틀려먹었다. 이는 왕월의 과시 답안지가 우리나라에 날아왔다는 일을 본떠서 그럴듯하게 지어낸 이야기일 뿐이다.

45 동파는 소식의 호이다.

46 동평왕은 한나라 광무제의 아들로 이름은 유창劉蒼이다. 그는 형인 명제明帝와 조카인 장제章帝에게 시국에 관한 간절한 상소를 각각 올려서, 그의 생각이 관철되도록 하였다.

• 우리나라는 송나라 소동파⁴⁵에게 가장 밉보였던 모양이다. 고려가 송나라에 서책을 구하려고 하자, 소동파는 한나라 동평왕東平王⁴⁶의 고사를 인용하여 고려를 준엄하게 배척하는 상소문을 올리기도 했던 인물이다.

"그(소동파)가 항주杭州에서 통판이란 벼슬을 할 때였다. 고려에서 조공을 가지고 중국에 들어온 사신이 주군州郡의 관리를 능멸하였고, 또 사신을 접대하는 관원들도 모두 연도沿道의 창고를 관리하는 말단 아전들이었는데 이들이 사신의 세력을 등에 업고 교만하며 함부로 날뛰어, 결국 항주의 무관인 검할鈐轄과 맞먹으려 하기에 이르렀다.

그래서 소동파가 사람을 보내서 그들에게 '먼 지방의 오랑캐가 중국을 사모하여 귀화하러 왔다면, 이치상 반드시 공순해야 할 터이다. 그런데 지금 저들이 사납고 함부로 방자하게 구니, 너희들이 그렇게 인도하고 조장하지 않았다면 이런 지경에 이르지는 않았을 것이다. 이런 태도를 고치지 않는다면 응당 황제에게 아뢸 수밖에 없으리라' 하자, 사신을 접대하는 자들이 겁을 먹고 조금 수그러졌다.

고려의 사신이 관리에게 조공을 바치고 문서 끝에 날짜만 써서 보내었더니, 소동파는 이를 물리치고 '고려가 우리 송나라에 대해 신하라고 일컬으면서도, 우리의 연호를 써서 아뢰지 않는다면 내가 어찌 이를 감히 받으랴?' 하였다. 고려 사신이 급히 문서에 희녕熙寧이란 연호를 고쳐 쓴 후에야 이를 받아들였으니, 이를 두고 당시 여론은 소동파의 행동이 체통을 지킨 것이라고 여겼다."

위의 글은 소동파의 묘지명에 나오는 내용이다.

"원우元祐 2년(1087) 2월 17일, 병지炳之 왕백호王伯虎를 만나 보았다. 그가 말하기를, '예전에 제가 추밀원의 예방검상문자禮房檢詳文字로 있을 때 고려와 관련된 공문서를 보게 되었습니다. 처음에 장성일張誠一이 거란으로 사신 갔을 때 장막 안에서 고려에서 온 사신을 보았더니, 고려 사신은 자기의 군왕이 중국을 사모하고 있다는 뜻을 몰래 이야기하였답니다. 그래서 장성일이 귀국하여 선제先帝(송나라 철종哲宗 황제)에게 이 일을 아뢰었더니, 황제는 비로소 고려를 불러오게 할 뜻을 가지게 되었습니다. 추밀사 여공필呂公弼이 황제의 뜻에 영합하여 친히 상소를 올려 고려를 불러 보기를 간청하였고, 드디어 발운사發運使[47] 나증羅拯에게 명하여 고려로 상인을 파견해 고려 사신을 오게 한 것입니다'라고 한다.

천하 사람들은 나증이 틀려먹었다는 사실은 알고 있으나, 석공필의 죄는 알지 못한다. 장성일 같은 자는 입에 올릴 필요조차 없는 사람이다."

또,

"회동淮東 지방의 제거提擧로 있는 황실黃實[48]을 만났더니 내

47 발운사는 양식의 수송을 관장하는 벼슬아치이다.

48 황실은 황식黃寔의 오자이다.

(소동파)게 말해 주었다. 그가 어명을 받들고 고려에 사신을 갔던 사람을 만났더니, 사신이 이런 이야기를 하더라고 한다. 고려에 보낸 선물 중에는 가짜 금과 은의 알맹이가 있었는데, 고려 오랑캐들이 알맹이를 모두 깨뜨리고 파괴하여 그 속이 훤히 드러나도록 하는 바람에 사신이 대단히 불쾌하게 여겼더니, 그들이 '감히 오만하게 굴려고 그런 것이 아니라, 혹시라도 북쪽 오랑캐인 거란에서 엿보는 자가 있어 이를 진짜 금은으로 여길까 봐 그런답니다'라고 하였다.

이로 말미암아 본다면 고려는 우리가 하사하는 물건을 얻어서는 아마도 북쪽 오랑캐 거란과 반씩 나누어 가지는 모양이다. 그런데도 혹자는 고려가 우리 송나라에 조회를 오는 사실을 거란이 모를 것이라 말하고, 혹자는 뒷날 고려를 이용하여 거란을 견제할 수 있을 것이라 말하고 있으니, 어찌 잘못되지 않았는가?"

이상의 두 이야기는 소동파가 지은 『동파지림』東坡志林[49]에 실려 있다.

소자첨蘇子瞻[50]은 당시 송나라가 고려를 불러들인 것을 잘못된 정책이라고 여겼다. 그가 기술한 여러 내용을 살펴보면 모두가 국가를 위한 깊고도 장구한 걱정에서 비롯한 것이다. 그러나 당시 중국 사대부들은 중국을 사모하는 고려의 정성이 진심에서 나온 것이며, 또 고려가 요遼와 금金의 견제를 받고 있어서 오로지 한마음으로 송나라를 섬길 수만은 없었다는 사실을 자못 모르고 있었다. 이것이 고려의 여러 왕조에서 지극한 한으로 여긴 것이다.

고려 사람들은 송나라 사대부들의 문장을 얻으면 향을 피우고 경건한 자세로 읽는데, 이와 같은 지극 정성을 그들에게 능히

49 『동파지림』 권4, 권5에 각각 수록되어 있다.

50 자첨은 소식의 자이다.

펼쳐서 드러내 보일 수가 없었으므로, 한갓 중국 사대부들에게 비루하다고 업신여김을 받고 말았다. 참으로 한심한 일이다. 내가 왕곡정王鵠汀에게 이 일을 극구 변론하였다.

• 『명산기』名山記에 이르기를,[51]

"강원도 금강산에 물웅덩이가 있는데, 그 이름을 관음담觀音潭이라고 한다. 관음담 둘레의 언덕 이름은 수건애手巾崖라고 한다. 바위 중심에 절구처럼 움푹 파인 곳이 있는데, 세속에 전하는 말로는 관음보살이 빨래하던 곳이라고 한다."
라고 하였다.

51 『삼재도회속집』三才圖會續集에 나오는 내용이다.

• 숭정 정축년(1637) 11월 22일, 정조사正朝使(건주建州, 즉 여진족과 화해를 한 뒤이다. ─ 원주) 한형길韓亨吉,[52] 서장관 이후양李後陽 일행이 사신으로 갈 때, 정해진 공물 이외에 별도의 조공으로 홍시 30바리를 바쳤는데, 칙사가 또 2만 개를 더 바치라고 독촉했다.

52 한형길(1582~1644)은 조선 중기의 문신으로, 본관은 청주淸州이고 자는 태이泰而, 호는 유촌柳村이다.

그때 칙사로 온 사람은 영아이대英俄爾岱, 마복탑馬福塔, 달운達雲 등이었다. 일찍이 이들은 연로에 오면서 말을 달리며 사냥을 하고, 기생들을 수청 들이라고 독촉했으며, 조금이라도 자신들의 뜻대로 되지 않으면 사정없이 채찍을 휘둘러댔다. 왜놈들도 말 300필, 매 300마리, 황새 300마리를 요구하였다.

그런데 이번 사행에서 우리가 가지고 가는 조공의 특산품은 종이와 돗자리에 불과하다. 그런데 중국이 우리에게 하사하는 선물과 머무르는 비용은 항상 10여만 냥이 든다고 한다. 청나라 초기에 비한다면 가히 우리가 청나라에 폐를 끼친다고 할 만하다.

• 명나라 문인 서위徐渭의 『노사』路史에 이르기를,

"당나라 때 고려에서 송연묵松烟墨을 조공으로 바쳤다. 소나무를 태워서 생기는 그을음을 사슴의 힘줄로 만든 아교와 섞어서 먹을 만드는데, 유미隃糜라고도 한다."
라고 하였다.

명나라 완정阮亭 왕사정王士禎이 『향조필기』에서 이에 대해 논변하기를,

"한나라에 유미라는 고을의 땅에서 돌먹(石墨)이 나왔으니, 돌먹과 고려의 송연묵은 아무 관계가 없다."
라고 하였다.

그런데 왕사정이 돌먹에 대해서는 논변하면서도 당나라 때에는 고려라는 나라 자체가 없었다는 사실을 논변하지 않았음은 무슨 까닭인가? 유미 고을에서 나오는 돌먹은 상상하건대 응당 지금 사용하고 있는 석탄일 것이다. 한나라 때는 연료로 사용할 줄 몰랐고, 석묵으로만 사용했던 것인가?

• 명나라 만력 9년(1581)에 서양인 이마두가 중국에 들어와 북경에서 29년을 머물렀다. 그의 종교를 믿는 중국인은 아무도 없었고, 다만 그가 말하는 역법曆法을 힘써 주장한 사람은 서광계徐光啓53라는 과학자 한 명뿐이었다. 서광계는 드디어 만세萬歲 역법曆法의 원조가 되었다. 그렇다면 당시 명나라가 연호를 만력萬曆이라고 한 건 바로 이마두가 중국으로 들어올 조짐이었던 것이다.54

• 만력 임진년(1592)에 명나라 신종神宗 천자가 크게 병사를 동원하여 우리나라의 국난을 구원했는데, 그때 사용한 내탕금이

53 서광계(1562~1633)는 명나라 말기의 과학자로 서양의 『기하원본』幾何原本, 『태서수법』泰西水法, 『측량법의』測量法義 등의 책을 번역하였고, 『농정전서』農政全書, 『숭정역서』崇禎曆書 등을 편찬하였다.
54 명나라가 만력萬曆이라는 연호를 쓴 시기는 1573년이다.
55 『삼국사기』와 『동사강목』東史綱目에 의하면 신라 혜공왕, 경문왕 때 이런 토산품을 당나라에 바쳤다고 했다.

서광계

800만 냥이라고 한다.

• 신라 시대에 중국에 바친 토산품으로 대화어아금大花魚牙錦, 소화어아금小花魚牙錦, 조하금朝霞錦 등의 비단과 백첩포白氎布라는 면직물이 있었다.[55]

• 명나라 문인 원미元美 왕세정王世貞(1526~1590)은 우리나라 한지를 칭찬했고, 문장文長 서위徐渭(1521~1593)는 돈을 만드는 종이처럼 두터운 우리나라 한지를 매우 좋아했으며, 백경伯敬 종성鍾惺[56]은 일찍이 우리의 한지에 당나라 시인 유신허劉蓍虛의 시 14수를 적었다.

• 중국의 진사 시험 급제 출신으로 1갑一甲은 세 명인데, 그중 첫째를 장원壯元이라 하고, 둘째를 방안榜眼, 셋째를 탐화探花라고 한다. 장원에게는 즉시 한림의 수찬修撰 자리를 주고, 방안과 탐화는 한림의 편수관이 된다. 2갑二甲은 80~90명으로, 그중 1등을 전려傳臚라 하며, 역시 한림에 임명된다. 3갑三甲은 100여 명으로, 이들은 2갑과 함께 천자 앞에서 보는 시험인 조고시朝考試에 응시할 수 있고, 한림의 물망에 오르기도 하고, 육부六部의 주사主事 자리가 주어지기도 하며, 지방의 수령을 맡기도 한다. 여기에 참여하지 않으면 진사의 반열로 돌아가게 된다. 이런 중국의 제도는 지체와 문벌을 따져 홍문관, 예문관, 교서관 등의 삼관三館에 나누어서 직위를 주는 우리나라의 규정과는 비교가 되지 않는다.

• 옹정 임자년(1732)에 역관 최수성崔壽城[57]이 산해관 못 미쳐

56 종성(1574~1624)은 명나라 때의 문인, 산수화가이다. 자는 백경伯敬, 호는 퇴곡退谷이며 자칭 만지거사晩知居士라 했다. 저서에 『은수당집』隱秀堂集이 있다.
57 최수성(1694~?)은 1713년에 역과 시험에 합격하여 주로 압물押物 역관직을 수행하였다. 1732년 연행에서 부사 조최수趙最壽가 건량역관乾糧譯官이었다. 자는 자장子長이다.

과거 합격자의 명패 위로부터 장원, 방안, 탐화

에 있는 고교보高橋堡를 지나다가 오광빈吳光霦이란 사람을 만났다고 한다. 오광빈은 청나라 초기에 명나라를 회복한다고 반란을 일으킨 오삼계吳三桂에게 받은 직첩을 가지고 있다가, 이 일로 인해 귀양을 가 그곳에 눌러앉아 살던 인물이다. 나이가 바야흐로 여든일곱으로 귀는 먹었고 정신이 혼미하여 말을 주고받을 수도 없는 처지였는데, 그 당시 문제가 되었던 문서를 꺼내서 보여주었다고 한다.

그 하나는,

"'천하도초토병마대원수天下都招討兵馬大元帥 주왕周王[58]이 관원의 직위를 승진시키는 일에 관한 문건.' 나는 우주가 혼몽하여 마치 한밤중에 사는 것 같은 이때에, 우러러 하늘의 뜻을 계승하여 의병을 일으켜 백성을 구제하려고 하니 반드시 지혜롭고 용맹한 인재를 얻어 함께 태평한 세상을 이룩하려고 한다. 인재를 찾다가 오광빈을 얻었으니, 지금 그에게 금오시위유격金吾侍衛遊擊의 직위를 주어 우수한 사람을 임용하여 특별하게 대우하는 모범을 보이려 한다. 이 때문에 이 문건을 발급한다. 해당 본관에게 알리노니 여기에 따라 그에게 일을 맡기도록 하라. 너 오광빈은 이 임무를 받아서 마땅히 더더욱 분발하고 노력하여 있는 힘을 다해 공훈을 많이 세워서, 너를 드러내어 임용하는 뜻에 부응하도록 하라. 만약 공적에 기록할 만한 특별한 공로를 세운다면 파격적인 관작과 상을 내릴 것이니, 너는 장차 노력하도록 하라. 모름지기 이 문건이 시행되도록 할 것이며, 이 문건에 해당하는 유격 오광빈은 이를 시행하도록 하라. 주나라 4년 5월 27일 송달함."
이라고 하였다.

또 하나는,

58 오삼계가 명나라를 광복시키기 위해 거병했다가, 1678년 국호를 대주大周라 하고 연호를 소무昭武로 고쳤는데 갑자기 죽게 되자 손자 오세번吳世璠이 왕위를 이어서 연호를 홍화洪化라고 하다가 1681년에 강희 황제에게 평정되었다.

"'병부에서 관원의 승진 임명을 청한 일에 대한 문건.' 홍화洪化 원년(1678) 7월 16일에 병부에서 가려 뽑은 이소보李少保와 금오위좌장군金吾衛左將軍 호제胡題를 관원에 보임해서 쓰고, 해당 문건을 발급하고 이번에 인재를 찾아서 시위유격으로 임명한 오광빈은 사람됨이 노련하고 통달한 인물이므로 응당 참장參將의 직함을 더해 주어서 금오위 내부의 일을 관리하도록 할 것인바, 임용하고 문권을 발급하라. 병부에서는 이를 알고 받들어 시행하도록 하라. 이를 시행하기 위해 문건을 갖추어 보내니 해당 관리는 해당 부서의 지시에 따라 직무를 시행하도록 하라. 해당하는 오광빈은 이에 따라 시행하도록 하라. 홍화 원년 7월 21일 문서 담당자 송달함."

이라고 되어 있다.[59]

또 하나는 호부에서 관원 충원을 청하는 일에 대한 문건으로, 곧 오광빈에게 호부의 원외랑員外郎 직을 수여한다는 것이다. 홍화 2년 7월 26일이라 했고 모두 관인과 수결이 있었다고 한다.

오삼계는 명나라를 회복하겠다고 거병했다가, 4년이 지나자 연호를 홍화洪化로 바꾸어 스스로 왕이 된 인물이다. 그 스스로 '구석선문'九錫禪文, 즉 임금이 신하에게 하사할 수 있는 최대한의 예우를 시행했다. 과거에 당나라가 망하자 후당을 세웠던 이극용李克用이란 인물이 있었지만 그는 오삼계와 같은 그런 일은 하지 않았다. 오히려 이극용은 죽음으로 맹세하며 뒷날 당나라의 사직을 회복시키겠다고 하였다.

망한 명나라의 남은 백성들은 날마다 의병의 깃발을 바라고 있었건만, 오삼계가 세운 주나라의 연호가 '홍화'라는 사실을 천하의 어느 누가 알겠는가? 그로부터 50년이 지났는데도 오광빈

59 직첩의 원문은 이의현李宜顯의 『도곡집』陶谷集 「연행잡지」燕行雜識에 수록된 것을 전재하였다.

은 아직도 오삼계에게 받은 임명장을 집안에 유물로 소장하고 있으니, 그의 뜻이 어디에 있는지 알겠다. 그리고 이런 부류에 대해서 관대하게 처리했던 당시 청나라의 정치를 가히 알 수 있겠다.

• 독을 빨아들이는 흡독석吸毒石이라는 돌은 크기가 대추만 하고 검푸른색이다. 이는 소서양小西洋, 즉 중국에서 만 리 정도 떨어진 중앙아시아에 사는 일종의 독사 머리에 생기는 돌이다. 뱀이나 전갈, 지네와 독충 등에 물린 상처를 치유할 수 있고, 부스럼과 일체의 악독한 종기를 치유할 수 있다.

이 돌을 상처 난 부위에 올려 두면 돌이 절로 단단하게 붙어서 떨어지지 않고, 독을 다 빨아들인 뒤에야 돌이 절로 떨어지며 환부가 즉시 낫는다고 한다. 사용할 때는 사람의 젖 한 종지를 미리 준비해 두었다가 떨어진 돌을 급히 담가서 젖 색깔이 대략 푸른색이 될 때까지 기다렸다가, 즉시 맑은 물에 씻어서 깨끗하게 닦아 다음에 다시 쓸 수 있도록 해야 한다. 만약 젖에 너무 오래 담그고 더디게 꺼내면 독을 빨아내는 돌의 기운이 지나치게 빠져나와 한참 뒤에는 영험이 없어진다고 한다.

60 강녀묘에 대한 이야기는 앞의 '일신수필'과 '피서록' 편에 나왔다.

맹강녀사孟姜女祠 섬서 동천

• 산해관에서 한 10여 리 정도 못 미쳐 강녀묘姜女廟와 새로 지은 행궁이 있다.[60] 망부석 곁의 작은 정자는 진의정振衣亭이라고 한다. 진나라 때 범칠랑范七郎이란 사람이 만리장성을 쌓다가 육라산六螺山 아래에서 죽었는데, 아내 허씨의 꿈에 나타났다. 아내 허맹강許孟姜은 섬서陝西 동관同官(지금의 동천銅川) 사람이었다. 홀로 수천 리를 걸어가서 남편의 유골을 수습하여 지나갈 때 이곳에서 쉬었기 때문에 후인들이 여기에 사당을 세웠다. 마침내

강녀는 남편의 유골을 등에 지고 바다에 들어가 죽었는데, 며칠이 지나 바닷속에서 바위가 솟아나와 바닷물이 밀려와도 잠기지 않았다고 한다.

망부석이란 세 글자는 산서山西 태원太原의 백휘白輝가 쓴 것이며, '작여시관'作如是觀이란 네 글자는 내각의 수찬으로 있는 가정좌賈廷佐의 글씨이다. 이반李蟠이 지은 사당의 기문은 고병高昺이 썼다. 사당 뒤에는 비석이 네 개 있는데, 장동張棟이 지은 정녀사기貞女祠記는 명나라 만력 갑오년(1594)에 세웠으며, 장시현張時顯이 지은 중수맹강정녀사기重修孟姜貞女祠記는 만력 병신년(1596)에 세웠고, 정관이程觀頤가 지은 중수강녀사비기重修姜女祠碑記는 강희 기유년(1669)에 세웠으며, 고제대高齊岱가 지은 것은 강희 무진년(1688)에 세웠다.[61]

당나라 때의 시인 왕건王建이 읊은 「망부석」이란 시의 망부석은 호북성湖北省 무창武昌에 있다고 한다. 혹자는 말하기를, "진나라 때는 섬陝이란 명칭이 없었으며, 또 낭郎이라고도 일컫지 않았으니, 맹강이란 여성은 제齊, 즉 산동 사람이다"라고 한다.

• 왕민호王民皥는 청나라가 나라를 세워 하나의 왕만을 인정하는 제도를 찬미하면서, "겉으로는 왕이 셋인 것 같지만, 속으로는 두 개의 교敎가 있습니다"라고 말한다. 불교와 노자의 학술을 가지고 유가의 도를 섞어서 꾸몄다는 말일 것이다.

옹정 때 어떤 사람이 황제에게 몰래 아뢰어, "도처에 있는 중들을 장가 들여서 환속을 시킨다면 직속 군대 100만 명을 얻을 수 있을 것입니다"라고 하였다. 옹정 황제는 조서를 내려서 밝게 깨우쳤다.

장간의 비석

61 비석의 전문이 『임유현지』臨楡縣志에 수록되어 있다.

"부처와 노자의 가르침은 인간 본원의 심성으로 돌아가고, 선악이 서로 감응하며, 이기理氣가 마음에 뿌리를 내리고 있다고 말한다. 옛날에 천하를 다스리는 임금이 유교의 인간 윤리를 근본으로 삼아 정치적 공적을 드러내려고 하니, 노자와 부처는 예악형정의 영역에 낄 수가 없었다. 그리하여 그것이 유교의 밝은 가르침에 방해가 될까 걱정을 하니, 밝고 현명한 임금들은 그 두 가르침을 소원하게 대한 적도 있었다.

그러나 짐은 부처와 노자의 가르침이 인간의 성품을 어그러뜨렸다거나 좌절시켰다는 말은 들어 보지 못했노라. 근래에 짐에게 몰래 아뢰어 불교를 혹독하게 비방하면서 도처에 있는 중들을 환속시키라고 청하는 사람이 있다. 짐은 평범한 한 명의 남녀라도 자기들이 있어야 할 곳을 찾지 못할까 근심하고 있는 터에, 만약 그들의 실정이나 원하는 것을 물어보지도 않고 강제로 환속시킨다면 자기가 있어야 할 자리를 찾지 못하는 사람이 비단 수백만이 아닐 것이다. 저들 중들은 곧 홀아비, 과부, 고아, 봉양해 줄 사람이 없는 늙은이 등과 같은 가련한 사람이니, 응당 가여워하고 불쌍히 여겨야 할 것이다.

성리학을 공부하는 사람들이 저들 불교와 노자를 먼저 욕하면서 자신들은 이치에 맞는 학문을 한다고 자처하고 있으니, 이런 습속이 도대체 어떤 경전에서 처음 나왔는지 모르겠다. 대저 성리학이란 학문은 몸소 행하는 것을 귀중하게 여기는 법이거늘, 만약 부질없이 그들을 비방하는 것으로 성리학을 한다고 여긴다면 곧 성리학도 역시 야비하고 천한 학문일 것이다. 국가가 성리학을 존중하고 숭상하는 뜻이 본래 이와 같은 데 있지 않을 것이다.

만약 요망한 말로 대중들을 현혹하고 간사한 짓을 하여 죄과를 범하는 것이 모두 중들의 무리에서 나오고, 이런 것들은 그들 가르침에 또한 궁행실천躬行實踐이 없는 데에서 빚어진 일이라고 말한다지만, 그들이 기강을 범하고 법을 무시하는 행동이 어찌 그들 본래의 가르침에 문제가 있기 때문이겠는가? 또 근간에 중죄를 저질러 극형을 당하는 자들이 어찌 중들이나 도사들만 있을까? 법의 집행이 공평하지 못하면 족히 천하를 다스릴 수 없고, 주장하는 논의가 불공정하다면 사람들의 마음을 복종시킬 수 없으리라. 그러므로 이런 뜻을 타일러 가르치노라."[62]

이 내용은 재상 민응수閔應洙[63]의 『계축연행록』癸丑燕行錄에 실려 있는데, 왕민호의 이야기와 서로 부합한다.

[62] 「세종헌황제상유내각」世宗憲皇帝上諭內閣이라는 글을 축약한 것이다.
[63] 민응수(1684~1750)는 영조 때의 문신으로, 자는 성보聲甫 호는 오헌梧軒이다. 1733년 사은사로 청나라에 다녀왔다.

• 건륭 40년 을미년(1775) 11월 20일, 내각에서 황제의 유시諭示를 받들었다. 유시의 내용은 이러하다.

"충성스럽고 절개가 굳은 사람을 숭상하고 장려하는 까닭은 완곡한 말씀으로 신하의 절개를 고무하고 권면하려는 이유일 것이다. 그러나 옛날부터 한 시대가 바뀌는 즈음에 지난 왕조를 위해 죽음으로 섬겼던 신하들의 행적이 기록되는 일은 드물고 심지어 이름이 뒤바뀌는 경우도 있었다.

생각건대, 우리 세조世祖(순치 황제) 장황제章皇帝께서는 왕조를 건립한 초기에 숭정 말년 명나라를 위해 순국한 신하인 태학사 범경문范景文 등 20명에게 특별히 은전을 베풀어 시호를 하사하셨다. 우러러보건대, 그 성스러운 도량은 하늘처럼 높아서 그들이 남긴 충성을 마음 아파하고 가엾게 여김은 실로 만고에 통할 만한 보기 드문 은전이 될 것이다.

당시에는 전해지는 소문을 겨우 찾아 의거했을 뿐, 두루 수

소문하고 찾을 여가가 없었기 때문에 나라의 표창을 받은 사람이 이들 몇몇 사람에 그쳤으나, 조금 지나서 남긴 사적들이 점차 밝혀지고 다시 논의하고 판정을 거치게 되었으니, 지금 『명사』明史에 실려 있는 내용을 살펴보면 가히 알 수 있다.

그리고 사가법史可法[64]이 쓰러져 가는 난국을 지탱해 보려다 외로운 충성을 힘써 맹세하며 끝내는 한번 죽음의 길을 밟아 순절한 것이라든지, 또 유종주劉宗周,[65] 황도주黃道周[66] 등과 같은 인물들은 조정에 나서서 거리낌 없는 바른 말로 간신들과 부딪치며 대항했고, 나라가 어려운 시절을 만나 위험에 임해서 자기 목숨을 내던진 것 등의 일은 족히 한 시대의 완전한 덕행을 갖춘 인물로 칭송될 만하므로, 그들을 포상하고 이름을 드날림이 마땅할 것이니라.

그 밖에 성과 해자를 죽음으로 지킨 것이라든지, 적진에서 목숨을 버린 것이라든지, 포로로 사로잡혀서 죽임을 당하면서도 죽음을 보기를 마치 일상적으로 시장에 가는 것처럼 전혀 동요하지 않은 자들도 있었다. 당시에 정벌을 하는 왕의 군대의 처지에서는 부득불 법령을 펴서 귀순하는 사람과 반역하는 사람을 밝히지 않을 수 없었지만 사후에 평상시의 심정으로 그와 같은 인물들을 논해 본다면 모두들 사나운 바람에도 끄떡하지 않는 굳센 풀처럼 위엄과 무력에 굴복하지 않은, 행동에 조금도 부끄러움이 없었던 인물들이었다. 곧 자신의 목숨을 버림으로써 명예와 절개를 온전히 하였으니, 그 심정은 또한 가련하고 불쌍히 여길 바이다.

비록 복왕福王[67]은 창졸간에 한쪽 귀퉁이에서 나라를 세우는 데 불과했고, 그 뒤에 당왕唐王 주율건朱聿鍵과 계왕桂王 주유랑朱由榔이 차례로 왕위를 계승했으나, 모두 이리저리 숨어 다니다가

64 사가법의 충성스러운 행적은 앞의 「곡정필담」에 나온 바 있다.

65 유종주(1578~1645)의 자는 기동起東 호는 염대念臺이다. 나라가 망하자 음식을 끊고 굶어 죽었다.

66 황도주(1585~1646)의 자는 유현幼玄 호는 석재石齋이다. 명나라의 충신으로 청나라에 굴복하지 않고 죽었다.

67 명나라가 망한 뒤에 신하들이 왕족 주유숭朱由崧을 왕으로 세웠는데, 복왕은 그의 봉호이다.

끝내 다시 나라다운 나라를 만들지 못했다. 그런데도 사람들은 갖은 고초를 당하면서도 함께 다니며 구차스러운 삶을 버리고 의리를 취하여 각기 자기들이 섬기는 사람에게 충성을 다하였으니, 그들의 사적을 없애고 표창하지 않아서야 어찌 옳다고 할 수 있겠는가? 마땅히 역사서를 참고하고 고찰해서 모두 정려를 하고 시호를 내려야 옳을 것이다.

그 외에도 벼슬을 하지 않은 선비들과 성명을 알 수 없는 부류들까지도 비분강개하여 삶을 가볍게 여긴 이들이 있었을 터인데, 그들에게까지 일일이 시호를 논의하여 내리기는 어려울 것이니, 역시 명을 내려서 그들의 고향에서 제사라도 받들게 하여 위로하고 마음 아파함을 밝혀야 할 것이다.

언젠가 우리 태조의 실록을 삼가 읽어 보니, 살이호薩爾滸[68]의 전투 장면이 실려 있었다. 명나라 장수 양호楊鎬 등이 병사 20만 명을 동원하여 네 방향으로 길을 잡아 우리의 흥경興京으로 침략해 왔는데, 우리 태조와 태종 및 일족인 패륵貝勒의 대신들이 강력한 병사 수천 명을 통솔하여 명나라 군사 과반수를 일시에 섬멸했다. 그리하여 명나라의 명장 유정劉綎, 두송杜松 등이 모두 진중에서 전몰하였다. 근간에 나는 친히 글 한 편을 지어서 조상들의 위대한 공열을 찬양하고 믿음을 전하고 표시하였다.

생각건대 당시 왕업의 터전을 처음으로 여는 시기에 우리의 앞길을 가로막고 저항하는 자들에 대해서는 원칙적으로 사냥을 하듯 풀을 베듯 죽여 없애는 것이 마땅하나, 칼끝과 창끝을 무릅쓰며 충성을 다하고 목숨을 바치는 행적은 미상불 가상하고 가엾게 여기지 않을 수 없는 일이다.

또 명나라 사직이 장차 망하려는 즈음에 손승종孫承宗, 노상

68 살이호는 무순 부근의 지명으로 1618년 명과 후금이 전투를 치른 장소이다. 이 전투를 계기로 두 나라의 운명이 바뀌었다.

승로상승盧象昇 등은 정벌하는 우리 왕의 군대에 저항하다가 들판에서 죽임을 당했고, 주우길周遇吉, 채무덕蔡懋德, 손전정孫傳庭 등은 밀려드는 이자성 틈적闖賊에게 짓밟히면서도 방어를 하다가 죽고 말았으니, 몸은 죽었어도 오히려 늠름하게 생기가 있었다. 이러한 것들은 모두가 명나라의 정치가 기강이 서지 못한 까닭에서 말미암았고 만력 연간부터 숭정 연간까지 권세가와 간신이 줄을 이었고, 환관들이 제멋대로 설쳐대서 드디어 시비와 선악이 서로 섞이게 되고 충성스럽고 어진 신하들이 사라지게 되어 매양 이 때문에 이를 갈면서 불평하게 되었다.

복왕 때 더러 시호를 추후로 받은 사람이 있었지만 그 처리가 불공정했고, 또한 중요하게 취급되지 못했다. 짐은 오직 지극히 크고 공정한 잣대를 가지고 무릇 명나라 말엽에 절개를 다한 여러 신하들 중 나라를 위해 충성을 펼친 사람들을 우대하고 장려하여, 실로 우리와 아무런 차이를 두지 않으려고 한다.

전겸익錢謙益 같은 인물이 제 스스로 맑은 부류인 것을 뽐내며 뻔뻔한 얼굴로 항복해 온 것이라든지, 김보金堡와 굴대균屈大均 같은 무리들이 요행으로 살기를 바라고 죽기를 겁내어 중으로 위탁하여 속인 일 등은 모두 인간의 선량한 마음을 잃고 부끄러움도 모르는 처신이다. 만약 그런 무리들이 절개를 위해 능히 죽었더라면 금일 표창을 하사하는 대열에 응당 낄 것이다.

그러나 그들은 능히 목숨을 버리지도 못했으며, 오히려 거짓된 말과 문자로 스스로의 행적을 꾸미고 구차한 삶을 훔치려 했다. 일정한 기준도 없이 처신을 잘못한 그들을 분명히 배척함으로써, 어둠 속에서 깨닫지 못하는 혼백들을 없애야 할 것이다. 장려하려는 포상 하나도, 징벌하려는 벌 하나도 소상하고 분명하게 해서 천하 만세에 짐의 뜻이 사정과 이치를 비추고, 좋아하고 싫어함을 공정하게 해서, 이것으로 강상의 윤리를 세울 것이며, 이것으로 표창하고 드러냄을 알게 하고자 한다.

시호를 받을 사람들은 『명사』明史와 『집람』輯覽에 실려 있는 내용을 조사하고, 세조 때 시행했던 관례를 따르고 비추어 원래의 관직을 기준으로 시호를 줄 것이다.

어떻게 분별하고 시호를 정할 것인가 하는 그 처리 문제는 태학사太學士, 구경九卿, 경당京堂,[69] 한림翰林, 첨사詹事,[70] 과도科道[71] 등에게 맡겨서 의논을 모아 보고하도록 하라. 이에 이런 내용을 통고하니, 조정과 민간에 이를 알리도록 하라. 이상."

이 조서를 가지고 살펴본다면, 우리나라의 삼학사三學士, 곧 홍익한洪翼漢, 오달제吳達濟, 윤집尹集 등과 청음淸陰 김상헌金尙憲의 사적[72]은 응당 청나라 『태종실록』에 실려 있어야 마땅하거늘, 아무런 기록이 없으니 무슨 까닭인가?

대저 외국의 대신으로 중국을 위하여 존주양이尊周攘夷를 한 행동은 천고에 없었던 일이다. 건륭 황제가 천하 만세를 위하여 그 스스로 공명정대한 논의를 한다고 하고서, 유독 우리나라의 어진 분들에 대해서는 개략적으로라도 기재하지 않은 까닭은 그 일이 외국에 관한 것이어서 미처 거행하지 못하고 있음인가?

중국의 인사들은 왕왕 청음 선생을 언급하기는 했으나, 단지 그의 쓸쓸한 시편을 기록하는 데 그쳤을 뿐이고, 일월과 밝음을 다툴 만한 큰 절개에 대해서는 받들어 이야기하는 자가 아직 없다. 우리나라와 청나라가 강화를 맺은 시기가 청나라가 변방 밖에 있을 때여서, 중국인들이 아직 상세히 알지 못하기 때문인가? 아니면 그 일을 드러내놓고 말하는 것이 혐의쩍기 때문에 일부러

69 경당은 청나라 때 북경에 있는 여러 기구의 장관 등 고급 관원을 통칭하는 말이다. 도찰원, 국자감, 광록시 등의 장관으로, 일반적으로 3품, 4품 품계의 관료를 말한다.

70 첨사는 황후와 태자의 일을 맡은 관원이다.

71 과도는 청나라 때, 육과六科의 급사중給事中과 도찰원都察院 및 각 도의 감찰어사를 통틀어서 부르는 말이다.

72 김상헌은 예조판서로 재임할 때, 병자호란이 일어나자 주화론主和論을 배척하고 끝까지 주전론主戰論을 펴다 인조가 항복하자 안동으로 은퇴하였다. 1639년 청나라가 명나라를 공격하기 위해 조선의 출병을 요구했는데, 이를 반대하는 상소를 올렸다가 청나라에 압송되어 6년 만에 풀려났다. 심양에 잡혀 있을 때, 갖은 고초와 협박을 당하고 온갖 회유를 받았지만 끝내 굽히지 않았다.

김상헌 묘소

모른 척하고 있는 것인가? 아니면 일부러 『감구집』感舊集(어양 왕사정이 『감구집』을 편집하면서 청음 선생의 시를 기록하고, 그 소서에 청음의 관직과 이름, 자를 갖추어 써 놓았다. ─ 원주)에 청음의 시와 직함을 써넣는 것에 의탁해서 그 뜻을 은밀하게나마 드러내려고 한 것인가?

나는 청음이라는 두 글자를 들을 때마다 미상불 머리카락이 곤두서고 맥박이 벌떡벌떡 뛰지 않은 적이 없었고, 남모르게 목구멍에 말이 맴돌면서도 감히 입 밖으로 발설하지 못해, 마치 왕곡정이 가슴이 꽉 막혀서 한숨을 자주 쉬는 증상과 같게 되었다.[73] 아, 어찌하란 말인가? 어찌하란 말인가?

- 요동(요양) 못 미쳐서 왕상령王祥嶺이란 고개가 있다. 이 고개를 넘어서 10여 리를 가면 찬 샘물(냉정冷井)이 나오는데, 사행이 갈 때 장막을 설치하고 아침밥을 지어 먹는 곳이다.[74] 돌로 쌓은 우물이 아니고, 길가에 물이 흘러나와서 웅덩이를 채우고 있다. 물맛이 달고 차며, 겨울에는 따뜻하고 여름에는 시원하다. 매번 우리 사행이 갈 때는 샘이 콸콸 넘쳐흐르는데, 우리 사행이 가고 나면 즉시 말라 버린다. 대개 요동은 본래 조선의 땅이었기 때문에 기가 닮아서 서로 감응하기 때문에 그렇다고 한다.

- 우리나라에 전쟁을 피할 수 있는 복지福地가 모두 열 곳 있다.[75] 세속에 전하기로는 모두 우리나라의 이름 있는 승려 무학無學[76]과 신선술을 하는 방사 남사고南師古[77]가 터를 잡은 곳이라고

냉정이 있던 마을(망보대촌)

73 왕곡정이 가슴이 꽉 막혀 자주 한숨을 쉰 이야기는 「곡정필담」에 나온다.
74 홍대용의 『을병연행록』에는 냉정을 '왕보대'라고 하였다. 망보대望寶臺라는 지명을 중국식 발음으로 읽어 왕보대로 표기한 것이다.
75 십승지十勝地라고도 하는데, 열 곳 모두 남한 지역에 분포되어 있다. 풍기, 안동, 보은, 운봉, 예천, 공주, 영월, 무주, 부안, 성주 등에 소재한 마을이다.
76 무학은 조선 초기의 고승으로 호는 무학, 당호는 계월헌溪月軒이다.
77 남사고는 조선 중기의 학자로 본관은 영양英陽이고 호는 격암格庵이다. 역학, 풍수, 천문, 복서, 관상의 비결에 도통하여 많은 예언을 하였고, 꼭 들어맞았다고 한다.

480

한다.

　내 생각에는 임금이 피난 가는 곳보다 더 좋은 복지는 없을 것이다. 비록 벼슬하지 않는 미천한 선비라도 반드시 이리저리 전전하면서 찾아가야 할 곳이니, 임금의 말고삐를 붙잡고 그 좌우를 떠나지 않는 것이 옳을 것이다.

　병란을 갑자기 당하면 일반 남녀들은 물 끓듯 소란을 떨다가 매양 심심산골이나 인적이 없는 협곡을 찾아 암벽 사이에 자취를 숨기는데, 이는 대단히 지혜롭지 못한 방법이다.

　피난 갈 때 가지고 간 양식이 떨어지면 적에게 죽기보다 반드시 먼저 굶어 죽을 것이니, 첫째 어리석음이다. 적의 병사를 보기도 전에 호랑이나 표범 같은 사나운 짐승에게 해를 당할 것이니, 둘째 어리석음이다. 외부와의 소식이 막히고 끊어져 어디로 가야 할지 모르게 되니, 셋째 어리석음이다. 풀과 나무, 안개와 이슬로 인해 먼저 전염병에 걸릴 염려가 있으니, 넷째 어리석음이다. 만약 그 지방의 도적떼라도 만나면 반드시 약육강식의 먹잇감이 될 터이니, 다섯째 어리석음이다.

　사람이 세상을 살아가는 일이 불행하여 우리 민족이 임진왜란과 병자호란을 만났으니, 이때 임금이 피난을 갔던 의주나 남한산성은 모두 난을 피한 복지가 되었다. 당시에 병란을 피해 그곳으로 갔던 사람들이 모두 그 두 곳은 막다른 곳의 외딴 성이라고 여겼다.

　그러나 내 생각은 이렇다. 왕령王靈, 곧 왕조의 위엄과 덕이 있는 곳에는 반드시 하늘과 땅이 도울 것이고, 온갖 신들이 가호를 할 것이다. 나라가 존재할 운명이면 자신도 살 것이고, 나라가 망할 운세면 자신도 죽을 것이다. 깊은 숲 속에 몸을 숨기고 있다가 죽어도 아무도 모르게 되기보다, 차라리 살아서는 충성스러운 신하가 되고 죽어서는 의로운 귀신이 되는 것이 낫다.

언젠가 인평대군麟坪大君이 지은 『송계기행』松溪記行[78]을 보았더니 이런 글이 있었다.

"청나라 군대가 진격하여 송산松山을 포위했을 때이다. 우리 효종대왕은 당시 봉림대군으로서 소현세자를 모시고 있다가 인질로 잡혀 심양으로 갔다. 모두들 청나라 진영에 머물렀는데, 막사를 친 곳의 지세가 불편하여 바로 다른 곳으로 옮겼을 때였다. 이날 밤에 영원寧遠 지방의 총병이던 명나라 오삼계가 기병 만 명을 이끌고 포위를 뚫고 달아났는데, 막사를 처음 설치한 곳이 바로 포위를 뚫고 적을 궤멸시키던 길목이었다. 당시에 막사를 옮긴 일은 하늘과 조상신의 도움이 있었던 것 같다. 당시 따라갔던 우리나라 사람이 100명은 넘었을 터인데, 만약 왕령에 의탁하지 않았더라면 어떻게 달아나고 공격하는 틈새에서 짓밟히는 변고를 면할 수 있었겠는가?"

그러므로 나는 불행히 전쟁을 당해 아홉 번 죽을 고비에서도 바로 임금을 모시고 있는 그 자리야말로 곧 운수대통의 복지라고 말하는 것이다.

• 내가 열하에 있을 때 반선이 거처하는 황금전각을 바라보니 네 곳의 지붕 모서리에 황룡黃龍이 한 마리씩 황금 몸뚱이를 하고 대치하고 있는데 마치 말처럼 일어서 있었다. 길이는 모두 두 발 남짓한데, 아래에서 바라본 모습이 이와 같은 정도였으니, 실제의 길이와 높이를 알 수 있겠다. 그런데 모양이 일반 그림에서 보는 신령스럽게 생긴 용과는 사뭇 다르게 생겼다.

[78] 『송계기행』은 인평대군의 문집인 『송계집』松溪集에 실린 『연도기행』燕途紀行을 말한다. 송계는 인평대군의 호이다. 인조의 장남은 소현세자, 둘째는 봉림대군, 셋째가 인평대군이다. 인용은 중권의 9월 초8일의 일기를 축약한 것이다.

황금전각 용마루의 용(상)과 모서리의 황룡(치문)(하)

용의 아홉 새끼 위해威海 유공도 소재

명나라 사람 용수用修 양신楊愼의 『단연록』丹鉛錄이라는 책에, "용은 용이 되지 못할 새끼를 아홉 마리 낳는다. 첫째, 비희贔屭라고 불리는 놈은 모양이 거북처럼 생겼으며 성질이 무거운 것을 짊어지기를 좋아한다. 지금 비석의 바탕돌로 거북이 모양으로 만든 귀부龜趺가 이놈이다. 둘째, 치문鴟吻이라고 불리는 놈은 모양은 짐승처럼 생겼고 그 성질이 멀리 바라보기를 좋아한다. 지금 지붕의 용마루에 올려놓은 짐승 대가리가 그놈이다. 셋째, 포뇌蒲牢라고 불리는 놈은 용처럼 생겼으나 좀 작고 성질이 울기를 잘한다. 지금 종을 매다는 꼭지 부분에 새기는 놈이 그놈이다. 넷째, 폐간狴犴이라 불리는 놈은 모양이 범처럼 생겼고 위엄 있고 힘이 세서 감옥의 문에 세운다. 다섯째, 도철饕餮이라고 불리는 놈은 성질이 먹고 마시기를 좋아해 솥뚜껑 위에 새긴다. 여섯째, 공복蚣蝮이라고 불리는 놈은 성질이 물을 좋아해서 다리 기둥에 세운다. 일곱째, 애자睚眦라고 불리는 놈은 죽이기를 좋아하는 성질이므로 칼자루에 새긴다. 여덟째, 금예金猊라고 불리는 놈은 모양이 사자처럼 생겼고 성질이 연기와 불을 좋아한다. 향로에 세우는 놈이 그놈이다. 아홉째, 초도椒圖라고 불리는 놈은 모양이 소라·조개처럼 생겼고 성질이 닫기를 좋아해서 대문의 문고리에

**중국 치미(상·중)
조선 치미인 망새(하)**

79 치미는 바다의 짐승인 치미鴟尾의 모습으로 초기의 형태이고, 이것이 후대로 오면서 모양이 변하여 아가리를 벌리며 용마루를 삼키는 모습으로 변했는데 이를 치문이라고 부른다고 했다. 모두 건물의 화재를 예방하기 위해 만드는 장식이다.
80 『총귀대류』總龜對類의 오기이다. 『본초강목』에 인용된 서목으로, 『서씨총귀대류』徐氏總龜對類라고 하였다.

세운다."

라고 하였다.

또 황금전각의 네 모서리에 서 있는 금으로 만든 황룡은 그 모습이 모서리에 세워 놓은 것과도 다르게 생겼다. 치미鴟尾와 치문鴟吻에 대한 설명은 전하는 기록마다 동일하지 않다.[79] 대개 중국에서는 궁궐을 세울 때 반드시 치미와 치문을 먼저 주조해서 건물이 완성될지 허물어질지 그 길흉을 점치기 때문에 이를 귀중하게 취급한다.

왕사정의 『향조필기』에서 말하기를,

"『대류총귀』對類總龜[80]라는 책에, '용이 새끼 아홉 마리를 낳는데, 그중에 조풍嘲風이라 불리는 놈은 위험한 것을 좋아해서 궁전의 모서리에 세우고, 치문蚩吻이라 불리는 놈은 삼키기를 좋아해서 전각의 용마루에 세운다'고 했고, 『박물지일편』博物志逸篇에, '이문螭吻은 모양이 짐승처럼 생겼는데 그 성질이 멀리 바라보기를 좋아해서 전각의 모서리에 세우고, 만전蠻蛓이라는 놈은 모양이 용처럼 생겼고 성질이 비와 바람을 좋아해서 집의 용마루에 세운다'라고 하였으니" 모두 『단연록』의 설명과는 다르다.

또 『향조필기』에 말하기를 『당회요』唐會要에,

"한나라 무제 때 백양전柏梁殿에 화재가 났는데 무당이 비방의 술책을 바치며 '바닷속의 물고기 중에 이름이 규虬라고 하는 놈은 꼬리가 솔개를 닮았는데 격랑이 치면 비를 내리게 합니다'라고 했다. 그래서 그 모양을 만들어서 전각의 용마루에 두어 화재를 막았다. 또 혹자가 '한나라 백양대 화재에 무당이 불을 막는 방법을 올렸습니다'라고 하여, 건장궁建章宮을 크게 건축할 때 드디어 치미의 형상을 대궐 용마루에 설치하였다."

라고 하였다.

우리나라에서 배의 꼬리 부분인 고물을 일러 치(키)라고 하니, 치미의 치를 말하는 것 같기도 하다.

또 『박물지일편』에 말하기를,

"비희贔屭는 무거운 것을 좋아하는 성질이라서 비석을 지고 있으며, 이호螭虎는 그 모양이 용을 닮았고 성질이 꾸미는 것을 좋아하기 때문에 비석 글씨 위에 세운다."

라고 했다.

또 『대류총귀』에 이르기를,

"용의 아홉 마리 새끼 중에 패하覇下라고 불리는 놈은 무거운 것을 짊어지기를 좋아하기 때문에 비석의 받침돌로 쓰고, 비희贔屭란 놈은 글을 좋아하기 때문에 비문의 양쪽 옆에 새긴다."

라고 하였으니 여러 설명들이 서로 다르다.[81]

용 자체가 상상의 동물인데, 그 용의 새끼를 부르는 명칭과 성질을 어떻게 알 수 있으리오? 이치에 맞지 않는 일을 억지로 끌어 붙여서 만든 이런 종류의 옛날이야기가 많다.

• 중국의 전설상의 황제인 복희씨伏羲氏부터 지금 건륭 황제에 이르기까지 종통을 이은 천자는 모두 250명이다. 만약 한나라의 여태후呂太后와 당나라의 측천무후則天武后 그리고 정통 천자가 아닌 위魏나라 조조, 오吳나라 손권, 남북조에서 오대에 이르기까지 통계를 내면 모두 85명이다. 제왕이라고 함부로 참칭한 천자는 후예后羿로부터 명나라 말기에 주周나라, 연호가 홍화洪化였던 황제 오삼계에 이르기까지 모두 270명이다. 춘추시대의 임금은 490명 남짓하다.

81 앞의 『대류총귀』 이하 중국 관련 일화와 인용문은 『항조필기』의 내용을 그대로 인용한 것이다.

기린 이화원 소재

기린의 앞모습

• 산동山東 등 여러 지방을 순무하며 농업을 관리 감독하고 아울러 군대의 사무까지 관리하는 일을 겸한 도찰원都察院의 우부도어사右副都御使 악岳이 황제의 성덕이 화순하게 유지되고 완벽하게 갖추어지며 하늘이 내린 복이 더욱 융숭해지길 바라며, 상서로운 기린이 태어나 영광의 빛이 비추는 일을 공손히 아뢰었다. 그 대략의 내용은 이러하다.

"옹정 10년 임자년(1732) 6월 13일 포정사 정선보鄭禪寶가 관할 조주曹州 거야현鉅野縣의 현령인 요개춘寥開春이 아뢰는 말에 근거해서 보고를 합니다. 정선보의 보고에 의하면 옹정 10년 6월 초5일에 조주 거야현 현령인 요개춘이 보고하기를 거야현 신성보新城保의 하급 관리인 축만년祝萬年의 보고에 '본 신성보 이가장李家莊의 이은李恩의 집에서 금년 6월 초5일 진시辰時에 소가 상서로운 기린을 낳았는데, 금빛 광선이 진시辰時에서 사시巳時까지 휘감았으며, 원근의 사람들이 몰려들어 구경을 하며 모두들 기이한 일이니 응당 상부에 공문으로 보고하는 것이 합당하다고 했습니다'라고 하였습니다.

그에 따라서 요개춘이 기린을 낳았다는 곳에 직접 나아가서 삼가고 공손한 태도로 살펴보고 검사를 하니, '기린은 노루의 몸뚱이에 소의 꼬리를 하고 있었으며, 온 몸이 갑옷 같은 껍질을 뒤집어썼답니다. 갑옷 껍질을 이어붙인 부분은 모두 자주색 털이 났는데, 옥과 같은 이마와 무늬가 있는 정수리가 찬란하게 광채가 났다고 합니다. 실로 성스러운 세상에 나타나는 조짐에 속하는 일이기에 보고를 드리는 것이 합당하다 여겨 보고를 드립니다' 하며 보고를 올렸습니다.

그래서 신이 즉시 사람을 파견하며 거야현으로 달려가서 더 상세히 살피고 조사를 하게 하였습니다. 그들의 조사 보고에 의하면 상서로운 기린의 신장은 1척 8촌이요, 높이는 1척 7촌[82]이며, 노루 몸뚱이에 소의 꼬리를 하였답니다. 머리에는 살로 된 뿔이 돋아났으며, 정수리에는 소용돌이 모양의 가마가 있었습니다. 눈은 수정 같고 이마는 백옥 같습니다. 온 몸에는 비늘 갑옷이 덮였는데 그 빛깔은 모두 청색이고, 비늘의 솔기에는 모두 자줏빛의 융털이 났습니다. 등마루는 세 단락의 검은 털로 이루어졌답니다. 가운데 단락의 털은 모두 꼿꼿하게 서 있으며, 앞단락의 털은 앞으로 향하고, 뒷단락의 털은 모두 뒤로 향하고 있었답니다. 사타구니와 배, 발굽과 발목에는 모두 흰 털이 났고, 꼬리의 길이는 다섯 치 다섯 푼[83]이며 꼬리의 뾰족한 끝에는 검은 털 네 오라기가 있었답니다. 본 내용을 그림으로 그려서 신에게 보내왔기에, 신이 공손히 이를 열람하고는 실로 대단히 기뻐하고 즐거웠습니다. 그래서 즉시 상 앞에 향을 피우고 대궐을 향하여 공손히 머리를 조아리고 경하를 드리옵니다.

　공손히 생각하건대 황제 폐하의 정치하는 도가 태평 시대에 부합하고, 공로는 천지가 만물을 낳고 기르는 일에 함께 참여하셨습니다. 천지의 원기를 체득하여 정치를 세우자, 오행과 곡식이 다스려지고, 이용利用·후생厚生·정덕正德의 삼사三事가 조화롭게 되었습니다. 법칙을 세워 백성에게 시행하자, 오륜이 돈독해지고 천하를 다스리는 큰 법인 구주九疇가 펼쳐졌습니다. (중략) 화려한 별은 바른 궤도를 순행하여 아름다운 하늘에는 해와 달의 빛이 곱고, 맑은 이슬은 감로수로 응결되어 수놓은 듯 아름다운 땅에 방울방울 돋고 있습니다. (중략)

　그리하여 누런 황하의 물은 여기 산동의 조주曹州와 선주單州

82 청나라 때 길이의 단위인 척尺(자)은 약 32cm이고, 촌寸(치)은 약 3.2cm이고 분分(푼)은 0.32cm이다. 따라서 기린의 길이는 약 58cm이고 높이는 약 54cm쯤 되는 셈이다.

83 대략 18cm 정도가 되는 길이이다.

기린 그림의 접시

의 사이에서도 맑아졌으니, 비단 감숙성과 섬서성에서만 맑은 것이 아닙니다. 경사스러운 구름은 여기 산동의 수洙와 사泗의 물가에서도 나타났으니, 어찌 운남과 귀주 지방에서만 빛이 났겠습니까?[84] 이제 여기 거야현의 시골에서도 다시 상서로운 기린이 태어나 자라고 있사옵니다. 사슴 몸뚱이에 소의 꼬리를 하여 매우 특이한 자태를 가졌으며, 하나뿐인 뿔과 둥근 발굽은 모두들 기이한 종류로 떠받들고 있습니다.

신이 책에 전하는 내용을 살펴보건대, 후한 때의 복건服虔[85]이 지은 『춘추』의 주석서에는 '임금의 보는 것이 밝고 예가 닦이면 기린이 이른다'고 했고, 『예두위의』禮斗威儀[86]란 책에는 '왕의 정치와 송사가 공평하면 기린이 교외에 있게 된다'라고 했습니다. 또 『효경원신계』孝經援神契[87]에는 '왕의 덕이 새와 짐승에 미치면 기린이 이른다'라고 했습니다.

이 때문에 황제黃帝 헌원씨軒轅氏의 조정에는 기린이 놀았다는 기록이 있고, 주나라 성왕成王과 강왕康王 시대에는 기린에 대한 노래가 있어서 『시경』에 실렸습니다. 이 신령스러운 동물이 탄생함에 맞추어 더더욱 상서로운 조짐이 비추고 생겼으니, 이는 진실로 우리 황제께옵서 (중략) 삼가고 공경함이 사방에 빛이 나서 해와 달이 굽어 비추는 것 같고, 침착하고 편안함이 팔방에 두루 미쳐 하늘이 감싸고 땅이 싣고 있는 것 같은 데서 말미암은 것입니다.

하물며 여기 산동 지방은 그 땅이 수도와 가까운 곳에 붙어 있어 은택과 교화가 다른 지방보다도 우선하고, 길이 서울의 거리와 접해 있어 은혜를 가장 짙게 입고 있습니다. (중략) 이는 기린의 조짐으로 믿고 징험할 수 있는 것이옵니다. 오색의 무늬를

---

84 그 이전에 운남과 귀주 지방에 기린이 태어났기 때문에 하는 말이다.

85 복건은 후한 때의 경학연구가로, 정현鄭玄과 함께 이름이 났다. 자는 자신子愼이고 처음 이름은 복중服重이었다. 특히 『춘추』에 밝아 주석서를 저술했으며, 『춘추좌씨해의』春秋左氏解誼 31권을 지었다.

86 『예위두위의』禮緯斗威儀라고도 하는데, 한漢나라 때 무명씨가 저술한 참위서讖緯書이다.

87 『효경원신계』는 저자 미상의 책으로, 명나라 손각孫瑴이 편찬한 『고미서』古微書라는 책에 관련 기록이 수록되어 있다. 한漢나라 때 만들어진 위서緯書이며, 효행으로 일어난 신이한 사적을 모아 놓았다.

머금고 있음에서 장차 문명이 크게 열림을 점칠 수 있고, 기린·봉·거북·용 등 네 가지 영험한 동물 중에서 기린이 으뜸이니 그로 인해 복록福祿이 바야흐로 오게 됨을 엿볼 수 있습니다.

신이 외람되게 산동의 봉토를 맡고 있을 때 이런 성대하고 아름다운 일을 만났습니다. 하늘이 명을 펴서 순수한 복과 광명을 내려 주심을 알겠나이다. (중략) 원하옵건대, 해와 달의 영원한 찬송을 본받아 신하의 예절과 정성을 펴려고 합니다.

엎드려 바라옵건대, 사신史臣들에게 맡기고 살피게 하여서 나라 안팎으로 선포하여 알리십시오. 그 기린을 교외의 숲에서 키워 천추에 산천의 기이함을 드러내시고, 도서에 실어서 만고에 별처럼 빛나는 형상을 밝히시옵소서. (중략) 바라옵건대, 황상께서는 직접 굽어보시고 시행하십시오. 이 때문에 갖추어 고하니, 응당 해당 예부에 자문을 하게 하여 조사하고 비추어 보고 시행하시기를 바랍니다. 이 문건을 예부에 올립니다."

이 글은 재상 도곡陶谷 이의현李宜顯의 『연행잡지』燕行雜識에 실린 것이다.[88]

산동을 감독하고 순행한다는 악岳은 그의 성씨이다.[89] 황제께 아뢰는 이 표문의 문체는 우리나라 과거 시험에 보이는 변려체駢儷體와 비교한다면 그 체제가 소통되어 화려하고 풍성한 맛이 저절로 생겨나 고색창연한 맛이 뛰어났다.

윤형산이 말하기를,

"산동 지방에서만 유독 기린이 많이 태어났습니다. 강희 시대에는 네 번 태어났는데 모두 소가 낳았으며, 옹정 시대에는 다섯 번 태어났는데 소가 두 번, 돼지가 세 번 낳았습니다. 지금 건륭 시대에도 다섯 번이나 태어났는데 네 번은 사천, 복건, 절강,

[88] 도곡의 『연행잡지』에 실렸다는 언급은 친필 초고본에만 있다. 이후의 필사본은 이 언급을 모두 삭제하였다. 그리고 보고문은 『도곡집』陶谷集 권30 잡지雜識편의 「임자연행잡지」壬子燕行雜識에 실려 있다. 연암의 인용문은 원문을 발췌한 것이다.
[89] 『산동통지』山東通志에 의하면 '악'씨 성씨는 악준岳濬이라는 사람이다.

하남 등의 지방에서 2년 동안에 모두 소가 낳았으며, 한 번은 직예直隸, 즉 하북 지방의 양향良鄉에서 돼지가 낳았다고 합니다"
라고 한다.

• 순치 병신년(1656) 10월 16일, 네 명의 공주가 각각 막북漠北으로 시집가서 모두 몽고 왕의 아내가 되었다. 옥하관 앞을 경유하여 갔는데, 몽고 왕이 그 부하를 거느리고 말을 달려 갔다. 낙타와 말이 매우 성대했고, 공주도 말을 타고 갔다. 오랑캐와 한족이 뒤를 따라서 갔으니, 모두 멀리까지 전송하려는 것이다. 인평대군이 이를 보았다고 한다.

• 건륭 41년 병신년(1776) 정월 초7일, 내각에서 황제의 유시를 받들었다. 그 내용은 이러하다.

"지난번 명나라 말엽에 순절한 여러 신하들은 각기 자기의 군주를 위해 목숨을 버린 것이니 그 의리와 충렬은 가상히 여길 만하며 확실히 조사해서 시호를 내림이 마땅하다 하여, 태학사와 구경, 경당, 한림, 첨사, 과도 등에게 명해 의논을 모아서 보고하도록 하였다. 이는 충성스럽고 훌륭한 사람을 포상하여 후세에 모범을 보이기를 바란 조치였다.

이제 다시 생각해 보건대, 명나라 건문建文(1399~1402), 즉 혜제惠帝가 성조成祖인 영락永樂 황제에게 왕위를 빼앗기고 연호가 바뀌는 즈음에, 절개를 지키며 난에 죽은 사람으로 역사책에 실린 신하들이 대단히 많았다. 당시 영락은 왕실을 지키는 번신藩臣이었는데, 정도를 어기고 반란을 일으켜서 군대를 이끌고 음모로 나라를 탈취했으니, 여러 신하들은 의리상 영락과 같은 하늘 아래에 살 수 없음을 당연하게 여겼다. 비록 제태齊泰나 황자징黃子澄 등은 경솔하고 꾀가 적었으며, 방효유方孝孺 같은 이는 식견이 오활하여 세상 물정에 어두워서 어린 군주를 보필하기에 부족했으나, 군왕을 존중하고 역적을 없애려는 그들의 마음을 따져 본다면 실로 모두가 살펴서 알 수 있을 것이다.[90] 대세가 이미 글러 버렸는데도 오히려 군대를 모집하여 나라를 지키려 도모하고, 저항하는 말로 역적을 나무라고 배척하다가 자신도 죽고 가족까지도 죽임을 당했다. 그러나 백절불굴의 정신은 참으로 인간이 지켜야 할 가르침에 조금도 부끄러움이 없다고 하겠다.

그밖에 경청景淸[91]이나 철현鐵鉉[92] 같은 인물은 비분강개하여 자기의 목숨을 던지거나 혹은 조용히 의리에 나아가 죽었으니, 비록 목숨을 버리는 방법은 서로 달랐으나 그들의 지조와 절개는 늠름하여 모두 대의를 능히 밝혔다고 말할 만하다.

심지어 '동호의 나무꾼'(東湖樵夫)이라든지 '솥땜장이'(補鍋匠)의 부류로 자처하며 살다 간 사람들은 비록 성명을 감추고 은둔하여 세상에 나타나지 않았으나, 그 심정은 모두 가상히 여길 만하다. 더구나 영락 황제는 성질이 매우 잔인하고 각박하여 제 마음대로 형벌을 남용하였고, 사람들을 도륙한 그 참상은 참외 넝쿨이 뻗어 나가듯 연좌시키기를 극에 달하게 하였으니, 거의 사람의 이성이 아니었다.

짐이 역사책을 읽다가 이 부분에 이르러서는 미상불 깊이 분개하고 한으로 여기지 않은 적이 없었다. 명나라 중엽에 이르러 사납고 엄한 법을 조금 늦추긴 했으나, 그의 신하들은 사사로운 정을 따라 곡해하고 숨겨서 끝내 충신들을 드러내어 포상하고 현양하지는 못했다. 그리하여 충신과 의사들의 기개가 오래도록 신

90 제태(?~1402), 황자징(1350~1402), 방효유(1357~1402) 등은 명나라 초기의 충신이다.

91 경청景淸의 본래 성은 耿인데 와전되어 景이 되었다. 영락제를 죽이려고 칼을 품고 입궐했다가 발각되어 찢어 죽이는 형벌을 당한 충신이다.

92 철현(1366~1402)은 회족 출신의 장수이다. 자는 정석鼎石이고, 남경에 그의 사당이 있다. 영락 황제가 그의 조카 건문제를 폐하고 황제가 되자, 이에 반발하여 항복을 거부하고 영락을 폐위시키려다 실패하여 책형磔刑의 형벌을 당하였다. 건륭제 때 충정忠定이라는 시호를 내렸고, 후대에 각 처에 그를 기념하는 사당을 건립하였다.

원이 되지 못하였으니, 자못 민망하고 측은한 일이 아닐 수 없다.

대저 지난 왕조의 운명이 바뀌는 즈음에 우리 앞을 가로막은 자들에 대해서도 그들이 섬겼던 임금에 대한 충정을 생각하여 오히려 특별히 표창하는 판에, 하물며 건문 연간의 여러 신하들이 불행하게도 내란을 만나서 나라를 위해 목숨을 버려 인을 이루고 의를 취했으니, 어찌 그대로 묻어 두어 사라지게 내버려 둘 것인가? 응당 다같이 시호를 의논하여 죽은 사람들의 영광이 드러나도록 하고, 공명정대한 도리를 밝혀야 마땅할 것이다.

그들을 어떻게 분별하고 어떤 시호를 내릴지의 처리는 앞에 내렸던 교지와 같이 하면 될 터이니, 태학사 등은 함께 소상하게 조사하고 의논을 모아 보고하라. 그리하여 짐이 충성스럽고 훌륭한 신하를 숭상하고 장려하며 그들에게 영광을 더해 주기만 하고 그만두지 않는다는 지극한 뜻에 부합하도록 하라. 이상."

• 명나라 숭정 11년(1638), 우리나라의 장수 이시영李時英[93]이 병사 5천 명을 인솔하여 청나라의 건주建州에 들어갔다. 청나라는 이시영을 협박하여 진영의 선봉에 세워 명나라 도독 조대수祖大壽 군대와 송산松山에서 전투를 치르게 하였다. 우리 군사들은 모두 대포에 숙련되어 조대수의 군사를 많이 죽게 하였다. 그래서 조대수는 군중에 영을 내려서 청나라 병사의 머리 하나에 은자 50냥을 걸고, 조선 병사의 머리 하나에 은자 100냥을 걸었다.

우리나라 병사 이사룡李士龍[94]은 경상도 성주星州 사람인데, 홀로 의리상 포에 탄환을 넣지 않고 무릇 세 번을 쏘아 다친 사람이 없

93 이시영(?~?)은 조선 후기의 무신이다. 1634년 춘신사春信使가 되어 금나라 심양에 다녀왔고, 1636년 병자호란 때 평안도 병마절도사로 적군을 맞아 싸웠다. 1637년 총독사摠督使가 되어 구련성과 의주성을 지키다가 청나라의 요청으로 임경업林慶業과 함께 명나라 군사를 치기 위해 출전하였고, 1639년 함경북도 병마절도사가 되어 국경을 지켰다.
94 이사룡(1612~1640)은, 조선 중기의 의사義士이다.

옥천서원 뒤에 있는 충렬사

게 함으로써 우리나라의 심정을 밝히려고 하였다. 청나라 사람들이 이를 눈치채고는 드디어 사룡을 참수하여 조리를 돌렸다. 조대수의 군사들이 멀리서 이를 바라보고 모두 크게 통곡하였다. 조대수는 깃발에 크게 '조선 의사 이사룡'이라고 적게 해서 이시영의 군사들을 풍자하였다.

지금 성주의 옥천玉川 가에 충렬사忠烈祠가 있으니, 곧 이사룡의 제사를 받드는 곳이다.[95] 만약 지금 건륭 황제에게 이사룡의 이름을 듣게 한다면 특별히 아름다운 시호를 내림이 마땅할 것이다. 나는 송산을 지나며 제문을 지어서 이사룡의 혼을 위로했다.[96]

• 목재牧齋 전겸익錢謙益(1582~1664)의 자는 수지受之이다. 세상에 처신한 그의 행동은 반은 한족이었고 반은 되놈이었으며, 그의 문장의 반은 유학자의 문장이며 반은 불교도의 문장이었다.

그에게서는 명예나 절개라는 것은 눈을 씻고 찾아보아도 없으며, 마침내는 부랑배라는 호칭을 면하지 못했다. 위로는 스승인 고양高陽 지방의 손승종孫承宗에게 부끄러웠고, 아래로는 제자인 유수留守 벼슬의 구식사瞿式耜에게 부끄러웠으며, 중간으로는 아내 하동군河東君 유여시柳如是에게 부끄러웠다.[97] 그가 늙어서 죽었는데, 아내 하동군은 아직 젊었다. 여러 불량소년들이 전겸익을 미워하여 그 아내를 욕보이려고 하자, 유여시는 그만 목매달아 자살하고 말았다.

지금 건륭 황제의 조서를 읽어 보니, 황제는 전겸익을 배척하면서 '그는 자신이 맑은 부류라고 뽐내며 뻔뻔한 얼굴로 항복을 하며 붙어 왔고, 거짓으로 승려로 칭탁했으니, 양심도 없고 부끄러움도 모르는 인물' 운운하였으니, 그야말로 전겸익을 부끄러워

95 충렬사는 이형상李衡祥이 성주 목사로 재임할 때 지었고, 기문은 당대의 문장가 황경원이 지었다. 김려金鑢의 『담정유고』藫庭遺稿의 「단량패사」丹良稗史편에 '포수이사룡전'이 있다.
96 필사본 『연상각집』煙湘閣集의 「문집보유목록」편에 '제이사룡문'祭李士龍文이라고 그 제목만 실려 있다.
97 유여시(1618~1664)는 명말 청초의 여성 시인으로 본명은 양애楊愛, 자가 여시이다. 당대 강남 지방의 8명의 재자가인 중의 으뜸인 여성으로, 사실은 전겸익의 측실側室이다. 전겸익이 59세에 23세의 유여시를 측실로 들였다.

전겸익

죽게 만들었다고 할 만하다.

우리나라의 선배들은 전겸익의 잘못된 처신을 모르고, 단지 그의 문집인 『유학집』有學集, 『초학집』初學集 등을 읽고서 미상불 마음 아파하거나 애석하게 여기지 않은 적이 없다. 게다가 그의 시를 뽑아서는 송나라의 충신인 승상 문천상文天祥과 첩산疊山 사방득謝枋得 아래에 배열하는 사람이 많다.

근세 이래로 중국에서는 그의 문집 판각을 헐어 버리고 책을 소장하지 못하도록 금서로 했다는 소식이 들리는데, 과시 공부나 하는 우리나라 속류 선비들은 다 알지는 못하기 때문에 지금 여기에 상세히 기록해 둔다.

• 송나라 소동파가 고려를 미워했던 데에는 그럴 만한 이유가 있었다. 당시 고려는 오로지 거란만을 섬기면서도 다만 중국을 사모하는 뜻을 가지고 때때로 송나라 조정에 들어갔다. 그래서 중국의 인사들은 고려의 평소 충정을 다 알지 못했을 뿐 아니라, 고려가 중국에 들어오는 것은 조정을 염탐하려는 목적이라고까지 말했으니, 소동파가 고려를 미워하는 것도 족히 괴이할 것이 없겠다.

게다가 고려가 중국에 조공을 바치는 길이 명주明州[98]로부터 배에서 내려 육지로 들어가게 되고, 반드시 유학자인 신하를 보내어 사신을 접대하게 되니, 제공하는 막대한 비용이 항상 요遼의 사신에 드는 것에 버금갈 정도였다. 고려가 중국을 편들어 주는 대등한 국가도 아니고 그렇다고 속국도 아닌 터에 매양 강력한 왕조인 하夏나라[99]에 드는 경비보다 더 들어가니, 당시 사대부들이 고려와의 외교 관계가 무익하다고 말하는 것도 진실로 마땅한

[98] 명주는 절강성에 있는 지명이다.

[99] 하나라는 북송 인종 때 조원호趙元昊 등이 세운 나라 이름이다. 서하西夏라 부르기도 한다.

노릇이다.

우리 조선이 명나라에 충성스럽게 순종한 지 거의 300년이 다 되어 가는데, 오로지 한마음으로 중국을 사모하는 것이 오히려 고려 시대보다 더했다고 할 수 있다. 그런데도 동림당東林黨[100]의 패거리들은 번번이 조선을 좋아하지 않았다. 전겸익은 바로 동림당의 수괴였으니, 우리나라를 비루한 오랑캐로 여기는 것을 아주 고상한 논의인 양하였다. 어찌 분하고 원통하지 않으랴.

심지어 전겸익은 우리나라 시문을 아주 말살하려고까지 하였다. 그가 화찰華察의 『황화집』皇華集의 발문에 쓰기를,

"본 조정의 시종侍從으로 있는 신하들이 어명을 받아 조선으로 사신을 가게 되면 의례적으로 오가는 길에 지었던 시문을 모아서 『황화집』을 내게 된다. 이 『황화집』은 가정 18년 기해년(1539)에 황천상제皇天上帝의 큰 호와, 황제의 조부와 부친의 성스러운 호를 올리면서 이를 조선에 알리기 위한 사신을 보낼 때, 석산錫山(강소성 무석無錫) 지방의 수찬修撰 화찰이 사신이 되어 황제의 조서와 유시를 반포하고 전하기 위해 조선에 다녀오며 지은 것이다.

동국의 문체는 글자를 평범하게 늘어놓은 정도의 수준인데도, 문단의 여러 사람들은 체면이 깎임을 애석하게 여기지 않고 조선에 나아가 먼 변방 사람을 어루만지고 쓰다듬는 뜻을 드러내려고 시를 짓기 때문에 뛰어나게 아름다운 작품이 아주 적다. 예컨대 조선 신료들의 시편은 매양 두 글자 안에 일곱 글자, 즉 두 글자로 시 한 구절의 뜻을 담으려고 한다. 예를 들면 '나라 안에 창(戈)이 없고, 한 사람이 앉아 있다'(國內無戈坐一人)[101]와 같은 구절은 바로 저들 나라에서 소위 동파체東坡體[102]로 치는 것들이다.

100 동림당은 강소성 무석無錫의 동림서원을 중심으로 일군의 유학자들이 당시의 여론을 형성했는데, 이들을 이르는 말이다.

101 이 구절은 김안국金安國이 지은 시인데, 이에 대한 상세한 논의는 「피서록」에 나온 바 있다.
102 동파체는 희작시의 일종으로, 신지체神智體라고도 한다. 소동파가 요遼나라 사신과 벌인 시 대결에서 유래한 것으로, 한자의 글자체를 회화적으로 그릴 수 있도록 시의 내용을 구성하는 작법을 말한다. 이에 대한 이야기는 앞의 「피서록」편에도 나왔다.

문단의 여러분은 그들 조선인과 아예 시로 화답하는 것을 즐기지 않음이 옳을 것이다."
라고 하였다.

우리나라의 문체가 그가 논한 것처럼 평범한 것이 사실이긴 하지만, 어찌하여 이렇게까지 얕잡아 본단 말인가? 그 때문에 나는 이를 여기에 상세히 기록하여 전겸익이 우리를 헐뜯는 것이 소동파와도 차원이 다르다는 사실을 보이려고 한다.

• 전증錢曾[103]의 자는 준왕遵王인데, 목재 전겸익의 족손族孫이다. 서건학徐乾學[104]과 함께 경전의 주해를 편집하였다. 전겸익은 당시 매촌梅村 오위업吳偉業,[105] 지록芝麓 공정자龔鼎孶[106]와 함께 세 명의 대가로 일컬어졌다.[107] 그들은 모두 명나라 조정에서 현달한 관리였으나 청나라 조정에서도 벼슬을 하였다.

전증은 조선으로 사신을 가는 유흥훈劉鴻訓[108]에게 지어 준 전겸익의 시를 주석했는데, 시 10수首가 전겸익의『초학집』과 한치운의『해동역사』에 수록되어 있다. 그 주석이 사실과 다른 점이 많았다. 또 제독 이여송李如松이 임진왜란 때 우리를 구원한 사실에 대해서는 더더욱 거짓으로 쓴 것이 많으니, 참으로 개탄스러운 일이다.

• 지금 황제인 건륭이 전겸익을 배척한 조서에 이르기를,
"그(전겸익)는 오히려 거짓으로 문자를 빌리고 윤색하여 자신의 추한 점을 가리고 꾸미려 하였고, 구차스럽게 살기를 꾀한 사람이다."
라고 하였으니, 그의 간악한 실정을 환하게 비춘 말이라고 평가

---

103 전증(1629~1701)은 청나라 초기의 학자, 장서가이다. 호는 야시옹也是翁이고, 술고당述古堂, 아비루루匪樓 등 장서루를 지어서 장서 5천 종, 10만 권을 소장하였다. 문집『회원집』懷園集이 있다.

104 서건학(1631~1694)은 청나라 초기의 학자, 장서가이다. 고염무의 생질로, 자는 원일原一, 호는 건암健庵·옥봉玉峰이다.『대청일통지』大清一統志,『독례통고』讀禮通考를 편수하고 문집『담원집』澹園集,『담원집』憺園集을 남겼다. 장서루 '전시루'傳是樓에 10여만 권의 책을 소장하였다.

105 앞「황도기략」편 '종묘와 사직' 항목의 주석에 나왔다.

106 공정자(1616~1673)은 명말 청초의 시인이다. 명이 멸망되자 방랑하며 특이한 삶을 살았다. 자는 효승孝升, 호는 지록芝麓이고, 문집『정산당집』定山堂集을 남겼다.

107 '강좌삼대가'江左三大家로 불렸다.

108 유흥훈(1565~1634)은 명나라 말기의 관료이다. 자는 묵승默承, 호는 청악青岳이다. 1620년에 조선에 사신으로 왔다. 문집『사소산방집』四素山房集과 사행시집『황화집』을 남겼다.

할 수 있겠다. 예컨대 그가 고려판 유종원 문집에 쓴 발문이 바로 그렇다. 그는 발문에서 이르기를,

"고려(조선)에서 판각한 당나라 유종원 선생의 문집은 닥나무로 만든 종이인 견지繭紙가 튼튼하고 치밀할 뿐 아니라, 글자의 획이 마르고 굳세니, 이는 중국에서도 훌륭한 선본善本으로 꼽는다. 조선의 신하 남수문南秀文[109]이 발문의 앞뒤에 '정통正統 무오(1438) 여름'과 '정통 4년(1439) 겨울 11월'이라고 공손히 써서, 명나라의 연호를 존중하고 명나라가 세상을 통일하고 있다는 뜻을 엄숙하게 드러냈다. 대개[110] 조선은 기자의 풍속과 교화가 지금도 그대로 남아 있고, 명나라의 문화가 멀리 오랑캐 예맥에까지 뻗쳤으니, 실로 당나라·송나라에 비할 바가 아니다. 슬프다. 하늘이 기울고 땅이 무너지며 사방팔방이 붕괴되어 명나라가 멸망했어도 조선은 오래도록 동문몽同文夢, 즉 명나라와 조선이 한자라는 문자를 같이 사용했음을 그리워하는 꿈을 꾸지 않은 지 오래되었다. 내가 이 고려판 유종원 문집을 어루만지며 방울방울 눈물을 떨어뜨린다. 당시 조선의 신하로 어명을 받아서 이 책의 편찬 작업에 참여했던 사람은 집현전 부제학 최만리崔萬里, 직제학 김빈金鑌, 박사 이영서李永瑞, 성균관 사예司藝 조수趙須 등이었다. 응교應敎 남수문의 직함을 쓰면 '조산대부 집현전응교 예문응교 지제고 경연검토관 겸 춘추관기주관'朝散大夫 集賢殿應敎 藝文應敎 知制誥 經筵檢討官 兼 春秋館記注官이다. 아울러 써 두어 조선의 고사를 보존해 둔다."
라고 하였다.

우리나라 사람들은 매양 '동문몽'同文夢이란 한마디를 전거로 삼을 고사로 여겨서, 과거 시험의 시 제목으로까지 쓰고 있으

[109] 남수문(1408~1442)은 조선 초기의 문인으로, 자는 경질景質·경소景素, 호는 경재敬齋이다. 저서에 『경재유고』가 있다.

[110] 전겸익의 발문에는 '대개' 다음에 "이씨가 비록 왕을 시해하고 나라를 찬탈하여 얻었으나"(李氏雖簒弑得)라는 내용이 있다.

니, 참으로 더럽고도 더러운 일이다.

진입재陳立齋[111]의 집에 우리나라에서 간행된 『고문백선』古文百選과 『유문초』柳文抄가 있는데, 모두 '한구자'韓構字[112]의 글자체로 되었다. 고려판으로 사뭇 진기한 책으로 여기고 있으니, 대개 전겸익이 쓴 발문을 근거로 해서 그런 것이다.

• 우리나라 합천의 해인사 입구 홍류동洪流洞에는 원융각元戎閣이 있는데, 여기에 명나라 중군도독中軍都督 태자태보太子太保를 지낸 이여송의 갓과 전포戰袍 그리고 그가 당시에 쓴 한시 한 편을 보관하고 있다.[113]

내가 일찍이 해인사를 유람할 때 그 갓과 전포를 꺼내어 관람한 적이 있었다. 갓모자의 둘레가 세 뼘쯤 되니 그 머리통의 크기를 짐작할 수 있겠고, 절에서 가장 키가 큰 중을 뽑아 그 전포를 입혀 보았더니 땅에 한 자 정도가 끌렸다.

만력 임진년에 우리나라가 왜구의 침입을 받았을 때 이공은 '요, 계, 보정, 산동군무'遼薊保定山東軍務의 제독으로 군사를 이끌고 우리를 구원하였다. 질풍처럼 평양으로 달려와서 왜장 평행장平行長[114]을 모란봉 아래에서 격파하고, 장사 누국안婁國安을 파견하여 행장의 군영에 있던 왕자 순화군順和君[115]과 대신 김귀영金貴榮,[116] 황정욱黃廷彧[117] 등을 탈출시켜서 돌아오게 하였다. 6년 뒤에 요동에서 전사하니, 의관을 갖추어 장례를 치르라는 황제의 조서가 내렸으며, 태보太保라는 벼슬이 증직되고, 충렬忠烈이라는 시호가 내려졌다.

이공이 우리나라에 왔을 때 병사를 진격시켜 조령鳥嶺을 넘게 하고, 문경에서 충주로 돌아왔기 때문에 그의 갓과 전포가 합

---

111 입재는 진정훈陳庭訓의 호이다. 청나라 사람으로 북경에 거주했다. 연암이 북경에서 만나 교유한 인물로, 「관내정사」편의 8월 초3일 항목과 「반선시말」편에 나왔다.

112 한구자는 조선 시대 한구韓構(1636~?)라는 사람의 독특하고 매력 있는 작은 필서체를 바탕으로 주조한 동활자이다.

113 황경원黃景源의 「원융각기」元戎閣記와 최흥원崔興遠과 손성악孫星岳의 「가야산유록」伽倻山遊錄에도 이여송의 갓에 대한 언급이 있다. 『강한집』江漢集, 『백불암집』百弗庵集, 『설파집』雪坡集 참조. 현재 이여송 갓의 존재 여부는 확인되지 않는다.

114 평행장은 소서행장小西行長(고니시 유키나가)으로, 임진왜란 때의 일본 장수이다. 1만 8천의 군사를 거느리고 선봉에 서서 평양까지 진격했다가 패퇴하였다.

115 순화군(1580~1607)은 선조 임금의 여섯째 아들이다. 처조부 황정욱과 함께 피난갔다가 포로가 되었다.

116 김귀영(1520~1593)은 임란 전에 좌의정을 지낸 관료이다. 임금의 몽진을 반대하였고, 결국 왕자를 보호하여 함경도로 피난갔다가 순화군과 함께 왜장 가등청정의 포로가 되었다.

117 황정욱(1532~1607)은 조선 중기의 문신이다. 자가 경문景文 호는 지천芝川이다. 병조판서를 지냈으며 왕자를 죽이겠다는 왜장의 협박을 받아 일본에 항복하라는 권유문을 강요당하였다.

천에 남게 되었다.

이공은 본시 조선 사람이었다. 그의 먼 조상 이영李英이 홍무洪武(1368~1398) 연간에 처음으로 중국에 들어가 양평襄平이란 곳에 살았는데, 우리나라 사람들 중 그의 근본을 아는 이가 드물다.

언젠가 이상貽上 왕사정王士禎의 문집 『대경당집』帶經堂集을 보니, 청나라 병부시랑 이휘조李輝祖의 신도비가 실려 있었다. 거기에,

"철령鐵嶺 이씨는 영원백寧遠伯이었던 이성량李成樑 때부터 벌열이 되어 명나라 시절에 현달한 가문이었다. 청나라에 들어와 그 가문이 더욱 커져서 내직으로 황제 앞에서 경서를 강의하는 자리에 참여하고, 외직으로 장수의 자리에 나가게 되었다. 이씨의 선조는 본래 조선에서 나왔으니, 그들이 양평으로 이사를 한 것은 이영李英 때부터였다. 이영은 군에서 세운 공으로 철령위도지휘사鐵嶺衛都指揮使에 제수되었고, 아들은 문빈文彬이었다. 문빈은 아들 다섯을 두었는데, 장남이 춘미春美이고 춘미의 아들이 경涇이며 경의 아들이 영원백 성량成樑이다"라고 되어 있다.

영원백의 큰아들이 바로 이공 이여송이고, 이휘조는 바로 춘미의 아우인 춘무春茂의 후손이다. 그리하여 이공이 우리나라 출신이라는 사실이 더욱 알려졌다.

숭정 말년에 이공의 아들(이성충)과 이공의 아우인 이여백李如栢, 이여매李如梅의 아들들이 탈출하여 우리나라로 건너왔으니, 그의 부형들이 조선에 큰 공을 세웠기 때문이다. 그렇다면 비단 예전의 은혜를 팔아먹으려고 한 것만이 아니라, 역시 여우가 죽을 때 고향 쪽으로 머리를 둔다는 것처럼 조상의 나라를 잊지 못한다는 뜻일 게다.

결국 아들이 대신 썼는데, 이것이 문제가 되어 귀양가다가 죽었다. 사후 신원되었다. 문집으로 『지천집』이 있다.

그러나 중국에서 명과 청이 바뀌는 즈음인지라 우리나라에서도 꺼리고 숨겨야 할 일이 없지 않고 보니, 우리나라로 나온 여러 이씨들도 감히 자기들의 출신 배경을 분명하게 말하지 못하였다.

내가 선무문宣武門 안의 첨운패루瞻雲牌樓 앞에서 잘생긴 젊은이를 만났는데, 그는 영원백 이성량의 후손으로 이름은 이홍문李鴻文이라고 자신을 소개했다. 다음 날 그는 비단 파는 가게로 나를 방문하여 인쇄된 족보 두 권을 품안에서 꺼내 보여주었다. 곧 철령 이씨의 세보世譜였다. 이영으로부터 시작되는 가계가 조선인이라고 되어 있어, 내가 전부터 알고 있던 것과 더더욱 맞아떨어져 의심할 바 없었다.

홍문의 조부 이편덕李褊德은 금년에 여든두 살로, 중풍으로 신체가 마비되어 능히 기동할 수 없게 되자, 손자를 시켜 조선 사신이 머무는 곳을 두루 찾아서 뜻있는 이를 만나 이 족보를 전하여 우리나라 사람들에게 자기들의 뜻을 알리도록 했다고 한다. 그는 이훤李翬 같은 무리들이 지금 조선에서 벼슬하고 있다는 사실을 모르고 있었으며,[118] 나 역시 영원백의 후손 아무 아무개가 우리나라에 있다는 사실을 감히 분명하게 말해 주지 않았다.

날이 저물어 숙소로 돌아와 급히 촛불을 켜고 박래원 등과 족보를 살펴보았다. 영원백 이성량의 맏아들이 이여송이고, 이여송은 성충成忠이라는 아들을 하나 두었는데, 이성충 아래에는 무후無後, 즉 자손이 없다고 기록되어 있었다. 이는 이성충이 청나라를 탈출하여 우리나라로 도망을 나왔기 때문이다. 내가 이훤과는 일면식도 없는 사이이지만, 귀국하면 응당 이 족보를 그에게 전할 것이다.[119]

118 이훤은 이성량의 후손으로 영조 정조 때에 태안군수, 진해현감, 풍천부사 등을 역임했다. 왕조실록 참조.

119 박지원의 아들인 박종채朴宗采가 그의 아버지의 일생을 기록한 저서인 『과정록』에 연암이 이홍문과 만난 일이 소상하게 기록되어 있다. 연암은 귀국하여 이훤에게 족보를 전했고, 그 뒤에 이로 인해 약간의 소동이 발생하였다.

• 만력 때 호북성 형문荊門 사람인 강국태康國泰가 죄에 연좌되어 요양으로 귀양을 갔다. 요양의 도독 유정劉綎이 여진족 건주建州를 정벌할 때 강국태가 종군하다가 전사하였다.

아들 강세작姜世爵이 당시에 열일곱 살이었는데, 곧바로 여진족의 군영에 들어가 아비의 시신을 찾았다. 병부 웅정필雄廷弼이 강세작을 자신의 휘하에 두었는데, 요양이 함락되자 강세작은 도망하여 마등산馬凳山으로 들어갔다. 밤에 해자에서 헤엄을 쳐서 성을 빠져나와 봉황성을 지키다가, 성이 함락되자 다시 금석산金石山으로 들어가 날마다 나뭇잎을 주워 먹으며 연명하였다.

더러 의주로 나와 보다가 드디어 중국 땅을 피해 조선의 회령부會寧府에 살게 되었다. 항상 초나라 법제의 관을 쓰고, 자기가 사는 집의 편액을 초책당楚幘堂이라 불렀다. 내가 금석산을 지날 때 의주의 말몰이꾼들이 강세작이 은신했던 곳이라며 손가락으로 가리키는데, 기이한 이야기들이 많았다.[120]

120 강세작 이야기는 「도강록」편에 상세하게 실려 있다.

• 고려 충선왕 왕장王璋이 원나라에 들어가 연경 저택에 만권당萬卷堂을 지어 놓고 원나라의 문인 염복閻復, 요수姚燧, 조맹부趙孟頫, 우집虞集 등과 교유하면서 학문을 연구하였다. 원나라에서는 충선왕을 심양왕瀋陽王으로 봉하여 승상으로 삼았다.

충선왕은 박사 유연柳衍을 파견하여 강남에 가서 책을 구입해 오게 했는데, 배가 파선되었다. 당시 판전교判典校를 맡았던 홍약洪瀹이 남경에 있으면서 보초寶鈔[121] 150정錠을 유연에게 주어 책 1만 800권을 구입해서 돌아가게 하였다. 홍약은 또 황제에게 아뢰어서 책 4,070권을 충선왕에게 하사하게 하였다. 이 책들은 모두 송나라 비각秘閣에 소장되어 있었던 것이다.

121 원나라 때 은銀을 본위로 한 화폐(지폐)인 중통원보초中統元寶鈔를 말한다. 은銀 태환권이었던 중통초와 은의 가격 대비는 은 1정錠이 중통초 2정에 상당했다. 은 1정은 2만g에 해당한다.

원나라 보초寶鈔

　심양왕(충선왕)은 원나라 영종英宗에게 강남 지방의 사당에 향을 피우고 예를 갖추겠다고 청하여, 강소성과 절강성 지방을 유람하다가 보타산寶陀山에 이르렀다. 그다음 해에 또 강향을 청하여 행렬이 금산사金山寺에 이르렀을 때, 황제는 사신을 파견하여 급히 충선왕을 소환하였다. 기병으로 에워싸서 급히 본국으로 호송하라는 명을 내렸던 것이다.

　그러나 충선왕이 머물며 즉시 출발하지 않자, 황제는 불경을 공부하라는 명분으로 충선왕의 머리를 깎아서 토번吐蕃의 살사결撒思結이란 땅으로 유배를 보냈다. 그때 박인간朴仁幹 등 열여덟 명이 충선왕을 따랐는데, 연경과의 거리가 1만 5천 리였다. 충선왕은 어찌하여 제후국의 왕이라는 신분을 내팽개치고 한갓 서적에만 탐닉하여 즐기고 말았는가?

　『사기』에 의하면, 옛날 월왕 위타尉佗가 한나라 학자 육가陸賈를 만나 보고는 크게 기뻐하여 그와 몇 달을 머물며 술을 마시고, "월나라에는 더불어 말할 만한 사람이 없더니, 선생이 온 이래로 나로 하여금 날마다 전에 듣지 못한 것을 듣게 하는구료"라 했다고 한다. 귀로 새로운 내용을 듣는 것도 그처럼 감동했거늘, 하물며 충선왕은 직접 자기의 눈으로 봄에랴. 이른바 하백河伯이 넓은 바다를 처음 보고는 탄식했다는 망양지탄望洋之嘆의 격일 것이다.

　그 당시 따랐던 신하로 이제현李齊賢 같은 무리는 문학의 재주와 명망이 우리나라에서 첫손가락으로 꼽힌 인물인데도 염복, 요수, 조맹부, 우집 같은 원나라 학자들의 사이에 있으면서 도리어 바다를 바라보며 탄식하고 자신의 부족한 점을 알게 되었을 것이다. 나 역시 태액지에 놓인 옥동교 주변에서 멀리 오룡정을 바라보면 정말 인간 세상이 아닌 것 같은 생각이 들었으니 말이

다.[122]

• 육비陸飛는 자가 기잠起潛이고 호는 소음篠飮으로 항주 인화仁和 사람이다. 건륭 병술년(1766) 봄에 엄성, 반정균과 함께 북경에 왔는데, 덕보 홍대용과 건정호동乾淨胡同에서 서로 우정을 맺고 『회우록』會友錄이란 책을 냈다. 나는 그 책의 서문을 쓴 바 있다. 소음의 집은 서호西湖의 호서대관湖墅大關이라는 동네 안의 주아담珠兒潭이다.

기잠이 말하기를,
"한약재로 쓰는 육계肉桂[123]는 남방의 교지交趾[124]에서 생산되는데, 근래에는 구하기가 대단히 어렵습니다. 육계는 성질이 화기火氣를 이끌어서 근원으로 되돌아가게 만들며, 계피桂皮는 성질이 잠복된 화기를 불러일으키는 것이어서 그 용법이 서로 크게 다릅니다."
라고 했다.

우리나라에서는 조금 두터운 계피를 육계 대용으로 함부로 쓰고 있으니, 위험천만한 일이다. 나는 일찍이 이 이야기를 의원들이나 약국에 두루 말해 주었다. 우연히 북경 옆의 통주通州에 있는 한 약방에서 육계를 구했더니 주먹만큼 큰 놈을 내놓는데, 값이 자그마치 은자 50냥이라고 한다.

범생范生이란 자가 나를 따라 나와서 귓속말로,
"그건 진품 육계가 아닙니다. 중국에서 진품 육계가 나오지 않은 지 이미 20여 년이나 되었답니다."
라고 한다.

---

[122] 「황도기략」편의 '오룡정' 항목을 보면, 절강 지방의 서호의 모습이 오룡정의 한 면과 같다는 말이 나온다. 오룡정의 모습도 이렇게 아름다운데, 하물며 충선왕을 따라간 이제현이 서호의 참모습을 눈으로 직접 보았더라면 더더욱 망양의 탄식을 했을 것이라는 뜻에서 한 말이다.

[123] 육계는 5~6년 이상 된 계수나무의 두꺼운 껍질을 한방에서 이르는 말이다.
[124] 교지는 오령五嶺 이남을 가리키는 지명으로, 현재 광동·광서 지방과 베트남의 북부 지방을 말한다.

125 왕오(1450~1524)는 명나라의 이름난 관료이며 문학가이다. 자는 제지濟之 호는 수계守溪로, 경학과 문장 및 서법에 정통하였다. 저서에 『진택집』震澤集, 『진택기문』震澤紀聞 등이 있다. 『진택장어』는 그가 은퇴한 이후에 저술한 책으로 잡다한 것을 수록한 수필류의 책이다.
126 『진택장어』에는 '三萬'으로 되어 있다.

• "명나라 왕오王鏊125가 지은 『진택장어』震澤長魚에 이르기를,
'명나라 초기 역대의 임금들은 한 해의 쓰는 경비를 줄였으니 황랍黃蠟, 즉 밀랍의 양 한 가지를 가지고 말하더라도, 국초에는 불과 2천126 근이었던 것이 경태景泰(1450~1456)와 천순天順(1457~1464) 연간에는 8만 5천 근으로 불어났고 성화成化(1465) 이후로는 12만 근으로 늘어났으니, 그 나머지는 미루어 알 수 있을 것이다.'
라고 하였다. 또,
'정덕正德 16년(1521) 공부工部에서 아뢰기를, 모자를 취급하는 기관인 건모국巾帽局에서 내시의 신발과 모자에 꼭 사용하는 모시실, 비단, 피혁 등의 재료가 떨어졌다고 보고하였다. 성화 연간에는 20여만이었던 것이, 정덕 8~9년에는 46만에 이르고, 정덕 말년에는 72만에 이르렀다.'
라고 하였다. 이런 기준으로 따져 보면 그 나머지는 미루어 알 수 있겠다."127

127 『진택장어』부터 여기까지의 인용문은 『도서편』圖書編에 있는 것을 그대로 따온 것이다. 『도서편』에는 『진택장어』의 인용문 다음에 "이것이 우리 조정의 창고에서 해마다 사용하는 용품이 뒤에 와서 날로 증가하는 개략적 내용이다. 이 두 가지 물건에 나아가 본다면 그 나머지를 미루어 알 수 있다"라고 되어 있다.

• 우리나라에서는 동전 10문文을 1전錢이라 하고 10전을 1냥兩이라고 하는데, 중국에서는 160푼分을 1초鈔라 하고 16문文을 1맥陌이라고 한다. 우리나라의 세속에서는 동전 1문文을 1푼分이라 하고 10푼을 1전이라고 한다. 형암 이덕무가 말하기를,

"그 뜻은 저울과 자에서 나온 것입니다. 자로 치면, 10리釐가 1푼分이 되고, 10푼이 1촌寸이 되며, 10촌이 1자(尺)가 됩니다. 동전 1문의 두께는 10리釐를 합해 놓은 두께로 1푼分이 됩니다. 10문의 두께를 합해 놓은 것이 10푼의 두께로 1촌寸이 됩니다. 100문의 두께는 가히 1자가 되지요. 저울로 치면 10리釐가 1푼이

되고, 10푼이 1전이 되며, 10전이 1냥이 됩니다. 동전의 이름과 수치는 저울의 이름과 수치에서 따온 것입니다."
라고 한다.

그러나 지금 동전의 크기와 두께가 일정치 않아서 그것으로 기준을 삼기는 어렵다.

• 『해외기사』海外記事[128]는 광동廣東 영표嶺表의 수행 승려 산엄汕厂이 강희 갑술년(1694)에 대월국大越國[129]에 가서 겪은 일을 기록한 책이다. 대월국은 해남성海南省의 경주瓊州에서 남쪽 뱃길로 1만여 리 떨어진 곳에 있다. 책에 이런 내용이 실려 있다.

"매일 동틀 무렵 전조箭鳥란 새가 있어 파도 가운데에서 날아와 배를 한 바퀴 돌고 앞을 향하여 날아간다. 뱃사람들은 '저 새는 신령스러운 새입니다'라고 말한다. 바다 중간에 반달이 뜨면 여러 가지 괴이한 것들이 파도 위에 나타났다. 물결 위에 붉기도 하고 검기도 한 작은 깃발을 세워 놓아서 더러 물속에 잠기기도 하고 더러 뜨기도 했는데, 하나의 깃대가 겨우 지나가면 또 다른 깃대가 다시 오고, 계속해서 열 몇 개의 깃발이 있기도 하였다. 설명하는 사람이 저것은 귀신배(鬼船)라고 하는데, 저게 나타나면 이롭지 않습니다'라고 말한다. 바람과 파도가 떨쳐 일어나고 구름과 흙비가 쏟아지더니, 검은 용이 꿈틀거리며 배의 왼쪽에 나타났다. 배 안의 사람들이 화급히 유황과 닭의 깃털을 태우고 더러운 물건을 섞어서 뿌리자 다가오지 못했다.

어느 날 저녁 무렵에는 검은 구름이 덮여 별과 달도 빛을 잃더니, 홀연히 불기둥의 산이 배의 뒤로부터 일어났다. 그 빛이 돛을 비추는데 마치 들판에 불을 지른 듯 반사되어 비추더니 점점

[128] 『사고전서총목』에는 책명이 『해외기사』海外紀事 6권으로 되어 있고, 저자는 광동 장수사長壽寺의 승려인 대산大汕이며, 강희 을해년(1695) 봄에 대월국에 간 기록이라고 하였다. 영표는 영남이라는 말로, 오령五嶺의 남쪽을 말한다. 곧 광동, 광서 지방을 일컫는다.
[129] 대월국은 1010년 이공온李公蘊이 안남安南에 세운 나라로, 그 수도는 지금의 베트남 하노이이다.

배와 가까워져 덮치려 하였다. 뱃사공들이 나무 막대기로 뱃전을 두드리며 쉬지 않고 소리를 질러댔다. 대략 2경쯤 지난 뒤에서야 그 물체에 배의 키가 걸렸다는 사실을 알게 되었다. 배가 잠시 옆으로 기우뚱하며 가더니 비로소 불빛이 숨어서 보이지 않게 되었다. 해추海鰍라는 바닷고기의 눈에서 나오는 번갯불이라고 한다.

그 나라에 도착했더니, 모두들 벌거벗은 채로 머리를 풀어헤치고 있었다. 베로 짠 끈으로 몸뚱이의 앞을 가리는 정도였고, 더러 상투를 묶고 치아를 검게 칠을 한 사람도 있었다. 연꽃이 수면에 둥둥 떠서 움직이는데 푸른 잎이 바람에 선들선들 나부끼고 뿌리도 연근도 없었다.

그 나라에서는 전쟁의 진영도 코끼리로 짠다. 국왕이 연병장에 나와서 군사훈련을 할 때는 매양 열 마리의 코끼리로 한 짝을 지어 붉게 칠을 한 나무 안장을 코끼리 등에 싣고 세 사람이 한 마리의 코끼리에 탄다. 모두 금 투구와 초록빛 겉옷을 입고 손에는 금속 창을 쥐고 코끼리의 등에 선다. 풀을 엮어서 인형을 만들어 축대 위에 나열해 두어 마치 군대 진영의 모습을 갖춘다. 구리로 만든 북을 계속 울리면 일제히 화기를 쏘고 군인들이 앞으로 돌격하여 코끼리와 접전을 벌인다. 코끼리 떼도 역시 축대를 밟고 재빠르게 앞으로 돌진한다. 군인들이 퇴각해서 피하면 코끼리들은 각각 코로 풀로 만든 인형을 말아서 돌아온다.[130]

나라에서 죄인을 사형시킬 때 코끼리를 풀어서 죄인을 공중으로 몇 길 높이로 던졌다가 떨어지는 것을 코끼리가 상아를 쳐들어서 몸을 꿰뚫게 하는데, 가슴이나 배에 정확히 꿰뚫어 잠시 만에 시신이 산산조각이 나버린다. 산엄이 그 사형 제도를 그만두기를 권하였다.

130 『해외기사』에는 코끼리 의장과 군사 훈련에 대해 길게 언급하고 있는데, 이를 축약해서 수록하였다.

그 나라 국왕이 말하기를, '본국의 산속에는 코뿔소와 코끼리가 무리를 이루고 있습니다. 산 채로 코끼리를 잡으려면, 길들인 암놈 코끼리 두 마리로 수놈을 유인해 와 큰 동아줄로 그 발을 묶고 나무 사이에 못 움직이게 결박해 둡니다. 며칠 동안 주리고 목마르게 한 뒤 코끼리 조련사가 살금살금 다가가 먹고 마시게 하면서 조금씩 길을 들이다가, 암놈 두 마리가 함께 데리고 옵니다'라 한다.

때는 바야흐로 이른 봄인데도 평평한 들에는 푸른 모가 있고, 모에는 이미 이삭이 패었다. 특별히 거름을 하지 않아도 1년에 삼모작을 한다고 한다. 풍토와 기후가 항상 따뜻하며, 음기는 생성 배양을 하게 하고, 양기는 쇠라도 녹여 없애기 때문에 만물은 가을과 겨울에 태어나고 자란다고 한다. 그들은 밤에 일을 하고, 여자가 남자보다 더 지혜롭다. 나무는 파라밀波羅蜜, 야자, 빈랑檳榔, 산석류, 정향丁香, 목란木蘭, 번말리番茉莉 등이 많다. 그 고을과 읍의 취락에는 모두 띠로 집을 이었고, 대나무로 울타리를 만들었다."[131]

• 강희 을미년(1715) 연간에 우리나라 사람이 산해관 밖에서 중국 여자와 함께 가는 흑진국黑眞國 사람을 만났다. 그곳 사람에게 그들의 내력을 물었더니 이렇게 이야기하더란다. 영고탑寧古塔의 동북쪽으로 천여 리를 가면 5년에 한 번 얼어붙는 얼음바다가 나오는데, 거기 바다 가운데 있는 나라가 흑진국이다. 이전에는 흑진국이 육지와 교통한 일이 없었다.

10여 년 전에 흑진국 사람 하나가 홀연히 얼음을 타고 중국 서쪽 언덕에 닿았다. 청나라 사람이 보고서 붙잡았는데 처음에는

131 여기 『해외기사』에 대한 내용은 일암一菴 이기지 李器之의 『연행일기』에서 인용한 것이다. 일암은 북경에서 『해외기사』를 빌려 보고, 그 내용을 초록하여 연행록에 수록하였는데, 연암은 이를 다시 초록하여 인용하였다.

무슨 물체인지 분간이 되지 않더니, 자세히 살펴보니 사람이긴 한데 온몸에 짐승 가죽을 덮어쓰고, 머리와 얼굴만 빠끔하게 내놓았으며, 머리털은 양털처럼 곱슬곱슬하였다. 변방의 사람들이 산 채로 붙잡아서 북경으로 보냈다.

강희 황제가 불러 보았으나 말이 통하지 않았다. 밥을 주었더니 먹을 줄을 모르고 오직 생선과 날고기만을 씹어 먹었다. 여러 가지 물건을 그 앞에 진열해 놓고 무엇을 가지고 싶어 하는지를 관찰하려 했더니, 끝내 아무것도 돌아보지 않았다. 여자를 데려와서 보였더니 기뻐하며 즉시 끌어안았다. 그리하여 황제는 총명하고 지혜로운 여자를 가려 뽑아 배필로 삼아 주고, 또 영리한 시종 다섯 명에게 그 여인을 보호하게 하여 그를 본국으로 돌려보내 주었다. 그 여인에게 오곡의 종자와 농기구를 주고 농사짓는 법을 가르치게 하였다.

그로부터 5년이 지난 뒤에 그는 그 여자와 함께 다시 얼음 바다를 건너와서 황제에게 은혜를 사례하였다. 주먹 크기의 진주 몇 개와 길이가 한 길이 넘는 표범 가죽 여러 장을 공물로 가지고 왔다. 여자의 말에 의하면, '그 나라는 큰 바다 가운데 있는데, 군신과 상하 관계가 없고, 사람은 몇 종이 있는데 키가 큰 사람은 세 길이나 되고 작은 사람도 한 길은 더 된다. 오직 새와 짐승을 사냥하여 산 물고기만을 먹고, 바닷속에는 큰 진주가 가득하여 괴상한 광채로 헤아릴 수가 없다'고 한다.

이 이야기는 일암一庵(이기지李器之)의 『연행기』에 실려 있다.[132] 내가 이야기를 하던 중에 학지정에게 이를 물어보았더니, 그의 대답도 『연행기』에 실려 있는 내용과 별 다를 바 없었다. 이로 인해 천하는 대단히 커서 별의별 희한한 일이 다 있음을 알게

132 이 인용문은 『일암연기』一菴燕記의 내용을 약간 축약하고 일부는 표현을 바꾸어 구성한 것이다. 『일암연기』를 참고하여 약간 보충하여 번역하였다.

되었다.

- 황제의 정무를 보좌하는 군기처의 우두머리인 소위 군기대신軍機大臣은 모두 만주 출신의 사람만이 차지한다. 언젠가 들으니, 나라에 기밀을 유지해야 할 큰 일이 생기면 황제는 은밀히 군기대신에게 조서를 내려 높은 누각에 함께 올라간다고 한다. 그리고 아래에서 사다리를 치웠다가 누각 위에서 방울 소리가 들린 뒤에야 다시 사다리를 설치하는데, 비록 며칠이 지나도 방울 소리가 나지 않으면 좌우의 측근이라도 감히 누각 근처에 얼씬조차 할 수 없다고 한다.

옹정 연간에 군기대신 망곡립莽鵠立[133]은 몽고인으로 그림을 잘 그렸는데, 일찍이 강희 황제와 옹정 황제의 초상화를 그렸다. 악이태鄂爾泰와 팽공야彭公冶는 모두 문무를 겸전한 재주 있는 인물이었으며, 김상명金常明이란 자는 우리나라 의주 사람인데, 역시 군기대신의 칭호를 가졌다고 한다.

지금 우리 사신 일행을 맞이하기 위해 밀운점密雲店까지 따라 나온 복차산福次山은 나이 겨우 25~26세 정도 되어 보이는데,[134] 역시 군기대신이라고 한다.

- 옹정 3년(1725) 2월 경오일에 천체와 일기를 관찰하는 기관인 흠천감欽天監에서 황제에게 보고하기를,

"해와 달이 함께 떠올라 같이 밝게 비칠 것이며, 금·목·수·화·토성 등 다섯 별자리가 구슬처럼 한 줄로 꿰어져서 함께 스물여덟 별자리의 하나인 영실營室의 다음 자리로 궤도를 돌 것이니, 이는 추자陬訾라는 별자리에 해당합니다."

133 망곡립(1672~1736)은 자가 수립樹立, 호가 탁연卓然이며, 그림에 뛰어난 인물이다.

134 『정조실록』에는 복차산이 부사선富查善으로 표기되어 있다.

135 적전은 황제가 종묘 제사에 쓸 곡식을 재배하기 위해 친히 경작하는 밭을 이른다.
136 사사정(?~1726)의 자는 윤목閏木 호는 횡포橫浦이다. 강희 연간에 내각 학사를 지냈다. 과거 시험을 주관할 때 출제한 제목이 시사時事를 풍자하였다고 하여 문자옥에 걸려 하옥되었다가 죽었다.

과친왕의 글씨

라고 하여, 황제는 사관史館에 조칙을 내려 그 사실을 나라 안팎에 알리도록 했다. 또 옹정 4년에는 적전籍田¹³⁵에 나아가 친히 경작을 하였는데, 나락 한 줄기에 이삭이 2개에서 8~9개까지 달렸다. 이때에 오중吳中, 즉 강남에서는 상서로운 누에고치를 바쳤는데, 그 크기가 모자만 했다.

그밖에도 기린이 나타나고, 봉황이 울었으며, 황하 물이 맑아지고, 상서로운 구름이 나타났다. 감로수가 맺히고 신령한 지초가 나는 등 기이한 일들이 어느 해든 없지 않았다. 그리하여 사사정査嗣庭¹³⁶은 『일록』日錄에서 이는 도리어 재앙이 나타날 이변이라고 하였고, 혹자는 중국에 진인眞人이 나타날 조짐이라고 하였다.

사사정의 옥사가 일어나자 옹정 황제는 나라 안팎에 조서를 내려서,

"너희 한족들은 이미 우리와 함께 태평 시대를 누리고 있건만, 그 복을 나라의 덕택으로 돌리지는 못할망정, '반드시 진인이 출현할 것이다'라는 엉뚱한 말을 하고 있으니, 이는 도대체 무슨 심정에서 하는 말인가? 이들은 진실로 난을 생각하는 백성들이다. 운운……."

이라고 하였다. 이 문자옥文字獄에 연루된 사람이 수만 명에 달하였다.

근년 이래로 중국 17개의 성省에서 영험하고 상서로운 일들을 보고하는 것이 옹정 시대보다도 더더욱 많다. 그러나 상서로운 조짐이 나타날 때마다 한족들은 한족의 부흥을 생각한다 하여 번번이 옥사를 당하니, 과연 상서로운 조짐이 아니라 바로 재앙이 될 이변이었던 것이다.

• 청나라 경릉景陵, 즉 강희의 시호는 곧 성조聖祖 인황제仁皇帝이다. 그 황자들은 모두 이름난 선비이다. 과친왕果親王 윤례允禮의 필법은 명나라 때의 유명한 서예가인 지산枝山 축윤명祝允明(1460~1527)에 비할 바가 아닐 정도로 수준이 높다. 강녀묘姜女廟와 북진묘北鎭廟에 모두 과친왕의 주련이 걸려 있고, 무령현撫寧縣 서소분徐紹芬의 집에도 과친왕의 글씨가 있다. 내가 모사해서 돌아가려고 했으나, 바빠서 이루지 못했다.

• 강희 황제는 모두 스물○ 명의 왕자를 두었는데, 재주 있는 왕자로는 이친왕怡親王 윤상允祥(13째), 장친왕莊親王 윤록允祿(16째), 과친왕 윤례(17째), 옹정 황제가 된 넷째 왕자 윤진允禛, 열째 왕자 윤아允䄉, 아홉째 왕자 윤당允禟, 열셋째 왕자 윤상允祥, 열다섯째 왕자 윤우允禑, 염친왕廉親王 윤사允禩(8째), 열넷째 왕자 윤제允禵 등이었다.

윤제는允禵는 본래의 이름이 윤정允禎이었는데 여러 번 큰 공을 세워 사람들의 인망을 한 몸에 받았다. 강희 황제의 병세가 위중해지자 한족 각로인 왕섬王掞과 함께 황제의 유언을 받들면서 오인하여 진禛 자를 정禎 자로 알고, 제4를 14로 잘못 적는 바람에 왕섬은 죄를 받았고, 윤정은 역적의 괴수가 되어 이름 정禎자를 제禵자로 바꾸게 되었다.[137]

• 우리나라 서해 연안인 황해도 장연長淵과 풍천豊川 해변에 고기를 잡는 커다란 중국 배는 모두 각화도覺華島[138]에서 온 사람들이다. 해마다 5월 초에 몰려왔다가 7월 초에 돌아가는데, 채취해 가는 물건은 바닷가에 나는 방풍防風이라는 한약재와 해삼 등

[137] 강희 황제는 아들 35명 딸 20명을 낳았는데, 그중 아들 24명과 딸 9명이 성인이 되었으며 나머지는 모두 일찍 죽었다. 따라서 모두 24명의 황자를 둔 셈이다. 『열하일기』에 밝혀 놓고 있는 황자의 이름과 순서 중에는 잘못된 부분이 있다. 예컨대 윤아는 열째이다. 번역에서는 그 이름은 고증하여 실제의 이름으로 고쳐서 제시했다.
[138] 각화도는 요녕성 영원寧遠의 남쪽 바다에 있는 섬으로, 오늘날은 국화도菊花島로 불린다.

강희 황제

으로, 더러 육지에 올라와 양식을 구걸하기도 한다.

우리나라에서 중국 황제에게 금지시켜 줄 것을 주청하였다. 강희 54년(1715) 예부에서 다시 황제에게 주청하여 봉천奉天의 장군과 부윤府尹, 산동, 강남, 절강, 복건, 광동의 지방관에게 문서를 보내어 연안의 수사영水師營(해군 진영)에서는 엄히 금지하도록 신칙하게 하였다. 조선의 변경에서 어로 활동을 하거나 밀항하다 조선의 수병에게 체포되었다가 압송되는 자들에 대해서는 엄중히 치죄할 것이니, 해당 지방관과 부서에서는 서로 의논하여 엄히 신칙하라고 하였다. 또 조선국 연안을 지키는 관원과 병사들에게도 엄히 신칙하여, 불시에 순찰하고 수사하여 만약 이런 무리가 있으면 체포하여 압송해 달라 운운 하였다.

그런데 지금도 중국의 배가 서해 연안에 오면 아전들이나 장교들이 비록 해당 지방 관원에게 보고는 하지만, 실로 막을 방법이 없다. 그래서 알면서도 짐짓 모른 척하고 있다가, 그들이 저절로 떠날 무렵을 기다렸다가 멀리서 닻을 올리는 날짜를 물어보고는 비로소 수군절도사가 있는 수영水營에 말을 달려 보고하기를, 마치 그날 중국배가 들어온 것인 양 꾸민다. 수영에서는 한편 조정에 보고하고, 다른 한편 해당 지방관에게 그날로 즉시 쫓아 보내라고 엄히 신칙하고는 있지만, 실상은 눈 가리고 '아웅' 하는 격이다. 우리나라의 변방 관리가 이렇게 한심하다.

• 한나라 때 최고 벼슬인 삼공三公은 매월 녹봉이 곡식 350곡斛[139]이고, 중간 2천 섬(石)부터 100섬에 이르기까지 무릇 14등급

139 1곡은 10말 혹은 15말이다.

으로 되어 있다. 중간 2천 섬은 매월 180곡을 받고, 100섬은 월 16곡을 받았다.

후한 시대에 이르러서는 대장군과 삼공이 월 350곡을 받고, 중간 2천 섬은 월 72곡과 돈 9천 냥을 받고, 100섬은 월 4곡 8말에 돈 800냥을 받았다. 진晉나라 제도는 품계의 등급이 제1등급은 1,800곡을 받았으며, 후주後周에서는 9등급으로 나누어 1등급인 삼공은 1만 섬, 9등급 하사下士는 125섬을 받았다.

당나라 제도는 정1품이 해마다 700섬에 돈 3만 1천 냥을, 종9품은 52섬에 돈 1,970냥을 받았다. 송나라 제도는 41등급으로 나누어, 1등급인 재상이나 추밀사는 매월 30만 냥을, 천문 관측을 맡은 말단 벼슬아치인 보장정保章正은 2천 냥을 받았다.

명나라는 정1품에게는 매월 쌀 87섬이 지급되고, 종9품에게는 5섬이 지급되었다. 대략 춘추전국시대와 비교해 본다면 경대부가 만 종鍾[140]을 받았으니, 한나라 제도에서 삼공이 받는 월봉은 대단히 약소한 편이다. 지금 청나라의 녹봉 제도를 살펴보면, 지방 관원에게 정식 봉급 이외에 추가로 주는 수당과 같은 돈인 양렴養廉은 명나라의 제도에 비해 또한 약소한 편이다.

[140] 종鍾은 부피를 나타내는 도량형으로, 256되(升) 혹은 약 50리터에 해당하는 양이다.

• 고려는 중서령, 상서령, 문하시중에게 해마다 쌀 400섬을 주었고, 최하 직급인 조교에게는 10섬을 주었다. 우리 조선은 정1품에게는 해마다 쌀 98섬, 비단 6필, 정포正布(품질 좋은 베) 15필, 저화楮貨(지폐) 10장을 주었고, 종9품에게는 쌀 12섬, 정포 2필, 저화 1장을 주었다. 임진왜란 후에는 정1품이 해마다 쌀 60여 섬만 받고 비단이나 포, 저화는 없다.

대체로 녹봉의 제도가 전 시대에 비해 검약해서 그런 것이 아니라, 쓸데없는 관원이 너무 많아졌기 때문이다.

• 중국에서는 겨울철에 창문의 창살에 종이를 붙이는데, 그 중간에 유리조각을 이용하여 인물화나 화초 그림을 그려서 끼워 넣는다. 실내에서 밖으로 내다보면 아무리 작은 것이라도 보이지 않는 것이 없고, 반대로 밖에서는 안을 들여다보아도 아무 것도 보이지 않는다.

이는 원래 원나라의 문인 구양초공歐陽楚公[141]이 지은 「어가오사」漁家傲詞라는 작품 10월에 나오는 "꽃 창호의 반들거리는 창문"(花戶油牎)이라는 것이다.[142] 연도의 시장에 채색 그림의 유리를 파는 사람들이 아주 많았는데, 모두 창문의 격자에 끼우는 유리이다.

141 구양초공은 원나라 시인 구양현歐陽玄을 가리킨다. 그의 자는 원공原公이다. 「어가오사」는 그의 문집 『규재문집』圭齋文集에 수록되어 있다.
142 "겨울철에 창문의"부터 여기까지의 내용은 『일하구문고』 권148에서 인용한 것이다.

1품관의 조주

• 벼슬아치들이 목에다 거는 구슬목걸이 조주朝珠는 반드시 5품관 이상만 하도록 되어 있다. 단, 한림의 경우는 7품이라도 조주를 거는 것을 허락하지만, 외직으로 나가서 주현州縣의 수령이 되면 지닐 수 없다. 통관 오림포나 서종현 무리들이 모두 구슬목걸이를 걸고 있는 까닭은 외국 사람에게 으스대려고 임시로 한 것이다.

• 명나라에는 건국에서 멸망에 이르기까지 세 가지 이상한 일이 있었다. 명 태조 고황제는 중 노릇을 하다가 황제가 된 인물이고, 건문제建文帝는 폐위되어 궁중에서 중으로 늙은 인물이며, 마지막 황제 숭정崇禎은 머리를 풀어 헤치고 사직을 위해 순국한 인물이다.

• 양명陽明 왕수인王守仁(1472~1529)의 도학, 남궁南宮 척계광 戚繼光(1528~1588)의 무략武略, 남명南溟 왕도곤汪道昆(1525~1593)의 문장으로도 모두들 사나운 아내와 살았다. 평생 아내를 두려워하며 납작 엎드려 감히 숨 한 번 크게 내쉬지 못했으니, 이 역시 명나라의 세 가지 특이한 일에 들어갈 것이다.

• 강희 연간에 왕사정은 형부에 근무하며 날마다 죄인들의 심문 기록을 보았는데, 별별 희귀한 성씨들이 있었다. 묘씨妙氏, 도씨島氏, 반씨盤氏, 민씨民氏, 전씨纏氏, 저씨杵氏, 천씨剡氏, 율씨律氏, 다씨茶氏, 연씨烟氏, 양씨穰氏, 수씨首氏, 비씨卑氏, 위씨威氏, 빙씨氷氏, 감씨坎氏, 탑씨榻氏, 남씨攬氏, 자씨慈氏 등등은 모두 중국에선 드문 성씨이다.

내가 심양에 이르렀을 때 빈희안貧希顔, 희헌希憲 형제가 있었는데 모두 강남의 큰 장사꾼이고, 산해관에 이르렀을 때는 구승曰勝이란 자가 있었는데 과거 시험을 준비하는 사람이었다.

우리나라에도 드문 성씨가 있으니, 부씨夫氏와 양씨良氏는 모두 탐라에서 나온 성씨이다. 또 뺌씨乀氏와 궉씨鴌氏가 있는데, 성씨도 희귀하지만 글자도 고찰할 수 없는 성씨이니, 괴상한 일이로다.[143]

옛날에 이루離婁라는 사람이 있었으니, 이씨離氏와 감씨坎氏가 혼인하거나, 저씨杵氏와 구씨曰氏가 짝이 된다면 가히 하늘이 정해 준 배필이라고 말할 만하다.[144]

• 세상에 전하는 말로는 '옹백雍伯이란 사람이 옥玉을 심었다'고 하니, 지금 우리들이 지나왔던 옥전현玉田縣이 바로 그가

143 뺌씨의 본관은 밀양인데 현재는 없어진 성씨이고, 궉씨는 본관이 청주, 선산, 순창의 세 본관이 있고 현재 소수의 후손들이 있다.
144 이씨와 감씨는 주역의 이괘(☲)와 감괘(☵)를 말하고, 저씨와 구씨는 공이(杵)와 절구(臼)를 말하는데 모두 남녀의 성기를 상징한다. 곧 이괘와 절구의 모양은 여성의 성기를, 감괘와 공이의 모양은 남성의 성기를 각각 상징한다. 따라서 이씨와 감씨의 혼인, 저씨와 구씨의 짝이란 말은 남녀의 성관계를 묘사한 표현이 된다. 이 내용이 너무 외설적이라 판단하여 후기 필사본은 대부분 이 부분을 빼고 대신 위의 우리나라의 특이한 성씨를 언급하였다. 다만 역자가 소장한 '법고창신재장'본은 우리나라의 성씨 및 이씨와 감씨에 대한 이야기를 모두 수록하고 있다. 역자의 소장본에 따라서 모두 수록한다.

옥전현의 고인종옥처古人種玉處 비석

145 『수신기』搜神記와 『몽구』蒙求라는 책에 '옹백종옥'雍伯種玉이란 말이 있다.
146 『오후정』부터 '은이었다'까지의 내용은 『향조필기』에서 그대로 인용한 것이다.

옥을 심었던 장소이다.[145]

명나라 사람 팽엄彭儼이 지은 『오후정』五侯鯖에 이르기를,

"설경薛瓊이란 사람은 지극한 효자인데, 집이 가난하였다. 땔나무를 하다가 웬 노인을 만났는데 그가 물건 하나를 건네주면서 '이것은 은의 열매인데, 서쪽 벽의 흙을 써서 구리로 된 화분에 심으면 은을 얻게 될 것이다'라고 하였다. 설경은 노인이 시키는 대로 심었더니, 열흘이 지나자 싹이 나오고, 다시 열흘이 지나자 꽃이 피었는데, 꽃은 조개껍질로 된 자개처럼 은색으로 생겼다. 열매를 맺자 모두 은이었다."

고 한다.[146]

태사太史 고역생高棫生이 내게 말하기를,

"서역에서는 양의 배꼽을 심는다고 합니다. 양을 사로잡아 먼저 배꼽을 채취하여 땅에 깊이 심으면 1년이 되면 양이 생깁니다. 양이 가축처럼 땅 위에 엎드려 있다가 우렛소리를 들으면 배꼽이 떨어진다고 합니다. 이는 『원사』元史에 실려 있는 이야기입니다."

라고 한다.

양의 배꼽을 땅에 심어서 양을 태어나게 한다면, 은이나 옥도 심을 수 있을 것이다.

• 옹정 황제 원년(1723)에 조서를 내리기를,

"돌아가신 전 황제인 대행 황제大行皇帝의 서가를 정리하다가 채 반포하지 않은 유시문이 있어서 보았다. 거기에 쓰여 있기를, '명나라 태조는 벼슬하지 않은 선비로서 우뚝하게 일어나 중국 천하를 통일하였으니, 그 경천위지할 문무의 정신은 한나라,

송나라의 여러 황제들도 따라가지 못할 바이다. 그 뒤로 태조의 뒤를 이은 임금들 또한 전 시대의 임금처럼 사납고 잔인하며 사냥이나 하고 여색이나 밝히다가 나라를 망치는 그런 자취는 없었다. 짐은 이제 명나라 후손들의 지파支派 중 한 사람이라도 찾아내어서 그에게 적당한 관직을 주어, 봄가을에 조상의 제사라도 받들도록 해 주어야겠다'라고 하셨다.

짐이 생각해 보니, 『사기』에는 동루東樓[147]가 실려 있고, 『시경』에는 백마白馬[148]

옹정 황제

를 노래한 시편이 수록되어 있다. (중략) 후세의 임금들은 대부분 이를 의심하고 기피하여 역대의 임금들에게 제사 지내는 일이 끊어지게 되었다. 짐은 돌아가신 아버지 강희 황제의 하늘같이 높은 마음을 우러러 체득하고, 먼 옛날 임금의 성대한 덕을 본받아 삼가 대행 황제인 성조 인황제의 유지를 반포하여 명 태조의 지파 자손을 찾아 적당한 직함을 주어서 그로 하여금 봄가을에 조상의 제사를 받들게 할 것이다."[149]

라고 하였다.

그때 명나라 후손인 주씨朱氏 한 사람이 성명을 바꾸어 지방 읍의 관리로 있었는데, 그와 원수 되는 사람에게 고발을 당하였다. 옹정 황제는 그를 불러서 내력과 출신을 상세히 묻고는, 특별히 명하여 천자 다음으로 세 번째 서열인 국공國公에 봉하여 명나라의 제사를 받들게 해 주었다고 한다.

[147] 『사기』 권36 「진기세가」陳杞世家편에 무왕이 하나라를 정복하고 주나라를 세운 뒤에, 하나라 시조인 우왕의 자손을 찾아서 동루에 봉해 준 고사가 있다.
[148] 은나라의 기자가 나라가 망한 뒤에 주나라에 백마를 타고 가서 조회한 고사를 이른다.
[149] 조서의 내용을 연암이 축약한 것이다.

• 파극십巴克什이란 만주말로 큰 선비를 뜻하는 칭호이다. 청나라 태종 문황제 때 파극십 달해達海라고 하는 자가 있었는데, 만주인이었다. 스물한 살에 죽자, 상복을 입은 제자가 3천 명이나 되었는데, 신인神人이라는 호칭으로 불렸다.[150]

신라의 사다함斯多舍은 나이 열다섯에 외모와 품격이 맑고 빼어났으며, 뜻과 기개가 방정하여 당시 사람들이 그를 화랑으로 받들자, 그 무리가 1천여 명이나 되었다. 내가 이 이야기를 꺼내어 만주인 달해의 조숙함과 비교했더니 풍병건馮秉騫이 웃으며,

"신라의 화랑이란 호칭은 골치 아프게 이야기를 주섬주섬 섬겨대는 이학 선생理學先生이라는 호칭보다는 훨씬 낫습니다. 명나라 사람 육경대陸瓊臺[151]는 천품의 자질이 고매하여 나이 겨우 약관에 동림서원東林書院에서 제자들에게 강의를 하였는데, 옷을 걷어붙이고 구석에 앉아서 제자의 대열에 서겠다고 하는 자들이 하루아침에 800명이나 되었다고 합니다."

라고 한다.

• 명나라 '특진광록대부 전군도독부 좌도독'特進光祿大夫 前軍都督府 左都督인 강소성 남창南昌의 유정劉綎[152]은 자가 자신子紳이며 큰 칼 쓰기를 좋아했다. 무게가 120근이나 되는 칼을 썼기 때문에 유대도劉大刀라 불렸다.

전라도 순천부에 있는 열무관烈武觀[153]은 그가 임진왜란 때 우리나라를 구원하러 와서 군대를 사열하던 곳이다. 유정은 제독 이여송을 따라 진격하며, 왜놈의 추장 소서행장小西行長을 문경에서 곤경에 빠뜨렸다. 제독이 본국으로 돌아가자, 유정은 홀로 성주星州 팔거성八莒城[154]을 지켰는데 제독 진린陳璘과 함께 순천

---

150 본문에 달해(1595~1632)가 스물한 살에 죽었다는 것은 착오이다. 그는 어려서부터 총명하여 누르하치에게 발탁되었던 인물로, 특히 한문과 만주어에 능통하여 많은 한문 전적을 만주어로 번역했으며, 문장에 뛰어나 명나라와 조선에 보내는 외교문서를 맡아서 작성하였다.

151 미상未詳.

152 유정(1558~1619)은 명나라 말기의 걸출한 장군이다. 자는 성오省吾이고 별호는 유대도 또는 흑호장군黑虎將軍으로 불렸다. 살이호 전투에서 전사하였다.
153 난봉산鸞鳳山 아래에 있다고 한다.

154 『명사』明史에는 팔거성이 대성大城이라고 되어 있다.

만 입구에서 소서행장을 공격하여 예교曳橋¹⁵⁵를 포위한 지 10여 일 만에 소서행장을 달아나게 하였다. 우리나라에 구원을 나온 앞뒤 7년 동안 그의 공이 가장 컸다. 그로부터 20년 뒤에 심하深河의 전투¹⁵⁶에서 전사하였다.

명나라가 구원병을 보내려고 할 때 유정이 황제에게 보병 5천으로 왜병을 격퇴하겠다고 하자, 신종 황제가 장하게 여기고 이를 허락했다. 『명사』에는 왜군 소서행장이 몰래 1천여 기병을 출병시키자 유정이 드디어 퇴각했다고 되어 있는데, 이는 모두 날조된 거짓말이다. 역사책에는 또 말하기를, 두송杜松의 군대가 패하자 양호楊鎬는 기병을 보내어 유정을 소환했는데, 기병이 채 도착하기 전에 유정은 죽었다고 하였다.

지금 청나라 천자는 매년 정월 초하루에 먼저 종묘에 제사를 지내고, 다음에 친히 당자堂子¹⁵⁷를 알현한다. 혹자는 그 당자를 두고 장군 등좌鄧佐¹⁵⁸의 사당이라고 하기도 하고, 유대도의 사당이라고 일컫기도 하는데, 한족들은 이를 대단한 비밀로 여겨 꺼린다.

혹자는 말하기를,

"유정이 갑자기 죽자, 그 신령이 매우 영험함이 있었다. 천자가 직접 제사를 올리지 않으면 천하에 큰 전염병이 돌고 흉년이 들며, 종묘에는 문득 화재가 나는 이변이 생겨서 나라가 편안하지 않게 된다."

라고 한다.

• 송당松堂 박영朴英¹⁵⁹은 양녕대군讓寧大君의 외손이다. 천품의 자질이 호방하고 고매한데다 집안이 부유해서, 열일곱 살에

---

155 전남 순천 검단산성 쪽에 있던 다리. 왜군이 축조하고 주둔해 있었기 때문에 왜교라고도 불렀다.

156 심하의 전투는 1608년 후금의 누루하치를 정벌하기 위해 명나라와 조선이 연합하여 산해관 옆의 심하에서 벌였던 전투이다.

157 청나라 황제가 신에게 제사를 드리는 장소를 말한다.
158 등좌는 청나라 초기에 전공을 세운 인물로, 사후에 신이한 일이 많이 생겼다. 이 소문을 들은 황제가 사당을 세우라고 했다. 『청사고』 권 223 참조.

159 박영(1471~1540)은 무신으로 자는 자실子實, 호는 송당松堂이다. 저서에 문집인 『송당집』과 『경험방』經驗方 등이 있다.

요동에 들어가 비둘기를 사 왔다.

내가 요동의 점포에 들어갔더니, 기르는 비둘기 수천 마리가 떼를 짓고 저녁에는 날아와서 모두 자기 집을 찾아 들어간다. 점포 중앙에 돌로 만든 큰 구유가 있어서 미리 잿물을 부어 놓는다. 비둘기들이 아침에 요동 벌판에 날아가서 콩을 쪼아 먹고 배가 불러 돌아와서 잿물을 다투어 가며 먹으면, 먹었던 콩을 모두 토해 낸다. 이것으로 말을 먹인다고 한다.

• "명나라 문인 원미元美 왕세정王世貞(1526~1590)이 지은 『완위여편』宛委餘編에는 여자로서 장군이나 군관이 된 자를 실어 놓았다. 예컨대, 남조南朝 때의 군사마軍司馬 공씨孔氏는 고침顧琛[160]의 모친이고, 정렬장군貞烈將軍 왕씨王氏는 동진東晉의 자사였던 왕흠王廞의 여식이다. 당나라 행영절도行營節度 허숙기許叔冀의 부하 왕씨王氏, 당씨唐氏, 후씨侯氏 등은 모두 행영의 과의교위果毅校尉를 지냈다. 거란 진주陳州의 백경아白頸鴉로 불렸던 여인은 거란의 회화장군懷化將軍이 되었다.

그런데 알 수 없는 일은 당나라 태종이 신라의 선덕여왕을 추증하여 광록대부光祿大夫로 봉한 일과, 진덕여왕을 책봉하여 상주국上柱國으로 삼고 낙랑군왕樂浪群王에 봉한 일과, 진덕여왕이 죽은 뒤에는 당 고종이 개부의동삼사開府儀同三司에 추증한 일이 실려 있지 않은 것이다."

나는 이 내용을 일찍이 이덕무의 『이목구심서』耳目口心書[161]에서 보았다. 유리창의 양매서가楊梅書街에서 능야淩野, 고역생 등과 술을 마시며 이야기하다가 이런 내용을 언급했더니, 능·고 등 여러 사람은 나의 학식이 풍부하다고 칭찬해 마지않는다.

160 고침(388~475)은 남조 송宋의 벼슬아치이다.

161 『이목구심서』는 『앙엽기』盎葉記의 오류이다. 『청장관전서』 권54 『앙엽기』 권1 「여자위남자관」女子爲男子官에 수록되어 있다.

• 나는 가는 곳마다 땅콩, 귤떡, 매화사탕, 국화차 등을 대접받았는데, 모두 복건성과 절강성 지방에서 나는 것들이다. 양매楊梅는 5월이 되면 익는데, 그 색이 붉고 고우며, 크기는 지름이 한 치(약 3.2cm) 정도 된다. 열을 나게 하는 성질이 있어서 많이 먹으면 치아를 상하게 한다고 한다.

• 명나라 정효鄭曉[162]의 『고언』古言에 이르기를,
"영숙永叔 구양수歐陽脩는 공자가 지은 「계사」繫辭를 헐뜯었고, 군실君實 사마광司馬光은 『맹자』를 나무랐으며, 개보介甫 왕안석王安石은 『춘추』를 비난하였고, 두 정자程子는 고본 『대학』을 뜯어고쳤으며, 회암晦菴 선생 주희朱熹는 자하子夏가 쓴 『시경』의 서문을 사용하지 않았으니, 이들을 이해할 수가 없다."
라고 했다. 나도 이 문제에 대해서는 유감으로 생각하는 바가 있다.

[162] 정효(1499~1566)는 명나라 말엽의 관료이자 학자이다. 자는 질보窒甫 호는 담천淡泉이다. 저서에 『고언』, 『금언』今言 등이 있다.

• 사람이 자기의 박식함을 스스로 자랑하여 함부로 책을 저술하는 것은 옳지 않다. 강희 연간에 왕사정은 저서가 가장 풍부한 사람이었다. 그의 『향조필기』에 말하기를,
"'『풍속통』風俗通에 한나라 태수 뇌선담頤先丳(『향조필기』의 자주自註에는 丳의 음은 담膽이라고 하였다.─원주)이란 자가 있다'고 하며 이름 석 자 중에서 '뇌'와 '담' 두 글자는 자기도 모른다고 했다."
내가 언젠가 이 문제를 이덕무에게 이야기했더니 이덕무는,
"이는 왕어양이 제대로 살펴보지 못한 것입니다. 『풍속통』에는 교지交趾 태수에 뇌선賴先이란 자가 있는데, 頤(뇌)라는 글자는 곧 賴(뇌)의 옛 글자입니다. 또 송나라 왕응린王應麟이 지은 『옥

해』玉海에는 한나라 교위校尉에 뇌단賴丹이란 자가 있었습니다. 왕어양이 뇌선담이라고 한 말은 뇌선과 뇌단이라는 두 사람의 이름을 합해서 한 사람의 이름으로 본 것입니다. 담丼이란 글자는 또 정井의 본래의 문자 모양이기 때문에 글자의 음을 담膽이라고 꼭 주석을 달 필요까지는 없습니다."

라고 하였다.

내가 단가루段家樓에서 술을 마시며 이 이야기를 풍명재馮明齋에게 했더니, 그는 이덕무의 박식함이 오히려 왕어양보다도 더 뛰어나다고 했다.

• 『춘명몽여록』春明夢餘錄(북평北平 손승택孫承澤의 저서이다. ─ 원주)에 말하기를,

"그 나라 국사(『고려사』 ─ 원주)를 살펴보면, 원나라가 한창 왕성했을 때에 고려 원효왕元孝王(고종)이 강화도로 수도를 옮겼으니, 원나라로서는 어찌해 볼 수가 없었다. 다만 그들이 육지로 나오지 않는다고 책망할 뿐이었다. 마침내 고려가 원나라에 신하로 굴복했으나, 끝내 육지로 나오지는 않았다. 그 아들 순효왕順孝王(원종) 때에 이르러 왕이 혼례 때 친히 원나라의 공주를 맞이해 왔다. 원나라 복장을 하고 함께 연輦[163]을 타고 입국을 하니, 구경꾼들이 모두 경악하였다. 그때 따랐던 종실과 재상은 머리를 깎지 않았는데, 왕이 이를 나무랐다. 그 아들 충렬왕에 이르러서는 재상부터 하급 관료에 이르기까지 머리를 깎지 않은 사람이 없었다. 오직 대궐 안의 학관學館에 있는 사람들만 머리를 깎지 않았는데, 좌승지 박항朴恒이 집사관執事官을 불러 타일렀다. 그리하여 학관의 생도들도 모두 머리를 깎았다."[164]

163 연은 임금이나 황후 혹은 지체가 높은 사람이 타는 가마의 일종이다.
164 『고려사』에 의하면 몽고식 변발은 정수리에서 이마까지 머리를 깎아 그 모양을 네모로 하는데, 가운데 머리카락을 남긴다. 이를 겁구아怯仇兒(케쿠르)라고 했다고 한다.

연輦

라고 하였다.

청나라가 처음 일어났을 때는 한족을 포로로 잡으면 잡는 대로 반드시 머리를 깎았다.[165] 그러나 정축년의 회맹[166]에 따라 우리나라 사람들의 머리는 깎지 않기로 하였다. 여기에는 그럴 만한 이유가 있었다. 세상에 전하는 말로는 청나라 사람들 중 청 태종 칸汗에게 조선 사람의 머리를 깎으라고 권한 사람이 많았는데, 칸은 묵묵히 듣고만 있다가 이에 응하지 않았다. 그리고 은밀히 여러 패륵貝勒에게 말하기를,

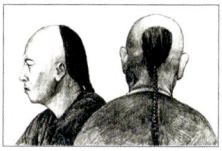

몽고식 변발(상)과 청조식 변발(하)

"저 조선은 본시 예의의 나라라고 불리니, 그들은 머리칼을 아끼는 것을 자신의 목을 아끼는 것보다 더 심하게 한다. 지금 만약 그들의 사정을 무시하고 강제로 깎게 한다면 우리 군대가 철수한 뒤에 반드시 본래의 상태로 되돌릴 것이니, 차라리 그 풍속을 따르도록 해서 예의에 속박시켜 버리는 것만 못할 것이다. 저들이 만약 우리의 풍속을 배운다면 말을 타고 활을 쏘는 데 편리해질 것이니, 그건 우리에게 이로운 게 아니다."

하고는 드디어 논의를 중지시켰다고 한다.

우리나라의 처지에서 논해 본다면 그보다 더 큰 다행이 없을 터이고, 저들의 계산을 따져 본다면 다만 우리나라를 정신적으로나 신체적으로나 아주 문약하게 길들이려는 속셈일 것이다.

165 당시 청나라는 '목을 두려면 머리카락을 둘 수 없고, 머리카락을 두려면 목을 둘 수 없다'(留頭不留髮 留髮不留頭)라는 치발령薙髮令을 내려 변발을 강요했다.

166 정축년은 병자호란 다음 해로, 정축년의 회맹이란 병자호란에 인조仁祖가 청나라에 항복하고 맺은 조약을 말한다.

의약 처방 기록

금료소초
金蓼小抄

⊙ — 금료소초

본편은 의학에 관한 이러저러한 처방을 특별한 체계 없이 기록한 것이다. 편의 이름을 '금료소초'라고 붙인 것은 왕사정의 저서인 『향조필기』에 인용된 서목인 『금릉쇄사』와 『요주만록』의 첫 글자를 따고, 인용된 처방을 가려 뽑아 베꼈다는 의미이다. 그리고 부록에는 연암 자신이 직접 경험해서 알게 된 몇 가지 처방을 수록하였다.

본편에 수록된 처방 중에는 오늘의 관점에서 보면 미신적이고 대단히 황당한 것도 있으나, 민간의 응급처방으로서 여전히 중요하게 쓰일 부분도 없지 않다. 사실 이러한 기록은 연암의 독서의 산물이다. 따라서 연행기의 성격에 부합하지 않는 내용이긴 하나, 『열하일기』 끝에 수록된 것이므로 그대로 번역하여 함께 실었다.

머리말
「금료소초서」金蓼小抄序

　　　　우리 동방은 의술이 널리 보급되지 못하고 의약 재료도 광범위하지 못해서 대부분 중국의 것을 수입해서 의존하므로 항상 진품이 아닐까 근심해 왔다. 널리 보급되지 못한 의술을 가지고 진짜가 아닌 약재를 처방하니, 그 병에 효험을 보지 못함은 당연한 일이다. 내가 열하에 있으면서 대리시경大理寺卿 윤가전尹嘉銓에게,

　　"근세의 의학 서적 중 새로운 경험 처방을 수록해서 사 갈 만한 책이 있습니까?"
하고 물으니 윤가전은,

　　"근세에 일본에서 출판한 『소아경험방』小兒經驗方이란 책이 가장 좋답니다. 이 책은 서남 해양에 있는 하란타荷蘭陀(네덜란드)에서 나온 것입니다. 또 『서양수로방』西洋收露方이란 책이 지극히 정밀하다고 하여 시험을 해 보았으나, 크게 효험은 없었습니다.

대체로 서방과 동방은 풍토와 기후가 서로 다르고 고금 사람들의 품성이나 체질이 같지 않은데도 그들의 처방 기준에 따라 약을 처방한다면, 마치 병법도 모르는 조괄趙括[1]이 전쟁을 논하다가 실패했던 것처럼 돌팔이 처방이 되지 않겠습니까?

명나라 때 주휘周暉가 지은 정편, 속편 『금릉쇄사』金陵瑣事도 근세의 경험 처방을 많이 기록한 책입니다. 또 명나라 때 주순창周順昌이 지은 『요주만록』蓼洲漫錄, 그 외에 『초비초목주』苕斐草木注, 『귤옹초사략』橘翁草史略, 『한계태교』寒溪胎敎, 『영추외경』靈樞外經, 『금석동이고』金石同異考, 『기백후정』岐伯侯鯖, 『의학감주』醫學紺珠, 『백화정영』百華精英, 『소아진치방』小兒診治方 등은 모두 근세의 명의들이 기록한 책으로, 북경의 서점에 가면 모두 구하실 수 있을 겁니다."
라고 한다.

내가 북경으로 돌아와서 하란의 『소아경험방』과 『서양수로방』을 구하려 했으나, 모두 구하지 못했다. 그 밖의 서적들은 광동에서 출판한 책이라고 말해 주는 사람이 있었으나 서점에서는 모두 책의 이름조차 몰랐다.

우연히 왕사정의 『향조필기』를 열람하다가 거기에 『금릉쇄사』와 『요주만록』[2]에서 뽑아 기록한 내용이 있음을 발견하였다. 그 두 책은 원래 꼭히 의학 서적만은 아닐 것인데, 왕사정이 골라서 베낀 건 모두 경험 처방에 관한 내용이었다.

그래서 나는 그 내용 중 수십 가지 항목을 뽑아서 기록하고 그외에 지기誌記 및 필기筆記 중 여기저기 기록된 옛날 처방을 뽑아서 기록하고는, 『금릉쇄사』와 『요주만록』의 첫 글자를 따서 '금료소초'金蓼小抄라고 이름을 달았다.

---

[1] 조괄은 전국시대 조趙나라 장군이다. 그 아버지 조사趙奢는 아들이 장수가 되면 조나라를 망칠 것이라고 경고했다. 결국 조괄은 진나라 장군 백기白起에게 패하였다.

[2] 『향조필기』에는 『요주한록』蓼州閒錄이라고 되어 있다.

청나라 때의 약탕기와 절구

　내가 살고 있는 연암협 산중에는 의학 서적이 없을 뿐만 아니라 마땅한 약재도 없다. 이질이나 학질에 걸려도 대체로 어림짐작으로 치료를 하였는데, 때때로 우연히 맞아떨어지는 경우도 있었기에, 지금 그 아래에 부록으로 함께 기록하여 보충함으로써 산속에 사는 경험 처방으로 삼는다.
　연암씨 쓰다.

• 송나라 소식蘇軾이 지은 『물류상감지』物類相感志에 의하면, 산속에서 길을 잃을 염려가 있을 때 향충蠁蟲 하나를 손에 쥐고 가면 길을 잃지 않는다고 하였다.

• 송나라 장세남張世南이 지은 『유환기문』遊宦紀聞에,
"송나라 사수沙隨 정형程逈은 신장이 허하고 허리가 아픈 것을 치료하는 처방은 두충杜冲을 술에 담갔다가 불에 구워 말린 뒤에 빻고 체로 걸러 가루를 만들고 무회주無灰酒³에 타서 복용한다."
라고 기록했고 또,
"날것과 찬 것을 먹어 심장이나 비장이 아픈 것을 치료하는 처방은 묵은 산수유 50~60알에 물 한 잔을 넣고 달여서 찌꺼기는 버리고 즙을 취하여 평위산平胃散⁴ 3돈쭝을 넣고 다시 달여서 뜨겁게 하여 복용한다."
라고 했으며 또,
"사수는 항상 임질淋疾을 앓았는데, 날마다 백동과白東瓜⁵를

3 무회주는 다른 것이 섞이지 않은 순주醇酒이다.

4 평위산은 위를 편안하게 하는 약이다.
5 백동과는 동아. 동과라고도 하는데, 박과에 속하는 식물이며 열매를 약용으로 쓴다. 일반적으로 '冬瓜'로 표기한다.

큰 사발로 세 그릇을 먹고 나왔다."
고 하였다.

• 송나라 강휴복江休復[6]의 『강인기잡지』江鄰幾雜志와 송나라 조령치趙令畤의 『후정록』侯鯖錄에 모두 말하기를,
"옛날 약 처방의 1냥兩은 지금의 3냥이다. 수나라 시절에 3냥을 합하여 1냥으로 만들었다."
고 하였다.

• 송나라 원경袁褧의 『풍창소독』楓窓小牘에 기록하기를,
"소동파의 어떤 첩帖에, 발의 질병에는 위령선葳靈仙[7]과 우슬牛膝[8] 두 가지를 가루 내어 꿀로 버무려서 환약을 만들고 공복에 복용하면 신통한 효험을 본다고 했다."
라고 하였다.

• 수종水腫[9]으로 몸이 붓는 병을 치료하는 처방은 논에서 나는 고동(우렁이)과 마늘, 질경이를 함께 갈아서 큰 떡처럼 고약을 만들어 배꼽 위에 붙인다. 복수가 소변으로 나와서 즉시 낫는다.

• 기침을 심하게 하는 해수병咳嗽病을 치료하는 경험 처방은 향연香櫞[10]의 씨를 발라내고 얇게 잘라서 작은 조각을 만들어 청주와 함께 갈아 사기로 만든 약탕관에 넣어서 푹 익힌다. 황혼 무렵부터 익혀서 5경(새벽 4시)을 기한으로 푹 익히고 꿀을 골고루 섞어서 버무려 두었다가 자다가 일어나서는 숟가락으로 저어서 떠먹으면 아주 효과가 있다. 또 남쪽으로 뻗은 연한 뽕나무 가지

---

6 강휴복(1005~1060)은 송나라 학자로, 호는 인기鄰幾이다. 『당의감』唐宜鑒, 『춘추세론』春秋世論, 『문집』 등의 저서가 있었으나, 『강인기잡지』만 남아 있다.

7 위령선은 큰꽃으아리의 뿌리를 한방에서 이르는 말이다. 관절과 진통에 쓰는 약재이다.

8 우슬은 쇠무릎지기의 뿌리로, 약재로 쓴다.

9 혈액의 액체 성분이 혈관벽을 통과하여 신체 조직에 고이는 상태를 말한다.

10 구연枸櫞이라고도 하며 운향과에 속하는 나무의 열매이다. 레몬 비슷한 식물의 열매이다.

향연

를 한 묶음 취하여 가지마다 한 치 정도의 길이로 잘라서 솥 안에 넣고, 물 다섯 사발을 붓고 끓여서 한 사발이 될 정도까지 졸여서, 갈증이 날 때마다 마신다.

• 송나라 효종이 게를 지나치게 많이 먹어서 이질을 앓게 되었다. 엄방어嚴防禦[11]라는 자가 새로 채취한 연뿌리를 잘게 갈아서 뜨거운 술과 함께 복용하게 했더니 과연 나았다.

• 눈에 핏발이 서서 장애를 일으키는 병은 흰 소라 하나를 껍질을 제거하고 황련黃連[12] 가루를 섞어 노지에서 이슬을 하루 맞혔다가 새벽에 취해서 보면 소라 살이 물로 변하는데, 이 물을 눈에 적신다. 그러면 붉은 막이 절로 사라진다.

• 뼈나 생선 가시가 목에 걸리면 개의 침을, 곡식 까끄라기가 목에 걸리면 거위의 침을 각각 목에 부으면 즉시 낫는다.

• 물에 빠져 물을 많이 먹었거나 쇳가루를 삼켰을 때는 오리의 피를 목에 부으면 즉시 차도가 있다.

• 갑자기 귀가 안 들리면 전갈의 독을 제거하여 가루로 만든 후 술에 섞어 귀 안을 적셔 주면 물소리가 들리게 되고 즉시 낫는다.

• 구기자 씨로 기름을 짜서 등불을 켜고 책을 읽으면 시력이 더욱 좋아진다.

---

11 엄방어는 송나라 항주 출신의 명의이다. 효종의 이질을 치료한 공로로 어의가 사용하는 금저구金杵臼를 하사받았고, 그 집을 '금저구 엄방어 집'이라고 불렸다. 『선창야화』船窓夜話에 나오는 내용이다.
12 황련은 깽깽이풀의 뿌리로, 약재로 쓴다.

13 외톨박이밤은 알이 하나만 들어 있는 밤송이를 말한다.

• 금속 연장에 의해 상처가 생기면 외톨박이 큰 밤¹³ 말린 것을 갈아서 환부에 붙이면 곧 낫는다.

• 목구멍에 난 종기와 편도선에 난 염증 치료에는, 하마의蝦蟆衣¹⁴와 봉미초鳳尾草¹⁵를 잘게 갈아서 소금에 절인 상매육霜梅肉에 넣고, 술을 달여서 각기 조금씩 섞고, 다시 갈아서 고운 베로 즙을 짜내어 거위의 깃털에 찍어서 환부를 닦아 주면 가래를 토하고 즉시 염증이 가라앉는다.

14 하마의는 부이茉苢의 속칭이고, 차전초車前草라고 한다. 우리말로 질경이 또는 빼뿌쟁이라고 한다.
15 봉미초는 고사리과에 속한 풀로, 봉의꼬리라고 한다.

16 당귀는 승검초의 뿌리로, 보혈 작용을 한다.
17 황벽피는 황경나무 껍질이다.
18 강활은 강호리 뿌리로, 목·허리·팔다리 통증에 쓴다.

• 악창이나 독한 종기가 처음 났을 때는 당귀當歸,¹⁶ 황벽피黃蘗皮,¹⁷ 강활羌活¹⁸을 잘게 분말을 만들고 인동초忍冬草를 날것으로 즙을 내어 서로 섞어 종기의 사방에 붙이면, 저절로 독기를 빨아들이고 모이게 하여 작은 돌기가 생겼다가 즉시 터진다. 절대로 종기 위에 함께 붙여서는 안 된다.

• 『향조필기』에 말하기를,
"송나라 때 항주杭州 경산사徑山寺의 농원을 관리하는 중이 채소밭을 지나다가 뱀에게 다리를 물렸다. 한 다리가 문드러졌고 의원을 불러 많은 돈을 썼으나 치료가 되지 않았다. 때마침 참선 공부하는 어떤 떠돌이 중이 그를 치료하였다. 먼저 깨끗한 물을 길어서 상처 난 부위를 씻어 내는데, 물을 몇 말을 바꾸어 가며 썩은 농과 살이 다 제거될 때까지 씻어 냈다. 상처 위에 흰 힘줄이 나타나자, 연한 비단으로 누르고 가루약을 골고루 섞어서 발랐더니 상처에서 더러운 진물이 샘처럼 솟아났다. 다음 날에도 깨끗하게 씻고 약을 처음처럼 발랐다. 이렇게 한 달을 하고 나니 독이다 제거되고 새살이 돋아나 옛 모습을 회복하게 되었다. 그 처방은 곧 향백지香白芷[19]를 분말로 만들고, 오리 주둥이 빛깔의 최상품 담반膽礬,[20] 사향麝香[21]을 각기 조금씩 넣어서 만든 것이다. 이 이야기는 송나라 방원영龐元英이 지은 『담수』談藪에 나온다." 라고 하였다.

- 여자가 생리 기간이 아닌데도 갑자기 하혈을 무너지듯 많이 하면 당귀 1냥, 형개荊芥[22] 1냥, 술 1종지, 물 1종지를 넣고 달여서 복용하면 곧 그친다.

- 무주撫州 출신의 상인이 이질을 앓아서 대단히 위중했다. 태학생으로 있던 예倪 아무개가 당귀 가루와 아위阿魏[23] 뿌리로 환을 만들고, 팔팔 끓인 물로 삼키게 하였다. 세 번 복용하여 나았다.

- 이질을 치료하는 또 다른 처방은 황화지정黃花地丁, 즉 민들레를 찧어서 나오는 즙을 취하여 술 한 잔 분량에 꿀 조금을 섞어서 복용하면 신통한 효험을 본다.

- 습담종통濕痰腫痛, 즉 습기가 몸 안에 오래 있어서 생기는 담 때문에 몸이 붓는 통증으로 걸을 수 없는 병에는 희렴초豨薟草,[24] 수홍화水紅花,[25] 무 꽃, 흰 봉선화, 수룡골水龍骨,[26] 화초花椒,[27] 괴조槐條,[28] 창출蒼朮,[29] 금은화, 감초甘草 등의 열 가지 약재를 넣고 끓여서 그 수증기로 환부를 쪼이고 끓인 물이 약간 따스해지면 환부를 씻는다.

19 향백지는 구릿대 뿌리로, 두통·요통의 약재로 쓴다.
20 담반은 약으로 사용하는 황산동銅을 이른다.
21 사향은 사향노루 수컷의 배꼽 가까이에서 나는 가루를 이른다.
22 형개는 명아줏과의 한해살이 풀로 정가라고도 하는데 잎과 줄기는 피를 맑게 한다.
23 아위는 미나리과에 속한 풀이다.
24 희렴초는 노란 꽃이 피는 국화과의 1년생 풀이며, 진드기처럼 잘 달라붙는 성질 때문에 진득찰이라고 부른다.
25 수홍화는 들쭉나무이다.
26 수룡골은 양치류에 속한 은화식물隱花植物의 한 종류이다.
27 화초는 분디나무의 열매이다.
28 괴목나무의 가지.
29 삽주의 뿌리로 아직 둥글게 속이 차지 않은 것을 말한다.

30 오약은 천태 뿌리로, 약재로 사용한다.
31 천문동은 백합과의 여러해살이풀로, 그 뿌리를 약재로 쓴다.
32 망초는 황산나트륨으로 변비나 체증에 쓴다.

• 소장의 장신경통에는 오약烏藥³⁰ 6돈쭝과 천문동天門冬³¹ 5돈쭝을 맹물에 달여서 복용하면 신통한 효험을 본다.

• 소변이 막혀 잘 통하지 않을 때는 망초芒硝³² 1돈쭝을 잘게 갈아 용안육龍眼肉으로 싸서 잘근잘근 씹어서 넘기면 곧 낫는다.

• 혹을 치료하는 처방은 대나무로 혹의 피부 껍질을 피가 나지 않도록 가만가만 벗겨 내고, 구리에 슨 푸른 녹 조금을 곱게 빻아서, 혹의 벗겨 낸 부위에 뿌리고 고약을 붙인다.

33 토별은 왕바퀴과에 곤충의 한 종류이다.
34 반양돈은 청동으로 만든 동전의 한 종류이다.
35 유향은 유향나무의 줄기에 홈을 내어 나오는 즙을 말려서 만든 약재이다.
36 몰약은 좀나무의 줄기에서 나오는 즙액을 건조시켜 만든 약재이다.
37 채과자인은 참외 씨를 말한다.

• 부러진 뼈를 접골하는 처방은, 갓 구운 기와에 말린 토별土鱉,³³ 반양돈(半兩錢),³⁴ 식초에 7번 담금질한 자연동自然銅, 유향乳香,³⁵ 몰약沒藥,³⁶ 채과자인菜瓜子仁³⁷ 등을 각각 같은 분량으로 섞어 곱게 가루를 내어 한 번 복용할 때마다 한 푼 반 냥쭝씩 술에 타서 먹는다. 부러진 뼈가 몸의 상체에 있는 뼈일 때는 식후에 복용하고, 하체에 있는 뼈일 때는 공복에 먹는다.

• 온역瘟疫, 즉 급성전염병으로 머리와 얼굴이 부을 때의 처방은 금은화 2냥쭝을 푹 달여서 한 잔 복용하면 붓기가 곧 빠진다.

• 바늘을 삼켜서 뱃속에 있을 때는 상수리나무 숯가루 3돈쭝을 우물물에 타서 복용하여 내려가게 한다. 또 다른 처방은 자석을 항문 밖에 두어서 당겨 내리게 한다.

38 꿀풀과에 속하는 1년생 풀로, 꽃이삭이 달린 가지와 줄기를 말린 것을 형개 혹은 가소假蘇라고 부른다.

• 형개荊芥³⁸ 이삭을 가루로 만들어 술에 타서 3돈쭝을 먹이면

중풍이 즉시 낫는다.

• 주마감走馬疳[39]을 치료하는 데는 조금 작은 꼬막(와롱자瓦壟子)을(새꼬막보다 조금 작고 소금이나 간장으로 절이지 않은 것 — 원주) 내장을 제거하지 않은 채 약성이 남게 불에 살라서, 찬 땅에 두고 잔 뚜껑으로 덮어서 식기를 기다렸다가 꺼내어 가루로 만들어서 환부에 붙인다. 또 한 가지 처방은 말발굽을 태운 재에 소금을 약간 섞어서 환부에 바른다.

[39] 주마감은 천연두를 앓은 후에 생기는 병. 입과 잇몸이 헐고 피가 나며 악취가 나고, 심하면 이가 꺼멓게 변하여 빠지기도 한다.

• 어린아이가 천연두나 홍역으로 살이 검게 함몰될 때는 침향沈香,[40] 유향乳香,[41] 단향檀香[42]을 양에 구애받지 말고 질그릇 안에 넣고, 불을 질러 연기를 내고, 어린아이를 안아서 그 연기를 쪼이면 꺼졌던 부분이 즉시 다시 살아난다.

[40] 침향은 팥꽃나무과의 상록교목으로, 그 나무의 진은 향료로 쓰고 목재는 약재로 쓴다.
[41] 유향은 향기가 나는 한약재의 나무로 우리나라에는 생산되지 않는다. 『동의보감』에 풍수와 독종 치료에 쓴다고 하였다.
[42] 단향은 자단, 백단 등의 향나무를 통칭하는 말이다.

• 악창을 치료하는 처방은 동아冬瓜 하나를 반으로 잘라서 먼저 그 하나를 악창 위에 덮어서 동과에 열이 나기를 기다렸다가 열이 나면 떼어 내서 깎아 내고 다시 붙여서 열이 식으면 이에 그치게 하는 방법이다. 또 다른 처방은 마늘을 이겨서 떡 모양으로 만들어 악창 위에 붙이고 뜸을 뜬다. 통증이 없을 때는 통증이 생길 때까지 뜸을 뜨고, 통증이 있을 때는 아프지 않을 때까지 뜨다가 즉시 멈춘다.

동아冬瓜

• 어린아이의 귀 뒤에 종기가 나면 신감腎疳이다. 젖이나 음식 조절을 잘못하여 발열로 머리는 뜨거우나 다리는 차고 설사, 식욕 부진 따위의 증상이 신감이니, 지골피地骨皮[43]를 가루로 만들

[43] 구기자나무의 껍질을 말한다. 구기자나무는 우리말로 괴좆나무라고 부른다.

어 굵은 가루는 뜨거운 물에 넣어서 환부를 씻기고, 가는 가루는 참기름을 섞어서 환부에 바른다.

• 중국 광동, 광서, 운남, 귀주 등에는 독충毒蟲이 많은데, 식후에 당귀를 잘근잘근 씹으면 즉시 해독된다.

• 섭포주葉蒲州의 「남암전」南巖傳에는 칼에 찔린 상처를 치료하는 약방문이 소개되어 있다. 단오일에 부추를 취하여 찧어서 즙을 내고, 석회를 섞어 절구질을 하여, 이를 익혀서 떡을 만들어 상처 난 부위에 펴서 덮으면 피가 곧 멎고, 뼈가 부서진 것도 다시 붙게 되어 기이한 효험을 본다고 하였다.

• 의이薏苡(율무)는 일명 간주䊷珠라고도 한다.

• 송나라 주밀周密이 지은 『계신잡지』癸辛雜志[44]에 이르기를,
"선배들이 전해 오길 목구멍이 막힐 때는 장대산帳帶散[45]에 오직 백반 한 가지의 단방약을 쓴다고 했지만 혹 효험이 없을 수도 있다. 남포南浦의 한 늙은 의원이 가르치기를, '오리 주둥이 빛깔의 최상품 담반膽礬을 잘게 갈아 진한 식초와 섞어서 목에 붓는다'고 했다. 선친의 부하 중 늙은 병사의 아내가 이 병을 앓아서 거의 다 죽게 되었는데, 그 방법을 썼더니 약이 목구멍에 내려가자마자 빽빽한 가래를 몇 되를 크게 토하고 곧 나았다."
고 했고 또,
"눈에 장애가 생기는 병은 웅담 조금을 깨끗한 물에 개어서 근막筋膜과 먼지를 씻어 내고, 빙뇌氷腦[46] 한두 조각을 쓴다. 가려

---

44 여기 『계신잡지』는 『제동야어』齊東野語의 오류이다. 연암이 인용한 『향조필기』 자체의 오류인 것이다. 『제동야어』는 송나라 말기의 주밀(1232~1298)이 지은 필기류의 책이다. 주밀은 자가 공근公謹 호가 초창草窓이다.

45 백반을 철판 위에 가열하고 파두巴豆를 넣어 볶은 뒤에 파두를 제거하고 곱게 갈은 분말을 장대산 혹은 제생장대산濟生帳帶散, 통추산通簉散이라고 한다.

46 빙뇌는 용뇌향이라고 하는데, 용뇌나무에서 생기는 무색 투명의 향기 있는 결정체로, 방충제로 쓴다.

우면 생강가루 약간을 더해 때때로 은으로 된 젓가락으로 찍어서 떨어뜨리면 기이한 효험을 보게 된다. 충혈된 눈에도 쓸 수 있다."
고 했다.[47]

• 청나라 주량공周亮工의 『민소기』閩小記에 말하기를,
"연와燕窩, 곧 금사연金絲燕의 제비집은 검은색, 흰색, 붉은색 세 가지가 있는데, 붉은색 제비집이 가장 구하기 어렵다. 흰색 제비집은 담질환을 치료하고, 붉은색 제비집은 어린아이의 천연두(마마)에 유익하다."
고 했다.

• 당 태종이 이질을 앓았는데, 여러 의원이 치료를 해도 효험을 보지 못했다. 금오위金吾衛의 장사長史 벼슬을 하는 장보장張寶藏이 처방을 올리기를, 젖으로 필발蓽茇[48]을 달여서 복용하라고 했는데, 곧 차도가 있었다.

• 공근公謹 주밀周密이 『제동야어』에 서술하기를,
괄창括蒼[49] 지방의 진파陳坡[50]가 말하기를, 두창痘瘡으로 얼굴색이 검어진 상태에서 증상이 더 악화되지 않고 멈추거나, 입술이 얼음장처럼 차게 되는 처방에 개이파리[51] 일곱 마리를 찧고 잘게 부수어 막걸리에 조금 타서 먹였다. 잠시 뒤에 얼굴색이 붉어지고 윤기가 나서 예전처럼 회복된다고 하였다. 개이파리는 여름에는 아주 많아서 쉽게 구할 수 있으나 겨울철에는 개이파리가 개의 귓속에 숨어 있다."

47 이 단락은 『향조필기』의 내용을 그대로 전재한 것인데, 『계신잡지』에 이 내용이 없는 것으로 보아서 『향조필기』의 저자인 왕사정에게 착오가 있었던 것으로 보인다. 『제동야어』에 같은 내용이 있는 것으로 보아 『계신잡지』는 『제동야어』의 오류이다.

48 필발은 후추과에 속하는 풀로, 열매는 약재로 쓴다.

49 괄창은 지명으로 절강성 동남쪽에 있는 현縣이다.
50 미상이다.
51 개이파리는 이파릿과의 작은 곤충으로, 개에 기생하며 피를 빨아먹고 산다.

고 했다.

• 두창痘瘡의 독이 겉으로 치받고 속으로 장애가 생기는 병을 치료하는 처방은 뱀 허물 하나를 깨끗하게 씻은 뒤 다시 바짝 말려서 천화분天花粉[52] 동일한 분량을 섞어 곱게 갈고, 양의 간을 취하여 속을 갈라서 그 안에 약을 넣고 삼 껍질로 단단히 묶어 뜨물에 찐 다음에 잘라서 먹는다. 열흘이 되면 즉시 쾌유된다.

52 천화분은 하눌타리 뿌리를 말려서 만든 가루로, 해열 작용을 한다.

• 갑자기 더위를 먹어 숨이 막힐 때는 마늘 한 줌과 길 위에서 뜨겁게 달궈진 흙을 섞어 문드러지게 갈고, 새로 길은 물에 타서 찌꺼기는 걸러 내고 그 물을 목에 부으면 즉시 회생한다. 송나라 섭몽득葉夢得의 『피서록』避暑錄에 나온다.

• 단풍나무에 생기는 버섯을 먹으면 웃음이 그치지 않는 병이 생긴다. 화양은거華陽隱居 도홍경陶弘景의 『본초주』本草注에 의하면, 땅을 파고 냉수를 부어서 휘저어 흙탕물을 만들었다가 잠시 뒤에 이를 떠서 마시게 한다. 이를 지장수地漿水라고 하는데, 여러 가지 버섯의 독을 치료할 수 있다.

• 『향조필기』에 말하기를,
"황생黃生 아무개는 여주廬州 사람인데, 우리 고을에 유람을 와서 우연히 의학 서적에도 나오지 않는 민간요법을 가지고 병을 치료했는데, 모두 효험이 있었다. 그중 세 가지만 적어 본다.
뱃속이 막히고 결리는 병에는 껍질을 제거한 큰 피마자 150개를 준비하고 괴목나무 가지 일곱 마디와 참기름 반 근을 같이 기름 안에 담가서 사흘 밤낮을 눌어붙을 정도로 졸여서 찌꺼기를 버리고, 여기에 비단飛丹[53] 4냥을 넣어서 고약을 만들고, 다시 우물 속에 사흘 밤낮을 담갔다가 꺼내서 피초皮硝[54] 녹인 물로 먼저 환부를 씻어 내고 이 고약을 붙인다.

치질에는 변을 본 뒤에 감초 끓인 물로 뒷물을 하고, 오배자五倍子[55]와 여지초荔枝草[56] 두 가지를 사기 냄비에 넣어서 달인 후 이 물로 뒷물을 한다. 여지초는 일명 나하마초癩蝦蟆草로, 사철 내내 있으며 잎의 앞면은 푸르고 뒷면은 희며, 삼베 무늬가 죽 늘어져 있으며 특이한 냄새가 난다.

여자가 생리 기간이 아닌데도 하혈을 많이 하는 병은 저종초猪鬃草[57] 4냥과 동변童便[58] 청주를 각각 한 종지씩 넣고 한 종지가 되도록 달여서 따뜻하게 하여 복용한다. 저종초는 마치 사초莎草(향부자)처럼 생겼고 잎은 둥근데, 깨끗하게 씻어서 사용한다."고 하였다.

• 송나라 개보介甫 왕안석王安石은 항시 편두통을 앓았다. 신종 황제가 궁중의 비방을 하사했는데, 새로 나온 무를 취하여 즙을 내고, 생 용뇌수龍腦樹[59]를 조금 넣어서 골고루 섞어 짜낸 뒤에 그 액을 머리를 쳐들고 콧구멍 안으로 떨어뜨린다. 머리 왼쪽이 아플 때는 오른쪽 콧구멍에, 오른쪽이 아플 때는 왼쪽 콧구멍에 넣는다.

• 원앙초鴛鴦草는 등나무처럼 넝쿨로 뻗어 나가며 자라고 황색과 백색의 꽃이 마주 보고 피는데, 이는 등창 같은 악성 종기에 더욱 오묘한 효험이 있다. 복용하기도 하고 환부에 붙일 수도 있

53 비단은 도가에서 사용하는 단약의 일종이다.
54 피초는 유산 소다이다.

55 오배자는 오배자 벌레로 인해 붉나무에 생기는 기생물이다.
56 여지초는 곰보배추라는 약용 풀로, 꽃 모양이 입을 벌린 뱀처럼 보인다고 해서 뱀암차즈기라고도 한다.

57 다년생 상록초본으로 봉작고사리라고 부르는 음지 식물이다.
58 동변은 열두 살 이하의 사내아이의 오줌으로, 두통·학질·골절상 등에 쓴다.

59 용뇌수는 인도, 수마트라 등지에서 자라는 상록 교목이다. 줄기의 갈라진 틈에서 용뇌향을 채취하는데 약재로 사용한다.

원앙초(인동초)

60 심괄(1031~1095)은 북송 때의 정치가, 과학자이다. 자는 존중이고 호는 몽계장인夢溪丈人이다. 저서에 『몽계필담』夢溪筆談, 『양방』良方 등이 있다.
61 왕상진(1561~1653)은 명나라 때 관리, 문인, 농학자이며 의학에도 통달했다. 『군방보』 이외에도 『사한당집』賜閑堂集 등 수많은 저술을 남겼다.
62 사조제(1567~1624)는 명나라 때의 시인이며 박물학자이다. 자는 재항 호는 무림武林이다. 저서에 『문해피사』, 『오잡조』五雜組 등이 있다. 『오잡조』는 박물학의 저작이다.
63 황룡욕수는 황룡이 목욕한 물이라는 말인데, 구체적인 의미는 미상이다. 똥에 고인 맑은 물이라는 의미로 보기도 한다.
64 패모는 백합과에 속하는 다년초로, 관상용과 약용으로 재배한다.

다. 송나라 존중存中 심괄沈括[60]이 지은 『양방』良方에 실린 금은화金銀花가 이것인데, 노옹수老翁鬚라고도 한다. 『본초』에는 이를 인동忍冬이라 이름했고, 명나라 왕상진王象晉[61]이 지은 『군방보』群芳譜에는 노사등鷺鷥藤 혹은 금차골金釵骨이라고 했다.

• 명나라 재항在杭 사조제謝肇淛[62]의 『문해피사』文海披沙에,
"포유류의 피부에 생기는 기생충 병에는 황룡욕수黃龍浴水[63]로 치료하고, 말을 할 때 목구멍에서 어떤 것이 소리를 내는 증상에는 대나무 뿌리에 기생하는 버섯인 뇌환雷丸이나 쪽(藍)으로 치료하고, 폐를 갉아먹는 계통의 벌레는 수달의 발톱으로 치료하며, 횡격막을 갉아먹는 기생충은 쪽의 즙으로 치료하고, 무릎이나 팔뚝에 나는 사람 얼굴 모양의 종기에는 패모貝母[64]로 치료한다."
고 하였다.

• 호북성 무창武昌의 소남문小南門에 있는 헌화사獻花寺라는 절에 자구自究라 불리는 늙은 중이 있었는데, 음식이 목구멍에 걸리는 병에 걸렸다. 그는 임종 때 자기 문도들에게, "내가 불행하게도 이 병에 걸린 것이 필시 가슴 사이에 무슨 물건이 얹힌 것이 빌미가 되었을 게다. 내가 죽은 뒤에 가슴을 갈라 살펴본 뒤에 염을 하고 입관을 하도록 해라"라고 유언을 하였다. 그 문도들이 시키는 대로 하였더니, 과연 비녀처럼 생긴 뼈 하나가 나왔다. 그 뼈를 가져다가 불경 공부하는 경상經床 위에 두었다.

오랜 뒤에 군대의 장수가 절에 와서 그 방을 빌려 우거하게 되었다. 어느 날 그 시종이 거위를 잡는데 거위의 목이 잘 끊어지지 않았다. 우연히 책상 위에 있던 그 뼈를 발견하고는 그 뼈로 거위

의 목을 땄다. 거위의 피를 그 뼈에 뿌리자 뼈가 즉시 녹아 버렸다.

뒷날 그 문도들 중에 목에 음식이 걸리는 병을 얻게 되었는데, 전날의 일이 생각나서 거위의 피가 이를 치료할 수 있다는 사실을 깨달아 여러 차례 거위의 피를 마시고는 드디어 병이 나았다. 그래서 그 처방을 널리 전하고, 사람들에게 전수해서 병을 치유하지 못한 사람이 없게 되었다.

• 임산부의 난산에는 살구씨 하나를 껍질을 벗기고 한쪽 변에는 날 일日자를 쓰고, 다른 쪽 변에는 달 월月자를 각각 써서 벌꿀로 붙이고 그 곁에 볶은 꿀을 발라서 환을 만든 다음, 맹물이나 술로 삼킨다. 이 처방은 괴이한 승려에 의해서 전해진 것이라고 한다.

• 당나라 손사막孫思邈[65]의 『천금요방』千金要方에 이르기를,
"인삼은 모름지기 흐르는 물을 사용해서 달여야 한다. 고인 물을 사용하면 효험이 나질 않는다."
고 했다. 『인삼보』人蔘譜에 나온다.

• 『손공담포』孫公談圃[66]에 기록하기를,
"'송나라 노공魯公 증공량曾公亮이 70여 세에 이질을 앓았는데, 고향 사람인 진응지陳應之가 수매화水梅花와 납다수臘茶水를 복용하게 했더니 드디어 나았다'고 했으나, 수매화[67]라는 것이 도대체 무슨 물건인지 알 수 없다."
라고 하였다.

• 『주재』宙載에 이르기를,

---

65 손사막(541~682)은 당나라 때의 저명한 의약학자이고, 도사이다. 약에 정통했기 때문에 후인들이 약왕藥王이라고 불렀다. 저서에 『천금방』, 『천금요방』 등이 있다.

66 『손공담포』는, 송나라 유연세劉延世가 손승孫承의 이야기를 듣고 기록한 책이다.

67 수매화는 사철 푸른 상록의 화훼로, 가지에 수분을 많이 함유하고 꽃은 매화 모양인데 조금 작다.

수매화

"송나라 첨사 벼슬을 하는 장탁張鐸이 '비둘기는 소아들의 감질疳疾, 곧 위장이 나빠져 몸이 야위고 배가 부르는 병을 물리치는 효능을 가지고 있다. 비둘기를 방에 많이 두고 길러, 맑은 새벽에 어린아이로 하여금 방문을 열고 비둘기를 날려 보내게 해서 비둘기의 기운을 얼굴에 쪼이면 감질의 기운이 없어진다'고 말하였다."
라고 하였다.

• 송나라 장사정張師正의 『권유록』倦遊錄에,
"송나라 학자 가헌稼軒 신기질辛棄疾[68]이 아랫배가 붓는 산질疝疾에 걸렸는데, 웬 도인이 율무 알을 해가 뜨는 방향인 동쪽 벽의 황토와 섞어 볶은 뒤 물에 넣고 고아서 고약을 만들어 이를 복용하라고 가르쳐 주었다. 가헌이 여러 차례 복용을 하고는 즉시 붓기가 가라앉았다. 사수沙隨 정형程迥도 이 병을 앓았는데, 가헌이 처방을 일러 주어서 역시 효험을 보았다."
고 하였다.

• 송나라 방원영龐元英이 지은 『문창잡록』文昌雜錄에 이르기를,
"정주鼎州[69]의 통판通判 벼슬을 하는 유응진柳應辰이 목에 생선 가시가 걸린 것을 치료하는 처방을 알려 왔다. '역류하는 물을 반 잔 정도 떠서, 환자에게 증상을 물어 그가 답하게 한다. 그러고 나서 환자에게 물의 기운을 입안으로 흡입하게 해서 동쪽을 향하여 원元·형亨·이利·정貞을 일곱 번 암송하게 한다. 들이마신 기운을 물에 불어 넣고, 그 물을 조금 마시면 즉시 차도가 생긴다'고 했다."

68 신기질(1140~1207)은 농촌의 풍광과 생활 현실을 묘사한 사詞 작품을 많이 지었다.

69 정주는 호남성에 있는 지명이다.

고 하였다.

• 뱃멀미 치료에는 노와 배가 맞닿아서 삐걱거리는 부분의 나무를 조금 긁어내서 큰 배의 바닥에 붙은 진흙과 키잡이 뱃사공의 손바닥에 묻은 때를 섞어 환을 만들어 뜨거운 소금물에 세 알을 복용하면 신통한 효험이 생긴다.

부록

• 얼굴에 나는 수지水痣는 속칭 무사마귀라고 하는데, 치료 방법은 가을 바닷물로 씻으면 곧 가라앉아 흔적이 없어진다. 나의 종제從弟 이중履中 박수원朴綏源[70]이 여덟아홉 살 무렵, 온 얼굴에 수지가 돋아서 백약이 무효였다. 어씨魚氏 성을 가진 늙은 의원이 음력 8~9월의 바닷물로 씻으라고 가르쳐 주기에 몇 차례 씻었더니 즉시 효험을 보았다.

• 내가 열한두 살 때 온 얼굴에 쥐젖[71]이 생겼다. 특히 속눈썹 부위와 귓바퀴가 더욱 심해, 닥지닥지 붙은 것이 마치 밥알이 들러붙은 것 같았다. 거울을 볼 때마다 잔뜩 신경질이 나기도 하고 울기도 하였으나, 온갖 처방으로도 효험을 보지 못했다. 그때가 바야흐로 봄과 여름철인지라 가을 바닷물을 기다리기 어려웠다. 소금을 얻기 위해 바닷물을 가두어 둔 웅덩이의 물거품을 걷어다가 물을 섞어 여러 차례 씻었더니 저절로 없어져 신통하게 효험을 보았다. 내가 널리 그 방법을 전하여 효험을 거두지 않은 사람

[70] 박수원(1722~1787)은 박지원의 삼종제三從弟 곧 8촌 동생이다. 자가 이중履中이며 1774년 진사시에 합격하고, 선산 부사, 공주 판관 등을 지냈다.

[71] 쥐젖은 살가죽에 생기는 젖꼭지 모양의 갸름하고 작은 사마귀이다.

이 없었다.

• 왕곡정王鵠汀의 하인으로 악씨鄂氏 성을 가진 사람은 나이가 스물하나이고 얼굴이 잘생겼는데, 이질을 한창 앓고 있어서 그 고통이 아주 심했다. 곡정이 우리나라 태의太醫에게 물어서 비방을 가르쳐 달라고 청하기에 내가,

"이건 태의에게 물어볼 것도 없습니다. 축축한 땅을 파서 지렁이 수십 마리를 잡아 백비탕(끓인 맹물)에 넣었다가 꺼내서 즙을 내고, 가슴이 답답하고 갈증이 날 때마다 이 물을 많이 마시면 응당 효험이 있을 겁니다."

라고 했더니, 곡정이 당장 시험을 하여 즉시 차도를 보았다.

• 목생穆生이란 자가 바야흐로 학질을 앓고 있어서, 곡정이 그를 데리고 와서 내게 보이며 처방을 요청했다. 내가 이슬을 맞힌 생강즙을 먹으라고 이야기해 주었더니, 목생은 고맙다며 인사하고 갔다. 다음 날 북경으로 돌아가야 하는 일정 때문에 그가 일러 준 처방을 시험하여 효험을 거두었는지 모르겠다.

대개 이슬 맞힌 생강즙은 학질을 치료하기에 좋은 처방이다. 날생강 한 쪽을 갈아서 즙을 내어 하룻밤을 노지에서 이슬을 맞히고, 동이 트기 전에 동쪽을 향해 앉아 마시면 된다. 여러 번 시험해 보았으나, 모두 효험을 보았다.

• 만리장성 밖 고북구古北口에는 혹이 달린 사람이 많았으며, 특히 여자가 더 심했다. 나는 곡정에게 혹을 없애는 한 가지 처방을 일러 주었다. "그 혹이 만약 살가죽 속에 뭉쳐서 생긴 멍울인

담핵痰核이라면, 매번 밥을 먹을 때마다 먼저 밥 한 숟가락을 떠내어 손바닥 안에 두고서 동글동글 뭉치고, 밥을 다 먹은 다음에 손바닥 안의 밥에 소금을 조금 넣어서 엄지손가락으로 무르녹을 정도로 으깨어 혹에 붙이도록 하십시오. 오래오래 붙이고 있으면 혹은 절로 없어집니다. 밥은 찰기가 없는 멥쌀밥을 사용합니다."

• 해산을 촉진하는 데는 피마자 한 개를 찧어서 발바닥 가운데 용천혈에 붙이면 순산하게 된다. 해산을 한 후에 반드시 즉시 떼어야 한다. 만약 잊어버리고 즉시 떼지 않으면 대하증이 생길 수도 있다.

• 양기를 돋우는 데는 가을 잠자리를 잡아 머리와 다리, 날개를 떼어 버리고 아주 곱게 갈아서 쌀뜨물에 반죽하여 환을 만들어 먹는다. 세 홉을 먹으면 자식을 생산할 수 있고, 한 되를 먹으면 노인도 능히 젊은 여자로 하여금 아양을 떨게 만들 수 있다.

이상의 처방을 써서 왕곡정에게 주었다.

〈보유편 I〉

양매죽사가에서 쓴 시화

양매시화
楊梅詩話

◉ — 양매시화

양매는 양매죽사가를 지칭하는 말이다. 양매죽사가는 북경의 유리창 부근에 있으며 서점과 상가가 많은 문화 거리이다. 연암은 이곳 소재의 서점인 육일재六一齋, 약방 백고약포白膏藥鋪 등에서 여러 명의 중국인들과 만나서 필담을 하였다. 당시에 이루어진 필담을 정리한 책이 「양매시화」인데, 그 동안 『열하일기』에는 빠져 있었다. 애초에는 연암 자신이 『열하일기』에 편입시키려 했던 초기의 필사본이었는데, 내용상 여러 가지 문제가 있어서 최종적으로 편입시키지 않은 것으로 보인다. 연암의 글이 아닌 것이 많이 포함된 것 등이 그러한 이유일 것이다. 그러나 최근 영인 공개된 책자이고, 또 일부의 내용은 중요한 자료적 가치가 있기 때문에 그 일부를 번역하여 보유편에 수록한다. 책은 서문과 33개 단락의 본문으로 구성되어 있지만, 그중에서 연암의 글이 아닌 것은 번역에서 제외하였다. 예컨대 중국책(고염무의 『일지록』)에서 그대로 전재한 것은 제외하였다. 또 배시황의 『북정일록』에 관한 자료 두 편과 강세작의 「자술」自述 등은 연암이 참고 자료로 베껴 둔 것인데, 자료적 가치는 있지만 명백하게 연암의 글이 아니므로 번역에서 제외하였다.

머리말
「양매시화서」楊梅詩話序

내가 황포黃圃 유세기兪世琦를 유리창 안에서 처음 만났는데, 그의 자는 식한式韓이며 과거 시험을 준비하는 거인擧人이었다. 그 뒤 열하에서 북경에 돌아오자 즉시 황포와 양매서가楊梅書街에서 만나 이야기하자고 약속하였고, 무릇 일곱 차례를 만났다. 황포는 중국의 명사들을 많이 이끌고 나왔으니 거인 능야凌野, 태사太史 고역생高棫生, 한림翰林 초팽령初彭齡, 한림 왕성王晟, 거인 풍병건馮秉健 등이었다. 모두 재주가 높고 맑은 운치를 가진 인물들로, 글 한 자 말 한 마디라도 모두 입에서 향기롭지 않은 것이 없었다.

그러나 필담했던 대부분의 초고는 여러 명사들이 빼앗아 갔다. 돌아올 때 행장을 점검하여 보니 10분의 3, 4 정도가 겨우 남았는데, 더러는 취한 뒤에 어지럽게 쓴 글씨이거나 또는 어둑한 저녁 햇살에 쫓겨 갈겨서 쓴 필적이었다. 비유하자면 여산廬山이 새벽 구름에 가려져 그 진면목을 찾기 어렵고, 술사術士 소옹少翁이 장막을 쳐 놓자 왕부인王婦人이 차고 있던 옥의 소리가 어렴풋하게 들리는 것 같아서 그 실체가 잡히지 않았다.¹ 연암협 엄화계罨畫溪에서 틈나는 날에 여러 날을 뒤적거려서야 비로소 그 차례를 정할 수 있었다.

아아! 당시를 상상해 보건대, 나 홀로 붉은 난간에 기대서 여러 손님들이 오는 것을 눈여겨보았더니 말과 수레가 앞뒤로 잇달아 왔고 즉시 만남의 자리를 열어서 흉금을 터놓고 농담을 주고받았다. 그 일들이 마치 눈에 뵈는 듯 선하다. 이야기가 부슬부슬 가랑비가 오듯 분분하며 우담발화優曇鉢花가 꽃을 피운 것처럼 만발하였다가 어지럽게 지나가 버렸다. 해가 긴 날에 필담을 하며 붓을 놀리는 팔목이 염려스럽기도 했으나, 인간 세상에 이 기쁨이야말로 어느 날인들 잊힐 수 있으랴?

1 『사기』에 의하면 한무제가 총애하던 왕부인이 죽자, 방술가 소옹은 자신이 방술로 왕부인의 혼백을 밤에 부를 터이니 한무제에게 휘장 안에서 바라보게 하였다. 한무제가 보니 옥소리가 나는 듯 어렴풋하게 여인의 모습을 볼 수 있었으나, 소옹의 만류로 접근해서 볼 수 없었다고 한다.

• 전방표錢芳標(1644~?)의 자는 보분寶汾 다른 자는 보분葆汾이니, 강남江南의 화정華亭 사람이다. 강희 병오년(1666)에 거인擧人으로서 벼슬은 중서사인中書舍人에 이르렀다. 일찍이 지은 「내직잡시」內直雜詩 10수가 있다. 그중에,

붉은 도장 거듭 찍힌 거울처럼 가지런한 종이
한 해 걸러 자주 오는 조선의 표문表文들.
믿지 못하리, 낭미필이 궁벽한 나라의 붓이라니
파리 머리 같은 글씨, 위부인의 글씨체를 찍어 내듯 익숙하네.
丹砂印重鏡箋匀 隔歲朝鮮拜表頻
不信狼毫窮島筆 蠅頭慣搨衛夫人

2 백추지는 다듬이에 두드려 반듯하게 편 종이이다.
3 위부인은 남북조시대 진晉나라의 여성 서예가로 이구李矩의 아내이다. 종요鍾繇에게 글씨를 배웠고, 예서와 해서를 잘 썼으며 왕희지에게 서법을 가르쳤다.
4 『홍무정운』은 명나라 태조 때 악소봉樂韶鳳 등이 왕명을 받아 편찬한 책이다. '홍무정운체'란 이 책에서 사용한 글자체를 말한다.
5 당황련은 중국에서 유래한 황련이다. 황련은 깽깽이풀의 뿌리줄기로 열을 내리는 한약재로 쓴다.
6 육일루는 양매서가에 있는 서점이다.

라 하였다.
중국 사람들은 매양 우리나라 백추지白硾紙²와 낭미필狼尾筆을 시에 자주 언급하였다. 그러나 실제로 우리나라에는 애초에 낭狼(이리)이란 동물이 없으니 어찌 그 꼬리로 붓을 만들 수 있으

라. 보분寶汾이 시에서 일컬은 '경전'鏡箋이란 곧 백추지였으니 종이의 면이 몹시 매끄럽다. 낭미필의 털은 곧 우리나라 사람이 말하는 황모黃毛이다. 황모란 곧 예서禮鼠(족제비)이다. 그러나 국산 족제비는 그 수요를 감당할 수 없고, 국내에서 쓰는 것은 모두 중국의 황모黃毛이지만, 중국 사람은 이를 알지 못한다.

우리나라에서 글자를 쓰는 사자관寫字官은 중엽 이전에는 모두 진晉나라 서법가인 위부인衛夫人[3]의 글씨체를 썼으나, 요즈음에 이르러서는 모두 홍무정운체洪武正韻體[4]를 쓴다.

• 안질은 태생적으로 오는 눈병이 아니고 일시적으로 돌림되는 전염병이다. 당황련唐黃蓮,[5] 담반, 백반, 홍화紅花, 살구씨, 방풍, 당귀 각각 3푼을 진하게 끓여서 찌꺼기를 버리지 말고 따듯하게 하여 여러 차례 씻어내면 신통하게 낫는다. 이 처방은 호주湖州 사람인 육비陸飛가 담헌 홍대용에게 말해 준 것인데, 나는 담헌을 통해서 알게 되었다. 여러 번 시험해 보았더니 모두 효험이 있었다.

육일루六一樓[6]에 모여서 한담을 하는 중에, 거인 능야가 돌림눈병을 앓았는데 내가 그에게 이 처방을 가르쳐 주었다. 그 다음다음 날 다시 만났더니 능야의 안질은 깨끗하게 쾌차하였다. 훌륭한 처방이라고 인사하며 다시 해와 달을 보게 되고 거듭 부모에게 태어났다고 말한다.

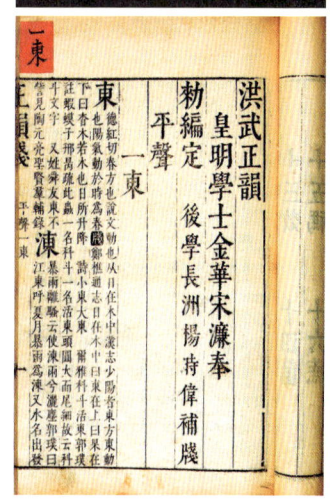

위부인의 필진도筆陣圖(상)
『홍무정운』(하)

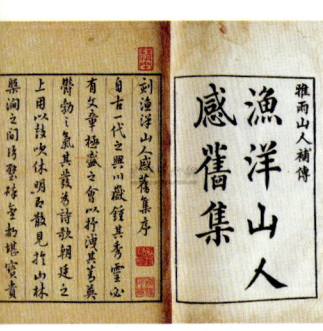

『감구집』

• 중국 사람들이 우리나라의 시문을 뽑아서 책에 실을 때에 대체로 윤색하고 산삭하여 단지 그 이름난 구절만 뽑아서 취하는 경우가 많다. 비유하자면 덩굴 숲이 우거졌는데 아름다운 나무만 줄지어 놓은 것 같고, 흠과 하자를 숨기고 은폐하여 아름다운 의경에만 힘쓰는 것 같다.

그리고 우리의 좋지 않은 풍속에 대해서는 반드시 지적하고, 남의 글 짓는 어려움에 대해서 시로 희롱하거나 희작을 지어서 한때의 이야깃거리나 장난의 여기로 내어 놓는다. 그 사람의 기록한 것을 그대로 보존하려고 하지 않고 반드시 전파해서 성명을 꾸짖고 책망하는 것으로 우쭐거린다. 혹은 이것을 가지고 그 사람의 평생을 평가하려는 경우까지 있으니 참으로 탄식하고 애석한 일이다.

내가 왕사진王士禎이 편집한 『감구집』感舊集을 보았더니 그가 청음 김상헌의 시를 선발한 것에 고치고 잘라 낸 부분이 많았다. 내가 여기에 상세히 기록해 둔다.

청음의 「새벽에 평도를 떠나다」(曉發平島)라는 시가 『감구집』에는,

긴 바람 만 리에 불어 사신 깃발 보내는데
열흘 동안 외로운 돛 열 개의 섬을 지났네.
용궁까지 닿은 물 검푸르러 바닥이 안 보이고
산은 쇠 부리처럼 서렸으나 푸르름이 남았네.
가을 깊은 바닷가엔 기러기 날아오고
새벽녘 하늘에는 떠돌이별 하나 떠 있네.
집이 해 뜨는 곳 가깝기에 동쪽을 바라보니

구름과 노을 쓸쓸하고 바닷물 아득하도다.
長風萬里送行旌 十日孤帆十島經
水到龍堂無底黑 山蟠鐵甕了餘靑
三秋海岸初賓雁 五夜天門一客星
家近扶桑更東望 雲霞寥落水冥冥

라고 되어 있다. (원집7을 살펴보면 끝의 두 구절은 "소동파의 옛 시는 정말 허풍 친 말이고,坡老舊詩眞漫詫 우리네 심사 유독 홀로 맑게 깨어 있네吾人心事獨惺惺"라고 되어 있다.—원주)

7 원집은 『청음집』의 「조천록」을 말한다.

「등주에서 밤에 앉아 딱딱 소리를 듣다」(登州夜坐聞擊柝)라는 시는,

딱딱 딱딱 딱딱이 치는 소리
길고 긴 밤 쉬지 않네.
어떤 사람 날 추운데 옷이 없고
어느 군졸 굶주려도 먹지 못하네.
어찌 친애하는 사람이겠는가?
또한 서로 아는 사이 아니라지만
자연스럽게 동포의 의리가 생기고
내 마음에 측은한 생각이 드네.
擊柝復擊柝 夜長不得息
何人寒無衣 何卒飢不食
豈是親與愛 亦非相知識
自然同胞義 使我心肝惻

라고 되어 있다. (원집을 살펴보면 "어느 군졸 굶주려도 먹지 못하네"何卒飢不食라는 구절 아래에 "모든 사람들 각자 집에서 편히 쉬지만,萬家各安室 홀로 성 위에서 자는구나獨向城上宿"라는 구절이 더 있는데 왕사진은 이 두 구절을 산삭하여 버렸다.—원주)

「등주에서 오 수재의 시를 차운하다」(登州次吳秀才韻)[8]라는 시는,

신녀 모신 작은 사당 엷은 구름 가랑비 내리고
팔월이라 난초 시들고 국화꽃 빼어났네.
끝없는 나그네의 시름을 풀 길 없어
그대의 좋은 시 구절로 그리운 생각 깊어지네.
澹雲微雨小姑祠 菊秀蘭衰八月時
無限旅愁消不得 因君好句重相思

[8] 오 수재는 청천거사晴川居士 오대빈吳大斌을 말한다. 그는 회계會稽 산음山陰 사람으로 평생을 시인으로 방랑하다가 말년에 등주에 기거하였다.

라고 되어 있다. (원집을 살펴보면, 이 시는 본래 4운 율시인데 왕사진이 잘라서 절구로 만들었다. 그 3·4구, 5·6구의 양련에 "직녀가 베틀 고였다던 지기석支機石은 놀던 물가와 가깝고機石近依牛女渚 계수나무 꽃은 광한전의 가지를 낮게 비춘다,桂花低映廣寒枝 외로운 베개에 꿈 깨자 거친 파도 출렁이고夢回孤枕鯨濤撼 먼 허공 바람 흩어져 기러기 줄 어긋나네風散遙空鴈列差"라고 되어 있는 것을 지금 잘라 버린 것이다. 원집에는 '미우'微雨가 '경우'輕雨로 되어 있고, '국수란쇠'菊秀蘭衰가 '가국쇠란'佳菊衰蘭으로 되어 있으며, '인군호구중상사'因君好句重相思가 '희군시구위기리' 喜君詩句慰羈離로 되어 있다.—원주)

또 「등주에서 오 수재의 시를 차운하다」(登州次吳秀才韻)라는 시를,

새벽녘 희미한 달 수성水城의 끝에 걸려 있고
그 누구이런가? 떠날 배에서 역사를 읊고 있는 사람.
동쪽 바다 향하여 돌아갈 길 찾지 않고
도리어 북두칠성 의지하여 중국 땅 바라보는구나.
五更殘月水城頭 詠史何人獨艤舟
不向東溟覓歸路 還依北斗望神州

라고 전재하였고, 「동박삭의 옛 마을」(東方朔故里)이라는 작품을,

한밤중에 열린 임금님 처소에 면류관이 근엄한데
창을 잡은 낭관이 녹구綠鞲 차림으로 달려가네.[9]
이리저리 눈치나 보는 대신들 모두 녹록한데
배우 같은 동박삭 한 사람이 한나라의 법도이네.
夜開宣室儼珠旒 執戟郎官走綠鞲
首鼠轅駒俱碌碌 漢庭綱紀一俳優

[9] 『전한서』前漢書 「동방삭전」에 무신 동언董偃이 푸른 머리띠를 하고 활 깍지를 (녹책부구綠幘傅鞲) 끼고 한무제를 만난 일이 있었다. 녹책부구란 무인이나 천한 사람의 복장을 말한다.

라고 실었다.

「동행한 김 어사의 시에 차운하다」(次同行金御史韻)(원집을 살펴보면 김 어사의 이름은 지수地粹이고 자는 거비去非이다. 중국에 갈 때 서장관이었다.—원주)라는 시는,[10]

[10] 『청음집』에는 제목이 '次去非韻在濟南'으로 되어 있다.

분분한 사람의 일 걸핏하면 서로 켕기게 만드니

	어느 때나 세상 인연 다 끊고 돌아가랴?
11 도혈리는 경기도 양주의 지명으로, 청음 집안의 선산이 있는 고향이다.	띠풀 집과 돌샘 있는 도혈리陶穴里에서[11]
	약 달이고 시집 보며 남은 생애 보내리라.

紛紛人事動相牽 歸去何時了世緣

茅屋石泉陶穴里 藥爐詩卷送殘年

라고 하였다. (원집에는 '귀거'歸去가 '숙채'宿債로 되어 있다.)

「이른 봄」(早春)이라는 시는,

물 맞닿은 성 주변에 아지랑이 피어나고

시각 알리는 소리 차츰 들리나 한낮이라 희미하네.

동풍 불어 어린 향내의 풀 날마다 푸르니

북녘 사람 강남 사람 다들 고향 생각나리라.

水際城邊野馬飛 漸聞宮漏晝閑稀

東風日日蘼蕪綠 塞北江南總憶歸

라고 하였고 또,

	왕여울의 흐르는 물 강 언덕을 감돌고[12]
12 왕여울로 번역한 왕탄王灘은 청음의 고향인 경기도 양주에 있는 강으로, 미호팔경渼湖八景의 하나인 왕숙천王宿川을 가리킨다.	(원집을 살펴보면 '요강애'遠江涯가 '입강타'入江沱로 되어 있다.)
	강가의 솔숲 거기 나의 집이 있어라.
	어젯밤 꿈속에서 검은 돌길을 찾아가니
	산의 앞뒤로 철 이른 매화 피었도다.

王灘流水遠江涯 江上松林是我家

昨夜夢尋烏石路 山前山後早梅花

라고 하였다. 또 6언시 한 수를 두 줄로 써서 기록하기를,

황현黃縣의 성 주변으로 해 떨어지는데
주교역朱橋驛 안에서 중양절 맞이하네.
국화꽃은 의연하게 나그네를 반기건마는
구레나룻 머리칼엔 또 가을 서리 지나간다.
黃縣城邊落日 朱橋驛裏重陽
菊花依然笑客 鬢髮又度秋霜

라고 하였다.[13]

어떤 사람은 말하기를 "『감구집』에 기록된 시는 필시 청음선생이 중국에 갈 때의 원고일 터이고, 귀국 후에 추가로 많이 고쳤기 때문에 원집과 이것은 차이가 있게 된 것이다"라고 하는데, 그런 천박한 견해를 어찌 족히 따질 것인가?

[13] 『감구집』에는 이 시의 제목이 「9일」九日로 되어 있고, 『청음집』에는 「9일 주교역에서 숙박하다」(九日宿朱橋驛)로 되어 있다.

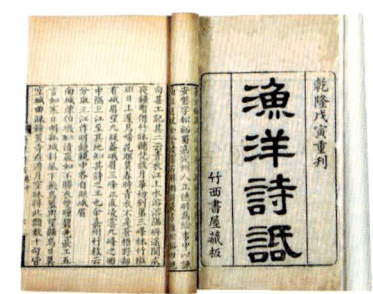

『어양시화』

• 『어양시화』漁洋詩話에 "천계天啓(1621~1627) 연간에 김숙도金叔度(숙도는 김상헌의 자)가 등주에서 들어와 조공을 왔다. 추평鄒平 사람 장충정張忠定 공(살펴보건대 이름은 연등延登이고, 왕사진의 처조부이다.―원주)이 그를 자기의 집에 묵게 하고는 그의 시 1권을 간행하였는데, 아름다운 구절이 제법 많다"라고 하였다.

• 『감구집』 주석에 "강희 기미년(1679) 시위侍衛 낭심狼瞫과 태학생 손치미孫致彌를 파견하여 조선에 가서 시를 채록하게 하였는데, 대저 율시와 절구가 10분의 9가 되고 고시, 가歌와 행行 등의 악부시는 소략하여 그 개략적인 것만 드러내었다"라고 했고, 또 "장화동張華東(화동은 장연등의 호—원주) 공이 김숙도의 『조천록』 1권을 간행하였다"라고 하였다.

• 이름과 자가 많은 옛사람으로는 남궁괄南宮括이란 인물이 으뜸이다. 이름은 설說이고 일명 도縚(韜의 오자)이고, 자는 자용子容이고 또 경숙敬叔이며 또 처보處父로도 일컬어졌다. 우리나라에서 이름과 자가 많기로는 매월당梅月堂 김시습金時習이 으뜸이다. 김시습의 자는 열경悅卿이고 승명僧名은 설잠雪岑이다. 또 동봉東峰이라고 이름하기도 하고, 호는 오세동자五歲童子이다.

• 강인康仁은 형주荊州 사람인데 명나라 가정 36년 정사년(1557) 금주金州의 참장參將으로 발탁되어 몽고를 정벌하는 전쟁에 참전했다가 사망하여 지휘사指揮使로 증직되었다. 유복자 강림康霖은 만력 20년 임진년(1592)에 경략經略 양호楊鎬를 따라서 동으로 조선에 나와서 왜를 정벌하다가 전투 중에 사망하여 도지휘사都指揮使에 증직되었다. 아들 강국태康國泰는 자가 녕우寧宇로 청주淸州의 통판通判 벼슬을 하다가 만력 47년 기미년(1619) 경략 양호를 따라서 건주建州(여진족)를 정벌하다가 전투 중에 사망하였다. 그 아들 강세작康世爵은 자가 자영子榮이다. 웅정필熊廷弼이 양호를 대신하여 경략이 되었는데, 세작을 막하에 불러서 전쟁에서 아비의 복수를 하라고 독려하였다. 웅정필이 죄인으로 잡

혀가고 설국용薛國用이 그 자리를 대신하게 되자 강세작은 또 그 휘하에 예속되었다. 설국용이 패하여 죽자, 세작은 달아나서 봉황성에 이르렀다. 유광한劉光漢과 함께 봉황성을 지키다가 성이 함락되자 동으로 조선에 나왔다. 인조仁祖 을축년(1625) 8월 강계江界에 이르렀다가 몸을 돌려서 북도에 들어갔다. 숙종 을축년(1685)년 회령會寧의 도곤지都昆地에서 84세로 죽었다. 우리나라 여성에게 장가를 들어 만갑萬甲 만령萬齡 두 아들을 두었다. 손자 성훈成勳이 추은推恩[14]하게 되어 강세작은 공조참의로 추증되었다. 세작의 자손이 번성하여 증손 현손이 70여 명에 이르러 관북 지방의 큰 성씨가 되었다. 「강세작전」康世爵傳은 약천藥泉 남구만南九萬과 서계西溪 박세당朴世堂이 지었고, 그의 묘지명은 곤륜昆崙 최창대崔昌大가 지었다. 「강세작전후서」康世爵傳後序는 직재直齋 이기홍李箕洪이 지었다.[15]

[14] 추은은 임금이 신하의 부모에게 관직을 내리는 것을 말한다.

[15] 강세작과 관련된 자료로 홍직필洪直弼의 「초관당강공유허비」楚冠堂康公遺墟碑와 성해응成海應의 「강세작피병기」康世爵避兵記 등이 있고, 강세작 자신이 쓴 「자술」自述이란 글이 가장 방대하고 내용이 소상한데 연암의 「양매시화」에 전재되어 있다. 본서에는 싣지 않는다.

• 어떤 사람이 "상례에서 문상객들에게 연회를 베풀거나 음악을 연주하여 시신을 기쁘게 하는 풍속이 언제부터 시작되었냐"고 묻기에, "국사를 살펴보면 그것은 몽고의 남긴 풍속일 것이다. 명나라 홍무洪武(1368~1398) 초년에 어사御史 고원간高原侃이 이를 금지하기를 청했고, 홍치弘治(1488~1505) 연간에 주사主事 진강陳江이 금지하기를 청하여서 모두 조서를 내려 그렇게 시행하라고 반포했으나 지금까지 답습하고 있다. 어질고 훌륭한 임금의 300년 정치 교화로도 마침내 몽고의 남긴 풍속을 바꾸지 못하고 있다"고 하였다.

오중吳中(강소성 일대)의 부자들은 사람이 죽으면 폐백을 중하게 하고 귀빈들을 초빙하는 것이 부모를 영광되게 만든다고 말한다.

많은 백성들은 초빈을 하고 아직 성복을 하지 않았으면 재를 지내거나 손님을 대접하지 않는다.

칠칠재七七齋라고 하는 49재는 불교의 행사이다. 초재(첫7일)에서 막재(일곱 번째 7일)에 이르기까지 참회를 한다. 살풀이는 무속의 일이다. 불교는 49재를 통해 명복을 빌고, 무속은 살풀이로 여러 급살을 물리친다.

참최복

16 참최복은 상주가 입는 의복으로, 거친 삼베로 만들며 옷의 아랫단을 꿰매지 않는다. 재최복은 거친 삼베로 만들되 아랫단을 재봉한다.

• 부친상과 모친상에 상복을 입는 기간을 같게 만든 제도는 명나라 태조 때부터 시작되었다. 홍무 8년(1375) 손 귀비孫貴妃가 죽자 조서를 내려 상복을 어떻게 입을지 논의하라고 하였다. 예관들이 예전의 학설을 진언하자, 태조는 불가하다며 "부모는 균일하다"라고 하였다. 학사 송렴宋濂과 상서 우량牛諒이 모친상을 논한 옛날 사람을 고찰하여 42인 중에서 28명이 3년상을 말했다고 진언하자, 황제가 "여기에서 인정을 알 수 있겠다"라고 말하고는 이에 부모의 초상에 공히 3년상을 하도록 제도를 정하였다. 그리고 『효자록』孝慈錄을 지었다.

혹자는 말하기를, "당나라 때 측천무후가 그보다 먼저 어머니를 숭상하는 길을 열었다"라고 한다. 주자의 『가례』家禮를 살펴보면, "시아버지를 위해 참최斬衰 3년복을 입고 시어머니는 재최齊衰를 입는다"고 했으나, 지금 제도는 모두 참최복을 입는다.[16] 지아비가 남의 후사로 양자를 갔을 경우에 『의례』儀禮에서는 그 시부모를 위해 무슨 복을 입을 것인지 말하지 않았으나 지금 지아비를 따라서 참최복을 입는다. 또 『의례』에서는 낳아 준 시부모에 대해서는 말하지 않았는데, 다만 『예기』「상복소기」喪服小記편

560

에 낳아 준 시부모에 대해서 대공복大功服을 입는다고 했다. 주자의 『가례』도 이를 따랐으며 지금의 제도도 그와 같이 한다.

• 옛날에는 높였다가 지금은 감소시킨 상례 제도는 부모가 적자嫡子(맏아들)를 위한 것과 첩이 지아비의 큰아들을 위한 것이니, 옳다.

• 옛날에는 낮고 박하게 하였다가 지금은 높이고 두텁게 된 상례 제도는 자식이 어머니를 위해 참최복을 입는 것과 며느리가 시부모를 위해 참최복을 입는 것이니, 옛날 제도가 옳고 지금의 것이 틀렸다. 옛날에는 없다가 지금은 있게 된 상복은 형제의 아내와 종형제의 아내이니, 옛날 제도가 틀렸고 지금의 것이 옳다.

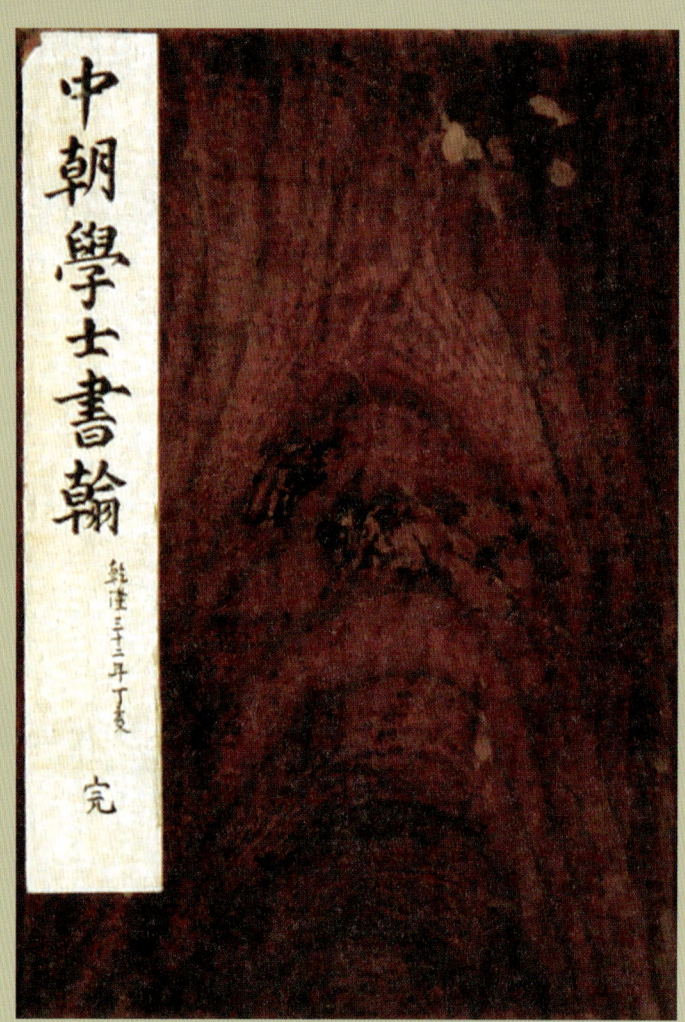

中朝學士書翰
乾隆三十二年丁亥
完

〈보유편 Ⅱ〉

청나라 인사들이 보낸 편지

천애결린집
天涯結隣集

◉ — **천애결린집**

「천애결린집」은 종전의 『열하일기』에 빠져 있던 것이다. 당초 『열하일기』에 편입시키려고 필사해 두었던 것인데, 어떤 사정이 있어서 탈거되었던 것으로 보인다. '천애결린'이란 하늘 끝, 곧 중국 땅에 있는 사람을 다정한 이웃처럼 친구를 맺는다는 의미인데, 연암이 북경에서 만나 교유했던 청조의 인물들에게 받은 편지를 수록한 책이다. 연암의 아들 박종채가 선친의 일생을 기록한 『과정록』이란 책에 의하면, 선친이 북경에서 중국의 명사들 10여 명과 교유하였는데 그들과 주고받은 필담과 왕복 편지는 모두 잃어버려 전하지 않는다고 하였다. 그런데 그 편지의 일부가 「천애결린집」이라는 형태로 『연암산고(2)』에 필사되어 있다. 이제 이를 번역하여 수록한다. 풍병건의 편지 3통, 선가옥의 편지 3통, 유세기의 편지 2통, 하란태의 편지 1통 등 모두 9통의 편지이다. 특히 하란태의 편지는 만주어로 표기된 것이다. 표지의 사진으로 제시한 『중조학사서한』中朝學士書翰은 청나라 학자 엄성, 반정균, 육비 등이 김재행에게 보낸 편지글을 모은 서한집의 표지로 고려대에 소장된 것이다.

풍병건馮秉健 편지

①

연암 선생께 올립니다. 하사하신 청심환과 부채 각각 다섯 개를 사양하려니 공손치 못하겠고 받자니 실로 부끄럽사옵니다. 보내드린 책은 전혀 객기로 보낸 것이 아니며, 『원류지론』源流至論 전질은 더더욱 중국에서도 구득하기 어렵기 때문에 일부러 정중하게 저의 성심을 보낸 것입니다.

그러나 뜻밖에도 실로 문학적 명성이 높은 벼슬아치가 천박한 식견을 가지고 있고, 게다가 책도 100권 내외로 한정하라고 할 줄은 생각하지 못했던 일입니다. 그렇다면 유리창 서문의 서점인 오류거五柳居(문수당文粹堂도 훌륭합니다)에 소장하고 있는 신간서와 고서 중에는 구하기 어려운 책이 매우 많으니, 만약 값에 구애되지 않는다면 만 권이라도 구득할 수 있습니다. 거칠고 비루한 사람이라고 저를 내치지 않는 은혜를 받고서도 저의 정성을 다할 수 없으니 안타까운 심정이 어떠하겠습니까?

이제 특별한 일이 없더라도 그냥 진솔하게 만나자는 약속을 받자왔으나 사정 때문에 직접 뵐 수 없기에 따로 시집 2종을 증정하오니 어르신 앞으로 전해지도록 부탁을 드립니다. 만약 어제 받들어 올린 여러 가지 물건 중에서 쓸 만한 게 있다면 반드시 즉시 일러 주시기 바랍니다. 응당 저의 하찮은 정성을 다해서 유감이 없도록 하겠습니다.

선생께서는 벗을 사귐에 정성으로 하셨지, 세속적 이해로 하시지 않았습니다. 중국의 갖가지 물건은 이곳 북경에서 모두 구할 수 있으나, 바라는 것은 선생의 주옥 같은 휘호입니다. 떠날 날이 촉박한데도 써 주시겠다는 하명을 받지 못했으니 정말 어쩌면 좋겠습니까?

천지 사이에 살고 있는 우리 인생은 마치 먼 길을 떠나는 나그네 같다고 했으니, 겨우 수십 년의 삶을 다툴 뿐입니다. 얼굴을 맞대고 만난다면 다행일 것이고, 이별한다는 것도 그리 괴로운 것은 아닐 겁니다. 어차피 이 천지 사이에 그대로 붙어 있을 수 없을 터이니 말입니다.

대충 말씀드리며 할 말 다 여쭙지는 못합니다. 15일 건일健一(풍병건의 자)은 엎드려 절합니다.

②
박연암 선생께 올리는 4종의 책 중 『경완』經玩, 『잡록』雜錄, 『괘도설』掛圖說은 모두 신간서이고, 『원류지론』은 송나라 판본 계열의 책입니다. 오랫동안 진귀한 책으로 취급해 왔으나 할애하여 선뜻 선생께 바칩니다. 어제 헤어지고 나서 크게 취하여 지금까지 문밖 출입을 할 수 없습니다만, 내일은 응당 떠나는 행차를 전송하겠습니다. 대충 아뢰며 예의를 갖추지 못합니다. 승건 올림.

③
거질의 책 중에는 더러 구득할 수 있는 것이 있기는 합니다만, 다만 창졸간에는 준비하기 어려워 부탁하신 것을 감히 들어드리지 못합니다. 어제는 빛나는 휘호를 접할 수 있어서 행복하였습니다. 글씨는 한 자쯤 되는 옥(盈尺璧)처럼 대단히 귀중하고

아름다운데, 그 반쪽이 선생께서 계시는 곳에 남아 있는지요? 이제 별종의 책 2권을 편지와 함께 올리니, 살펴보시고 간직해 주시기 바랍니다. 이만 총총. 승건 올림.

  추신: 지금 술병이 난데다가 또 좌중에 오신 손님이 있기에 몸을 빼서 즉시 가 뵐 수가 없습니다.

선가옥單可玉 편지

  ①

  갑자기 좋은 선물을 받고 보니 너무도 감사하고 또 부끄럽습니다. 이에 음식 두 쟁반, 껍질 깐 호도 한 바구니, 꿀배 두 쟁반을 삼가 바치오니, 웃으며 받아주시기 바랍니다. 선가옥 엎드려 절합니다.

  ②

  지난번 아이의 병에 대해서 좋은 가르침 주시니 감사함을 다 말할 수 없습니다. 오직 사신 행차가 너무도 빨리 출발하는 바람에 어르신의 가르침을 항상 들을 수 없음이 안타깝습니다. 병을 기록한 작은 쪽지를 보내드리니 보시고는 던져 버리십시오. 가르침을 기다리겠습니다.

  ③

  헤어진 지 벌써 달포가 지났습니다. 엎드려 살피건대 일상생활이 편안하시리라 믿습니다. 사신 행차가 북경에 이른 뒤부터 아이는 즉시 처방에 따라서 약을 복용하고 있으나 아직 효험은 없습니다. 중국의 식물성 약재는 약초를 채취하여 만들므로 간혹 가짜가 있습니다. 또한 생각건대 정해진 운명은 만류할 수 없어 인력으로는 미치기 어렵습니다. 인정스럽고 간절하게 구원해 주시는 마음을 오직 가슴에 새기고 잊지 않겠습니다. 그에 앞서 사의를 표하기 위해 응당 저녁에 달려가서 직접 알현토록 하겠습니다. 예를 갖추지 못합니다. 고밀인高密人 선가옥.

유세기俞世琦 편지

①
　　박 노선생老先生의 휘하에 삼가 올립니다. 천지의 크기와 사해의 넓이를 어찌 계산하고 측량할 수 있겠습니까? 우리 중국은 사방 천 리가 되는 곳이 100군데니, 길의 이정을 계산해 보면 북경에서 먼 곳은 2~3만 리나 되어서 언어가 서로 통하지 않는 곳이 무릇 얼마나 되는지 알 수 없습니다. 조선은 비록 외국에 속하지만, 같은 문자를 쓰고 같은 윤리를 실천하고 있으니 몇 차례의 통역을 거쳐야 하는 여러 나라와 비교해 본다면 어찌 형제 같은 사이일 뿐이겠습니까? 만약 유학자의 가르침을 우리나라에 밝힌다면 천 년 뒤의 후인들이 그의 시를 암송하고 그의 책을 읽을 것이니, 천 리 밖에 있어서 성인의 가르침을 직접 받을 수 없었다고는 하겠지만 결코 처음부터 우리 중국과 다르지는 않았을 겁니다.
　　선생께서 문자를 가지고는 성색정경聲色情景을 다 표현할 수 없다 하시며 중국에서 읽을 책을 구하시니, 선생의 뜻은 독실하다고 하겠습니다. 대저 문자와 언어로는 모두 형상하기 어려우니, 선생께 하늘에 대해서 말해 보겠습니다. 대나무 대롱으로 하늘을 보고서 하늘을 작다고 말한다면 이는 당연합니다. 넓고 조용한 들판에서 눈을 부릅뜨고 보더라도 하늘이 하늘 되는 까닭을 구명할 수 없으며, 높은 산의 꼭대기에 올라가 조망하더라도 하늘이 하늘 되는 까닭을 밝혀낼 수 없을 겁니다. 이것이 어찌 하늘을 보는 사람들이 모두 장님이어서 그렇겠습니까?

저는 책을 읽어도 그다지 깊은 이해를 구하지 않고, 글을 지어도 정해진 법도를 꼭 준수하지는 않습니다. 게다가 사람 됨됨이가 거칠어 남과 의기투합하지도 못하고 얽매이지도 않기 때문에 우리나라 선비들 중에는 혹 저를 보고 비웃는 자들도 있습니다. 그런데 뜻하지 않게 족하께서는 저에게 정성스럽게 대해 주고 있습니다. 어제 함께하는 여러 친구들을 만났더니 극구 칭찬을 하는 것이 선생께서 편지에 쓰신 내용과 자못 맞아떨어지더군요.

혹 직무상 일이 있어서 아직 찾아뵐 겨를을 내지 못하는 친구도 있고, 어떤 친구는 우리나라 선비로서 귀국 사람들과의 교제가 드물었기 때문에 여러 차례 억측을 한 일도 있었답니다. 저는 기왕에 남을 추종하지도 않았지만 또 남에게 강요하지도 않습니다. 25일 아침에 혹 저와 뜻을 같이하는 친구가 있다면 응당 함께 찾아뵙고서 남은 회포를 풀고자 합니다.

청심환은 이미 삼가 받았습니다. 감사합니다. 답장을 올리니 살펴 주시기 바랍니다. 세기는 머리를 조아리며 미중美仲(연암의 자) 노선생의 휘하에 올립니다.

②

　보내 주신 안부 편지와 종이 부채와 청심환 환약을 잘 받았습니다. 간곡하신 후의와 갖가지 우정 어린 선물을 어찌 감당하며 받을 수 있겠습니까? 28일 직접 뵙고 감사의 말씀드리겠습니다. 이제 아침 문후를 여쭈며, 이만 줄입니다. 세기는 머리를 조아리며 미중 노선생의 발 아래에 올립니다. 27일 진시辰時(오전 8시 전후).

1　사신이 중국에 들어가서 도착할 날짜 등을 미리 알리는 공문을 백패白牌라고 하는데, 백패통사는 그 백패를 전달하는 벼슬아치를 말한다.
2　만주 문자로 된 이 편지의 번역은 김명호 교수의 『연암 문학의 심층 탐구』에 수록된 것을 전재했다. 김교수는 하란태를 나란태那蘭泰의 오기였을 것으로 추정하였다.

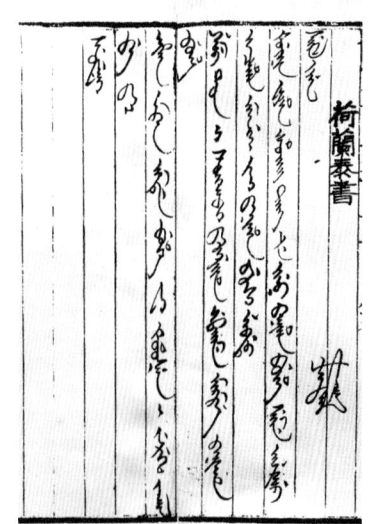

만주 문자로 된 하란태 편지

하란태荷蘭泰 편지

당신들의
버배(백패白牌: 백패 통사[1])는
세 대신이 나에게 준 붓, 종이 등의 물품을
주었습니다.
모두 숫자대로 받았습니다. 삼가 감사드립니다.
만난 뒤에 다시 감사드리고 싶습니다. 많이
　마음을 써 준 홍당洪堂(홍명복洪命福)에게도 감사했다고 전해 주기 바란다고 전해 주오.[2]

찾아보기

ㄱ

가달假㺚 230
가도假島 238, 239
가락택賈洛澤 71, 157
가정좌賈廷佐 473
각화도覺華島 511
간이簡易 → 최립崔岦
『간재필기』艮齋筆記 254
『감구집』感舊集 61, 128, 173, 480, 552, 557, 558
강공렬姜功烈 222
강국태康國泰 501, 558
강선루降仙樓 253, 255
강세작康世爵 501, 547, 558, 559
「강세작전」康世爵傳 559
강인姜絪 222
강한江漢 → 황경원黃景源
강홍립姜弘立 222, 223
강효원姜孝元 222
건창현建昌縣 219, 247~249
겸가당蒹葭堂 447
『경의고』經義攷 458
〈경직도〉耕織圖 449, 450
경청景淸 491
경화도瓊華島 310, 311, 368, 414
『계림유사』鷄林類事 123
계문란季文蘭 81, 82
『계신잡지』癸辛雜志 536, 537
『계암만필』戒庵漫筆 261
『계원필경』桂苑筆耕 270
『계축연행록』癸丑燕行錄 475
『고금도서집성』古今圖書集成 323
『고금의감』古今醫鑑 224
고대高岱 419

고대소顧大韶 457
『고려사』高麗史 138, 144, 167, 241, 252, 259, 260, 265, 433, 522
고려선高麗扇 461
고려주高麗珠 201
『고려편년강목』高麗編年綱目 145
『고문백선』古文百選 498
고사기高士奇 359, 424
고사립顧嗣立 125
고시행顧時行 423, 424
고역생高棫生 143, 350, 459, 516, 520, 548
고염무顧炎武 48, 77, 496, 547
고원간高原侃 559
고정림顧亭林 → 고염무顧炎武
고제대高齊岱 473
공신龔信 224
공정자龔鼎孳 496
「공후인」箜篌引 443
과친왕果親王 67, 68, 120~122, 510, 511
곽반郭槃 255, 384
곽분양郭汾陽 54
곽숭도郭崇韜 54
곽자의郭子儀 56
곽재우郭再祐 109
곽집환郭執桓 60, 63, 70, 71, 75, 156, 157
곽태봉郭泰峰 71, 156
관휴貫休 428, 429
광림사光林寺 → 천녕사天寧寺
광선계단廣善戒壇 → 천녕사天寧寺
「광한전기」廣寒殿記 316
교응춘喬應春 271
교충방敎忠坊 393, 396
『구당록』毬堂錄 76
『구당시화』毬堂詩話 66
구라철현금歐邏鐵絃琴 461
구마라십鳩摩羅什 13
구승臼勝 515
구식사瞿式耜 493
구양歐陽 385, 387

구양수歐陽脩 202, 521
구왕九王 292, 323
『구월루집』舊月樓集 188
구조인寇祖仁 353, 354
구처기邱處機 266, 267, 417
『군방보』群芳譜 540
군산도群山島 238
「궁사」宮詞 252
『권유록』倦遊錄 542
「규염객전」虯髥客傳 301
『귤옹초사략』橘翁草史略 527
금릉金陵 238
『금릉쇄사』金陵瑣事 525, 527
『금석동이고』金石同異考 527
금성위錦城尉 → 박명원朴明源
금양군錦陽君 → 박미朴瀰
금어지金魚池 420
금오교金鰲橋 75, 309~311, 363
『금오퇴식필기』金鰲退食筆記 359
금천金川 56, 125, 167
금해교金海橋 311
기려천奇麗川 → 기풍액奇豊額
『기백후정』岐伯侯鯖 527
기신紀信 32, 33
기윤紀昀 162, 220
『기재잡기』寄齋雜記 118
기풍액奇豊額 43, 44, 49, 79, 81, 82, 90, 101, 104, 201
기하당幾何堂 → 유금柳琴
김가기金可紀 99, 100
김간金簡 243
김귀영金貴榮 498
김내金鼐 47, 48
김도金濤 383
김려金鑢 50, 493
김렴金濂 419
김부의金富儀 88, 89
김빈金鑌 497
김상명金常明 509
김상헌金尙憲 61, 62, 128, 130, 171~173, 180, 182, 189, 190, 479, 480, 552, 556, 557
김석주金錫胄 82
김숙도金叔度 130, 557, 558
김시습金時習 558
김안국金安國 94, 495
김응탁金應鐸 223
김이도金履度 130, 131, 138
김이어金夷魚 105
김재행金在行 173, 180, 182, 191, 563
김종직金宗直 85
김창업金昌業 68, 82, 123, 279, 338, 359, 419

ㄴ

나걸羅杰 100
나대임羅大任 383
나야국羅約國 230, 231, 233
나옹懶翁 화상 116
나천익羅天益 224
나한상羅漢像 428
난평현灤平縣 218
남거인南居仁 383
남관南館 309, 405
남구만南九萬 109, 559
남대유南大有 115
남방위藍芳威 153
남사고南師古 480
남수문南秀文 497
남추南趎 114, 115
납란성덕納蘭性德 271
『낭야만초』瑯琊漫抄 257, 258
노가재老稼齋 → 김창업金昌業
노기盧杞 33, 34
노병순盧秉純 74, 157
『노사』路史 468
노상승盧象昇 477
노윤적路允迪 250
노이점盧以點 348, 349
『녹수정잡지』淥水亭雜識 271

녹하綠荷 395
누숙樓璹 449
능야淩野 143, 350, 367, 520, 548, 551
능어淩魚 227

ㄷ

다리마多里馬 232
다이곤多爾袞 292, 323, 325
단성식段成式 455
『단연록』丹鉛錄 483, 484
단옹段顒 243
『단청기』丹靑記 462
달마達磨 13
달운達雲 467
달자韃子 237, 238, 246
달해達海 518
「담원팔영」澹園八詠 71, 151, 156
담헌湛軒 → 홍대용洪大容
당락우唐樂宇 48
당백호唐伯虎 179
『대경당집』帶經堂集 60, 172, 499
대구형戴衢亨 220
『대당신어』大唐新語 456
『대두야담』戴斗夜談 261
『대류총귀』對類總龜 484, 485
대만안사大萬安寺 → 천녕사天寧寺
대심형戴心亨 220, 221
도곡陶谷 → 이의현李宜顯
도독송都督松 312
도리촌桃李村 125
도종의陶宗儀 253
도홍경陶弘景 538
『동국사략』東國史略 144
동기창董其昌 254, 428
동림당東林黨 457, 495
『동서양고』東西洋考 250
동온기董溫琪 354
『동의보감』東醫寶鑑 199, 223, 224, 226, 227

동탁董卓 206
『동파지림』東坡志林 466
동파체東坡體 95, 495
동팔참東八站 452
동평왕東平王 464
동평위東平尉 → 정재륜鄭載崙
두기杜機 → 최성대崔成大
두모궁斗姥宮 422
두송杜松 477, 519
두예杜預 120
두질구첩목아豆叱仇帖木兒 259
등광천鄧光薦 412
등금거사藤琴居士 120, 121
등사민鄧師閔 71, 157
등좌鄧佐 519

ㅁ

마단림馬端臨 460
마복탑馬福塔 467
마순馬順 203
만권당萬卷堂 139, 145, 170
만수산萬壽山 254, 314~317
「만언봉사」萬言封事 301
망곡립莽鵠立 509
망부석望夫石 66, 67, 86, 87, 122, 472, 473
매산煤山 314
매죽당梅竹堂 109
맹상군孟嘗君 34
명성당名盛堂 144, 375
『명시선』明詩選 113
『명시종』明詩綜 48, 76
『명회전』明會典 343
모경창毛景昌 441
모기령毛奇齡 156, 458, 460
모담毛聃 53
모수毛遂 53
모징毛澄 383
『목당집』穆堂集 138

목씨 홍공木氏弘恭 447
몽고蒙古 70, 200, 203, 214, 232, 240, 246, 252, 259, 266, 267, 340, 349, 388, 410, 425, 434, 445, 490, 509, 523, 558, 559
몽염蒙恬 353
무관懋官→이덕무李德懋
무령왕武靈王 295
무학無學 480
묵적墨翟 13, 236
묵적동墨積洞 282
문림文林 257
문수당文粹堂 64, 375, 564
문언박文彥博 56, 203
문자옥文字獄 234, 332, 510
『문창잡록』文昌雜錄 542
문천상文天祥 121, 379, 380, 393~400, 412, 494
『문해피사』文海披沙 540
미곶彌串 219
미만종米萬鍾 254~256
미불米芾 68, 254, 256, 423, 448, 449
미암眉巖→유희춘柳希春
미원장米元章 68, 255
미타사彌陀寺→법장사法藏寺
『민소기』閔小記 537
『민수연담록』澠水燕談錄 55
민응수閔應洙 475
민지閔漬 144, 145
민충사愍忠寺→숭복사崇福寺
민형남閔馨男 243

ㅂ

박남수朴南壽 132
박동량朴東亮 118
「박랑성」博浪城 80, 163
박래원朴來源 387, 500
박명博明 349
박명원朴明源 101
『박물지일편』博物志逸篇 484, 485
박미朴瀰 76

박세당朴世堂 559
박수원朴綏源 543
박영朴英 519
박원종朴元宗 117
박인량朴寅亮 53~55
박제가朴齊家 59, 60, 194, 301
박초정朴楚亭→박제가朴齊家
박충朴充 105
박항朴恒 522
박홍준朴弘儁 165
반계磻溪→유형원柳馨遠
『반계수록』磻溪隨錄 291
반덕班德 85
반적潘廸 389, 393
반정균潘庭筠 48, 60, 64, 66, 75, 106, 143, 173~175, 188, 191, 193~195, 503, 563
반초班超 56, 57
발라孛羅 395
방영方瑛 388
방원영龐元英 533, 542
방춘각放春閣 75, 157
방효유方孝儒 491
배도裵度 56
배시황裵時晃 299, 547
백낙천白樂天 45
백목전白木廛 228, 229
백암白菴→오조吳照
백운관白雲觀 373, 416, 417, 423
『백화정영』百華精英 527
백휘白輝 122, 473
번금蕃琴 461
번오기樊於期 295
범경문范景文 475
범연광范延光 354
범중엄范仲淹 410
법장사法藏寺 418, 419
벽운사碧雲寺 205
변계함卞季涵 59
변관해卞觀海 444

변승업卞承業 280, 281
별단別單 156, 212, 213, 232~234
보국사報國寺 412~414
보은사報恩寺 380, 381
보천석補天石 46, 47
「보허사」步虛詞 152, 153
복차산輻次山 509
『본초강목』本草綱目 484
『본초주』本草注 538, 540
『봉사행정록』奉使行程錄 455
봉원사奉元寺 299
『봉창속록』蓬牕續錄 460, 462
『봉헌별기』蓬軒別記 86
부석사浮石寺 164, 165
부험符驗 237, 238
불도징佛圖澄 13
비경秘瓊 354
『비아』埤雅 200
비장방費長房 13
빈희안貧希顏 515
빠허시八合識 214
삐뚜치必闍赤 214

ㅅ

사가법史可法 476
『사고전서』四庫全書 52, 162, 163, 220, 242, 243, 323
사다함斯多含 518
사돈史惇 390
사동산師東山 63, 159
사마광司馬光 392, 521
사마지司馬池 392
사방득謝枋得 432, 494
사방지舍方知 85
사사명史思明 432, 433
사사정查嗣庭 234, 510
사선정四仙亭 96
사자獅子 253, 367, 435, 436, 483
「사자연시」謝自然詩 116

사조제謝肇淛 540
산곡山谷 → 황정견黃庭堅
산엄油厂 505, 506
『산해경』山海經 16
살이호薩爾許 477, 518
살합렴薩哈廉 324, 325
상서원尚瑞院 237
상숭유向崇猷 441
상전사向傳師 392
상충桑蟲 86
색니索尼 358
서건학徐乾學 496
서경덕徐敬德 11, 32, 242
서관西館 309, 405
서광계徐光啓 468
서대용徐大榕 146, 147
서문장徐文長 179
서산書山 92, 93
서소분徐紹芬 511
『서양수로방』西洋收露方 526, 527
서위徐渭 179, 468, 469
서일승徐日升 340
서종현徐宗顯 332, 514
서창조徐昌祚 269
서혁덕舒赫德 56, 202
서황徐璜 450
석고石鼓 383, 385, 389, 391~393
「석고가」石鼓歌 393
『석림시화』石林詩話 91~94
석불사石佛寺 433
석성石星 279
석숭石崇 353
석조사夕照寺 426, 440
석중귀石重貴 270
『석진일기』析津日記 427
석치石痴 → 정철조鄭喆祚
선가옥畢可玉 563, 566, 567
선비화仙飛花 163~165
선월루先月樓 375

설경薛瓊 516
『설루집』雪樓集 265
『설문해자』說文解字 200
설손偰遜 241
설장수偰長壽 241
섭몽득葉夢得 91~93, 538
『성가림옹록』聖駕臨雍錄 383
『성호사설』星湖僿說 301
『셰대편년졀요』世代編年節要 145
소극살합蘇極薩哈 358
『소대총서』昭代叢書 79, 221
소령지蘇靈芝 433
소식蘇軾 72, 141, 393, 464, 466, 529
『소아경험방』小兒經驗方 526, 527
『소아진치방』小兒診治方 527
소옹邵雍 242
『소음집』篠飮集 175
소자첨蘇子瞻 → 소식蘇軾
소진蘇秦 413
소철蘇轍 460
소현세자昭顯世子 296, 323, 482
속담俗談 90, 91, 262
『속신선전』續神仙傳 98, 99
『손공담포』孫公談圃 541
손사막孫思邈 421, 541
손승종孫承宗 298, 477, 493
손승택孫承澤 382, 522
손전정孫傳庭 478
『송계기행』松溪記行 482
송선松扇 142, 460
송시열宋時烈 298
송안宋顏 354
송헌宋獻 196
『수구기략』綏寇紀略 329, 330
수황정壽皇亭 315, 317
순천부학順天府學 307, 380, 381
순화군順和君 498
순효왕順孝王 522
『술이기』述異記 349

숭국사崇國寺 → 호국사護國寺
숭귀崇貴 425
숭복사崇福寺 270, 432, 433
시유장施閏章 66, 194
『시집』詩緝 458
신경연辛慶衍 112, 113
「신공전」信公傳 394
신기질辛棄疾 542
신돈복辛敦復 112, 114, 115
신사운申思運 100
신사전申思佺 316
신숭산神崇山 134, 463
신악관神樂觀 261, 335, 337
신원지申元之 100
신익성申翊聖 195
신일사神一寺 301
심괄沈括 540
심념조沈念祖 96
심덕잠沈德潛 62, 71, 157
『심법』心法 224
심분沈汾 98
심양왕瀋陽王 171, 501, 502
『십서』十書 224
쌍계사雙磎寺 165
쌍명재雙明齋 → 이인로李仁老

ㅇ

아계阿桂 56
악비岳飛 205
악이태鄂爾泰 509
악준岳濬 489
안국사安國寺 420
안록산安祿山 33, 34, 206, 432
안진경顏眞卿 385
알필륭遏必隆 358
애신각라愛新覺羅 70, 330
애유지리달납愛猷識里達臘 259
야율덕광耶律德光 231

야율초재耶律楚材 380
약왕묘藥王廟 260, 421, 422, 431, 432
약천藥泉 → 남구만南九萬
『약천집』藥泉集 109
양광원楊光遠 354
양국치梁國治 220
양귀비楊貴妃 33, 206
양녕대군讓寧大君 519
양대년楊大年 → 양억楊億
양도등羊桃藤 214
『양산묵담』兩山墨談 451, 452
양상회梁尙晦 134, 136
양순길楊循吉 86, 453
양신楊愼 483
양억楊億 244, 245
양예수楊禮壽 223
양용楊用 271
양유동楊維棟 63, 64, 74, 157
양유정楊維楨 252
양자운揚子雲 160
양정감楊廷鑑 390
양정계楊廷桂 147
양주한梁周翰 243, 244
양지원梁之垣 196
『양포집』楊浦集 197
양호楊浩 424
양호楊鎬 477, 519, 558
어사적魚史迪 111
어조지魚藻池 → 금어지金魚池
언사偃師 13
엄과嚴果 187
엄방어嚴防禦 531
엄성嚴誠 173~175, 179, 182, 183, 185, 187, 191, 503, 563
엄찬嚴粲 458
엄화계罨畫溪 549
여헌呂獻 419
〈연강첩장도〉烟江疊嶂圖 448
연갱요年羹堯 234
『연산총록』燕山叢錄 269

연수사延壽寺 375
『연행잡지』燕行雜識 489
『열조시집』列朝詩集 48
염복閻復 125, 170, 501, 502
염시도廉時道 299
염화사拈花寺 → 천불사千佛寺
『영락대전』永樂大全 323
영순군永順君 → 이부李溥
영아이대英俄爾岱 467
영점반단領占班丹 430
『영추외경』靈樞外經 527
『예두위의』禮斗威儀 488
예락하曳落河 70
예양豫讓 32, 33
예친왕睿親王 292, 323, 325
〈예학명〉瘞鶴銘 100
오강후吳康侯 390
오광빈吳光霦 470, 471
오달제吳達濟 219, 220, 479
오류거五柳居 375, 564
오배鰲拜 358
오삼계吳三桂 91, 297, 447, 470~472, 482, 485
오성흠吳聖欽 220
오원제吳元濟 206
오위업吳偉業 329, 496
오조吳照 147, 149
오탑사五塔寺 → 진각사眞覺寺
『오후정』五侯鯖 516
옥하관玉河館 404, 490
『온광루잡지』韞光樓雜志 252
옹정춘翁正春 431
옹진甕津 93
『완위여편』宛委餘編 520
완흥군부인完興君夫人 299
왕객汪客 414
왕건王建 66, 67, 473
왕고王高 257, 258
왕곡정王鵠汀 → 왕민호王民皥
왕공진王拱辰 387

왕단망王亶望 157
왕도곤汪道昆 515
왕라한王羅漢 244, 245, 247
왕만경王萬慶 268
왕민호王民皞 244, 245, 247, 467, 473, 475, 480, 544, 545
왕백王柏 450, 459
왕백호王伯虎 465
왕벽지王闢之 55
왕사정王士禎 60~62, 128, 171, 173, 200, 448, 456, 457, 468, 480, 484, 499, 515, 521, 525, 527, 537
왕사진王士禛 172, 552, 554, 557
왕산王山 203
왕삼빈王三賓 52, 214
왕상진王象晉 540
왕석원王錫元 45
왕석작王錫爵 332
왕성王晟 548
왕세정王世貞 96~98, 453, 469, 520
왕수인王守仁 515
왕신汪新 177, 179
왕안석王安石 119, 539
왕여조汪如藻 162
왕오王鏊 504
왕운王惲 262
왕월王越 257, 258, 453, 464
왕유王維 135, 148, 462, 463
왕이상王貽上 128, 129, 173
왕장王璋 145, 501
왕적王寂 166
왕적옹王積翁 395
왕진王振 203, 206, 258
왕진경王晉卿 448
왕평王苹 106, 108, 143
왕현王賢 396
왕황엽王黃葉 143
왕휘王徽 93
왕희지王羲之 100, 154, 190, 385, 550
왜주倭珠 201
「외국죽지사」外國竹枝詞 48, 77

외오아畏吾兒 241
외올어畏兀語 214
요개춘寥開春 486
요광효姚廣孝 430
요수姚燧 125, 170, 501, 502
『요주만록』蓼洲漫錄 525, 527
『용재소사』榕齋小史 130, 132, 134
우겸于謙 205
우동尤侗 48, 77
우문허중宇文虛中 155
우집虞集 392, 501, 502
운철소惲鐵簫 106
운한사雲閒寺 387
웅정필熊廷弼 207, 501, 558
원경袁褧 530
『원류지론』源流至論 564, 565
원매袁枚 80, 81, 162, 163
원명선元明善 139
『원백가시선』元百家詩選 125
원숭환袁崇煥 196, 368
원요袁耀 74
원호문元好問 173
원효왕元孝王 522
원휘元徽 353
위덕조魏德藻 390
위도명魏道明 169
『위생보감』衛生寶鑑 224
위충현魏忠賢 204, 205, 207, 432
『위항총담』委巷叢談 89
유구국琉球國 51, 105, 257, 441~443
유금柳琴 61, 65, 193
유대도劉大刀 → 유정劉綎
유동劉侗 271, 395
유득공柳得恭 61~63, 65, 66, 177, 193, 194
유루劉累 13
유리창琉璃廠 60, 75, 76, 188, 195, 374, 375, 444, 450, 520, 547, 548, 564
『유문초』柳文抄 498
유방劉邦 32, 33, 353

유비劉備 204
유세기兪世琦 60~66, 76, 95, 426, 427, 440, 548, 563, 567
유숙劉肅 456
유숭劉崧 393
유식한兪式韓→유세기兪世琦
유신허劉存虛 469
유악劉岳 243
유악신劉岳申 394
『유양잡조』酉陽雜俎 448, 455
유여시柳如是 493
유연柳衍 501
유응진柳應辰 542
유이절劉履節 393
유정劉綎 477, 501, 518, 519
유정지劉定之 414
유종원柳宗元 85, 497
유하정流霞亭 52
『유학집』有學集 94, 494
유형원柳馨遠 291, 301
유홍훈劉鴻訓 496
『유환기문』遊宦紀聞 529
유희춘柳希春 454
육가陸賈 56, 502
육가초陸可樵 315
『육가화사』六街花事 260
육경대陸瓊臺 518
육비陸飛 90, 174~177, 186, 195, 503, 551, 563
육비지陸賁墀 162
육생남陸生楠 332
육석웅陸錫熊 162
육수부陸秀夫 410, 411
육유陸游 53, 175
육응양陸應暘 207
육일루六一樓 550, 551
육일재六一齋 60, 66, 547
육현방育賢坊 380
윤가전尹嘉銓 43~45, 48, 49, 53, 75, 76, 79~81, 109, 489, 526
윤영尹映 273, 281, 299~301
윤집尹集 219, 220, 479

윤형산尹亨山→윤가전尹嘉銓
윤형성尹衡聖 109
은사담殷士儋 106
을지문덕乙支文德 76, 137, 138
의대리아意大里亞 436
『의방집략』醫方集略 226
의사義師 116
의상義湘 164
『의학감주』醫學紺珠 527
이고李杲 224
이공수李公邃 316
이괄李适 220
이기지李器之 338, 507, 508
이기홍李箕洪 559
이난李灤 50, 51
이달李達 152
이덕무李德懋 48, 59~61, 70, 94, 106, 124, 126, 151, 153, 156, 162, 188, 194, 425, 504, 520~522
이륜당彛倫堂 257, 384~387
이마두利瑪竇 343, 435, 436, 462, 468
이만운李萬運 257
이면상李冕相 315
이명원李命源 223
이반李蟠 473
이반룡李攀龍 96~98
이방李昉 54, 349, 443
이범李範 462
이병李邴 88
이부李溥 85
이불李紱 138
이사李斯 353
이사룡李士龍 492, 493
이상아伊桑阿 202
이성李晟 56
이성량李成樑 63, 500
이수정李守貞 354
이습예李襲譽 456
이시면李時勉 383
이시영李時英 492

이여매李如梅 499
이여백李如栢 499
이여송李如松 496, 498~500, 518
이영서李永瑞 497
이영현李英賢(李榮賢) 255, 257, 384
이완李浣 292, 293
이용李庸 395
이은李恩 486
이의현李宜顯 172, 471, 489
이익李瀷 301
이인로李仁老 153
이자성李自成 297, 325, 330, 348, 478
이재성李在誠 132, 301
이전李甸 156
이제현李齊賢 124~128, 139~141, 170, 502, 503
이조원李調元 60, 75, 106, 162, 193, 194, 220
이주조爾朱兆 353
이중환李重煥 51
이지수李之秀 415
이징중李澄中 254
이친왕怡親王 221, 511
이탁오李卓吾 446
이편덕李偏德 500
이행작李行綽 134, 137
이현李賢 382
이형암李炯庵 → 이덕무李德懋
이혜적李惠迪 357
이홍문李鴻文 500
「이화암노승가」梨花菴老僧歌 90
이후李詡 261
이후양李後陽 467
이훤李萱 500
이휘조李輝祖 499
이흠李通 168
익재益齋 → 이제현李齊賢
인간印簡 → 해운국사海雲國師
인평대군麟坪大君 482
『일암연기』一菴燕記 508
일암一菴 → 이기지李器之

『일지록』日知錄 48, 77, 547
『일하구문』日下舊聞 144
임고林皐 59
임방任昉 349
임원지林願之 250
임진林震 390

ㅈ

『자미헌한담』蔗尾軒閑談 163
자혜慈惠 100
『잠미집』蘸尾集 172
장가대張可大 197
장가도張可度 196, 197
장간張揀 473
장교張喬 105, 106
장기도長崎島 284, 287, 447
장도張濤 196
장량張良 32, 33, 80, 430
장뢰張耒 141
장륜章綸 424
장만종張萬鍾 128, 173
장백단張伯端 385, 394
장보장張寶藏 537
장불긍張不矜 433
장사전蔣士銓 162
장사정張師正 542
장섭張燮 250
장성일張誠一 93, 465
장세남張世南 529
장시현張時顯 473
『장안객화』長安客話 265, 350, 383
장안세張安世 242
장양호張養浩 125
장연등張延登 128, 173, 558
장원張瑗 205, 206
장유張維 195, 293
장일규張一葵 265, 350, 383
장조張潮 79, 221

장중張中 54
장천복張天復 451
장초張超 219
장춘長春 → 구처기丘處機
장한張翰 167
장홍의張弘義 394
장효표章孝標 99
저정장褚廷璋 162
적봉현赤峰縣 218
적상산赤裳山 101
적수담積水潭 328
전겸익錢謙益 94, 96, 439, 478, 493~498
전단田單 32, 33
전단사栴檀寺 → 홍인사弘仁寺
『전당시』全唐詩 87, 89, 99, 105, 460
『전도록』傳道錄 100
전민田敏 243
전방표錢芳標 550
전수지錢受之 94, 95
전여성田汝成 89
전의감동典醫監洞 59
전증錢曾 496
절풍건折風巾 78
점석교黏石膠 214
점필재佔畢齋 → 김종직金宗直
정가신鄭可臣 144, 145
정각鄭玨 59
정각사正覺寺 → 진각사眞覺寺
정관이程觀頤 473
정기룡鄭起龍 110
정뇌경鄭雷卿 222
정명수鄭命壽 222
정문해程文海 265
정사룡鄭士龍 117~119
정석유鄭錫儒 109~111
정선보鄭禪寶 486
정세태鄭世泰 279, 280
정양사正陽寺 118, 119
정여경鄭餘慶 392

정예남鄭禮南 223
정원후定遠侯 → 반초班超
정익하鄭益河 111
정인지鄭麟趾 85, 134, 137, 138, 259
정작鄭碏 223
정재륜鄭載崙 23, 277
정조鄭造 164, 165
정진방程晉芳 162
정철조鄭喆祚 308, 401, 402
정초鄭樵 460
정현鄭玄 123, 124, 458, 488
정현조鄭顯祖 85
정형程迥 529, 542
정효鄭曉 521
정희程僖 196
『제경경물략』帝京景物略 271, 395
제말諸沫 109~112
제이오第二吾 160
제태齊泰 491
제곡帝嚳 231
조계원趙啓遠 296
조고趙高 33, 353
조광련趙光連 31
조귀명趙龜命 160
조달동趙達東 232, 372, 390
조라치照羅赤 214
조령치趙令畤 530
조맹부趙孟頫 139, 385, 501, 502
조병趙昺 410, 411
조선관朝鮮館 309, 379, 404
『조선시선』朝鮮詩選 152
조성기趙聖期 291
조수趙須 497
「조아비」曹娥碑 433
조양현朝陽縣 219, 248, 249
조영趙榮 424
조원로趙元老 54
조조曹操 33, 34, 82, 204, 206, 485
조필趙弼 394, 395

조한曹翰 57
조헌趙憲 301
졸수재拙修齋 → 조성기趙聖期
종남산終南山 99
종리鍾離 100
종성鍾惺 469
종요鍾繇 100, 131, 550
좌자左慈 13
좌한문左翰文 227
주곤전朱昆田 145, 259
주량공周亮工 537
주문조朱文藻 187, 188
주밀周密 536, 537
주선인周旋人 160
주순창周順昌 527
주앙朱昂 243~245
주연유周延儒 390
주우길周遇吉 478
주우정朱友貞 464
주운周賁 427
주유랑朱由榔 476
주율건朱聿鍵 476
주이준朱彝尊 144, 145, 259, 433, 458, 460
주자朱子 → 주희朱熹
주좌탕朱佐湯 160
주지번朱之蕃 97, 98, 153, 431
주진형朱震亨 224
주희朱熹 81, 385, 457~460, 521, 560, 561
『중용』中庸 208
『중주집』中州集 155, 169, 173
증정曾靜 234
지계芝溪 → 이재성李在誠
지금리只錦里 125
『지남록』指南錄 394
『지남후록』指南後錄 394
『지부족재총서』知不足齋叢書 188
『지북우담』池北偶談 61, 173
『지이』志異 453
지이헌支頤軒 110

진각사眞覺寺 270, 410, 424, 433, 434
진감陳鑑 419
진강陳江 559
진린陳璘 518
진여규陳如奎 387
진월陳鉞 257
진의정振衣亭 68, 122, 472
진자점榛子店 81, 82
진정陳霆 451
진정학陳庭學 427
『진택장어』震澤長魚 504
『집두시』集杜詩 394

ㅊ

착초장복着肖藏卜 430
채무덕蔡懋德 478
채방관采芳館 310
척계광戚繼光 58, 515
천경사天慶寺 422
천금天琴 461
『천금요방』千金要方 541
천녕사天寧寺 373, 414~416, 418
천불사千佛寺 270, 271, 430
천왕사天王寺 → 천녕사天寧寺
『천원옥책』天元玉册 226
천주녀상天主女像 343
『천추금경록』千秋金鏡錄 145
『철경록』輟耕錄 253
철현鐵鉉 491
『청비록』淸脾錄 48, 61, 124, 126, 151, 447
청음淸陰 → 김상헌金尙憲
청포전靑布廛 229
『초비초목주』苕斐草木注 527
『초사』樵史 207
초책당楚幘堂 501
초팽령初彭齡 376, 459, 548
『초학집』初學集 94, 494, 496
초현焦顯 259

초횡焦竑 428
최립崔岦 96
최만리崔萬里 497
최성대崔成大 90
최수성崔壽城 469
최승우崔承祐 100
최유해崔有海 196
최전崔澱 195
최창대崔昌大 559
최치원崔致遠 153, 165, 270
축덕린祝德麟 48, 60, 75, 220
축만년祝萬年 486
축윤명祝允明 511
『춘명몽여록』春明夢餘錄 382, 388, 392, 522
충렬사忠烈祠 492, 493
충렬왕忠烈王 264, 522
충선왕忠宣王 139, 140, 145, 170, 264, 433, 439, 501~503
취구루翠裘樓 52
취운병翠雲屛 46
취진판聚珍板 243
치우蚩尤 33
『치청전집』豸青全集 63
칠원漆原 111

ㅌ

탄소彈素 → 유금柳琴
탈탈脫脫 430, 431
탐추루探秋樓 157
태백太伯 32, 33
태양궁太陽宮 419, 421
『태평광기』太平廣記 54, 100
『태평어람』太平御覽 349, 443
『태학지』太學志 255, 384, 387
『택리지』擇里志 51
토목보土木堡 203
토번吐蕃 140, 240, 241, 502
토아산吐兒山 → 토원산兎園山
토원산兎園山 312, 315

통락원通樂園 106
『통문관지』通文館志 276~278

ㅍ

파극십巴克什 518
판적달板的達 434
『팔기통지』八旗通志 308
패공沛公 → 유방劉邦
팽공야彭公冶 509
팽엄彭儼 516
팽원서彭元瑞 220
평계平谿 301
평천주平泉州 218, 247, 249
풍녕현豊寧縣 218
풍도馮道 35, 197
풍병건馮秉腱 44, 144, 518, 548, 563~565
풍시가馮時可 460, 462
『풍창소독』楓窓小牘 530
풍훈馮勛 260
「피서록」避暑錄 37, 38, 69, 81, 151, 156, 170, 173, 194, 197, 472, 495, 538
피서산장避暑山莊 37~40, 82, 83, 138, 151, 246, 448
「피서산장기」避暑山莊記 39
필첩식筆帖式 212

ㅎ

하란荷蘭 210, 527
하란태荷蘭泰 563, 569
하성위河城尉 → 정현조鄭顯祖
하풍죽로초당荷風竹露草堂 176
학경郝敬 457
학성郝成 → 김숙도金叔度
『한계태교』寒溪胎教 527
한교여韓嶠如 92
한명련韓明璉 220, 221
한무외韓無畏 100
한석호韓錫祜 131, 134, 138

한유韓愈 97, 116, 117, 236, 299, 392, 393
한창려韓昌黎 → 한유韓愈
한형길韓亨吉 467
합밀왕哈密王 239, 241
항주풍杭州風 89, 90
『해외기사』海外記事 505~507
해운국사海雲國師 267, 268
해인사海印寺 251, 498
향원鄕愿 35
『향조필기』香祖筆記 45, 61, 200, 206, 452, 455~457, 468, 484, 485, 521, 525, 527, 532, 537, 538
허균許筠 97, 152, 153, 224
허난설헌許蘭雪軒 48, 224
허봉許篈 224
허성許筬 224
허준許浚 223
허항종許亢宗 455
허형許衡 380, 385
헌화사獻花寺 540
현색玄嗇 300
혜풍惠風 → 유득공柳得恭
호광胡廣 35
호국사護國寺 429, 430
호삼다胡三多 244, 245
호음湖陰 → 정사룡鄭士龍
호조봉胡兆鳳 252
호형胡瀅 419
호형항胡逈恒 59
홀도호忽都護 267
홍간洪侃 153, 154
홍대용洪大容 64, 65, 90, 131, 173~176, 179, 182, 183, 185, 187~189, 194, 195, 338, 419, 461, 480, 503, 551
홍명복洪命福 270, 569
홍순언洪純彦 277, 278
홍약洪淪 501
홍업사弘業寺 → 천녕사天寧寺
홍익한洪翼漢 219, 479
홍인사弘仁寺 410
화담花潭 → 서경덕徐敬德

「화식전」貨殖傳 301
화신和珅 448, 449
화신묘火神廟 431
화찰華察 94, 95, 495
환향하還鄕河 269, 270
황경원黃景源 324, 493, 498
황궁우皇穹宇 335, 336
황금대黃金臺 189, 348~350, 352, 427
황소黃巢 206
황식黃寔 465
황실黃實 → 황식黃寔
『황여고』皇輿攷 451
황인점黃仁點 405
황자징黃子澄 491
황정견黃庭堅 141, 142, 450
황정욱黃廷彧 278, 498
황창黃昌 78
『황청개국방략』皇淸開國方略 219~221
황초평黃初平 32, 33
황패黃覇 33
황포黃圃 → 유세기兪世琦
『황화집』皇華集 94, 95, 495, 496
『회성원시집』繪聲園詩集 157
『회성원집』繪聲園集 63, 64, 73~75, 151, 161
회성원繪聲園 → 곽집환郭執桓
회암사檜巖寺 116
『회우록』會友錄 195, 503
회충회관懷忠會館 393
「획린해」獲麟解 97
『효경원신계』孝經援神契 488
『후정록』侯鯖錄 530
흑진국黑眞國 507
흠천감欽天監 217, 332, 401, 509

Illustration Credits

표지 〈기려도〉 부분	국립중앙박물관 소장
30쪽	국립중앙박물관 소장
150쪽	숭실대 한국기독교박물관 소장
216쪽	중국, 북경 고궁박물원 소장
238쪽	국립중앙박물관 소장
305쪽(상)	숭실대 한국기독교박물관 소장
314쪽	중국, 劉洪寬
362쪽(하)	숭실대 한국기독교박물관 소장
376쪽(상)	중국, 북경 고궁박물원 소장
429쪽	일본, 高臺寺 소장
524쪽	ⓒ 신현기

- 사진과 그림의 게재를 허락해 주신 분께 감사드립니다.
- 별도의 저작권 표시가 없는 사진의 대부분은 이 책의 역자가 직접 중국과 국내를 답사하며 촬영한 사진입니다.
- 저작권자와 연락이 닿지 않아 부득이하게 허가를 구하지 못한 경우, 연락이 닿는 대로 절차에 따라 허가를 받도록 하겠습니다.
- 이 책에 수록된 사진의 무단 전재 및 복제를 금합니다.

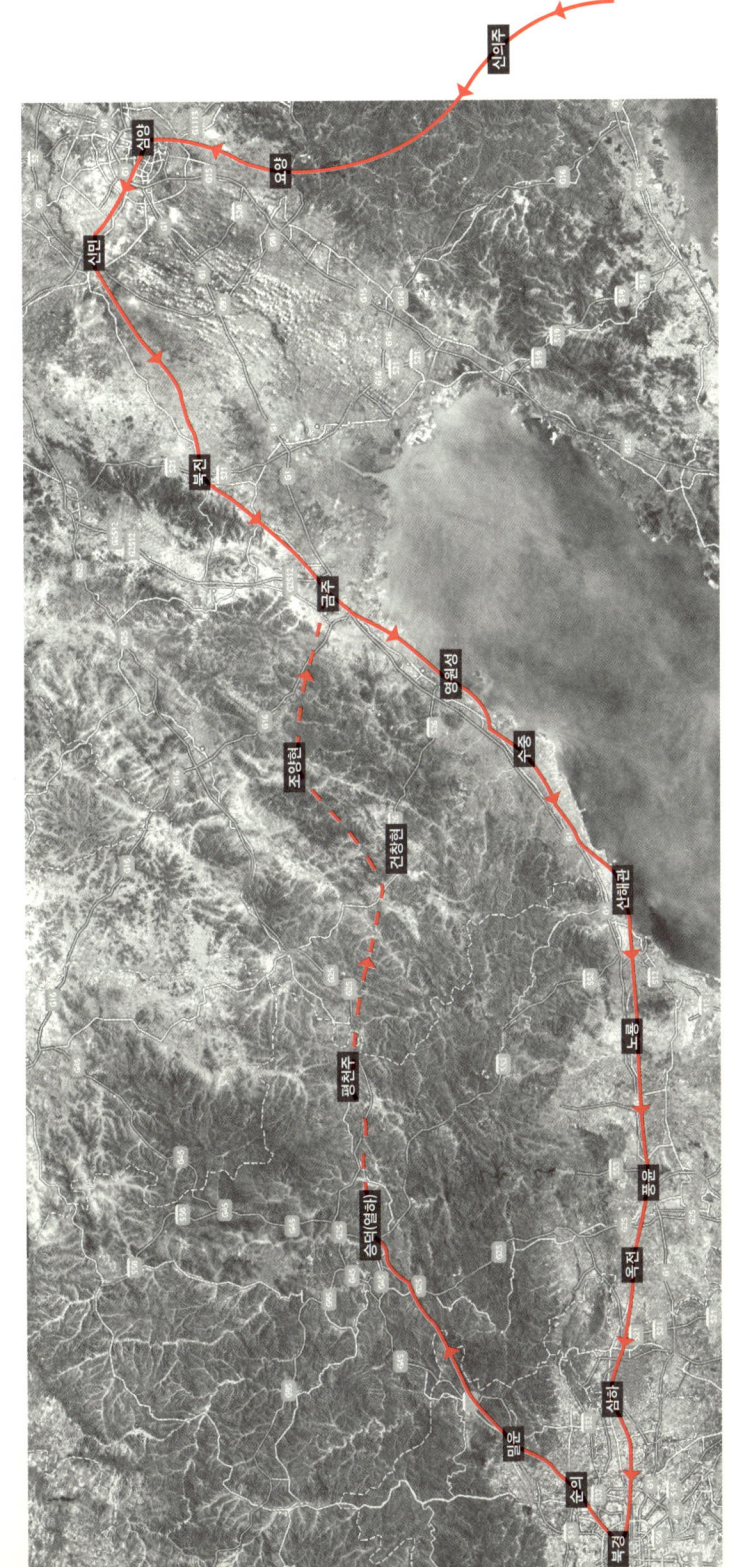